徳之島町史 通史編 II

近現代

徳之島町

男島
On island
上甑島
Kamikoshiki island
九州
Kyushu
中甑島
Naka-Koshiki island
女島
Me island
下甑島
Shimokoshiki island
宇治群島
Uji Archipelago
大隅諸島
Ōsumi islands
竹島
Takeshima
馬毛島
Mageshima
黒島
Kuroshima
硫黄島
Iōjima
口永良部島
Kuchinoerabu island
種子島
Tanegashima
口之島
Kuchinoshima
臥蛇島
Gajajima
屋久島
Yakushima
平島
Tairajima
中之島
Nakanoshima
諏訪之瀬島
Suwanosejima
宝島
Takarajima
悪石島
Akusekijima
吐噶喇列島
Tokara islands
上ノ根島
Kaminonejima
小宝島
Kodakarajima
横当島
Yokoate-jima
加計呂麻島
Kakeromajima
喜界島
Kikai
須子茂離
Sukomobanare
与路島
Yoroshima island
請島
Ukejima
奄美大島
Amami Ōshima
徳之島
Tokunoshima
硫黄鳥島
Iōtorishima
奄美群島
Amami islands
沖永良部島
Okinoerabujima
与論島
Yoron

「鹿児島県薩南諸島図」(wikipedia)

白井

白井は方言でシリといいます。目手久の人たちの作場として発達し、明治前期になって亀津村（現徳之島町）に編入されました。奄美群島がアメリカから日本復帰を果たした昭和 29 年には 143 人も住んでいました。しかし、道路整備が進むにつれ、経済基盤が亀津に移り、現在ではわずか 1 世帯が残るのみとなっています。

尾母

尾母は、写真手前の浦久田川に橋が架かるまで、深い谷を大きく迂回しなければ、亀津からは入れませんでした。集落南側（写真左）には伊仙町との境界となる本川が流れ、高さ 60m もの崖になっています。標高 200m の高台にあるため、夏は涼しいですが、霧に覆われることも多い集落です。

亀津大原1 団地（右上）と 2 団地（左下）

大原は、旭ヶ丘とともに県営パイロット事業で昭和 40 年 11 月に誕生した集落で、大字は亀津に入ります。徳之島内の各村や与論島から計 40 戸が入植してできました。交通の便が良くなるまで、子供たちは亀津小学校に徒歩で（約 5km）通っていました。

亀津南原

令和 5 年 1 月時点で 12 世帯、17 名の集落です。近年は「みなみばら」と呼ばれることが増えました。昭和 30 年の統計では 66 世帯、365 人とあって、かつては大きな集落でした。南原は亀津の一部ですが、子供たちは亀津小学校ではなく尾母小学校に通っていました。亀津小学校に通い始めたのは、昭和 30 年代前半になってからです。

亀津全景　琉球支配時代から徳之島全域を統治する機関が置かれていた亀津。今も国や県の庁舎は亀津に置かれています。昭和 42〜56 年にかけて沖合に約 200m、幅約 1500m にも及ぶ埋立てを行い、隣の亀徳集落と一体化しました。

亀徳　明治 20 年までの行政名は秋徳といいます。地元での呼称は秋津です。1609 年、この港で琉球侵攻中の島津軍と佐武良兼掟（さぶらがねおきて）らに率いられた島の人たちとの間で戦いが起き、300 名もの戦死者を出した記録が残っています。

徳和瀬（とくわせ）と諸田（しょだ）　中央に諸田池（1670年築造）が見えます。この右端から海岸線に伸びる小道が徳和瀬（右側）と諸田（左側）の境界です。小道一つ挟むだけですが、琉球時代からノロが２人配置されており、別々の集落として発達してきました。

神之嶺（かみのみね）　方言でカンニと呼ぶ神之嶺。集落全体が海に突き出した小高い地形になっていて、金見、トンバラ、大島、加計呂麻島（かけろまじま）の島々、沖合を走る船が一望できる絶景の地です。右手の小山は、神之嶺小の校歌に「鎮守八幡（ちんじゅはちまん）」と歌われているハチネ（八之嶺）です。

井之川（いのかわ）　薩摩藩の初代奉行所はここに置かれていたとの伝承があります。江戸時代、藩の指定港として御蔵や井之川噯役場（あつかいやくじょう）、津口番所（つくちばんしょ）が置かれていました。徳之島初の寺「安住寺（あんじゅうじ）」も画面右下の小山の前に建てられました。

旭ヶ丘（あさひがおか）

旭ヶ丘には、14 世帯、約 30 名が住んでいます。県営パイロット事業によって、大字井之川に新たに誕生した集落です。昭和 39 年 8 月に入植が開始されました。元はたいへんな荒れ地で、入植は無理だと言われていましたが、母間集落の人たちを中心に 20 戸が移住し、現在に至っています。大原地区と併せて 7 億 1200 万円が投じられ、人々の粘り強い努力もあって 458ha に及ぶ農地が出現しました。

下久志（しもくし）

下久志は、明治 20 年までは久志村（くしむら）と呼ばれていました。明治35年に銅山が発見され、鉱石は、画面手前に流れる三寿里川（みずりがわ）沿いに集積しました。そこから沖合の運搬船に小舟で運んでいました。

集落中央の浜は十五夜浜と呼ばれ、旧八月十五日からの二日間にわたって相撲や力石などの十五夜行事が賑やかに行われることで知られています。

母間（ぼま）　母間集落は、４ｋｍもの長さに及ぶ。手前から池間（いけま）、麦田（むぎた）、花時名（けどきな）の３つの集落の集合体です。麦田は現在、反川（たんかわ）と扇間（おおぎま）の２集落に分けられています。「ボマ」の語源は「フーマ（大村）」であるといわれています。古くから徳之島一、働き者の多い集落としても知られています。

花徳（けどく）　方言でキドゥと呼ばれる花徳は、高台のサトと呼ばれる上花徳と、南側に広がる前川（まえかわ）、海岸沿いの新村（しんむら）の三つの集落からできています。新村集落は、幕末に地元の有志達によって新たに開かれた集落です。薩摩藩（さつまはん）時代、理由は不明ですが花徳は亀津噯（かめつあつかい）の飛び地になっていました。徳之島一豊かな農地を持つことでも知られる集落です。

轟木（とどろき）　轟木は、万田川（まんだがわ）の源流にあたり、水が豊富で「全島口説（ぜんとうくどき）」（各集落の特徴を唄った）では米どころと紹介されている集落です。写真後部の単独峰「大城山（ふうぐすく）」は、徳之島最初の按司（あじ）（支配者）が住んだ山との伝承があります。轟木の人々の一部は大城周辺から降りてきたという伝承が残っています。

山（さん）

山集落は、丘の上の一番高いところに「ナゴロ山神社」が建ち、その海側に里（さと）集落が広がっています。明治時代には、ここに郵便局や小学校もありました。港の周辺一帯は港川（みなとがわ）といい、山小学校から中学校にのびる一帯が内千川（うちかわ）です。かつて大島の西古見（にしこみ）から来る船は、山の港を目安に運航していたそうです。戦前は、軍港もありました。徳之島を代表する良港です。

金見（かなみ）

金見は、方言でカナンといいます。金見岬からは360度をぐるりと見渡すことができる絶景の地です。夏場の大潮のときに見られるオカヤドカリの集団産卵のようすや、ソテツジャングルのコースと合わせて人気の観光地になっています。また、白い砂浜は真砂（まさご）でできており、大変美しいことで知られています。

手々（てて）

手々には、400年以上前の「手々ノロ辞令書」や「ノロ文書」が残り、約450年前の掟大八目の「酒器」や「衣服」、さらには様々な伝承が残っています。古い歴史を秘めた集落です。民俗芸能「手々ムチタボレ」も有名です。

徳之島町史　通史編Ⅱ　目次

現代

第四章　徳之島町の現在　283

（注記）奄美諸島は奄美大島、加計呂麻島、請島、与路島、喜界島、徳之島、沖永良部島、与論島の有人八島からなっているが、その総称として、奄美、道之島、奄美諸島、奄美群島が使われている。本編では、第二次世界大戦後については奄美群島または奄美の語句を用いることにする。というのは、奄美群島（Amami-Guntou）という語句は、卑見（ひけん）の限りでは、一九四五年九月二十二日、徳之島での武装解除に際して、カンドン大佐から高田貞利少将に渡された「降伏文書並びに奄美の武装解除に関する文書」ではじめて用いられたと考えるからである。武装解除に関しては、現代編で取り扱っているので、参照していただきたい。

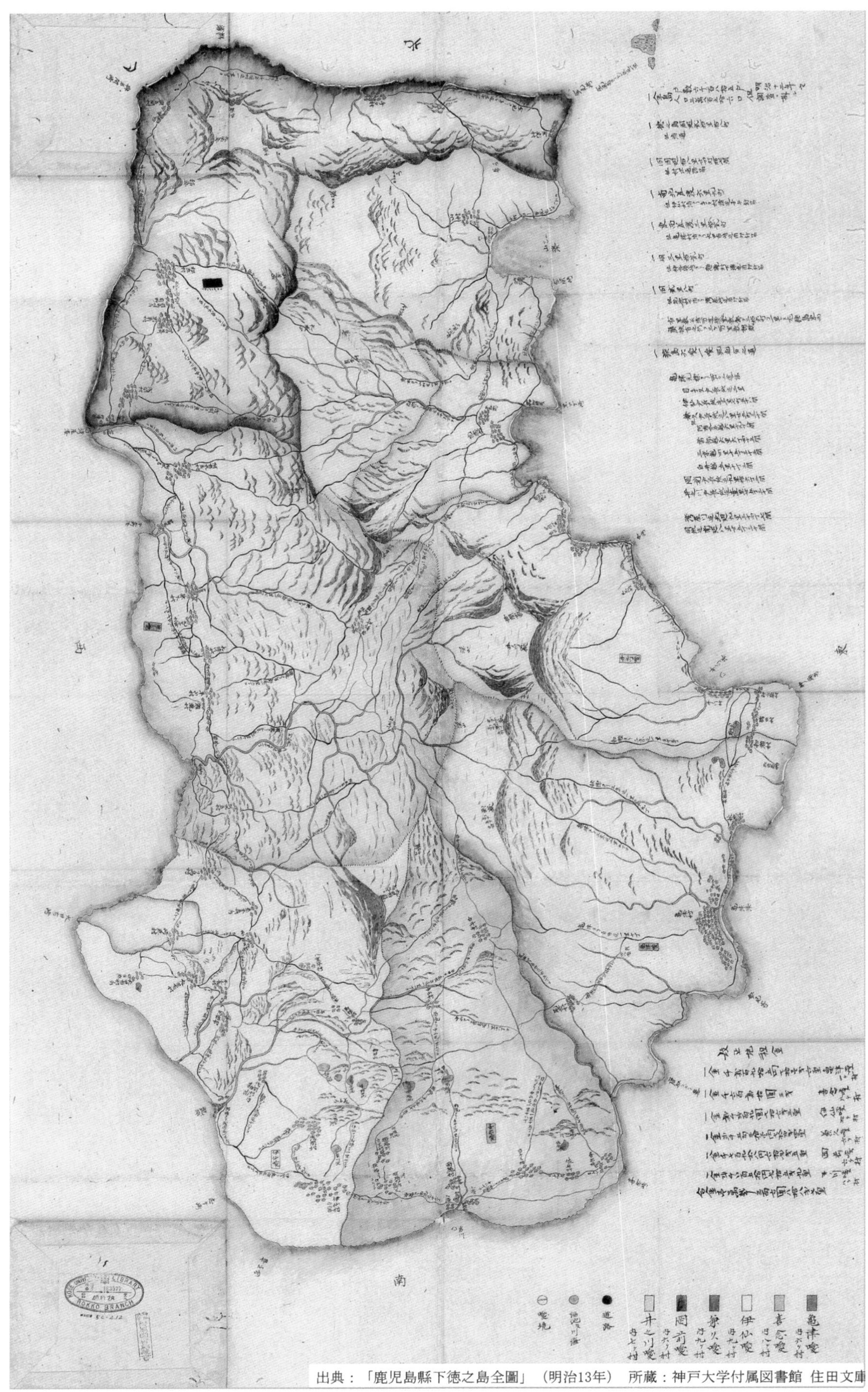

出典：「鹿児島縣下徳之島全圖」（明治13年） 所蔵：神戸大学付属図書館 住田文庫

「鹿児島縣下徳之島全圖」（明治十三年）神戸大学付属図書館所蔵

鹿児島県は明治七年に地租改正事業に着手したが、明治十年の役などにより中断し、再開したのは明治十二年一月になってからであった。この徳之島全図は、竿次帳と呼ばれる土地台帳を調整した明治十三年に作られたものである。

当時、島内は東間切、西目間切、面縄間切の三つの「間切」に分かれ、間切内にそれぞれ二つの「噯」（行政区）が置かれていた。花徳と崎原が飛び地として亀津噯に含まれている。

トンバラ島

金見崎

大字部　金見

興名間

山文

徳山港

一六　　一七

松原

岡前　大
文西

浅間
〇三

土野港

阿布木名

東天城

花徳
田文

七七

久兼

當部
九〇

間闘
文

下久志
文

七

亀津村

井川
文

神ノ嶺
田

諸徳
瀬和
七

大津川

滝瀬
〇三

三京

亀徳
文　五

亀津
八一

亀徳港

西阿木名
文

共
白
七

一六

一六

小島
六

糸名
文

原崎
三

八重竿
五

尾母

伊仙村

文田布

阿権
川〇

馬根

山文
伊

木香
〇目

三

犬田布崎

鹿浦港
山文

阿三
文〇六

仙伊
里古
川〇

福文

検
大
五

鳳
文

念喜大文
群伊

久手目
五

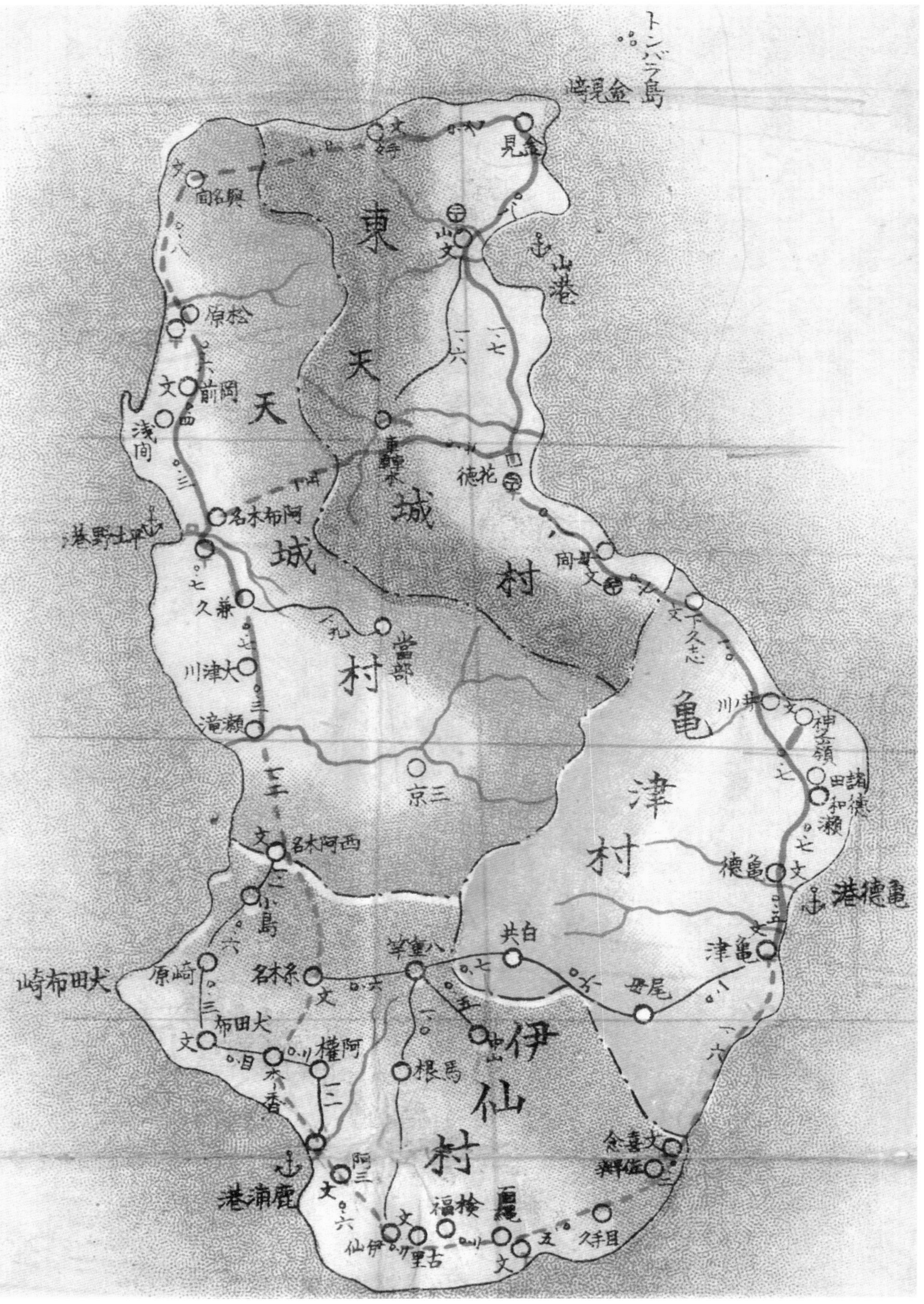

大島郡管内地圖（1／200000）徳之島部分。本地図は昭和初め頃のもの

当時の徳之島には東天城村、亀津村、天城村、伊仙村の四村があった。まだ全島を結ぶ県道は整備されておらず、昭和二年に乗合自動車が運航を開始した際には、亀津～山を結ぶのが精いっぱいであった。

近代

藩政時代から近代へ

徳之島の近現代史における最大の転機として明治維新、第二次世界大戦と米軍統治、日本復帰後の奄美群島特別措置法などが挙げられる。最初の転機となった明治政府の成立は、藩と徳之島という単純な関係から金銭の流通、土地の所有と新たな租税制度の開始、国家主導による教育制度の成立等々で、奄美の島々は近代化の波に洗われることになった。日本あるいは世界の中の徳之島という関係に変化していった時代でもあった。

なお、本編では終戦までを取り扱い、その後を「現代編」として別に扱う。

序章　近現代史を考えるにあたって

奄美諸島は慶長十四年（一六〇九）、琉球国の支配から薩摩藩の支配へと世替わりを余儀なくされた。薩摩藩の領域は、三州（薩摩・大隅・日向）に及ぶ広大なものであるが、奄美諸島は、琉球国に隣接し、太平洋西岸の海路の要衝の地にあって、中国やアジア諸国をはじめ欧米諸国とも人・モノ・文化・情報等の交流・交易があり、薩摩藩にとって重要な存在であった。

明治維新により幕藩体制が崩壊した後も、当分の間は諸制度を継承しなければならなかった。急激な改変は保守派の人々や人民の反感を呼び覚まし、反革命が起きる可能性があったのである。可能なところから順次改革を行い、最後の大きな改革が明治四年七月の廃藩置県であった。これこそが第二の明治維新と称されるゆえんである。藩主を廃止し、各県知事には政府任命の者（官選）をあてがった。これでようやく全国一律の制度が可能となったのである。奄美諸島にとっても明治維新は一大変革であった。奄美は薩摩藩の統治から日本政府および鹿児島県の一行政区画となった。統治及び行政は変わったとはいっても、すぐに諸制度を実施することは不可能であった。地域によっては特殊事情を抱えており、全国一律の制度を実施することが困難であるため、特別・例外的な措置を講じなければならなかった。しかし、明治新政府が発足したことで、国や県からの財政支出・補助によるインフラ投資や企業投資が可能になり、また、身分制度が廃止され、苗字を全国民に義務化し、財産の所有権が認められた。一国民が国政や市町村議会等の公的な場面に出ることも可能になり、教育や地方自治および地方税制度も実施されたのである。

近代社会は、政治・法制度面においては自由・立憲民主主義をとり、社会経済面においては資本主義、競争、効率、利潤等を原則としている。しかしながら、奄美諸島は地理的、社会的、政治的条件に恵まれず、資本、技術、競争、生産、市場などの面において不利であった。それゆえ、

序章　近現代史を考えるにあたって

明治以降の近代化過程において大きな遅れが生じることになった。それでも、明治二十年代には、大島紬やカツオ節、ゆり根のような特産物を生み出し、貧困から脱却するまでにはいかなくとも島の経済を支えることができた。明治末になると、近代的産業の発達によって本土での労働力需要が高まり、奄美からも大量の人口が流出するようになった。鹿児島、阪神、京浜地域との間で人・モノ・カネの交流が次第に盛んになり、定期航路も開設されるようになった。また、国内の狭隘な市場を克服するために、あるいは膨張し続ける過剰人口を解消するために海外への進出も始まり、奄美諸島から南洋諸島や満州などへ雄飛した者も多かった。

奄美にとって大きな変革の第一は明治維新であり、第二の大きな経験は、戦後の八年間、日本から分離されて米国軍政府の統治下におかれ、厳しい生活環境の中で復帰運動を繰り広げ、復帰を実現したことである。そして第三は、復帰後の奄美群島復興特別措置法（後に幾度か名称変更された）の実施である。第四は、まだ進行中であるが、国際化（グローバル）・情報化・過疎化、地球温暖化・脱炭素化、少子高齢化、新型コロナウイルスの流行（パンデミック）、世界自然遺産登録、持続可能な社会と環境の創造などである。

徳之島町には、昭和四十五年に発行した『徳之島町誌』がある。同書は優れた町誌で、島内外の人々によく読まれ親しまれてきた。しかしながら既に半世紀が経過し、その間新たな資料（史料）が発掘され、研究も進展するとともに時代状況も大きく変わってきた。本書『通史編Ⅱ　近現代』は前書を踏襲しつつも、新たな資料等を加え広域的・比較史的視点から徳之島町を位置づけ、叙述することにした。

第一章　幕末から明治時代の概況

大正時代と思われる母間（ぼま）の風景

母間は長さ４ｋｍにも及ぶ大きな村である。徳之島一勤勉な集落としても知られる。写真上部中央の海岸線に黒い岩山が見えるところを麦田という。文化 13 年（1816）、農民一揆「母間騒動」が起きた際にはここに集結し立てこもったと伝わる。明治時代に司法を活用した「三方法運動」を起こした石井清吉も母間に「修学館」塾を開き、塾生と天下国家を論じあったと言われている。明治から大正、昭和にかけて奄美大島に新聞社がいくつもできたが、その創立者や記者たちには母間出身者が多かった。

第一節　近世から近代への移行

図１　明治元年10月の明治天皇東京行幸の様子を描いた武州六郷船渡図（ぶしゅうろくごうふなわたしず、早稲田大学図書館）

日本の歴史において、近世（江戸時代）から近代（明治以降）への移行期に「明治維新」と呼ばれる政治、経済、社会、文化などの大変革（革命）があった[*1]（図１）。この大変革によって近世体制（封建社会）は崩壊し、天皇を中心にした立憲君主国民国家（資本主義社会）が誕生した。

「近代」とは、近世封建社会のあとを受けた資本主義社会をいう。近代社会は、政治的意思決定が法律や民主主義を基礎に行われ、専門化された官僚制組織によってその実行が担われるようになる。経済社会面においては、科学的合理性を基礎として、土地や資本の私的所有に基づく自由競争と市場経済のもとで、利潤追求を第一義とする社会である。近世から近代への移行は、あらゆる側面における大きな質的転換によって実現されたのである。一般的に政治的革命等によって政権が変わっても、すぐさま経済や社会、文化の変革が行われるのではなく、紆余曲折を経ながら長い時間をかけて実現されるものである。

明治維新とは、近世社会の封建的な政治、経済、社会、教育、宗教、文化、民俗等の多方面にわたる制度や慣習を打破し、新たな近代社会の制度や慣習を確立する過程をさしている。明治政府は、中央集権的な立憲君主制を採用して近代化＝資本主義社会の発展を積極的に推進した。日本におけるこのような大きな社会変革（明治維新）は、フランス革命（一七八九〜九九）などに比べると比較的平穏な

＊１　明治維新は英語では Meiji Restoration（復興）と表現されることが多く、フランス革命やロシア革命などで使われる Revolution（革命）を用いることは少ない。「復興」には天皇制へ復帰するという意味がある。

＊２　明治維新前後の内乱による犠牲者は、戊辰戦争で八二〇〇人、西南戦争で一万二〇〇〇人、合計二万二〇〇人であったのに対し、日本の人口の八〇％（二七〇〇万人）のフランスでは内乱と処刑だけでも六五万人、戦争をいれると一〇〇万人に達し、アメリカの南北戦争（一八六五）では南北合わせて五〇万人の戦死者を出したという（山内昌之「明治一五〇年についての所感」）。

日本は幕藩体制の下で、階級・階層間の激しい権力闘争を経ず、比較的スムーズに幕府から天皇への政権移行（大政奉還・王政復古）が行われ、犠牲者を最小限に抑えることに成功した。しかし、反政府勢力の台頭によって西南戦争が勃発し、一万〇〇〇千人余の犠牲者を出すことになった。

状態で行われた。[＊2] 主な事件として大政奉還、版籍奉還、江戸城明け渡し、廃藩置県、徴兵制、学制変更、明治六年の政変、[＊3] 明治十年の西南戦争と政府軍の勝利が挙げられる。このような経緯を経て本格的な近代的国民国家体制が始まった。とはいえ、幕府や大名およびそれらを支えた旧体制は強力で、新たな市民社会の形成は不十分なものであった。明治政府は、旧制度の撤廃と近代社会確立のための新制度の制定・実施を進める必要があった。[＊4]

近代を切り開いた明治維新は、少数の特権階級（幕府・大名、豪族、貴族、教会、僧侶など）による支配から人民を解放し、自由、人権、民主主義を拡充した。しかし、近代化による科学・文化・医療保健・農林水産業・工業・商業・交通・通信・交易の発展などの面で恩恵をもたらす一方で、人類や生態系に深刻な弊害を及ぼす環境問題なども生み出した。なお、明治政府によって実施された封建的諸制度の撤廃と、近代的制度の設置の主なものは次のようなものであった。

①卿諸侯の称を廃して華族の称号を設置、②士族の称号の設置、③身分制度の廃止、④非人の称の廃止、⑤人身売買禁止令の布告、⑥華士族職業選択自由の布告、⑦農民の土地所有許可の布告、⑧農民耕作の自由、⑨土地永代売買禁止解禁の布告、⑩農民職業選択の自由、⑪地租改正布告及び条例、⑫貨幣制度の改革、⑬税制改革、⑭関所廃止の布告、⑮津留（港での物資の取り締り）等禁止の布告、⑯徴兵令の布告及び告諭、⑰学制の布告、⑱警察制度、⑲裁判制度、⑳郵便制度、㉑地方自治制度、㉒議会制度ほかである。

封建的社会を振り払って近代社会＝資本主義社会を育成するためには、国内において右のような旧制度の廃止と近代的制度の創設が不可欠であった。しかもそれらは、統一国家を形成するうえで全国的にほぼ同時に実施していかなければならなかった。そのためには藩単位ではなく、全国一律の制度[＊5]（一国一制度の原則）である必要があった。全国一斉に行わねば不公平が生じ、近代国民国家としてのアイデンティティ（一体性）が欠如しかねない恐れがあったのである。しかし、実際には地方の実情に合わせて進めざるを得なかった。さらに諸外国との和親・通商条約の締結に

＊3　明治六年の政変とは、西郷隆盛、江藤新平、板垣退助等の征韓論が大久保利通、木戸孝允などの反対により、退けられた事を契機に西郷・江藤などが明治政府の官職を辞して下野したことをいう。

＊4　近代的中央集権的国家を確立するためには、中央政府―都道府県―市町村の行政機関を設置し、国の憲法、法律、制度等を全国一律に施行実施させることが必要である。とはいえ、奄美は僻遠の地であり、文化、歴史、言語などの違いもあって、しばしば異なる制度の下におかれた。

＊5　大島美津子によれば、「明治初年から明治二十年代初頭に至る時代は、近代国家としての統治機構がまだ整備されていない、いわば国家体制準備期と呼ばれる期間であった。幕藩体制の廃絶、中央集権国家建設という基本方向は定められたものの、政治、経済、社会の将来に関する基本構想が未確定のまま発足した維新政府は、いわば手探り状態で新しい国家建設に取り組んだのである。（中略）特に統治構造の末端に位置づけられる地方行政組織の分野では、対立が最も具体的な形をとって現れるだけに、難関に直面するごとに既定

よって、世界との貿易通商が活発化し始めたことも混乱を招く一因となった。

明治政府は、近代化を進めるにあたって政府高官や官吏を国内外に派遣し、世界および国内の情報収集に努めた。外国との関係においては、欧米諸国との通商問題や科学技術・法制度導入、アジア諸国との領域問題など様々な課題に取り組む必要に迫られた。また国内においては、諸藩の統廃合、物産、土地、租税、風土、諸制度・慣習など多岐にわたる問題を抱えていた。大政奉還、版籍奉還と体制の移譲を進めたが、廃藩置県後は戊辰戦争で幕府方に加わった藩や、明治政府の藩閥主義や施策に反発する藩（県）*6などの抵抗が強まり、明治政府の権力基盤は脆弱なものであった。したがって明治維新を遂行していくためには、全国一律の急激な変革は難しく、まず体制を固めながら徐々に進めるほかはなかった。幕藩時代から半独立的な存在であった薩摩藩（鹿児島県）などのような地域では、明治維新の諸制度改革の公布・施行は数年遅れることとなり、地理的に遠い奄美諸島・徳之島ではさらに遅延を余儀なくされたのである。奄美諸島における明治維新の真の始まりが、明治八年であるといわれるのはそのような事情による。明治政府が全国に及ぶ支配権を掌握し、鹿児島県に近代化政策を強力に推進することが可能になったのは、明治十年九月、西南戦争終結後のことである。

第二節　幕末維新期の徳之島の状況

幕末維新期の徳之島の状況について、同時代史として記録された文献として、①「道之島代官記集成」、②「嶋中御取扱御一冊」（大島の史料）、③「仲為日記」、④「徳之嶋面縄院家蔵前録帳」、⑤『南島誌』（図2）、⑥吉満義志信著『徳之島事情』、⑦坂井友直著『徳之島小史』、そのほかの史料文献がある。それらを利用しつつ幕末維新期の薩摩藩、および鹿児島県の奄美統治政策と島民の暮らし向きをみることにする。

方針の再検討を余儀なくされ、それが制度改正につながった」と述べている（『明治国家と地域社会』岩波書店、一九九四）。

*6　鹿児島県は、廃藩置県までは、明治政府の諸改革に積極的であったが、その後次第に反政府的傾向が強まってきた。特に、西郷隆盛が下野・帰郷して以降、多くの士族や県政当局者は反政府的立場に立って抵抗した。明治八年（一八七五）九月、大久保利通内務卿は大山綱良県令に県政改革を迫ったが、県令はこれに応じなかった。鹿児島県は明治政府にとって厄介な存在（難治県）であった。そのため、西南戦争に至るまで旧態依然たる状況であった。

『南島誌―徳之島』は、明治六年（一八七三）、大蔵省租税局官吏・青山純、久野謙次郎らが奄美諸島・徳之島を巡察したときに、当時の戸長が書き留めて久野に提出したものであり、徳之島の位置、風土、気候、風俗、言語や島民の生活状態等について次のように記述されている。

「島民三食にカライモを用いる。男女老若の食糧平均一日あたり、一人口につきカライモ三升を標準とする。全島の食糧一日に八〇〇石余、一年に三〇万石余なり。もし、このカライモが不足する時はソテツを食う」とある。しかしながらカライモの作付面積は五〇五町歩、収穫高は一三万石で、年間必要量の半分にも満たない状態であり、これでは腹を満たすことはできない。食事の回数を減らすか、他の食糧（ソテツや粟等）で賄うしかないのである。稲作は五八二町歩余で、年々の収穫米は六〇〇〇石である。その中から、藩への租税（租米）や藩吏や島役人の給米を差し引くと、残りは二〇〇〇石程度になる。これを人口二万七〇〇〇人で割ると、一人あたり一一升になる。これだと一般農家の米食は年に数回程度にしかならなかった。

明治六年はじめ、県令大山綱良は官員三人を伴って奄美諸島を巡回し、金銭融通の事、上納糖無納のことなどを達した。なお、明治六年に第二次廃藩置県が行われたことで、島勤めの藩役人はいったん鹿児島へ引き上げることになった。その際、諸帳面は戸長へ引き渡し、臨時の急務は戸長が対応するように、との言い渡しが県令（権令）から出された。

明治八年六月、大島大支庁が開庁され、県七等出仕 右松祐永、権大属 横山貞那他十一名[*7]が大支庁詰として赴任した。奄美諸島においても藩政から国政へと大きく転換し、立法、行政、司法、教育、貨幣金融、警察、郵便、徴兵、土地の所有、身分廃止、職業選択の自由といった近代化政策が始まったのである。

しかし明治九年九月、戸長・副戸長・抜糖取締役が大島商社と砂糖取引の契約をしたことに全島人民が不服を表明し、混乱が生じた。そこで県から坂元権

＊7 県令（県知事）・支庁長は官選で、県は国の、大支庁は県の出先機関にすぎず、自治権は有しなかった。

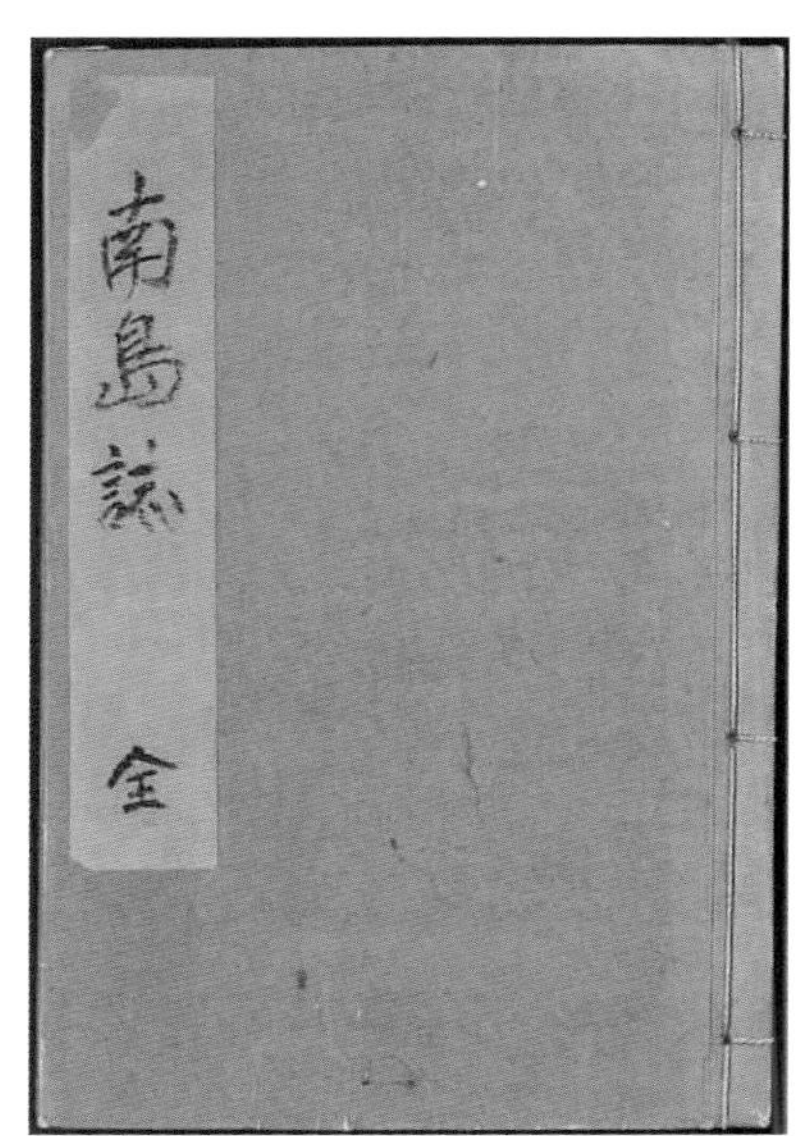

図2　南島誌（明治6年）の津曲氏写本（琉球大学図書館デジタルアーカイブ）

大属、迫田権中属が臨時出張し、各村を巡回説諭したものの人民は納得せず、年明け早々に戸長三人、代表五十余人が直訴のため県庁に上った。ところが西南戦争の開始と重なったこともあって、捕らえられ投獄されたのである。[*8] しかし、その後も全島から多数の農民が鹿児島に上り、大島商社を廃止して勝手売買をさせるよう請願が続けられた。

西南戦争の最中であった明治十年三月、県令に土佐出身で前佐賀県令であった岩村通俊が赴任し、鹿児島県政が刷新された。八月、大島大支庁詰（明治八～十一年十一月）として長崎出身の柿原義則が着任すると、さっそく諸改革に着手した。しかし大島商社との取引問題によって、全島の農民から不満が噴出したのである。柿原大支庁長は、黒糖自由販売運動を主導した丸田南里を釈放し、反対運動の頭目たる衆達層を副戸長に任命するなどして説得にかかったが、かえって藪蛇となり、今度は村役場そのものへの不信・抵抗へと化していった。この状況をみて県庁は、商業に干渉することが無謀で決して継続すべきではないことを察し、突然柿原を解職して、藤井楯雄に交替させたのは明治十二年の春の頃である。[*9] なお、その前年に柿原義則大支庁長から岩村通俊県令宛てに、「奄美の黒糖取引問題に関する意見書」が提出されている。それによると、「農民が自由に砂糖を売買できるよう、独占販売する商社の解体要求を合議のうえ決定した」という柿原の文書に、「解体は既に三年の期限付きである旨、島民に伝えるよう」岩村が返答したという。[*10]

第三節　封建的制度の廃止と開国

明治政府は、慶応三年十月十四日（一八六七年十一月九日）、第十五代将軍徳川慶喜が天皇へ政権返上を奏上したのがはじまりである。この「大政奉還」に続いて、慶応三年十二月九日（一八六八年一月三日）王政復古の大号令（布告第十三号）が発布された。その要旨は、「諸事神武創業の始め、全国民の差別なく、至当の公議を興し、旧来の陋習（悪い習慣）を洗い、尽忠報国の誠を以て奉公す

＊8　勝手売買の請願の為、上鹿し警察に捕らえられて入獄していた五十余名は西南戦争で西郷軍側に出兵し、多くの犠牲者をだした。大島、徳之島、沖永良部島から西郷の人徳を慕って自主的に西郷軍に参加した者もいた。

＊9　人民沸騰（ふっとう）並びに柿原大支庁長解職について「大島郡の来歴」は以下のように述べている（口語調改め）。
「西南戦争後、岩村通俊が県令、柿原義則が支庁長として赴任し、柿原支庁長は人民を説得してなお従前の方法に戻そうとするが、人民はこれに応じない有様なので、再び首謀者丸田南里を捕らえて獄に入れ、更に各村巡視のついでに百方説諭したが、人民ますますこれに反抗し、ついその手段も絶え果て、如何ともすること能はずの状態であった。このような島民の不満・沸騰の中で県令岩村通俊が明治十一（一八七八）年四月、各島巡回を始めたが、岩村県令の乗船する青竜丸が名瀬港に入港するや、かねて準備していた大勢の人民は海岸に雲集し、岩村県令の上陸を待ち、その前後左右より取り巻き、その場において商業干渉の不法を訴え、直ちに解除するよう求めて、岩村

べし」（一部口語調に改め）というものであった。続いて公布された「五ヵ条の御誓文」（布告第一五六号、慶応四年三月十四日（一八六八年四月六日）でもほぼ同じ趣旨が述べられた。さらに新政府は、慶応四年三月十五日（一八六八年四月七日）に明治維新による国民の動揺を鎮めるため、「人民対策」（太政官布告第一五八号）を発した。その趣旨は、人民が徒党を組んで強訴をしたり、集団で村から逃げるようにことを堅く禁止する。もしそのようなことがあれば、早々にその筋の役所に届け出るようにというものであった。「人民対策」には、国民の反政府的行動を事前に抑える意味があった。

なお幕藩体制下においては、諸外国との和親条約（一八五四年）、および通商条約締結（一八五八年）までは外国との貿易を禁じていた。しかし、新政府は慶応四年一月十五日（一八六八年二月八日）、次の内容の外交方針（布告第三三号）を公布し、開国を進めることを宣言した。

「外国との関係については、先の天皇は多年にわたり悩まれておられたが、幕府の誤った対策により今日に至るまでその悪弊が残存している。世の中が一変し大勢まことにやむを得ず、朝議のうえ、和親条約を取り結ぶことにした。ついては、上下一致して疑惑を生ぜず、大いに兵備を充実し、国威を海外万国に照らし、祖宗、先帝の神霊に対答するよう天下列藩士民に至るまでこの旨を奉戴するよう心力を尽くして努めなければならない。」

一方、明治二年、国内においては「関所の廃止」（行政官布告第五九号）を布告した。この布告により、国民は全国どこへでも自由に移動することが可能になった。

明治元年十二月に「農民の土地所有許可令」、明治四年九月七日「田畑勝手作許可」、明治五年二月「地所永代売買禁止令解除」が発布された。これらの新法令は、明治政府が近代的国家を創るために最初に手がけた画期的で最重要な政策であった。藩政期まで豪農などが家来のように抱えていた「家抱人」や、他村からの入村者を差別扱いすること、あるいは農民が農業以外の職に就くことを禁じていた旧慣を廃止。身分に関係なく協和交際するようにし、農業人が農業のかたわら商業を営むことも勝手であると定めた。＊11

県令の通行を妨害したので警察が出張し、漸くのことで仮支庁に入ることができた。そのような状況の下では郡内の巡視は無理で、沖縄を巡視することに変更し、警察に護衛されながら沖縄へと去って行った」

＊10　ハワイ大学マノア校図書館管理番号ＨＷ６４５。

＊11　原文は「従前土地の風俗により、旧慣を私法となし候趣之有、祖先代々召仕候者へ地所を付与致し候分、その子孫に至るまで家抱抔と唱え家来同様の扱いに致し一村の者同輩に見做さず或いは他より入村する者は水呑と唱え、これまた同輩の交わり不致等の類間々之有、人民協和交際の道に背き候間右等旧慣を以て家格相立候儀堅く可令禁止事。（中略）農業の傍ら商業を営み候儀禁止致し候向も有之候処自今勝手たるべき事」となっている。

明治五年八月三十日（一八七二年十月二日）、「人身売買禁止」（太政官布告第二九五号）が公布された。その内容は、「人身を売買し、終身又は年期を設けてその主人の思うがままにすることは、人倫に背く事であるから古来から禁制となっている。しかし実際は年季奉公等、種々の名目をつけて雇い主宅に住まわせ、実際は売買同様の扱いをしており、今後は厳しく禁じるものとする。なお、農工商の諸業習熟のために弟子奉公させることは勝手であるが、七年の年限を設けること。ただし、双方協議の上更に期限を延ばすのは勝手とする。一般の奉公人については一か年ごととするが、引き続き奉公する場合は、契約をそのつど改めること。娼妓芸妓等の年季奉公人はすべて解放するものとする。右についての貸借訴訟についてはすべて取り上げない」というものであった。徳之島においても多くの下男下女が存在し、その布告によって解放されることになったが、中には身代金（米）が支払えずにその立場に留まった者もいた。＊12

以上取り上げた布告以外にも、封建的制度あるいは旧慣を廃止あるいは改めた布告は数多く存在するが、ここでは省略する。これらの布告は日本全国に共通するもので、当然、奄美・徳之島にも適用されるものである。奄美諸島は、政府の立地場所からは遠く不便であったうえ中間機関の存在によって、布告が島民の下に届くには時間的遅れを免れえなかった。

第四節　封建的領有制から近代的土地所有制へ

明治初期のわが国の人口は三三一三万人余、うち平民が約三一〇〇万人で全体の九三・六％を占めている。大島郡の人口は一一万九六九九人、徳之島の人口は二万七三五六人であった。近代化をめざす明治政府にとって、農民・農業の近代化を図るためには、土地制度の改革と旧慣の打破が必須の課題であった。新政府は明治元年（一八六八）八月七日、太政官布告で「諸国の租税等については、その土地の風土をよく弁えずして新法をつくっても人情にそぐわないものとなるから、

＊12　坂井友直編著『徳之島小史』によれば、徳之島では旧来の慣習として下男下女は終身主家の奴隷となり牛馬と分かつことなく使役させられ、下女が若し子を産めば膝素立と称して、また主家の奴隷になることを免れなかったが、明治四年、島中膝素立並びに下男下女は総て、三十歳以上は相当身代を支払わせ身請させるよう達しがあった。これは世の変化に伴い旧弊一洗の端緒を開くもので、いわゆる奴隷解放の福音であった。阿権（あごん）某家の下人前安は、全島の下人を無代で身請させようと企て、片端より順次全島を回り、下人を扇動して老若漏れなく誘い出し、徒党を組み、竹棒を携えつつ示威的に各村を踏破し、奴隷解放に取り組んだという。

しばらくの間は旧慣によるべし」と発した。

土地に関しては、明治元年十二月十八日「農民の土地所有許可の布告」（太政官布告一〇九六号）を発し、「拝領地並びに寺社地等を除いた村々の土地はもとよりすべて百姓の所有地たるべし。*13然る上は、身分の違う面々が買い取るときは必ず名代に届け出て、村内の諸役人は差し支えなく相勤めをなすよう申すべき事」とした。明治四年九月七日には、「農民耕作の自由」を大蔵省第四七号で布告した。その趣旨は、「これまで、食料不足の理由によって田畑には米麦雑穀を主に作付し、桑、楮、漆、茶、藍、麻、藺草、菜種その他の作物は土地に適しているにもかかわらず、あるいは元地頭や領主が差し止めるということもあって作付けをしないということもあったようだが、これからは運輸の便（道路）も良くなるうえに、これまで租税を米で納めていたが、願い次第では石代納も許可されるので、村々の百姓はそれぞれ自分の食料を生産する以外は何品といわず勝手に作付けすることができる」というものであった。また、明治五年二月十五日の「田畑永代売買の解禁」では、「地所の永代売買の件については、従来禁止されていたが、今後は四民（士農工商）とも売買して、所有することが許可される」と指示した。

田畑永代売買禁止令の廃止に伴い、これまでの貢租の対象とされていた郡村の土地を売買譲渡する際にも地券が交付されることになった。こちらは従来の貢租を引き続き納めることとされた。同年七月四日には上記の規定に該当しないすべての所有地に対して「壬申地券」（明治五年壬申の年に発行交付）が交付されることになった。地券の法的根拠は検地帳である。壬申地券は交付の申請に対し、持主・反別・所在などを検地帳と照合して作成された。田畑では検地帳から地券への転記に際して紛争は少なかったが、村共有の林野・入会地では、他の村までもがしばしば紛争当事者となった。続いて明治六年七月二十八日、地租改正条例が発布されるとともに地券制度にも改正が加えられ、壬申地券に代わって一筆の地に一枚ずつ交付される全国共通の地券となり、地租改正条例で定められた地価の一〇〇分の三（明治十年（一八七七）以後一〇〇分の二・五）の新税（地租）が

＊13『南島誌・徳之島』によると、「中古以来全島の村数は四四ヵ村であったが、近時漸く山野を開墾し、明治元年新たに八重竿（やえぞう）村を置き、面縄間切伊仙噯（後に西目間切伊仙噯）に編入して、現在は四十五か村となった。その頃、西目間切兼久噯三京村（かねくあつかい みきょうむら）は二十年来殆ど廃村に向かわんとしていたが、同村の一、二名の者が指導者となって奮起勉励して将に旧に復せんとしている」という（原文の一部を口語調に改めた）。これは、明治維新直後の農民土地所有許可令、人身解放令などの施行によるものである。明治維新の近代的な法令・制度の一端が奄美諸島、徳之島でも藩庁の閉鎖を待たずに明治早々に施行されていたことを示すものである。

課せられた。

明治維新早々、農民の土地所有及び農民耕作に関する「太政官布告」あるいは「大蔵省布告」が全国向けに出されたが、奄美諸島では農民に、いつ、どのようなルートを経由して届けられ、それに対して農民はどのようにそれを受け止めたのかを記録した文書については不明である。昇曙夢著『大奄美史』が指摘しているように、「交通文化に恵まれなかったために、一切の改正布達が数年も遅れて公布実施されるという有様で、せっかく明治維新の福音に接しながら、島民は久しく新政の恵沢に浴することはできなかった」のであろう。

鹿児島県では、明治十二年に地租改正の基礎作業として「竿次帳」を作成している。竿次帳には村ごとの土地一筆ごとに地目（田・畑・宅地・草生地等）、面積、所有者が明記されている。これを分析することによって、藩政時代の郷士格・豪農・普通農民、家人の農地配分が明治維新後、特に地租改正によってどのように変わったのかを明らかにすることができる。竿次帳並びに地租改正については後に取り上げることにする。

（皆村武一）

第二章　近代国民国家建設に向けた制度改革

井之川名田川のかつての風景

井之川の中央を流れる名田川。右側の崖上に井之川八幡神社が建っている。現在、この崖は大きく削られて道路が走る。川底も３ｍほど掘り下げられ、画面中央付近に現在は橋が架かっている。この川は文政２年（1819）に与人の福美らが自費で造ったもので、元の川筋は中央手前付近から左に向かって流れていた。名田川は薩摩藩の指定港である井之川湊に流れ込んでいたが、土砂の堆積に悩まされていたためであった。集落南側を流れるもう一つの川「前川（メーゴ）」も、同様の理由で川筋の変更が行われた。

第一節　廃仏毀釈と神社の建立

薩摩藩の宗教政策として特筆すべきことは、キリスト教のほか一向宗（浄土真宗）が禁止されていたことである。藩のきびしい弾圧によりキリスト教信徒はやがて影をひそめたが、一向宗の信徒は後を絶たなかった。しばしば信徒が摘発されては科料（罰金）・財産没収・流刑に処せられた。士族の場合は士籍を剥奪された。天保十四年（一八四三）の肥後天草の斎藤全水が本願寺に出した上申書に、薩摩で本尊二〇〇〇幅と門徒一四万人が摘発された、との報告がなされている。[*1]

明治維新の政治的理想であった王政復古・祭政一致を具体化するために、明治政府は明治元（一八六八）年三月、「神仏分離令」を布告した。これは神道と仏教を分離させる政策で、その後過激な運動へと展開していった。

廃仏毀釈が全国でも徹底的に行われたのが鹿児島県である。鹿児島県では薩摩藩が藩内にあった約一〇六六といわれるすべての寺院の領地を召し上げ、寺院を完全に取り壊し、二九六四人の僧侶を還俗（僧侶の身分をとりあげる）させてしまった。薩摩藩の廃仏毀釈については島津斉彬の側近であった市来四郎によれば、「寺院を廃し僧侶を還俗せしめ、時勢相当国に用立てようということである。こういう時勢に立ち至って寺院または僧侶というものは不用なものである。（中略）先年水戸家にても寺院廃合の処分があった。真に英断である。皆人感賞するところである」。建白書を作って「忠義、久光に披露したところが即日に決断した」と述べ、藩内すべてが金食い虫の寺院は断じて廃すべきであるという意見になったようである。[*2] 近代化を推し進めていた斉彬や久光にとって、寺院や僧侶は前近代的なもので、近代化・富国強兵にとって障害物であると考えられたのであろうか。

鹿児島県における廃仏毀釈は、国内でも過激を極めたが、具体例として川辺郡における事例を一つだけ挙げてみたい。

*1 原口泉ほか著『鹿児島県の歴史』山川出版社、川田達也著『鹿児島古寺巡礼』南方新社。

*2 市来四郎 岩波茂雄校訂『島津斉彬言行録』岩波文庫。

川辺郡知覧町浮辺の朝隈次右衛門宅には由緒深い内仏があった。この仏像はもともと同町の教行寺のご本尊の阿弥陀如来で、信心深い次右衛門が人知れずひそかに礼拝していた仏像である。明治二年（一八六九）、廃仏毀釈でお寺や仏像、仏具などすべての仏教関連のものはとり壊すことになり、この阿弥陀如来像も隠匿のかいなく取り締まりの役人に見つかり、焼却のために麓の西福寺跡に集められた。次右衛門は大切にしていたご本尊が灰になるのが耐えられず、命がけで仏像を取り返すことを決心、西福寺の広場に行くと、うず高く積まれた経巻や仏具などが白い煙をあげて燃えていた。次右衛門は監視人の目を盗んで、阿弥陀如来像を拾い上げると、自宅とは方角違いの同町小田代の方へ走り去った。そうして小田代峠の二本松の根元に隠し、廃仏毀釈の難を免れた。この仏像は、室町時代に中国から伝わった仏像である。知覧町では、知覧領主の菩提寺の西福寺やその末寺の真言宗の持宝院などすべて廃寺となり、寺領と寺高も没収され、光明皇后（七〇一〜七六〇）真筆の自観心経十五行、弘法大師筆の心経一巻など秘蔵の品々が焼却された。[*3]

奄美諸島・徳之島への仏教の伝来・寺院の建立と廃仏毀釈並びに神社の建立の歴史はどのようなものであったのだろうか。昇曙夢著『大奄美史』には、「大島にはいつ頃から仏教が伝わったか、文献の徴すべきものがないのではっきりしない。しかし徳之島には元文元年（一七三六）、井之川村に安住寺が建立され、住僧玄信が渡島して禅宗を普及し、その後、住僧礼明を経て明和七年（一七七〇）春、住僧白英が渡島し、伊仙村義名山の下に寺を移した記録が残っている。また寛永七年[*4]（一六三〇）には亀津村に弁天堂を建立し、寛文十年（一六七〇）には諸田村には観音堂を建て、文化八年（一八一一）に面縄に弁天堂を建立している」と記している。

吉満義志信編『徳之島事情』（明治二十八年）は、以下のように記述している。

「本島に初めて寺院を置いたのは寛文十年（一六七〇）、諸田村に観音堂を建築し島民はその仏像を信奉して来たが、宝永元年（一七〇四）に寺が破損したため亀津村へ移築し、以後これを祀りしも明治五年に廃寺となった。宝永七年、東間切亀津村字大名当山に弁財天堂を建築し、村社と

＊3　『知覧町郷土誌』及び『南日本新聞』二〇〇一年（平成十三年）二月九日付「廃仏毀釈―報道前夜、世論は沈黙」参照。

＊4　宝永七年（一七一〇）「亀津拝山へ弁財天堂建立」（前録帳）の間違いであろうと思われる。

図１ 亀津の旧代官所横に残る首のない仏像

して今日に至るまでこれを祀る。元文元年辰春、藩主より安住寺仏道を尊崇すべきとの命令が下り、同年東間切井ノ川村へ該寺を建築（住僧は玄信）して全島民の村社とし、戸籍に関する手札等には禅宗と記載した。延享元年（一七四四）亀津村へ移築し、全島一般該寺にし家運長久、五穀豊熟を祈祷して来た。明治五年廃寺となったところ（図1）、その家屋敷等は不用になったので、亀津村の山徳善、柳義昇、安田佐和応、龍禎道、指宿文都志、津留義祐が買い上げ、全島の学生を養成するため、亀津学校へ寄付した。文化九年、弁財天堂を面縄間切面縄村に建築し、村社として村民これを祀る。安住寺が大破し、文政五年に本堂一宇を総横目佐和統、目指喜美川が自費を投じてこれを建築し、その費用を全島に寄付した」

なお徳之島における神社の由来については、「明治二年、当時 島詰官吏代官 谷村竜助が大隅国霧島神宮より皇霊（歴代天皇の霊）を分奉し、亀津村、面縄村、阿布木名村の三か所に高千穂神社を築き（図2）、郷社として鎮座させた。全島四十二村民の氏神として毎年二月九日、九月九日の両日は盛んに祭典を執行し、その日は村民休業して神社に参詣し、家運長久、災疫攘除、五穀豊熟を祈祷した。明治八年、その当時の支庁長 川上東九郎が鹿児島荒田八幡神社より皇霊を分奉して、東間切井之川村、面縄間切伊仙村、西目間切浅間村に八幡神社を築いた。郷社として毎年二月二十三日、九月二十三日の両日大祭典を行い、その日は村民が参詣し、五穀豊穣、安産、毒蛇掃除等をした。東間切亀津村鎮座の高千穂神社を隔てる東の方二十間のところに菅原神社がある。これは明治二年、菅原道真公を分祀したが、現今は高千穂神社に合祀されている。（中略）本島民は宗教を以て、その信徒が相分かれて門派が争うことは全くない。維新以前は仏教を尊崇して来たが、明治二年、高千穂神社各三か方に鎮座し、その祭祀を盛んに執行することとなったので、仏教はやや衰えた。特に明治五年、かつて本島一般の宗旨と信じてきた安住寺は、すべて神旨を信ずることとなり、死者があるときは神葬祭に一変した。その後、本願寺等より度々派出して、善を勧め、悪を懲らしめ、人道を説

図２　亀津麦穂峯の丘に建つ高千穂神社（昭和30年頃）

いたけれども、もとより宗教には関心のない島民なので、敢えてこれを聴くものもなく、今なお神旨を信仰しているのである」

以上のような記録からみるかぎり、徳之島においては県本土におけるような廃仏毀釈、つまり、寺院、仏像、仏具の取り壊しや僧侶の弾圧等は比較的少なかったものと思われる。その理由として奄美諸島・徳之島には藩の島詰役人（代官など）の数も少なく、また仏教が本土ほど浸透しておらず寺院がわずかしかなかったこと、島民の間に神仏の明確な区別がなかったこと、などが考えられる。一方、県本土では島津斉彬や久光、忠義（葬儀を神式で行った）の強い影響をうけた士族たちが、急先鋒となって廃仏毀釈を進めた。

明治初期の鹿児島県下は、厳しい仏教排斥の中、僧侶は潜入したり、信心深い衆徒たちが密かに山間辺地に集まって信仰を続けたりしたので、県当局もこれを完全には抑制できなかった。明治六年（一八七三）になって、明治政府はキリスト教禁止の高札を撤去し、事実上キリスト教の信仰を黙認し、明治八年には信教自由の保護が通達されたが、鹿児島県では依然として一向宗禁止の状態が続いた。その間に多くの寺や仏像・仏具等の仏教に関する文化財が失われることになったのである。その後、明治九年九月五日、政府からの信仰自由の令達を受けて、県参事 田畑常秋の名で、「宗旨の議、今より人民各自の信仰にまかせることと決定したから、この旨周知するように」と布達され、浄土真宗も含めて信仰の自由が認められた。

第二節　廃藩置県と近代国民国家の構築

王政復古によって成立した明治政府は、版籍奉還*5によってこれまで諸侯が領有していた領土と領民を明治新政府（朝廷）が統治することになった。明治天皇は、明治四年七月十四日（一八七一年八月二九日）次の要旨の「廃藩置県の詔書」（太政官布告第三五〇号）を発布した。

＊5 明治二年（一八六九）一月、薩摩・長州・土佐・肥前の四藩主が率先してその領土と人民（籍）の返上を朝廷に願いでた（版籍奉還）ので、そのほかの藩もこれにならった。六月、朝廷はこれを許したので、全国の土地・人民の支配権はすべて明治政府の手に帰することになった。政府は旧藩主を中央政府の任命する藩知事として旧領をそのまま統治させた。鹿児島藩は、旧藩の領域をそのまま継承して薩隅（さつぐう）の二国と日向（ひゅうが）の諸県（もろかた）郡と、奄美諸島を直轄し、ほかに琉球国を属国として支配した。明治三年十月現在の石高は八六万九五九三石余であった。

「天皇が思うに、維新の時に際し、国内に億兆の国民を保安し、外に万国と対峙しようとすれば、名実相整い、政令を統一すべし。諸藩で版籍奉還の議論を行い、新たに知藩事（のちの県令）を任命し、その職を奉じさせる。しかるに、数百年の因襲の久しきこと、或いはその掛け声あって実績が挙がらない者（藩）がある。いかにすれば億兆の国民の保安を維持し、万国と対峙することができるのか。天皇はこのことを真剣に考えている。さて今、藩を廃止し県を設置する。これは、努めて無駄を省き、簡素にして、有名無実の弊害を除去して政令が多岐にわたる憂いを無にするためである。国民臣下は天皇の意図を解せよ」[*6]

主唱者の一人であった西郷吉之助（隆盛）は、「廃藩置県の詔書」が公布されてから四日後の明治四年七月十八日付けで、桂久武宛に以下のような書簡「廃藩置県に関する所懐」を送っている（現代文調に抄訳）。

「天下国家の形勢が大いに進歩し、これまで古い慣習にとらわれていた各藩がかえって奮起し、尾州（尾張藩）をはじめ阿州（阿波国）等の五、六藩が大同小異はあるけれども建言[*7]がなされ、催促を申しあげるくらいで、特に中国地方あたりより東は概ね郡県の体裁に倣うようになっている。既に長州侯は知事職を辞して一般人となられる考えで、原稿も出来ているようである。封土（領地）返還について、全国のさきがけである四藩が実績をあげなくてはおおいに天下の嘲笑を蒙るのみならず、すべてのことが朝廷を欺くことになり、天下国家がどこに帰着するのか知れない。有志の者は議論が紛糾して混乱を引き起こすうえ、外国人からも天子（天皇）の威厳は成り立たない国柄で、政府というものは四方に存在していると申し触れ、とんと国家の形を成していないと申し述べられているようである。現在は、万国に対立し気運開き立っては、外国も勢いづき防ぎ難き次第であるので、公儀によって郡県の制度に改められ、命令を下される時機となった。互いに数百年来の御鴻恩（大恩）、私情においては忍び難き事ではあるが、天下一般この運を逃しては廃藩置県は困難となるので、この十年間を耐え忍ばなければならないのである。この運の展開は人

＊6 安藤良雄編『近代日本経済史要覧』第二版、一九八七。

＊7 官庁などへ意見を申し立てること。

力の及ばざるところと思われるが、この際に乗じ封土献上の魁として天下一般の着眼となった以上は、色々議論が起こってはこれまで勤王のために幕府掃討をなした主意を貫徹できず、特に頼朝以来、私有権を一掃されたご功績も相立ち難くなる。（中略）もともと変動の様子も明確ではないが、この処置を誤ればどのように推移していくのか計り難いことになると存じます。追々、ご報告いたしますが、取り急ぎ、主旨を報告致します」

「廃藩置県の詔書」の発表にもとづいて全国は三〇二県となった。これにより、藩庁は明治四年八月上旬、「鹿児島県庁」と改められ、同年十一月十四日には県参事（県知事）として大山綱良が宣下された。同十一月、鹿児島県域は旧薩摩国と大隅国のうち熊毛・護謨・大島の三郡のほかに琉球国を含めた領域に限定された。*8 明治五年の初め、県庁の機構整備とともに郡制が敷かれ、郡治所を設け、郡長・戸長などの郡官員が置かれた。

同年五月、都城県から大隅国の始良・菱刈の両郡を割いて鹿児島県にあわせ、同年九月には琉球国を分離した。明治七年一月、区長制の導入と私学校派の台頭、県域の分割・統合、県政・地方行政の混乱などが続いた。そのような維新後の混乱のなかで、奄美諸島の統治支配も明治七、八年ころまで旧藩のままの状態が続くことになったのである。

坂野潤治は、廃藩置県の意義及びその実施の困難性について次のように述べている。

「二百五十余年の歴史をもった藩制度を一挙に廃止した廃藩置県は、推進者の動機や社会基盤がどのようなものであったにしても、『革命』の名に値する大変革であった。（中略）しかし、この変革は、ある特定の勢力によって描かれた明確な青写真にもとづいて行われた変革ではなかった」

二百六十余年にわたる幕藩体制を解体・再編成して近代的な国民国家を確立するために、諸制度の改革が行われた。まずは、行政区域を統廃合することによって、藩政時代の血縁・地縁に基づく間切・方・村などを新たな行政区域に改編し、中央集権的な行政システムにする必要があったのである。

*8 廃藩置県直後の明治四年十一月の鹿児島県の石高は三二万石に限定されたが、その後県域の統廃合により、明治五年五月には三九万二四〇〇石余となった。廃藩置県直前の明治四年の鹿児島藩の財政収入は、一四六万五六〇〇両であったが、五年は一一八万八五〇〇両であった。五年の歳入が大幅に減少しているのは、石代金納になったこと、とりわけ、奄美の砂糖専売制が廃止され、貢糖から金納に代わったことによるものである（原口・永山・日隈・松尾・皆村著『鹿児島県の歴史』山川出版、二六九－二七一頁）。

第三節　身分制度の廃止と壬申戸籍調査

明治政府は、天皇のもと国民を一つにまとめた統一国家を形成するため、江戸期のきびしい身分制度を改め、皇族以外はすべて平等とし、明治四年には華族（元公家・大名）、士族（元武士）、平民（百姓、町人など）相互間の結婚を認めた。明治四年四月に制定された戸籍法に基づき、翌年から全国的な戸籍の作成が行われることになった。戸籍法の要点は、①居住地（本籍地）で戸（世帯）を単位として一定方式によって戸籍を編成すること、②六年ごとに戸籍の改正を行い、その正確を期すること、③戸主の地（本籍）、氏名、年齢、族柄、職業を記入すること、④出生、死去、出入等はそのつど戸長に届け出し、戸長は届け出に基づき戸籍を改めること、⑤族制―華族、士族、平民による身分登記の確立である。なお、久野謙次郎編『南島誌・徳之島』によれば、「徳之島の家督相続は、村吏（役人）を奉ずるものはその家を長男に譲り、次男以下は年長に至って分地別居させるが、農民一般の風習は、嫡男および次男など年長に至れば、分地してこれを他に移し、末子にその家を譲与するという。皆戸籍改めの際これをするものとする」とある。

島吏・郷士格の由緒ある家柄では、「家督相続」は嫡男（長男）とし、次男以下は「分家」とした。農家の場合は、成年に達した長男から土地を分地して分家させ、父母は末子が成年になるまで養育し、やがて家督及び土地を末子に相続させ、同居または同じ屋敷内で隠居生活をおくる、という次第である。

「戸籍法」の制定及び「戸籍調査」は、徴兵令や地租改正、税制、学制、選挙などを実施するにあたっての基礎資料となった。

明治五年（壬申の年）政府の命令によって実施された「戸籍調査」は、最初の族籍、身分、性別、年齢にかかわらず行われることになった。奄美諸島では、明治六年に上村少属・国部権少属が戸籍改めのため大島・徳之島などを訪れ、全島民を平民とすることを申し渡した。島民皆平民としたことに対して、しばらく間を置いた明治十四年（一八八一）五月になって、次のような「徳之島士族三十八家身分保障嘆願書」（図３）が鹿児島県令 渡邊千秋に提出された。

「私共三十八家は、旧藩政代において勤労及び荒野開墾、貧民救助、廃村再興その他献糖などの功績により代々士族格に叙せられ、以来身分の届け出など士族名をもって藩主の親聴に達し、諸事士分の取り扱いを受けていたが、旧県官 小宮山少属、染川吏生が下島した際に士族格の者も皆平民籍に編入すると口頭で伝達があった。一同、皆で協議のうえ反復嘆願することになったが、四民平等の時勢となり嘆願を採用することは難しいが、官省への上申に限り平民と記載するとの申し渡しがあった。その趣旨は分かりかねたが、すべて従前通りと思慮していた。特に明治八年、初めて本島に支庁が設置され、九月五日付第四四号により士族格の者は来歴明細書を差し出すよう伝達があり、各人取り調べて届出をした。その後、家督相続および旅行などすべて支庁において処理してきたので、当然士分の義と心得ていた。ところが翌九年の冬になって全国一般に士族格の名称はなく、本県独自のものであること、*9 また本県各郷の武士は明確に士族と定められたことを知り、又々協議のうえ支庁とかけあってきた。廃藩以降去る壬申戸籍調査の際に、支庁を経て出願のため戸長一人が上県したものの、県下騒乱（「西南戦争」）に遭遇し、ついに願意を上達することができずに帰島した。翌十年、仁田支庁長以下が赴任したので嘆願書を提出したところ、士族格の称は無理なはずであるが、伺いのうえ追って連絡をするので、それまでは平民と記載するようにとの口伝であった。（中略）願わくば、特憐を賜り全国一般の例に準じ、無録士族の籍に編入頂きますよう、別紙の由緒を添えて、連名をもって恐れながら再び嘆願 奉ります。明治十二年六月十七日、連名 徳之島亀津 噯 亀津村代々士族格 記 喜美静外三十七名」*10（現代語に改めた）

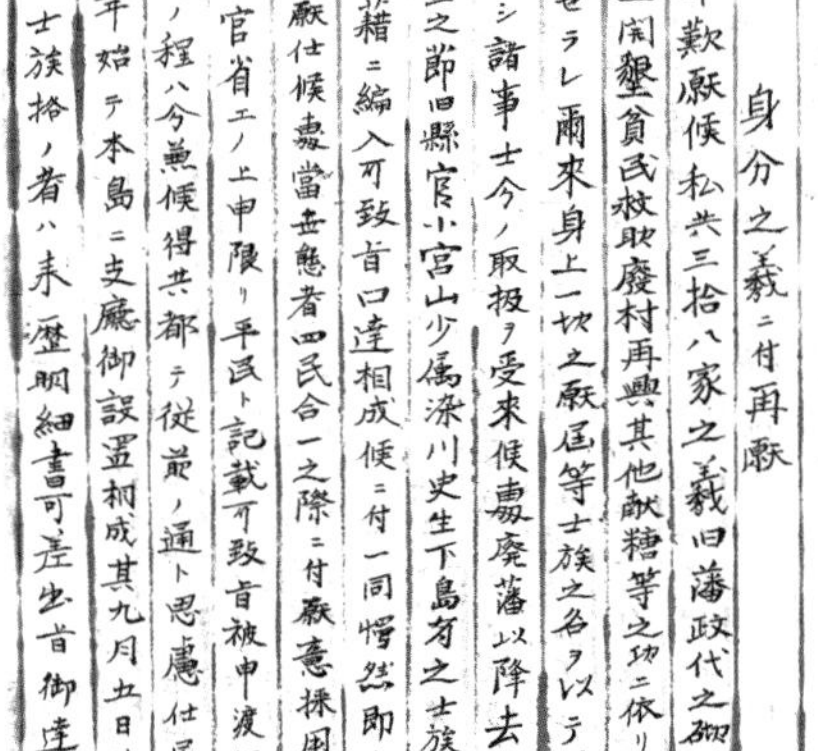
身分之義ニ付再歎
謹而奉歎願候私共三拾八家之義旧藩政代之勤労
及ヒ荒埜開墾貧民救助廃村再興其他献糖等之功ニ依リ代々士族格
ニ登叙セラレ爾来身上一切之願届等士族之名ヲ以テ藩主之親
聴ニ達シ諸事士分ノ取扱ヲ受来候處廃藩以降去ル壬申戸
籍調査之節旧県官小宮山少属染川史生下島之際士族格之者モ悉
皆平民籍ニ編入可致旨口達相成候ニ付一同愕然助チ協議ノ上
反復歎願仕候處當無態者四民合一之際ニ付歎意採用難相成
候得共官省エノ上申限リ平民ト記載可致旨被申渡候ニ付
御趣意ノ程ハ今無候得共都テ従前ノ通ト思慮仕居候殊ニ
明治八年始テ本島ニ支庁御設置相成其九月五日第四拾四号
ヲ以テ士族格ノ者ハ来歴明細書可差出旨御達相成候ニ

図３　徳之島士族三十八家身分保障嘆願書控え（明治 14 年）

＊9　薩摩藩政下の奄美諸島においては武士階級はおらず総て農民であったが、砂糖献上、開墾、村役人等、藩に大きな貢献をした者及び奄美諸島に派遣された藩吏子弟のみに郷士格（士族格）が与えられた。

この嘆願に対し県第五八号で以下のような達しがあった。

「書面願いの趣旨については受領した。士族となった者の家族は、士族の取り扱いを受けるものとする。また一代称呼の者は、一代に限り士族として本人と家督中を取り扱うから、そのように心得ること。　明治十五年六月九日　鹿児島県令 渡邊千秋」（現代語に改めた）[*11]

こうして、壬申戸籍調査で平民とされていた徳之島の郷士格三十八名は士族籍に編入されることになったが、その後作成された地券台帳や選挙人名簿、学籍簿、裁判訴訟に際して原告人あるいは被告人の欄には平民、農民、商業、金貸業、金融業等と記入している者が多かった。

第四節　苗字許可令と徳之島の苗字

藩政時代、奄美諸島の農民は苗字（本稿では「苗字」に統一して使用する）を許されなかった。しかし、藩に大量の黒糖（二〇〜三〇万斤）を献上して財政上の貢献をしたり、道路や河川改修などの公共事業を行って「郷士格」に取り立てられた役人には苗字を付与されていた。ただし一字姓に限られていた。弓削政己の研究によれば、『太家文書』や『芝家文書』に「嫡子迄代々郷士格、苗字被仰付候、帯刀無用、容姿は従来どおり」とある。島津重豪は当初、数十年の奉公により郷士格とすることはよいが、「島人」であるので苗字を用いることは不要であるとした。しかし、勝手方家老の宮之原主膳の再度の進言により一字姓を認めたという。徳之島では、明治初期の時点で三十八家が郷士格を付与されて一字姓を名乗っていた。

明治三年九月十九日（一八七〇年十月十三日）、平民苗字許可令が出され、すべての国民に苗字（名字・姓）を名乗ることが義務付けられた。これによりすべての島民が平民になり苗字をもつことができるようになった。[*12] しかし、明治五年の戸籍調査時点で苗字を持つ者はごく少数であった。

明治八年（一八七五）二月、「平民苗字必須義務令」が通達され、ようやく奄美諸島でも平民が苗字を

＊10 記喜美静以外の三十七名は、龍禎用喜（亀津）、堀嘉智祐（同）、篤勇喜應（同）、阪喜和澄（同）、亀藤盛（同）、津富千代（同）、柳義昇（同）、春義澄（同）、山徳善（同）、盛森昌（同）、紀喜美実（同）、東喜鶴（和瀬）、福美代静（花徳）、林為喜祐（同）、徳任昌（喜念）、竹仁角（目手久）、竹角孫（同）、泉世喜徳（面縄）、院道林（同）、竹角清（検福）、陽福崇（伊仙）、寛義角（同）、伊悦佐（同）、義恭武（同）、関宮屋（同）、永立世（阿三）、栄福基（阿権）、平福憲（同）、糸米千代（糸木名）、時直政（兼久）、松福多美（当部）、榊為基（阿布木名）、西誠祐喜（松原）、琉仲祐（岡前）、奥亀山（井之川）、太頂山（同）、井義美屋（同）。

＊11 『天城町誌』の第五編八項「身分の義に付再願」によれば、徳之島の郷士格三十八家は明治十二年六月八日「嘆願書」を提出し、明治十四年四月二十五日付庶第五八号「書面願の趣聞届候事（聞き届けそうろうこと）」の通達で一代士族と呼称することで許可された。明治三十二年民法制定の際、家を中心とした戸籍法で、身分が公認され、長男は士族となったが、大正三年身分登記制が廃止され、平民同様となった」とある。

持つようになったが、それでも多くの人々はまだ苗字をつけていなかった。明治十一年六月、大島支庁長から「本島人苗字なき者許多あり、速やかに苗字を用いること」との説諭がなされた。このような状況であったので明治五年の戸籍調査は不完全なものにならざるを得なかった。翌十二年に地租改正の基礎作業として「竿次帳」が作成されたが、この時点では全島民が苗字を持っていた。姓を決めるにあたっては、島役人や有識者の手助けを得たのであろうと思われる。郷土研究家の松山哲則（亀津出身）がこの史料を基に、徳之島全島の村ごとの土地所有者の名前を集計している。＊13

それによると、徳之島町域十四か村の苗字数と内訳は、手々村一〇〇（①五一、②四九）＊14、金見村二八（①一三、②姓一五）、山村一一八（①五九、②五九）、轟木村二〇二（①一〇三、②九六、③三）、花徳村一五九（①九七、②六一、③一）、母間村二〇七（①一二四、②七九、③四）、久志村八一（①四二、②三八、③一）、井之川村一二九（①四七、②八〇、③二）、神之嶺村九七（①三五、②六二）＊15、諸田村一〇七（①四七、②六〇）、秋徳村七五（①三六、②三九）、亀津村二七八（①一〇八、②一六五、③五）、尾母村六九（①三八、②三〇、③一）、白井村七〇（①二二、②四八）である（他二町は省略）。徳之島の全四十か村の苗字合計でみると、三四四一（①一七八九、②一六二四、③二七）となっている。徳之島全体としては、一字姓が全体の約五二％を占め、二字姓四七％、三字姓は一％にも満たない。

次に村ごとにみると、一字姓が五〇％以上の村は、手々村、山村、轟木村、花徳村、母間村、久志村、尾母村、松原村、浅間村、阿布木名村、瀬滝村、喜念村、目手久村、面縄村、検福村、伊仙村、阿三村、阿権村、犬田布村、小島村、八重竿村、馬根村、木之香村、古里村の二十四村である。やはり村ごとにみても、一字姓が五〇％を超える村が過半数を占めている。明治三十年代以降になると、本土への就職や上級学校への進学、徴兵制による入隊、結婚などの際に障害や差別の原因となることにより、一字姓を二字姓あるいは三字姓に改める世帯が増え、大正・昭和時代になると、二字姓が過半数を占めるに至った。

なお、幕末期の亀津村の一字姓は八家しかなかったが、明治十二年竿次帳では一〇八家となって

＊12 苗字の歴史は古代に遡るが、時代の変遷とともにその性格や意味も変わってきた。江戸時代の享和元年（一八〇一）「苗字帯刀禁止令」が発布され、武士等の特権階級や一部の庶民（庄屋、名頭等）を除いて苗字を公の場で名乗ることができなくなった。商人や農民でも、もともと武士の家が帰農した場合には苗字があり、上層の農民も苗字を持ち、商人も苗字に「屋」をつけて屋号にするなど、苗字を持つことが許されなかったわけではなかった。明治維新後、新政府は全国民の把握・戸籍編成の必要性もあって、庶民を含むすべての国民が公的に苗字を持つことを義務づけた（明治三年九月十九日、「平民苗字許可令」）（参考文献：豊田武著『苗字の歴史』中公新書、昭和四十六年）。

＊13 松山哲則「明治初期における徳之島の名字について―明治十二年大島郡竿次帳を基礎史料として―」。

＊14 ①は一字姓、②は二字姓、③は三字姓を示す。

＊15 神之嶺は竿次帳によると、明治十二年当時の戸数は二二である。しかし土地所有者は九七氏に上る。このことから、農地の所有者の多くが他集落に在住する人々の所有であったことが窺える。

いる。これは、明治四年の平民苗字許可令以降、平民が郷士格に倣って一字姓を付けたためと思われる。昭和四十四年になると一字姓が二八少なくなっている。その理由として、その九〇年（一八七九～一九六九年）の間に改姓したことや、島内外への転出転入、世帯数の増減といったことが考えられる。しかし、現在でも一字姓の割合は高く、先祖からの苗字を大切に保持してきたことを示している。

第五節　近代教育制度と徳之島の教育

藩政時代における徳之島の教育は、藩の役人や流人を師匠とする私塾が各村で開かれていたようである。亀津村では、藩主建立の安住寺の僧侶による手習いが行われ（**図４**）、読書の出来る者が噯役場の筆子、目指等に雇用され[*16]、長い経験を積んだ者の中から横目などの役職に登用された。

明治五年（一八七二）八月、画期的な教育制度を定めた「学制布告」が出され、教育の近代化の出発点となった。「学制布告」は序文で「人々自らその身を立て、産を治め、業を盛んにして、以てその生を遂げるゆえんのもの他はなし。身を修め、智を開き、才芸を長ずるによるなり。而してその身を修め、智を開き、才芸を長ずるは学にあらざれば能わず。これ、学校を開設するゆえんなり」[*17]と述べている。

「学制」は特に初等教育が重視され、六歳以上の十四歳までの男女すべてに学校教育をうけさせることになった。この教育制度は、全国画一に実施することが要請されたため、地方では経済上の負担などの理由から、不平不満を訴えるものもあった。

徳之島では、明治維新後の廃仏毀釈により亀津村の安住寺が廃寺となり、僧侶も引き上げて空き家となったことから、明治四年、亀津村の有志が相談して安住寺を買い受けて校舎とし、全島から

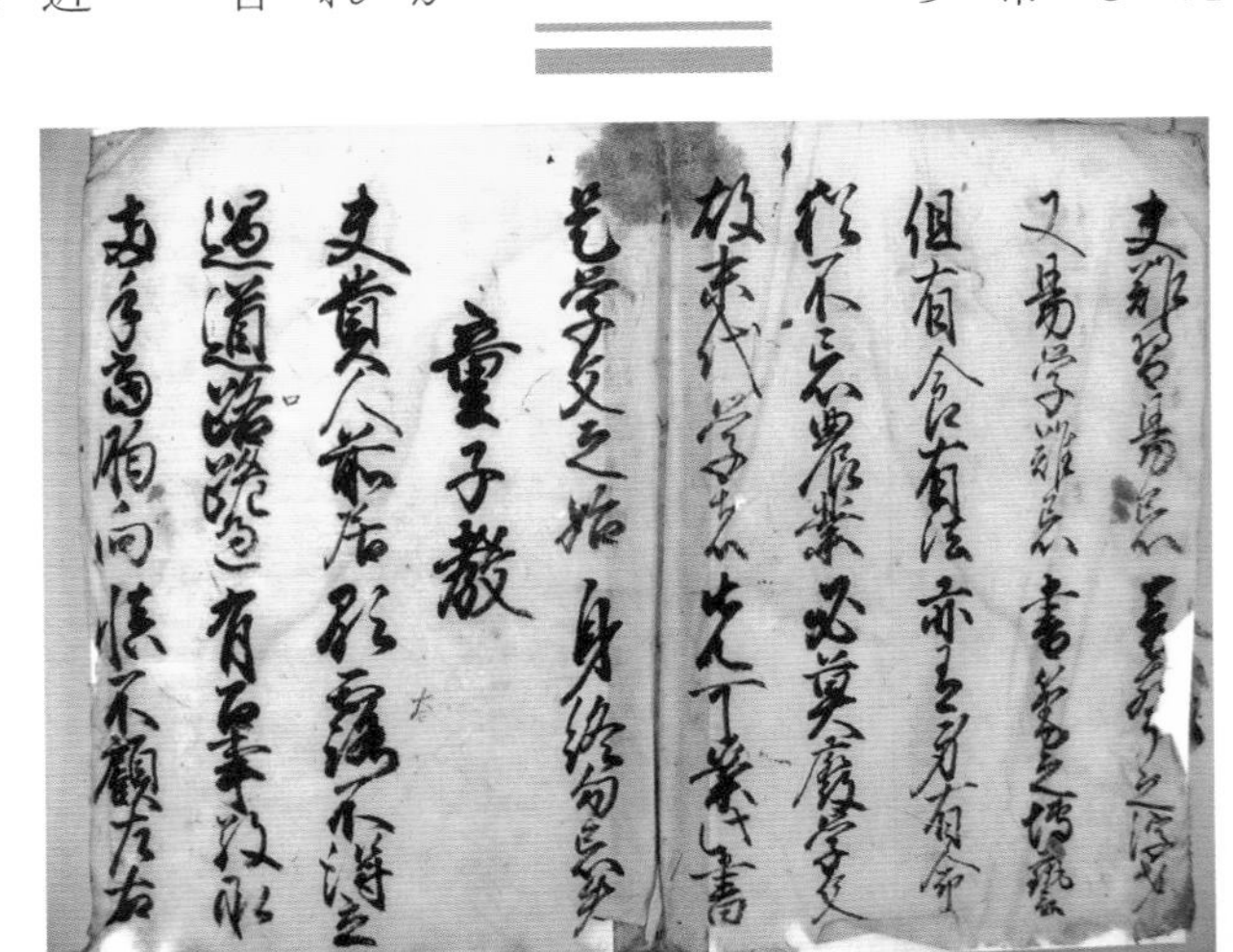

図４　童子教（明治初期までこのような写本を使って子弟の教育が行われた。諸田福田家蔵）

＊16　噯役場（あつかいやくじょう）は、島内に六か所あって各噯ごとの管理を行った。最上位に与人（よひと）がおり、惣横目（そうよこめ）がこれに続いた。役場には横目、筆子、目指などの役人が勤務した。

＊17　大久保利謙他共編『史料による日本の歩み―近代編』。

勉学を志す若者を集めて教育の場としたのである。学校建設に尽くした有志は山徳善、柳義昇、安田佐和応、龍禎道、指宿文都志、津留義祐の諸賢であった。この学校は変則小学校と称される。*18各村々では、亀津に出来た変則小学校の刺激を受け、次々と学校の設立をみた。亀津噯（明治初期まであった行政区名）花徳村に学校建設の動きが出たのは、明治八年八月であった。重安種、松原前瀬、兼福隆、土持徳重らが中心となって学校を設立し、教師に都城県大隅国串良の鎌田清二郎を迎えて開校したのである。これが花徳小学校の始めである。*19翌九年、母間村に学校建設がなされ、教師に鹿児島市易居町の平瀬吉太郎を年給二石を支給して開校したのが母間村の学校の始まりである。同時期に井之川噯諸田に神和田小学校、井之川小学校、山小学校、岡前噯手々小学校なども次々と開校した。いずれの小学校も正則小学校令に則らない変則小学校であった。

明治九年四月、鹿児島県では正則小学校則を定めて、同五月、鹿児島市内の戸長に対して、満六歳ないし十四歳の者はつとめて就学させるように達しているが、僻遠村落校はこの限りにあらずとした。小学校は設立されたものの、資格を有する教師がいないため、徳之島の各小学校では応急措置として履歴書を提出させて教師に採用したようである。*20

明治十二年（一八七九）九月、学制が廃止されて、「教育令」が公布された。教育令は、学制の画一的な中央集権制を改めて、教育の権限を大幅に地方に委ねる方針をとった。学制の基本であった学区制をとりやめ、学校は町村を単位に設置することにした。*21「教育令」に基づき変則学校を正則学校に改めて、徳之島のうち東間切亀津村に小学校一校、面縄間切伊仙村に小学校一校、西目間切浅間村に小学校一校を置いて就学を奨励したので、毎年その数を増していった。

明治二十年、学区を改正して亀津村に高等小学校一校、尋常小学校一校、簡易小学校一校、その他大小村落にはすべて簡易科小学校一八校、分教室一四校を設置し、児童の就学を奨励した。これにより、間もなく男子は一九〇〇余人（学齢者の二〇％）に達した。しかし、この時点における女子の就学者はいずれの学校にもなかった。明治二十一年、前述の各村学校を簡易科小学と改称し、公立

*18 尋常小学校の教科の順序を踏まずに、小学の教科を私宅等で授けるものを変則小学校という。亀津小学校沿革史によれば、「本校は、明治十一年、安住寺跡に新制下等小学校が開校され、創立当時職員三名、児童二十余名であった」とある。

*19 明治八年の全国の小学校数は二万四五〇〇校、児童数約一四〇万人、当時の小学校の校舎の四〇％は寺院の借用、三〇％は民家の借用であった。尋常小学校、下等四年、上等十～十三歳に二つ区分されていた（『我が国の学校教育制度の歴史について』「学制百年」等による）。

*20 明治六、七年、各大学区に官立師範学校設置。各府県はこれらの学校の卒業生を招いて教員養成機関を設置した。明治十年頃から府県の師範学校が整備された。明治十九年には小学校教員免許規則が定められ、小学校教員の資格は、原則①師範学校卒業、②教員資格検定合格者、となっている。

小学校として発足することになり、亀津小学校は尋常小学校と改称された。明治二十三年十月、地方学事規則が発布され、高等小学校は二、三年（又は四年）とし、従来の簡易科を廃して専修科（高等小学校）、補修科（高等尋常小学校）を置くことを定めたが、徳之島の各村学校は簡易科小学校のまま推移したようである。なお明治二十四年になっても女子の就学者がないことは問題であるとして、亀津村有志者は校長の前田甚助訓導と図って、女子教育の必要を説いて勧誘した。これにより四五人の入学者があり、年々その数を増加するに至った。

戸長や県議を務めた吉満義志信は、表1により学齢児童八〇六六人のうち就学者一九二一人、未就学者六一四五人（男女合計）であり、未就学者を就学させるためには、新小学校令が実施される時に当局者が督責を周到にし、かつ保護者の注意がなければ、その半数を就学させることはできないであろう、と述べている。

表1 徳之島全島の就学者数
（明治24〜26年の3か年平均）

地名	就学者数	未就学者数	合計
亀津村他8村	男 545 女 46	614 910	2,115
面縄村外6村	男 456 女 なし	777 1,185	2,418
阿布木名村外5村	男 515 女 5	292 755	1,567
山村外5村	男 354 女 なし	780 832	1,966
計	1,921	6,145	8,066

（出典）吉満義志信編『徳之島事情』21頁

明治二十八年以降になると、それまでの簡易科小学校は統合・合併して尋常小学校となった。明治三十三年八月、勅令を以て新たに小学校令を発布したが、この新小学校令の特色は、授業料を徴収しないことを定め、義務教育を四年として、その上に修業年限二か年の高等科設置を奨め、学科内容を簡潔にして代用教員を認めた点であった。

時代が進むにつれて、国民の教育に対する期待はますます強まり、明治末には学齢児童の九八％が就学するようになった。大島郡内各村でも普通教育は徐々に進捗し、明治四十三年の就学率は全国の水準に達した（**図5**）。徳之島三村の教育状況は**表2**のと

＊21 明治十四年、「小学校校則綱領」制定、教科の内容、時数等を明記するよう指示した。明治十五年頃から全国的に教育が統一化された。教科書は、当初文部省及び師範学校で翻訳編集。その後、教科書の認可制度開始（明治十六年）。

図5 母間小学校（大正5年10月、大正天皇ご即位記念相撲大会）

おりである。

富田嘉則識『島治概要』(明治四十五年)によれば、「明治四十二年の教育状況は、普通教育においては、郡内各村を通じて次第に進展してきている。数年前には就学割合(学齢児童数に対する就学児童数の割合)は、男女平均一〇〇分の八八内外にすぎなかったものが、現在では平均九八%に達している。亀津村では、男女学齢児童数一七一六人に対し就学児童数一六八七人で、就学率九八・三%である。亀津村の明治四十二年度の教育費は一万二五二四円、一戸当たり負担額は七円二八銭で、徳之島三村では最も重い負担額となっている。

大島郡内各島において教育上重要な問題にして、未だ解決をみていないものが三つある。それは、①小学校教員の補充方法、②専任視学の設置、③中学校の設立である。本郡に現在小学校の学級数は総計四六五あるが、これに対し正教員数は二六七人にすぎず、残りは准教員または代用教員を充てている状況である。亀津村においても四校に対し正教員数は二九人にすぎない。僻遠の地にある本郡の正教員を増やすために、鹿児島県師範学校内に本郡女子講習科を特設して、毎年四〇名あてを養成し、二か年で尋常科正教員の資格を得ることとなっているので、今後は多少正教員の補充が可能になることが期待されている。中学校設置の問題に関しては、いまや郡内各地を通して中等教育の志願者は漸次増加し、現在、本県各中学校に在学している者一〇〇名内外、各府県公私立中学校に在学中の者二〇〇名を下らない。今後ますます中学校進学希望者は増加することは確実である」としている。

このような要望をうけて、大正五年(一九一六)に郡内に設立されたのが大島中学校である。亀津村、東天城村の教育環境は本土の他地域に比べて決して恵まれたものではなかったが、子供の教育には骨身を惜しまず、旧制中学、高校、大学に進学する者が少なくなかった。子供たちも進取の気風をもって困難に挑戦して道を開いたのである。*22

(皆村武一)

表2　明治43年度 徳之島三村の教育状況　(出典)『島治概要』明治45年

村名	学校数	教員数	学齢児童数	就学児童数	教育費(円)	一戸平均
亀津村	4	29	1,716	1,687	12,524	7.281
天城村	13	67	3,132	3,094	19,420	5.673
島尻村	7	48	2,162	2,122	15,286	6.575
計	24	144	7,010	6,903	47,230	

(注)学校数は併設及び実業補修校を含む。教員数は正教員のほか准教員代用教員を含む

*22 大宅壮一によると「奄美でも「学制」が実施され、初等教育、中等教育、師範学校、旧制高等学校、大学へと進学し、中央で活躍する人たちを輩出した。戦前、旧制大島中学卒業生の七五%は上級学校へ進学していたが、本

第六節　「亀津断髪」と「学士村」

明治の初めに生み出された「亀津断髪」という言葉は、「進取の気性」と一組にして亀津の風土を表す言葉として、今でも教育の世界では折に触れて取り上げられている。しかし、その精神を言葉で言い表すことは難しい。

亀津断髪

亀津断髪という言葉は、由緒ある家柄や島役人などが、島民に先んじて結っていた髷を切り落としたことから生まれた。断髪が行われた当時は、男女ともに結髪して簪で髷を止めていた。男性の場合、由緒ある家柄の人は銀の簪を二本差し、中流の家柄のものは真鍮の簪を二本、一般庶民は鉄製の短い簪が一本と決まっていたといわれる（**図6**）。その髷を落とすことは、武士が丁髷を落とすことと同様に家格や身分の証を失うことでもあった。

断髪のきっかけは、明治四年八月に政府から出された「散髪脱刀令」であった。散髪も帯刀も勝手にしてよろしい、というもので強制ではなかったが、知事が断髪を強制した福井県では明治六年に反対派三万人による一揆が起きている。鹿児島県では、太政官布告から五年たった明治九年四月、大山県令名で「大島、徳之島、喜界島、沖永良部島、与論島の人民の容貌・制服はこれまで琉球管轄の旧慣としていたが、今後は次第に内地風の容姿を心掛けるよう布達する。このほか平民が乗馬すること、散髪、略服、脱刀は勝手である」と布告した。これを伝え聞いた亀津の主だった者たちが、新しい時代に対応し、他村に範を示す意味もあって髷を率先して切り落としたのである。

亀津村のシュウタ＊23が他村に先駆けて断髪に踏み切ったのには、まず一つには、亀津は「座許」あるいは「仮屋許」と呼ばれ、明治初期まで数百年の長きにわたって徳之島代官所が置かれていたことが挙げられる。武士が常駐し、馬に乗り移動する様子を度々亀津の人々は目にしていた。島民に

土府県の二五％に比べて著しい開きである。亀津町の如きは、「進取の気風」と学問の大事さをいち早く認識して、家族は米を粉にした薄いおかゆを食べて子供を大学に進学させ（「亀津断髪」、「ヤンキチシキバン」など）、大学卒業者の人口比率が全国最高を示していた」（大宅壮一「教育への出血投資—奄美大島視察の中から—」（『南西日報』昭和二十九年三月十三日、第一一二号）。

図6「結髪笄差飾の風」（吉満 義志信「徳之島事情」）

＊23「シュウタ（衆達）」とは琉球時代からの由緒ある家系や、のちに島役人などを輩出するようになった一族などを指す言葉である。

とっての武士は畏怖すべき存在であったが、日々学問を怠らない姿勢や日常の振る舞いは、憧憬の対象でもあったといわれる。また藩政時代、島役人の八割が亀津出身者で占めていた＊24こともあって、本土の情報は役人間の連絡網でいち早く知ることができた。さらには、禅宗安住寺が元文元年（一七三六）に藩主の命により井之川に建てられ、そのわずか八年後には亀津に移築されたことである。以来、住僧の手によって子弟の教育が行われ、その影響は大変大きなものがあったといわれている。

島内各地に流人などが開く私塾があったようであるが、亀津村では安住寺の住僧から学ぶことが多かったと伝わる。そこでは論語、中庸、孟子、大学の四書から始めて詩経や書経といった五経を読み、習字はいろはから学んだという。＊25また、住僧たちは島民の生活習慣を啓発するため、禅宗に基づいた人生観・倫理観も指導していたことが窺われる。禅宗では富貴で安穏な生活を戒めるとともに、「病苦などの困難や艱難辛苦のときこそ大悟は得られる」＊26、あるいは「自分を忘れ、一切の欲を投げ捨てて利他心を起こせば仏性が発揮される」等々とする。その思想の影響は、亀津が生んだ偉大な教育者である龍野定一の思い出によく現れている。定一は幼い頃、父や母から繰り返し次のことを語り聞かされたという。「世のため人のために役立つように働くことを心掛け努力精進し、（略）贅沢を慎み倹約につとめ、質素な生活に慣れて、人のために働くことを楽しむように心がけて勉強に励まねばなりません」（定一の母）、「人生の目的は美衣美食にあるのではない。天地に恥じない生活をして、広く社会を益し、後世に残る活動をすることである」、「泥水土塊を洗う」（父・前定）等々。これらの話は、＊27安住寺の教えが亀津に根付いていたことを推察させるものである。

また、亀津の名家のことを「ワタカリシュウタ」（腹枯衆達。腹が枯れたように痩せていること）といい、その子供たちを「ヒキバン坊ガナ」と言ったが、豊かな家でもご飯ではなく「挽き飯」と呼ばれる玄米の薄いお粥に豆腐の入った薄い味噌汁を日々食したという。この食生活は、安住寺住職の指導によるものであった。このように亀津のシュウタの間には、物欲を軽視し万事に清貧を尊ぶ習慣が根付いていていて、むしろ「ワタカリ」であることを誇りにしたという。＊28

＊24『徳之島町誌』四一七頁。

＊25『南島誌』（明治七年）、『徳之島事情』（明治二十七年）。『徳之島町誌』（昭和四十五年）。

＊26「禅宗」（wikipedia）を参照。また「大悟」とは悟りを開くこと。また「仏性」とは人々が本来持っている仏の心そのもののことをいう。

＊27「郷土の先輩」（昭和四十五年）。なお「泥水土塊を洗う」は定一によると「芋掘りは雨降りの後に行うが、芋についた泥を雨の泥水で洗うのである。泥芋と泥水でも丁寧に洗えば立派に洗えるものである」という。その気持ちで未完成な自分でも気持ちを込めて教育に当たれば、必ず立派な人間を育てることができる。チャレンジする勇気を持ってほしいと、定一はよく父のこの言葉を使った。

＊28『亀津小学校九十周年誌』から龍野定一「亀津小学校と亀津の思い出」（昭和三十四年）。

このように物欲に執着することを避け、精神を重んじる「亀津人気質」とも言われる独特の気風は、保守的なものではなく進取の気性も合わせ持っていたといわれる。その気風は「亀津断髪」（図7）や、後の「亀津学士村」などという言葉を生むことになったが、これは亀津の人たちが自称したのではなく、他村の人たちがこのように評して広まったのである。『徳之島事情』（明治二十七年）によると「（亀津の人は）激高奮発する傾向があって、何の事業も創始して試み、そのうえでこれを全島にその利害得失を波及させ、他村はまたこれを模範として方針を定めてきた。（中略）本島内にて亀津村で衆と呼ばれる人士を指して乱髪組と称することがある。乱髪組の由来は明治八年、一般に旧慣としてあった結髪を改め、内地一般の風に進むべしとの命が下ったところ、（中略）亀津村は他村に率先して乱髪となり、衣類を内地風に変え、（中略）利害得失に関しては概ね亀津村人士から一致団結して論及してくることから、自然に全島から亀津乱髪組と称するに至った」と書かれている。*29

髪を落とした亀津のシュウタやヒキバン坊ガナは、全島の話し合いや村対抗の角力大会、あるいは闘牛大会でも活躍し、論争討議にも強かったことから、ますますその頭髪姿が目立ったという。こうして亀津人士の積極的で進取的な考え方や強さを表す言葉として「亀津断髪」が広く使われるようになったのである。*30

亀津学士村

明治三年（一八七〇）頃、亀津の安住寺が廃仏毀釈により空き家となった。そこで山徳善ら地元有志一同は、教育の場を確保すべく安住寺の土地建物を買い取り、明治四年に変則学校をスタートさせる。生徒は全島から集め、校長に若干二十七歳の山徳峯、講師には二十六歳の福沢福祐と旭福泉をあてた。校長の徳峯は弘化三年（一八四六）十月生まれで、父の徳善は与人を務め、嘉永年間（一八五〇年前後）に精密な徳之島全図を作成した人物である。徳峯は幼い頃から資性明敏（賢いこと）であったので鹿児島に遊学し、その人格の高さや見識の深さから嘱望され栄職に就いたという。孝養のために帰島したが公職に就くことはせず、父らが立ち上げた学校の運営にあたり、生涯を子弟の教育と文化向上にささげた。*31 講師となった福沢福祐は、弘化四年五月生ま

図7　亀津断髪の碑
（昭和42年3月、亀津中学校）

*29「角力」は島相撲のことで、組んで立ち合い、相手の背中を地面につけて勝敗を決める。本土相撲が徳之島で始まったのは、大正時代中期と言われる。

*30『亀津小学校九十周年誌』から龍野定一「亀津小学校と亀津の思い出」（昭和三十四年）。

*31 山徳峯は「徳州南峨（なんが）」の雅号をもち、琴棋書画（きんきしょが）に優れた能力を発揮した。現在も襖絵や掛軸、手習い書の手本などが複数残る。徳之島郷土研究会長などを務めた名城秀時が大島中学に在校中、美術教師から「お前は亀津だね。山徳峯先生を知っているか。亀津という所は稀らしい町だね。明治末の美術年鑑に載る山先生を出しているんだよ」と語っていたという。

れで徳峯より一つ下である、十四歳になった文久元年から安住寺学校が開校する明治四年まで鹿児島の伊地知貞馨のもとで漢学を学んでいた。帰島前に貞馨とともに東北、北陸の視察旅行を行い「資治通鑑」（中国編年史の二九四巻の大冊）を師から送られている。福沢は江戸の昌平黌（諸藩の秀才が集まった）へ進学を進められたが、家督を継ぐようにと父から厳命があって帰郷した。しかし、このことは晩年になっても悔いていたという。福祐の妻めとは記喜美静の四女で、山徳峯の妻しげの妹である。福祐が長崎出張の際に鹿児島まで同行し、西南戦争に出陣する兵達を目撃したという。この時、安田佐和応の娘で龍野定一の母も父佐和応とともに兵士達を目撃している。もう一人の講師である旭福泉は面縄間切検福の出身で、島内に漢学者として知られていたという。伊仙で福泉の教えを受けない者はいなかったと言われ、明治十五年からは面縄村外九か村戸長を務めた。＊32

「亀津断髪」で触れたように、亀津村は他村にない独特な気風と「進取の気性」を持ち合わせていたが、このことは教育にも発揮された。安住寺に学校を創立したのは明治四年のことであったが、これは国の「学制布告」より前のことで、文部省が設置されたのと時を同じくしている。この頃、全国各地には藩校などとは別に郷校というものがつくられ始めていたから、亀津のシュウタはその時代の変化を敏感に感じ取ったのであろう。山徳善らは、鹿児島に遊学している将来有望な若者を呼び戻し、安住寺跡に開校した学校の講師陣としたのである。明治六年に来島した大蔵省租税局一行の久野謙次郎によると、「仮屋許と称する亀津村は他村に比すれば一層怜悧のようである」とし、また「明治四年、民費により亀津に学校を設け、島民を誘導勧学し、官また戸長以下の島吏はこの学校卒業者より選任すべしと命令したので、みな競うて学習するの風になった」と報告している。こうして亀津の変則学校は、全島から五〇名の有望な若者を集めて教育を開始した。

明治八年に県に学務課が設けられ、十二月、教員養成機関として小学正則講習所が開設した。この講習所は翌年三月に鹿児島師範学校と改称し、満十八～三十五歳で学力のあるものを試験の上、各地から選出して入学させた。徳之島からは旭福泉と上村清堅が入学し、一斉教授による正則教授

公職を望まなかった徳峯であるが、明治十一年から山郵便局の初代局長を八年ほど勤め、二十年から亀津村外六か村戸長、その後県議を務めた。戸長時代に大瀬川の改修工事を行い、その後は川の氾濫が治まったと言われている。徳峯の名前は大学者として県内にも知られた。その眼は常に広く、本土と島の将来に向けられていたという。亀津の居宅（現在南区公民館）に紬工場を建設・指導し、図案制作も行った。本川近くで白糖製造の研究も行っている。

徳峯には有良という一人息子がいたが明治三十一年に三十四歳で死去。徳峯はその翌年に亡くなった。五十三歳であった。

＊32「徳之島先駆者の記録」、「徳之島町誌」四二二―四二三頁、「亀津小学校沿革」。

法を学んだ。旭は師範を修了したのち、明治十一年から亀津に設置された徳之島教員仮伝習所教員となったようである。この伝習所には県から小野正尊も派遣され、次々と開校する学校の教員不足に対応した。[*33]また上村は、亀津噯立の正則小学校としてスタートした亀津小学校の教員となった。[*34]

明治二十一年、亀津小学校は旧安住寺から代官所跡地東隣に移転。このときに尋常小学校となった。三年後、四年制の高等小学校が隣地に新築併設され、[*35]校長として「亀津学士村」のきっかけを作った前田甚助が赴任してきた。前田は加治木の出身で、高等師範を出て間もなく抜擢された青年校長であった。気骨溢れ、厳格で見識も高く、若いがすでに風格を備えていたという。前田の息子には、第十航空艦隊司令長官を務めた前田稔海軍中将（明治二十六年二月生）と、終戦直後のインドネシア共和国建国に重要な役割を果たし、後に同国から建国功労章を送られた前田精海軍少将（明治三十一年三月生）がいる。後に子息を立派に育て上げることになる前田が、亀津小のみならず、村全体に与えた影響は大変大きなものがあったと語られている。感化を受けた子供達や一般青年達は、向学の精神に燃え、天下の一人者になることを志して刻苦勉励するようになったのである。[*36]

明治二十四年、赴任して間もない前田は女子教育の必要性を村の有志らから聞き、早速に女子教育がいかに大事なことであるかを村人に説いて回った。すると同年には四六人の女児が入学し、以降は順調にその数を増やしていった。また、前田は法令にとらわれず子供の教育にあたるところがあり、奥山八郎は一年生の途中で二年生になったというし、龍野定一も姉が子守代わりに毎日のように一緒に学校へ連れて来ていたら、前田の判断でそのまま二年に進学している。[*37]

亀津小学校出身で初めて学士となったのは、久留義郷（明治十一年生）である。久留は前田校長から直接指導を受けることはなかったと思われるが、鹿児島中学造士館から熊本の五校、東大法科を出、泉二新熊（現・龍郷町出身）とともに大島郡初の法学士となった。さらに郡初の高等文官試験の合格者でもあった。しかも警視庁創設者の川路利良の孫娘を嫁にもらったので、島内外で大変な評判を呼んだ。

＊33　32に同じ

＊34　「徳之島沿革概要」（福岡富隆）なお、鹿児島県師範学校史料によると、旭福泉は実名であるが、上村清堅は徳長清堅とある。

＊35　当時この学校は全村共同で建設したことから亀津村外四十八か村立高等小学校と呼んでいた。

＊36　『亀津小学校九十周年誌』から龍野定一「亀津小学校と亀津の思い出」（昭和三十四年）。なお、戦前から戦後にかけて日本を代表する教育者として「東の小原、西の龍野」と評されたが、小原（明治二十年生）も鹿児島の出身で前田甚助校長の薫陶を受けている。

＊37　36に同じ。

久留が高校、大学と進学したのは明治三十年代であるが、このころの高校は、ナンバースクールと称された八校しか国内にはなかった。学生数は全国にわずかに五〇〇〇人ほどで、大正七年に高等学校令が改正された時点でも六八〇〇人弱であった。一学年あたりでみた学生数は二二五〇人ほどである。この数は、同時期の旧制中学卒業者のわずか一〇%弱しか進学できなかったことを示している。中学進学も難しいことを思うと、旧制高校に進学することがいかに大変な事であったかが想像できる。一方で大学はというと、大正七年の大学令が出されるまで東京帝国大学(明治十年、**図8**)、京都帝国大学(明治三十年)、東北帝国大学(明治四十年)、九州帝国大学(明治四十三年)の四校しかなく、定員数も大正五年時点での合計は九七〇〇人ほどであった。一学年あたりでは二四二五人である。この数は旧制高校卒業者数とほぼ同じであったので、医学部などの特に希望者が殺到する学部に拘りさえしなければ、そのまま高校から進学ができた。そのころの慶應義塾や早稲田は大正七年の大学令が出されるまでは専門学校と言い、大正五年時点になると九〇校に増えたが、それでも学生総数は四万二〇〇〇人であった。一学年あたりでは一万人強にしかならず、進学者数は極めて少なかった。[*38]

このように東京在住であっても大学まで進学することは稀であった時代に、生活は貧しく僻遠の地である亀津小学校(**図9**)から、大学あるいは高等師範、専門学校などへ数多くの若者が進学していったのである。後に「日本一の学士村」と呼ばれたが、明治四十年代以降の二十年間で帝国大学卒業者は二八名に上り、これは県単位の学士数と同等であったという。[*39]このほかにも専門学校などへ進学したものは数えきれないほどであった。

亀津小学校から中学、高校へと進んだ学生たちには弁護士を目指すものが多かった。先に述べた久留義郷の影響はもちろんであるが、それ以上に大きかったのは、明治二十年頃から徳之島に在島していた三重県出身の石井清吉の存在であったようだ。石井は、慶應義塾で学んだという法学の知識を活かし、明治二十一年から群島内で「三方法運動」を開始した人物である。母間、亀津、西阿

図8　東京帝国大学赤門(明治38年1月、wikipedia)

＊38　『我が国の学校教育制度の歴史について』(平成二十四年一月、国立教育政策研究所)、「明治六年以降教育累年統計」(文部科学省)などを参照。

＊39　徳田基氏作成資料による。なお『ともしび　指宿家の回顧録』(昭和六十年二月)に「旧制鹿児島一中時代に、日本史を教えてくれた宮崎出身の吉留という恩師がいた。この先生が話された記憶に残る一節がある。それは、当時徳之島出身の学士さんの数は宮崎県全体に匹敵すると言われた」とある。

木名（ぎな）などに塾を開き、そこでは塾生たちと天下国家を論じ合い、さらに各村を回って福沢諭吉直伝の政治思想や自由民権思想、産業経済振興策などを精力的に説いて回っていたといわれている。*40

石井が進めた「三方法（さんぽうほう）」運動の主題の一つに、農民の「負債償却（ふさいしょうきゃく）」問題があった。利息が高すぎ、借金に借金を重ねた農民達は加速度的に負債が膨れ上がっていった。商人達も証文ばかりが増えた。解決の糸口すら見つからず、両者でトラブルや騒動ばかりが次々と起きていた。石井はそこに新たな概念として法を持ち出した。黒糖取引商人が農民に課した利息や契約内容は、明らかに違法で無効である、と述べたのである。当然商人たちは反発したが、石井は裁判に提訴を開始し、商人側も契約違反で裁判に訴えた。しかし裁判においては石井たちの主張が認められ、黒糖商人ら資本家の訴えは棄却されていった。

その裁判の最中、警察は農民を扇動した容疑で石井を連行した。うわさを聞いた島民たちが警察署の周囲に集まり、その様子を盗み聞くなかで取り調べは行われたようである。そこでは石井が警部と署長に対し「君たち」と呼び、「負債償却、勤勉、節約の三方法は純然たる民事問題で警察は干渉できないはずである。そもそも君たちは農家の実情をまるで知らない」などとして逆に叱り飛ばしていたという。ついに警察は尋問することをやめ、石井に丁重にお茶などを出して帰したのであった。この様子を聞いていた村人たちは、法律を知っている人の強さ、石井清吉の偉さを痛切に感じ、石井はいっそう生き神様のように尊敬された。その様子は全島で大きな話題となり、石井が唱えた法治国論は亀津断髪の青少年に強い影響を与えたと伝えられる。この事件は明治二十年代後半のことであったから、裁判での勝利も相まって、後に亀津が学士村として名をはせた際に法学士を多く輩出した大きな要因となった。

亀津村が「日本一の学士村」*41と呼ばれたころ、すべてではないようだが龍野定一が「教育亀津創立九十周年誌」（昭和四十四年）で人物を紹介しているので、次に挙げてみたい。まず帝国大学に進んだ人々である（「帝国」を省略）。まず久留義郷（ひさどめよしさと）（東大法学部）、上村清延（かみむらきよのぶ）（東大文学部）、山（やま）善四郎（山徳峯の孫・京

図9　亀津小学校卒業写真（明治45年3月）

＊40　徳州新聞『亀津断髪　その歴史的展望』（昭和四十二年三月～五月）

＊41　戦前、鹿児島朝日新聞に「日本一の学士村」（村の人口比）として紹介されたようである。

大工学部）、紀宣雄（東大医学部）、奥山八郎（東大法学部）、山平寿（山 徳峯の孫・東大理学部）、坂喜登（東大法学部）、福沢文夫（東大法学部）、平野登（平野安陽の弟・京大法学部）、上村清光（東大法学部）、篤晴興（東大法学部）、奥山五七（東大法学部）、安田重雄（東大法学部）、亘元啓（東大法学部）、龍野隆直（定一の弟、東大法学部）、川浪知熊（京大工学部）、伊地知休三（知熊の弟・九大医学部）、福沢憲元（徳重次男・東大医学部）、安田豊雄（重雄の弟・東大文学部）、吉満義彦（東大文学部）、徳武義（京大法学部）、徳田基（京大法学部）、坂速雄（京大法学部）、当文哉（京大理学部）、富田富二（京大経済学部）、新田文敏（東大経済学部）、小川文良（東大農学部）、福島忠勝（東大薬学部）、以上が昭和二、三年頃までの学士であるが、ほかに漏れている人もいるかもしれない。いずれも俊才ばかりであるが、中でも吉満義彦（図10）は、一中から東大まで首席で通し、卒業間もなく上智大学教授に抜擢された秀才で、今後彼を超えるカトリック哲学者は生まれないだろうと言われている。鹿児島一中時代には、吉満の猛烈な勉強ぶり、努力ぶりを末永く称えるとして校長室に机と椅子が飾られたほどである。吉満のことを「天使のような哲学者」と評した話も残っている。＊42 小林秀雄も「あれだけの学者は日本国中ほかにいない」と言った。昭和二十年十月に若くして結核で亡くなったことは、未だに惜しまれている。

大正七年、早稲田や慶応などの専門学校が大学に昇格するまで、大学は帝国大学の四校しかなかった。このため進学を希望する者は、全国に四校しかない高等師範に入るか、各県に置かれた師範学校、あるいは官立・公立・私立の医学系専門学校、高等農林学校、高等商業学校などに進んだ。中でも高等師範学校は授業料が無料のうえ、政府から金銭（学費と被服費）が支給されたことから、帝国大学などに進学できない貧困家庭から優秀な人材が集まったといわれる。亀津小学校からも東京高等師範に徳三宝、盛島角房、広島高等師範には龍野定一が進学した。平野重範、納武津は早稲田に進み、明治法律学校ほかの専門学校に進んだものは坂、盛島、小勝、福永、龍野、福沢、柳、紀等々数えることができないほどであるという。医師になったのは平野安陽、安田豊敏、実角豊らがおり、師範学校を出たものは鶴田善明、義岡元裕喜、龍野前富佐、紀喜美明、上村清松、堀孟子、

図10　吉満義彦（左が義彦。昭和10年頃、パリ）

＊42　「吉満と泉」中山朋之（雑誌『潮風』一九九四年に連載）、『世紀』（一九五五・十二月号　吉満義彦教授を偲ぶ）。

安田豊重などがいる。中には関西学院から大正十二年にプリンストン大学に進み、アメリカで牧師として活動を行った徳憲義もいる。また、同文書院には紀野光彰、福沢重三、一橋高商に貴島休蔵などのほか、出身校は不明ながら弁護士の徳田禎重、中央気象台で活躍した奥山奥忠、奥山光茂、児島鴻胤、春田季郷等々、各界で活躍した人は多い。

このほか経済的な問題で鹿児島一中や二中、加治木中、沖縄中などに進み俊才と言われながら高校への進学をあきらめた人、あるいは明治四十年、七高に三人（吉岡、福島、新田）そろって合格しながら中退した人もいる。このようにわずか二十年ほどの間に亀津小学校から多士済々の人材を輩出したが、ここでは紹介しきれない。

「亀津学士村」が生み出されたきっかけは、前田甚助校長の見識の高さと志の高さが亀津の気風に合致したことにもよるが、その原動力となったのは「亀津断髪」の精神であったといわれる。指宿家の回顧録『ともしび』に「（「亀津断髪」という言葉は）断髪を他に先んじて敢行した郷土の先人たちに恥じぬよう、何事も進取の気性を以て積極果敢にとり組むべきで、いささかの優柔不断も許されないのである。とくに勉学の身においては、他に遅れをとってはならぬとの示唆に富んでいた」のである。

また学士ばかりでなく、モンゴルの独立運動に一身を投げうって取り組んだ盛島角房、少年院の矯正活動を世界に誇るレベルへと改革した徳武義などのように、亀津小学校からは大変多くの人徳者を世に送り出した（**図11**）。龍野前定が息子の定一に「多くの大臣などよりも二宮尊徳先生や杉浦重剛先生、福沢諭吉先生などがどのくらい世の中のためになり、多くの人を幸福にしたかを考えてみよ」、「人の世では人間ほど尊いものはない。その尊い人間をすべてよく教えて育てる教育者ほど尊いものはない」と教育していたように、安住寺住僧の教えばかりではなく、それを受け入れた亀津の風土そのものに「博愛の精神」が育まれていたのかもしれない。

（米田博久）

図11　亀津尋常小学校（昭和10年頃、全校遥拝式）

第三章　地方三新法と徳之島の行政と財政

戦前の亀津の景観

高千穂神社から撮影された大正時代のものと思われるこの写真には、ほんの２・３軒だけ瓦屋根が葺かれている。護岸らしい護岸はなく、台風の大波が打ち寄せると集落が数十メートルにわたって洗い流されることがあった。亀津に護岸が整備されたのは、昭和30年代に入ってからのことである。飲料水も水道が30年代半ばに引かれるまで、大瀬川の水を飲まねばならなかった。昭和の高度成長が始まるまで、亀津では江戸時代と何ら変わらない生活が続いていたのである。

第一節　郡区町村編制法下の行政と財政

わが国は明治元年（一八六七）、中央政府―地方政府―市町村の行政機関を設置して新たな近代的中央集権国家として出発した。中央集権国家といえども地方住民の声を無視することはできない。江戸時代から地域や村には共同体としての自治が存在していた。近代日本も地方自治をいかなる制度にするか大きな課題であった。明治初期は江戸時代の自治体を継承しながら徐々に改編していく方向を採った。明治維新以降のわが国の地方自治制度の変遷（へんせん）過程の中で、大島郡並びに徳之島の行政、自治制度も大きく揺れ動いた。

郡区町村編成法下の群島行政

明治四年の「廃藩置県」によって、薩摩藩は鹿児島県となり、奄美群島も鹿児島県の行政下におかれた。支庁（後の島庁）の行政区画は、琉球国以来の「間切（まぎり）」の制度を採用しており、徳之島は引き続き三間切に区分された。＊1 同年四月、戸籍法が制定され、従来の町村の区域とは別の行政区画（大区小区制）としての「区」が設けられ、区ごとに官選による戸長、副戸長が置かれた。戸長、副戸長は、もともと戸籍事務のみをその業務としていたが、やがて一般行政事務をも所掌（しょしょう）することになった。しかしこの「区」制度は、近代化を急ぐあまり固有の慣習から乖離（かいり）した、地方の実状にあわない制度であったことから不評であった。この失敗に対する反省および自由民権運動の高まりにより地方政治への住民の参加の必要性が求められるようになってきた。

明治六年八月、鹿児島県は県下に六支庁を置くと決めたが、第六支庁（大島）の開設は実施に至らなかった。島役人の与人（よひと）は戸長、間切横目（まぎりよこめ）は副戸長と改められた。他の役人名は従来のままであった。翌七年の秋に、代官以下の在番所役人は事務を島役人に託して引きあげ、八年六月、在番所を廃止して代わりに名瀬に大支庁を置き、喜界島、徳之島、沖永良部島、与論島にそれぞれ

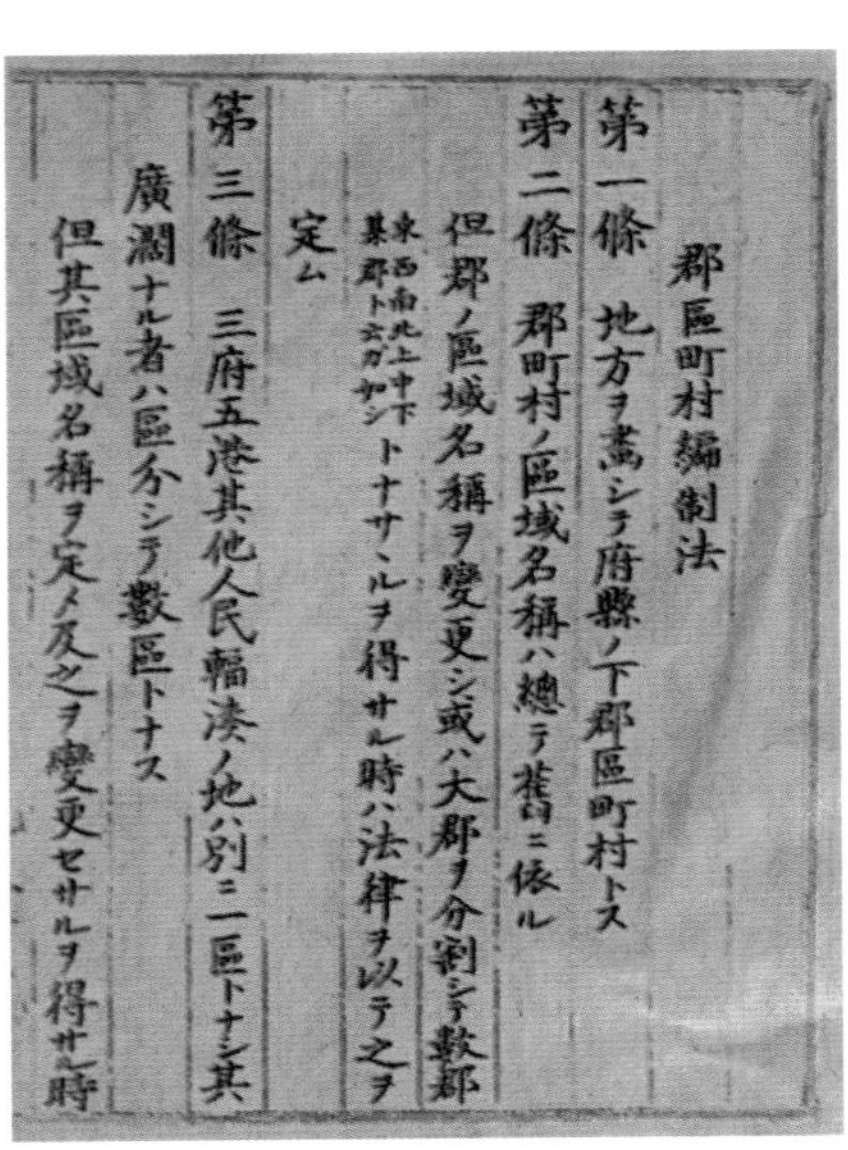

図1　郡区町村編制法（国立公文書館蔵）

＊1 藩政時代の徳之島は東間切、西目間切、面縄間切の三間切に分割されており、現在の徳之島町域内には**亀津噯**（かめつあつかい）【亀津村、尾母村、崎原村、秋徳村（亀徳）、和瀬村（徳和瀬）、花徳村の六村】と**井之川噯**【井之川村、神之嶺村、諸田村、久志村（下久志）、母間村、轟木村、山村の七村】からなっていた。徳之島の三間切制は明治維新後の廃藩置県後もしばらくは藩政時代の行政的区分を保持した。

支庁を設置した。徳之島支庁は亀津に設置され、官吏が配属された。

明治十年（一八七七）三月、土佐出身の岩村通俊が鹿児島県知事に就任し、同年八月、大支庁長に柿原義則が官吏四人、警視二人、巡査三〇人を伴って着任すると各島に官吏を派遣した。

明治十一年三月十一日、大久保利通は三条実美太政大臣に「地方の体制等改正之儀」を提出した。起草者は松田道之内務大書記官である。これにより、全国統一の本格的な地方自治制度となる「地方三新法」（「郡区町村編制法（**図1**）」「府県会規則」「地方税規則」）が制定され、七月公布された。

鹿児島県においては、西南戦争で荒廃した県本土の復興資金調達のため、政府から奄美諸島の行政は県の直接統治が承認されていたが、十二年二月に郡区町村編制法に基づいて、郡区画及び郡役所位置が定められ、大島支庁は郡役所に改められた。この法令によって、鹿児島県会（県議会）が設置されて亀津村（ほか五村）も自治体となり、戸長（村長）は公選となった。明治十二年、鹿児島県庁は『鹿児島県治一覧表』を発刊したが、それによると「南海五島は、明治十一年四月に大隅国に属し、大島郡を置かれる。そのため五島の支庁を廃し、郡役所を大島（金久）に置き、各島には出張所を置いた。十二年四月に、郡区画および郡役所位置が定められ、大島他四島をもって大島郡とした。大島郡は大隅国に編入された。郡役所、警察署、裁判所は名瀬方金久村に設置し、事務取扱を開始した。県会が開設され、県会議員も選出された」とある。*2

明治十二年六月末に大島支庁を廃止して、郡役所を設置し、各島には出張所を置き、従来の官選戸長を廃止して民選戸長に改めた。*3 初代郡長には前支庁長中村兼志が継続して当たることになった。なお翌年、民選戸長は廃止され再び官選戸長となっている。

明治十六年、中村郡長の後任に鳥丸一六（出張所長）が任命され、戸長は公選となった。翌十七年、鳥丸に代わり一等属宮里正静が任命。さらに翌十八年になると郡役所は廃止となり、代わりに金久支庁が設置され、知事の職権を割いて支庁長の専決が施行されることになった。支庁内には警察本部も置かれた。支庁長は新納忠三で、この時に再び官選戸長となっている。

*2 鹿児島県会は西南戦争の影響で他県より一年遅れて、明治十三年二月、初めて県会議員選挙（戦挙区十二、定数四十人）が行われた。被選挙権は二十五歳以上の男子、選挙権は二十歳以上の男子で、いずれも一定額以上の地租を納めていること等の要件が定められていた。議員の任期は四年で二年ごとの半数改選制であった。選出された議長は野村綱、副議長は柏田盛文、県令は岩村通俊であった。県内では明治十三年十月に村会も開設され、村会議員も選出されていたが、大島郡では未設置だった。

*3 大島支庁は鹿児島県の出先機関であるが、明治十九年金久支庁を改称して、大島郡独自の行政機関である大島島庁を開設した。

地方三新法と徳之島の行政と財政

しかし翌十九年二月、金久支庁は廃止され島庁制度となるとともに、警察本部は県へ引き上げとなった。ただし、最初の島司として引き続き前支庁長の新納忠三があたり、明治二十年一月まで民選・官選による戸長・副戸長が行政事務を行った。なお、明治二十年一月に島内一般の行政区画が改正となり、この時に徳之島の秋徳村、和瀬村、久志村は大島郡内に同じ地名が存在するという理由で、それぞれ亀徳村、徳和瀬村、下久志村と改称された。

明治十一年に定められた地方税規則は、「府県税及び民費の名をもって徴収せる府県費区費を地方税と改め、規則を定めた」ものであった。同十三年の改正地方税規則の定める地方税の税目は、「地租割（土地に対する税。地租の五分の一以内、のちに三分の一以内に改正）、営業税、雑種税、及び戸数割により徴収する」（第一条）。各町村についてては「各町村限及び区限の入費（経費）はその区内町村内人民の協議に任せ、地方税を以て支弁するの限りにあらず」（第三条）とされ、必ずしも地方税による必要はないものとされた。この規則は、大正十五年（一九二六）になされた地方税の大整理により廃止されるまで続いた。

大島郡経済分離施行令の制定

鹿児島県では、明治十一年に制定された郡区町村編制法に基づいて、十二年二月に郡区画および郡役所位置が定められた。同法は十三年に改正され、この改正法では「郡区町村編制法の施行が困難な島嶼に対しては、特別の制度を設けることができる」という特例措置が設けられた。県は同法に則り、十三年の第一回県議会、及び十五年の第三回県議会に「大島郡経済分離の建議案」を提出した。その概要は以下のようなものであった。

「大島郡の実況を観察すると、内地と同じでない。島民の生業である砂糖の生産は年々減少傾向をたどり、そのために島民の生活は困窮し、実に忍びないものである。交通不便なため行政事務が円滑に行なわれず、それゆえ島民が蒙る不幸は甚だ大きいものである。これを考えれば、大島郡に限り特別の保護、特別の行政処分[*4]にすることは実にやむをえないことである。」

この建議案をめぐって、県議会で活発な議論がなされた。ある議員は「内地と制度を異にして、

＊4 行政処分とは、法律に基づいて、公権力の発動として行う行為をいう。

特別の保護を与えることである」という理由で、すぐに採択すべきであると主張し、他の議員は、「大島郡は絶海の孤島のため、きわめて交通不便で、今日のように内地に付属している時ですら不利困難を免れることはできない。したがって、これを分離して顧みないならば、どんな悲境に陥るかしれない。大島経済を分離せずに内地に付置して政府に特別の保護を請願すべきである」と主張した。そのほか種々の見解が出され、賛成多数により採択されることになった。明治二十年九月、県当局（渡辺千秋県知事、森島島司）は臨時県議会を開設して、自ら経済分別に関する議案を提出した。

「大島独立経済」導入の論拠として、「金がないから、内地の土木事業への金を負担させるのは大変だ」、「土木事業の負担問題もあるが、警察費、教育費負担の問題もある」とし、①内地一般法律規則の施行が難しいものはこれをしばらく施行しない、②各島に汽船航通の便を開くこと、③島嶼に関わる地方税を分別すること、などの意見を述べている。

この案は出席議員三二人中二三対九で可決され、同年十一月十四日の県令第一四七号の「大島郡経済分別施行令」によって、明治二十一年度予算から実施されることになった。

県令第一四七号は、分別する理由について次のように述べている。

「大島島庁所管の各島嶼は、絶海に点在して、県庁を隔てることほとんど二〇〇海里内外にわたり、風土、人情、生業等、内地と異なり、したがって『地方税』[*5]経済上においてもまたその利害に関するところ、おのずから異なることにより、地方税法第九条により、明治二十一年度より該島に関わる経費は分別する」

こうして大島郡は、行政制度においては明治二十一年度から大正九年度まで、本土（内地）の郡町村とは異なった状況の下に置かれることになった。特別な行政組織は、東京府下や長崎県・島根県下においても見られるものであるが、大島郡の分離独立予算制度は、全国のどの島嶼、郡区にも見られない特異のものであった。

＊5　地方税規則（明治十一年七月二十二日、太政官布告第一九号）「府県税及び民費の名を以て徴収せる府県費区費を地方税と改め規則を定む」となっているが、同十三年四月八日太政官布告第一六号により実質的に消滅、大正十五（一九二六）年「地方税に関する法律第二四号」により廃止された。

明治十年代になると民権運動が盛んになる一方、憲法発布と国会開設を控え、明治政府は天皇主権の憲法原理にふさわしい地方制度を整備することが求められ、明治二十一年（一八八八）に市制・町村制が、二十三年には府県制と郡制が制定された。町村は公選議員からなる町村会を置き、条例・規則制定権が付与され、町村長は町村会が選挙することとされ、自治体としての性格が強かった。これに対し府県・郡は、府県会・郡会が置かれたものの条例や規則の制定権はなかった。府県知事・郡長は内務省が任命する国の官吏とされ、国の行政区画・地方行政機構としての性格が強かった。

第二節　市制・町村制下の行政と財政

市制町村制の公布

明治二十一年四月、市制町村制が公布されたが大島郡はその適用外におかれた。これは同法第一三二条が北海道、沖縄県のほか、特に勅令を以て指定する島嶼に対しては、町村制を実施しない旨の規定を設けたことによる。同規定に基づいて翌二十二年一月、該当する島嶼として、東京府管下小笠原島・伊豆七島、長崎県管下対馬国、島根県管下隠岐国、鹿児島県管下大隅国大島郡大島以下五島、および薩摩国川辺郡硫黄島の一〇島を指定した。これらの地方は、戸長その他の役員が旧慣に従って町村行政事務を掌握することになった。[*6]なお、市町村制実施の趣旨および大島郡のような島嶼が実施から外された理由については、次のような説明がなされている。

「本制度（「市町村制」）の趣旨は、自治および分権の原則を実施しようとするものである。この法制を施行しようとする時は、必ず地方の自治の区を造成すべきである。地方の自治区は特別の組織をなし、公法、民法の二者において、ともに一個人民と権利を同じくし、その理事者たるべき機関を有すべし。その区域は国の一部にして、国の統轄の下において、その義務を果たすべし。島嶼で、しかも特別の事情があって、この制度を実施することが困難な場合には、これを実施しな

*6 『明治大正財政史』第二〇巻、九三七頁

*7 昭和九年十二月東天城村役場発行の『我が村』によると、「明治二十一年、徳之島の行政区画を四区に分かち連合村を組織し、四ヵ所の戸長役場を設立して、官選の戸長と若干の用係を置き各村（大字）の組世話人に役場の事務を補佐させた。その当時、本村は山方と称されていた。連合村会議員を選出して村会の設置をみた。明治四十一年四月一日、島嶼町村制施行により、山方は阿布木名方に合併され、全島を三ヵ村（亀津、天城、伊仙（島尻））に区画し、各村に官選の村長、収入役、学務委員、書記、技手、区長を置くに至った」とある。

いことを許す場合もある」[*7]

独立予算制度下の財政

明治政府の財政・租税体系は、中央政府（国税）―都道府県（地方税）―市町村（市町村民税）という構造からなっている。国民は国税、地方税、市町村民税を支払っていた。大島郡の場合は、大島郡独立予算制度の下で同じように国税、地方税、町村民税を支払うが、財政が県から分離独立したことで地方税は県庁ではなく、大島島庁の歳入になった。島庁は、地方税その他を中心にした歳入で独自に行財政を運営（歳出）しなければならなかった。島庁が県庁の役割を果たすことになったのである。

一見すると大島郡は、予算（地方税）の面において県から自立と分権を手に入れたようにみえるが、実際には見放されることになったのである。国内及び県内において、このような財政制度を有する郡や市町村は他に存在しなかった。なお大島郡内の予算は、一．島庁予算、二．各町村予算、三．国庫支出の大島予算、四．県税支弁の大島経済予算の四種類存在した。三番目と四番目の予算は、国や県の行財政委託事務や事業に対する国や県の支出予算であった。

明治二十一年、大島郡予算の分離独立に伴い、大島郡独自の財源と支出すべき費目を定めなければならなかった。財源としての地方税費目は、地租割[*8]、営業税、戸数割、の三本柱から成り立っていた。本庁予算および島庁予算費目の各々は**表1**のとおりである。

大島島庁の地方税の税率は本庁のそれに比べて、地租割、営業税、戸数割ともに高率であった。特に営業税の税率は本庁のそれの二・四倍である。このように島庁予算の税率が高いのは共通経済時の予算規模を維持するためであった。谷村秀綱は「大島経済財政状況―附．大島経済分別の沿革」（『郷土新聞』奄美社刊、昭和九年九月号）と題して詳細な論説を発表している。これを参照しつつ大島郡独立経済についてみることにする。

明治十九年度の大島島庁所管の収入額（熊毛、屋久を含む）は三万六七〇〇円で、このうち大島郡の収入額は二万九〇〇〇余円である。地租割が一万六二六七円、営業税および雑種税が一二七〇円と地

＊8　地租は、明治六年（一八七三）の「地租改正」で国税として導入された。十一年の府県税規則により府県が地租付加税を課すことができるようになった。さらに明治二十一年には市町村でも、地租付加税を課税できるようになった。こうして、大正時代になると、国税の地租よりも、地方税の地租付加税が大きくなってしまうことになったのである（神野直彦「市町村独立税としての固定資産税」連載地方財政講座第八回）。

表1　本庁および島庁予算費目の税率（明治21年）

予算区分	地租割（1円につき）	営業税（1年）商業会社1等	戸数割
本庁予算	24銭	129円	50銭
島庁予算	25銭03	311円	56銭

（出典）『鹿児島県勧業年報』による

租割が圧倒的割合を占めていた（表2）。分離後の財政規模を前年度と比較したのが表3である。

明治十九年度は熊毛、屋久を含む大島島庁の収入予算である。二十二年度は町村制の実施に伴い、熊毛、屋久は大島島庁所管から分離したため、島庁予算は減少した。二十三年度から戸長の給料等は村費で支払われることになったので、地方税は大幅に減少し、村費は著しく増加した。なお、大島郡では地方税は明治十二年から徴収された。（『大島代官記』）

予算の規模でみると、明治二十一年度には本庁（県庁）予算の約一〇％であったが、二十三年度にはわずか三・四％になった。県の総人口に占める大島郡の人口の割合は約一〇％であることを考えると、いかに貧弱な予算規模であるか、一目明瞭である。この状況を時の富田島司は次のように語っている。

「その経済は独立したが、全郡各島を通じて山岳が大部分を占め耕地面積きわめて小さく、郡民生計の度はまた甚だしく低い。その名は独立経済とはいえ、その財源すこぶる乏しく、施設なども一般の風潮に伴い難いことは最も遺憾なことである。幸い、島庁及び警察署の費用が国庫支弁（負担）になったことにより、僅かにその他の事業を経営することができるようになったのであるが、（中略）そもそも全国で島庁が設置されている府県で、内地とその経済を分離しているのは大島郡だけであり、その経済独立（分離）の利害得失について考究する必要のある問題である。（中略）経済を分別の結果として本郡の休戚（喜びと悲しみ）は全く本郡に極限され、県全体に何等の影響を及ぼさず、従って本郡に対する注意も自から薄くなるのは当然の理である。（中略）現行の制度をみると、大島経済を主宰するのは島司ではなく知事であり、農学校長、県立病院長及び警察署長等はいずれも島司とは県経済上において同等の関係にあり、島司は単に各所管の予算について意見を述べる責任を有するに止まり、その計画の全体に及ぶことはないのである」（現代文調に改めた）

砂糖商人に対する巨額の負債を抱えて窮乏化していた島民には、本土並みの地方税を負

表2 共通経済当時の島庁所管収入及び支出

年度	収入	支出
明治17年度	28,324円	30,492円
18年度	30,730円	24,675円
19年度	36,700円	29,837円

（出典）谷村秀綱「大島経済財政状況—附・大島経済分別の沿革」『郷土新聞』奄美社発行、昭和9年9月号

表3 大島経済分別前後の収入予算の比較（単位：円）

税目	明治19年度	22年度	23年度
地租割	20,238	18,429	3,519
営業税	922	1,954	894
雑種税	1,279	1,420	594
戸数割		11,083	1,765
雑収入		922	1,159
合計	36,697	33,808	7,931

（出典）表2に同じ

担することはできず、また、県や国からの交付金もない状況においては、島庁予算および町村予算を縮小せざるを得なかったのである。このような僅かな予算では、建設的な事業はほとんどできないのは明らかであった。

以上のように、大島郡の行政制度（「郡区町村編制法」）は明治二十一年度から大正九年度まで、また予算財政制度（地方税制）は明治二十一年度から昭和十五年度まで、それぞれ本土の郡町村とは異なった状況の下に置かれることになった。特別な行政組織は、東京府下や長崎県・島根県下においても見られるものであったが、大島郡のような分離独立予算は、全国のどの島嶼、郡区にも見られない特異のものであった。

なお、明治八年～四十一年までの亀津方（旧亀津噯）と山方（旧井之川噯）の民選・官選戸長の氏名と就任年を挙げると次のようになっている。なお山方は出身地のみ記録がある。

亀津方（亀津村外八村）：①明治八年　民選　安田佐和應、②明治十年　民選　亀藤盛、③明治十二年　民選　福沢福祐、④明治十六年　民選　井義美屋、⑤明治十九年　官選　福直静志、⑥明治二十年　官選　山徳峰、⑦明治二十七年　官選　福澤徳重、⑧明治三十一年　官選　平野益友、⑨明治三十五年　官選　吉満義志信、⑩明治四十一年　官選　永野孫七

山方（山村外五村）：明治十七年以降、①前田前徳（亀津）、②保浦正氣（名柄）、明治十九年以降、①保浦正喜、②林元俊（花徳）、③梅山藤里（母間）、④木尾為貞（和泊）、⑤榊為良（阿布木名）、⑥梅山藤里＊9

第三節　島嶼町村制下の行政と財政

島嶼町村制下の行政

明治四十年（一九〇七）三月十六日、勅令第四六号を以て「島嶼町村制」が公布され、翌年四月一日施行された。大島郡もその対象地域となり、郡内に二十三か所の戸長役場を置き、大島八か村、徳之島三か村、喜界島一か村、沖永良部島二か

＊9　東天城村役場「我が村」によれば、明治八年から十七年頃まで旧東天城地区は、母間・久志、花徳、山・轟木の三つの区ごとに正副戸長を置いていたという。明治十七年頃に久志を亀津村管内とし、手々、金見を東天城村管内に編入して、戸長役場を花徳に置いた。しかし明治十九年頃、戸長役場を山に移転して明治四十一年まで存続した。当時は東天城村を山方（さんほう）と呼んだ。

村、与論島一か村、十島村一か村の計十六か村とした。徳之島には亀津村、島尻村、天城村の三村が誕生した。[*10] 各村に村長をおき、従来の村という名称はなくなり大字となった。

島嶼町村制の施行により、村長以下の役場職員を選任しなければならなくなったが、行財政を運営執行できる人材が不足しており困難を極めた。しかしながら、いずれの自治体も島嶼町村制の実施を歓迎し、協力して村治を運営しようという機運が高まった。

大正六年四月一日、島嶼町村制の施行時に徳之島北部を一地区にされ、不満がたまっていた天城村から東天城村が分立した。[*11] 続く大正九年（一九二〇）五月二十日、大島郡内の町村は、島嶼町村制下の町村から普通町村制に移行した。二十五、二十六日に村会議員選挙が行われ、その数日後には村長選挙が行われた。徳之島の四村（亀津村、島尻村、天城村、東天城村）も全国の町村と同じ行政制度の普通村となり、自治権が大幅に拡大した。大正十五年、郡制廃止に伴い島庁は改称され、島司は支庁長とされた。さらに昭和十七年一月一日、亀津村は亀津町へと移行した。

島嶼町村制下の財政

島嶼町村制施行による大幅な行政区画の変更により、大島郡各村歳入・歳出状況は、次のような変化があった。**表4**と**表5**は、『島治概要』（明治四十五年三月）を参考に島嶼町村制施行前後（明治四十・四十二年度）の郡内十六か村の歳入・歳出を比較したものである。これによると、明治四十年度の歳入決算額は二四万八〇〇〇円余であったが、島嶼町村制施行後の四十二年度予算は三三万二〇〇〇円余となり、約八万三〇〇〇円余増加している。歳出決算合計額も一九万三〇〇〇円余から二二万三〇〇〇円余となり、約二万九〇〇〇円余増加した。

歳入予算の増加の主な原因は、一戸当たりの平均負担金が七円

表4　大島郡島嶼町村制施行前後の各村歳入比較

（単位：円）

科　目	明治40年度決算	明治42年度予算	増　減
前年度繰越金	11,334	4,176	7,158
国庫補助金	250	410	160
県税補助金	2,580	3,657	1,077
寄付金	5,827	4,504	-1,323
国庫交付金	0	254	254
県交付金	1,323	329	-994
県賞金	0	100	100
公借金	8,167	0	-8,167
基本財産運用金	0	20,542	20,542
町村税	194,684	271,983	77,299
夫役現品代納金	0	14,432	14,432
教育基金補助金	785	0	-785
財産等収入	23,713	11,642	-12,071
計	248,667	332,029	83,366

（出典）『島治概要』明治45年3月。円以下は四捨五入。

＊10　島嶼町村制施行の際、山方（山外五か村）は天城村と合併、村役場を阿布木名字平土野に置き、大正五年まで天城村となった。

＊11　大正五年五月二十日、大城村より分離し村役場を山（さん）に置き、東天城村と称した。その役場は大正十三年、村の中央部にあたる花徳に移した。

八九銭から一〇円六八銭に増え、町村税が一九万四〇〇〇円余から二七万二〇〇〇円余に増加したこと。また国庫補助金・国庫交付金が四一四円増加したこと。県税補助金が一〇七七円増加（県交付金は九九六円減少）したことによるものである。さらに基本財産運用金が二万円余の純増をみたことを上げている。また歳出予算増加の主たる原因は、小学校改正令による義務教育年限の延長に伴う学級数の増加、校舎の増築等に要する多額の費用、町村制施行後に誕生した議員への実費弁償額を支給、あるいは協議費に属していたものを村費に移管、等の結果によると述べている。

次に大島郡島嶼町村制施行前後の各村歳出についてみると、明治四十二年度歳出のなかで最大の支出項目は、教育費の一三万九〇〇〇円余で総額の六二・三％をも占めている。明治四十年度歳入決算に比較して、四十二年度歳入予算が減少した経常部の項目は土木費、勧業費、世話人費、公債費、財産管理費、配当金、財産蓄積費であった。そのため歳出予算の予備費が増加した。なお、臨時部の歳出予算が六万六〇〇〇円余増加している。

町村制実施の際、最も注意を払ったのは財産引継ぎの点であった。町村自治の基盤が薄弱になることを防止するために、県令の指示によってすべての財産は新町村に引き継がせることにした。これにより大島郡内の町村は比較的巨額の財産を所有することになり、十六か村総計の財産は実に一四万三〇〇〇円余に上った。これを十年間、年五分ずつ利殖すれば、十年後には元利あわせて五〇万円以上に達する計算となり、一か村平均三万円以上の基本財産を保有することになる。そうなれば、郡内各村は全国平均並みになると予想された。

表5 大島郡島嶼町村制施行前後の各村歳出比較

（単位：円）

科目	明治40年度決算	明治42年度予算	増　減
役場費	49,946	58,279	8,333
会議費	1,280	3,690	2,409
土木費	3,834	1,540	−2,294
教育費	109,907	139,190	29,283
衛生費	2,297	5,110	2,812
勧業費	6,685	4,703	−1,982
諸税及負担	536	2,170	1,633
財産費	0	1,839	1,839
世話人費	4,534	0	−4,534
公債費	8,623	0	−8,623
財産蓄積金	4,703	0	−4,703
雑支出	189	2,018	1,828
予備費	0	3,945	3,945
その他	1,101	831	−270
経常部合計	193,635	223,315	29,680

（出典）表4に同じ

徳之島三か村の町村制施行当時（明治四十一年）の財産状況をみると、表6のとおりである。

亀津村の所有する土地価格は二万八四九二円、建物価格四八九八円、現金及有価証券二五五七円、合計三万五九四六円、天城村の所有する財産総額は四万四四七七円、島尻村（伊仙村）一万七八二八円であった。大島郡でトップの財産所有村は焼内村（宇検村）の一二万五八八七円、次いで十島村の一二万三五〇〇円、三番目が名瀬村の九万一四一五円であった。焼内村や十島村の場合、村落共有の財産を多く所有していたが、これが新村に引き継がれたのである。

明治四十二年度の大島予算の説明にあたり、坂本県知事は分離独立予算制となってはじめて、包括的な農業並びに水産業の振興、道路交通網の整備の必要性に言及した。県議会においても独立経済のままにすべきか、あるいは共通経済にすべきかが議論された。県当局の考えとしては、「経済を共通にすると国庫補助金を失うことになる。農民に少なからず義務負担が生ずる」ということで、共通経済に消極的立場であった。

郡内の各村の財政（歳入・歳出）はどうなっていたのであろうか。明治四十三年度の亀津村の歳入・歳出予算をみてみよう（表7、表8）。

亀津村の歳入総額は二万一五一六円であるが、うち町村税が二万七一三円で歳入総額の九六・三％を占め、ついで前年度繰越金が三七八円、雑収入が一五六円であった。その他に、県補助金が一五六円、県交付金及び国庫補助金・国庫交付金はゼロであった。町村税のほとんどは地租割と戸割当金である。前年度繰越金は臨時的なもので、恒常的な財源ではない。村財政は村（村民）によって担われており、国や県による交付金や補助金はゼロまたは僅かなものであった。

村歳出の経常的支出総額は一万四六九二円で、支出額の大きい順に並べると教育費八一八八円、役場費四一六二円、勧業費六九五円、衛生費五三三円、基本財産積立金三七八円、諸税及び負担金一八八円、土木費七一円、救助費五円となっており警備費はゼロ円である。経常的歳出の外に臨時的歳出がある。総額は六八二三円で、うち五一一九円は教育費である。

表6　徳之島3か村町村制施行当時の財産調べ（単位：円）

村　名	土地価格	建物価格	現金及有価証券	計
亀津村	28,492	4,898	2,557	35,947
天城村	23,193	15,490	5,795	44,477
島尻村	6,699	5,380	5,749	17,828
3ヵ村計	58,384	25,768	14,101	98,252
大島郡計	562,810	154,513	146,356	863,680

（出典）『島治概要』明治45年3月。注：明治41年～大正5年の間、天城村には山村外五か村が含まれる。

次に、亀津村の一戸当たりの国税、県税、町村税の負担額をみてみると、国税二八円二一銭、県税二円三九銭、村税一〇円五六銭となっている。国税、県税、町村税の三者合計は四一円一六銭となり、郡内では喜界村の四三円七一銭についで二番目の高さである。

明治四十一年の郡民総生産額は約六〇〇〇万円であったが、その二割、すなわち一二〇〇万円は国・県・村の公課及びその他に充てたとすると、残る四八〇〇万円が郡民一八万八千人の所得となる。これだと一人当たり年間二五五円五三銭、一か月に二一円一二銭、一日当たり七銭九毛を稼いだことになる。常食物であった甘藷が一人平均六斤として代金は三銭六厘となるが、これは資産家を含めた一人当たりの額であって、大多数の人たちの生活費はこれ以下であった。*12

第四節　大島郡経済分離の解消にむけて

大正十四年度（一九二五）の県議会で、鯵坂貞盛議員が「大島郡経済の分立は前世紀の遺物で、一四〇万県民の恥辱である」として縣知事の見解を質したのに対し、知事は「大島はもともと共通であったのを分立して、大島の発展を期す目的で分離独立を県議会で決議し、今日におよんでいる。（中略）この問題は、救済問題、交通問題、港湾問題など幾多の難問題があるので直ちにこれを共通にすることは難しい。しかし、大島郡民の世論が一致して有利だとすれば、共存共栄上、自分は本県議会に意見を伺い、本問題の解決を図りたい」と答えた。*13

表7　亀津村・天城村・島尻村の明治43年度歳入（単位：円）

	町村税	国庫補助金	県補助金	国庫交付金	県交付金	その他	総計
亀津村	20,713	0	156	0	0	647	21,516
天城村	38,966	30	454	0	0	938	40,388
島尻村	25,127	24	324	0	0	2,792	28,267

（出典）「明治43年鹿児島県大島郡統計書」（奄美史料13）により作成

（注）その他の項目とは、財産収入、使用料及び手数料、雑収入、前年度繰越金、寄付金、夫役現品代納金、懸賞金、基本財産運用である。

表8　亀津村・天城村・島尻村の明治43年度歳出（単位：円）

	役場費	土木費	教育費	勧業費	諸税負担	その他	合計
亀津村	4,162	71	8,188	695	188	1,388	14,692
天城村	6,574	0	17,135	1,743	350	2,791	28,593
島尻村	4,316	0	11,201	612	241	3,205	19,575

（出典）表4に同じ

（注）その他の項目とは、会議費、衛生費、救助費、警備費、基本財産積立金、財産費、神社供進費、雑支出、賭場費、前年度繰上げ充用、予備費のことである。

＊12　富田嘉則『島治概要』（明治四十五年）、一四頁。

＊13　『鹿児島県議会史』第一巻。

昭和九年、大島島庁財務課長の谷村秀綱も「大島経済の財政を救い、郡民の負担を軽減するには、内地と共通経済にするということが根本の問題である。しかし、いま直ちに共通経済にしたのでは県の力で十分なる施策をなすことは期待できないから、目下政府に要望している。『大島郡十か年計画』の実現を待って、共通経済に移行する必要がある」と述べた。[*14]

県当局の見解は、大島郡の発展程度がきわめて低く、これを救済するには多額の費用が必要である。県としてはそれを負担しきれないので、国庫補助金に頼るというものであった。

大正十五年、「大島郡救済建議案」が大島郡選出議員諸氏によって通常県議会に提出され、満場一致で採択された。建議案の概要は次のとおりである。[*15]

「大島郡の財政経済は疲弊の極に達し、まさに支持できない状態にある。いま適切な救済措置を講じないならば、島民の将来は真に憂慮すべきものである。この民力の疲弊は、財界の不況の影響で、大島郡の主要な産業である大島紬業、糖業、鰹節業等が極度に不振に陥ったためであり、また連年頻発する大暴風雨によって多大の損害を蒙（こうむ）ったためである。また一面、地理的関係、気象条件、交通・通信および金融機関の不備、租税負担の過重に起因するものである。したがって、主要な原因を除去し、郡民生活の安泰（あんたい）を期すためには、応急適切な救済施策が必要である。県としても相当の方法を講じてはいるけれども、同郡は独立経済であるため、自力でもっては如何ともできない実情にあり、したがって、政府が沖縄県救済の例に倣って、速やかに適当な方策を立てられんことを願うものである」[*16]

この建議案をめぐっては様々な意見が提出された。ある議員からは「大島郡も本県の一部である以上、国にのみ頼らず、本県がいま少し補助誘導して、弟を援助する兄の態度でなければならない。県みずから全力を尽くして及ばないとき、国に願うべきである」という意見が述べられ、他の議員からは「疲弊しているのは大島だけではない。甑島（こしきじま）や種子島（たねがしま）にも同じように注意を向けるべきである」という意見が出された。結局、本建議案は二十七人の多数をもって採択された。

＊14　谷村秀綱「大島経済分別の沿革」。『郷土新聞』奄美社発行、昭和九年九月号。

＊15　大正十四年度の郡予算への国庫補助金は二万七八四六円で、予算総額の四・二％であった。

＊16　提出者、山下卓馬以下十名、賛成者二十八名（議長を含む）『鹿児島県議会史』第一巻、九三二頁。

指摘された大島郡の窮状（きゅうじょう）として、（一）農道は皆無といっても過言でなく、農作業の能率を著しく妨げている。（二）耕地整理は多年その必要性が言われていたが、大正十四年にようやく着手された有様である。（三）、農具は全く原始時代そのままで、しかも主に人力に頼っている。（四）、大島郡は毎年七〇～八〇万円の移入超過を示し、その主なものは食糧品で、それは同郡が食糧自給をなしえない悲境（ひきょう）にある、といったことが挙げられた。大正末期から昭和初期（図2）にかけての大島経済は、「ソテツ地獄」と称されるほどの疲弊ぶりであった。単に経済上からばかりでなく、人道上、社会上の大問題であり、このような悲惨な状態を放置できなくなって、救済論議が活発になされるようになったのである。

松本県知事は、昭和二年（一九二七）十二月の県議会における大島予算説明で、「国と県の責務」と題して、次のように述べた。

「同島は国家の宝庫であると同時に、本県の宝庫であり、同島民が日本の国民であると同時に、本県の県民であるがゆえに、大島郡振興は国家の助成のみに待つべきではない」

結果的に昭和三年度の大島郡予算は、前年度より三〇七八円減額されることになったが、県としての予算措置を講じない代わりに、「大島郡振興建議案」が内務大臣および県知事あてに採択された。この建議案は政府によって採択され、昭和四年から「大島郡産業助成計画」として実施されることになった。初めて国家予算をもって行われた本計画については、次章で後述する。

なお、奄美独立地方財政制は、昭和十一年三月に組閣された廣田内閣[*17]の下で行われた地方税制改革にともなって、地方財政調整交付金制度が創設されたことから、三部経済制並びに大島経済分離[*18]は廃止されることになった。

図2　最も経済状態が悪かった昭和6年の学校の授業風景（山小）

＊17　廣田弘毅は、第三十二代内閣総理大臣。二・二六事件直後に組閣された挙国一致内閣で「日独防共協定」を締結。文化勲章制度を制定した。昭和十一年三月九日から翌年二月二日までのわずか一年の内閣であった。

こうして明治二十一年から続いてきた大島郡の独立財政制度は、昭和十五年に地方財政調整制度として本格的に導入された「地方分与税制度」の創設をもって終止符を打つことになった。この制度の導入によって、奄美の町村は貧困町村として交付金の特恵的配分を受けることになった。大島郡に配分された交付金は昭和十五年度には地方税収入総額の三三%であったが、十六年度には一五〇%、十九年度二〇五%と増額され、戦前の平均は一一七%に達していた。地方収入総額（大島郡市町村の総歳入）に占める割合も昭和十五年度は一五%であったが、十六年度以降二〇%を超えた（**表9**）。

この地方分与税制度は昭和二十四年（一九四九）まで存続したが、二十五年度から「地方財政平衡交付金」に引き継がれた。ただし、奄美群島は昭和二十一年二月以降、米軍統治下となり日本の行財政から分離されたことで、その対象から外れることになった。

（皆村武一）

表9　財政平衡交付金比較表

年次	地方収入総額に対する比率	地方税収入総額に対する比率
昭和 15 年	15%	33%
16 年	26	150
17 年	21	124
18 年	21	184
19 年	26	205
戦前平均	22%	117%

（出典）月刊誌『自由』（1953 年 7 月号）

＊18 三部経済制は大都市における区部とそれ以外の地区の財政負担を調整するために明治初期に作られた。大正十四年以降徐々に廃止が進み、昭和十五年にすべての府県で終了した。

第四章　地租改正と徳之島の農民

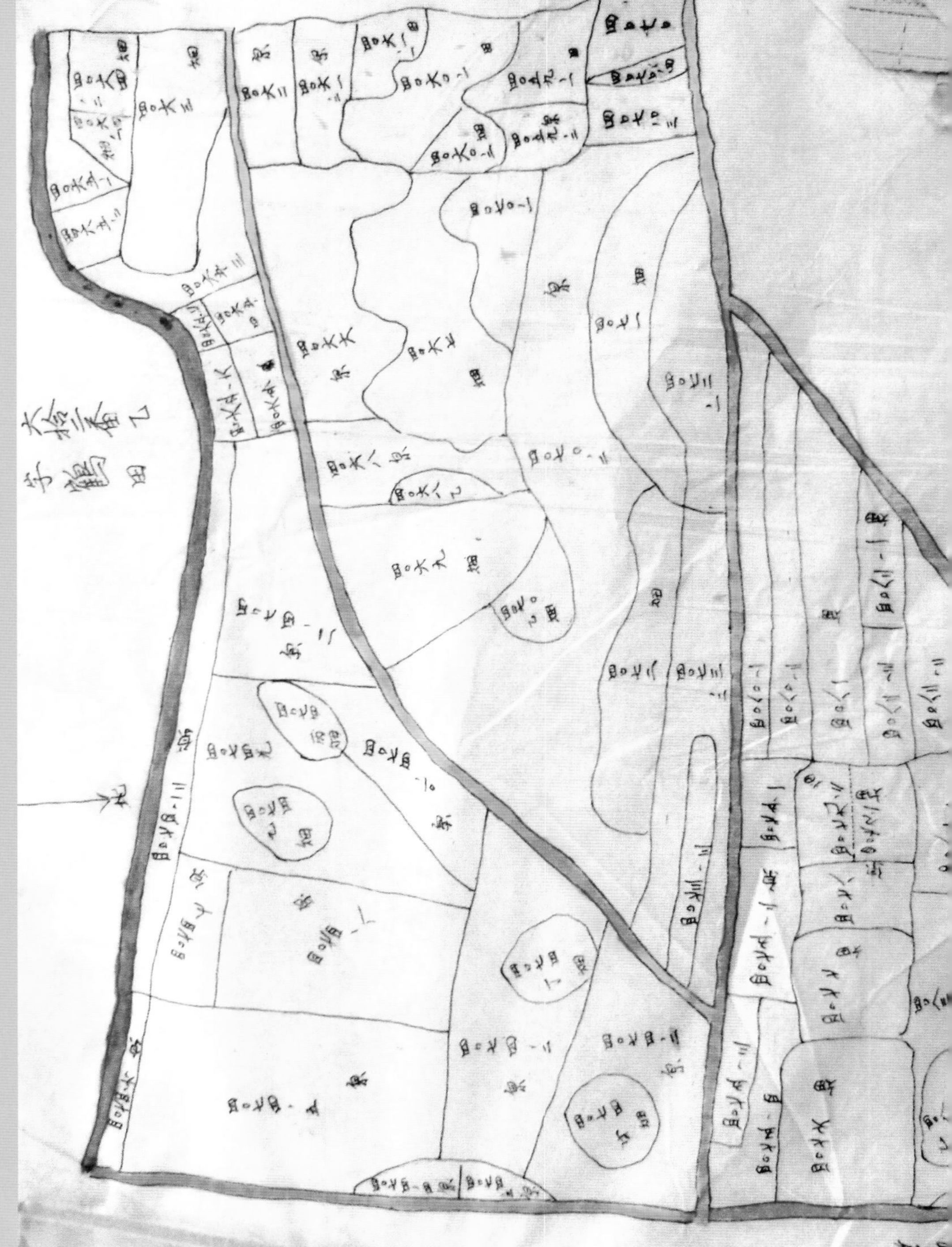

大字亀津字鶴田の小字図

徳之島で地租調査事業が行われたのは明治 12 年、13 年のことである。島内の海浜から山間地までの全筆と里道、河川が記録された。このときに作られた「鹿児島縣下徳之島全圖」はきわめて正確なもので、現在使われる地図とほぼ遜色（そんしょく）がない。

本字図（あざず）が含まれる徳之島町亀津には 104 の小字があり、大きな字については甲、乙、丙などを付して 2 枚ないし 3 枚に分けて作図されている。里道（りどう）は赤、河川や水路は青で表示されている。

第一節　農民の土地所有と租税制度改革

地租改正は、土地を領主（幕府や藩）の封建的所有から耕作者の私的所有へ移行させ、土地を基礎にして租税負担額を定めることであった。[＊1] また、農作物の出来高ではなく、土地に課税することによって自立農民の労働意欲を掻き立て、農業生産力を増加させる狙いもあった。

明治政府は、明治元年十二月「農民の土地所有許可の布告」を出し、「拝領地並びに寺社地等を除いた村々の地面はもとよりすべて百姓持ちの地たるべし」とした。さらに明治五年二月、「土地永代売買禁止解除令」（一八七二年三月二十三日）によって、寛永二十年（一六四三）以来の田畑永代売買の禁止が解かれ、土地の私有権を認め自由な売買が許されることとなった。そのうえで明治六年七月、「地租改正布告及び条例」を公布し、農民の土地所有に立脚した明治政府の租税体系を確立させた。

「壬申戸籍調査」によれば、奄美諸島の島民は皆平民であるとし、すべての島民が土地を所有することになった。郷士格の者も土地を所有することができた。[＊2] なお、県本土の外城武士も制限つきであったが、土地を所有することができた。城下侍には、土地の代わりに金禄債を付与された。[＊3] また「地租改正布告及び条例」では、地租改正につき旧来の田畑貢納の法はすべて廃止し、土地の代価に従い百分の三を以って地租とする、としたうえで七章からなる条令を定め、次のように規定している。

「地租改正はもとより速成を要するものではないが、一県または一郡一区より徐々に改正していくならば、かれこれ均衡を損ない、かつ各年で物価の高低により地価の差異を生じるなど種々の障害が出てくる。よって来る明治九年をもって各地方の一般改正の期限と定める。尽力して成績を奏すべし。地租は、豊作または凶作によって増減されるべきものではない」

鹿児島県における地租改正は、明治七年四月に着手したが、下級武士や県当局の抵抗、さらに

＊1 明治政府は財源を幕藩時代の貢租である米（石納）を貨幣に代えて（石代金納）徴収することにしたが、米相場は変動が激しく歳入が一定しないため、地租改正をして土地の価格を定めてその三％を地租とすることを定めた。当時は国民の八割から九割が農民であったため、地租が明治政府の歳入の八～九割近くを占めていた。

＊2 郷士は農業を営む下層の武士で、格はそれに準ずる意味。

＊3 地租改正に際して、従来占有耕作してきた門地（かどち）は、現在占有者である農民に、また土地所有の実質をもつ郷士の土地は郷士の所有地と認めてそれぞれ地券を交付し、従来土地の高を給せられたる士族（城下士）に対しては金禄公債を交付して土地の処分を終わった。門地所有権の決定方法は、地券交付の際に現にその土地を占有している者を所有者と定める方針をとり、百姓には各自の耕地に名札を立てさせ、この名札によって持主の名前を地籍帳に書きあげて所有権を決定した。

しかし、農民は藩政時代の過重な貢租の苦しみを忘れることがで

は西南の役の勃発等によって調査が遅れてしまった。結局、戦後処理も落ち着いた明治十二年一月二十五日、「今般、地租改正再着手されますよう、心得書の条目等を反復熟読し、いやしくも誤謬のないように深く注意し、正確に調査されますよう、この旨布達されるべきこと。鹿児島県令岩村通俊代理、県大書記官 渡辺千秋」との地租改正再着手の布達が出された。

上の布達を受けて明治十二年春、地租改正事業が再開され、明治十四年七月に至り整頓した。*4 次節において、井之川村の竿次帳をもとに地租改正の具体例をみることにする。

第二節　竿次帳にみる井之川村の土地所有状況

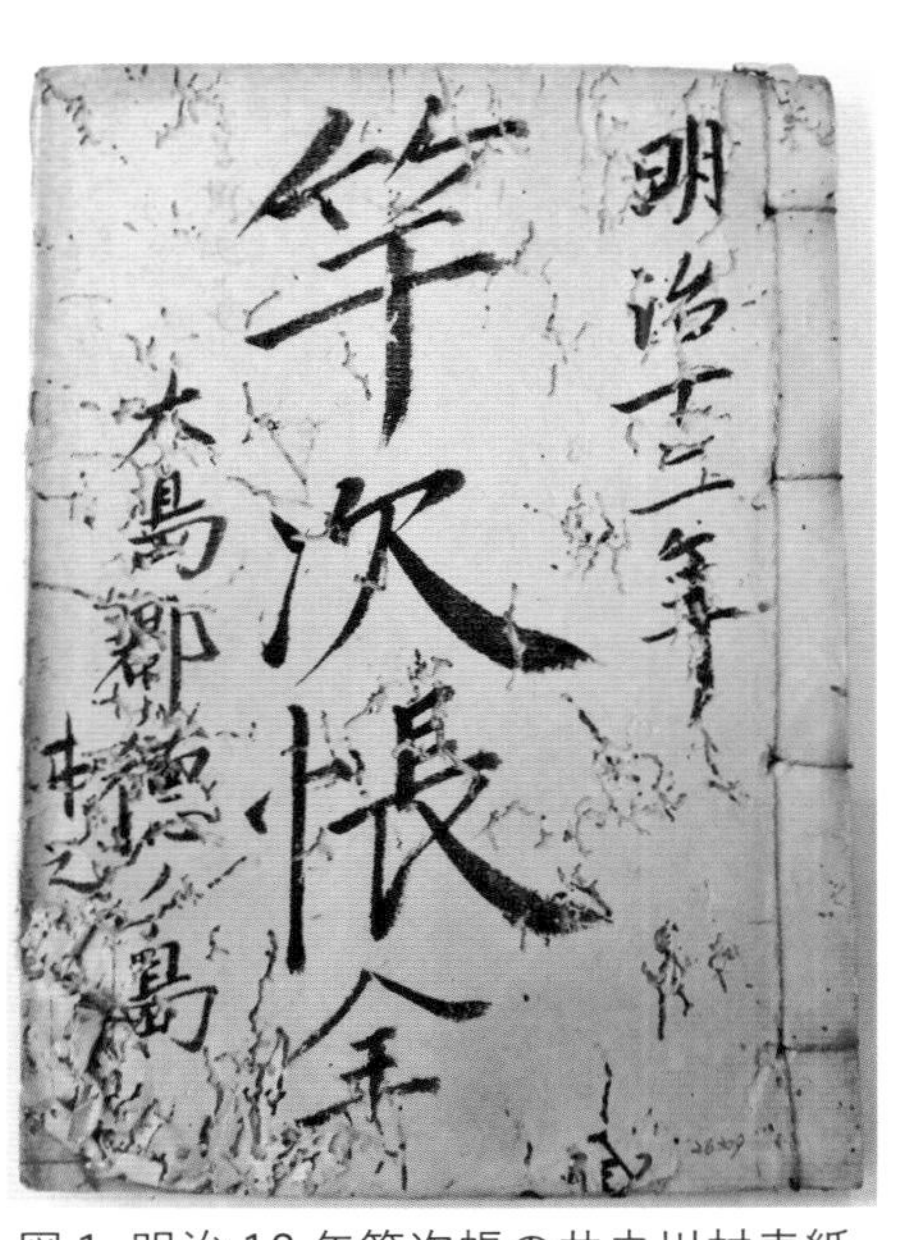

図1 明治12年竿次帳の井之川村表紙

井之川村には、藩政時代に四家の郷士格（奥（二家）、太、井）が居住していた。これらの郷士格や下男・下女も明治維新以降は四民平等となり、みな農民として土地が配分され、その所有者となった。「明治十二年竿次帳」（**図1**）は、土地の所有者や面積などを確定するための検地作業（地番、地目、面積、所有者名）を取りまとめたものである。それをもとに、井之川村の宅地、田畑、切替畑、草生地、山林などはどのように配分されたかを分析したい。

井之川村は、背後に徳之島最高峰の井之川岳（六四四・八m）を控え、東側は海に面しており、島内でもっとも降水量の多い地区である。したがって、山林・原野・草生地・川水に恵まれ、畑作や稲作も盛んに行われてきた。また、藩政期に藩の指定港と

きないで、土地をもっているとまた大きな重荷を負わされるものと考え、自作に必要なものの他はなるべく土地所有を避け、余分な土地があれば隣人に譲ろうとし、隣人もまたこれを受けないということがあって土地所有権を決めるのに苦労したという（『月野村史』）。奄美諸島では本土とは異なって門（地）が存在しなかったので、土地の占有権と耕作者は同一でないことが多かったと思われ、富農・家人・自作農民の間で土地の耕作者を決める方法も異なっていたのではないかと考えられるが、今後の研究に待ちたい。

＊4『大日本租税志』中、大久保利謙他共編『史料による日本の歩み―近代編―』

して栄えた歴史を持ち、墓地や航海安全などの祈願所もある。徳之島の中心地亀津にも比較的近い。しかしながら耕作地は狭隘で、山林・原野・草生地を開墾して切替畑や荒田を造成してきた。

明治十二年の竿次帳は、土地所有令や地租改正令を踏まえ、集落ごとにすべての土地を一筆一筆、小字（集落）名、番地、地目（土地の種類）、面積、所有者ごとに記録したものである。井之川村の土地の総筆数は二六四〇筆（最後の七筆については、虫食いにより面積、所有者が確認できない）で、これを地目別に整理すると、**表1**のようになる。

まず最初に、土地の種目別の筆数・面積についてみることにする。宅地の筆数は二六二筆、総面積は七万二七六六平方㍍（七町二反八畝）で、総面積の二・四％をしめる。田の筆数は八三六筆、面積四一万一六二六平方㍍（四一町一反六畝）、一三・六％。畑は七一一筆、四三万五五二五平方㍍（四三町五反五畝）で、一四・四％。切替畑四八三筆、面積一八万六五四七（一八町六反五畝）、六・二％。官有地二四六筆、面積一八三万六八二六平方㍍（一八三町六反八畝）、六〇・九％。村中は三四筆、面積一万三七三五平方㍍（一町三反七畝）あり、〇・五％を占める。

井之川で注目されることは、官有地面積が全面積の六〇・九％をも占めることである。その中で最も広大なものは泉又一七八〇番地の山林で、三九万六六九四平方㍍（四〇町）にも及ぶ。官有地面積が広大であるのは、草生地、柴生地、原野、山林、海岸などが多いことも影響している。[*5] ちなみ

＊5 山林原野の多い轟木村では、総筆数及び総面積に占める官有地の割合は八割を超えている。村人たちが課税を恐れて土地耕作者として申告・認知しなかったりしたことによるものと考えられる。

表1 明治12年竿次帳—井之川村の種類別面積及び割合

地目他	筆数	面積㎡	割合	1筆当たりの面積
宅地※1	262	72,766	2.4	278 ㎡(85 坪)
田 ※2	836	411,626	13.6	492 ㎡(149 坪)
畑	711	435,525	14.4	613 ㎡(185 坪)
切替畑	483	186,547	6.2	386 ㎡(117 坪)
官有地※3	246	1,836,826	60.9	7,467 ㎡(2,259 坪)
村中※4	34	13,735	0.5	404 ㎡(122 坪)
その他※5	68	57,539	1.9	846 ㎡(256 坪)
計 ※6	2,640	3,014,564	100.0	1,141 ㎡(345 坪)

(出典)「明治12年竿次帳—大島郡井之川村」により作成、面積は小数点以下、割合は小数点1位以下四捨五入している。

※1 宅地の筆数は262筆であるが、宅地所有者数は258である。両者が一致していないのは、1人で2筆の宅地を所有している者2人、村中所有2つがあるためである。※筆とは区画のこと。

※2 田の中には荒田が含まれている。

※3 官有地は草生地、柴生地、原野の外、筆数はわずかであるが、田、畑、林、砂石地等が含まれている。

※4 村中所有には墳墓地、宅地、田畑等が含まれている。

※5 その他には個人所有の草生地、柴生地、山林、林、藪等が含まれている。なお、山林は官有地に含まれるものもある。

※6 竿次帳には2639番迄番号が付されているが、小字の2632～2636までは地目は記入されているが地積及び所有者が、2637～2639番地については、地目も含めてすべての項目について虫食いのため省略した。

に花徳村（けどくむら）の場合だと平坦地が多く、土地の総筆数は四四三九筆であるが、うち官有地はわずか二二筆しかなく、残る四四一七筆はすべて民有地である。

　地目別に井之川の一筆平均面積をみてみると、宅地 二七八平方㍍（八五坪）、田 四九二平方㍍（一四九坪＝五畝）、畑 六一三平方㍍（一八五坪＝六・二畝）、切替畑 三八六平方㍍（一一七坪＝三・九畝）となっている。宅地は別にして、田、畑、切替畑の一筆ごとの面積は大変小さなものである。一世帯当たり（宅地一筆は一戸とみなす）の平均面積をみると、田 一反五畝八歩、畑 一反六畝八歩、切替畑 七畝二歩となり、三者合計は四反歩（約四〇〇〇平方㍍）である。

　表2は、宅地の階層別面積（坪）の所有者人数を示したものである。左端は宅地面積が四〇坪（約一三〇平方㍍）以下の所有者人数、右端は二〇一坪（約六六〇平方㍍）以上の宅地を所有する人数を示したものである。二〇一坪以上の宅地を有する者は一二人、一八一～二〇〇坪の宅地所有者が六人である。ただし、一二人の中に村中宅地（村の共有地）が含まれている。まず、旧士族格家の宅地及び農地（田・畑・切替畑以外の草生地、柴生地、原野、森林、藪等を除外）についてみる（**表3**）。

　奥亀山、奥豊良、太頂山、井義美屋の四人は藩政時代の代々士族格（郷士格）の家柄である。これらの士族格の宅地の多くは三〇〇坪（一反）を超す大きなものである。宅地を除いた農地所有についてみると、奥亀山の場合は田 九五六坪（三反一畝九歩）、畑 三四二坪（一反一畝四歩）、切替畑 三五〇坪（一反一畝七歩）、合計一六四九坪（五反五畝）である。他の旧士族格の農地面積はそれ以下である。これは普通農家並みの農地面積である。宅地はそのまま引き継ぐことができたが、農地に関しては、土地売買許可令や解放令、農民土地所有令及び地租改正条例の施行により、自ら耕作していた農地（藩政時代の高割）に限定されたために、多くの農地を手放さ

表2　宅地面積別所有者数（上段の項目は宅地の坪数、下段は所有者数）

0-40	41-60	61-80	81-100	101-150	151-180	181-200	201-	合計
56	53	43	37	45	10	6	12	262

（出典）表1に同じ

表3　旧士族格家の土地所有状況（単位：㎡、カッコ内は坪）

氏名	宅地 (a)	田 (b)	畑 (c)	切替畑 (d)	農耕地 (b.c.d)	草生地 林	計
奥 亀山	(382)	3,904 (956)	1,130 (342)	1,157 (350)	6,190 (1,873)	992 (300)	8,445 (2,555)
奥 豊良	(329)	3,206 (970)	3,239 (980)	605 (183)	7,050 (2,133)		8,317 (2,462)
太 頂山	(343)	1,557 (474)	846 (256)		2,800 (847)	387 (117)	3,933 (1,190)
井 義美屋	(241)	965 (292)	678 (205)	449 (136)	2,092 (633)		2,889 (847)

（出典）表1に同じ

（注）1坪は約3.3㎡、1畝は30坪＝100㎡、1反＝10畝＝300坪である。

表4　宅地面積25坪以下の所有者の農地面積（単位：㎡、()は坪）

場所	所有者	宅地	田	畑	切替畑	農地合計
佐渡	A	40(12)	0	0	0	0
古川	B	50(15)	1,527	0	0	1,527
名田	C	50(15)	228	0	0	228(69)
名田	D	50(15)	0	0	1,012(306)	1,012(306)
宝島	E	59(18)	0	0	0	0
宝島	F	63(19)	0	0	0	0
宝島	G	66(20)	0	0	193(58)	193(58)
宝島	H	66(20)	0	0	43(13)	43(13)
名田	I	69(21)	479(145)	0	0	479(145)
伊宝	J	73(22)	112(34)	0	687(208)	872(264)
新小増	K	76(23)	0	0	724(219)	724(219)
伊宝	L	79(24)	1,189(360)	1,534(465)	595(180)	3,318(1,004)
宝島	M	83(25)	0	0	0	0

ざるをえなかったのであろうか。これら旧士族格家の一族と思われる人たち（奥奥由、太頂正、太頂静、井義明、井義徳、等）も農地所有面積は五反程度である。旧士族格家の多くは農業以外の職業、例えば、役人、医者、教員、警察官、商業、金融業などに携わることになった。*6

旧士族格ではないが二四一坪以上の宅地を所有しているのは、眞勝メキヨデ（七三一坪）、円宮應（二六一坪）、横濱峯徳（二四二坪）の三人である。彼らは藩政時代の富農なのであろうと思われる。

井之川の宅地数は二六二であるが、**表4**にあるように、このうち宅地面積が二五坪以下の所有者は一三人（筆）、二〇坪（約八〇平方㍍）以下が八人（筆）いる。小さな宅地のみで農地を持たない者も四人見られるが、これは隠居者宅であろうか。なお、農地を持つ者では四反六畝が最大である。所有者名は明記されているが、性別、年齢、身柄などの記載がないので、ここでは宅地面積が狭い順に並べ、氏名に代えて符号を付しておく。

竿次帳を見る限り、井之川における農地の所有状況に極端な片寄りはないようである。地租改正事業は、自営農民の創生という面と、その後現れた農業雇用形態や賃金労働者を創出する基に

＊6　有馬晋作氏は、「薩摩藩の郷士は藩士であると同時に、自作農であり在地地主であった。これは自分では耕さず、知行地の年貢を徴収するだけの城下の藩士（城下士）とは大きな違いであった」（「西南戦争における郷士従軍の背景に関する考察」宮崎公立大学人文学部紀要第二十五巻第一号）と述べ、藤埼・東川は、城下及び外城士族約一万二〇〇〇人分の秩禄処分に際して付与された金禄公債額を分析し、城下士族は外城士族に比べて優遇されていたと述べ、とりわけ西郷隆盛は格段の高額を下賜（かし）されたという（「南日本新聞」二〇一二）。

なったといえるかもしれない。

第三節　地租改正と地券交付

明治十四年に整理の終わった鹿児島県の地租改正の総反別（面積）は、四四万一二〇〇町五反二畝、地価総額四九五〇万四〇五二円余、地租額一二三万七六一一円余で、地価総額に対する地租額の割合は二・五％である。[*7] 奄美諸島では、明治十三年春に調査を完了して字図（あざず）（図２）や徳之島全図を作成し、同十四年までに地価・地租を記載して帳簿整理も終わり、十五年六月頃には土地所有者に地券を交付した。徳之島町花徳在住の井（手）嶺澄の地租改正についての記録と、同氏が所有する地券の表裏の記録をもとに、地租改正を紹介する。

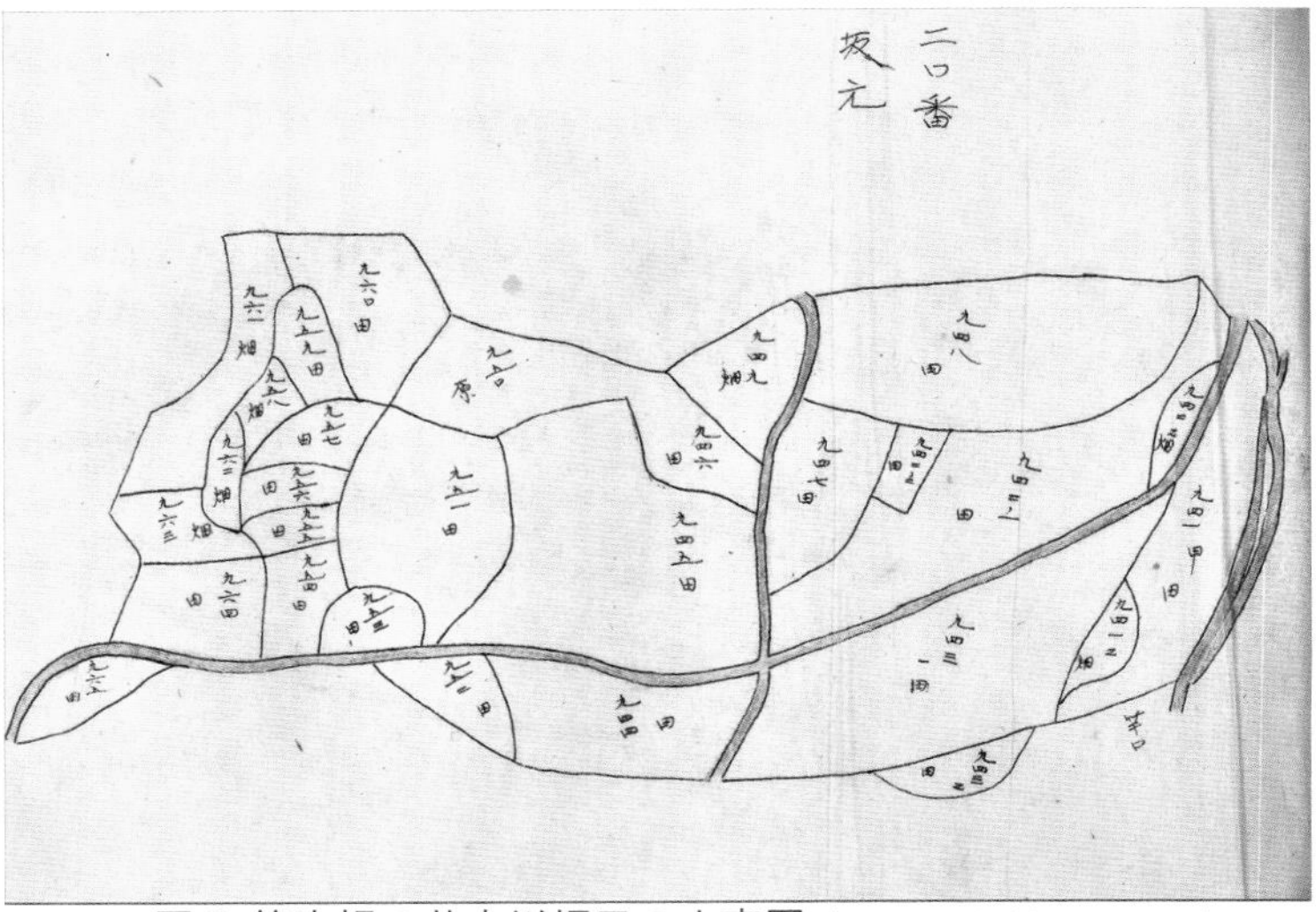

図２ 竿次帳の井之川坂元の小字図（戦後に再作製されたもの）

井手の地租改正についての記録によると、明治三年（一八七〇）七月二日、田地の地租は米納、畑地は石代納とし、同年、鹿児島薩摩検地実施を令して城下屋敷地近在から着手し、同年に鹿児島藩租税法改正を布告したとある。明治四年、田方正租（せいそ）ほかの税米を金納とし同年、田畑勝手作（たはたかってさく）を許可した（作付けの自由）。またこの年、薩摩・大隅・日向（ひゅうが）の三国七県を廃して鹿児島県を置いた。同四年に大蔵省地券発行、地租収納規則公布と記録されている。明治六年七月

＊7　地租改正施行当初は、地租は地価の百分の三（三・〇％）と定められたが、農民は負担軽減を求め、明治九年（一八七六）、各地で地租改正反対一揆を起こした。一揆が不平士族の乱と結びつくことを恐れた政府は、明治十年、地租率を三・〇％から二・五％に引き下げることにした。鹿児島県では地租改正並びに地券の交付が十四年以降になったため、地租は最初から二・五％であった。

十八日、地租改正条例を布告（旧法廃止、地券新設、地租地価の百分の三）とある。[*8] 明治十二年、本県の地租改正係派出所を各地に設置して事業を開始（十四年終了）。十七年、地租条例が制定された（法定地価決定、税率固定）。二十二年、土地台帳規則が決められた（地券廃止）、となっている。

井手所有の地券の表裏の文面は以下のとおりである。

地券表面

「明治十二年改正　地　券
大隅国大島郡　花徳(けどく)村　弐千十番　字　犬田布田(いいたんだ)[*9]　同国同郡同村
一　田四畝歩　持主　井　嶺澄　地価七円七拾壱銭
此百分の二ヶ半金拾九銭三厘　地租
右検査之上授与之(これをじゅよす)
明治十五年六月　鹿児島県　主事　中村兼志」

地券裏面

「日本帝国の人民土地を所有するものは必ずこの券状を有すべし。日本帝国外の人民はこの土地を所有するの権利なきものとす。故に何等の事由あるとも日本政府は地主即ち名前人の所有と認むべし。日本人民のこの券状を有するものは、その土地を適意に所有し、又は土地を所有し得べき権利ある者に売買譲渡質入書入(かきいれ)するを得べし。売買譲渡質入(しちいれ)書入等をなさんとするものは渾(すべ)てその規則を遵守(じゅんしゅ)すべし。若しその規則に因らずしてこの券状を有するともその権利を得ざるものとす」

明治十八年一月、県令第四号は、土地台帳の作成について通達を差し出した。これを受けて、大島支庁は同年八月「土地台帳作成要項（仮称）」を作成した。この要項は、土地測量や地価算定が正確であるかの確認作業（地押(じおし)）の通達であり、虚偽のある場合は処罰をするという内容であった。[*10]

明治二十年の大島郡の民有地籍および地価・地租額は**表5**にみるとおりである。地籍別の面積は、田 三九一六・七町歩、畑 一万三二一二・三町歩、山林・原野・雑種地 二万三五三〇町歩、合計四

＊8　徳富重成「明治の地券」（『徳之島採集手帳―徳之島民俗の聞き取り資料』鹿児島短期大学付属南日本文化研究所、南日本文化研究所叢書二一、平成八年三月、所収）。＊7にみるように、当初地租率（地価に対する割合）は三%と定められていたが、明治十年に二・五%に引き下げられたので、井（手）の記憶違いと思われる。

＊9　徳富重成『雑記集成(2)』花徳小字調査表 一〇一頁。

＊10　山畑直三所蔵「宇検村阿室土地関係文書」。

万一六九四・二町歩である。荒地面積二二四・二町歩を除外した有租地面積は四万一四六九・九町歩、その地価総額は二三一万九七八二円、地租総額は五万七九九四円となっている。地租は地価の二・五%であった。徳之島の地租改正の例をみると、総反別五四八六町一反一畝、地価総額三三万五六六円、地租額八二六四円一五銭で、地租税率は地価総額の二・五%であった。

しかし、全国各地の農民から地租の負担が重すぎるとの苦情が出たことから、政府は明治二十二年八月二十七日法律第二二号を発令し、田畑の地租に限り地価修正を行うこととし、奄美においても同年から減額されて四万四八八七円になった。*11

土地の測量及び所有者確定のための野取調査は順調に進んだわけではない。少人数の役人が短期間に土地一筆一筆を正確に測量・記録、地価・地租算定等をすることはほぼ不可能である。調査そのものも杜撰であり、官有地、民有地の区分や所有者の確定、所有地面積や地価、地租（国税）の不正確等、のちにトラブルの原因になるものが多かった。中でも山林の所有（官有・民有）をめぐって裁判沙汰が絶えなかった。明治三十年代には、官有地の民有地・村共有地への払い下げ請願が続いた。当初、農民は地租改正や地租に関する正確な認識を欠如していたために、地租負担を恐れて土地に対する所有権を自ら放棄したり、村落の共同地への入会権を放棄したりした者も少なくなかったためである。このほかにも地価および地租算定や官有地・民有地をめぐる紛争や訴訟が相次いだ。

地租改正作業は、村単位で土地の所有者別に一筆ごとに測量し、それを基に地価や地租を算定し、地券を発行。その所有者に交付した。地価は、「大島郡地租改正一件」の「地位等級調査心得」にしたがって算定した。土地の等級は土地の生産力や利便性等によって決められた。大島郡の田畑の収穫高は、九州本土と比較するとかなり低く、従って地価や地租は低い。田の収穫高によって算出される地価は、沖永良部島と大島の北部で高く大島の南部や喜界島、徳之島で低かった（**表5**）。

＊11 大島郡の明治十八年度の国税高は八万二〇三七円であったが、旧藩時代の貢租と変わらないという不満が噴出して地押調査を行い、田畑に限り地価を減額修正した。地租改正をめぐる訴訟件数は一一五一件に及んだ。

表5　大島郡各村の田1等地1反歩当たり収穫高・地価表

方 村	田1等地収穫高	1反当たり地価	地 租（円）
和泊方内城村	1石 426	39 円 95	1.00 円
竜郷方秋名村	1石 121	31 円 41	0.78
宇検方須古村	0石 827	23 円 19	0.58
西方花天村	0石 705	19 円 76	0.49
早町方志戸桶村	0石 432	12 円 10	0.30
伊仙方崎原村	0石 331	9円 28	0.23

（出典）『沖縄県史』第16巻448頁。米1石は3円29銭である。

第四節　入会権・官有地をめぐる紛争

山林原野については地租の対象外であるが、村民にとってその所有管理形態が重要な意味を持っている。藩政時代には村民はたいていの場合、山野入会が許されていた[*12]。入会は一村共有の山野はもちろん、数か村入会の山野も少なくなかった。場合によっては、官山であっても入会を許されることもあった。入会は多くの場合、薪や柴草の採取が主であった。ただし山林原野を守るため、「鎌入鎌止」の制度が行われ、時期を限って採取を許したのである。位

『奄美大島における入会林野』の著者・中尾英俊は「薩摩藩は育林に力を注いだ藩として有名であるが、奄美地方においては砂糖生産政策を採り、育林政策を採らなかったものと推測される。（中略）奄美において直轄林をもつこともなく、砂糖の上納を厳守するかぎり、山林の利用については、島民の自由な利用を認めたものと考えられる」と述べている。

藩政時代の民有林あるいは公有林は、明治二年の版籍奉還に伴って官有林への編入が行われた。この場合、官林編入の条件として官簿に記載のあることが有力なものとなった。

その後、政府は明治四年七月に官林規則を設け、山林の乱伐禁止とその保護育成の立場をとったが、同年九月、他方における荒蕪不毛地払い下げ規則、次いで五年六月には官有地払い下げ規則を定めるなど、政府は官有林野の払い下げ政策もとっていた。六年七月、「荒蕪不毛地並びに官有林入札払い下げ停止」令によって官有林の払い下げが停止されたものの、明治六年の地租改正法においては、林野私有権認定の条件が緩和され、年貢の対象となる高請け売買地はもちろん、（一）村方帳簿への記載、（二）先祖からの所持地で、戸長以下村方一同の証明付きのいずれかの条件にかなえば、その林野の私有権が認定されることになった[*13]。

大島郡においては、地租改正の開始と同時に「地所所有主取り決め心得書」に基づき山林の官民区分が行なわれたが、村民は租税を恐れて所有権を放棄したり、わずかな面積を自分の所有に止め、

＊12　入会とは、村で共同利用している入会地に入って薪や材木を採取すること。

＊13　笠井恭悦「林野官有民区分と村落の変貌」『明治前期郷土史研究法』。

残余を村の公有としたりした。また、各村においても将来の租税負担を恐れて官有移行を了承した。個人所有あるいは村共有となった林野でも、その後租税の滞納があり、官有＝国有地に引き上げられたものも少なくなかった。＊14

山林原野の多い奄美大島・徳之島においては、官有山林及び官有原野が広大な面積を占めている（表6）。徳之島の井之川村においては、地租改正に伴う調査対象土地総面積の六〇・九％にあたる一八三万六八二六平方ﾒｰﾄﾙ（一八五町）が官有地とされている。轟木村などでは、多くの村中所有林が見受けられるが、井之川村竿次帳の地目別に村中所有林が存在しない。

公有林は、各集落の持ち分に応じて山税を納めて集落共同で使用したが、かつて国有林全部を含めて利用していた人々からすると、改正後に縮小された公有林の狭さに追々不便を感じるようになり、たび重なる陳情を行った。国有林管理事務所もその実情に同情を示し、直接係員が来島し現地調査を行い、国有に編入されていた林野を再び村の共有とした例もあった。このような官有林の譲渡に対して、明治二十九年一月、鹿児島県書記官脇坂兵太は、大島島司笹森儀助あてに次のような通達を送った。

「官有林原野の処分は、明治二十三年の勅令第六九条の特別処分規則によるほかは、他に異例の取り扱いはしないよう通知する。右、承知おかれたし」

これに対し、笹森島司は以下のような請願を行っている。

「管下大島郡各島並びに川辺郡十島に現存する官有山林原野は、合わせて一万五六〇町余である。それを地租改正以来の事実に遡れば、各島の山林原野は『大山野』と唱え、各島限りの共有に属し、島民は納税の義務を負っていた。しかるに、地租改正施

表6　大島郡官有山林原野反別（単位：町）明治26年

	官有山林	官有原野	合　計
大島	3,369.2	1,204.7	4,573.9
喜界島	0.4	52.4	52.8
徳之島	682.9	1,903.7	2,586.6
沖永良部島	208.1	211.8	419.9
与論島	0.0	35.6	35.6
合計	4,260.7	3,408.1	7,668.8

（出典）『鹿児島県勧業年報』第6回

＊14　嶺武雄著「鹿児島県大島郡東天城村調査」（昭和二年）によれば、「本村の大部分は林野で、民有林は部落に近い箇所であるため、また、多くは各部落自由入会地となっているため乱伐暴採によって地力著しく減退し、美林を形成する箇所は極めて稀である」。また、「本村の現状として個人で林地を払い下げ所有する者はこの地方の比較的富裕な農家であるために、過小農民は冬期間家畜飼育用の草木及び材木など林野で採取するものは少ない。（中略）本郡（大島郡）の国有林は明治十三年の地租改正当時までは全部無所属で、部落民の入会地使用が自由であったが、以後人口稀薄の部落民は公課の負担を恐れてこれを放棄し、または公課の滞納により終に止むなく国有に引き上げられるに至ったものである」と述べている。

行の当時、住んでいる村より少々離れた土地は、ことごとく官有地に編入され、住民は自ら所有権を放棄した。その理由を尋ねてみれば、地租改正施行のうえは課税が重いであろうと予想し、官庁は要求したのではないけれども、人民惣代自ら進んで官地に編入するに至ったのである。奄美は実に未開の僻地であり、知識に乏しい人民の為した行為は怪しむに足りない。しかしいま、人口が増加し、農業、工業、畜産の事業は続々と頻繁の度を加え、かくして、薪炭その他の材料および耕地に不足を訴え、いまや、土地狭く、将来農業を営むことができないであろうと考え、官有山林原野の払い下げを切望する者が次々と出てきたのである。（中略）管下各島は、国家経済上、最も重要な地位を占める砂糖の産地である。そして島民もこれを生活の根源としている故、糖業がどれほど重大であるかはいまさら言うまでもない。しかるに、糖業振るわず島民の生計は常に最下等に位置し、内地一般と同日に論ずることはできない有様である。深く詮議のうえ、各島に現存する山林原野は実地調査を遂げられ、その区域町村または合併町村へことごとく無償で払い下げられんことを切望する」＊15

笹森島司の請願が受け入れられたのか、明治三十年代以降国有林原野の払い下げが徐々に進められることになった。特に明治四十一年の島嶼町村制施行に際しては、各町村の財産として譲渡されることになったのである。＊16

第五節　農民層の分解と農業経営

明治六年、奄美諸島を巡察した大蔵省租税局官吏久野謙次郎が作成した報告書『南島誌』に、「奄美一の豪農と称するものは、東間切亀津嗳花徳村 林為清で貯蓄米麦百石ばかりである」とある。林家の耕地面積は盛岡家と大差ない一〇町前後で、数十人の下男下女を抱えていたと考えられる。

＊15『笹森儀助大島々司中 島庁関係資料』3。

＊16 明治四十年三月十六日、勅令第四六号を以て「沖縄県及島嶼町村制」が施行されることになった。鹿児島県においても次のような県令が出された。鹿児島県令第三十号、「明治四十一年四月一日、沖縄県及島嶼町村制施行に付き、旧町村有の所有財産は総て新町村の基本財産となすべし。この場合に於いて財産の額著しく差異あるときはその均衡を得せしむるため、相当の方法を設けて補充をなすことを得る。旧町村において起こしたる負債の儀は新町村の負担に帰すべし」。

明治元年の「農民および町人の土地所有許可」の布告によって、農民ははじめて土地を所有することができるようになった。藩政時代の豪農も耕作（下男・下女に割り当てられていた土地も含めて）していた土地の所有者として、法によって保護されるようになったのであるが、明治四年の解放令によって労働力を失うという危機に立たされた。豪農の中には、そのような人々に土地を付与して解放したり、新たに雇用契約や小作契約を結ぶことによって経営を続けていった。下男下女として抱えられていた人々は、解放令以後、次の三つの関係に分類されていった。（一）身代を弁済してそのまま主家より完全に独立していった者、（二）身代を弁済した後も小作関係を続け、その後永くほとんど家族の一員のごとく主家に出入りした者、あるいは身代弁済不可能のため年季奉公として、その後も小作関係その他の形で永く後々まで主家と特殊な関係を続けていった者、（三）身代弁済不可能であるがそのまま解放された者、逃亡した者、および年季奉公契約をなしながら途中で逃亡した者、である。*17

明治五年二月十五日付太政官布告第五〇号「土地永代売買禁止の解禁令」の公布によって、農民をはじめとする四民は土地の売買が可能になった。奄美ではまだ貨幣が流通していなかったので、米や砂糖などの前借りと差し押さえにより土地の所有者が移動した。土地所有者の本格的な移動が生じるようになったのは、租税が石代金納制になり、明治八年に貨幣が流通、さらに明治十四年に地租改正が終了した後からである。特に明治十七（一八八四）年、松方正義大蔵大臣が紙幣整理と緊縮財政を実施したことで生じた不況、「松方デフレ」期以降である。*18

伊地知季通著『農家衰情論』は次のように述べている。

「明治十四、十五年以来、例年の風災にて特に畑作等は大いに収穫を減ずるだけでなく、全く不毛となるもの少なくない。またこれに反して商家より購入する油かす、馬骨、鯨骨等の肥料は年々高くなるため、貧民は肥料を十分用いることができない。農家の販売する穀物類の価格は下落するにもかかわらず、その穀物でもって製造する酒、焼酎、味噌、醤油、菓子、種子油などの

*17　金久好著『奄美大島における「家人」の研究』参照。（本論文は、氏が東京大学在学中に執筆したものである）。

*18　明治政府は西南戦争の費用調達に大量の不換紙幣を発行したため、貨幣価値が下落しインフレーションが起こった。明治十四年の政変で大隈重信大蔵大臣が失脚し、代わって登場した松方正義大蔵大臣は強力な金融引き締め・紙幣整理を実施した。その結果、経済不況が進行し、特に農漁業の不況は深刻なもので、没落農漁業従業者が大量に発生した。都市部では漸く近代的な大工業が発展しつつあったことから、没落農漁業従事者は、都市部の工業地帯の労働者として雇用されることになった。

日常品の価格は依然として下がらない。税金は地租改正に伴う費用や増税があったうえ、道路整備費、教育費等の諸費の増加によって、経費は膨らみ、農家の作物収穫高により計算してみると利益はなく、苦情を唱える様は聞くに忍びない。農家の利益がなければ、とうてい納税も滞り、不納処分が多くでるだろう」（『鹿児島県農事調査』解題による。ただし、現代文調に抄訳した）。

このような紙幣整理＝デフレーション政策によって、農産物価格は下落し、農民は返す見込みのない借金を背負い、担保の土地は取り上げられ、絶望的な状態に追い込まれたのである。郡内でも多くの農民たちが期限内に負債（元金と利子）の返済ができず、鹿児島の士族や島内の商人から裁判訴訟に持ち込まれ、徳之島で塾を開いていた石井清吉に被告弁護人として助力してもらい、裁判闘争を行うという状況がつづいたのである。

（皆村武一）

第五章　明治政府の殖産興業政策と徳之島

花徳養蚕試験場（昭和３年）

東天城村花徳字ツブクに養蚕試験場が設置されたのは大正14年４月で、正式名称を「鹿児島県養蚕模範場」といった。昭和４年９月、大島郡名瀬町に「鹿児島県養蚕試験場大島支場」が設置された際に「大島支場徳之島分場」に改組された。大島郡内から毎年 30 名の練習生を採用していた。終戦間近の昭和 19 年までその役割を果たした。

第一節　明治政府の殖産興業政策

明治政府の殖産興業政策とは、西洋諸国に追いつき対抗していくために、政府みずから近代的工業を保護育成し、富国強兵を図るためにとられた政策のことをいう。明治三年（一八七〇）、殖産興業の中心官庁として工部省を設置し、官営模範工場や直営事業場中心の近代産業保護育成を図った。その主なものは、富岡製糸工場、東京砲兵工廠、横須賀海軍工廠、長崎造船所、鹿児島造船所、三池鉱山などである。

西欧列強国視察後の明治七年五月、明治政府の中枢（内務卿）にあった大久保利通は、わが国の富国強兵の必要性を痛感して、次の内容の「殖産興業に関する建議衛書」をしたためた。

「おおよそ国の強弱は人民の貧富により、人民の貧富は物産の多い少ないに係っている。そして物産の多い少ないは、人民が工業を勉励するか否かによると言えるが、その根源となるものは政府政官の誘導奨励の力に依っている。外国の外交内政を模範とすることによって、文物制度は日進月歩の発展を遂げる。しかしながら、わが国の内政の実状を見てみると、みだりに外慕虚飾（外国を礼賛すること）を主とする者が多く、その結果かえって表層的なものになっている。このような時期に、政府高官が急務とすべきことは人民保護の実績を求めるということである。」

欧米諸国を視察してきた大久保は、政府主導の下に人民の勉励による工業化の重要性を説き、単なる外国の物まねではなく、わが国の実状に則して工業化を図っていく必要があると説いたのである。明治十年、西南戦争のさなか政府の手で第一回内国勧業博覧会が東京上野で開かれ、各地から機械や美術工芸品が出品され、民間の産業発展に大きな刺激となった。大久保死後の明治十三年、当時わが国の輸入の大半を占めた綿織物と砂糖の振興を図る目的で、綿糖共進会が大阪で開催された。糖業振興のためにサトウキビ導入者・直川智に功労賞を授与した。

明治十四年、政府は殖産興業を遂行していくために農商務省を設立し、殖産部門を工部省から分離して勧農・牧畜・製糸・紡績部門を管轄させた。また、官吏を全国に派遣し、産業を調査してその振興策についての意見を求めることとし、その任務を旧薩摩藩士で農商務省官僚である前田正名に託した。前田は明治十七年になって、全国の産業経済の実態調査報告書『興業意見』全三〇巻（一八八一〜八四）を刊行した。報告書では、外国の企業を招致したり大企業を優先したりするよりも、地域に存在する小規模企業を保護育成していくことが大事である、と主張した。鹿児島県については、勧業上、最重要なものとして砂糖を挙げ、以下のように述べている。

「鹿児島県下において、勧業上の要務中最も急を要するものは、砂糖、蚕糸、製茶、産馬、煙草、飛白織等である。砂糖については、藩政期には代官等による島民の保護監督により、全国に薩摩黒糖の名を博したが、維新後はその保護監督がなくなったので、島民は年々怠惰に、そして奢侈的になり、年々巨額の負債が積り日々の生活に困窮を来すことになった。よって目下これを救済するには、県庁より十分誘導して島民に互約を結ばせ、なるべく旧慣を引き継がぬよう注意し、その互約を履行させるために、県庁郡役所にて十分干渉する以外には救済の道はないであろう。これを第一に着手すべし。そのうえで器具を改良し、栽培に注意することが第二に着手すべきことである。」

前田の推挙によって、農商務省から糖業の専門家宮里正静が鹿児島県に派遣され、大島支庁に勤務して指導に当たった。その頃から、奄美諸島における糖業は改善進歩をみることになった。

第二節　基幹的産業としての製糖業の盛衰

藩政時代の奄美諸島の主産業といえば、サトウキビ（第一次産業）とそれを加工する製糖業（第二次産業）であった。このほか米、甘藷（芋）、麦、大豆と木綿や生糸を原料にした木綿織物・絹織物（紬）などの織物業、藁を原料にした莚や縄、履物、帽子などの製造業と、米、麦、大豆、砂糖などを原料にした酒、味噌、醤油、菓子などの製造業があり、次いで漁業とその産物を加工製造

図１　大正時代の農業の様子

する水産物加工業であった。林業との関連でいえば、木炭、建築、舟製造、砂糖樽の製造もあった。製糖業については、現在においても基幹的な農作物としての地位を保ち続けている*1（図１）。

宝暦十年（一七六〇）、薩摩藩は全国の中央市場である大坂にはじめて黒糖を積み出した。寺島良安は、同じ年に刊行された『和漢三才図会』に砂糖のことを紹介した。一七七七年になると三島（大島、喜界島、徳之島）の砂糖総買入を行うようになり、幕末には沖永良部島、与論島にも専売制を実施した。その結果、天保期の薩摩藩から出荷された砂糖の大坂廻着高は、年一二〇〇万斤（七二〇〇トン）に達し、全国におけるシェアは五一％と過半数を超えた。中でも天保元～十年（一八三〇～三九）の十年間の砂糖売上高は二三五万両に上った。ただし、薩摩産は白砂糖の製造は少なく、ほとんどが黒砂糖であった。

外国貿易が始まる直前の安政三年（一八五六）、江戸への砂糖の輸入（移入）高は一八万三千樽（一樽は約一三〇斤）＝二三七九万斤で、積出地は薩摩、肥後、土佐、紀伊、阿波、讃岐、和泉、遠江、駿河であった。安政五年、アメリカ、イギリス、オランダ等との通商条約を締結した後になると、外国産の砂糖が大量に輸入されるようになり、国内糖を圧迫し始めた。明治元年における日本の輸出額は一五五五万円であったが、その五割を生糸と茶で占めていた。輸入額は一〇六九万円であったので、差引四八六万円の黒字であったが、翌年には輸出一二九一万円、輸入二〇七八万円となり、七八七万円の貿易赤字となった。輸入額の約五割を占める綿糸・綿布と、砂糖の輸入が

＊1　砂糖が日本へ伝わったのは、今からおよそ千二百年前の奈良時代のことで、遣唐使が中国から日本へ持ち帰ったのが始まりであると言われている。当時の砂糖は高価であり、薬として用いられ、奈良の大仏に供えられるほど貴重であった。砂糖が食品として扱われるようになったのは、大陸との貿易が盛んになった鎌倉時代末期から室町時代からの事である。

琉球においては、一五三四年にサトウキビが栽培されたという記録がある。また奄美大島には、慶長年間に直川智が大陸から持ち帰ったとされていたが、近年は系図などから一六九〇年前後に代官の命を受けた嘉和知（かわち）と三和良（みわら）によって、砂糖製造法が導入されたとするのが定説となっている。

サトウキビの栽培が本土で本格的に始まったのは徳川八代将軍吉宗の時代（一七一六～四五年）である。その当時、鎖国令により海外との貿易は長崎の出島に限られていたにもかかわらず、砂糖の輸入量は相当な量に上り、その代価として多額の銀銅が日本から海外へ流出していた。そこで吉宗は、国内の銀銅の海外流出を防ぐため、琉球からサトウキビを

表1　奄美諸島（大島郡）における黒糖生産額の推移（単位：千斤）

	大島	喜界島	徳之島	沖永良部島	与論島	合計
明治2年	11,053	3,042	4,503	1,187	234	20,019
〃 5年	7,909	2,046	2,856	903	236	13,950
〃 10年	7,113	1,983	2,950	15,79	271	13,896
〃 15年	4,393	1,800	2,850	1,305	221	10,569
〃 22年	7,741	2,039	3,788	2,321	343	16,232
〃 30年	8,918	2,174	3,899	1,450	251	16,692
〃 40年	7,778	1,802	4,968	2,604	598	17,750
大正3年	5,247	2,562	6,534	3,121	898	18,362
昭和2年	2,524	1,958	5,184	2,799	791	13,256
〃 13年	5,889	3,743	14,490	7,118	1,649	32,889
〃 18年	706	631	1,160	1,895	97	4,489

（出典）農商務省『農務顚末』および『大島製糖調』、

急増したためであった。そしてその後も入超傾向が続くことになった。

明治政府は、富国強兵を図るために工業及び農業の振興を積極的に進めた。外国からの産物、特に綿織物と砂糖の輸入による外貨の流出を防ぐ目的で、国内生産を増やすことに努めた。樋口弘著『日本糖業史』によれば、「明治維新から明治三十年頃に至る時期にあっては、開港された日本に外国砂糖が輸入され、従来の国産砂糖をほとんど窒息させた時期である。なぜならば、明治前期の砂糖関税は規定の関税率で縛られていたので、関税政策を通じて国内砂糖を保護するということはできなかったのである。したがって、外国糖の輸入後も明治政府がこれに対して関税障壁を以て対抗することも不可能で、勢い外国糖の横行を見送らざるをえなかった」のである。

奄美諸島の砂糖生産高は、明治二年の二〇〇〇万斤をピークに明治十五年頃まで減少傾向をたどり、明治十三年大阪における綿糖共進会を機に、国や県の糖業振興策によって次第に増加傾向を示し、昭和十三年には三二八九万斤を生産するに至った（**表1**）。明治期における大島郡内第一の生産地は奄美大島であったが、大正期に入ると徳之島が奄美第一の生産地になった。なお明治四十一年の国内の砂糖生産高は、八九九〇万斤で、そのうち沖

取り寄せ、国内で栽培を始めた。宝暦十三（一七六三）年に刊行された平賀源内の主著『物類品隲（ぶつるいひんしつ）』には、「人参（にんじん）培養法」とともに、「甘蔗培養並びに製造の方」が附録として収められている。平賀源内が人参・甘蔗を取り上げたのは、「人参・甘蔗国益少なからず」という認識があったからである。

縄県が五二三八万斤（五八％）、次いで鹿児島県二〇六一万斤（二二％）となっていて、両者で全生産高の八〇％を占めていた。しかし日本における砂糖の需要は、とうてい国内の供給で満たすことはできず、一部は台湾砂糖の移入、他は外国貿易によってその不足を補っていた。三億斤余りは輸入していたのである。

昭和十一年六月、大島支庁は糖業振興の方針として「糖業商組合経営指針」を作成した。この中で、昭和七年度から開始した糖業小組合の組織化により、糖業奨励の各種の施策や指導を集中的に行うことができるようになり、著しい実績をあげつつあるとして、今後この事業を拡充発展させる方針を示した。

第三節　蚕糸業と大島紬業の勃興

『徳之島町誌』に、「徳之島における紬織物は明治のはじめ自家用を主力として生産されていた。島には桑畑もあり、しかも四季落葉のない独特の桑葉で飼育されていたが、明治十二年、地租改正によって桑樹が調査されたとき、島民はこれを課税の対象にされることを恐れて木を切ってしまった。このため養蚕は全く中止されてしまった。その後、これを回復するために、明治三十五年一月には、養蚕奨励規則が設けられ、明治四十三年二月には、大島郡養蚕奨励規則が、明治四十四年には、蚕業教師設置奨励規則が設けられた」とある。徳之島の養蚕業・大島紬業は明治四十年代に入ってようやく本格的に始動したと言える（図２）。

東天城村手々出身の嶺武雄の『東天城村調査』（昭和二年）は、同村の副業としての養蚕・蚕糸業について以下のように述べている。「当局（大島島庁）が養蚕・蚕糸業に

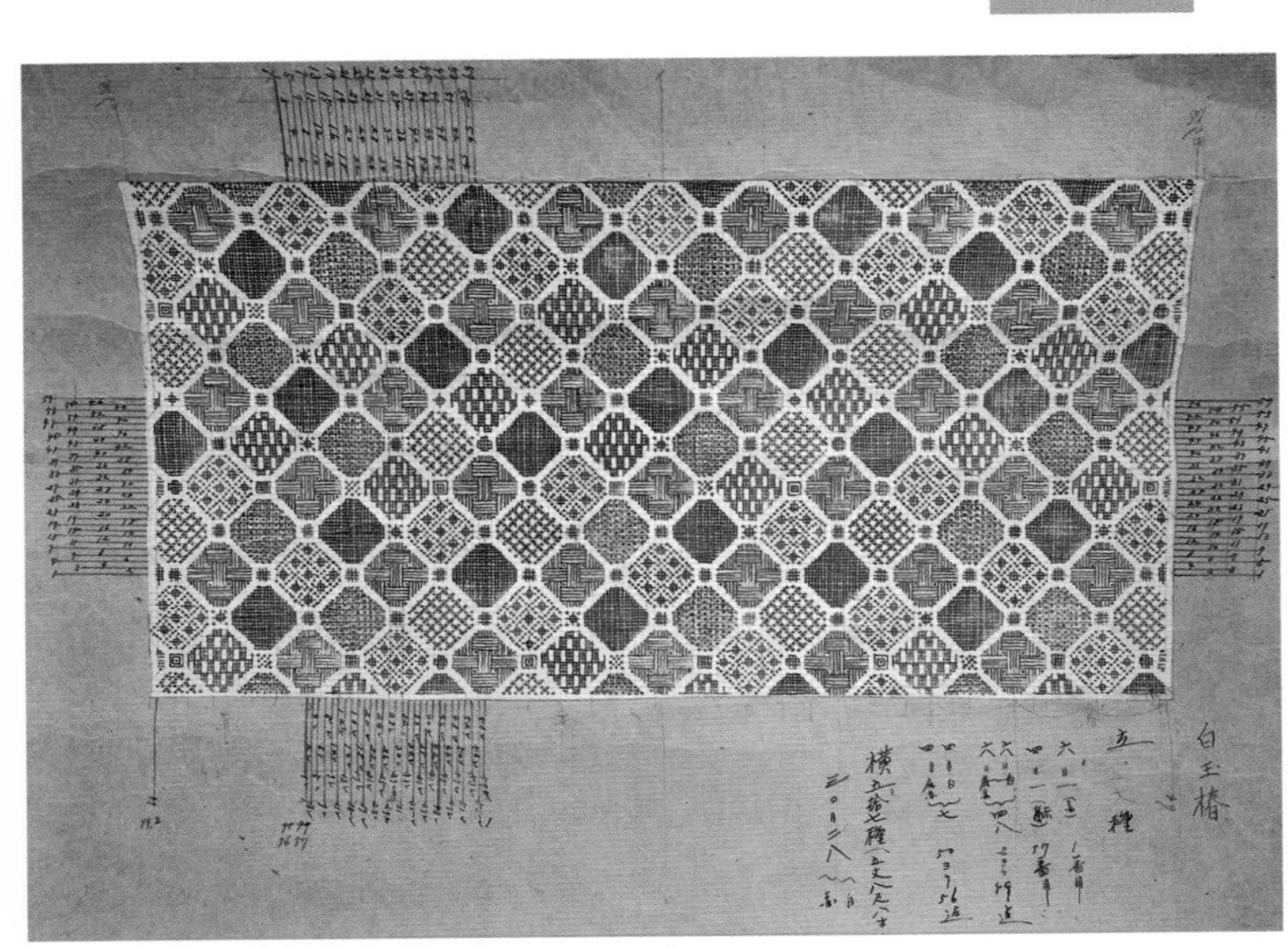

図２ 徳中柄の図案
「白玉椿」と題がある。昭和10年頃の母間上原工場図案部による作図。仙太織物株式会社所蔵。「徳中柄」と呼ばれる徳之島独自の柄で、織り方の正確さから龍郷の「大柄」と共に、母間の「中柄」は高く評価された。戦前、上原工場の商品は全品、東京の三越に出荷されていた）

資料1　大島郡糖業之義につき大蔵・農商両大臣へ建白（意見書）、輸入糖税付加の義につき建白

明治二十七年、大島郡糖業者総代から榎本武揚 農商務大臣に対して、砂糖生産への助力と輸入糖への税率改定を要望する、次の意見書が出された。

農商務大臣 子爵 榎本武揚閣下に建白す

近来、輸入外糖の競争頗る猛勢を極め、内国糖業の不運は年々相加わり、その結果、独り糖業者の不幸のみに止まらず延いて国家経済の大患を醸すに至ったのは、閣下の既に熟知しておられる所である。

現今、我が国民の消費する砂糖は二億八千万斤余に増え、内国供給の額は僅かに八千万斤に過ぎず、残余二億有余万斤は全く外国産の輸入に係り、その金額は実に一千万円の巨額に達する。今後、国民生計が程度を高まるにつれ、共にますます砂糖需要の額は増加が見込まれるが、内国産の現況は増産するどころか、年を追うにつれ退縮に傾くとみられ、外産の侵入は年一年にその勢いを増し、遂に国民消費の全額を挙げて之を外産に求めるに至るのは、必然の理勢であると予測され、実に長嘆息に堪えない。然しながら、砂糖というものは国民必需の常食であるから、国産増殖の法を設けて救急の途を啓き、この大患を治する以外に、敢えて他に求むべき策のないことは固より言うをまたざる所である。これをもってわれら大島郡民は、一にこの意を体し、明治二十五年以来専ら糖業改良の実を務め、成績すこぶる見るべきものがあるとはいえ、実施以来日なお浅く、改良の程度は未だ初途の歩にある。加えるに、前途また百難が横たわっており、国家の力を借りて扶助誘導の法を仰ぐのでなければ、この目的を達しがたいことは確実である。よって愚案を貴族院・衆議院及び政府に請願する次第である。（以下省略し、建白の要旨を示す）

外国産の砂糖は、非常に廉価で本邦の市場に現れ、本郡の砂糖は到底太刀打ちできない状況にあり、輸入税を課して一時的に外産糖の猛勢を抑制して、国産の全滅を防ぐ法（ママ）策を求める次第である。税率は従価又は従量のいずれでも良いが、おおよそ三割以上を標準とするのでなければ有効な税率とは認めがたい。やがて税目改訂の時期が到来するので、特に輸入糖課税の税率改定に努められんことを特に切望するものである。

鹿児島県大島郡糖業者総代　大島郡金久村平民農・元佐應定、
同・大島直佐澄、士族農・基俊良

前書の通り相違なきにつき奥書調印するものなり

鹿児島県大島郡金久村外九村戸長　麓　純則

明治二十七年十一月十三日

農商務大臣　榎本武揚 殿、　大蔵大臣 渡辺国武 殿

（出典）「大島砂糖嘗余―大島郡糖業之義に付大蔵・農商両大臣へ建白」山下文武氏の筆写による。筆者は引用にあたり、現代文調に換え、あるいは省略したことを断っておく。

注目し奨励施設蚕業技術指導員を置き、指導奨励に努めた結果、村民の自覚により近時著しい発達の気運が高まり、大いなる進歩をみた（図３）。

本村の製糸は概ね自家用に供するため、座繰製糸（歯車のついた木製枠に手作業で繭糸を巻き取る作業）であるため、技術極めて幼稚である。かつ生産額は少量で、品質不統一のため価格低廉であるが、将来、大島郡の特産物である大島紬の原料糸に供し得る程度に、改善指導を加えようとするものである（図４）。現今大島紬の原料、即ち絹糸はほとんど全部他府県より移入するもので、一か年平均一万七二九八円の巨額に達する。故に、将来は蚕業の発達を期するとともに、製糸業の普及を図り、原料自給自足の域に達する方針である。そのために、大正七年より製糸講習会、乾繭（繭を乾燥させる）場建設、蚕業技術員設置補助を実施している。

大島紬については、大正十年頃から価格が暴落し、工女の織賃としての収入が少なくなるに従って職を変え、近時は都会へ出稼ぎに出る者が多くなったことから、紬業者は工女を求めることが困難になり、本村の紬業は衰退の状態にあるものの、製造区域の拡張がすすむことでその産額を高めつつある。最近の調査によれば機数三九九〇台、従業者四〇九八人、その生産地は名瀬、龍郷、笠利、喜界、天城、亀津の六か村にわたっている。そもそも大島紬の特色はその染料が特殊にして模倣することができないこと、その品質が純良であることにある。しかしながら、近来に至って次第にその特色を捨てて内地風を移入し、ややもすれば粗製乱造に流れんとする傾向がある」と述べている。

同書によれば、明治四十一年大島郡の工業産物として、砂糖の数量が一七六二万五一七七斤、金額にして八二万八三八三円、大島紬が三万五五三六反、三九万八九六円。綿布が六二〇〇反、一万二四〇〇円。芭蕉布が六四六四反、金額は九六九六円。焼酎が二七九石で五万一一六〇円。

図３　花徳養蚕試験場全景（昭和３年）

畳が七万九七五〇枚で六万三八〇〇円。以上、総額一四一万五一二三円となっている。大島紬は、明治四十一年時点ですでに砂糖に次ぐ第二位の産物となっていたのである。

中島 楽『大島島治概要』（大正十五年）は、「明治三十四年、現今の大島紬同業組合を組織し、行政と協力して製品検査の厳正を期し、染色地質の改良、意匠図案の改良等幾多の指導奨励をしたところ、副業の域を脱し紬業を専業とするほどの盛況を見るに至った。今や紬業戸数一万九〇〇戸、手織機一万五四九六台を運転し、このうち工場経営をなすもの二二四戸で、年産三一万七二六四反、その金額五九〇万六〇五円の多額に達し、本郡第一の重要物産として、将来益々発展の余地少しとせず。本郡機業の経営状態は、名瀬町の如くこれを専業とする工場組織のもの、笠利、龍郷、三方村の如く機業を主として農業をもなすもの、或いは喜界島、徳之島の如きは耕地面積広く、農業を主として機業を副業とするものあり」と記述している。

また、『徳之島町誌』によると「郡全体の大島紬生産量は明治四十一年には三万五五三六反、金額三九万八九九六円であったが、大正十四年には三一万七二六四反に、金額は五九〇万六〇五円に、それぞれ九倍と一五倍に増加した。徳之島でも大正五年、織工の養成所をつくり紬織を奨励したため、亀津で一〇軒位だったのが、この頃から増加してきた。そして第一次大戦による好景気とも結びついて活気づき、大正七、八年の全盛期を迎えたのである。大正七年には、一疋一五円くらいであったのが、八年、九年には三〇円から四〇円になったのであるから、紬工場の利益は大きなものとなり、工場では数日ごとに従業員に大盤振る舞いをしていたのである。この頃は、男は砂糖、女は紬織りと徳之島の黄金時代であった。しかし、好景気は長くは続かず、大正十年頃までは何とかなっていたが、だんだんと下火になり大正十二年には倒産がではじめた。大正十五年には、本場大島紬信用販売購買組

図４ 花徳養蚕試験場での収繭風景（昭和３年）

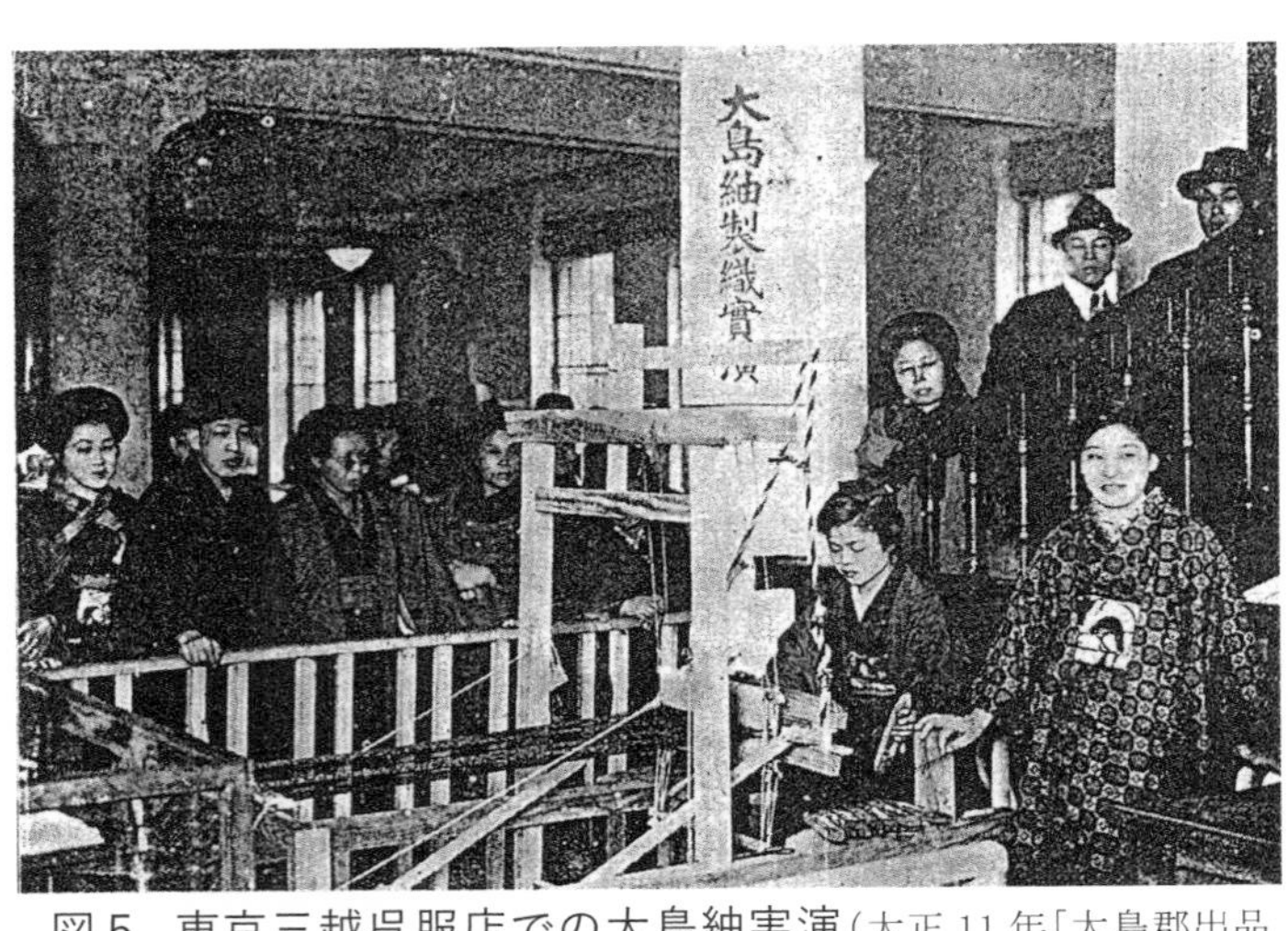

図5　東京三越呉服店での大島紬実演（大正11年「大島郡出品協会事務報告」から。三宅、小林、木脇の3人による）

合がつくられ」[*2]と記されている。

表2に見るように、明治三十七年には機業戸数四六三三戸（工場一、家内工業四五三〇、織元二一、賃機業八一）、職工数五〇八〇人であったが、大正八年には機業戸数二万二九〇七戸（工場一二六、家内工業六九二三、織元四二八二、賃機業一万一五七六）、職工数は三万三一五〇人へと大幅に増加した。特に、工場、織元、賃機業の増加が目覚ましく、工場は一戸から一二六戸、織元は二一戸から四二八二戸、賃機業は八一戸から一万一五七六戸へと激増している。家内工業は、明治三十七年の四五三〇戸から大正四年には二四二〇戸へと減少したあと大正八年には六九二三戸と増加し、大正九年の戦後不況時（第一次世界大戦後）においても増加し続けた。

郡全体の大島紬の生産高及び販売金額は、大正十三年以降再び増加し（**図5**）、昭和二年には生産高三五万六二四二反、販売額五七五万五三〇二円に達した。しかしながら、紬の一反当たりの価格は大正八年には三六円五五銭であったのが、大正十年には二三円七六銭に下落し始め、さらに昭和二年には一六円一六銭、五年には一四円四一銭へと六〇％以上も下落した。紬価格の暴落は当然、紬業の不振を招き、郡内の機業戸数・職工数の大幅減少を引き起こした。さらに昭和四年に発生した世界的不況は、この流れに追い打ちをかけた。昭和五年の製造場数、従業者数、生産数、販売金額は**表3**のとおりである。

＊2　『徳之島町誌』三三八〜三三九頁。

表2 大島紬機業戸数・機台数・職工数の推移

	明治37年	大正4年	大正8年	大正10年
工場	1戸	59	126	90
家内工業	4,530戸	2,420	6,923	7,938
機元	21戸	422	4,282	1,253
賃機業	81戸	6,055	11,576	7,104
機業戸数	4,633戸	8,956	22,907	16,385
職工数	5,080人	12,061	33,150	23,409

（出典）『鹿児島県統計書』各年度版による。

世界恐慌による不況は長引き、郡内の紬産業にも大きな打撃を与え、多くの製造場が倒産を余儀なくされ、職を失った人たちは阪神地方へと出稼ぎに出ていった。昭和初期の亀津村では、現住人口の五〇％にあたる約五〇〇〇人が出稼ぎに行き、鹿児島県内町村第一位の地位を占めるに至った。加えて人口流出に追い打ちをかけたのが戦時体制に伴う兵役による流出であった。また、砂糖・織物消費税の引き上げ、産業統制の強化も奄美・徳之島の紬業にとって大きな痛手となった。

第四節　甘藷・麦類及びソテツ植栽の奨励

名倉幸一郎作詞、三界稔作曲「徳之島小唄」第二節は「周り二四里、ソテツとキビの徳之島かよ冬知らず」という歌詞で始まっている。まさに、ソテツとキビは徳之島を象徴する景観である（図６）。サトウキビは黒砂糖の原料として江戸時代に海外から導入され、栽培を奨励されて現在に至っている。ソテツは、自生していたものを飢饉（ききん）時の食料として、あるいは防風林として畑の畦や草生地等に植栽したのが徳之島一帯に広がったものである。[*3]

『南島雑話』によると、「安永六年（一七七七）、大飢饉が発生し、琉球から米を移入して飢えを凌（しの）いだが、それでも千人を超える死者を出した。凶作飢饉に備えてソテツの植栽が奨励されることになった。ソテツの製法悪しければ毒に当たって死すとはいえ、製法良ければその難を避け得る。よって製法に至って念をいれるのである。（中略）ソテツ粉を味噌や醤油にして煮て食し、あるいは砂糖を交えて蒸し菓子や焼酎をつくる。凶年には下人などが食するソテツのねぶつくを粥（かゆ）といい、これはただ水の如きものを吸う。中々目も当て難きものである。これ

表３　昭和５年郡内町村別大島紬の製造場数・従業者数・生産数・販売金額・一反当価格

村名	製造場数	従業者数	生産数量	販売価額	１反当価格
名瀬	1,421 戸	3,202 人	75,258 反	1,106,29 円	14.70 円
三方	1,072	1,970	33,943	460,607	13.57
龍郷	750	1,271	45,256	658,927	14.56
笠利	1,648	2,189	50,258	728,741	14.50
喜界	1,155	1,646	25,513	481,430	18,87
亀津	830	1,074	16,334	179,674	11.20
東天城	227	284	3,115	43,610	14.00
天城	312	348	1,682	22,707	13,50
伊仙	998	1,105	8,714	113,282	13.00
郡全体	11,307	16,469	311,440	4,486,421	14.41

（出典）『鹿児島県大島郡勢要覧』大島支庁、昭和７年

＊3　琉球支配時代に手々の政勝という弓の名手が、加計呂麻島の諸鈍（しょどん）で開かれた奄美諸島の代表者による射的大会で優勝し、褒美の品としてソテツを持ち帰った。これが徳之島におけるソテツの元祖となった、との伝承も残る。

に僅かなりとも米を交えて焚けばまあまあ食することができる」（現代文に変えた）とある。

ソテツ葉は田んぼに漉き込んで肥料とするほか、ユリ根とともに海外に輸出され外貨を稼ぐ重要な産物でもあった。明治四十四年の郡統計によると、輸出品の一番は黒砂糖、二番が大島紬、三番が鰹節、四番目はソテツ葉であった。ソテツ葉は、欧米諸国ではクリスマス等の飾り物としてユリ花とともに珍重されたという。しかし、戦後になると食糧事情の改善や耕地拡大・整理、農道の整備、本土への移出により、奄美諸島からソテツ群生の大部分は消失してしまった。

甘藷（イモ）の伝来は、宝永二年（一七〇五）二月、前田利右衛門が琉球より南薩地方に持ち帰って植栽したのがわが国における始まりであるとされている。畑をサトウキビ畑にした大島や徳之島ではしばしば飢饉に見舞われ、山の斜面を利用して甘藷栽培をしたという。明治二十八年当時の島司であった笹森儀助は、「拾島状況録」で、「農作は甘藷を以て主とし、次を麦作、大豆作、粟作とす」と記している。作物の多寡は、島によって、また時代によって違うのであるが、甘藷すなわちサツマイモが伝来してから、主食あるいは備荒（災害対策用の備蓄）作物として重要であった。奄美諸島では藩政期から戦前にかけて、甘藷の栽培面積は、サトウキビ、水稲を凌いで第一位の地位を占め続けていた。

表4にみる三主要作物の栽培面積の推移について若干の説明を加えておく。

サトウキビは、幕末から昭和初期にかけて常に農産物の首位の座にあったが、戦時期には何より食糧増産を優先するという国策により、米や甘藷に取って代わられた。戦後も米軍占領下においては、本土市場を失ったこともあって生産は伸び悩んだが、昭和三十年代に入ると国内甘味資源保護法（昭和三十四年）をはじめとする国の保護政策により、サトウキビモノカルチャーともいえ

図６ 畑の境界線に植えられたソテツ

る大幅な生産増加を見た。

水稲に関しては、昭和十六～三十年の増加は、二期作の奨励と食糧増産計画によるものであり、昭和四十四年から六十年の激減は、「コメ余り」による国の減反政策によるものである。サツマイモは、昭和三十年代までは、一般家庭での主食や家畜の飼料として盛んに栽培されてきたが、昭和四十年代以降急速に減少し、六十年代にはほとんど生産されなくなった。これは、高度経済成長に伴う所得の増加に伴って食生活が豊かになり、主食が米食などに変化したことに加えて、主にサツマイモに寄生するアリモドキゾウムシが植物防疫法で特殊害虫に指定され、口之島以南の諸島からの移出（移動）が禁止されたことによるものである。

（皆村武一）

表４　主要作物の栽培面積の推移（単位：町）

	サトウキビ	水稲	甘藷(芋)	3 作物合計
幕末	5,000	2,200	5,000	12,200
明治 22 年	5,250	3,317	5,930	14,497
大正元年	4,800	3,575	8,361	16,736
大正 14 年	5,696	3,591	8,725	18,012
昭和 16 年	3,398	5,700	8,160	17,258
昭和 30 年	4,072	5,894	6,601	16,567
昭和 44 年	10,937	4,162	1,388	16,487
昭和 60 年	11,620	144	―	11,764

（出典）『南島誌』、『鹿児島県統計書』、『奄美大島の概況』、『奄美群島の概況』による

資料2　毒蛇ハブ撲殺費別途御下渡之儀ニ付伺

鹿児島県は、明治十三年と十六年に奄美大島と徳之島に生息する毒蛇ハブを減少させる目的で、ハブ一頭につき米一升、その卵一個につき金五銭で買い上げることとし、その経費を毎年四〇〇円補助してほしいと内務省に「毒蛇撲殺費別途御下渡之儀ニ付伺」を提出した。これに基づき内務省が起案した文書が「毒蛇撲殺賞与金別途下渡之儀ニ付上申」（「公文録」内務省　明治十六年十月）である。

添付資料によると、明治十三年七月から十五年十二月までの二年半にハブ咬傷者三五五人、うち死亡者五三人、ハブ撲殺員数は一万二五六六頭、卵七八〇個。年平均にすれば咬傷者一四二人（死亡二一人）、捕獲ハブ数五〇二六頭、卵三一二個で、年四〇〇円の補助では全額は賄えないが、不足分は県が補填したのであろうか。

嶺武雄『大島郡東天城村調査』（昭和二年）によると、「現在行われている通り、島庁（昭和二年当時は島庁と称していた）において生ハブを各村より買収して、これから血清注射液を採り、再び注射液を配付して被害者の救命に構ず」、「本郡におけるハブ毒素買上げ補助費は一六五円に過ぎず、これではハブを駆除するには十分でないので、国庫補助を申請し、各小学校に注射液を備え付ける事は救護上適当な方法である」と述べて、下記の大正十一年五月発布県令第三四号「ハブ駆除費規定」を提示している。

第一条　町村において支出したるハブ買上費に対しその三分の一以内を補助す。但し買上費は左の範囲を超ゆることを得ず。

（一）ハブ卵一個につき一〇銭、（二）撲殺したもの一頭につき二〇銭、（三）捕獲したもの一頭につき三〇銭

第二条及び第三条は省略

附則　本規定は発布の日より実施す

（出典）嶺武雄『大島郡東天城村調査』昭和二年。同論文は鹿児島高等農林学校の卒業論文として提出したものである。現在、原本は鹿児島大学附属図書館に所蔵されているが、それをもとに、徳之島町誌編纂室が『徳之島町誌叢書―徳之島町域「農村調査」報告集―鹿児島高等農林学校学生調査―』として編集出版している。なお、同書には福岡武『農村調査報告―大島郡亀津町』（昭和十八年度）も収録されている。

第六章　奄美特産物黒砂糖をめぐる抗争

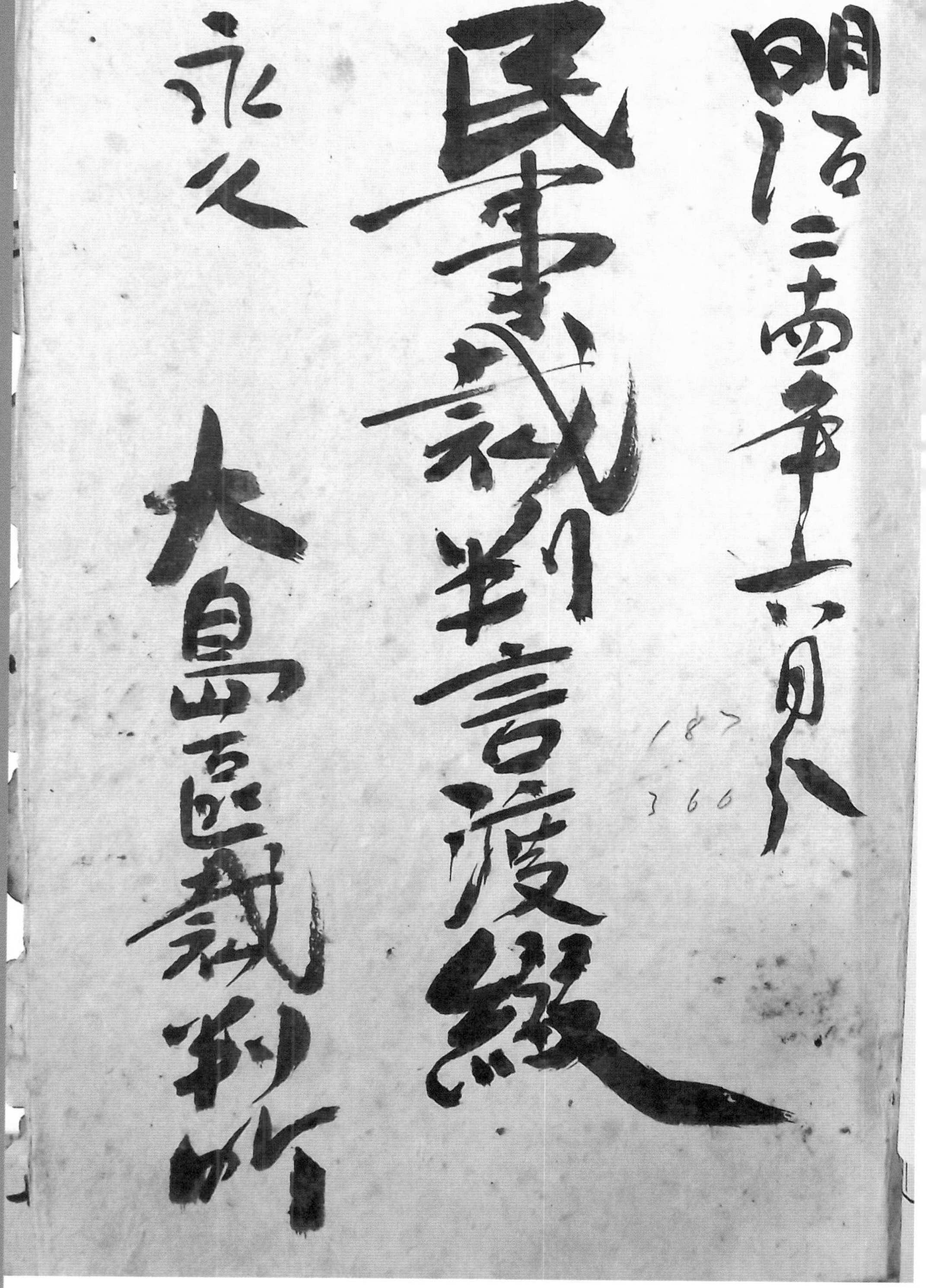

明治 24 年 民事裁判言渡綴（大島区裁判所）

三重県出身で慶應義塾に学んだ石井清吉の提案で始まった「三方法運動」は、計画的な負債返却を進める一方で、商人と農民との間の砂糖先物契約の不履行問題は「天災」によるものとして、債務返済の無効を訴えて次々と裁判に持ち込んだ。

第一節　国と県の租税および砂糖をめぐる確執

幕藩体制のもとでの貢租は基本的に米であった。幕府も藩も自ら消費する以外の米は、大坂や江戸の米問屋等で金銭にかえて諸経費にあてていた。薩摩藩は、奄美の島々に対して「石代貢糖」といって米の代わりに砂糖で貢租（租税）を納めさせた。藩は貢租として徴収した砂糖のみならず、残った砂糖（余計糖）も取り扱い、すべての砂糖を独占販売（専売制）することで大きな利益を得た。＊1

明治維新にともなって実施された版籍奉還（明治二年七月）によって、全国の土地と人民は各藩の支配下から政府に移行した。さらに政府は、近代的国家行財政を遂行していくために、税収の不安定な作物ではなく土地に対する課税に変えた。これによって、奄美や沖縄の砂糖を藩が独占支配できなくなることは重大事であった。

明治政府は明治元年八月七日（一八六八年九月二十二日）、租税に関する太政官布告第六一二号を発して「税制の継承」を通達した。その内容は、「諸国の状況が詳しく把握できるまでは、当分の間（二両年）、旧慣のままとする」というものであった。奄美の場合には、旧租税は砂糖で納めていたので、当分の間は砂糖で納めるということである。

このため奄美の租税を石代金納にしたい藩側と政府との間で抗争が生じた。明治五年七月、県は、三島（大島、喜界島、徳之島）ならびに琉球の貢糖分については、鹿児島までの運賃を差し引いた五九二万二九二四斤は、従来のやり方と同じく県の計画通り大阪市場で売り払い、大阪までの運賃や雑費を差し引いた代銀（代金のこと）で租税を納めることを大蔵省に上申した。理由は、もし租税分の砂糖を大蔵省で取り上げ、同省の手によって払い下げられることになっては商人扱いの売糖に差し障りが生じ、商人を窮地に陥れることになる。よって、県の方で貢糖（租税糖）と商糖（商人が市場で売却する砂糖）を一括して入札したいとするものであった。

大蔵省はこれに対し諾否を述べず、これまでの砂糖取引の方法の詳細や、明治四年以前の十か年

＊1　明治二年調査の「旧鹿児島藩産物出入比較表」によると、薩隅日（薩摩藩の領地）の総入金の合計額は一七一万九七五〇両（明治四年の新貨幣法に換算して一七一万九七五〇円）、出金の合計額は一〇八万八五〇〇両で、出入差引額六三万一二五〇両となり、これは鹿児島藩の国益となっていた。砂糖販売額二二二九万斤（うち奄美諸島一六五〇万斤）の代金八五万五〇〇〇両で総収入の約五割を占めていた。また、明治四年度の鹿児島県の財政収入額五四万八九三七両のうち砂糖売払代金見込額三四万八〇〇〇円で約六〇%を占めている。奄美の砂糖売上収入が県財政にとっていかに重要な財源であるかということが理解できる（皆村武一著『奄美近代経済社会論』二三頁）。

間の大阪市場での売却高、砂糖に対する代米相場、その他の諸入費、年々の利益等について精細な報告の提出を命じ、ついで大阪租税寮出張所に現糖のまま納付すべしと指令した。さらに政府は明治六年二月、「今より、貢糖の定額以外の島民の所得分の砂糖は勝手売買を許可する。内地の商人たちと自由に往来し、広く取引営業致すべきことを島民に告知すべし」との布告を県に通達した。

政府は明治六年、大蔵省租税局の官吏を徳之島や奄美大島に派遣して実地調査をさせ、『租税調査報告書』を政府に提出させた。これらの実地調査を踏まえて、大蔵省から政府に対し行政や租税制度などについて提案した。明治七年七月、大蔵卿大隈重信は太政大臣三条実美宛に以下のような「大島県」設置の提案をした。

「大島郡は薩摩地方を隔てることおよそ二二〇里余、置県の際、鹿児島県の所轄になったが、風俗言語を異にし、従って政令等も及び難く、現在、授産、収税、その他百般の制度も従前のまま墨守している様子である（図１）。おいおい県治を履行していくために、数年前から大蔵省官吏を巡回させて詳細に実地調査をさせたところ、島々の産物は砂糖を第一としてその次は米、麦、シュロ、芭蕉布などがあるが、人民は頑固で、手芸製工の技術は低く、とりわけ絶海の島嶼であるため人跡希少の地で、見聞の学習はなく、今日のごとく鹿児島県より遠距離にあるため政令も届きにくく、いかに力を尽くしても産業を振興させることは困難である。よって、大島に一県を置き官吏僚属を配置して、砂糖を増産させれば輸入削減も可能である。産業が振興すれば当然、辺境の島々も自然と面目を改め、将来は必ずわが国の南海への重要な鍵となり、一挙両得となる」

同じ明治七年九月十九日、大蔵卿大隈重信は三条実美へ「大蔵省大島県ヲ設置セント請フ、大蔵省稟申」した。この大島県については、伊藤博文が大久保利通の判断に任せることとし、大久保は「否」とし、実現しなかった。

大蔵卿大隈重信は、大島郡の砂糖が薩摩藩の財政、したがって鹿児島県の財政にとっ

図１　明治初期の砂糖樽運搬の図（吉満義志信『徳之島事情』）

ていかに重要であるかを認識していた。加えて大島郡を鹿児島県から分離して国の下に一県を置き、政府の力で砂糖生産を増産させれば、輸入を減らし、国家財政および南海への鍵となることができると考えていたのである。しかるに鹿児島県にとって、奄美の砂糖の利益を手離すことは耐えがたいことであった。県側は島民の窮状を訴え、石代金納による島民の負担軽減を説き、ついに明治七年六月、政府はようやくにして島民の石代金納を許した。実に二年余りに及ぶ政府と県の奄美貢糖(こうとう)をめぐる争いであった。**表1**は、石代金納(こくだいきんのう)による島民の負担軽減分である。石代金納収額の増減調べによれば、金納によって政府収納額は減少することになった。

貢糖の金納、余計糖の自由売買によって島民の砂糖生産意欲は増大するはずであったが、実際には減退した。その原因は、①従来貢糖確保のため一定のサトウキビ耕作を強制されていたものが、勝手耕作により他の作物に耕作転換した(大島ではサトウキビの作付面積は約四〇〇町歩の減少に及んだ)、②新設の大島商社との不当契約によって糖価が低く抑えられた、③石代金納による利益は直接農民には還元されなかった、④外国糖の輸入が急増して砂糖価格が下落した、といったことが挙げられる。

操坦勁(みさおたんけい)著『沖永良部沿革誌私稿』によれば、「旧藩時代には藩主が商業を行い、物品は藩庁より輸送してきた。これを

資料3　奄美の風俗と産物を伝える明治十五年十一月十八日付「朝日新聞」記事

その昔、西郷吉之助が三度までも流されたる大島という孤島は、大隅国大島郡に属し、鹿児島城より真南に当たり、日本里程(りてい)一五〇里、琉球よりは真北に当たり一三〇里、島の流れ(長さ)五〇里、幅八里余、いずれも小山多くして田畑狭く、産物は砂糖を第一の国産とし、その他大島紬(琉球紬とは違い一種別ものにて昔はこれを売り物にせず)、イモ類、芭蕉(ばしょう)等ありて、この島の土人はすべてイモを作り砂糖を製造するを職業とせり。風俗は男は散髪、衣類は琉球のごとく、帯は布あるいは縄を以て代用す。女の髪は長さ六尺に余り、頭へ幾重にもクルクル巻きつけ、より長きかんざしを挿す(このかんざし長さ一尺、ただし銀に限る)。名瀬方(なぜほう)といえる所に港あり、航海の汽船碇泊し、三菱会社の支店あり、また砂糖会社の分店ありて、かなり繁華なり。この大島より海上真南三六里に当たり徳之島といえるありて、流れ十里、幅四里、土地はすべて平地にして田畑等もあり、産物は砂糖、米、大豆、黍(きび)、麦、天然の藍(あい)等なり。大島、琉球、沖永良部島(おきのえらぶじま)、鳥の島(とりしま)等の離島より米、麦、黍(きび)類を皆この島に積み送る山村(さんむら)といえる所あり、すこぶる波濤(はとう)を避けるに便なるをもってここを港となせり。

(出典)『明治ニュース事典』Ⅱ、毎日コミュニケーションズ、一四頁

人民が生産した砂糖と交易し、生産糖は全部藩庁が受け取り、大坂で販売した。この事業を行なうのが保護会社である。物品代はすべて保護会社が勝手につけた値段で砂糖と交換された。人民の生産糖を以てしても物品の代価を償うことができず、ついに負債となった。然るに御維新により、明治五年冬、砂糖の専売制および物品の売買は廃止され、自由売買を許されたが、旧保護会社に対する負債が砂糖一四六万斤余もあった。当年の砂糖生産予測高一四〇万斤では負債を償還することができず、従って自由な取引ができず困難を覚えていた。そこで、この負債の年賦償還を嘆願するが認められず、協議の結果、与人の土持政照を人民総代として右の年賦償還の方法について交渉するため、上鹿させることにした。土持は、最初十か年賦の返還を県庁に出願したが却下され、つぎに五か年賦に変更して出願したが許されず、さらに三年賦にして出願したがそれも許されなかった。県令（県知事）は当時、大蔵省から大島各島の地租は砂糖を以て上納すべき旨を命ぜられていたので、石代金にて上納できるように交渉したが許されず、困却していた最中のことだったので、西郷隆盛の力をかりて石代金納を認めさせようとして、西郷と親交のあった土持政照に東京出張を命じた。西郷は県の請願を退けた。その理由は、そもそも御維新により全国一般に石代金上納の布達があるのに、奄美に限り旧慣通り砂糖を以て上納させるというはずがない」というものだった。

西郷は藩政時代末、沖永良部島に流罪・蟄居中に世話になった土持の請願を実現させてやりたいとの思いもあったのであろう。土持は西郷の紹介で租税権頭松方正義と石代金納について会談の機会があり、松方に「旧保護会社に負債が一四六万斤余ありまして、実はその年賦償還の嘆願のために私は鹿児島に参りましたが許可されずに困っているところに、租税もまた砂糖で上納せよとの命をたまわり、私は急に上京したところであります」と話すと、松方租税頭は「内々の保護会社の負債は年賦でも出来ないといいながら、わずか三一万斤納める租税に異議を言うとは甚

表１　貢糖と石代金納による収額の比較

5島貢糖	351 万 6076 斤（但し明治五年上納額による）
鹿児島までの運賃	47 万 5166 斤 67
差引届砂糖	304 万 0909 斤 33
代価	12 万 1636 円 373（1 斤 4 銭）
大坂までの運賃その他雑費	1 万 1981 円 787
純収納金	10 万 9654 円 587
石代金納	納米 1 万 2127 石 872
代金	7 万 2767 円 238
差引	3 万 6887 円 349（貢糖金納差額）

（出典）『鹿児島県史』第３巻、770-771 頁

だ県令は不都合である。その負債は打ち切ってもらいなさい。そうすれば租税のことは良いように周旋致します」と述べたという。この会談の数日後、県令から呼び出しがあって土持政照と基俊良は東京出張所に出頭したが、その時、次の令書を受け取った。

「大島、喜界島、徳之島、沖永良部島、与論島の各島に対する旧保護会社の負債については六割免除、四割は三か年賦にて上納すべし」

土持は、過分の得物を得たお礼に西郷を訪ねたが、西郷は「旧保護会社の負債の四割を三か年賦上納とは何事だ。人民が難儀するときに救済するのは上官の義務ではないか」と述べ、その旨の報告を受けた大山県令は、大島を巡回して次のような令書を発した。「先般、旧保護会社へ納めるべき納物、品代など来る亥年まで三か年賦で本金を償還するという件については、この際、無納を申しつける」（明治六年十月、鹿児島県令大山綱良）。こうして、奄美諸島の旧藩時代の負債問題は解消したのである。

政府は殖産興業を遂行していくために、明治七年から九年にかけて内務省内に「勧業局」、「勧商局」、「勧農局」を設置するとともに、都道府県にもその設置方を通達した。明治十三年、政府は綿糸・綿布及び砂糖の生産を増強するために、全国綿糖共進会を大阪で開催したが、その際、直川智に糖業創始者の功績を追賞することを決めた。これは奄美糖業を振興することを意図して行なわれたものであった。明治十三（一八八〇）年二月に大阪で開催された綿糖共進会式文は、次のように述べている（現代文調に改めた）。

「砂糖は、昔は奢侈品であったが、現在では生活の必需品である。（中略）綿は国内需要の六割余、砂糖は七割弱不足している。これを外国からの輸入に依存している。したがって、綿と砂糖の国内生産を増やしていかなければならないのである。」（安藤良雄編『近代日本経済史要覧』）

明治政府の掲げる殖産興業と富国強兵のために、国内糖業の振興を図る種々の方策が講じられることになった。

　経済社会の近代化にともなって砂糖消費量は年々増加し、明治十三年には約一億斤に達した。甘蔗糖のほかに甜菜糖の生産増加にも力を注ぐとともに、在来のわが国の砂糖産地である沖縄、奄美、四国などにおける製糖業に対しても改良保護に努め、その発達を助成することになった。このため政府農務局（局長は西郷従道）は、砂糖技師であった宮里正静*2を鹿児島県庁農務局に派遣し、大島郡の糖業振興の任務に当たらせた。

　宮里は大島に派遣されるや否や、平野和親とともに大島製糖改良試験に取り組んだ。その第一が伊津部村へ製糖場設置（引受人藤井常宜子）である。宮里は明治十六年六月十四日、「十五年度大島製糖試験結了の復命書」を農務局に提出している。大島製糖試験は良好な結果をもたらしたことから、大島各村にも試験場を設置するため、同年六月二十二日「糖業改良試験場引受人心得書」を作成して引受人を選定し、農務局に推薦した。明治十八年四月二十八日「大島糖業実況調査及び改良試験結了」を以て、農務局へ復命書を提出し、各村実地糖業の景況についての報告書が添付された。なお、報告書第三号「大島郡大島各村勧農委員へ口達」の要旨は次のようなものであった。

　「昨春以来村ごとに勧農申合規約を設け各自勉励のことを伝承し、また名瀬方砂糖品評会開設の際、各村勧農委員及び補助委員数十名来会して糖業談話会を開き、ことごとく議決の条項は必ず実施することを決めた。そのことは農商務卿（西郷従道）及びわが県令（渡辺千秋）へ逐一報告した。しかしながら規約が確実に行われるか心配し、また強固にするため、農商務卿から全島実地景況観察として巡回の命を受けた。そもそも糖業保護については、去る十五年以後、本省及び県庁から度々説諭をなし、頻りに糖業の振興しないのを焦慮し百方奨励しているため、漸く迷夢を覚まし当業に従事し、怠らない者もいるが、未だ民心一致改良増殖の様子が見られない。今般、自ら進んで規約を設け各自勉励の精神を喚起すれば、全島の幸福になるのである。

　本邦において年間に消費する砂糖は大よそ一億七万斤である。そのうち九〇〇〇万斤は国内産糖で、残る八〇〇〇万斤は外国産糖である。もし、国内で砂糖を生産しないならば、その全額を

＊2　農務局糖業技師・宮里正静は、糖業振興のため鹿児島県属（六等）として赴任し、大島郡に派遣され、県庁に「大島製糖改良試験に付上申書」を送付している（明治十五年三月十日）。内容は、「郡長等と懇篤協議の上、島内名瀬方は全島中最も難渋の地にあり、衆民に製糖事業を実現させるためには伊津部村に製糖場を設置することが最も便宜と考えられ、従来糖業篤志の同村平民藤井常宜子なるもの推挙し、本月七日より製糖着手する」というものである（『農務顛末』）。その後も、糖業の振興のために種々の方策を県庁に具申し、県は国（農商務局）に上申した。宮里は、後に明治十八年三月から十月までの七か月間、大島支庁長を務めた。

外国から輸入しなければならない。幸いなことに、国内に砂糖生産の適地があるため年々外国に放出する金貨はおおよそ四五二万九六三〇円余である。これを止めるものはひとえに内国糖業者の力といわざるをえない。」

第四回『鹿児島県勧業年報』（明治十六・十七年分）によると、「明治十一年以降やや衰退の傾向にあった糖業は、明治十三年の大阪における綿糖共進会（めんとうきょうしんかい）開設以降、県下の糖業者も生産意欲を高めつつあった矢先、農務局より技師を派遣して大隅郡（ママ）（大島郡か）に製糖試験所を設置して糖業振興をはかったので、年を追って隆盛（りゅうせい）に赴くことが期待される」と述べている。実際、県本土では、明治十三年頃からサトウキビ栽培面積および産糖高は増加傾向をたどったが、奄美諸島では少し遅れて十七年頃から栽培面積および産糖高は増加傾向に転じた。

奄美諸島のサトウキビの栽培面積は、明治十六年が四五八九町歩（ちょうぶ）、十七年に四六三六町歩、十九年には四九七四町歩へと増加した。産糖高は十七年の九二七万斤（きん）から十九年には一四五二万斤へと増加した。しかし、明治三十年代になると、ロシアの脅威が現実的となったことから軍備増強を急がねばならなくなり、これにより財政状況が悪化し、政府は増税の途を探さなければならなかった。目をつけたのが「砂糖消費税」（明治三十四年十月）や「織物消費税」（明治三十四年十月）であった。この新税は奄美の糖業に大きな打撃を与えた。砂糖消費税は本則十七条からなっており、主な内容として、沖縄・奄美産の黒砂糖（第一種）は一〇〇斤につき一円賦課（ふか）する。農民は、製造した砂糖を製糖場外に勝手に移動および売買を禁じ、砂糖生産者には詳細な記録をとることを義務づけ、罰則規定が厳しく設けられた。なお砂糖消費税となっているが、誰がそれを負担するのか明記されておらず、取引においては立場の弱い農民に負担が転嫁（てんか）されることになった。

砂糖消費税法の実施によって、明治三十五年の砂糖消費税額は約六五〇万円となり、うち黒糖に対する消費税は一二五万円であった。大島郡の産糖額約二〇〇〇万斤に対する消費税は二〇万円、徳之島の産糖額約四九〇万斤に対して四万九〇〇〇円であった。砂糖消費税は、その後数度

表２　大島郡の砂糖消費税の推移（単位：円）

明治 40	42	44	大正 2	8	12
345,357	457,178	580,678	504,523	527,194	391,434

（出典）『鹿児島県統計書』各年度版

にわたって改定・引き上げられ、明治四十四年には奄美の負担額は五八万円、徳之島一四万円に達した。しかし、これでは農民が砂糖生産費を償うことができず、減税請願が国会に提出された。明治四十二年の第二十五回帝国議会で、樽入黒糖の減税について審議が行なわれ、明治四十三年三月法律第二〇号を以て、砂糖消費税法の一部を改正することが決まり、糖業者の税負担は比較的楽になった（表2）。とはいえ砂糖消費税は農民にとって大きな負担であり、それが砂糖生産意欲を萎縮させていたことから、その後も撤廃の請願は続くことになった。ようやく再引き下げが決定したのは、昭和二年になってからであった。

第二節　県保護会社と農民の砂糖取引をめぐる抗争

明治六年、勝手売買は許されたが、県は未だ商取引に不慣れな農民を保護するという口実のもとに、五か年を期限として農民と県の保護会社「大島商社」（明治五年五月八日設立）との間に、黒糖と各種日用品の交換と、黒糖を他へ売却することを禁じた独占的売買契約を結ばせた。[*3] この取引は、島役人が今春のサトウキビの出来具合を見積もり、米穀その他の日用品を商社に注文する。商社はこれを輸送して、島役人を通じて農民に貸付け、その抵当として糖価を一斤につき二銭ないし三銭と定めて、翌春その産糖を以て商社に返済させる、商社はその砂糖を大阪その他の市場で販売する、という具合であった。

農民との砂糖取引を独占することになった商社は、藩政時代同様に茶一斤を黒糖二〇斤、扇子一本を黒糖一〇斤と交換して暴利を得た。農民の中には、商社との契約は島役人（戸長）が取り結んだものであるから、これを順守する必要はないとして、自分の砂糖は自分で売る、という人たちが多数現れたことから、県当局と大島島庁は、契約期間中は思いとどまるよう説諭しなければならなかった。

＊3　西郷隆盛は、「奄美諸島の専売制を廃止して商社を設立して砂糖取引を独占し、その利益で士族を救済するという件を伊集院兼寛から聞いたが、その方策はもっともだ、いろいろなところで売り広めると大蔵省からその利益を占められかねないから、よくよくその辺りは注意すべきである」と記した（明治四年十二月十一日、桂四郎宛書簡。弓削政己「初期明治政府の奄美島嶼に対する政策について」による）。

なお、弓削政己は、自由売買運動（勝手世運動）に関する詳細な年表を作成している（二〇〇八年一月八日）。同年表は『大和村誌』に収録されている。

また、明治九年一月には舶来輸入糖の増加を防止するということで、抜糖の取り締まりのため、津々浦々に取締人を配置した。同年、農民は各地で結束して商社の束縛を排除し、黒糖の勝手売買を要求するに至った。東方（現・瀬戸内町の東部）百姓達は、嘆願のための「口上覚」一五項目をしたためた。その中から数項目を列挙すると、「一、年貢米上納後の余計米は、勝手売買が許されるようになったが、当年は砂糖一斤の前米が五合替え、外品々もこれに準じて極めて下値で交換されていた。しかし、翌年から米並びに諸品が高値になり、御趣旨と異なり甚だ迷惑である。この際、商社との交易を断り、御趣旨の通り勝手商売をお願いしたい。二、大島産糖は大阪市場において一斤に付き二貫文もするそうであるが、商社は農民と七五〇文替えで取引している。そうであるならば、大阪の値段の半分にも及ばず、島民は迷惑している。三、年貢米上納の為の積船については、藩の計らいで上納させるようにして頂きたい。四、商社が運送する諸品や材木の積み下ろし作業に使われる夫役（用夫）に賃金を支払ってほしい。五、砂糖や諸品の取引に際しての諸経費負担などで迷惑を被っているので、願いの通り商社を解散して頂くようお願いしたい。」といったものであった。また別の嘆願書が、名瀬方伊津部村百姓中からも大島支庁宛てに提出された。嘆願書には「島中の農民が、砂糖の中から商社方へ明治六年から八年にかけて無利息で貸し付けた銭であると聞いている。ついては、百姓中へ何の知らせもなく、困っている人民の金をもって、金持ちの町人は貸し付けるという道理は不公平である。商社の方は利益もあるのだから、農民に対し、お金でも白米、大豆でも結構なので、支払うよう命じて下さるようお願いする」などと書かれていた。*4

以上にみるような要求を掲げて島民の運動は盛り上がり、明治十年二月、戸長三人を含む五十人余の陳情団を結成して大挙県庁に押しかけた。しかし既に西南の役（**図2**）は始まっており、

*4 津島家文書『御廻留写』。

図2　田原坂の戦い。左が官軍、右が西郷軍（「鹿児島新報田原坂激戦之図」小林永濯画、明治10年3月。早稲田大学図書館提供）

県庁はこれを強訴とみて、間もなく首脳者たちを谷山監獄に入獄させた。ところが三月には官軍が鹿児島に上陸するなど、事態は急速にひっ迫の度を深め、彼らの多くが薩軍への従軍を求められることになった。結局帰島中の遭難事故もあり、大半の人々は再び大島の地に帰ることはなかった。*5

砂糖取引に伴う大島商社と農民の間のトラブルの問題は、明治初年頃から東京でもしばしば新聞で報じられ、明治十一年十二月七日付けの『東京魁』は、「砂糖会社のことはこれまでたびたび新聞へ出したとおり、会社の者が島の者を圧制して勝手に砂糖の売買をさせず、会社のみの利益をえているので、島の者ども一同に不承知を言いだして、自由に売買したいとたびたびその筋へ嘆願したが、これまで取り上げられず困っていたところ、この島の丸田南里（二十八歳）という人は、十四年前に英国へ渡って修業してきただけあって、民権とか自由とかいう事もわきまえているゆえ、島の巨魁となってその筋へも嘆願し、会社へも押しかけて強談に及びたる廉で一時獄屋に下されたが、獄中からも嘆願書を送りだすほどで、少しもたゆまぬ一心がここに貫き、砂糖会社は今年限り廃社になって、来年からは島のものが自由に砂糖の売買ができるようになった」と報じている（『明治新聞ニュース』）。大島商社が解体した後の丸田南里の活動は詳らかでないが、若干三十六歳で亡くなった。この騒動は「黒糖勝手売買事件」と呼ばれ、自由民権運動家の中江兆民主筆の『大阪東雲新聞』で広く報ぜられることになった。

大島商社と農民との契約期限は五か年であった。その満期にあたる明治十一年に、新県令岩村通俊は各地を巡回視察し、その際、改めて他の商社と島民の利益を守るような公平な契約を結ぶことを説得した。しかしながら、その利益を得ずして困窮の状態に放置されていた島民は、これに強硬に反対し、結局、県当局は黒糖勝手売買を許すほかはなかった。なおこの時、徳之島では明治十二年十二月に創設された徳之島産糖興産と契約を結んでいる。

＊5　明治十年子十二月大島郡赤木名方川上村の東喜祖賀の『全島嘆願各名日記』を参照した。これによると「明治九年十二月二十五日、嘆願につき上県人四一名が大平丸に乗船し名瀬港を出船した」とある。鹿児島到着と同時に鉄砲や刀を持った兵隊が船に乗り込み、下船できなかったことなどが記されている。

第三節　砂糖取扱商人と農民の抗争

勝手売買に伴って商人たちが続々と来島するようになった。東方由井邑人民と三島組内田惣右衛門の間で結ばれた明治十七年度砂糖物品交換約定書[*6]によると、

「一、各人民は、来る明治十七年度製糖の生産高に関する見積証書を作成し、あらかじめ三島組へ差し入れ置くこと。二、三島組へ前条に掲げる各人の見積証を目途として、金銭その他物品を通帳に記載し、各人民に前借させること。三、三島組は、各人民の負担たる地租上納金と地方税金、その他賦課金とも他社同様の価格を以て、すべて引き受け納むものとする。四、二に掲げたる金銭物品等の価格は、すべてほかの会社と同様の価格を以て時々相互に取り決める。五、各人民は五人あるいは十人の組合を定め、もし一人でも不都合が生じた時は、その組合の者すべてがその責任を負う。六、各人民は収糖の際、勝手に他人へ売却し、第一条の見積糖が減少し船積等の不都合が生じた時は、相当の賠償金を差し出さねばならない。七、過不足糖の場合には、現時点の相場に比較して、糖一斤につき不足は二厘五毛安の差異を以て価格を取り決める。右の条に双方協議の上、相互に結約したる証拠として、この証書一通を作成して保管するものなり。三島組　内田惣右衛門、担当組員　二宮彦市

明治十六年六月　同事務係　登政則　大島東方由井邑　俊澤吉他二一名」

このような契約の結果、台風災害などにより見積り不足が生じたうえ、前借によって農民が贅沢に溺れたこともあって、明治十七年頃から二十年頃までの負債残高は一〇〇万円内外（利子は別）に達した。借金の返済方法や製糖の販売方法などを巡るトラブルが頻発し、ついには喜界島の騒動となった。[*7] このような膨らむばかりで解決の糸口さえ見えない農民の負債問題への対策として、石井清吉の提案によって「三方法」というものが作られるに至ったのである。明治十五年の調査によれば、群島内の歳入合計二三万八三二〇円（うち黒糖販売価額は二二万四〇七八円）に対し、歳出合計九八万二五

＊6 出典は名瀬市誌編纂委員会編、元資料は和家文書による。

＊7 喜界島の騒動とは、次のような事件である。鹿児島商人等（主として南島興産商社）に負債のある喜界島の砂糖生産農民たちが、明治二十一年に同盟を結び、負債償却、製糖販売の方法を設け、早町村の田中圭三をその総代理人と定めて、農民の生産糖は田中圭三の手を経て阿部彦太郎の出張店へ販売、委託をし、また、田中の手を経て日用物品の供給を仰ごうとするものであったが、明治二十二年六月五日、田中圭三は突然、大島警察署喜界島巡査派出所に留置されてしまった。そのために砂糖生産農民は、田中圭三から砂糖販売代金の支払いを受けることもできず、日用品の入手にも困難をきた

三二円（諸税および協議費が五万一一〇五円、島民支出は三六万二六九八円、負債が五六万八七二九円）に達していた。歳出の半分以上が負債償却に当てられ、残る負債にはさらに暴利が重み、十七年には一〇〇万円にも上った。

明治十八年度の『大島本島償却不足糖及び負債有無人員調』によると、「不足糖は二六四万一〇五六斤、一一〇万八六円で無負債者二一九一人、負債者五一七〇人、償却の見込み無き者六二人である。無負債者とは、明治十七年度前借の分を本年度内にことごとく償却しうる資力を有する者をいう。償却の見込みなき者は、まさに身代限の処分を受けんとする者をいう」とある（『農務顛末』第二巻、四三七頁）。さらに十九年十月の大暴風被害によって、負債総額はついに二〇〇万円に達した。

新納島司は、島民の飢餓を救済すべく政府に救米の払い下げを嘆願したり、被害額、負債額の調査を行った。島司は、「商人に対し郡民の背負える負債額は、二十年三月支払額砂糖二八六万斤、これに二十一年三月までの一か年間の利子八割に対する利子糖二二八万斤を加えると、元利合計五一四万八千斤（約一五万五五九二円）となる。大島郡の一年間の産糖高は二六〇万斤にすぎず、これに倍する負債糖を背負っていては、全く足も手も出ない状態である。商人は、郡民の飼育している牛馬豚等の値段をつけ放題にして取り上げた。甚だしきは容姿美しき娘と見れば妾に引き取り、一人娘さえ泣く泣く奪われた例も少なくない。実に見るに忍びない」と記している。*8

第四節　阿部商会と南島興産商社の対立

商人の暴挙から郡民を守るべく、新納島司は政府から勧業資金の貸し下げを受けて、低利貸付の途を開き、大阪商人阿部彦太郎に産糖買付を懇請し、低利融資を行なわせた。阿部商会は鹿児島商人に比べて三～一〇倍の値段で砂糖を買い付けた。

し、同氏を釈放するように数百人が数日にわたって嘆願した。ところがそれは聞き入れられず、警察は人民と対立することになった。そしてついに、一四七名が「喜界島『兇徒聚衆事件（きょうとしゅうじけん）』」として鹿児島軽罪裁判所大島支庁予審によって起訴された。長崎軽罪裁判所は、投石をして障子を壊した二名を除いて他はみな無罪を言い渡した。

この事件は、田中圭三の活動が南島興産商社の活動の妨げとなるので、同商社の手によって仕組まれたものであるといわれている。

*8 新納中三は、一八三二年（天保三）生で、藩政期末の武士・薩摩藩家老であったが、通称の刑部で知られる。名は久脩（ひさのぶ）、薩摩藩英国留学生を引率して渡英。綽名（あだな）が中三、維新後七等判事、大島島司を務め、島民（農民）の負債問題解決のために奔走した。島の恩人として語り継がれている。氏は、新納家の家祖である戦国時代の武将・新納忠元からは十三代目に当たる。明治二十二年十二月十日、五十七歳で死去

明治十九年の亀津村におけるサトウキビ栽培面積は一三五町五反歩で、サトウキビ収穫量は一〇〇万斤（反当たり収量は八一一八斤＝四八七〇キロ）であった。産糖量は六六万斤で、製糖場数は二四二か所、砂糖販売量は六〇万五〇〇〇斤、一斤当たりの価格は一七厘（一銭七厘）であった。同時期の郡内各村の販売価格は一七～二一厘で、県内を見渡すと砂糖一斤当たり販売価格が最も高い村は、大隅郡横山村、赤水村等の五〇厘であるが、熊毛郡西之表村の販売価格は三二厘であった。海上輸送のリスクもあるが、大島郡内各村の砂糖販売価格は県内産地の半分程度でしかなかった。ただ、それでも製糖期にはどの村も製糖場の操業で賑わいをみせていたのである。

やがて、鹿児島商人は振るわなくなったことから、数人でもって南島興産商社を組織して阿部商会に対抗した。しかし、その後も国内各地から奄美に続々と商人が渡来し、砂糖取引に群がった。そのため南島興産商社は、県当局を動かして、島民の利益を守るべく積極的に活動していた新納島司を、越権行為を理由に突然解任させた。さらに同社は県当局へ働きかけ、明治二十年四月十日、県令第三九号を制定・発布させ、県外商人の締め出しをはかった。この県令は、県外商人の締め出しだけではなく、砂糖生産農民の勝手自由売買をも妨げるものであった。

その内容は「大島郡内においてサトウキビを栽培し、または砂糖を製造・販売する者は、すべて組合を設け、規約を定め、島庁の認可を受けるべし（第一条）」とし、組合規約を定め（第二条）、砂糖製造、樽荷造の不正を禁じ（第三条）、樽詰された砂糖は監査証を附し、それのないものは売買を禁止した（第四条）。その上で「島庁は監査員を置き、各島に派遣し、規約の実行を監督させ（第五条）、生産者は製造以前において、商業者に砂糖売買の約束をなさんとするものは組長を経て、監査人の承認を受けるべし（第六条）。この規約第一条、第四条、第六条を犯した者は一円以上一円九〇銭以下の科料に処し、または、三日以上十日以下の拘留に処す（第七条）」とした。

「県令三九号」は、島民にとってまことに不都合なものであったが、不都合なものと知りながら、同県令の拘束により島民は明治二十年、県の保護会社として設立された南島興産商社と砂糖売買契約を結ばざるをえなかった。明治二十年は、未曾有の暴風に見舞われ、島民は飢餓状態に陥っており、お金が必要であった。来春の砂糖販売代金を担保に前借りするほかに途がなかったのである。当時、支庁の学務課に勤めていた麓純則はこの有様を見るに忍びず、知事に建言書を致すとともに、県令三九号の撤廃運動を進めるために辞表を叩きつけて野に下った。麓純則のこの行動を聞き知った有志たちは、全郡から雲集し、運動はたちまち郡全域に広がっていった。

麓純則の建言書は以下のものであった。

第一　郡民をして鹿児島商人の食いものに供せんとするが如き知事の旨趣に対し、甚だその意を得ざること

第二　知事は、法律命令の範囲内において行政権を行うべきはずなのに、その範囲を脱し、みだりに人民の製作品販売の規則を発布し、これに罰則を附し、人民自由の権利を束縛せんとするは、すなわち権限を超えたる違法の行為たること明らかなるを以て、人民はかかる県令に服従すべき義務を有せざること

第三　鹿児島商人が棍棒を携え阿部商会を襲い、被害者が保護を要求するにもかかわらず、またその場所が警察署の門前なるにもかかわらず、これを顧みずがごとき無政府的な行動を制止するよう、警察官に敢えてしないのは知事の職権を誤った甚だしきものと認め、かかる不法なる行政の下に吏員として職を置くは、純則の心潔よしとしないゆえに、職務を免ぜられたいとの旨にて建言書とともに辞表を提出するものである。

辞表取り下げ留任のことについて交渉が七日間続けられたが、ついに麓は依頼免官となり、直ちに民間に入り、まず長井実良、勝久重森と手を携え、さらに瀬戸内の森禎隆、平長演、叶佐央長、住用の長富謙、龍郷の牧保定、笠利の大野甚行等と提携して旗を立て一大活動をはじめた。[*9] 麓は二十一年三月に県会議員に選出され、渡辺県知事と知事室で直接談判をするに及び、ついに知事が三九号を取り下げることに合意した。

＊9　大山麟五郎「『大島郡の来歴』及び『大島郡惨状実記』解題」（『奄美郷土研究会報』第一一号、一九七〇年六月）。なお、中村安太郎著『奄美儀人麓純則伝：復帰運動の原動力は誰か？』に詳細な記録がある。

第五節　南島興産商社の貸金請求訴訟事件

明治二十年に南島興産商社が設立されるやいなや、大島郡全域で糖業者と同社の間で契約が結ばれた。明治二十一年二月、南島興産商社と大島郡徳之島面縄(おもなわ)村の糖業者一七二五人との間で、以下のような約定書が交わされている。

(一)産糖者は、社に毎年製糖産出額の見積書を差し入れるべきこと。(二)見積糖の額によって社は糖業者に金を貸す。(三)貸金の利子は一か月八朱(一円につき八厘、一か年九銭六厘あて)とする。ただし、他社が社よりも有利な条件を提示した時には、それと同等の条件とする。(四)糖業者は借金の都度、借用証書を社に差し入れること。(五)貸借の便利を図るため、一円ないし五円に限り、糖業者から身元保証として、所有の地所に承諾書を添え、地券とともに社に預け置き、その範囲内は別に証書・保証人を要しないで、社に備え付けの判取帳に時々全員姓名を記載し捺印(なついん)させ、これを貸与の証とする。(六)貸与金の定額は見積糖の七割(掛)以内とする。ただし、それを超えた場合には抵当物または確実なる保証人を必要とする。(七)糖業者が他の商人に負える負債金は将来返済見込みある場合は七か年利付年賦(りつきねんぷ)を以て貸与する。(八)糖業者の製糖はすべて社に委託または現売すべきものとする。(九)委託糖の運搬、積出費用、委託手数料、天災地変の災害による損失等は糖業者の負担とすること。(十)製糖を他に密売または隠匿(いんとく)した時は、一挺(ちょう)に付き金一円あての違反料を請求することができる。(十一)本契約に違反した時は、違約者より違約料として金五円を支払わなければならない。(十二)本約定は明治二十年三月から二十七年五月までとし、その期間内といえども双方協議の上、条項を変更できる等々、三六条からなるものであった。

前節でもみてきたように、県令三九号が取り下げられたのは明治二十一年夏のことであった。契約に沿って取引された南島興産商社徳之島分店「坂地砂糖売却平均計算表」によると、明治二十一年三月二十一日の落札相場は、四〇挺(ちょう)の砂糖樽(一挺約一二五斤入り、正斤高四八八〇斤)が一斤当たり四銭三厘で取引され、代金は二九六円九四銭六厘となっている。このような代金では、前借分を返済することは不可能であった。

同年四月、深刻化する一方の借金問題についての対応策を協議するため、新納中三前島司の呼びかけで、郡内二十二か村の戸長や有志が名瀬の西本願寺説教所に集合した。しかしこれといった意見も出ず、重苦しい雰囲気となった。この時、亀津から参加していた福沢福祐が*10（図3）、「母間村（ぼまむら）に若干三十二歳ながら、慶應義塾で学び、沖縄中学校長などを務めた石井清吉という人物がいるが、意見を求めてはどうか」と提案した。石井は沖縄で沖縄産業会社を経営していたが、母間に送った社員が不当な利息をつけて村民に金を貸し付けていることを聞きつけ、自ら母間に乗り込んで実態調査を行い、債務者に証文を返すなどの処理にあたっていた。この提案を聞いた新納は、福沢ほか二人に書状を持たせて徳之島に渡らせ、急ぎ協議会への参加を要請することを決めた。石井は、書状や福沢らの話をじっくりと聞いたうえで同行を承諾し、要請に来た三人と共に名瀬に上った。数日して再び西本願寺（図4）で開催された協議会において、石井は法学の本を手にしながら次のように述べた。「この負債は、法律上弁済の義務なき性質のものなり。なんとなれば、この負債は一昨年の大風害のため、サトウキビは枯死（こし）して薪と変じ、砂糖収穫皆無（かいむ）となりたるため弁済できず生じたるものなればなり。すなわち、商人と農民との間に砂糖の先物契約は、天災地変によって砂糖生産が絶無となったことによるものであり、双方とも天の災いとして債権・債務を無効にすべきである。にもかかわらず、商人は農民に対し高利を付して債務の履行を迫るとは無法きわまるものである。こういう場合は、ことごとく訴訟を提起してその判決を待つべきである」

同協議会には商人側も出席しており、石井清吉が債権消滅論を述べると、すぐさま名瀬や徳之島で店を営む商人たちから「そんなことをされては、我々商人が死ぬことになる」と激しく反駁（はんばく）され、会議は紛糾した。しかし最終的に、農民側は結束して負

＊10 福沢は一八四七年生まれ。江戸の昌平黌（しょうへいこう）で学んだ伊地知貞馨（さだか）に漢学を習い、明治四年に師とともに北陸、東北方面を視察した。明治五年に安住寺跡にできた徳之島初の学校講師となった。明治十年に平土野に漂着した朝鮮漁民を伴い長崎まで出張。この時に鹿児島で妻とともに出陣する薩摩軍の勇姿を見送った。明治十二年から亀津戸長、続いて天城戸長を勤めた人物である。沖縄県知事 奈良原繁とも交流があり、刀と掛軸を贈られている（小林文庫五六六安住寺の学校関係資料「福沢福祐略歴」）。
徳之島郷土研究会報第十九号「『奄美の自由民権運動』研究ノート」（榊原洋史）を参照した。

図3　福沢福祐（1847〜1917年）

債糖を一斤も渡さないこと、商人側が訴訟を起こすならばそのなすがままに任せ、裁判の判決を待ってそれに従う他ない、と申し合わせた。この趣旨徹底のため各村各字に総代を配置し、総代は無報酬で尽力することを決めた。この動きに対し商社側は債務者の農民を相手に、来春の産糖を抵当にした前貸金請求の訴訟を起こすに至った。

明治六年、我が国にも近代的な司法制度が制定され、徐々に制度が整備されてくると奄美でも裁判が頻発するようになった。主な訴訟は砂糖取引、土地、貸金等をめぐる紛争・裁判事件であった。中には第一審（地方裁判所または区裁判所）、第二審（控訴院）、第三審（大審院）までいくこともあった*11（図5）。

南島興産商社の産糖者への貸金請求訴訟は、明治二十二年（一八八九）「喜界島上嘉鉄」、「喜界島中熊村」、「徳之島亀津村」、「徳之島西阿木名村」、同二十三年「喜界島大朝戸村」、「徳之島浅間村」、「徳之島伊仙村」、同二十四年「大島郡小宿村」と続いたが、その中から亀津村の福島常徳に対する貸金請求之訴訟を取り上げる。

明治二十二年七月二十六日、南島興産商社徳之島分店長村田不二氏（原告代言人　吉田孝基）は亀津村の福島常徳氏（被告代言人 岡本直熊）に対し「貸金請求之訴訟」を鹿児島始審裁判所大島支庁に起こした。訴状内容は「被告人は借金の返済期限が過ぎ去っているにも拘わらず等閑に伏して（放置して）いるため、やむをえず、貸金請求の訴訟を起こすものである」とし、「債務（貸金）及び訴訟入費を弁償されますよう取り計らって頂くよう願うものである」というものであった。これに対し、岡本は次のように反論した。

「南島興産商社徳之島分店長、同県士族　控訴人　村田不二

被告（福島）が明治十九年中に原告より借用した品代、及び金銭合計金三四円三四銭四厘を原告は翌二十年春糖を得るため、自分の計算により、一斤につき一銭二厘に割り出し、砂糖二八六二斤とした。然るに、二十年春は風害のため砂糖の収穫なく、被告は五九一斤を差し入れ二二七一斤は不

図4　名瀬の大正寺（昭和初期、『奄美の百年』、指宿良彦氏所蔵）

＊11 明治二十三年三月、裁判所構成法の誕生により、治安裁判所は区裁判所に、始審裁判所は地方裁判所に呼称変更されたが、控訴院、大審院には変更はなかった。

足したため、原告はその不足糖を一斤につき三銭で金銭に換算し、金借証を差し入れるよう請求したが、被告は勿論、全島同様の負債者はその不当の請求に応じないことの協議を開いたところ、意外なことに警察署よりその主立った者（糖業組合長又は惣代有志者等）に召喚状を発し、応じない者は勾留すべしとのことで、主だった者をはじめ人民は恐怖し、原告の不当なる請求を拒むことはできなかったことは顕然（明らか）である。従って、その計算法は法律上その効力無きものとせざるをえない。従って、甲第一号証は正当に成文したものでないので無効のものである。

以上のような事実理由により、原告の請求は不当なりと確信したので被告答弁の如く至当のご裁判を為されたい。

明治二十二年十二月五日　岡本直熊

鹿児島始審裁判所大島支庁

始審裁判所判事　畑伯春殿」

十二月十二日、南島興産商社代言人 吉田孝基からこれに対する弁駁書が提出されたが（弁駁書は欠如）、これに対し十二月十五日には亀津村の福島常徳ほか、喜界島・大島・徳之島浅間村、阿権村の農民が南島興産商社相手に次のような表題で一斉に「貸金請求反対訴訟」を大島区裁判所に起こすに至った。

「貸金請求反対の控訴

控訴人　徳之島亀津村平民・福島常徳　大島有志総代会議　石井清吉

被告　南島興産商社徳之島分店長、同県士族　被控訴人　村田不二

審理の結果、大島区裁判所は明治二十三年九月二十六日、「被告は速やかに原告請求金元利並びに訴訟入費共償却すべき義と心得べし」と言い渡した。つまり、貸金を請求することは不当であり、農民に支払う義務はないと判決したのである。この裁判を不当なりとして南島興産商社は長崎

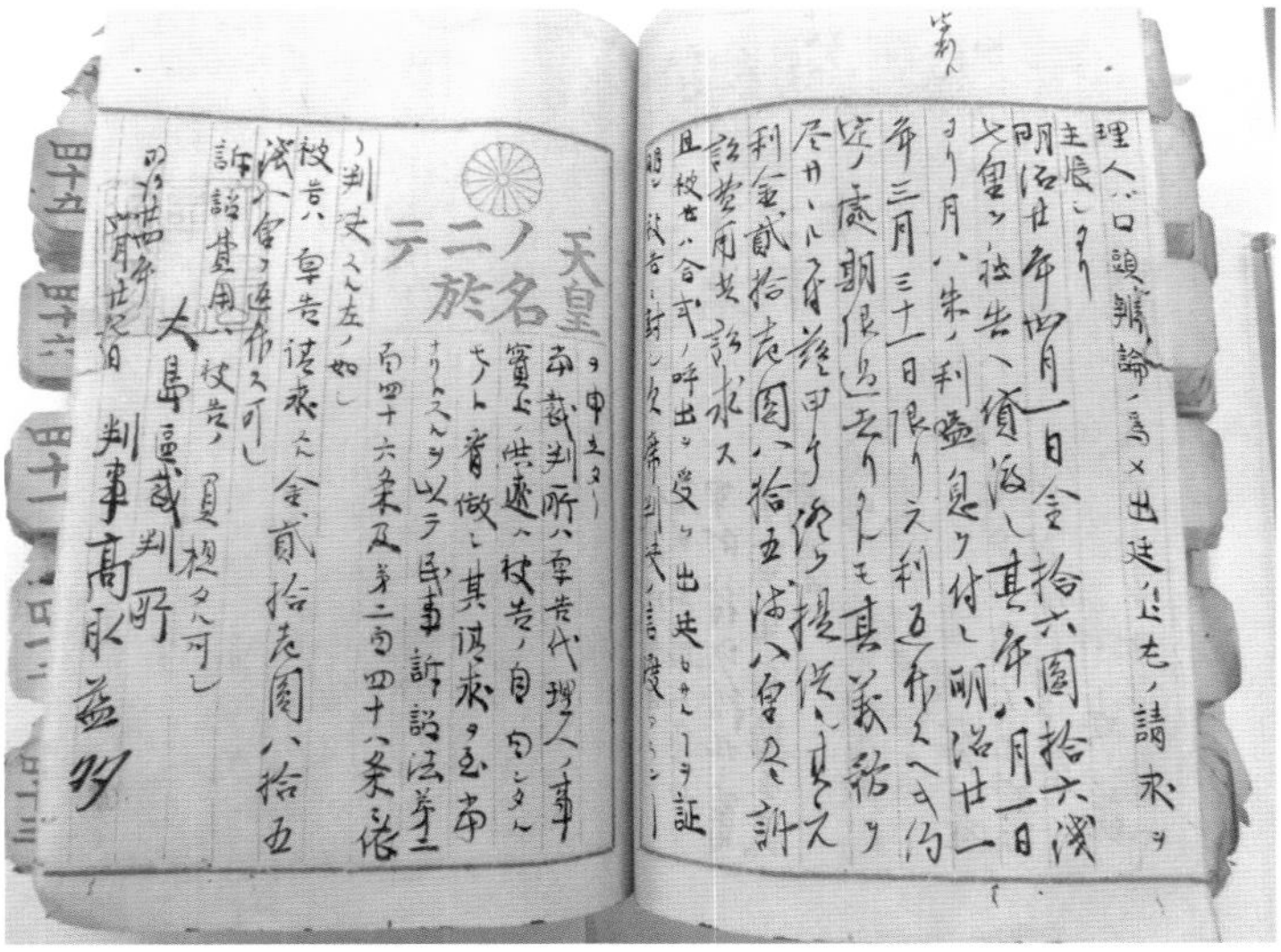

図５　明治24年４月の大島区裁判所記録

控訴院に控訴したが、「被告（南島興産商社）の抗弁は一つも採用すること能わざるを以て却下」を言い渡した。約定証には、「天災地変の災害による損失等は糖業者の負担とすること」と定めているが、石井が「砂糖の先物契約は、天災地変によって砂糖生産絶無となったことによるものであり、双方とも天の災いとして債権・債務を無効にすべきである」と主張したように、裁判所がこの主張を認めたことは大いに意義ある判決であった（南島興産商社「約定証」）。

南島興産商社は裁判に敗れ、明治二十四年には奄美での砂糖取引から退却した。加えて、阿部商会も同年に引きあげてしまった。しかし、その後の商人たちのやり方は従前よりもひどくなり、農民の生活を一層圧迫した。それでも砂糖以外に現金を得る途のない農民は、不利な売買をせざるを得なかった。たとえば、明治二十四年の場合だと国税、地方税等を納める際、翌春の製糖を砂糖一斤につき九厘ないし一銭一厘（当時大阪市場の相場は三銭七厘）で前売りし、また、明治二十五年には一銭六厘あるいは一銭七厘（大阪相場は五銭五厘）で先物契約（翌春の砂糖を契約）をさせられている。しかもこの代金に対して、たとえ必要なものでなくとも物品を以て受け取る約束をするのでなければ、前借をすることはできなかった。こうして、積もり積もった負債が返せなくて、民事訴訟を受ける者は毎年一七〇〇～二〇〇〇件にもなり、財産の差し押さえや処分を受ける者があとを絶たなかった。

明治二十四年十一月二十四日付『鹿児島毎日新聞』は、大島郡の砂糖をめぐる農民と商人の争いについて次のように述べている。

「砂糖を製造しても値段は低く、年々帳簿上の利益は多いけれども、実情は借金の古証文で満たされている。島民苦しんで、商人またその苦を受ける。負債また負債、裁判また裁判。鹿児島県の経済は、南洋諸島（奄美諸島）の生産力に依存していることは、経済に通じている者の詳しく知るところである。現に経済の実勢より観察する時、大島郡諸島はわが鹿児島県の大島郡にあらずして、かえって大島郡諸島の鹿児島県となり、と論ずる者あるくらいの関係を有するにもかかわらず、互いに敵味方となって相争うは、糖業萎靡（衰退）し、商人困窮して何の益もないことはもちろんで、すでに両者の中で倒産した者も少なくない。外国砂糖の輸入額は年間八～九〇〇万円の巨額にのぼり、しかも年々その輸入額は増加する傾向にあるとき、大島救済の途を講じないのは当局者の猛省すべきところである」

「明治二十五年負債消却調」によると、大島島民の負債金額は四〇万八三三一円（明治二十一年の負債額に比較すると大幅に減少）で、砂糖による償却三〇三万六五四〇斤、この代価金が七万五四七八円、現金償却分が二万二七八六円、負債差引残高三一万六六円で、負債者は一万四三六二戸であった。このうち無産にして償却の途がない者は八四一戸に上った。＊12

島民は、砂糖を生産しても到底生計を支える見込みがないために、サトウキビ畑を水田に換えて米作をする者も増えた。大海原島司は大島郡の惨状を憂慮し、明治二十四年十二月開催の農事集談会で以下のことを提案した。一、銀行を設立し金融の途を開く。二、製糖の規模を大きくし、各自の製造を改めて分業的製造の方法を講ずる。三、品位を改良し価格を上騰させる。四、サトウキビ栽培を増殖させる。五、各自の地租その他の諸税に充てるべき砂糖を積み立てて、販売上の弊害を防止する策を講じる。これら大海原島司の提案した方策は郡民も希望するものであったので、会員一同賛成するところであった。

笹森儀助島司時代の「大島郡負債消却方法草案」によれば、大島郡の負債金額六二万五〇〇〇円を世帯数二万六三〇七戸で割ると、一戸当たり平均二三円七一銭の負債額になる。負債償却のために一戸につき一人が一年間労働に従事すれば、その負債をすべて償却してなお余裕がある。というのは、一日の労賃を一五銭として、その中から七銭を家庭の食料費とすれば残りは八銭となり、これを一年間のうち三〇〇日分を負債償却の元本として二四円の貯蓄が可能で、差引二四銭の残余ができる。これは決して不可能なことではない。実際、自分（笹森）の本籍地堀越村は租税が第一位の高額であったため、廃村同様の状態で二五〇戸のうち七〇戸余は絶家となる寸前にあったのが七年をかけて負債を完済し、質入れしていた耕宅地を買い戻し自立したという。

＊12　笹森儀助「南島探検」四六七頁。

新納島司、大海原島司、笹森島司たちの熱心な指導や、郡民による「三方法」の計画的な負債償却は実を結び、負債額は次第に減少していった。明治三十二年には一二八万九〇〇〇円余あった負債額は、明治三十八年には一〇九万六〇〇〇円余となった。さらにこの年の返済額は、砂糖代金が二四万円余、償却現金は三二万七〇〇〇円余の合計五六万円余となり、年度末の負債残高は五二万八〇〇〇円余まで減少した。なお、負債に対する年々の利息は三割六分から二割五分にわたるが、一般的には二割五分であった。しかし、このような指導や努力にもかかわらず、明治四十一年末時点でも負債残高は五八万六〇〇〇円余もあった。奄美は自然災害も多く、生産性が低いうえに販売体制も弱く、砂糖の取引は相変わらず前貸法（約定法ともいう）であった。この弊害を救治するためには砂糖取引方法を改善する必要があった。

鹿児島県は明治四十一年七月、産業組合法によって大島販売組合を組織し、販売面の改善に着手した。明治末から大正初期にかけての奄美黒糖の販売方法は、（一）約定糖、（二）委託糖、（三）仕切糖（商社が生産者から買い取る時の価格）の三つに大別できる。約定糖は明治四十四年以降は姿を消したが、一番多かった取引方法は仕切糖で、販売額の約七割前後を占めていた。委託糖は販売価格の面では最も有利であるが、販売代金の支払いが遅れるために、それほど農民を惹きつける方法ではなかった。商人との砂糖取引においては、不利を承知のうえで売買契約をしなければならず、農民は負債に苦しみ続けたのである。

（皆村武一）

第七章　貨幣経済の発展と島民生活

亀徳港に入港した蒸気船（大正時代）

大正５年頃から鹿児島と大島各島間の航路が盛んになった。航路は鹿児島―名瀬―赤木名（あかきな）、喜界（きかい）―宇検（うけん）、古仁屋（こにや）―久志（くし）―亀徳。上りは平土野（へとの）―亀津―鹿浦（しかうら）―和泊―知名（ちな）―茶花（ちゃばな）で、就航船は鶴嶺丸、日高丸、白川丸、仁寿丸の４隻であった。いずれも７００トン級の船舶であった。

第一節　黒糖専売制から自由市場への転換

専売制度は、江戸時代に諸藩が財政難打開のため特定産物の生産・販売などを独占し、利益を得る目的で創設された。薩摩藩では天保時代に藩財政の行き詰まりを打開しようと、奄美の黒砂糖をはじめ藩内の特産物を専売制下においた。しかし、明治維新の諸改革によって藩は解体され、明治政府の成立とともに専売制も崩壊した。新政府は土地改革、貨幣改革、税制改革、身分制度の廃止等を行い、自由市場経済への転換が図られていった。

明治四年九月の大蔵省布告第四七号は、全国的に農民の耕作地所有を認め、農民が自由に農作物を栽培し、それを販売することを認めたものである。これにより奄美の農民も自由耕作になったが、黒砂糖の売買に関しては勝手を許されなかった。翌年、県の保護会社である大島商社等が設立され、農民の代表者である島役人が同社との契約を余儀なくされたのである。*1 県の言い分としては、自由市場経済に不慣れな農民を保護するとして、商社との取引契約を進めたのであるが、その大義名分とは裏腹に、農民を犠牲にして県や商社の利益を保護するものとなっていた。

明治十五年の大蔵省官吏による『地方巡回視察復命書』は次のように述べている。

「農業監督官を廃止し、併せて間切（まぎり）各村の共同負担の旧慣を廃止し、専ら農民を各自の自由に放任すれば、彼は必ず惰農（だのう）となって農耕地を荒廃させ、生産衰退し、従って納税滞納多く、各自の生活にも困難を来たすに至るであろう。（中略）しかるに明治八年、旧制を改め、続いて十一年地租改正につき貢租（こうそ）額は過半を減じた。旧制の貢租は米七五〇〇石、新租税額は金二万五〇〇〇円余である。租税負担の軽減により人民の生計を改善させ、従って百事改善するであろう。然るに、現状は全く反対で、農民はその業務に勉励（べんれい）するのではなく、一般に怠惰となり、耕種（こうしゅ）は時期に遅れ田畑は荒廃するもの多く、往時は砂糖の生産高一二〇〇万斤だったものが、近年は七〜八〇〇万斤にすぎない。大島のこのような最近の状況はまさに制度の変革によるものである」

＊1　明治四年の大蔵省布告第四七号は僻遠の奄美諸島の島役人にも通達があり、農民は自由耕作を選択できるようになったが、黒砂糖の売買に関しては、勝手売買は許されなかった。翌明治五年には県の保護会社・大島商社等が設立され、農民の代表者としての島役人は同社と売買契約を余儀なくされ、県の保護会社による専売が十年頃まで行われていた。

この復命書を受けた政府は、積極的な勧業政策を推進することになった。明治十三年、大阪に綿糖共進会を開設以降、県下の糖業者も生産意欲を高めつつあった。さらに農商務省より技師を派遣して、大島郡に製糖試験所を設置して糖業振興を図ったので、県本土では、明治十三年頃からサトウキビの栽培面積および産糖高は増加傾向をたどった。一方で商品貨幣経済に不慣れな奄美の農民は、砂糖の先物取引によって大きな負債を抱えるようになった。その対策として、県は計画的な負債償却をさせようと農民に砂糖増産を奨励した。これにより明治十七年以降、栽培面積および産糖高は増加傾向に転じ、栽培面積は十六年に四五八九町歩、十七年に四六三六町歩、十九年には四九七四町歩へと増加し、産糖高は十七年の九二七万斤から十九年には一四五二万斤へと増加した。

しかし、明治十五年頃に始まった松方正義大蔵大臣の紙幣整理（デフレ政策）によって、農産物価格は下落し、一般物価のそれを大きく上回った。さらに各種国税の増税と地方税、町村税の縮小により農村は非常な苦境に陥ったのである。そこへ度重なる台風による被害が奄美に追い打ちをかけた。農民は返す見込みのない借金を負い、土地は担保として取り上げられ。せっかく、地租改正で手にした土地を手放さざるをえなかった。『名瀬市における農林漁業実態調査』（昭和三十二年）によれば、「明治中庸から自由経済になったので、砂糖の勝手売買が行なわれ、貧富の差が出てきたこと、カツオ漁業の失敗で商業資本が農地を所有することになり、さらに大正初期の紬景気あるいは欧州大戦の景気によって、商業資本の農地所有の形態の中で富農と没落農民がでた。それで、農業金融が質権または抵当権の形で行なわれてきたと同時に刈分小作[*2]の形態が生まれてきた」という。

第二節　貨幣経済の発展と負債の累積

貨幣は、物品売買、労務、貢租、旅行、借金、支払い、貯蓄など古い時代から奄美諸島でも使わ

＊2　刈分小作とは小作料を定めず、収穫量に応じて地主と小作人の間で一定の割合にて分配する仕組みをいう。

れていた。しかし、天保十年（一八三九）に黒糖総買上げが始まってから明治八年（一八七五）までの間、貨幣の流通を止められ、代用に「羽書」と呼ばれる証書が使用された。

吉満義志信編『徳之島事情』によれば、「安永年中（一七七二〜一七八一）、出産糖のいくらかを藩主において買い上げ、その他の諸人勝手売りの砂糖は、薩摩山川港において藩主が買い上げる方法を設けた。文政十二年（一八二九）にはこれを改革し、徳之島、大島、喜界島出産糖はすべて買い上げとし、もしも他に抜糖するものは死刑にするという厳しい法を設けた。定式糖＊3四六〇万斤以外の余計（余分）糖は、民間の日用必需の物品と交換方法を設け、各島人民の望みに応じて前年より諸物品を輸入分配し、なおそのうえ余計糖のある者は、天保八年（一八三七）より横目役の名義で届出をし、そのうえで全郡に（羽書の）通融する期間を五月より七月までの三か月とし、これを取りまとめ差し出した者には、その望みに応じて代官所より物品を渡し、決算する方法である」とある。

明治四年の廃藩置県により藩による総買上げはなくなったが、代わって県の保護会社が藩政時代同様に砂糖取引を続け、貨幣流通のない状態が続いた。明治六年、奄美大島を巡察して実地見聞した大山綱良県令は、群島の窮状を救済するために政府から十か年賦返済の契約をして、金一万五六〇〇円余を借り、毎戸へ分配貸与した。八年八月、「県令第七号」を公布して次のように金銭通融を通達した。

「今般支庁を建設し、官員が渡海の上、従来の旧習を一洗し、更に改正に着手した。今般の年賦返上によって金五万円の御下金が許可されたので、各戸に配布致し、貨幣も一般同様流通するようになった。（中略）再三政府に請願していたところ、昨年より石代金納の許可を得ることができた。島々は一等の産物（黒糖）を以て一等の貧民に属しているのは、交易方法によって島民が精力を尽くさないためである。今後は黍作一層繁殖して年々増糖し、五島の産物によって次第に舶来糖の輸入も減少してわが国第一の産物となることで、島民の生活もおのずと豊かになるであろう。大いに盛大繁茂の途を勧奨し、諸事改正の詮議が実現されるよう注意致すべく、告達致すこと。

＊3　定式糖（じょうしきとう）とは、生産された黒糖のうち一定量を藩が買い上げる方式で、総買上げは、生産された黒糖のすべてを藩が買い上げる方式。

明治八年八月　　鹿児島県令　大山綱良」

「県令第七号」を受けて、徳之島支庁は次の「第一一号」を発令した。

「徳之島においては、これまで米穀並びに諸器物を日用品と交換し、全く金銭の流通がないために交易上において不便が少なくない、（中略）県令は深く憂慮され、先般諸島の情実を詳細に見聞し、十か年賦借金を願い立てたところ、朝廷においても厚く島民の貧苦を悲しまれ、願い通り金五万円を下された（**図１**）。そのことは、県令第七号によって通達したところであるが、外四島（大島、喜界島、沖永良部島、与論島）同様、徳之島においても金一万五六五五円余を毎戸へ分配、拝借させた次第である。（中略）この際、商社より衣服飲食の類はもちろん、そのほか日用品の販売店は諸所に開店されるはずであるので、格好の品物を勝手に買い入れることができるようになるが、金銭は天下の通宝たる旨を弁えて、追々通融の道盛大に開き島民の中より商法開店等相談するよう、注意の致すべき旨を一同へ告知すべし。

明治八年八月二十五日　　支庁」（筆者において現代文調に改めた）

金銭が融通するようになると、勝手耕作・勝手売買に伴って、内地から商人が続々と奄美諸島に参入するようになった。今までほとんど取引がなかった砂糖以外の農産物等が貨幣で売買され、市場・商人・金貸業（質屋・金融業）が盛んになった。その一方で、貨幣や契約に不慣れな農民は、商人達と不当な売買契約を結び、たちまち債務奴隷状態に追い込まれることになった。否応なく、奄美の島々は貨幣市場経済の中に引きずりこまれていった。

第三節　経済発展と金融機関の発展

新納島司や大海原島司は、高利を貪る高利貸しから農民を保護するために、金融の方途を求めて東奔西走した。その結果、明治二十六年（一八九三）、第七九国立銀行の大島支店が設立された。大

図１　日本銀行券（左は「A号券」。1946 年のみ発行の紙幣）と日本銀行兌換券（右は「い号券」。1942 年）
日本銀行が設立されたのは明治 14 年で、明治８年、島民に分配された金銭はどのようなものであったかは不明である。

島支店における明治二十七年末の預金現在高は五二四六円で、一年間の預金額が二万三九六八円、年末貸付現在高は五万二二四三円、年間貸付高が六万一三二七円であった。この当時、金融機関を利用するものは商人、富農、公的機関に限られ、一般民が利用することはほとんどなかった。

明治三十年代に至っても、本郡における金融機関は浪速銀行支店（大正六年、第一四七銀行大島支店となった）が名瀬にあるのみで、普通業務のほか、国庫及び県金庫の事務、並びに日本銀行、勧業銀行の代理店も兼ねていたので、名瀬港における金融上の便利を大いに与えていた。このことは、名瀬を中心にした産業（主として紬業、商業）の発展に大きく寄与することになった。しかし、それ以外の地域では郵便局において貯金、為替、小包などを取り扱ってはいたが、貸付や手形決済などを行う金融機関がなく、一般に資金は逼迫していた。このため製糖期及びカツオ漁の時期になると、平常二割内外の利息が急上昇して五割から八割にもなり、農民の負債を増加させた。[＊4]

明治三十三年に産業組合法が制定され、それに従って大島郡にも砂糖同業組合、大島紬同業組合、水産組合が設置され、明治四十年には大島信用販売組合も創設された。各組合に砂糖生産者、紬生産者、水産業者が加入し、品質の検査、委託販売を行うとともに、十分に金銭も融通したことで組合員の利益は大きなものがあり、高利貸しや前借りによる生産物の廉価化を防ぐことができるようになった。

銀行預金の推移をみてみると、大正三年の大島郡の銀行預金残高は三万七〇〇〇円余で、県の銀行預金残高の一・四％にすぎず、年間受入高と支払高の割合も約四％程度であった。ところが大正五年以降、預金残高が大幅に増加し始め、大正九年には大正三年の一〇倍を超えた。預金の受入高と支払高を比較すると、それぞれ一〇三倍、一一七倍にも達した。大正九年の大島郡の預金残高は約三九万円となり、銀行の貸付高は約三六万円であった。ただし、郡の銀行預金の内訳をみると、当座預金（小口を含む）が預金総額の九五％を占め、定期預金はわずか一・四％にすぎなかった。銀行からの貸付金利は、大正九年の年間最高が四割（県平均一割一分四厘）という高いもので、

＊4　『大島郡治概要』明治四十一年。

最適金利は三割（県平均は八分九厘）であった。

大正十四年の『大島々治概要』には、「本郡には、金融機関としてわずかに一四七銀行大島支店および鹿児島商業銀行大島支店があるのみにして、しかもこれらの銀行は一般郡民に利用されること少なく、金融の円滑を欠くことが少なくなく、この対策として現存する産業組合の活動を促進するにあるのみである。各組合においては組合人を指導誘掖（助力すること）するとともに、信用事業の活動に努め、自己資金の充実を図ることを要する。」とある。

中島島司は大正十四年、「大島郡民は一般に金銭感覚に乏しく、また貯蓄心に乏しいために、将来一定の目標、すなわち希望を持たせて貯蓄を奨励する必要がある。商業銀行は、一般郡民に利用されることが少なく、現存する産業組合の活動[*5]を促進する必要がある」旨述べている。

大島郡における産業組合活動は昭和九年にピークを迎え、この時の加入戸数は三万三七二五戸で、これは全戸数四万五三二六戸のうちの七四%にあたった。貯金額は一一六万円余で、一戸平均にすると三四円（県一〇七円）である。貸付額は一〇七万円余で、一戸平均でみると三二円（県八七円）となる。販売額は一〇七万円で、貸付額と同額である。販売額の一戸平均も三二円となり、県平均（四五円）よりは低いが、購買高は一五三万円もあり、一戸平均四五円でみると県平均（三一円）よりも高くなっている。ただし、一戸当たりの利用額は一二〇円（県三二〇円）である。以上のことから、大島郡における産業組合の活動の中心は金融面に関することよりも、販売・購買面において重要な役割を演じていたことがわかる。

四節　産業構造の変化と労働力の移動

藩政期および明治初期においては、全国的に産業といえば農業を意味しており、総生産額、総就業者数にしめる農業の割合は、畿内において七割前後、鹿児島においては九割前後、奄美でも九割

＊5 産業組合の主たる活動は、①信用組合＝組合員の金融をなすもので、産業資金・経済資金を貸し付け、また貯金を取り扱う。②販売組合＝組合員の生産品を加工し、もしくは加工せずに販売する。③購買組合＝組合員の必要な産業用品、経済用品を一手に購入し、これをそのまま、もしくは加工して配給する。④利用組合＝組合員をして産業上または経済上に必要な設備を利用させることであった。

を超える状況にあった。[*6] しかし明治に入り、とりわけ日清戦争以降になると急速に資本主義が進展するようになり、鹿児島県でも農業の他に、工業、商業等が小規模ながら発達していった。

大島郡においても農業の割合は徐々に減少し、工業、商業の割合が次第に増加した。特に大正期に工業の割合が増加しているのは、大島紬業の増加によるものである。徳之島においても同じような傾向が認められる。

大島郡の明治四十四年の農業の生産価額は、四四一万円であり、総生産額に占める割合は五一・四％である。これが大正八年になると三倍弱の一二〇二万円に増加している。これは、第一次世界大戦後の一時的な物価上昇によるものが大きい。なお、同年の総生産額に占める農業生産額の割合は、三三・一％へと大幅に低下している。昭和元年になると好景気も去り、翌二年には国内で金融恐慌が発生した。さらに昭和四年（一九二九）に世界恐慌が発生したことで、農業生産額及び割合はさらに減少していき、昭和十三年になっても農業生産額は回復しなかった。

農業と工業を比較してみると、いずれの年においても、農業の就業者数と一人当たり生産額は工業の半分以下である。明治四十四年の大島郡の工業生産額は一九五万円で、総生産額に占める割合は二二・六％であった。大正八年には、好景気に支えられて大島紬、砂糖の生産・販売ともに大きく伸び、農業生産額を抜いて一六七五万円に上り、総生産額に占める割合も四六・七％を占めるに至った。

次に人口の変遷を確認する。明治五年（壬申）の戸籍調査から七年後の明治十二年の戸数・人口は**表1**の通りである。この調査によると、大島郡の戸数は二万四一一六戸、人口は一二万一一〇二人であり、七年前の戸籍調査に比較して、戸数は二二二八戸増加し（増加率一〇・一八％）、人口は一万六三三人増加した（増加率九・六％）。このうち、域外に出稼ぎ等に出たものは四二七人で、逆に域内に流入したものが五三人となっており、差し引き三七四人の域外流出

＊6 土屋喬夫・小野道雄著『近世日本農村経済史論』改造社。

表1　明治12年と明治44年の戸数・人口と流出入人口

島名	明治12年(1879)				明治44年(1911)			
	戸数	人口	域外流出	域内流入	戸数	人口	域外流出	域内流入
大島	10,693	52,193	307	50	14,221	89,632	2,534	3,397
徳之島	6,120	30,856	18	1	7,632	50,432	2,256	392
喜界島	2,945	15,406	—	2	3,592	19,939	600	99
沖永良部島	3,206	16,772	102	—	4,409	26,471	1,053	267
与論島	1,152	6,375	—	—	1,543	7,970	741	71
合計	24,116	121,602	427	53	31,397	194,444	7,184	4,226

（出典）明治12年7月『鹿児島県治一覧概表』、明治44年『鹿児島県大島郡統計書』

であった。徳之島だけみるとこの時期に三五〇〇人、一二・八%もの増加をみたものの、域外への流出はわずか一八人であった。なお、同時期の全国の増加率は七パーミール（人口千人あたり）であった。

その後も大島郡の人口は増加を続け、明治三十八年には一七万四四七三人、明治四十一年末には一八万八〇七六人へと増加した。このことは、自然増加率が出稼ぎ等の社会減少率を大幅に上回り続けたことを示す。なお、明治三十年代に入ると、国・県の政策もあって種子島や中之島への移住が行われ、さらに綿工業や石炭産業等の発展による出稼ぎ、あるいは進学、徴兵などによって人口流出は加速していった。

明治四十二年刊『大島郡治概要』によれば、「明治四十一年末の本郡の戸数は三万一一五九戸で、人口は一八万八〇七六人である。人口の増加率は、十年間平均で一万人に対して一七二人余（一七・二パーミール）で、全国で沖縄県を除けば本郡のような増加率の高い地方はないといってよい。もし、このような速度で増加していくならば、十数年後を待たずして本郡民の生活状態に一大困難を惹起することを阻止することは困難である。このような状態に陥ることを阻止するためには、一面においては各種産業の発展を図ると同時に、他の一面においては移住・出稼ぎを奨励する必要がある。先に、与論島においては八〜九〇〇人を長崎県の口之津へ出稼ぎさせ、喜界島・徳之島等においては七〜八〇〇戸を熊毛郡種子島に移住させた。年々幾分の出稼ぎ移住者を出して、土地と人口の割合を適当ならしめる必要がある。」

大正期になると、関東、阪神、福岡、鹿児島などの都市部で工業や商業が著しく発達したことから、奄美の各島から出稼者や家族移住者が増加し、そのような地区では、村や島ごとの郷友会が結成されるようになった。また、国の植民政策の遂行により海外へ雄飛する人たちも増加するようになった。

第五節　交通・海運業と移出入の推移

明治二十年頃から昭和初期にかけて、本土と奄美間、奄美諸島間、島内での人、物資、貨幣の動きが活発になり、陸路、海路の開設が盛んになってきた。

陸路に関しては、まず明治十八年七月に、県道を一〇路線追加して一八路線とすることが決められ、名瀬港—大島支庁間を二等県道に指定し、名瀬—大和浜—宇検間、名瀬—金久—山間—古仁屋間を三等県道に指定した。明治四十一年になると徳之島内の県道改修工事に着手した（大正十二年まで）。明治四十三年一月、土木大島出張所を設置し、大正元年になると亀津村内県道及び母間—山間改修（距離一一・二八キロ、幅三・六メートル）、並びに轟木—花徳間改修（二キロ）に取り掛かった。同年、天城村内県道松原—瀬滝間が完成（八キロ）した。大正二年五月には、伊仙村鹿浦港—亀津間、天城村平土野港—鹿浦港間を県道に編入することとし、県道亀津—平土野間が開通した。大正九年十二月、大島郡内に特別国道（軍事用）三線が認定（一四号線古仁屋—西古見間、一五号線古仁屋—蘇刈線、一六号線安脚場—実久線）され、奄美で最初の自動車が走った。大正十年一月に道路費国庫補助規定が制定され、同年五月、道路修繕令が制定された。同年十二月頃、笠利村赤木名—名瀬町—住用村間に乗合自動車が運行を開始し、翌年二月には郡道を廃して県道に編入した。大正十四年、東天城村内に県道山—花徳間、及び天城村内県道与名間—松原間が完成（八キロ）した。昭和二年十二月頃、徳之島で初めて乗合自動車が亀津—山に運行開始（ホイペット、セダン型、一五銭）し（**図2**）、昭和三年には県道亀津—山間が完成（二三・一六九キロ）した。

道路開設にあたって、大正初期頃までの県道幅員は馬車が通行できる三メートル程度であったが、自動車が走るようになった大正中期以降は、三・六～五メートル程度に整備された。

図２ 花徳の内山尚忠が県議会当選御礼の巡回（昭和２年）

海路に関しては、明治十三年に与論島に汽船が初めて来航し、十八年末の頃から大阪商船の沖縄航路が名瀬港に寄港するようになった。二十四年、大島各島定期航路が開始（毎月一回、汽船は三〇〇トンの朝日丸で島庁から年六三〇〇円補助）され、二十八年には大島各島定期船となり、年二二回航海となった。この年の八月、鹿児島―名瀬間に海底電話線が敷設され、明治三十年、徳之島の山港に陸揚げされ、山郵便局、亀津郵便局、平土野郵便局において電信事務の取り扱いが始まった。

大正五年頃から鹿児島と大島各島間の航路が盛んになった。航路は鹿児島―名瀬―赤木名、喜界―宇検、古仁屋―久志―亀徳。上りは平土野―亀徳―鹿浦―和泊―知名―茶花で、就航船は鶴嶺丸、日高丸（**図3**）、白川丸、仁寿丸の四隻であった。いずれも七〇〇トン級の船舶であった。なお大正十一年五月、名瀬港が国の指定港湾となり、昭和七年末には名瀬港突堤工事が着工した（昭和十年一期工事完成、時局匡救予算）。*7

海上に散在する奄美諸島と島外を結ぶ唯一の輸送手段は船である。明治十八年頃から汽船が大阪、鹿児島と奄美諸島を定期航海するようになっていたが、大島郡の移出入統計は明治十六年（一八八三）以降の分の記録が残っている。この年の「鹿児島県勧業年報」によれば、移出総額の九八％は砂糖が占めていた。各港は砂糖の積出港としての性格を強くもっており、移出に関する名瀬港の地位は亀徳港よりも低かった。例えば、明治二十四年の名瀬港の移出総額は九万七〇〇〇円、亀徳港は一〇万四〇〇〇円である。当時の中心的な砂糖市場は大阪であり、砂糖運搬船は、ばい船と呼ばれる風帆船で、*8 奄美―山川―坊―長崎―福江―下関―大阪を就航していた。*9 そのため売り捌まで相当の日数がかかり、市場で価格変動に見舞われたり、途中で海難事故に遭遇したりすることもしばしばであった。砂糖生産者は代金受け取りがかなり遅れたり、安い支払いに満足したりしなければならなかった。*10

大島郡の移入総額は、明治十六～十八年には二〇万円前後であったのが、十九～二十年には大幅に減少し、二十一年から回復し、以後移出の増加につれ移入も増加した。主たる移入品は農産

＊7 以上、道路、海路についての記述は、入佐一俊著『奄美土木史年表』に基づくものである。

＊8 二一反帆の船で三〇万斤、三〇反帆で五〇～六〇万斤を積載した。

＊9 なお、明治二十四年から大阪商船の朝日丸三〇八トン、乗客二三三人乗が年一二回航海していた。

＊10 岩倉市郎「薩州山川ばい船聞書」『日本常民生活史料集成』第二十四巻所収。

物と工産物であった。農産物の主たるものは米穀類で、工産物の主たるものは織物、日用雑貨、金属類であった。いずれも消費財であり、肥料や農機具などの生産財はほとんど含まれていない。名瀬港の移入額は郡全体の移入総額の四～五割を占め、名瀬港は消費地型あるいは中継港としての性格を持っていた。

郡全体の移出入バランスは、明治二十年まで移出超過であったが、二十一～二十二年は凶作後の食料不足のために移入超過となり、二十三年以降は再び移出超過に転じている。この時期の奄美の貿易構造は、砂糖を移出して米穀類、衣類、日用雑貨を移入するというもので、移出超過による純収入をもたらしている。この収入はどのように分配され、消費されていったのであろうか。

明治十八～二十四年の年平均移出超過額約一五万円は、租税（国税、地方税、市町村税）として約一〇万円、負債償却に三万円を支払うと二万円残ることになるが、十九～二十一年のような砂糖が凶作の年には、移入超過による支出が生じ、租税等の支払いは借入金なくしては不可能であった。どうしても砂糖以外の新たな移出商品をつくり出さなければならなかったのである。明治二十年代中葉以降、新たな商品として現れたのは、大島紬、鰹節、百合球根、ソテツ葉である。明治四十二年の『大島郡治概要』によると「本郡内各港移出入額は、明治三十九（一九〇六）～四十一年の三か年平均は移出額一四七万七四八七円、移入額九四万七三三三円で、移出超過額は五三万一三五円である。移出品の主なものは、黒砂糖で、これに次いで紬縞、鰹節、ソテツ葉、椎茸、木材、芭蕉、尺筵などである。移入品の主なものは、米、麦、大豆、茶、ソーメン、醤油、石油、反物、真綿、縞糸、材木などである」（現代文調に改めた）とある。

大正時代に入ると好景気が数年間続き、大島郡の特産物である黒砂糖、大島紬、鰹節、百合球根、

図３　亀徳港に入港した日高丸（昭和11年）

焼酎などの価格が二〜三倍に跳ね上がったことから、移出額が移入額を大幅に上回る束の間の経済ブームがやってきた。大島郡の総生産額の年平均伸び率は県平均のそれをかなり上回った。[*11] しかし好景気は長く続かず、戦後の反動で不景気に見舞われ再び厳しい経済と生活が続いたのである。

第六節　明治期の奄美経済の再生産構造

明治から大正にかけての期間は資本主義の生成・発展の時期であった。企業は利潤を得て資本を蓄積して投資を行い、生産を拡大して商品を市場で販売するとともに、労働力を雇用する。労働力は、主に学業を終えた新規就業者や第一次産業部門（農林水産業）の従事者であった。奄美諸島・徳之島の人口構造・産業構造・社会経済構造も大きく変化した。本節では、以下の資料に基づいて奄美・徳之島の再生産構造の変化について見ることにする。

明治二十年『鹿児島県勧業年報』にみる郡内の再生産構造

大島郡物産価額……八四万三五九二円　諸経費（種籾、肥料等）……二万五〇〇〇円
諸税負担額……約一〇万円　郡民所得額……七一万八五九二円
移出額……二一万八一七六円　移入額……一五万五一六五円
郡負債総額……約七〇万円

明治二十年の大島郡の物産価額（総生産額・ＧＤＰ）は八四万三五九二円で、このうち諸経費及び諸税負担額を差し引いた郡民所得は七一万八五九二円であった。なお移出額は二一万八一七六円、移入額は一五万五一六五円である。前年の大島郡歳出入調書によると、一人一日につき一銭四厘平均で衣食住を賄っていたというから、一三万郡民の年間に要する生計費は六六万四三〇〇円となる。従って、郡内の可処分所得はすべて生計費に消えていたことになる。移出入の差額である六万三〇〇〇円余りでは、負債の利子分にも足りない。明治二十七年九月から四年余にわたっ

＊11 大正四〜七年の第一次世界大戦により日本経済は好景気になり、大島郡の特産物である黒砂糖、大島紬、鰹節、百合球根などに対する需要が高まり、移出・輸出が増加したことによるものである。

て島司の地位にあった笹森儀助は「負債償却方法を講じざれば、数年を出ずして本郡の多数は亡倒（ぼうとう）するに至るべし。目下焦眉（しょうび）の急務は負債償却方法を講ずるにある」と述べている。笹森によれば、負債償却ができない理由として、

（一）日用品の物価が高いために生産力を削ぐことが多いこと、（二）砂糖の売却方法が商社側に牛耳（ぎゅうじ）られており、島民に不利であること、（三）高金利であること、（四）無駄が多いこと、（五）サトウキビ栽培方法と耕地の割り当てが不適当なこと、（六）イモ類の生産を怠っていること、（七）在来の負債償却方法に欠陥があること、等をあげている。

明治四十二年の『大島郡治概要』には次のように書かれている。

「本郡の生産の状態は、明治三十一年においては二六〇万円だったのが、三十七年における生産力は三一〇万円にのぼり、四十一年に及んでは六〇〇万円に至り、年ごとに増加しつつある。総生産額のうち、仮にその二割、すなわち一二〇万円を国県村の公課及びその他に充てることにすれば、残額は四八〇万円となる。これを現在の郡民一八万八〇〇〇人余の生活に要する費用とみなすことができる。一人当たりの生活費は一か年間二五円五三銭に当たる。もって生活程度が如何に低いかを推知すべきである。明治四十一年末の負債総額は五八万六〇〇〇円余である。

郡民生産額	六〇〇万円	一人当たり三一円九一銭
租税及びその他の費用	一二〇万円	一人当たり六円三八銭
移出額	一四五万八七三七円	一人当たり七円七六銭
移入額	九四万三六三〇円	一人当たり五円〇二銭
負債償却額	三四万八七九六円	一人当たり一円八五銭
負債残高	五八万六一二一円	一人当たり三円一一銭

負債総額五八万六〇〇〇円余に対する年間の利子支払額は約一六万六〇〇〇円（年利子率三割とする）となり、負債償却額三四万九〇〇〇円から利子支払分を差し引いた一八万三〇〇〇円は元金の減

＊12 「貧困の悪循環」とは、資本の蓄積ができず、投資も不足するため、生産を拡大することができず、結果的にその状態がさらに悪化していくこと。

少となる。この調子でいけば三年間で負債を完済することができる。四年目から『貧困の悪循環』[*12]を脱して貯蓄が可能となり、生活水準の引き上げや投資による拡大再生産が可能となる。笹森島司等が推奨した負債償却が実現できるのである」。

この数字を図によって示せば、資金循環は**図4**のようになる。

郡民総生産額六〇〇万円（農業三〇七万円、水産業四九万六四七三円、林産業五四万七五四一円、工業一四一万五一二三円、商業その他約五〇万円）のうち、租税およびその他の経費として一二〇万円が支出され、その支出の中の幾分かは補助金や公共事業を通じて還元される。その割合は定かでないが、たとえば三割とすれば三六万円が家計消費や生産的消費（固定資本の形成）として郡に還元される。移出と移入の差額五一万五一〇七円は出超（黒字）となる。この出超額は郡内に入るが、大島郡は巨額の負債を抱えているので、負債返済に三四万八七九六円があてがわれる。残りは貯蓄ないし送金につかわれる。こうして出入りを相殺して残った分が郡内可処分所得となる。この可処分所得の中から、種籾、肥料、生糸、農具の購入及び修繕費等々、年々の単純再生産のための費用二割を差し引いた額三八五万円ほどが家計消費となる。郡民一人当たりの年間配分額は二五円五三銭となり、一日当たり七銭となる。当時、白米一升の値段は一八銭程度だったから、一日三合そこそこで衣食住を賄わなければならなかったわけである。

『大島島治概要』も「大島本郡の生産力すこぶる貧弱にして大正十三年度生産総額一八八七万三〇七四円を戸数三万八九三五戸に割り当てれば、一戸当たり四八四円七三銭三厘にして、全国平均額一一二〇円に比し三分の一強に過ぎず。また本郡の生活程度貧弱なるは、労働賃金の低廉なるによる。」と述べている。**表2**にあるように、大正十三年の農作日雇賃金（標準）を全国平均

図4　明治41年の大島郡の再生産構造（単位：円）

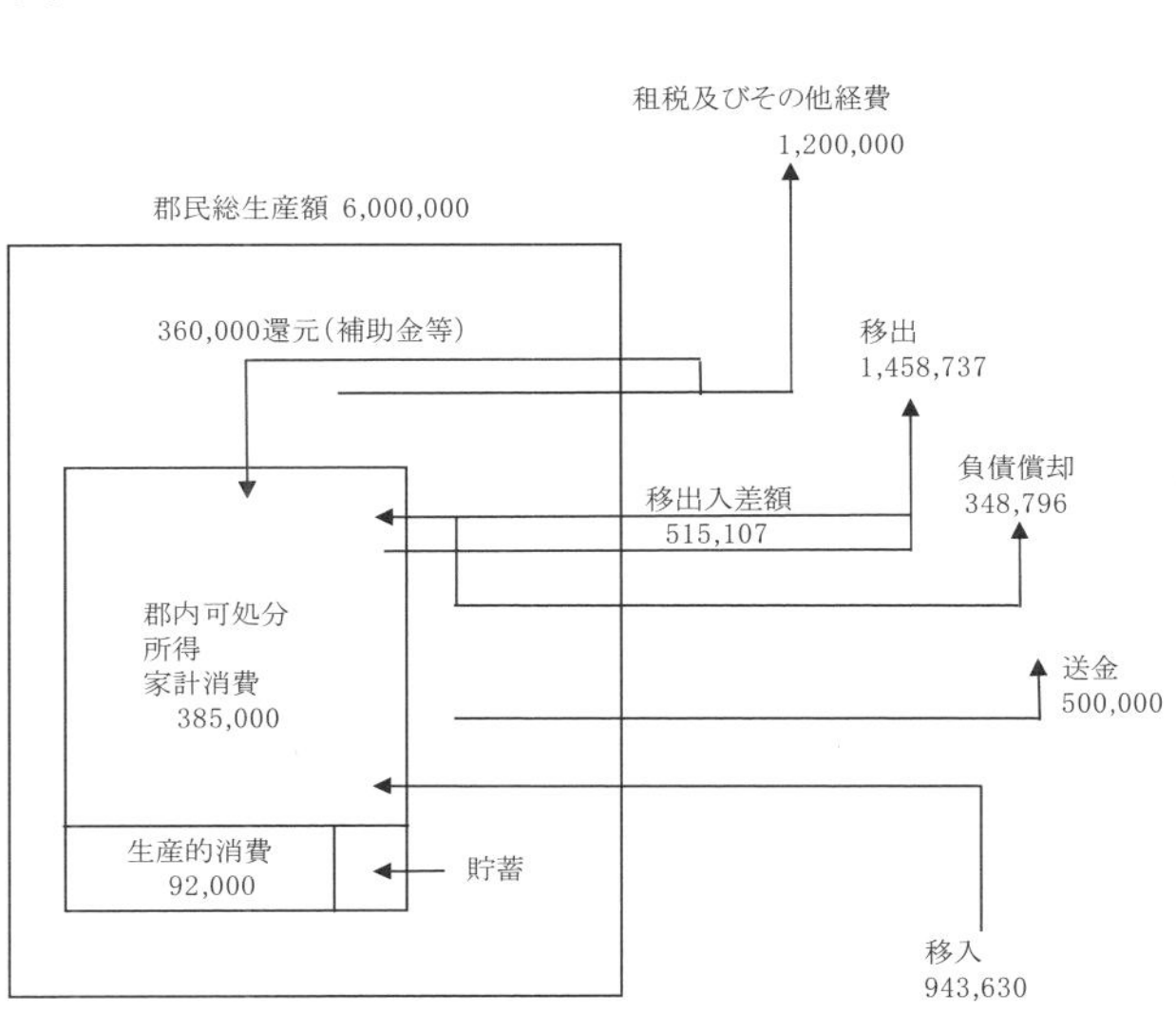

（出典）皆村武一『奄美近代経済社会論』272頁の図

表2　大正13年の全国平均と大島郡平均の賃金比較

	男子	女子
全国平均	2円10銭	1円14銭
大島郡平均	79銭	49銭

と比較しても約三分の一に過ぎなかった。低賃金で貧困に喘(あえ)いでいた郡民は、高賃金の都市部に続々と流出することになった。

（皆村武一）

第八章　大正時代から昭和戦前期（一九一二〜一九四一）

鉱山の開発（小林鉱業株式会社銅鉱区配置図）

徳之島における鉱山の開発は、明治 35 年に大阪の孝橋安兵衛が下久志字志行（しぎょう）で銅鉱を発見し、採掘を開始したのが始まりと言われる。翌 36 年には、亀津の徳三和豊が下久志の三寿里（みじゅり）で銅鉱を発見し、同年に松原でも鉱脈を発見した。本図は松原銅山の権利を田中省三から買い取った小林工業が、株主向けに作成した資料の一部である。

第一節　時代の概要

わが国の産業経済および軍備は、明治政府の「殖産興業」・「富国強兵」政策によって著しい発展を遂げ、日清戦争（一八九四〜九五）、日露戦争（一九〇四〜〇五、図1）に勝利し、さらに第一次世界大戦（一九一四〜一八）に連合国の一員として参戦勝利し、ついに西欧列強に連なった。

日本は、西洋諸国に遅れて近代社会を迎えたため、西洋諸国に早く「追いつき、追い越す」ことを目標に、政府主導による上からの近代化を推進した。その結果、明治末期にはほぼ目標を達成し、第一次世界大戦後のパリ講和会議（一九一九年）では五列強（イギリス、アメリカ、フランス、日本、イタリア）の仲間入りを果たした。しかしながら、日本の近代化は工業の面においては成功したが、その他の面、特に社会や政治においては旧慣を残していた。日本社会を総体として捉えると、不完全な歪んだ近代化であった。

日本における産業革命の主導的産業は絹業と綿業の軽工業で、我が国の二大輸出産業であった。生糸は、安政五年（一八五八）の横浜開港と同時に世界市場への進出を開始した。開港時の日本の生糸（絹糸）の生産は、当初手工業的（マニュファクチュア）に行われていたために、絶対生産額ではフランス、イタリア、中国などの後塵を拝していた。しかしながら、明治三十九（一九〇六）〜四十三年頃には日本の生糸輸出量は、それまで世界最大の生糸輸出国であった中国を上回り、世界一の輸出国となっていた。

綿業の場合、明治二十年頃は外国商品の圧倒的支配下にあったが、十年後の三十年（一八九七）には綿糸輸出高は輸入高を超え、綿業は輸出産業に転じた。このわずかな期間に日本の製糸業は生産、輸出において飛躍的発展を遂げたのである。綿業帝国イギリスとその属国インドの綿製品を国内市場から排除し、日清戦争後には中国市場においてイギリス、インド綿業と競合するまでになったことは注目に値する。

図1　旅順攻囲戦での砲撃（明治37年、日本軍の攻撃で炎上する石油備蓄庫。船はパラダ巡洋艦。（出典）wikipedia。日本帝国海軍参謀本部「明治海戦記」）

このような軽工業の飛躍的な発展とは対照的に、産業革命期の重工業の発達はやや遅れることになった。しかし、重工業の中でも兵器産業のみは例外的に著しい発展を遂げ、短期間で欧米並みの水準に到達した。明治末頃には、日本独自の小銃、火砲、戦艦等の造船技術はすでに世界水準に達していた。しかし、その一方で製鉄（鉄鋼）、鉄道、機関車等の生産は、国内需要を満たすにはまだ相当に低い状態であった。この時期の民間の重工業は、軍需に依存した財閥系企業が軍の周囲に衛星的に存在する状況であったのである。[*1]

明治期の近代的産業（工業）の育成発展は、政府の選択誘導的な政策によるものが多く、そこから抜け落ちた産業は、中小零細規模のままであった。しかも工業生産の八～九割程度は中小零細企業によって担われていた。このため、大正期から昭和戦前期における日本の産業構造は「二重構造」であったと指摘されている。

綿業などの軽工業や、都市部における商工業の発展は、農山漁村から労働力の供給を必要とするようになった。特に大正期に入ると、徳之島などの奄美各島から大量の労働力が流出するようになった。一方農業の面においては、地租改正によって独立自営農民が創設されたものの、明治十六～二十年にかけて行われた松方正義大蔵大臣による紙幣整理（徹底的なデフレ政策）によって農家は生活に困窮し、小農の多くが農地を手放したことから、土地の所有権が大地主へ移動する事態が生じた。明治十七年、小作地の全耕作地に占める割合は三五・五％であったが、二十一年には三九・五％へ、三十一年には四五・五％へと急速に増加した。多く農家が貧困生活を余儀なくされ、疲弊（ひへい）した農村を離れざるを得ない人々は都市部へと流出していった。出稼ぎなどで人々の流出が強まった大正十一年（一九二二）、農商務省は地主―小作人関係の実態について「全国大地主土地経営調査」を行っている。

なお、政治の面では、政党の立憲政友会を基盤とした内閣と藩閥（はんばつ）、官僚、陸海軍を基盤とした勢力とが交互に政権を担当するなど、大正時代までは、自由主義、民主主義的な社会の風潮があ

＊1 高橋幸八郎・永原慶二・大石嘉一郎編『日本近代史要説』東京大学出版会、一九九八年版、二一八―二二六頁。

った。しかしながら、大正三年、第一次世界大戦が勃発したことにより、軍備増強を要求していた軍部に有利な状況が生じた。日本は日英同盟を理由に連合国側で参戦し、ドイツの勢力圏であった中国山東省やサイパンなどを占領。大正四年（一九一五）には、中国の政権に「二十一ヵ条の要求」を発した。これを契機に日本は対外膨張路線を歩むことになった。さらにこの期間中はヨーロッパ各国の勢力が弱まり、アジア市場へ日本製品の輸出が促進されるとともに、連合国から軍需品の注文も殺到し、そのために「大戦景気」を生じ、日本経済は飛躍的に発展した。このことは、大島郡内の紬業界などにもバブル景気をもたらした。

しかし大戦景気の最中、労働者の都市部への流出によって米の生産が滞り始め、さらに売り惜しみ等も加わって国内に米不足が生じた。大正七年（一九一八）七月、米価格高騰の窮状を訴える富山県魚津の主婦たちによる輸送船への積み出し中止を求める嘆願運動が起き、これをきっかけに各地で騒動となり、さらに暴動を伴う米騒動が全国に広がった。さらに、大正十年に発生した「戦後恐慌」、大正十二年九月一日に「関東大震災」（図２）に見舞われたことから、国内経済は長期間の不況に陥ることになった。この不景気は、昭和に入ってからも続いたが、さらに昭和四年（一九二九）十月に起きた世界大恐慌によって、都市部や農山漁村にも失業者が溢れ、やがては国民の軍部支持へと繋がっていくことになった。

一九二〇年代は、大正デモクラシーの風潮を受け継ぐ形での政党政治が行われ、大正十四年の加藤高明内閣のときに普通選挙制が成立し、満二十五歳以上の男子に選挙権（人口の約二割に当たる一二〇〇万人）が与えられた。昭和三年には第一回の普通選挙が行われ、選挙の結果、無産政党や日本共産党が予想外の進出を示した。これに危機感を強めた政府は、翌四年、治安維持法を改正して反政府的活動家の取り締まりを強化していった。この頃から戦時体制へと進み、五・一五事件（昭和七年五月十五日）、次いで二・二六事件（昭和十一年二月二十六日）が発生し、ついに昭和十六年十二月八日、太平洋戦争へと突入することになったのである。

図２　関東大震災での日本橋および神田方面の惨状（大阪毎日新聞、wikipedia）

第二節　大正―昭和戦前期における主な出来事

大正時代（一九一二～二五）の十四年と、昭和戦前期（一九二六～四五）の二十年間の亀津村と東天城村に関する、主要な出来事を列挙すると以下のものがある。*2

大正元年（一九一二）、徳之島の人口が五万三一七一人となる。翌二年、亀津・平土野間に県道が敷設された。大正五年、明治四十一年の島嶼（とうしょ）町村法で合併させられていた東天城村と天城村が再び分離した。六年、花徳（けどく）の林為良が衆議院議員に当選。八年、花徳郵便局が開局。同年一月から三月にかけ三回連続して起きた大火災により亀津がほぼ全焼した（被害総額三四万円余）。九年、普通町村制が施行され、官制の村長を廃して公選となった。十三年、亀津出身で弱冠三十六歳の龍野定一が大島中学校校長に抜擢（ばってき）された。同年、東天城村役場が山（さん）から花徳へ移転。母間（ぼま）郵便局が開局。十四年、花徳に県蚕業模範場（さんぎょうもはんじょう）が設立された。

昭和元年（一九二六）七月、大島警察署徳之島分署が徳之島警察署に昇格。同年、山（さん）・花徳間に県道が完成。二年、天皇が初の奄美行幸を行う。同年、亀津出身の久留義郷が衆議院議員に当選。三年、手々（てて）神社創立。翌四年、母間小学校と山小学校に奄美初の鉄筋コンクリート二階建て校舎が完成*3（図３）。昭和六年、満州事変が起き、翌年には上海事変（しゃんはいじへん）及び満州国が建国した。十二年、日華事変が起き戦時体制に入った。十五年、国勢調査が行われた。大島郡人口は一八万一四九五人であった。十六年、小学校が国民学校と改称された。同年、町制の条件を満たした亀津村は、十二月の県議会での議決を経て、翌年一月一日付から町制が施行された。十八年、天城町浅間（あさま）に陸軍飛行場の建設が開始され、翌年夏に完成。十九年六月、輸送船「富山丸」八〇〇〇トンが亀徳沖で魚雷攻撃を受けて沈没し、三七〇四人の将兵が死亡。翌七月、第六四独立混成旅団（高田利貞団長、約一万人）が徳之島に配置された。九月、疎開船「武州丸」が十島村沖で魚雷攻撃を受けて一四八人が死亡。そのほとんどは亀徳や井之

＊２　町誌編纂室作成年表、他による。

＊３　『徳之島町誌』一六四頁。

図３　山小学校コンクリート校舎（昭和４年建築。写真右の人物は西山清良校長）

川、山、尾母（おも）の学童と婦女子であった。十月、徳之島における初空襲があった。昭和二十年四月、米軍が沖縄に上陸。三か月にわたる激しい攻防戦が行われた。

第三節　地主―小作関係の展開

丹羽邦男によれば、明治六年の薩摩藩の推定小作地率は四％であるとして、佐賀藩の二六％、長州藩の二四％、土佐藩の二二％などと比較して小作地率が非常に低いことを指摘している。[*4] 同氏の論文には、大島郡の小作地率については言及されていないので、『鹿児島県勧業年報・明治十一年度版』の統計を用いて、徳之島における小作地率（全耕地面積に占める小作地の割合）を推計すると一・五％程度で、ほとんど小作地の存在は認められない。しかし、明治期の貨幣経済の発展に伴って、農民層の両極分解が進んでいった。

次に明治期における大島郡及び徳之島の自作人と小作人の推移を見てみよう。明治二十年には、大島郡の耕作農民は九万七七四四人、うち自作人九万一九五六人（九四・〇％）、自作兼小作人三八二〇人（四・〇％）、小作人一九五五人（二・〇％）である。ちなみに同年の鹿児島県全体の自作人の割合は四五・三％で、自作兼小作人が四五・五％、小作人は九・二％であり、大島郡は自作人の割合が非常に高く、小作人の割合は極めて低い。**表1**は、萩原茂論文「奄美大島農地制度論」から大島郡における小作地率の推移を示したものである。

表1によれば明治二十六年の大島郡（大島、喜界島、徳之島、沖永良部島、与論島）の小作地率は一・九％であったが、その後徐々に増加し、大正八年には一

＊4 丹羽邦男「明治維新と地租改正」古島敏雄著『日本地主制史研究』岩波書店、所収。

表１　大島郡の小作地率の推移（%）

年次	明26	30	35	38	42	大元	4
小作地率	1.9	1.7	3.2	4.5	7.1	9.6	11.2
年次	8	13	昭元	5	9	13	14
小作地率	12.9	14.3	14.4	16.7	28.2	21.4	21.9

（出典）萩原茂「奄美大島農地制度論」鹿児島大学農学部学術報告第25号

表２　大島、喜界島、徳之島の小作地率の推移（%）

年次	明41	大3	大9	昭4	昭11	昭22	昭33
大島	13.5	13.3	18.2	21.9	23,2	19.0	6.5
喜界島	0.2	3.7	1.7	10.7	11.6	8.8	3.4
徳之島	8.2	18.7	23.3	28.5	27.9	15.8	3.3

（出典）表１に同じ

二・九％、昭和五年には一六・七％、同九年にはピークの二八・二％に達した。その後戦時体制に入ると減少傾向をたどっている。

表2は、大島、喜界島、徳之島の小作地率の推移である。徳之島の小作地率は明治四十一年には八・二％で、大島の一三・五％を五・三ポイント下まわっていたが、大正三年には徳之島一八・七％、大島一三・三％で徳之島の小作地率が五・四ポイント高くなり、その後、昭和十年頃まで両島で増加し、その後次第に低下傾向を示している。昭和三十三年時点で大幅に低下しているのは、戦後の農地改革の影響が大きい。

次に大正八年（一九一九）の自作人並びに小作人についてみる。大正八年には大島郡の耕作農民数は九万九九八八人であるが、うち自作人七万七二四三人（七七・三％）、自作兼小作人一万六八一三人（一六・八％）、小作人五九三二人（五・九％）である。全人口に占める農民の割合も減少しているが、自作人の割合が減少し、自作兼小作の兼業者と小作人の割合が増加している。耕作農民の割合が減少した理由として、大島紬業や商業その他の職業が増加したことがあげられる。また、小作人の割合が増加したのは、自営農民が借金等で土地を失って小作人になったことがあるが、その小作人の多くが島外に出稼ぎ・移住するようになったことで、大土地所有者の経営も悪化傾向をたどることになった。

大正十一年、大島島庁による「大地主土地経営帳調」[*5]によれば、上位一一名の地主名が書かれており、このうち五名が米どころで知られる花徳であった（**図4**）。大地主一位は徳之島東天城村の商業林為良で、[*6]ほかに三〇町歩以上所有する地主は三人、二〇町歩台が四人となっている（**図5**）。ほとんどの地主が田畑を小作に出し、自らは商業、あるいは金貸し業を営んでいる。この調査をもとに、昭和二年十月十一日、大島支庁農林技手當邦太郎は大島税務署折田直税課長宛に、一町村内三〇町歩以上の大地主について次のような報告を行った。

＊5　昭和三十七年の支庁改築の際に焼却されるところを職員が発見し、後に西日本新聞で報道された。（徳富重成「雑記集成2」参照）

昭和7年頃のイキトンチジと下田橋

図4　花徳の下田川周辺に広がる田ん圃と県道（昭和9年。右端の川沿いに花徳小学校が見える）

「東天城村大字花徳　商業　林為良
一、耕地反別…田二一町二反五畝二七歩、畑一五町九反、計三七町一反歩（約三七㌶）。二、自作地…田なし、畑三反、計三反歩。三、小作地反別…田　二一町二反一畝五歩、畑　一五町六反四畝二二歩、計三六町八反五畝二七歩。四、所有耕地の分布…東天城村　三〇町二反九畝一五歩、天城村　五町八反九畝一〇歩、亀津村　九反七畝二歩。五、所有耕地の消長…道並びに里道敷地に買い上げのため減少したり。六、所属小作者数及びその分布…東天城村　一三七名、天城村　四〇名、亀津村　五名、計一八二名。七、小作料の種類及び反当たり数量…田は籾、上の部　田玄米一石四斗四升[*7]、中の部九斗、下の部六斗六升、上中下平均一石、畑　上の部　黒糖三〇〇斤、中の部　二五〇斤、下の部　二〇〇斤、上中下平均二五〇斤。八、小作料の減免及び増徴…天災、地変による場合は実収穫の半分に減ずることあるも増徴することなし。九、小作者保護奨励施設　なし。十、返上地反別及びその処分…なし。十一、小作者の生活状態…毎年もしくは二～三年に一、二回の防風雨あるため収穫少なきにより困却の模様なり。十二、小作者の意向…右により小作料減免申し出あるもの度々あり。十三、その他特に必要と認める事項なし」

　この調査によると、林家の田及び畑の小作人一人当たりの平均面積は、わずかに田一・二反、畑〇・八六反、合計二反六畝にすぎない。

　もう一人、東天城村花徳の商業（なると旅館）中村富重の例をみると、所有耕地は田一一町四反歩、畑七町三反八畝二〇歩、計一八町七反八畝二七歩（約一八・七八㌶）、自らは農業を行わず、すべての耕地を小作に出している。所有地の分布は東天城村に一三町六反七畝五歩、天城村に三町六反三畝二〇歩、亀津村に一町四反八畝二歩である。小作人の分布は、東天城村九三名、天城村二〇名、亀津村一三名、計一二六名である。小作料は、田の上の部　玄米一石四斗四升、中の部九斗、下の部六斗六升、上中下平均一石、畑の上の部は、黒

＊6　林為良は大正六年の国政選挙において、桂太郎の娘婿で埼玉県議であった長島隆二を破って国政に出た人物で、父の元俊も代議士を一期務めた。最年少代議士であった。地方の自治権を高める町村制実施の実現に活躍した。

図５　花徳の富農宅棟上げ式（昭和10年頃）

糖三〇〇斤、中の部二五〇斤、下の部二〇〇斤、上中下平均二五〇斤である。[*7] 小作料の減免及び増徴は、天災地変に依る場合は実収額の半額を減免することはあるが、増徴することはない。耕作者の生活状態は、不景気又は二、三年前から毎年の暴風雨により困却の模様である。小作料が田は反当たり平均して玄米一石ないし一六〇斤（九六キロ）、畑は反当たり砂糖二五〇斤～七五斤であるが、名瀬の雑業者は田については籾二石五斗、畑については砂糖三九〇斤と回答している。大正十年頃の田一反当たりの収穫高は四〇〇斤（約二四〇キロ）で、白米に換算すると三石であった。

報告書によると、畑の小作料が砂糖七五斤としている地主は二名いるが、両者とも小作料の減免及び増徴について「大正十年以来移住者多きため、労力を減じ、二割ないし三割を減ず」と回答している。不況や自然災害に困窮した小作人は、島外に仕事場を求めて、あるいは兵役のために島外へと流出していったのである。

（皆村武一）

第四節　鉱山の開発

一．下久志銅山

銅は、日本では弥生時代から銅剣、銅矛、銅鏡といった青銅器の材料として古くから使用されてきた。八世紀に入る頃には生産量も増え、銅銭の鋳造も始まった。特に大仏の建造を盛んに行った聖武天皇時代には銅山の開発、精錬、加工技術が著しく進歩したと言われる。戦国時代になり、各地の有力諸侯が軍資金を確保する必要から金銀銅といった鉱山の開発を進めたこともあって、日本の主要な輸出産物の地位を占めるまでになった。江戸時代に入ると、西洋の技術を導入したことから、足尾鉱山をはじめ様々な鉱山が開発され、江戸時代を通じてその生産量は

*7 一石＝一〇斗＝一〇〇升＝一〇〇〇合で、一石は概ね人一人分／一年の食糧の量を表す単位。重さではない。一合は一八〇ミリリットル。一石は一八〇リットルになる。なお一斤は約六〇〇グラム。

世界有数を誇った。

明治時代に入り、政府は銅をはじめ金銀などの非鉄金属を重要な輸出品として位置づけた。鉱山行政を積極的に推し進め、明治二年（一八六九）には、外国人技術者及び教授らを多数招聘して最新技術の導入を図る一方、「開坑規則」を定めた。これによって輸出は国家の専売となり、国内の取引は自由化された。明治六年に鉱業法の「日本抗法」を公布し、明治二十三年（一八九〇）には「日本抗法」の欠点を修整した「鉱業条例」を公布した。鉱業条例では土地の所有権とは別に鉱業権を認め、その権利を申請順とし、しかも採掘権を永久の権利として与えることで、新規鉱山の開発を促した。明治三十八年（一九〇五）に、鉱山保安監督の規定を加えた「鉱業法」[*8]が施行され、これが現在の鉱業法の基になっている。また、これらの法整備に加えて日清戦争、日露戦争、第一次世界大戦によって電信電話整備や軍需関連への需要が急速に高まったことから、鉱山開発は大変な盛り上がりを見せた。一獲千金の夢を持つ山師が全国的に横行し、明治四十年には政府への試掘願いが全国で八六六七件も殺到したほどであったという。[*9]同時期には、鉱山開発の大規模化に伴って、銅の生産に関わりの深い発電事業も急速に発達していった。

徳之島における鉱山の開発は、明治三十五年に大阪の孝橋安兵衛が下久志字志行で銅鉱を発見し、採掘を開始したのが始まりと言われる。翌三十六年には、亀津の徳三和豊[*10]が下久志の三寿里で銅鉱を発見し、同年に松原でも鉱脈を発見した。徳は、最初に発見した三寿里の下久志銅山を間もなく鹿児島の野上商店に権利を譲渡し、松原銅山の権利については、霧島市福山町出身で海運業を営んでいた豪商の田中省三に売却した。[*11]

下久志銅山（**図6**）の開発権を手に入れた野上商店は、銅山開発に本格的に乗り出し、採鉱のほか製錬まで行った。一万田で製錬が始まると、そこから立ち上る悪臭と煙は吐き気を催すほどで、木々は枯れ、川の水は赤茶け、田の土も青白く変色し稲の育ちが悪くなったと伝わるが、誰も苦情を言う者はいなかったそうである。

＊8 現在の鉱業法は昭和二十六年にこれを改正して制定された。

＊9 徳富重成「島の郷土文化7」

＊10 徳三和豊は、講道館の四天王で知られた徳三宝の父である。『天城町誌』によると、若い時に熊本連隊に入隊した際に親が鉱山を発見して儲けた話を聞き、鉱山や鉱石関係の研究をし、退役後は徳之島の山野を歩き回ったという。

＊11 天城町誌「松原銅山」、徳之島採集手帖「下久志銅山」（時富彦）ほかを参照した。

大正四年（一九一五）に木藤（きとう）鉱業所に権利が移り、所長として島根県浜田村出身の斎藤いせじが着任した。斎藤は非常に精力的で、何事も率先して仕事をする人物であったという。亀津の女性を妻に迎えたが、先妻との間にできた子供二人も連れてきていて、母間小学校に通わせた。斎藤所長は、郷里の島根県浜田村から七、八名の若者を呼び寄せて下久志に住まわせ、このうち数名は下久志で妻帯した。当初は、村の人たちも大和言葉や態度に慣れずに問題も起きたというが、そのうち気心も知れ、使用する道具類を真似たり、自らも大和口（やまとぐち）を使うなどするようになった。それでも多くの親たちは、娘がよそ者と付き合うことがないように気を使っていたといわれる。

木藤鉱業所時代は採鉱が進み、野上商店時代の小規模な製錬作業では間に合わなくなったことから、大きな溶鉱炉が発注されて一万田で組み立てられた。溶鉱炉は県道脇の急坂を上げなければならなかったが、下久志の住民と従業員だけでは上げることができず、近隣の村民にも助力を求め、太鼓を叩き酒を振る舞っても丘に引き上げるのに数日を要した。しかし、大変な思いをして稼働させた溶鉱炉であったが、国内で大規模な製錬所が造られたこともあって、わずか二年ほどで閉炉となった。

大正三年から始まった第一次世界大戦は、大正七年に至って終結したが、この間の銅需要の増加は著しいものがあり、急速に国内鉱業の規模は拡大した。国内金属鉱業は、大手資本が近代的大規模製錬所の優位性を活かして小規模鉱山の買収を行い、住友、三井、三菱、古河（ふるかわ）、藤田、久原（くはら）の六大資本へと集約化が進んだ。徳之島においても、大正七年（一九一八）、下久志銅山が木藤鉱業所から古河鉱業へと経営が移り、松原銅山も同年、小林鉱業から同じく古河鉱業に経営が引き継がれた。なお古河は、同時期に奄美大島の屋入（やにゅう）銅山、西方（にしかた）村マンガン鉱、宇検（うけん）マンガン鉱などの権利も手に入れている。大正五年に久原鉱業によって大分に国内初の大規模な佐賀関（さがのせき）製錬所が稼働を開始したことで、徳之島からは鉱石のまま出荷されるようになった。

図６ 下久志銅山（大正９年陸軍測量図）

下久志には古河鉱業大島鉱業所の本部が置かれ、最盛期には松原銅山と合わせると約千人もの鉱夫が働いていたという。[*12] 初代所長は福岡出身の平山猪之吉で、赤崎、内藤と続いた。事務所には所長、係長、事務長、監督、夫頭（ふとう）（**図7**）、小使がおり、志行（しぎょう）には社宅が複数建ち、専属病院も建てられてベテランの医師が詰めた。鉱内の職種は採鉱夫、支柱夫、選鉱夫（せんこうふ）、運搬夫、工作夫、雑夫に分かれ、鉱業所に割り当てられた量をこなすため、一の番、二の番、三の番の八時間交代制で昼夜作業が続けられたという。[*13] 坑内夫の賃金は一日八〇銭であったが、一日七尺掘り進めることが条件となっていて、それより深い場合は一尺一二銭の割増金が付くが、足りない場合はその逆の割合で差し引かれた。また採鉱量によって労賃を決めるやり方もあった。[*14] 鉱山から掘り出された鉱石はトロッコで選鉱場に運ばれた。そこで男女の作業員がハンマーを使って鉱石と岩石とに選別し、牛車で三寿里川（みじゅりがわ）河口の積載場に運搬した。牛車は芯棒（しんぼう）のみが金具で、車輪は松を輪切りにしただけのものであった。牛車は、海岸で牛車ごと秤（はかり）に乗って計量されていた。鉱石が蓄積し、船一隻分くらいになるとサンゴ礁の外に汽船がやってきた。

下久志には伝馬船がなかったので、亀徳や母間から借り上げていた。伝馬船は「はしけ」「かいせん」とも呼ばれ、亀徳には多いときで七隻運航していて、購買組合や商店、個人船主が所有していた。大きさは長さ約六㍍、幅約二・五㍍、積載トン数は六～七㌧あったが、動力は櫓（ろ）で港外に出るときは帆も使用した。下久志銅山の鉱石運搬を行うときは現地に泊まり込み、賃金の配分は総収入から組合積立金を一割差し引き、残りを総人数で割ったという。[*15] なお伝馬船への鉱石搬入は、主に下久志の女性たちが行い、海につかりながら籠（かご）で運んだ。丸籠一杯分の賃金は満潮時と干潮時で違うが、五厘から一銭五厘であったという。

銅山時代の下久志は商店が建ち、行商人も多くなるなど活気にあふれ、活動写真や芝居も行わ

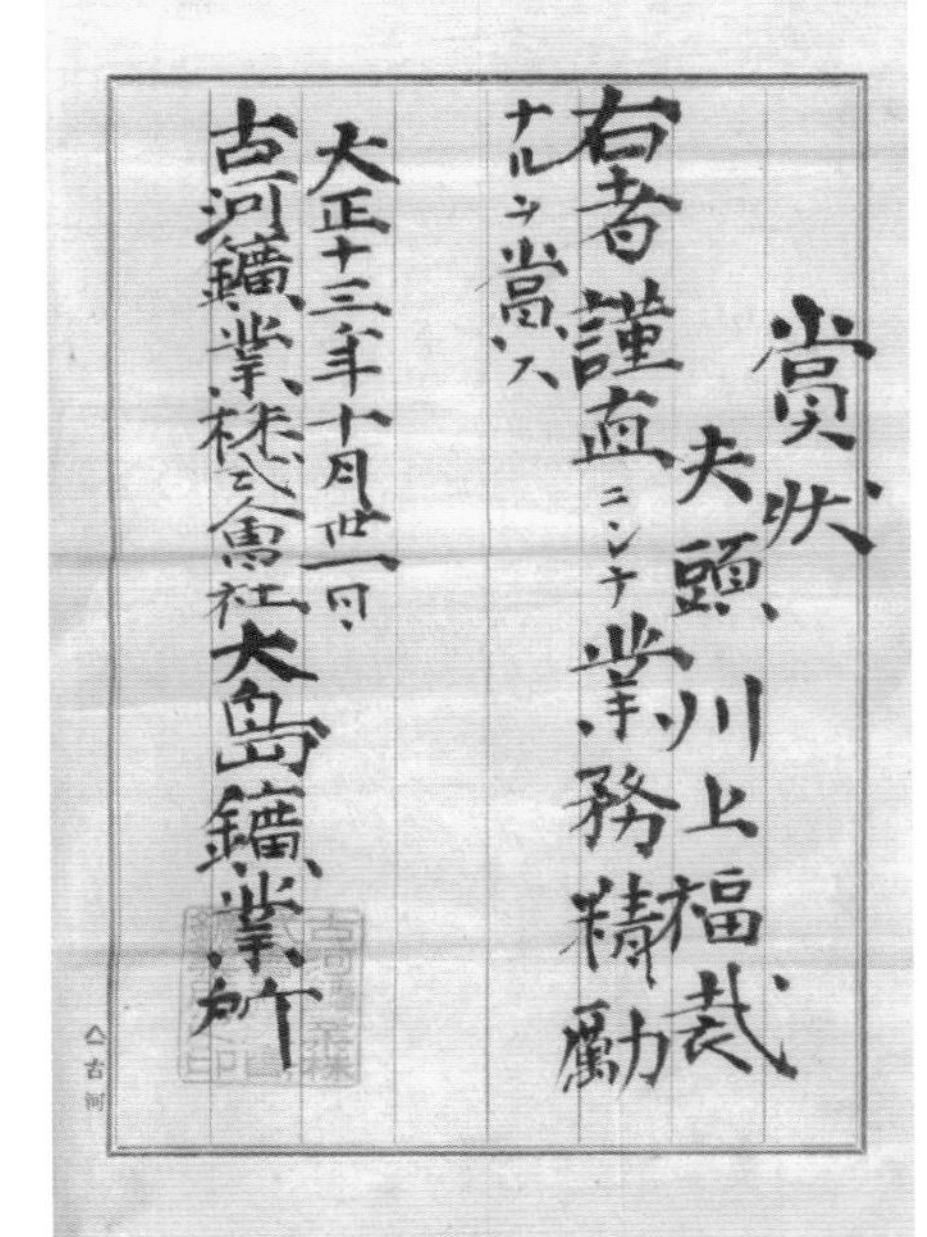
賞状
夫頭 川上福哉
右者謹直ニシテ業務精励ナルヲ賞ス
大正十三年十月卅一日
古河鉱業株式会社大島鉱業所

図7 大島鉱業所の業務精励賞（大正13年）

＊12 徳之島採集手帖「下久志銅山」（時富彦）の鉱夫数は、徳之島町誌に「大正十年頃は一〇〇人ほどの人が働いていた。坑内夫は二〇名位であった」、天城町誌に「第一回大正二年六月のストは一五〇人が参加した」「昭和三年閉山当時の松原銅山には一〇五人の鉱夫がいた」の記述から、一〇〇〇人は多すぎるかもしれない。

＊13 天城町誌によると「最盛時には、鉱内勤務は午前六時から午後六時まで働く一番方、正午から夜の十二時まで働く二番方、午後六時から翌朝六時まで働く三番方と三交代制」とある。

れた。年に一回行われる会社主催の山神祭りは特に盛大で、二日間の祭りでは酒樽が振舞酒として数か所に配置されており、棒踊りの披露、闘牛大会、全島相撲、舟漕ぎ競争、一〇〇㍍走、抗夫達による「穴くり競争」や福引などが開催された。現在も学校行事などで踊られる「下久志棒踊り」や「池間棒踊り」は、この時に始まったものである。下久志の山神祭りは、他村からの見物客も大勢加わって大変な賑わいを見せた。

　しかし、第一次世界大戦後徐々に景気が悪化し、昭和二年になると国内で金融恐慌が発生。さらに昭和四年に世界恐慌が起こり、世界的景気後退期に入ったこともあって、銅需要は著しく減少した。このため採算の合わなくなった下久志銅山は、昭和三年五月、同じく古河鉱業傘下の松原銅山とともに慌ただしく閉山されることになった。

図８　「古河鉱業株式会社大島鉱業所」の名が彫られた下久志水神様の鳥居（昭和３年４月建立）

同月末には、志行にあった古河鉱業大島鉱業所が所有していた社宅や事務所の払下げが行われ、事務所は金庫と共に亀津村役場に寄贈し、社宅は下久志分校校舎と母間郵便局、同じく母間の実吉医院、紀野商店に移築され、残された広大な敷地は、戦後になってから地元に払い下げられた。＊16 なお、古河鉱業撤退が決まった四月、下久志水神様の鳥居が奉納建立された。鳥居には「古河鉱業株式会社大島鉱業所」と刻まれており、下久志が銅山で活況を呈した時代の名残を今も留めている（図８）。

　古河鉱業としては事業を中止したが、元鉱夫達によってその後も銅山の採掘は細々と続けられていたらしく、採掘や鉱石拾いで集めた鉱石は、浜に用意された

＊14 大正十二年の夫頭見習辞令には日給九〇銭とある。また大正十五年の助手辞令は一円三〇銭となっている。

＊15 徳之島採集手帖「亀徳港の艀」（仁愛之助）

＊16 亀津村役場は財政難のため新庁舎の建設ができずにいたが、大島鉱業所の内藤宣三所長の尽力により事務所の無償譲渡が決定したことから、現在の生涯学習センターの地に役場として移築した。建物の規模は不明であるが、昭和十年の写真を見ると木造二階建てのかなり大きなものである。なお、下久志分校に活用した社宅は分校沿革史によると六〇坪の建物であった。実吉医院は母間大当にあった。龍郷出身の中村謙三医師が医院を開設したが、無医村の龍郷村に移住。後を受けて実吉角清医師が大正十二年に開業し、昭和十六年に亡くなるまで勤務した（泰山一郎「心の泉」）。
　戦後の払下げは安価で行われ、下久志分校の敷地一反八畝は亀津町に寄付された（南西日報昭二九・十月）。

一トン箱に貯めて置いて、本船が来た際に搬出していたという。[17] 昭和十七年に、神之嶺小学校が遠足で下久志銅山を訪れた際には、坑内に入る機会を得、記念に鉱石を一つずつもらったそうである。

戦後は、米軍統治時代の八年間日本本土から分離されたこともあって、しばらく放置されていたが、昭和三十二年に鹿児島商工会議所などが中心となって、鉱山を再開しようと徳之島鉱業株式会社を設立した。徳之島出張所を下久志に置き、宮里所長、江藤経理課長らが着任した。戦前は銅の含有率、埋蔵量とも高かったことから、これに期待したものであった。鉱山開発に使用する五トントラック、トロッコ、レール、その他機械、事務用品を大量に搬入して設営し、鉱夫は下久志から採用し、鉱石は母間港から搬出した。しかし、掘削を開始してみると、酸化鉄や硫黄分が多く採算が合わないことがわかり、新たな坑道を試掘したりしたものの、良質の鉱石を産出することができなかった。結局、下久志銅山の再開発はわずか二年で終了し、昭和三十四年に再び閉山となった。

＊17 徳之島郷土研究会報３２号「下久志の民俗文化」

二．その他の鉱山

宝迫鉱山

母間花時名の宝迫鉱山は[18]、日本鉱業株式会社が大正十五年（一九二六）七月十日に採掘を開始し、昭和十八年まで操業を続けていた。花時名に宝迫鉱山事務所を置き、初年度に二三五二トンで、途中の採掘量は不明であるが、昭和恐慌時代の昭和八年度でも二六五五トンを採掘した。鉱石の送り先である佐賀関製錬所は、同社の経営する製錬所として国内有数の規模を誇った。

宝迫は花時名の山手一帯の字名で、このうちの当田川と伊宝川の谷に挟まれた山裾に鉱山があった（**図９**）。県道沿いの、花徳との境界付近にインクラと言われる場所があって、鉱山からその崖上までレールが敷かれていた。トロッコで輸送した鉱石を、ここからウインチを使って崖下のインクラに仮置きした。これを荷馬車でトマイハマ（泊浜・現花時名港）の空き地に運んで集積し、汽船が来ると、反川から借りておいた回船（艀）で搬出したという。当時、鉱山での仕事は現金

＊18 宝迫は花時名山手の字名で、地元ではフウラクと呼ぶ。日本鉱業（株）『五十年史』に「宝迫鉱山」とある。同社は、久原鉱業の鉱山・精錬部門の後継会社として昭和四年に設立。鉱業分野では住友、三井、三菱、古河、藤田と並ぶ六大資本であった。

図9　宝迫鉱山に残るぼた山

収入が得られる数少ない仕事で、農業、紬業と合わせて母間の三大基幹産業と言われたほど重要な役割を担った。

奄美群島日本復帰直前の昭和二十七年、本土業者による宝迫鉱山再開発の動きがあり、翌年には職員が派遣され、反川に鉱山開発本部が設置されたことがある。しかし調査の結果、再開発は断念することに決まった。地元では、一時鉱山の再開に色めきたったが、採算不均衡との判断に落胆は大きかった。

尾母のマンガン鉱採掘

昭和三十二年、下久志鉱山の再開発を開始した徳之島鉱業株式会社は、尾母でマンガン鉱の採掘を行った。尾母はマンガン鉱石が豊富であることは戦前から知られていた。鉱石採掘を行っていた期間は定かではないが、大谷山周辺一帯でマンガン鉱石の採掘が行われており、ロープウェーやトロッコ用のレールまで敷かれていたという（図10）。戦後、再開発に入った徳之島鉱業株式会社は、大谷山とは別に尾母一町内のウーシュウントの丘陵付近から新たに採掘した。鉱石はいったん浦久田川へトラックで運び、モーターによる水洗機で不純物を洗浄して同地に集積し、富山県の日本鋼管へ輸送した。戦前に集積されたのち放置されていた大谷山周辺のマンガン鉱も浦久田川へ運んだ。これは馬車で運び、一日二〜三〇〇〇円の現金収入になったので、尾母集落は一時鉱山ブームに沸き立った。マンガン鉱の埋蔵量は多かったようであるが、徳之島鉱業株式会社の撤退により数年で採鉱は終了した。

（米田博久）

図10　尾母集落南端に位置する大谷山

第五節　天皇の奄美行幸と昭和一新会

第一次世界大戦後、南海国防の拠点として奄美諸島の政治的、軍事的重要性が増し、大正十二年（一九二三）四月には「奄美大島要塞司令部」と「小笠原諸島父島要塞司令部」が設置された。即位してまもない昭和天皇は昭和二年八月、両司令部の視察を目的として行幸を行った。奄美行幸については『徳之島町誌』に記述があるので、以下においてその一部を引用することにする。

「昭和二年八月六～八日、天皇陛下が奄美へ行幸された。六日は名瀬に上陸（図11）。松本県知事、中島支庁長らはじめ奄美出身功労者及び北大島、喜界島住民は名瀬町において、七日は古仁屋において南大島、徳之島、沖永良部、与論の町村長以下郡民が奉迎した。天皇は瀬戸内の瀬相にて海中微生物研究の後、八日沖縄へ行幸になった。天皇の行幸は奄美の歴史始まって以来、初めてのことで郡民は非常に感激した。（中略）これを機会に郡民二四万は力を合わせて一斉に起ちあがり、大島支庁が中心になって昭和一新会を郡に組織し各町村に支部を設けた。これは精神的、教育的な要素の多い団体であった。（中略）各町村では、記念事業として郷土誌の刊行、あるいは先人の業績を表彰する記念碑等を建て、住民の自覚を促して奄美を振興させるという会であった。（中略）昭和六年二月十一日、紀元節には天皇、皇后陛下の御真影が各小学校に下賜され、各小学校はセメントで奉安殿を造り教育勅語とともに奉安した」

昭和一新会の運動は、疲弊した農村を救うことを目的に昭和七年から九年にかけて実施された時局匡救事業や自力更生運動と相まって、島民の精神的自立心を刺激した。毎年八月六、七日の両日に各町村単位で昭和一新会の総会を開き、天皇行幸時の感激を新たにした。主な事業としては、精神の作興（奮い立たせる）、奉安殿建設、納税義務の遂行、里道農道の開設・補修、産業奨励、貯蓄の

図11 昭和天皇の奄美行幸を祝う亀津北区青年処女団（昭和2年）

実行とその利用の七項目であった。*19 この時期には、各小学校での奉安殿建設はもちろん、母間小学校や山小学校にコンクリート校舎が建てられ、東天城村役場編『我が村』が書かれるなどしている。また、各村での道路整備が盛んに行われ、山の県道にコンクリート製の橋が架けられたのは昭和四年であるが、この橋は今も健在である。手々の豊穀神社が建てられたのもこの時であった。昭和十二年の支那事変を機に終了したが、次項で述べる自力更生運動においても、一新会の「勤勉倹約をして財産を治めて、業を興し、天は自力の人を助ける」との趣意が大いに推進された。ただし、天皇行幸の主たる目的は、国内外における不穏な情勢のなかで、わが国の最高統帥として、父島要塞司令部及び奄美大島要塞司令部の軍事施設の現況を確認するとともに、僻遠の奄美及び小笠原住民を含め、全国民を統率鼓舞するための行幸でもあったのである。*20

第六節　昭和農業恐慌と農山漁村更生運動

昭和四年（一九二九）十月二十四日、ニューヨーク・ウォール街での株価暴落を契機に、全世界を巻き込んだ世界恐慌は、翌年春には日本の工業、金融、商業、そして農山漁村をも襲い深刻な影響を及ぼした。経済不況は十年まで続き、とりわけ農山漁村に大打撃を与えたことから「昭和農業恐慌」ともいわれる。当時の新聞や雑誌には、タバコ一箱とキャベツ五個、カブ一〇〇把が同じで肥料代にもならないと嘆く声、給料が払えず村の廃止を決議した、あるいは農家一戸平均負債額が六七六円（米一三五俵相当額）にも上るといったことが掲載され、当時の農家の困窮ぶりがうかがい知れる。

奄美諸島においても窮状は同じであった。米と繭（生糸）という当時の農村の二大商品作物が半値以下に暴落したのをはじめ、県内各地の特産物（砂糖、大島紬、鰹節、ユリ根）の価格も大幅暴落した。『徳之島町誌』によると、「大正中期の好況は、徳之島の経済水準を引き上げはしたが、長

*19 天城町誌八二九頁

*20 天皇は、昭和十年十一月、鹿児島での陸軍特別大演習に統監並びに地方行幸のため来鹿されたが、これを記念して、「陸軍特別大演習並地方行幸鹿児島市記録」が発刊された。この書の第一章「特別大演習の要旨」によると、「近代戦は国家の全力を挙げて行われる国民戦争である。国防は単に軍隊のみが任ずべきものでなく、国民全部が負担すべきである。（中略）国防の目的を達するためには、軍隊も国民一般も共に平時から十分なる備えを有していることが必要である。備えとは何か、即ち軍隊としては内容を充実し、訓練を周到にしてその精鋭を計り一般国民としては各々業に励んで国風を増加するのみならず、わが国体の眞髄を会得し、上下一致祖国日本の大使命の達成に邁進するとともに、万一の場合は進んで国難に赴く覚悟と能力を備えることである」と述べている。当時の世情をよく伝えている。

く続かず大正末期には砂糖も振るわず、紬も振るわず、経済活動は低調になっていた。この低調さは、昭和にはいってますます加速し、なすすべもなくずるずると不況の谷間にひきこまれていったのである。このころから、出稼ぎが増加するようになった。はじめは阪神地方の鉄工場から募集にきていたが、その後になると、はじめに出た人を頼って出かけるようになった。このころの十年間に出稼ぎに出かけたのは、徳之島町で七千人位と思われる。これらのひとは、ほとんど阪神の製鉄所であって、紡績には求人があっても人気がなかった」と述べている。[＊21]

表3は、昭和三年末時点の亀津村、東天城村、名瀬町及び大島郡全体の人口出入寄留を示したものである。十島村が大島郡の中に含まれている。亀津村の場合、流出（出寄留）は六七七六人に対し、流入は二七一人で、東天城村からの流出は、三三六七人、流入は二二二人であった。名瀬町のみ流入人口が大幅に上回り、六一七六人の流入超過となっていた。流入元は主として郡内の他市町村からであった。郡全体でみると、流出が六万二五五人に対し、流入は二万四三五人で三万九八二〇人の純流出であった。

昭和五年（一九三〇）に起きた農業恐慌は、農山漁村の未曾有の疲弊と混乱をもたらし、農村社会秩序をゆるがし、ひいては国家の体制的危機に結びついていく様相を呈していた。鹿児島県においても、農民の困窮度は悪化をたどり、農家の抱える負債額は推定二億五〇〇〇万円、農家一戸当たり約一〇〇〇円にのぼった。農家収入は約四割減少したにもかかわらず、農具、肥料、被服等の価格は一割三分ないし二割低下したにすぎず、生活状態は悪くなるばかりであった。

昭和七年、内務省社会局が納税成績、吏員（公務員）職員に対する給料支払い、住民の生活困窮状態を調査したところ、「疲弊の程度特に甚だしきもの」と認めた町村は一一三〇町村、戸数七三万四九五四戸、人口四一八万人余にものぼっている。うち、鹿児島県は一五町村、二万三五四八戸、一二万六一〇七人で、大島郡では喜界村、住用村、東天城村が含まれていた。これをもとに昭和七年三月、政府の主導で農山漁村経済更生運動が展開されることになり、経済更生計画の

＊21　『徳之島町誌』三四三、三四四頁

表3　昭和3年末現在の人口出入寄留

	人口流出			人口流入		
	男	女	計	男	女	計
亀津村	3,257	3,501	6,776	133	138	271
東天城村	2,020	1,347	3,367	118	104	222
名瀬町	4,168	2,343	6,511	6,534	6,153	12,687
大島郡計	35,582	24,673	60,255	10,859	9,576	20,435

（出典）『鹿児島県大島郡勢要覧』大島支庁、昭和5年1月発行。
（註）人口出入寄留とは、人の流出入のことである。

実施や重要産物の維持増産に向けた指導が行われた。

昭和八年三月には農家負債整理組合法が公布された。その第一条は、本法は農山漁村に居住する者の経済更生を図るため、隣保共助の精神に則り、その者をして負債整理組合を組織させ、組合が樹立した負債償還計画および経済更生計画を履行させて、その負債の整理をさせることを目的とする、とした。福岡武（旧鹿児島高等農林学校養蚕科学生）著の『昭和十八年度農村調査報告　鹿児島県大島郡亀津町』によれば、「本町（昭和十七年から亀津町）は昭和十一年より農村経済更生村として指定され、既に一期更生は昭和十六年で以って好成績にて終わり、現今第二期の経済更生に当たっているのである。本町民の経済は一定しているが、しかし財産となる所の資金が少なく、農家は生活にやや負債を生じているような次第なり」と述べている。昭和十一年の亀津町の負債総額は一七万七五四三円、一戸当たり九九円三〇銭である。同年、亀津村においても以下のような負債整理計画を立てた（**表4**）。

「亀津町における農家一戸当たりの耕地面積は、田二〇畝（二反）、畑三六畝（三反六畝）、山林原野三九畝の極めて小さな面積で、これによっては農業経済の安定は期し難い状況にある。少なくとも一戸当たりの耕地面積を二町歩にするために諸方策を企図している」（表現を口語体に改めた）

昭和十一年の農家戸数は一五三八戸で、うち自作農九三七戸（六一％）、自・小作農四五七戸（二九・七％）、小作農一四五戸（九・四％）であるが、昭和十六年には農家戸数は増加したにもかかわらず、自作農は増加して一二七五戸となり、自・小作農四二〇戸、小作農九二戸に減少した。この小作農をゼロにするために、亀津町においても自作農維持創設計画（昭和十六年）が策定されたのである。

表4　亀津町における昭和17年以降の負債償却計画（円）

区名	昭11年	現況16年	目標	償却年次別				
				昭和17	18	19	20	21
白井	2,231	1,231	1,231	144	216	264	288	312
尾母	12,461	5,498	5,498	642	963	1,177	1,284	1,391
亀津	67,210	39,559	39,559	4,786	6,979	8,441	9,172	9,903
亀徳	27,690	14,902	14,902	1,740	2,610	3,190	3,480	3,770
徳和瀬	13,206	6,371	,6371	744	1,116	1,364	1,488	1,612
諸田	12,567	6,063	6,063	708	1,062	1,298	1,416	1,534
神之嶺	2,982	1,428	1,428	168	252	308	336	364
井之川	28,648	2,719	2,719	1,614	2,421	2,959	3,228	3,497
下久志	10,224	4,896	4,896	576	864	1,056	1,152	1,248
計	177,543	91,137	91,137	10,722	16,083	19,657	21,444	23,231

（出典）福岡武著『鹿児島県大島郡亀津町農村調査』昭和18年 ※「計」は表内数値の合計と合わない。

この目的を達成するため、亀津町内にある他町村の所有者の所有地を五年間で完全に買い戻し、自作農を維持創設しようという計画であった。実施方法としては、まず現況調査をし、すぐに実施できる農家から順次償還計画を立てさせ、自作農維持創設資金を借入させる。その実施に伴う所要の経費として九万三〇〇〇円を積み立て、各農家が実行主体となり目的を達成しようというものであった。

また農業経営を合理的、効率的にするため、耕地の交換分合計画も立てられた。亀津町の計画は、隣村の伊仙村、東天城村との所有権の交換であり、これを実行して効率増進、生産拡充の完璧を期そうとするものであった。同計画が完全実施されれば耕地整理が進み、小作人は解消して自作農が維持創設され、生産力の増強が期待された。しかしこの更生計画は、満州分村計画の実施が前提であったため、戦争激化により中断せざるを得なかった。＊22

第七節　分村計画と満州奄美大島総合開拓団編成計画

昭和六年（一九三一）九月、農業恐慌の真最中、満州事変が起こり、翌七年には日本国政府は、満州国建国を宣言した。同年十月の帝国農会通常総会において次のような「満州移民計画に関する建議」が採択された。

「満州国の建国に伴い本邦農業者の移住を希望する者非常に多く、その実現に努めることは満州国の農業開発に資するのみならず、日満両国の経済に及ぼす利益大なるものがある。しかるにわが政府は未だ移民の方策を確立するに至らず、わずかに試験的移民を送るだけの現状に過ぎないのはたいへん遺憾とするところである。よって、政府は速やかに満州国に対する移民計画を確立し、移住希望者の便益を図り、有為なる農民の海外発展と人口過剰の農村匡救に資せられんことを望む」

政府（拓務省）は上の建議を受けて、満州農業移民送出の基本方針を次の三点においた。第一

＊22　亀津町の自作農維持創設計画については、福岡武『亀津町農村調査』昭和十八年参照。なお、同調査報告書は、徳之島町誌編纂室編『徳之島町域「農村調査」報告集―鹿児島高等農林学校学生調査』徳之島町誌叢書（二）、令和二年（二〇二〇）一月、に収録されている。

は、自家労力を本位として耕作し、経済的に自立できる自作農を設定すること、第二は、経済面や教育、衛生、治安等の点を考慮して二〇〇戸以上を単位として一開拓団を編成し、集団的に入植させること、身体強健、志操堅固な者を選び、入植前に内地または現地で訓練を施し、まず先遣隊を入植させ、先遣隊がある一定の建設段階を終えた後に家族を招致させること、第三は、農村疲弊の現状に鑑み、渡航費及び営農施設費の一部を補助することにした。満州農業移民計画は、農山漁村経済更生計画と結合して分村計画と称せられたのである。

政府の分村計画によると、二十年（昭和十二～三十一年）で一〇〇万戸の開拓農民送出の計画であった。[*23]大島郡でも政府及び県の計画に呼応して次のような目的及び趣旨の分村計画が立てられた。

「分村計画により母村の経済更生を企図することが、大島郡の根本的振興策であり、同時に大陸開拓の国策にも貢献する次第であるので、目下奨励しつつあるが、既に宇検村から第一次の送出をし、しかも全国第一位の成績を挙げつつあるので、竜郷村からも近く四五戸の送出をなすことになっている。次々に各町村に適合した計画を立て、大島郡恒久の対策を講ずることにしたい（昭和十七年二月、谷村大島支庁長談）」

かくして樹立されたのが満州奄美大島総合開拓団編成計画で、次のように述べている。

「大島郡は狭小の土地に多数の人口を擁し、年々所要食糧の過半を郡外に仰ぐ状況である。その根本的解決を図り郡の振興を実現するため、この際、郡内全町村で速やかに満州開拓分村計画を樹立実行させ、母村の健全なる農業組織を建設するとともに、一方満州開拓政策の完全遂行を実現するために、従来通り送り出してきた開拓民の送出形態を改変し、郡の特殊事情を考慮のうえ、満州国の一定地域に総合開拓団を建設させようとするものである。

計画戸数　第一期　一〇〇〇戸　十九年度～二十年度
　　　　　第二期　一〇〇〇戸　二十一年度～二十二年度

入植地区　第一期計画、第二期計画を共に包含し、同一地区に入植できる地区とする。

＊23 分村計画については杉村乾『分村計画―帝国農会史稿』（記述編）参照。

送出計画　入植地区の整備状況に応じ送出するも、第一期計画は昭和二十年度に送出完了するものとする。第二期計画は第一期計画完了に引き続き送出し二か年間に完了するものとする。

送出形態　第一期は大島本島九か町村五〇戸ないし二〇〇戸を責任的に送出するものとする。第二期計画は残余九か町村より送り出すものとする。

団の組織　内地の送出形態にかかわらず、一〇〇〇戸または二〇〇〇戸一体となれる総合団を建設するものとする」

太田文義「満州大島村建設と分村計画」は、以下のように主張している。

「過去十年間、大島郡振興計画が実行されてきたが、それは根本方針を誤っていたがゆえにその成績は挙がらなかった。つまり、あり余る人間を狭い島の中に押し込めておいて振興を計ろうとしたところに誤りがある。大島からこの多すぎる人間を減らさなくては、決して郡更生ということはできるものではない。それには、政府の国策満州移民に参加させて満州に移し、満州に新しい大島村を大島人が建設していくのである。満州移民は、日本民族大理想たる八紘一宇の精神を体して大陸に進出し、満州帝国建国に基づいて、五族協和、王道楽土建設に当たる平和の戦士である。」

開拓移民には、政府補助金が一〇〇〇円あり、農業資金は満州拓殖公社より約二〇〇〇円融通を受けることができるのだという。このほか昭和十三年度からは、一般開拓団と並んで青少年義勇軍[＊24]が送り出されることになった。昭和十三〜十四年度の二年間に大島郡から送り出された青少年義勇軍は一六六人であった。このように、多くの開拓移民が分村計画に基づいて満州に移住を開始したものの、まもなく訪れた敗戦によって、計画はその端緒で失敗することになった。

第八節　大正〜昭和初期の島民生活と「ソテツ地獄」

昭和二年（一九二七）八月九日付けの『鹿児島新聞』に「貧困に喘ぐソテツ地獄へ　勅使を差遣

＊24　少年義勇軍については、上笙一郎著『満蒙開拓青少年義勇軍』中公新書三一五頁、昭和四十八年（初版）を参照した。

はさる。主務官視察して具さに奏上」という見出しの記事が掲載された（図12）。

嶺武雄の昭和二年の報告書『農村調査―東天城村―』によれば、「大暴風の襲来により米不作となり、或いは旱魃のため甘藷不作となること度々あり。かかる場合、下級の農家等を飢餓より救うものはこの作物なり」とソテツを紹介している（図13）。また、福岡武の昭和十八年の報告書『農村調査―亀津町』によれば、「島民の常食とするものは米麦甘藷にして、上等人は米麦を用ふるといえども中等以下は米麦又は甘藷を常とする。島内生産米は、人口に応じた以外その需要に達するも、他に輸出するをもって不足を告げる。（中略）甘藷は中等以下の総て常食とするをもって、その毎日の量は甚少の額にあらざるも、島内にて植え付けた産額にてその用をなすに足る。もし一朝天災に遭遇し、諸作物払底せられて凶歳に当たりたる時は、次の草木を食用とする。ソテツは、食用に供する時節は十月から翌三月までにして新芽出でざる前とす」

両氏の報告書はともに、貧しい農家でもソテツを常食としてはいないものの、非常時あるいは困窮極まった場合にはソテツを食すると述べている。

時代は明治初期に戻るが、明治六年大蔵省租税局の役人一行が奄美諸島を調査し、作成した報告書「南島誌―徳之島」（明治七年発行）にも、「凶作の年に際しては、カライモ及び菜根が欠乏する時、食物とするものは、ソテツのほか、ツワ、ユリなど八種あり。（省略）平民に至っては一般カライモを食し、正月、八月、村祭等にあらざれば、米麦粟を食わず。干ばつでカライモが欠乏するときにはソテツを食う。男女老若の食量は平均一日一人カライモ三升を以て各戸の標準となす」とある。

明治六、七年頃より食糧生産は増加し続けたものの人口も増え続けたことから、大正から昭和十年代まで食糧問題は深刻化していた。加えて、所有面

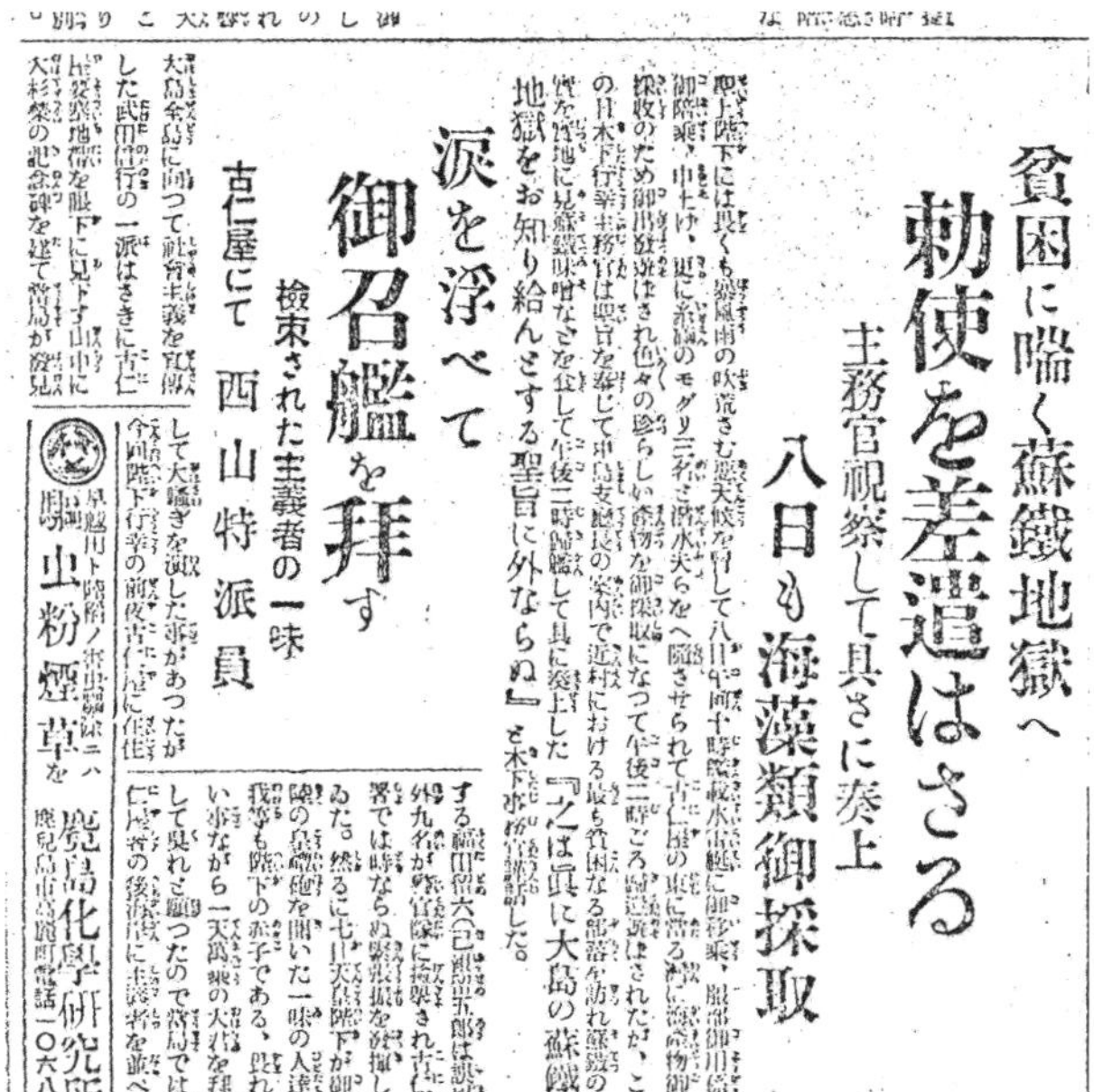

貧困に喘ぐ蘇鐵地獄へ
勅使を差遣はさる
主務官視察して具さに奏上
八日も海藻類御採取

『之は眞に大島の蘇鐵地獄をお知り給んとする聖旨に外ならぬ』

涙を浮べて
御召艦を拜す
檢束された主義者の一味
古仁屋にて　西山特派員

図12　ソテツ地獄を天皇に奏上（鹿児島新聞 昭和2年8月9日）

積の小さな耕作者や小作者或いは土地を持たない者が増加していった。

嶺武雄の調査によれば、大正十四年、東天城村のコメの生産量は六〇三八石で、村内消費量一万一三〇〇石（大正十二年）の約半分に過ぎず、残りの半分は移入に頼らざるを得ない状態であった。麦の収穫量は一六五五石、甘藷の収穫量は一〇九万四〇〇〇貫（＝四一〇万二五〇〇㌔㌘）である。大正十五年の東天城村人口は九六九六人であったから、一年間の一人当たり甘藷の量は四二三㌔㌘、一日一人当たり一・一六㌔㌘にしかならない。甘藷を常食としていては絶対的に不足する量である。

大阪毎日新聞社の下田将美経済部長は、昭和二年十一月に奄美の経済事情を取材し「孤愁の奄美大島」と題する新聞記事を掲載した。その中で経済状態の行き詰まりの状態を示す一つの材料に、県税の納入成績の推移をあげ「大正九年以来、県税は滞納が五割以上であり、大正十四年には期限内納入はわずか二割二分三厘にすぎない。県税や市町村税の納入率が低いため、県吏、役場職員、教員、県病院職員、警察官の俸給が払えぬ状況にある」と述べている。

昭和三年、松本学鹿児島県知事は県議会で、「大島疲弊の原因は第一に、同郡は地理的にみて南海の孤島であり、また台風の襲来する位置にある。この天災による被害のために、民力は枯渇し、民心は頽廃し、意気も消沈するというほとんど名状すべからざる状態にまで疲弊したのである。その救済振興策を図ることは国家としても当然の事と思う」と述べ、県としても国に対して何らかの救済振興策を求めざるをえなかった。＊25

第九節　奄美救済と産業助成計画・振興計画

奄美の疲労困憊状態を報じる新聞記事や鹿児島県知事・県議会の要請をうけて策定されたのが、「大島郡産業助成五か年計画」（昭和三〜九年）であった。同計画の下に、糖業奨励事業と一般産業助

図13 救荒作物として植えられたソテツ林

＊25『鹿児島県議会史』第一巻、九四六頁。

成事業（普通農事、畜産、養蚕、水産、林業、鉱業、土地改良事業、その他）が、それぞれ総額一〇〇万円と六五万円の経費（年平均二三万六〇〇〇円余）をもって実施された。国庫補助金によって、奄美経済救済の産業助成事業が実施されたのはこれが初めてであった（表5）。

この産業助成計画によって、徐々に生産力は増大し自給度も高まってきたが、まだ低生産性の域をでないので、一般産業助成事業は糖業奨励事業とともに引き続き内容を強化・充実する必要があった。そのためこれらの事業に新たに教育、衛生、交通、運輸等の基礎的施設を加えた「大島郡振興計画」へと引き継がれることになった。大島郡振興計画は、疲弊した奄美経済を県本土経済の程度に引き上げるとともに、変則的な大島郡の独立経済を撤廃し県本土と共通経済にするため、次のような大綱の下に樹立された。

（一）大体十か年を期し、大島郡民の窮状を救済し、将来振興の基礎たるべき施設を整備する。

（二）この施設は、大体現在県本土の施設程度に進めることを目標とする。

（三）将来、産業振興の基礎たるべき積極的施設をなすとともに、産業不振の一因たる自然的障害を除去するに必要な諸施策を講じ、もって郡民の努力を効果的にする。

（四）諸般の施設と相まって人心を作興し、協同勤労の風を養い、自力復興の途を開く。

（五）本計画の遂行をまって独立経済を廃止するものとする。

大島郡振興計画事業実施から三年が過ぎた昭和十三年（一九三八）四月六日、七日の二日間、名瀬町役場会議室において、大島郡振興計画の再検討を主題として大島郡私設町村長会が開催された。開会にあたって、冒頭に文潮光[*26]編集月刊誌『南島』記者から、この会議の開催趣旨が次のように述べられた。

「従来振興計画に対しては兎角の非難があり、本誌先月号（昭和十三年三月号）において初めて発表

＊26　文潮光（かざりちょうこう。一八九〇～一九五七）は文英吉のペンネームである。『奄美民謡大観』などを著した。「大島朝日新聞」編集長、奄美図書館長、奄美大島復帰協議会副議長などを務めた。

表5　大島郡産業助成5ヵ年計画（単位：円）

年　度	糖業奨励金	産業助成金	合計
1928(昭和3)	136,567	0	136,567
29(4)	160,355	131,604	291,959
30(5)	152,408	132,785	285,193
31(6)	125,750	100,696	226,446
32(7)	143,702	98,916	242,618
33(8)	144,687	91,303	235,990
34(9)	144,672	90,813	235,485
計(1928～34)	1,008,141	646,117	1,654,258
年平均	144,020	92,302	236,322

（出典）鹿児島県『奄美群島復興の成果』1963年12月

された支庁長の振興計画の内容経過等から見ても、該計画の実績はいよいよ不成績に終わりつつあることが明らかにされ、官民挙げて深刻にその立て直しを要求されている状況にある。従って、今回の私設町村長会も、支庁側よりこれまで秘中の秘とされていた諸資料を公開し、その所信を率直に披瀝して、以て官民一致して該計画の欠陥の是正と、自力更生の新運動に一歩を踏み出すことになったことは、郡のため悦びに堪えない」

最初に取り上げられた問題は航路問題で、それまで大阪商船株式会社が奄美航路を独占していたが、将来産業組合の手によって船を持ち、国の補助を得て航海させたらどうかという問題が提起された。これに対する大島支庁長（谷村秀綱）の答弁は、「農林省が大島だけに補助するか、また逓信省が果たして従来の大阪商船の補助を廃して、この方面に向けるかも疑問である。補助がなければやっていけないことは明らかである。現在の大阪商船の補助を増額して船腹を増やすとか、運賃を低減してもらうよう運動することが、最も実現性のある方法ではないかと思う。また、航路国営化を主張する者や、名瀬を中心に各島を間断なく繋ぐ船舶が必要であり、また、これに伴う指定港に向かって集中する、陸上道路網の完成が急務である」というものであった。

二番目の問題は、農道問題が出された。本郡の振興は農林道であって、この切実な要求が何ら振興計画の予算に現れていないのは遺憾で、他の一切は削ってでも先ず農林道の完成を目指すべきとした。支庁長の答弁でも、皆さんと一致協力、本省に向かってこの運動を起こすことを約束した。ただし、自力更生の精神をもって自分でできることは自分でする、という労働奉仕の精神が必要である（図14）との意見を申し添えた。これに対し出席者からは、労働奉仕はもっともであるが吾々の村は老人と子供だけになっており、青年を帰せと絶叫したい、との発言があった。

図14　奉仕作業に出かける青年達（昭和15年頃、『奄美の百年』から。藤田写真館所蔵）

三番目の問題として、予算計画に占める人件費の多さが挙げられた。七〇万円余の中、人件費が二〇万円余もあり、これは取るに足らない指導奨励事業があまりに多岐にわたっており、そこに専門の技術者を置かねばならず、勢い人件費が膨らんでいるためである。全く事務のための事務に追われ、甚だしきは五〇円の補助を貰うために、村費を一〇〇円も費やすという結果を招いている、という指摘がなされた。

最後に支庁長から精神作興（精神を奮い立たせる）問題が提起された。そのうえで支庁長から「本郡ではどうも仕事のために補助を貰うのではなく、補助を貰うための仕事になっている。補助によって事業を釣るといったやり方を吾々でも改めて、真に本気になって仕事をやろうという村にだけ、今後は補助をやる方針を取って行きたい。民心の高揚が大いに必要である。支庁幹部及び郡内諸団体長・新聞雑誌記者団等と相提携し、郡内一斉に精神作興に関する講演会を開催することを希望する」との提案がなされた。（その他略）

決議事項

（一）国営航路開通を請願する件

（二）事業の緩急先後を考慮し、自力更生の精神作興と合わせて予算各項目の費用を取捨流用し、産業開発の重点である道路整備に充て、その按配は支庁に一任する。

なお、努めて農道の整備に重点を置くことを請願する。内務省主管の県道費の増額を請願する。（以下略）

以上のように、官民一致して「大島郡振興計画」（図15）の欠陥の是正と更新の新運動に取り組むことになったが、『奄美群島復興の成果』（昭和四十五年）によれば、「この計画の途中、支那事変が起こり、さらに太平洋戦争に突入して戦争が激化したので、国の財政支出が減少し、事業費は計画約一八〇〇万円のうち六五八万円（三六％）が実施されたにすぎなかった。しかもその大部分は人件費が占めていて、郡経済の根本的

更に練り直す
大島振興計畫
近くその委員會開催

図 15　昭和 3 年度予算に向けて具体化する振興計画（鹿児島新聞 昭和 2 年 8 月 30 日）

建て直しは行われないままに、戦災で壊滅的打撃を受けて終戦となった。その間、昭和十九年には第二次大島郡振興計画（昭和二十年から十か年計画で事業費二九六八万円）が策定されたが、実現されるには至らなかった」としている。

（皆村武一）

第九章　戦時体制下の日本と徳之島

ナギナタ教練（昭和 15 年、花徳（けどく）尋常高等小学校）

日中戦争の拡大とともに昭和 13 年 4 月、「国家総動員法」が公布され、徐々に国家全体が戦争体制下に入っていった。昭和 16 年 3 月には「国民学校令」が出され、これまでの小学校令を全面改正した。その中心的な目的は、皇国の道に則って初等普通教育を施し、国民の基礎的錬成を行うことであった。普通教育と並行して軍事教練、修身・道徳を教えるために軍人が教壇・道場に立つようになった。

第一節　戦時体制と国家総動員法

日中戦争の拡大とともに昭和十三年（一九三八）四月、「国家総動員法」[*1]が公布、五月施行された。この法律は戦時に際し、「国防目的達成」のため、あらゆる「人的」および「物的」資源を動員しようとするものであった。国家総動員法で動員される物資とは、まず兵器、艦艇、弾薬、その他の軍用物資、第二に被服、食糧、飲料及び飼料、第三に医薬品、医療機器具その他の衛生用物資及び家畜衛生用物資、その他、船舶、航空機、車両、馬その他の輸送用物資、通信用物資、土木建築用物資及び照明用物資、燃料及び電力、生産、修理、配給又は保存に要する原料、材料、機械器具、装置、その他の物資のことである。

物資だけでは操縦、運航することはできない。それらの物資を操縦・運航する「人的資源」が必要である。その「人的資源」とは「帝国臣民」及び「帝国法人」である。政府は戦争に備えた法律を制定したことで、実際に戦争に突入するや否や、必要と思われるあらゆる物資や労働力を強制的に徴用することになった（図１）。

日中戦争が拡大長期化するにつれ、学校教育の面においても大きな改正が行われた。「国民学校令」（昭和十六年三月一日勅令第一四八号）は、これまでの小学校令を全面改正して、初等教育・前期中等教育を行うことを定めた法令である。その中心的な目的は、皇国の道に則って初等普通教育を施し、国民の基礎的錬成を行うことであった。普通教育と並行して軍事教練、修身・道徳を教えるために軍人が教壇や道場に立つようになり、学校長と教頭は奏任（国の官位の一つ）待遇として文部大臣が任命することになった。これは、教育を国家（天皇）の統制下に置くことを意味した。

昭和十八年になると戦局が徐々に悪化し始め、沖縄奄美の防衛強化が図られるようになった。十月には、天城村浅間に陸軍飛行場を造るための測量、及び七九町歩もの

＊１　国家総動員法については、安藤良雄編『近代日本経済史料要覧』による。

図１　町内の警防団や警察、軍人らに囲まれて記念撮影する亀澤町長（昭和15～19年頃、役場前と思われる）

土地買収が行われ、十一月二十八日になると、軍は徳之島四か町村長と青年学校長を亀津に招集し、飛行場建設の趣意説明をおこない、人夫の供出を命じた。労務賃金は賄いつきで、普通男子が一日一円五〇銭、大工や石工は二円、自宅通勤者は普通男子が一円八〇銭、大工等は二円三〇銭で、女子は八〇銭から一円一〇銭とされた。十二月一日には人夫徴用が開始され、三日には青年学校生徒にも出動命令が出た。小学生も高学年は奉仕作業に駆り出された。仕事の内容は土を運搬したり、木の切り株を引き抜いたりする作業であった。島内の人夫では間に合わないので、沖永良部や与論にも召集がかけられ、天城村内の岡前、阿布木名、兼久の各学校は、他町村の人夫で一杯になった。[*2]『天城町誌』によると、徳之島全島から動員された人夫二二八〇人、全島の青年学校男子六〇〇人、女子三〇〇人、奄美大島六五〇人、沖永良部・与論三五〇人で、総動員数は約四二八〇人だったという。六月には中核施設も完成し、複数の飛行機が離着陸するようになった。徳之島の各村々は、それらの人たちへの食物供出に苦労した。多くの青壮年や生徒が徴用されることになった村々では、食糧増産ができないという悲痛な叫びがあったようである。飛行場の建設がほぼ終わりほっとしたのもつかの間、翌七月になると独立混成第六四旅団一万人が徳之島に配置され、今度はその食糧供給のために全島民が食糧増産に追われることになった。

第二節　戦時統制と食糧増産計画

昭和十二年（一九三七）七月、日華事変勃発を契機に、軍需生産の増強をめざして日本経済は戦時体制へと移行した。そしてそれはまた同時に、統制経済体制の進展を意味していた。近衛内閣は、財政経済三原則—生産力の拡充、国際収支の適合、物資需給の調整—を主眼とする総合計画の具体案を発表するとともに、不必要な輸入を制限した。また、重要物資を重点的に軍需産業へ流すことを目的とした輸出入品等臨時措置法を制定して、資金面を通じて軍需産業を拡充し、民生用

＊2　『徳之島町誌』一八六〜一九〇頁。

品の生産を抑制するための臨時資金調整法の公布、軍需工業動員法の再発動等、戦時物資動員計画に本格的に取り組む体制を整備したのである。

昭和恐慌下に疲弊した農村を活性化させる目的でつくられた「農山漁村更生事業」は、戦時体制下の「農業生産増強」計画へと方向転換した。政府および帝国農会は一致協力して、戦時体制に照応した、総合的かつ合理的農業生産計画を確立することに努めた。そこで、政府は一定量の生産確保を要する農産物の数量を中央で決定し、道府県―郡―町村―農家へと割り当てを行い、生産資材についても割当制を実施して重点的に配給し、労働力需給の計画化も断行したのである。

この政府の方針に基づいて、昭和十六年三月一日、鹿児島県においても「生産拡充方針」を決定した。これに基づいて、大島支庁は次の内容の「食糧農作物増産計画」（表1）と「自給肥料増産計画」を作成した。

「食糧農作物増産計画」は戦力の重要なカギとなる食糧（米、甘藷、馬鈴薯、麦）を増産させるという国の政策の一環として、大島郡でも策定された。この計画を遂行するには、作付面積を拡大するだけでなく反収をあげる必要があるが、そのためには地力を増進させるための堆肥や緑肥の増産を図らなければならない。その計画として「自給肥料増産計画」がつくられ、これを実現するために「食糧農作物並びに自給肥料増産施設要項」が作成された。その一項には、「農業報国（食糧報国挺身隊の結成）」を町村ごとに綱領に基づき必ず結成させること、とした。

奄美全体の米の基準収量は六万四九八五石であるが、十六年度の収量計画では七万八九二三石に、つまり一万三九三八石（二一・四％）増やすというものである。その計画期間は五年間で、郡全体の五年間の増収量は三万六〇九二石となっていて、そのための作付面積の拡大と反当収量の増加を図るという計画であった。

表1　大島支庁作成「食糧農作物増産計画」

作物名	作付面積	反当収量	総収量
米	5,188 町 5 反	152 升	78,923 石
甘藷	8,935 町	477 斤	42,703,323 斤
馬鈴薯	46 町 8 反	400 斤	187,200 斤
麦類	本年 7 月末に計画		

（出典）「食糧増産計画」大島支庁、昭和 16 年 3 月 1 日

（注）米作付面積は 1 期作と 2 期作の作付面積の合計である。

表2　亀津町における昭和 16 年度米増産計画

基準数量	作付面積	生産数量	16 年度増産	5 年間増産量
2,233 石	176 町 6 反	2,580 石	347 石	1,247 石

（出典）表 1 に同じ。（註）米 1 石（ 100 升）は 150 キログラムである。

＊3　亀津町の食料増産計画については、福岡武の『鹿児島県大島郡亀津町農村調査報告』（昭和十八年度）が詳しいが、統計数字が不正確な個所がいくつか見受けられるので注意を要する。

表2は、亀津町における昭和十六年度米増産計画である。亀津町の場合、基準収量は二二三三石であるが、同年度中に二五八〇石に増収させるという目標を立てた。作付面積は一七六町六反とし、反当収量を一二六・四升とする。そうすれば十六年度は三四七石の増収となり、五年間で一二四七石の増収が実現できるという計画であった。[*3]

日本中の老若男女がその計画達成のために日夜奮闘して、児童・生徒も学校の校庭まで耕してサツマイモやジャガイモを栽培したのである（図2）。しかしながら全土に及んだ空襲によって、食糧増産計画は計画通りには実現しなかった。

第三節　戦時体制下における本場大島紬

昭和十五年（一九三七）七月七日に施行された「奢侈品製造販売制限規則」（七・七禁令）によって大島紬業は存亡の危機に立たされた。このため昭和十五年八月二十日、本場大島紬絹織物工業組合理事長 内田栄二は、以下のような「陳情書」を小林一三商工大臣に送付した。

「一、陳情の首標

（一）昭和十五年七月六日付商工省告示第三四一号による御指定年月日繰延方請願の件。

（二）本場大島紬高級品製造技能保存方請願の件。

二、陳情の要旨

首標第一項に就いては「昭和十五年十月六日」とある御指定年月日を、本場大島紬に限り「昭和十六年三月三十一日まで、既製品処理猶予期間を付与してくださるよう請願する。

首標第二項に就いては、従来本場大島紬の年産額は二三万三四五三反になるが、そのうち、今次制限規則による制限度以上に該当する高級品四万六六九〇反中、特に技能保存を必要とするものの一割五分、すなわち七〇〇三反に限り製造販売を許して、その技能を将来に保存できること

図2 山小学校による農作業の様子（戦前）

を請願する。

三、陳情の事由　昭和十五年七月六日付商工農林省令第二号よって定められた「奢侈品等製造販売制限規則」の発布は、現下における我が国策の推進上まことに機宜を得た措置として、国民等しく承服遵奉するところであり、もとより一人の異議を唱える者もいないであろう。（中略）

首標第二項

本場大島紬の生命は、その染色原料が大島特有のテーチ木及び大島特有の泥土によるなど、その製作技能が、他の織物産地に於いて、とうてい模倣追随することのできない特異性に存している。それに加えてその技能を持つ個々人々が体得した秘奥の術であるため、これを文献に残して将来に伝える術はなく、絶対独存のものであることは試験成績表が明示する通りで、今さら言説を待たないところである。（中略）従って高級技能を実用してこれを現在及び将来に保存するほかなく、ひいては、特徴無き本場大島紬そのものの終焉を見るもまた遠くはないであろう。（以下省略）

昭和十五年八月二十日

鹿児島県大島郡名瀬町　本場大島紬絹織物工業組合理事長　内田栄二

商工大臣　小林一三　閣下」（文中、難解な漢字、古語、敬語等はわかりやすく改めた。）

上記の高級品（九〜一四号及び特殊品）は、昭和十五年八月時点で大島郡全体で三万七四九三反、金額にして三八二万七六二八円あり、事業主員数一三四人、従業者数三三四二人におよんだ。このうち徳之島では、東天城村で八七八反、八万九九六八円、事業主員数一人、従業者八〇人であった（**図３**）。

こうして本場大島紬絹織物同業組合や島民の熱烈な陳情活動により、戦争中全国的な絹織物生産中止の中にあって、独り本場大島紬だけは約三割程度の原料を減じただけで、農業の副業的家庭工業として製織が継続されたのである。

図３　母間の上原工場職員

（戦前。前列左から２人目が図案を担当していた仙太森直氏。戦後、母間で紬産業の復興に尽力、後に伝統工芸伝承の功績により通産大臣表彰を受けた。）

第四節　亀津村から亀津町へ町制施行

明治四十年四月一日「島嶼町村制」が施行され、それまで市町村制が実施されていなかった全国の離島とともに大島郡内の島々もその対象地域となった。この法により徳之島では亀津村、天城村、伊仙村の三村と決められ、地元の意向に関係なく山村外五か村は天城村に含まれることになった。しかし、天城村は行政区域があまりに広く、両村は古くから行政区を異としてきた経緯もあって、当初から分村に向けた動きが始まったが、これは両村一致した意向であった。さらに花徳から当選したばかりの青年県議 内山尚忠の活躍もあって、わずか八年で元の二村に戻ることができた。

ただし市町村制の実施は、村の自治意識を高めることにつながった。それまでの戸長という名称を改め村長とし、「亀津村外八か村」と呼んでいた行政区を亀津町とした。また、村会議員[＊4]も選挙された。まだこの時の村会は村長の諮問機関的性格で、村長が議長を務めた。[＊5]さらに各村も大字となり村という呼び方をやめ、村ごとの世話人は区長と改められた。ただ、島嶼町村制時代の村長は官撰戸長といって島司からの任命制であった。収入役、庶務主任等も村長が推薦して島司が任命していた。村長が持つ人事権は一般の職員のみであった。

大正時代になると、政治の世界にも大正デモクラシーの影響が広まり、地方自治体の権限も強まり島嶼町村制は廃止され、大正十年（一九二一）五月二十日、普通町村制に移行した。これによって全国の町村と同じ行政制度の普通村となり、自治権が大幅に拡大した。同年五月二十五日と二十六日の両日間、郡内二十か所で村会議員の選挙が行われ、六月には新しい村会議員によって村長が選挙された。以後、島司や支庁長の干渉を受けないで済むようになった。[＊6]

昭和五年から終戦間際まで亀津村長を務めた亀澤道喜は、昭和十六年、亀津村に町制を施くこ[＊7]とを計画した。当時、市町村制は五〇〇以上の商工業店が連続して軒を並べ、市街地形成をして

＊4　村会議員は五〇〇人について一人の割合で選出された（『徳之島町誌』一六〇頁）。

＊5　『徳之島町誌』によれば、島嶼町村制時代の「村会」は村長の単なる諮問機関にすぎなかったという。つまり三権分立の原則から外れていることを意味している。

＊6　『徳之島町誌』一六〇頁。

＊7　村が町となるためには、その村の属する都道府県の条例で定める各要件（人口、連坦戸数あるいは連坦率、必要な官公署等、産業別就業人口割合等）を具備する必要がある（八条二項）。鹿児島県では町となる人口要件は五〇〇〇人以上となっていた。当時全国で多くの村が町に移行したが、それは都道府県の条例で定める各要件が満たされたというよりも、より強力な自治体を造成して戦時体制に備えるという国策もあったのである。

なお亀澤道喜は、戦後も昭和二十三年から三十一年まで町長を務めた。

いる必要があったが、昭和十六年にはこのような状態がそろい、同時に世論も高まったのでこれを県に申請したのである。この申請は、同年十二月十六日の県議会で満場一致で承認され、十七年一月一日より亀津町となった。[*8] ところが、町に昇格する一週間前に太平洋戦争が始まったことから、町は次第に国家の統制下に置かれていくことになった。しかも亀津町は、県や国の出先機関を抱え、軍事関係に予算が回されたことから諸経費が町税だけでは賄えなくなり、ついに財政的破綻に追い込まれた。このため、町制施行二年目の十八年の暮れから十九年二月まで、大島支庁庶務課から吉田嘉(よしみ)書記が職務管掌として派遣され、町制の実権は吉田に移ることになった。[*9]

なお東天城村は、人口要件は満たしていたものの、官公署や市街地形成などの条件が揃っていなかったことから町制施行にいたらず、村制のままであった。

（皆村武一）

第五節　本土防衛の最前線

一・陸軍飛行場と徳之島駐屯部隊

昭和十六年（一九四一）、太平洋戦争が開戦。日本軍は短期間のうちにマレー半島やジャワ、スマトラ、フィリピン、ビルマなど東南アジアからニューギニア、ガダルカナルなど西太平洋に至る広大な範囲を占領下に置いた。序盤は日本軍の優勢が続いたが、十七年六月、ミッドウェー海戦[*10]で米軍に大敗したことが転機となり、日本軍は次々と敗退していった。大本営は十八年（一九四三）九月三十日、御前(ごぜん)会議を開き、「今後、採るべき戦争指導大綱」の方針を決定し、絶対に確保する要域線を明示した。「絶対国防圏」である。マリアナ線、東条ラインとも称する。同月にはイタリアが降伏。日本軍にとって戦局の打開は容易でなくなり、十七年に策定した構想の見直しを迫られたのである。十七年の段階では、初期作戦の占領域を確保しつつ、イギリスを屈服させ、

＊8　戦時体制への移行に伴って自治体の強化等が求められ、昭和十五年から十七年にかけて全国的に多くの村が町へ移行した。町制施行時の亀津町長は亀澤道喜であった。当時は太平洋戦争開戦直後であったため、亀澤町長の思う様に町政運営はできなかった。県や国の出先機関をかかえた町としては、諸経費が町税だけではまかなえず、しかも軍事関係に予算がまわされ、財政的破綻に追い込まれ、亀澤町長は町政施行二年目の十九年二月末に退任した。

＊9　『徳之島町誌』一八四頁。

＊10　ミッドウェー海戦　昭和十七年（一九四二）六月、日米の機動部隊の間で行われた海戦。同年四月、米軍の本土空襲に衝撃を受けた日本海軍は防衛ラインの拡張を目指し、北太平洋中部のミッドウェー島の攻略を決定した。連合艦隊は六月五日、同島への空爆を開始。しかし、索敵活動を軽視したために米軍の反撃を受けて大損害を被った。海軍はこの戦闘で主力空母四隻と航空機約三〇〇機、熟

アメリカの戦意を喪失させる方針だったが、米軍の反攻にあって転換を余儀なくされた。

南東方面は消耗戦となっていた。大本営はここから抜け出すために戦線を収縮し、マリアナ・東西カロリン諸島・バンダ海をつらねる線に絶対国防圏を設定した。これ以上占領地を失うと、連合軍による日本本土への攻撃が可能になると考えたためだった。絶対国防圏のはるか後方に位置する南西諸島方面の防衛は、十八年末にはまだ重視されていなかった。しかし、サイパン玉砕(ぎょくさい)でこのラインも崩壊し、二十年一月には「帝国陸海軍作戦計画大綱」が上奏(じょうそう)されて、小笠原(おがさわら)・沖縄・台湾・中国南部を結ぶ線に防衛ラインが敷かれ、「沖縄戦」の足音が迫ってきた。

陸軍浅間飛行場の建設

絶対国防圏の見直しが行われた十八年、軍は徳之島を沖縄防衛の最前線と位置づけ、徳之島に陸軍飛行場建設を計画した（図４）。建設の経緯、住民の徴用などは天城町誌に詳しい。同年十月九日、陸軍航空本部熊本出張所長一行が来島。飛行場建設のため、天城村浅間、瀬滝(せたき)を視察した。同月十二日には県の技手が浅間(あさま)集落で測量を開始。用地全体の面積は七九万平方㍍にもなった。測量が終わると、用地買収が始まった。買収価格は当時の価格で一畝(せ)（アール）当たり宅地は七二円、畑は一等地が五四円、二等地は三九円、三等地は二一円とされた。家屋の移転料は倉、畜舎を含めて最高五〇〇〇円。三、四〇〇〇円の場合もあったが、二束三文同然の価格だったという。値上げを要望すれば国家総動員法で没収されると言われていたため、住民は先祖伝来の土地家屋を手放し、移転した。

用地買収が一段落すると、軍は飛行場建設に着手した。徳之島に着任した野村潔主計少尉は十一月二十八日、四か町村長と青年学校長を亀津に招集した。飛行場建設の趣旨を説明するとともに、各町村に作業員供出を命じた。割り当ては亀津町四五〇人、伊仙村六〇〇人、東天城村四三〇人、天城村八〇〇人の合計二二八〇人。青年学校の生徒六〇〇人がこれに加わった。陸軍経理部は天城村の作業員は自宅通勤とし、その他町村は三小学校に

練パイロットを多数失った。その結果、制空・制海権に支えられた日本軍の優位は崩壊し、連合軍の反攻という新しい局面に突入した。（小学館「日本大百科全書２２」三六四頁）

図４　空爆で傷んだ浅間飛行場（米国国立公文書館所蔵）

宿泊させるとした。労務賃金は自宅通勤者が一日一円八〇銭、大工・石工は二円三〇銭。村外以外の作業員は賄（まかな）い付きで一日五〇銭だった。村外の作業員は夜具や自宅にある古い鍬や斧などを担いで徒歩で作業場まで来た。軍にはトラック五台とトロッコ三〇数台、リヤカーが一〇〇台余りだけ。重機らしい重機はなく、飛行場建設は人海戦術で行われた。

十九年一月には沖永良部、与論から三〇〇人余りの作業員が応援に来た。三月中旬には大方の工事が終了した。滑走路は延長一五〇〇メートル、幅員は六二メートル。滑走路のほか、補助滑走路、誘導路、掩体壕（えんたいごう）*11（図５）、飛行中隊本部壕などを整備した。飛行場以外の施設整備も同時に行われ、兵舎や練兵場、倉庫なども完成した。六月になると毎日、数機の飛行機が離発着するようになった。

軍は浅間飛行場だけではなく、瀬滝飛行場の建設も進めた。十九年二月に山県克己飛行中隊が来島。瀬滝に本部を置き、飛行場の建設に着手した。浅間飛行場を徳之島北飛行場、瀬滝飛行場を南飛行場と呼んだ。用地買収交渉を進める一方で、奄美大島から六五〇人の作業員を徴用し、突貫工事が行われたが、八月になって作戦上の理由で工事を中止。山県飛行中隊は浅間飛行場に合流した。

これらの大工事は住民に大きな負担を強いた。天城村には四二〇〇人余りの作業員が集まっていた。自らも配給生活を送る中での労苦は想像するに難くない。米は配給があるが、野菜類や芋類は全島の農家が作って供出するほかない。役場から供出割り当て量が集落に伝えられ、否応なしに供出する以外になかった。供出は、一九年六月以降、一万人余りの混成旅団が駐屯するようになると一層厳しいものになった。集団疎開の要因にもなった。

多大な労力を払って完成した浅間飛行場だったが、後述する「十・十空襲」で大きな被害を受け、飛行機も失った。修復に修復を重ねて使用したが、特攻の出発基地ではなく、知覧（ちらん）からの中継基地となった。特攻兵は知覧を出発した後、徳之島や喜界島で給油して沖縄を目指した。*12 徳之島を中継した特攻兵たちは平土野の多賀屋旅館で一夜を過ごした。旅館の主人、神田富雄は若き兵士たちを丁重にもてなし、墨と筆を用意して宿帳代わりに辞世（じせい）の「書」をしたためてもらった。

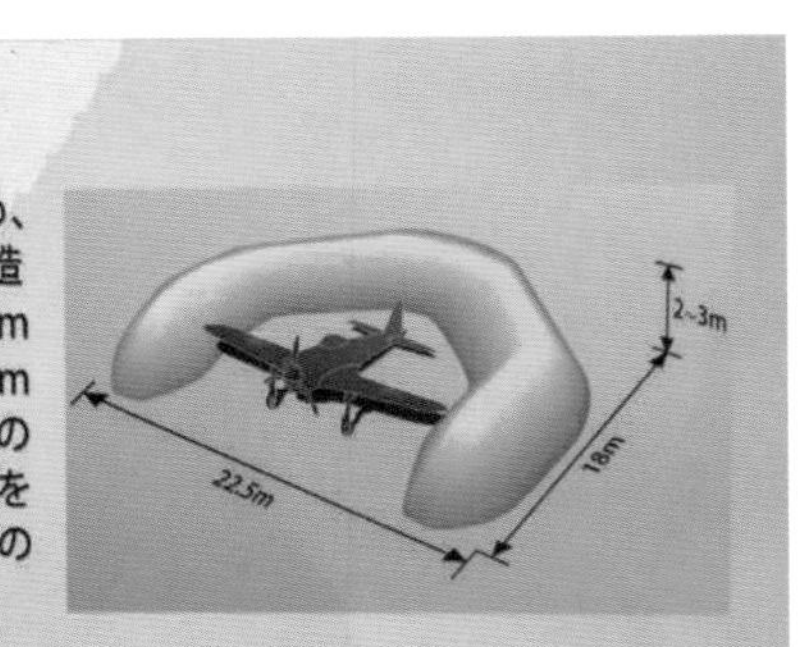

えんたいごう
掩体壕
陸軍機を敵の攻撃から守るため、飛行場の周辺に二十箇所余り造られました。幅22.5m、奥行き18mの馬蹄形で、盛り土は高さ2～3mあり、爆風や破片を避けるだけの簡易なものでした。特攻機などを格納し、整備や燃料補給、爆弾の搭載、修理などを行いました。
2~3m
22.5m
18m

図５　掩体壕のイメージ（天城町ユイの館）

*11　掩体壕（えんたいごう）　戦闘機を敵の空襲から守る施設。浅間飛行場のものは馬蹄形に盛り土し、爆風や破片を避けるだけの簡易なものだった。特攻機などを格納し、弾薬の搭載や燃料の補給などを行った。また、偽の飛行機を置いて攻撃させ、弾薬などを消耗させた。（天城町文化遺産データベース）

その写しが天城町ユイの館に残っている（図６）。浅間飛行場からの出撃は八回、一四人が戦死した（菊池保夫「徳之島飛行場の沖縄戦」）。しかし、浅間飛行場は度重なる空襲を受け、中継基地としても使用不能になり、戦争終盤には不時着用に使用された。

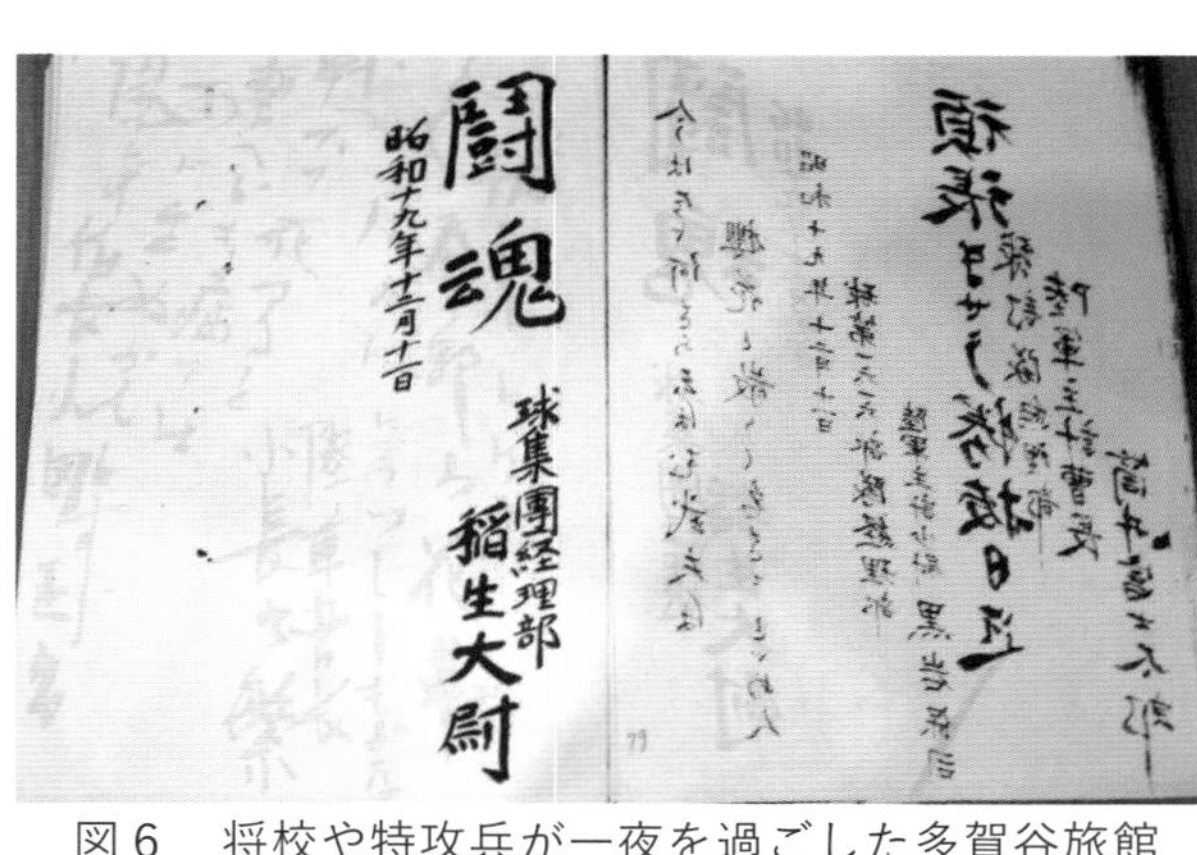

図６　将校や特攻兵が一夜を過ごした多賀谷旅館の宿帳の写し（天城町ユイの館所蔵）

独立混成第六四旅団を配置

奄美大島一帯は、明治期より陸海軍が注目してきた防備上の要地であった。奄美大島南部の大島海峡はリアス式の天然の良港だったため、日露戦争後には海軍の演習が行われる海域にもなっていた。第一次世界大戦後には小笠原の父島、台湾の澎湖島とともに奄美大島にも要塞建設が進められ、大正十二年（一九二三）四月には奄美大島要塞司令部が開庁していた。

十九年三月二十二日、奄美大島要塞司令部は第三二軍に編入された。大本営陸軍司令部が発した「十号作戦準備要綱」では航空作戦準備が最重要視された。徳之島には航空基地防備のため、混成連隊（奄美大島要塞部隊・歩兵三個大隊基幹）が計画された。航空基地防衛が最重要となり、奄美大島からも兵器や人員が徳之島に移動していった。

徳之島の重要性

六月、浅間飛行場が完成すると、軍は古仁屋町の奄美大島要塞司令部を廃止した。要塞司令官・井上二二大佐は奄美守備隊長として混成一個連隊を率いて二十二日、天城村平土野に上陸。本部を村立青年学校に置いた。サイパン陥落が目前に迫っていた。軍はさらに南西諸島の防衛強化のため、奄美守備隊として独立混成第六四旅団を配置することとし、旅団長に東京陸軍少年飛行兵学校長の高田利貞陸軍少将を起用した。高田旅団長は琉

＊12 特攻作戦　当時、政府は沖縄を本土防衛の最前線と考えていた。最前線を守るために考えられたのが特攻作戦だった。圧倒的な物量、戦闘力を擁する米軍の進攻を阻止するために、採られたのが特攻作戦だった。

特攻は重さ二五〇㌔の爆弾を装着した戦闘機で敵の戦艦や輸送船に体当たりして沈める作戦。パイロットは必ず死ぬ。日本人が命を懸けた特攻を重ねることで、米軍にも大きな被害を与える。そうなると連合国軍側に厭戦（えんせん）気分が広がり、そのうち停戦になるのではないか、と大本営は期待していたのではないかとみられる。

特攻作戦は米軍が慶良間諸島に上陸した二十年三月二十六日に始まった。本格的な特攻作戦は陸海軍共同で同年四月六日、第一次総攻撃に始まり、七月十九日の第一一次総攻撃まで続いた。特攻には県本土の知覧基地や都城、台湾からも出撃している。知覧基地（中継地となった徳之島・喜界島含む）の特攻戦死者は四三九人に上る。（知覧特攻平和会館HPより）

特攻（特別攻撃隊）には多様な形態があった。沖縄戦では陸海軍と

球司令部経由で空路来島し、八月十五日に着任した。サイパン陥落（七月九日）から一か月が経過していた。

旅団司令部の編成は広島師団が担当し、▽幕僚▽庶務▽秘書▽治安▽暗号▽有線無線の通信▽経理▽医務▽伝令など約七〇人の体制であった。旅団はすでに駐屯していた井上連隊のほか、広島師団の鬼塚義惇大佐率いる混成連隊を加えて、総兵力は推定一万一五〇〇人に上った。

奄美守備隊（独立混成第六四旅団長指揮）
　独立混成第六四旅団
　特設警備第二二〇～第二二二中隊
　第五〇一特設警備工兵隊　第七五飛行場中隊
　要塞建築勤務第七中隊の一小隊　陸上勤務七一中隊
　特設水上勤務第一〇二中隊（十二月、沖縄本島へ移動）
　奄美大島陸軍病院　徳之島陸軍病院
　区処部隊　船舶工兵第二六連隊第三中隊

奄美守備隊の配置概要＊13
　喜界島　独立混成第二二連隊第三大隊
　奄美大島　重砲兵第六連隊主力、特設警備第二二二中隊、奄美大島陸軍病院
　沖永良部島　独立混成第二一連隊第三大隊（第八中隊の一小隊欠）
　与論島　独立混成第二一連隊第八中隊の一小隊
　徳之島　奄美守備隊爾余（その他）の主力

旅団の守備配置

徳之島入りした高田旅団長は、しばらく平土野の民家を宿舎とした。鬼塚連隊本部を当部に配置。連隊の第一隊橋爪少佐大隊を三京に駐屯させ、伊仙村東部、亀津町全域、東天城村母間に至る地域の守備にあてた。荒二井少佐大隊を当部に置き、兼

も主要な戦法になっていた。爆弾を装着した飛行機による航空特攻が主体で戦闘機に加え、水上機、練習機も含めてあらゆる航空機が使用された。片道分の燃料で沖縄突入を図り、途中で撃沈された戦艦「大和」艦隊による「海上特攻」、爆弾を装着した特攻艇（海軍「震洋」、陸軍㋹マルレ）、一人乗りの改造魚雷「回天」による水中特攻も実施された。沖縄方面で戦死した航空隊員は海軍一九五七人（九八二機）、陸軍一〇三二人（八九一機）を数える。（沖縄県史第二節「特攻作戦」一二五～一三五頁）（沖縄大百科中一〇九～一一〇頁）

＊13　奄美守備隊は奄美大島の久慈と加計呂麻島の三浦、呑之浦、喜界島早町、小野津に震洋隊を五部隊配置した。呑之浦に配置された一八震洋隊（島尾敏雄隊長）は総員一八〇人。うち特攻隊員は五二人。艇は全長五㍍。ベニヤ板製で総重量一㌧。指揮官が乗る一号艇のみ二座席。艇の両側にロケット砲、艇首に二二〇㌔の火薬を積む。速度は当初、三〇ノットあったが、終戦時には二〇ノットに落ちていた。（名瀬市誌1巻歴史編六五八㌻）

久以南から伊仙村西部の守備にあてた。伊能連隊本部は旅団近くの山中に配置。同連隊の第一大隊鈴木少佐大隊を平土野以北の飛行場を中心に与名間の守備。第二大隊を連隊本部近くの大和城東麓に置き花徳、山、金見、手々の守備にあたらせた（図7）。

旅団司令部兵舎も大和城東麓に配置。戦闘指令所は大和城頂上（標高二九九メートル）に置いた。高田旅団長は兵舎の完成を待って大和城西麓の住宅に移転した。部隊の配置に伴い、一帯の山々には蜂の巣のごとく壕が掘り巡らされ、材木はことごとく切り出され、山の姿は一変した。

東天城村と天城村の境界線は通称、「天勝屋」と呼ばれていたが、高田旅団長が自ら筆を取り、「天下茶屋」と記した標柱を立てた。各部隊の連絡拠点とした。標柱を中心に司令部と各部隊との間に電話網を張り、連絡を密にした。

二、空爆下の徳之島

アイスバーグ作戦

連合国軍に戦局が有利になったことで、米統合本部は当初の計画を変更した。昭和十九年十月、台湾進攻作戦を取りやめ、小笠原と琉球列島を直接攻撃する「アイスバーグ（氷山）作戦」を展開することにした。作戦は三段階。まずは慶良間諸島（沖縄）のいくつかの島と沖縄本島中南部を占領し、日本本土への上陸作戦用の基地を建設する。次に伊江島を占領して沖縄本島北部を制圧。最後に、その後の作戦に備えて南西諸島の占領範囲を拡大する。喜界島への進行計画も進めていた。

作戦を遂行するのはS・B・バックナー陸軍中将率いる米軍精強部隊の第一〇軍。陸兵七個師団（一八万三〇〇〇人）、艦船一五〇〇隻、艦船機二〇〇〇機とみられ、太平洋戦争中最大規模。米軍は作戦に先立ち、沖縄に関する文献の翻

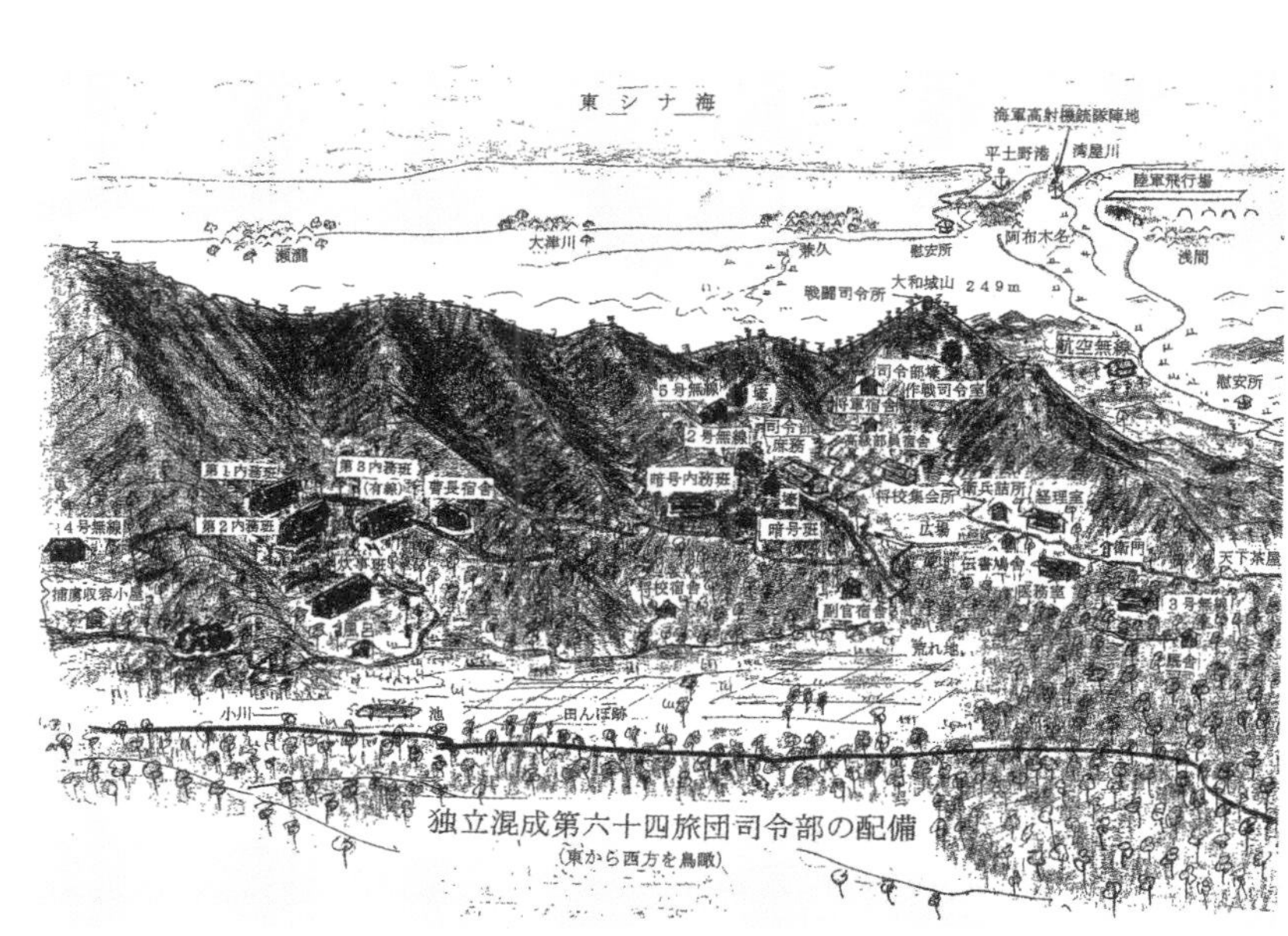

図7　独立混成第64旅団配置図（貢冨川氏提供）

訳や空中写真の撮影、沖縄出身捕虜への尋問、兵站補給作戦など周到に準備を進めた。*14

十・十空襲

日本軍の動向を見てみよう。戦史叢書「沖縄方面陸軍作戦―十月十日の大空襲と台湾沖航空戦」によると、同年十月五日、第三二軍は第一〇方面軍（同年九月二十二日、台湾軍を改称）から「敵機部隊ハ比島附近ヨリ北上台湾、南西諸島方面ニ対シ策動ヲ開始スル算大ナリ厳重ナル警戒ヲ要ス」との速報を受けた。同日、海軍部隊も米軍機動部隊来襲の算多し、と警報を発した。第三二軍は対空襲準備を進める一方で、十月十日から三日間、軍参謀長統裁兵演習を計画。*15 徳之島、宮古島、石垣島、大東島から兵団長や幕僚などが九日、那覇に参集。夜はホテルで宴会をした。軍は警戒しながらも、十日の大空襲は予想していなかった。

十日午前六時五十分、軍司令部は首里の電波警戒隊から「方向三〇度、距離四五粁（デカメートル）＝四五〇㍍＝反射大 彼我不明」との報告を受けた。同時に海軍から「六時五十分、空襲警報発令」との通報があり、午前七時、空襲警報を発令した。発令時には、既に米軍機は沖縄県民の頭上に殺到していた。兵棋演習のため、台湾の第一〇方面軍幹部は同日早朝、台北を出発したが、午前九時頃、小禄空港上空に飛来した米軍機の大編隊を発見し、急ぎ反転して台北に帰還した。当然、演習は中止になった。

米軍機動部隊は、同日午前六時四十分頃から午後四時すぎまで、奄美大島以南の南西諸島の主要な島々を空襲した。その重点は沖縄本島に向けられた。奄美は奄美大島と徳之島が空爆された。軍の記録では奄美大島は午前七時四十五分～午後四時七分の間、延べ五〇～六〇機が来襲。古仁屋、名瀬などを爆撃。砲台を銃撃、機帆船を攻撃した。

天城町誌は「第一回空襲」の章で次のように島の様子を伝えている。

午前七時、空襲警報の発令があった。飛行場周辺の部落では「兵隊さんはいつもあんな事を言って住民を驚かす」と言って平然たるものであった。ところが八時二十分、天城岳から大和城山上空に現れた敵のグラマン戦闘機のうち、三機は急降下して第一番機は機銃掃射、二番機は焼

*14 牛島満中将率いる沖縄守備隊（第三二軍）の司令部は首里城地下壕内に置かれた。主力部隊は陸軍約八万六四〇〇人、海軍約一万人。現地で動員された防衛隊・学徒隊は約二万人。合計一一万人余であった。はじめは最精鋭部隊といわれた第九師団（武部隊）も配属されていたが十・十空襲後、台湾に移駐となった。フィリピン戦線に備えるためであった。その後、沖縄への兵力補充はなされず、現地召集・防衛召集が行われ、満十七歳以上四十五歳未満の男子は根こそぎ軍に取られることになった。その結果、沖縄島では守備兵力の三分の一が現地召集の補助兵力で占められることになった。米軍は沖縄攻略をアイスバーグ作戦と称し、艦船一五〇〇隻と延べ五四万人の兵力を差し向けた。（新訂・増補版高等学校「琉球・沖縄史」沖縄歴史教育研究会・新城俊昭「沖縄戦前夜」二一六頁）

*15 統裁とは、全体を統率し、断を下すこと。

夷弾（いだん）攻撃、三番機は二〇キロ爆弾を飛行場兵舎附近に投下し、飛び立った。空襲で家屋三軒と畜舎、倉庫等が全焼。飛行場では兵士一人が足に重傷。爆弾は飛行場に直径一六メートル、深さ三メートル以上の大穴を開けた（図８）。

空襲は午後にも行われた。米軍機二一機は二時十分、徳之島西方海上から侵入。飛行場に機銃掃射し、焼夷弾や爆弾を投下。駐機中の飛行機一七機、掩体壕（えんたいごう）の一一機を破壊した。さらに浅間の住家一八戸を全焼させた。被害は亀津、山（さん）にも及んだ。この間、日本軍の戦闘機は一機も姿を見せなかった。守備隊の反撃もなく、住民は失望した。その後しばらくは空襲がなく、住民は疎開小屋と自宅を往復して暮らした。

県大島支庁が発行した「大島郡戦災風水害復旧及戦後緊急対策史料」によると、昭和二十年三月から終戦までの間、徳之島の戦争被害は死者が二六七人、住宅の焼失や倒壊、破損は一五八四戸に上った。二十年五月二十三日の空襲では、岡前（おかぜん）国民学校訓導（くんどう）の田畑武秀（三十九歳）は父親の鎌戸と共に奉安殿から天皇の御真影と教育勅語を持ち出し、疎開小屋に避難する途中、米軍機Ｂ２９の爆弾が直撃して亡くなっている。沖縄戦の激化とともに空襲は激しくなり、人々は戦々恐々として暮らした。軍への食料供出義務も住民を苦しめた。

防衛隊召集と守備隊の反撃

年が明けて昭和二十年一月十日、高田旅団長は徳之島防衛隊を召集した。本部を前野に置き、四か町村から応召（おうしょう）。二大隊約一〇〇〇人を編成した。防衛隊の主な任務は米軍の空襲で破壊された飛行場および滑走路の修復であった。十月の初空襲以降、しばらく途絶えていた米軍の空襲は、徳之島防衛隊の活動が開始して間もない一月二十二日に再開された。防衛隊は空襲を避けるため、作業を午後五時に開始し深夜まで続けた。手作業のため効率が悪く、爆発でできた穴を埋めるのは困難を極めた。ドラム缶や民

図８　空爆を受ける浅間飛行場（米国国立公文書館所蔵）

家の石垣を壊して投入することもあった。米軍機は本土への往復の途中、一、二機が毎日のように飛来し、爆弾を投下した。米軍の爆撃に対して守備隊も反撃した。高射砲隊、重機関銃隊は飛行機の援護射撃のため、湾屋川の自然洞穴に陣を構えて米軍機十数機を撃墜した。平土野の真瀬名川南岸にも陣地を築いた。

沖縄戦が激化すると、守備隊は沖縄に砲弾と高射砲を送ることになった。沖縄から徳之島へクリ舟で脱出した者が一〇〇人近くいたことから、クリ舟なら大丈夫だろう、ということで志願者を募った。対象は漁夫であった者や妻子のない者、一人息子や長男でない者など。一部は沖縄北部の部隊に届けることができたが、激戦の南部に渡ったかどうかは不明である。

軍隊経験

徳富重成は*16「徳之島における―戦争体験記―」（徳之島郷土研究会発行）に「胸をえぐる軍隊体験」と題し、手記を寄せた。徳富は入隊前、亀津青年学校に勤務していた。富山丸の惨事も目撃した。昭和十九年十一月、徳富の元に召集令状が届く。当部に連隊本部を置く鬼塚部隊に入隊。「徳富、貴様は教員であったせいか、人間が生意気だ」と言いがかりをつけられ、鉄拳制裁を受けたこともあった。戦友が部隊から脱走し、処刑されたこともあった。ある日、部隊が米軍機一機を撃墜したときのことである。「敵兵を射殺せよ」との命令が下った。米兵は波間を漂い銃弾は命中しない。そこに小型水上機が飛来し、米兵を救助し飛び去っていった。部隊は米軍の人命尊重、高度な通信技術に舌を巻いた。徳富は膨大な物量と先進的な科学技術に支えられた米国式戦法と、皇国日本の美名のもとに肉弾攻撃も辞さない「竹槍戦法」の違いを身をもって体験した。

守備隊が最も苦労したのは食料確保だった。沖縄戦が激化した二十年五月頃から輸送船は途絶えがちになり、衣食、兵器、弾薬も不足した。食料は夜間、米軍機の目を逃れて陸揚げしたが、全守備隊の分を賄うことはできない。住民からの供出にも限度がある。徳富の部隊は農耕班を組織し、陣地構築用のスコップを手に荒れ地の開墾から始めた。種をまいても収穫まではかなりの日数がいる。隊員たちの胃袋を満たすにはとても足りず、空腹状態は続いた。

*16 徳富重成（とくとみ・しげなり）大正十三年（一九二四年）生まれ。徳之島町尾母出身。鹿児島県立市来農芸学校農経科、法政大学地理学科卒。大島郡内で小中学校教師を務める。郷土史研究家、測量士、二級土木管理士。徳之島郷土研究会会長。奄美群島文化財保護対策連絡協議会長、法政大学・鹿児島短大・沖縄国際大各研究員。雑記集成全十三巻をはじめ数多くの調査報告書がある。文化財の保存・活用・発掘への貢献は極めて大きい。「徳之島町島口島唄大会」を企画。「日本地名辞典」（角川書店）鹿児島県執筆委員。大島地区社会教育功労者表彰受賞。鹿児島県文化功労者表彰など。（徳之島町HP「郷土の先人」より）

戦況は日々悪化していく。米軍の徳之島上陸に備えた「甲号戦備下令」が発せられた。隊員の士気は表面上、上がった。山地での陣地構築に出動し、空腹に耐えながら防空壕を掘り、枕木を伐採、搬出した。飯は三分の一に減らされた。ソテツ澱粉（でんぷん）の団子のほか、野草、ハブ、ネズミも食して飢えをしのいだ。空腹に耐えきれず、民家に芋を買いにいったところ、没収されて処分されたこともあった。徳富はその後、沖縄戦の切り込み隊に任命された。特別訓練を受けているときに終戦となった。守備隊には大島中学の生徒も動員され、島々を挙げた総力戦を展開した。空襲や米軍上陸の恐怖に脅え、飢餓状態が続く。守備隊も住民も疲弊しきった状態で終戦を迎えた。

第六節　強制疎開と疎開船の悲劇

一・富山丸の撃沈

昭和十七年（一九四二）六月、ミッドウェー海戦に敗れ、壊滅的な打撃を受けた日本軍は制空権・制海権を米軍に奪われ、敗戦を繰り返していった。日本軍は戦況を挽回するため、戦線を縮小するとともに、制空権の奪回を図った。前述したように沖縄本島と周辺離島、徳之島、喜界島でも飛行場建設が始まった。大本営は十九年年三月二十二日、南西諸島方面の防衛強化のため、沖縄守備軍・第三二軍[*17]を創設した。奄美大島の要塞司令部および軍配備も第三二軍に編入された。同年七月から九月にかけて、本土や中国大陸から召集した部隊が次々と沖縄諸島に送り込まれた。そうしたなか、富山丸遭難事件が起きたのである。

出港

富山丸の任務は、第三二軍の兵員・装備強化であった。独立混成第四四旅団[*18]、独立混成第四五旅団、第三二軍兵器勤務隊、第一二九野戦飛行場設定隊、宮古島陸軍病院の兵員、医師たち約四六〇〇人が乗り組んだ。[*19]四四旅団は熊本で編成され、通称・球（たま）部隊。旅団長は鈴木

＊17　第三二軍　第二次世界大戦時に沖縄守備にあたった日本陸軍部隊の総称。沖縄戦の際は第一〇方面軍（台湾軍）の指揮下にあった。沖縄大百科によると、南西諸島防備のため、昭和十九年（一九四四）三月二十二日、大本営直轄の軍隊として創設された。兵力は逐次増強され、七月下旬には師団四、混成旅団五を主軸とする強力な軍隊となった。総兵力は一万五〇〇〇～一二万人。軍司令部は司令官・牛島満中将、参謀長・長勇中将、高級参謀・八原博道大佐。奄美大島には独立混成第六四旅団（旅団長・高田利貞少将）が配備された。

＊18　旅団　日本陸軍編成上の単位。師団よりも小さく、連隊と同等またはこれよりも大きい。一五〇〇人から六〇〇〇人程度の兵員によって構成する。

繁二少将。鹿児島、宮崎、熊本など九州の兵員で構成した。第四五旅団は四国で編成された。

兵員たちは十九年六月二十日頃までに鹿児島に集結。富山丸は宇品（広島）、門司（山口）を経由して鹿児島港に入港。兵員は二十四日、富山丸に乗船した。米潜水艦が山川港に出没し、船団の行動を監視している、との情報があり、兵員たちは二十六日まで船内待機。この間、筏を固定し、船倉から甲板への昇降訓練を繰り返した。一坪（三・三平方㍍）当たり一一人が押し込められ、兵員たちは背中合わせで座るのがやっとの状態。風通しは悪く、梅雨期と重なって船倉は蒸し暑く、不快感が充満していた。

沖縄の戦況は逼迫していた。時間的猶予はなかった。富山丸は二十七日正午（午前十時出港の手記もある）、カタ四一二船団として鹿児島港を強行出港した。鹿児島湾を出るころには輸送船一二隻、駆逐艦四隻、合計一六隻の船団になった。船は二十八日午後三時、古仁屋港に入港した。入港時の様子を住民は覚えていた。徳永茂二（当時十三歳）は「下校して街に下りてみると、大きな船が東西橋の沖に停泊していました。上官が古仁屋の町を見せようとした意図があったのか、カーキ色の兵隊が甲板に群がっていました」と述べている。富山丸は当初、古仁屋で積み荷のガソリンの一部を降ろすことにしていたが、予定を変更、沖縄からの帰途に降ろすこととし、午前四時、古仁屋港を出港した。

「火の海」

古仁屋港を出港した富山丸は沖縄を目指した。午前七時二十五分、徳之島の北東沖（亀徳の沖合）二一キロ付近を航行中、米潜水艦スタージョン[＊20]の魚雷攻撃を受けた。魚雷は三発。一発目は舳先、二発目は船尾、三発目は中央機関部に命中した。船は炎上し、積み荷のガソリンに引火、大爆発を起こして沈没した。文字通り「火の海」となり、凄惨な光景が繰り広げられた。死者は兵員三六四五人、船員七〇人、艦砲隊四人など合計三七三〇人。二七〇～三〇〇人が救助された。[＊21]

生存者は次のように証言した。

＊19　戦史叢書「沖縄方面陸軍作戦」防衛庁防衛研修所戦史室著。
なお三角光雄氏は、沖縄の部隊が台湾に進駐することになり、その補強で派遣されたと証言している。

＊20　潜水艦スタージョン　米海軍の潜水艦。チョウザメにちなんで命名された。サーモン級潜水艦の一種。排水量は水上一四二五㌧、水中二一二〇㌧。全長九三・九㍍。富山丸を撃沈した後、昭和十九年七月には瀬戸内町古仁屋を出港した陸軍船大倫丸（大阪商船・六八六二㌧）も撃沈した。

＊21　富山丸の戦死者（船舶輸送間における遭難部隊資料・陸軍）。
第四十四旅団第一歩兵隊六三五人
同第二歩兵隊　七六二人

三角光雄[＊22]・第四四旅団第一歩兵隊大尉（「富山丸遭難二十周年忌を迎えて」より）「船上から見る徳之島は富士山麓のように美しかった。そのとき、富山丸の右方を航行していた波之上丸が突然、汽笛を鳴らした。一発の魚雷が命中し、よろめいたが、船は沈没する気配はなかった。部隊でつくった筏のロープを解くよう当番兵に命じたとき、第二の魚雷が中央機関部に命中し、船は真っ二つに割れ、耳をつく爆音がした。吹き上げられた物体が降ってきた。私は無意識のうちに海中に飛んだ。抜き手を切って船から遠ざかった。振り返ると、富山丸は舳先と船尾を残して火炎に包まれ沈みつつあった。一時間余り過ぎた頃、ようやく船団が近寄ってボートを下ろし救助にかかった。私は七〇〇㌧の輸送船に救助された」（図9）

三角は乗船時、ガソリンの多さに驚き、上官に船内での禁煙を進言していたという。

山下律彦・第四五旅団歩兵第二九八大隊中隊長（「三発の魚雷」より）「見渡す限り、海上一面が火の海である。ドラム缶に詰められた重油が引火爆発して、新しい火柱を立てている。筏や木材に身を託していた人々も、火焔に包まれて見る見るうちに焼けていく。猛威を振るった火焔も収まった。ボートが一隻、近くに来たが、三人のうち二人を乗せ、私は海中に残った。私の周りには生存者らしい者を見つけることができなかった。今度は木材を積んだ木船が近づいてきた。ロープを数回、投げてもらい四、五人の船員の手によって初めて船上の人になることができた。その後、船は古仁屋港に向かった」

事件当時は南東の風が吹いていた。風向きの関係で、陸地を目指して泳いだ人の多くが火炎に巻き込まれ犠牲になり、海側に向かった人は難を逃れた人が多かったという。救助された人々は亀津と古仁屋に搬送された。

住民が見た富山丸事件

「火の海」地獄は住民も震撼させ、恐怖のどん底へと突き落とした。爆発音を米軍の攻撃と勘違いして山に逃げた住民もいた。当時、亀津郵便局長だった勝元清は出勤途中に事件を目撃し、日記に残した。「大瀬橋南口で船舶の非常汽笛に気がつき、

同砲兵隊　一五二人
同工兵隊　六三人
第四五旅団歩兵二九八大隊三二四人
同歩兵二九九大隊　四一九人
同三〇〇大隊　四〇七人
同三〇一大隊　四〇四人
同工兵隊　一五〇人
第三十二軍兵器勤務隊　一七一人
一一九野戦飛行場設定隊　一二七人
宮古島陸軍病院　二人
富山丸生存者　戦史叢書「沖縄方面陸軍作戦」（防衛庁防衛研修所戦史室）。
大本営陸軍一部（作戦）部長真田少将日記「助かりしもの七〇〇名、活動しうるもの五〇〇名」
部隊史実資料（帰還者報告）の中に明らかなもの
第二歩兵隊生存者約二〇〇名
独立歩兵第三〇一大隊戦死四〇三名、生存五七名
独立混成第四五旅団工兵隊戦死一五〇名、生存二三名

＊22　三角光雄（みすみ・みつお）明治三十九～昭和六十二年（一九〇六～一九八七）。鹿児島市の実業家。富山丸事件の生存者で陸軍大尉。徳之島町の慰霊塔、瀬戸内町の供養塔建立に私財を投じ、尽力した。八十一歳で死去。顕彰碑の碑文は秋武喜祐治町長が揮毫した。

海上を見ると、十数隻の船が南下しており、そのうちの一隻が爆音と同時に黒煙が上がり、見る見る間に沈没した。すぐに局に行き、名瀬の青山憲兵隊長に亀津沖で交戦中につき、飛行機の派遣を要請し、また午前十時三十分には名瀬郵便局長、通信局長にこの事を打電した」

「午後一時頃にはいったん鎮火したかに見えた火炎は、再びドラム缶の『バーン』という爆発音と同時に引火したガソリンにより、海上は火の海となり、まさに地獄絵のような大惨事となった。多数の死者が出た模様で直ちに警察署長とともに救助の応援に行く。現場では教員並びに生徒、警防団、局員などが総出で遺体の収容に当たり、夕方までに一五八人の遺体を収容安置したが、海上にはまだ多数の遺体がある見込み。火葬準備をして午前一時に帰る」

亀徳港には二〇八柱もの遺体が並んだ。軍隊手帳や標識番号などで身元確認が行われたが、ほとんどの遺体が焼け焦げた状態だったため、判別できなかった。身元が分かった中里軍医の遺体の胸ポケットには夫人と、四、五歳くらいのかわいい子どもの写真が納まっており、人々の涙を誘った。遺体は亀徳の二か所の浜で火葬し、荼毘に付した（図10）。火葬には富山丸から流出したガソリンを使った。

勝元清は軍の徹底した情報統制、箝口令にも言及している。当時、徳之島には道路建設のため、大島中学の生徒が動員されていた。生徒たちが事件を目撃していたため、将校は生徒全員を集め「絶対に口外しないよう」命令した。軍は厳重な箝口令を敷き、事件が語られることはなかった。

救助された負傷者のうち三〇人ほどは亀津国民学校に運ばれ手当てを受けた。多くは古仁屋港から奄美大島陸軍病院へ搬送された。搬送は憲兵の監視の下、日が落ちてから行われ、住民は近づくことはできなかった。事件の翌日（三十日）には憲兵が亀津郵便局を訪れ、防諜に関する協力を要請した。当時は電話よりも電報が情報伝達の主流だったため、郵便局を押さえれば情報管理が容易であると考えたのだろう。

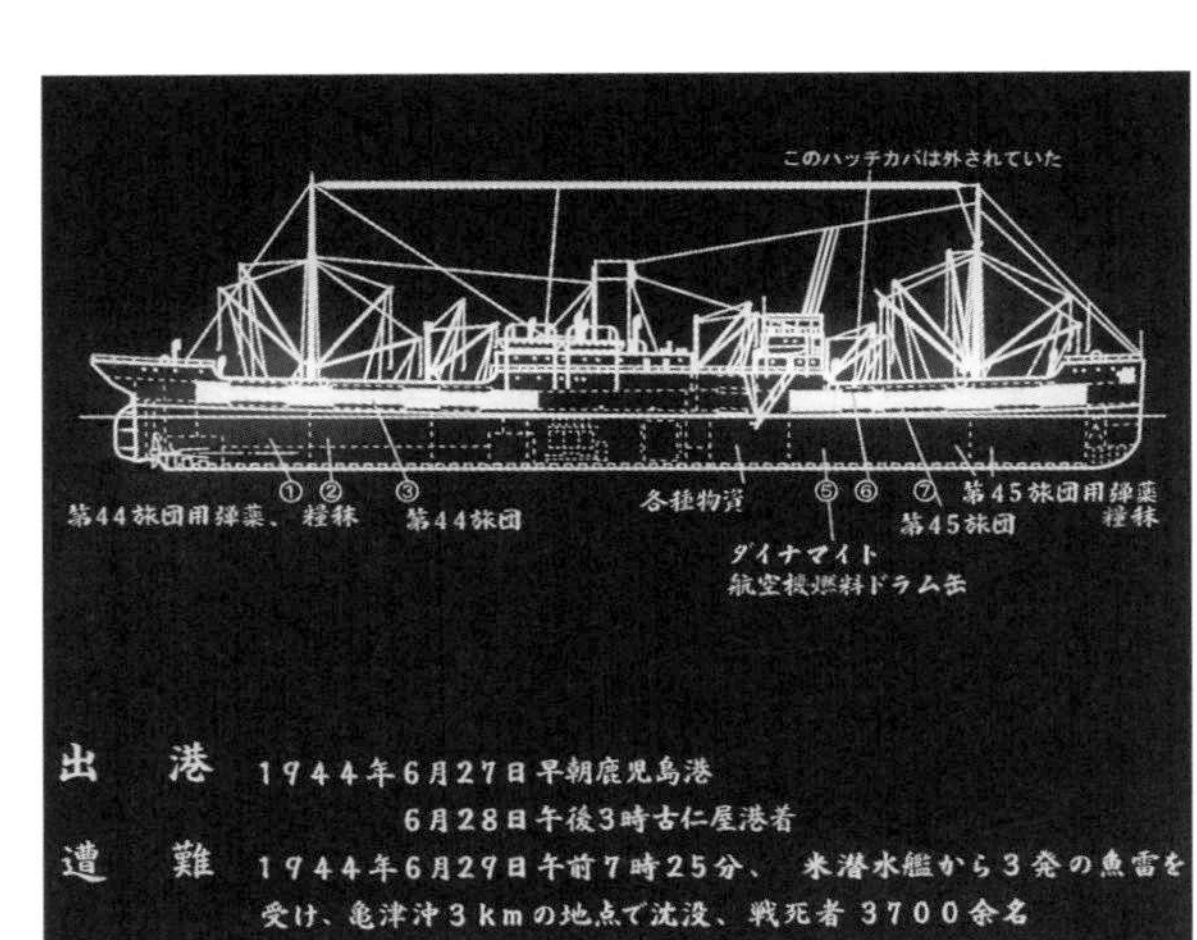

図9　富山丸内の兵士及び物資の配置（富山丸慰霊碑）

古仁屋での救護活動

負傷者が搬送された古仁屋は大混乱した。平成二十年（二〇〇八）四月、瀬戸内町中央公民館で「当時の古仁屋島民と富山丸遭難を語る会」があり、富島甫（当時二十歳）は自身の体験を話している。

「二十九日午前、青年学校に登校して間もなく、沖の方から聞こえてくる大音響に驚いた。港を見ると、海防艦を先頭に数隻の艦船、一般の船舶、奄美大島要塞司令部の連絡艇・鴫丸（しぎまる）が全速力で港の東口から出ていくのを見た。午前十一時頃、軍事学の教官に呼び集められた。教官は富山丸が徳之島沖で沈没したことを告げるとともに、農作業用の大八車と教室の戸板を外して軍用桟橋（さんばし）に集合するよう指示した。軍部は民間に事件の詳細は知らせなかったが、生存者の救護に住民を動員した。

　昼過ぎになって鴫丸をはじめ生存者を乗せた船が次々と到着した。何かを訴えようとするも、息絶えようとする兵士、黒く焼けただれ、うめき声をあげる人・・。桟橋は凄惨な光景が繰り広げられた。住民や青年学徒、兵員たちが手分けして生存者を現在の古仁屋中学校、建設中の陸軍病院、古仁屋女学校の教室に運びこんだ。遺体はトンキャン岬で火葬した。

　建設中の陸軍病院はまだ電気も水道も完備していなかった。医療設備はなく、医師も看護師も足りず、医薬品もなかった。住民は芭蕉（ばしょう）の葉を刈り集めた。芭蕉の葉は肌に冷たく、熱を吸収するため、負傷者はその心遣いに感謝した。看護師の代わりに国防婦人会が集められた。住民は家庭の医薬品、豚脂（とんし）（ラード）まで持ち寄り、献身的に看護した。しかし、重傷患者は次々と息を引き取った」

やがて、軽傷患者の回復を待って要塞司令部は慰霊祭を執り行った。しかし、「火の海」で九死に一生を得た兵員に対して、軍は沖縄へ赴くよう命じた。生存者は民間船舶や漁船などで沖縄に運ばれ、各地を転戦した。三角は沖縄北部での戦闘中に終戦を迎えた。「どうせ死ぬなら海上で潔く死のう」と考えた三角は仲間と共に小舟を漕ぎ、沖縄を脱出。与論、

図10　富山丸慰霊塔（亀徳なごみの岬。この下の海岸で遺体一体一体の遺骨を回収できるよう慎重に荼毘にふされた）

図11「そてつの丘」の富山丸戦没者慰霊標（昭和27年）

沖永良部を経由して徳之島に到着。山で武装解除し、復員したということである。

慰霊塔建立へ

　島の人々は富山丸の凄惨な事件を忘れることはなかった。奄美群島の日本復帰前、本土との行政分離期間中の昭和二十六年（一九五一）、地元有志が「そてつの丘」に忠魂標を設置、初の慰霊祭を行った。[＊23] 翌年、浄土真宗西本願寺の僧侶一行が来島したのを機に供養祭が執り行われた（図11）。しかし、その後は日本復帰に伴う施政権の復帰等の慌ただしさの中で、慰霊祭・供養祭は一時中断することになった。

　沖縄戦で生き残った三角は、戦後、富山丸で亡くなった兵士たちを弔うため慰霊碑建立へ動き出した。富山丸遭難事件から二十年が経過した三十九年（一九六四）二月、三角は徳之島に来島し、勝元行助役や鶴野商工会長らと面会し、慰霊塔建立について町側に協力を求めた。その際に、三角氏は慰霊塔や石碑、灯篭などを寄贈することを申し出た。町側は用地購入の準備を進めることを約束。慰霊塔建立委員会（会長・秋武喜祐治町長）を設置した。

　慰霊塔の高さは二八〇センチ。高さ一八〇センチまで玉石を積み、その上に一〇センチの土台石を配置し、高さ九一センチの碑を置いた。慰霊塔の文字は当時の県知事、寺園勝志が揮毫した。町側は、富山丸が沈没した海を眼下に見下ろすことができる亀徳の丘陵一帯を購入し、道路を整備したうえで、全国の遺族一三〇〇人に案内状を送付した。

　慰霊祭は犠牲者の命日に当たる六月二十九日。遺族一七〇人を含め、五五〇〇人が参列した。

＊23 徳之島町と富山丸慰霊祭の歩み（碑文抜粋）
　昭和十九年（一九四四）八月二十二日　日本軍・徳之島町共催、現地慰霊祭
　同年九月十日　沖縄第三二軍司令官・牛島満、町郵便局長に感謝状
　昭和二十六年（一九五一）六月二十九日、富山丸戦没者忠魂標の建立。亀澤亀津町長と名城区長、亀徳の町民が参加し遭難現場を見渡せる崖の上に建立。慰霊祭挙行
　昭和二十七年　京都浄土真宗西本願寺の僧侶一行が来島。供養祭挙行
　昭和三十九年（一九六四）五月三十日、徳之島町長秋武喜祐治氏より全国の富山丸遺族宛てに慰霊塔除幕式と慰霊祭開催の招待状を発送される
　同年六月二十九日、第一回富山丸慰霊祭・戦没二十周年忌慰霊塔除幕式・慰霊祭挙行。徳之島町と三角光雄氏共同建立。島民五五〇〇名参加
　昭和四十年（一九六五）六月二十九日、慰霊祭挙行。遺族会全国連合会結成
　昭和四十三年六月二十九日、第五回慰霊祭。記念に東屋「富友

慰霊祭に続いて奉納演芸会が盛大に行われた。慰霊祭を機に翌年、富山丸遺族会が結成されたことも特筆すべきだろう。遺族会は東京、鹿児島、熊本、宮崎、大分、香川、徳島、愛媛、高知、近畿で結成され、連合会の初代会長に柴田照子（東京）を選出した。四十年六月には「遺族会だより」の発行を開始した。柴田は十五年間、会長を務めた。その間に洋上慰霊祭も行われた。遺族会は平成二十五年（二〇一三）まで慰霊祭を主催し、その後は町側に引き継がれた。

供養塔整備

亀徳に慰霊塔を建立した三角は、瀬戸内町古仁屋に供養塔の建立に乗り出した。

昭和六十年（一九八五）六月、瀬戸内町に多層式の供養塔を寄贈した（**図12**）。前述したように、古仁屋は富山丸最後の寄港地であり、事件の後は多くの負傷者が運ばれ、手当を受け、死者を荼毘に付した地でもある。初となった慰霊祭は、亀徳での慰霊祭の翌日に行われた。約一六〇人が参列。三角をはじめ全国各地の遺族と共に、地元からは里肇町長や町議会、役場関係者などが出席した。三角は当時の惨状や瀬戸内町民の献身的な看護、供養に謝意を示し、「瀬戸内町民に対する感謝のしるし」と供養塔建立の趣旨を述べた。供養塔は仏塔を形どった十三重の御影石で造られた。礎石の間に納髪室を設け、戦没者の名簿と夫人の毛髪を納めた。平成十九年（二〇〇七）には、香川県遺族会が供養塔に通じる坂道に石碑を設置。「なごみ坂」と命名した。遺族は三年に一度、徳之島町と瀬戸内町を巡る慰霊の旅を続け、瀬戸内町の協力で供養祭を開催している。

なごみの岬公園整備　平成十二年（二〇〇〇）七月、第三七

図12　古仁屋に建てられた供養塔（昭和60年）

亭」を建設

昭和五十一年（一九七六）六月二十九日、第一三回富山丸慰霊祭・戦没三十三年忌挙行

昭和五十八年六月二十九日、第二〇回慰霊祭。二十周年記念富友文庫基金贈呈

昭和六十二年（一九八七）六月二十九日、第二四回慰霊祭。富山丸船影を刻んだ白壁建立

昭和六十三年六月二十九日、慰霊祭。「三角光雄氏顕彰碑」建立

平成五年（一九九三）六月二十九日、第三〇回慰霊祭。「戦没五〇周年記念参拝記念碑」建立

平成十三年（二〇〇一）一月二十六日、「なごみの岬公園運営協議会」発足。七団体で構成

平成十六年六月二十九日、「なごみ岬公園」の碑を建立。除幕式

平成十八年四月二十二日、「第一回富山丸を語る会」を開催

平成二十二年（二〇一〇）四月十四日、なごみの碑に「徳之島町と富山丸慰霊祭の歩み」および徳之島町と町民協賛刻銘を行い、徳之島「なごみの碑」完成

回慰霊祭に合わせて「なごみの岬公園」完成記念式典が行われた。公園整備は遺族会が浄財（じょうざい）を募った。慰霊塔前の参道は町の協力で拡幅され、両側には戦没者と遺族の氏名を刻んだ黒御影石の「なごみの碑」を設置した（図13）。富山丸遺族会の育ての親で昭和六十二年（一九八七）に死去した三角の顕彰碑の周辺も整備。塔の海側には遊歩道を整備した。この年は二十世紀最後の年でもあった。富山丸遺族会全国連合会の板根庸子会長はこう述べた。

「二十一世紀を控えて、なごみの碑ができて関係者の絆の深さも知った。感謝の気持ちでいっぱいです。（この碑の建立が）平和の証になると幸いです。徳之島の一層の発展も願います」

平成十三年一月には、徳之島町なごみの岬公園運営協議会（会長・勝重藏町長）が発足し、公園の環境整備を進めていくことを決めた。十六年には小泉純一郎首相が揮毫（きごう）した石碑を公園入り口に設置した。さらに二十六年に遺族がモニュメントを建立。町側は、令和二年（二〇二〇）に休憩施設を追加整備した。公園には、後述する疎開船武州丸の慰霊碑も立つ。公園は平和を考える場所として、観光スポットとして活用され続けるだろう。

遺族会が主催する最後の慰霊祭

平成二十五年（二〇一三）、富山丸慰霊祭は大きな転機を迎えた。全国連合会（川南廣展会長）は、慰霊祭が五十年の節目を迎えたことや遺族の高齢化を踏まえて、連合会を解散し、遺族会主催の慰霊祭を取りやめることを決めたのである。慰霊祭は、二十六年以降、町側が引き継ぐことになった。

第五〇回慰霊祭は命日の六月二十九日、なごみの岬公園で行われれ、遺族や町関係者など三二九人が参列した。慰霊祭を終え、川南会長（当時七十七歳）は「私たちはこの五十年間で、地元の人々との絆を得た。遺族会連合会は役目を終えるが、五一回目以降もみんなで元気に慰霊塔前に参りたい」と感謝した。その後の慰霊祭は町側が引き継ぎ、これまでと同様に遺族も参加している。コロナ下の令和二年と令和三年にも規模を縮小して行われた。

図13　戦没者名を刻んだ「なごみの碑」（平成12年7月）

二、疎開船・武州丸(ぶしゅうまる)、悲劇の航海

集団疎開

政府は昭和十九年（一九四四）三月三日、「一般疎開促進要綱」を閣議決定した。空襲時に足手まといとなる老幼婦女を都市部から退去させ、防空態勢を強化することを目的とした。当初は都市部から農村への疎開だったが、同年六月二十五日、米軍がサイパンに上陸、陥落(かんらく)が決定的になると、大本営は第三二軍の増強を進める一方で、南西諸島住民の疎開(そかい)を検討した。政府は七月七日、奄美と沖縄諸島の住民を島外へ引き揚げさせることを決めた。

沖縄県の場合、疎開計画は一〇万人に上った。当時、沖縄には一〇万人もの軍隊が配備されつつあり、「安定的に食料を確保するためには、食料生産の労働力としてあまり期待できない住民から一〇万人を県外に移す意図があったと思われる」（沖縄県史）。いわゆる「口減らし」のためだった。

鹿児島県の柴山博知事は七月十五日、奄美群島の住民に対し、本土への疎開を命じた。十六日は大島支庁で大島郡内町村長と警察署長の合同会議があり、疎開に関する打ち合わせが行われた。これを受けて、十八日、丸山富司徳之島署長は徳之島四か町村会を招集し、内容を説明するとともに、七月頃から十月頃までの間に島民を強制疎開させる方針を伝えた（**図14**）。疎開者の内訳は亀津町が二五〇〇人、伊仙村二〇〇〇人、東天城村七〇〇人、天城村一〇〇〇人の合計六二〇〇人であった。

疎開できる者は満六十歳以上の高齢者と、一般婦女子、国民学校児童、病床者などで、「生産に可能なる者の疎開は認めない」とのことであった。当時、奄美守備隊は総兵力一万一五〇〇人、徳之島に主力を配備した。ここにも「口減らし」の意図が読み取れる。引揚者が持っていける荷物は一人二個以内。渡航費用は県が負担し、疎開中は生活費として一人当たり一日五〇銭程度を支給するとのことだった。住民は「米軍が島に近づいてきた」

図14　警察署員と亀澤町長（戦前）

とショックを受けた。当初の疎開希望者は一万人余りに上ったが、資格審査の結果大半が拒否されると、住民は次第に落ち着きを取り戻した。家庭会議も行われた。疎開先での生活不安も手伝い、「どうせ死ぬのなら家族共々」という人も多く、希望者は減っていった。

疎開機運の低下を危惧した大島支庁は、社会教育指導部の里村源熊主任を徳之島に派遣した。里村は四町村を回って疎開を奨励し、「後に続くように」と説得した。伊仙村出身で、鹿児島の女学校を卒業して帰郷していた松夫佐江は記録している。「全村の学校教職員に講話があり、教職員は特に一般民の模範となるように率先して疎開させるべきである、という内容であった。講話を聞いて帰った父は、教職員である我々はこれに協力する義務がある、と話して家族の疎開を決めた」

武州丸、出港そして撃沈

大島支庁に加え六月以降、駐屯していた部隊が各集落に副官を派遣して疎開を奨励した。警察や役場職員も動員された。山地区では、荷造りに手間取った家族が巡査に叱責され、ビンタを張られる事態もあった。強制的に疎開が進められた結果、全島で二三〇〇人ほどの希望者があった。内訳は天城村が六〇〇人、伊仙村八〇〇人、亀津町七〇〇人、東天城村二〇〇人であった。武州丸に乗った疎開者は、九月十六日から十九日にかけて小型輸送船（ポンポン船）で徳之島を出港し、いったん古仁屋港に集結し（**図15**）、鹿児島行きの輸送船を待った。輸送船を待つ間、疎開者に配給された食料はおにぎりとみそ汁だけであった。そこには、父親たちと別れ心細い思いをする子どもたちや、乳飲み子を抱いた母親の不安そうな顔があった。

疎開船武州丸は九月二十五日、南方への物資輸送の帰りに古仁屋港に寄港した。疎開者の乗船が始まった。疎開者たちは武州丸と相州丸に乗り込むことになり、家族ごとに列をつくって順番を待った。武州丸には亀津町、東天城村の疎開者一五二人が乗船した（**図16**）が、この時ちょっとした手違いがあった。亀津町と東天城村の人達の荷物を相州丸に積み込み、天城村と伊仙村の人々の荷物を武州丸に積んだのである。乗船するときはこの逆であったので、乗客と荷物が分

図15　戦前の古仁屋港の景観（当時の絵葉書）

かれた。「それは困る」と苦情も出たが、「わずか一日のこと」と一蹴された。その結果、犠牲になった人々は荷物だけが残った。乗船できず、古仁屋に残った人も多かった。

こうして古仁屋港を出港した武州丸であったが、同日午後九時二分頃、中之島沖を航行中に米潜水艦バーベルの魚雷攻撃を受けて撃沈。この攻撃で、疎開者一四八人と乗組員三四人が犠牲になったと言われるが、実数は今も不明である。島民の犠牲者を年齢別にみると、十五歳未満が七七人、十六歳~五十九歳は五一人、六十歳以上は一五人、年齢不詳は五人。生後間もない赤ちゃんも五人いた。生存者はわずか六人（亀徳地区四人、井之川地区二人）にすぎなかった。救助された高齢の女性一人は、搬送先の病院で息を引き取った。生存者の一人、秋富善次郎（亀徳出身）は当時の様子を「悪夢の一夜」と題し、「疎開船武州丸遭難誌」（一九八二年七月）に寄稿した。「午後九時頃、ゴトンという鈍い音（何かにぶつかったような音）に私も飛び起き、天幕の間に立って三、四名と話をしている時に魚雷攻撃を受け、海に投げ飛ばされました。気がついた時には海中でもがいて泳いでいました。少しでも船から遠ざからなければ又魚雷を受けるか、船の沈没時の渦に巻き込まれるという恐怖の念に駆られて、力をふり絞って泳ぎました。その時に二発目の魚雷が船にあたり、武州丸は真っ二つに割れて見る見るうちに沈んでいきました。おそらく五分か十分の間じゃなかったかと思います。疎開船はもう一隻おりましたが、その船は悲しそうな汽笛を鳴らしながら逃げて行きました。そしてちょうど一時間位泳いで居たところへ、護衛船が来たので自力で泳いで助かりました」

救助された六人の中には幼い兄妹がいた。十一歳の少年と、八歳の少女だ。少年は板切れに乗っかり、少女は木片にすがりついて頭だけを水面から出していた。哨戒艇も危うく見逃すところだったという。両親と四歳の妹は犠牲になった。鹿児島につくと、秋富は幸い足の裏を擦りむいた程度の軽傷だったので、外出を願い出たが許可されなかった。秋富は事件から三日目の同月二十七日、病院を抜け出して姉の家に行き、大阪の友人に打電した。大阪から島に電報が送られて、

図16　武州丸（日之出汽船、1222㌧。「疎開船武州丸遭難誌」から）

ようやく徳之島の人たちは事件を知ることになった。

事件が伝わるとともに、疎開を思いとどまる人が続出した。特に、同年十月十日の初空襲後はほとんど希望者がいなくなり、昭和二十年三月二十五日に金十丸が疎開者を乗せて鹿児島に行ったのを最後に、奄美と本土の交通は途絶した。

慰霊碑の建立

武州丸遭難事件は、約一か月前に悪石島沖で撃沈された沖縄からの疎開船・対馬丸（つしままる）などと同様、軍の機密事項とされ、公表されることはなく、箝口令（かんこうれい）が敷かれた。一四八人の死亡が確認されたのも、事件から三年後の昭和二十二年（一九四七）八月十五日（大島裁判所）だった。戦後、八年間の本土の行政分離を経て奄美群島は日本に復帰した。しかし戦後復興、高度経済成長と目まぐるしく時は流れ、武州丸のこともいつしか語られることはなくなっていった。

事態が動いたのは、昭和五十年（一九七五）九月の阪神亀徳会総会でのことであった。三三回忌に向けて、全国慰霊祭の開催と慰霊碑の建立を、全国の亀徳出身者に呼び掛けようと決議した。後に慰霊事業郡外委員会総務部長を務める実吉重三らが準備を進め、十月上旬には趣意書を郵送したところ、全国から賛同者が続出。秋武喜祐治町長を委員長とする武州丸慰霊事業推進委員会が発足した。三十三回忌に合わせて慰霊祭と慰霊碑を建立することが決まり、奄美群島内から二六〇万円、群島外から三二〇万円。合計五八〇万円の募金が寄せられ、高さ二・三㍍、幅一㍍、厚さ〇・四㍍の石碑が造られた。*24 この石碑は、亀徳の富山丸慰霊塔のすぐ近く（国民宿舎「汐路荘」前広場）に建てられた（**図17**）。遺骨はないため、中之島の石が代わりに並べられた。

四日付南海日日新聞は次のように報じた。

「慰霊祭・除幕式は三日、国民宿舎「汐路（しおじ）」前広場で行われた。米丸操県大島支庁長、秋武喜祐治町長、武州丸慰霊事業推進委員のほか、約三〇〇人が出席して、しめやかに行われた。

除幕は三十二年ぶりに顔を合わせた秋富善次郎さん（五十五歳）、内田健一郎さん（四十六歳）、伊

＊24 疎開船武州丸遭難者慰霊碑

碑本体正面。

疎開船武州丸遭難者慰霊碑

徳之島町長　秋武喜祐治筆

碑本体裏面。

疎開船武州丸遭難者慰霊碑碑文（原文ママ）

大東亜戦争の激化に伴ない、徳之島守備の高田部隊の要請により鹿児島県知事は徳之島の老幼婦女学童を本土へ疎開せしめんとて、古仁屋に集結させ、亀徳九十九名、井之川二十七名、山二十五名。尾母三名を輸送船武州丸に送り出す。

大島郡十島村中之島沖を航海中の武州丸は昭和十九（一九四四）年九月二十五日、敵の魚雷攻撃を受け疎開者百四十八名は船と運命を共にして水漬く屍となる。嗚呼悼（いたま）しきかな。

時あたかも三十三回忌にあたり、ここに碑を建て死没者名簿を鎮めて永く慰霊の誠を捧げる。

昭和五十一（一九七六）年九月二十五日　武州丸遭難者慰霊委員会

右石灯篭正面

萬友燈　慰霊委員会

同裏面

図 17　武州丸遭難慰霊者の碑

集院八郎さん（四十二歳）＝旧姓・伊集院＝の四人の手で行われ、慰霊祭実行委員長の秋武町長があいさつ。京阪神代表の実吉重三さんが経過を報告した。

このあとの慰霊祭では金丸三郎県知事（中野和俊民生労働部長代読）が弔辞（ちょうじ）として慰霊のことばを述べ、国旗掲揚などに続いて神事に入り、遺族代表らが次々に玉串を捧げた。

疎開当時は幼い兄妹だった伊集院さんと嬉子さんは、父母と妹の三人を同時に失っているが『父母や妹がどうなったかまったく覚えていない。気がついたら護衛艦に救われていた。できたら何も思い出したくない』と悪夢のような当時の模様を語っていた。

当時、たまたま古仁屋で武州丸を見送ったという実吉さんは『年老いた人たちが〝私たちは島を追われて内地に行く。できたら早く島に帰りたいよ〟と言っていた』と語り、涙ぐんでいた」

除幕した四人は生存者。伊集院八郎と嬉子は前述した兄妹だ。伊集院の「できたら何も思い出したくない」[*25]という言葉に、事件がもたらした深い心の傷を知ることができる。

名城秀時は徳之島町議会議長の昭和三十六年（一九六一）、衆議院議員を通して厚生省に武州丸の遺族補償について照会したが、「特別立法を要する難問題」との回答があったのみ。疎開船武州丸遭難誌に、「遺族会として残念でならないのは死没者に対して国から一片の死亡通知もなく、何らの戦時補償の措置も講じられないことである」と記した。武州丸の悲劇は昭和五十三年（一九七八）刊行の天城町誌にも記述された。

募金協力者　一二五七名
昭和五十一年（一九七六）十一月吉日

左石灯篭正面
伊集院道哉遺族
伊集院竹二
同　平三
同　八郎
徳久くみ
上野幸子
町田嬉子

慰霊歌
石ふみに霊　しすまり面かけの
　立つ思ひする　大金久の里
　　及川　永保

碑にぬかずく
碑は黙す　百余柱　神ねむる
　　名城　秀時

徳之島の武州丸遭難者
亀徳地区　九十五人
山地区　二十五人
尾母地区　三人
井之川地区　二十五人

武州丸の悲劇に政府が目を向けたのは事件から六十二年後の平成十八年（二〇〇六）だった。十月五日夜、政府主催の武州丸洋上慰霊祭が中之島沖の沈没海域であった。遺族たちの長年の働き掛けが奏功し、南西諸島海域の戦没者の合同慰霊祭という形で実現した。

六十二年後の洋上慰霊祭

参加者は二一人。五日正午、チャーターしたクイーンコーラル8で鹿児島新港を出港。約六時間後に現場海域に到着した。遺族らは船内で追悼式を行った後、デッキに出て月明かりに照らされた海面に花束を投下した。生存者のうち唯一人、参加した町田嬉子は六十九歳になっていた。涙ぐみながら嬉子は生花とともに、犠牲になった両親と妹の三人分のおにぎりと酒を捧げた。「ただ安らかに眠ってくださいと手を合わせました。ずっと気になっていた。（慰霊祭に参加できて）少し気が楽になった気がする」と話した。遺族会の政野富雄会長（七十八歳）は徳之島からただ一人の参加となった。事件で母と兄、姉の三人を亡くした。政野は「月明かりに照らされてできた海上の光の道に導かれて亡くなった人たちが私に会いに来てくれたような不思議な気持ちになった」という。「徳之島の犠牲者一四八人の霊を背負って島に戻り、島の慰霊碑に納めて守っていきたい」と決意を示した。遺族の高齢化は進む。決意と同時に「慰霊祭がもう少し早ければもっと多くの人が追悼に来られたのに」と無念さもにじませた。

遺族会が探し続けていた元乗組員も慰霊祭に参加した。操舵手（そうだしゅ）の沢津橋務（七十九歳）＝鹿児島市＝。沢津は武州丸が魚雷を受けたとき、体を床に強く打ちつけられた。気が付くと、子どもたちの悲鳴が聞こえ、あちこちで火の手が上がった。海水が滝のように流れ込んできた。地獄絵図のような光景を見た。丸い板を抱いて海に飛び込み、夢中で泳いだ。「思い出すと涙が止まらない」と言い、ハンカチで目頭をぬぐった。

事件語り継ぐ「平和の夕べ」

慰霊祭は平成二十三年（二〇一一）に転機を迎える。前年まで遺族会と「武州丸と平和を考える会」（幸多勝弘会長）の共催で慰霊祭が行われていたが、遺族の高

＊25　名城秀時（なしろ・ひでとき）。大正二〜平成十四年（一九一三〜二〇〇二）。徳之島町亀徳生まれ。富山丸、武州丸の悲劇を語り継ぐうえでこの人の存在を忘れてはならない。県立大島中学を卒業後、昭和九年（一九三四）、教職に就いた。戦後の昭和二十一年（一九四六）、誰にも相談せず、辞表を提出した。理由は「教員として戦争のお先棒を担がされたから」。決断の裏側には自らの深い戦争の傷跡があった。武州丸には名城の妻子と母親の四人、親戚三人が乗り合わせていた。武州丸の悲劇の三か月前には富山丸の惨劇も目の当たりにした。名城は僅かな生存者の救援、遺体の処理に奔走した。戦後は初代亀津町連合青年団長や亀津町、徳之島両町議員、亀徳郵便局長、徳之島郷土研究会長などを歴任。武州丸遺族会の会長も務め、慰霊碑建立に奔走した。「仁愛之助」のペンネームで中央各紙にも寄稿した。〝反戦の譜（うた）〟を発信し続けた（平成七年十月二十八日付南海日日新聞参照）。

齢化に伴い、参列が困難になってきたため、慰霊祭を「平和の夕べ」に改め、「武州丸と平和を考える会」が引き継いだ。遺族や平和を考える会の会員に加えて中学生も参加する。「事件当時を知る遺族が減少する中、語り継いでいくことは私たちの使命。夕べを通して戦争の悲惨さを後世に伝えていきたい」（幸多会長）。初回は洋上慰霊祭にも参加した沢津操舵手が電報を寄せた。幸多は平成二十年、沢津を訪ねて聞き取りをした。沢津は当時の生々しい状況を話してくれた。証言を基に幸多は紙芝居を手作りした。

「夕べ」は慰霊碑への黙とうや献花、幸多手作りの紙芝居の上演に続いて、中学生が「平和宣言」を読み上げる。令和二年（二〇二〇）はコロナ下にもかかわらず、三一人が参加。亀津中三年の北山愛心が平和宣言を述べた。「私たちは犠牲になった人たちから『平和のバトン』を受け取った。戦争をしてはならないことを世界中の人々と共有し、後の世代に語り継ぐ」。犠牲者、遺族の願いは後世に引き継がれていく（図18）。

図18　武州丸の悲劇を語り継ぐ「平和の夕べ」

「死の海」と化した東シナ海

太平洋戦争末期、米軍の潜水艦部隊は南西諸島周辺から太平洋全域に展開し、航行する定期船や疎開者・引揚者を乗せた船を無差別的に攻撃した。東シナ海は「死の海」と化し、前述した富山丸、武州丸以外にも奄美近海で数多くの船舶が撃沈された。

昭和十八（一九四三）年五月二十六日、嘉義丸（二三四一トン）が大阪から那覇に向かう途中、喜界島と奄美大島笠利崎の間で米軍潜水艦の魚雷攻撃を受けて沈没。幼児から高齢者まで三二一人が死亡した。昭和十九年四月十二日には奄美大島南西で連絡船台中丸、同月二十七日は与論島西側で輸送船玄武丸、八月二十二日には那覇港を出港した学童疎開船の対馬丸（六七五四トン）が、奄美大島の北方の悪石島付近で潜水艦ボーフィン号の魚雷攻撃を受けて沈没した。乗員・乗客約一七〇〇人のうち、判明しているだけで一四八二人が犠牲となった。多くの遺体が流れ着いた宇検村宇検の船越海岸に、平成二十九年（二〇一七）三月、慰霊碑が建立されている。

徳之島近海では同年六月二十九日、輸送船・富山丸（日本郵船、七〇八九トン）が米潜水艦の魚雷攻撃を受けて沈没。八月五日、伊仙村面縄沖四キロで沖縄に向けて航行中の宮古丸が魚雷攻撃を受けて撃沈。沖縄の通信施設強化に赴く予定だった熊本郵政局の数十人が遭難し、三〇人余は救助された。その後、面縄、伊仙郵便局職員の援助で沖縄に送られた。九月二十四日には、疎開船武州丸が米潜水艦の魚雷攻撃を受けて沈没し、その他民間船舶の被害も相次いだ。あまり知られていないが、昭和十九年十月、愛徳丸に乗って古仁屋に向かった五人の家族が米軍機の攻撃を受けて二人の姉妹を亡くしている。遺体は古仁屋の浜で火葬し、家族は遺骨を抱いて帰郷したそうである。

これら船舶の遭難事件はいずれも軍の機密事項とされ、公表もされず、箝口令が敷かれた。東シナ海が「死の海」と化していたことを住民が知っていれば疎開船に乗らなかった人も多かっただろう。情報統制が被害を大きくした。

（久岡 学）

第十章　国・県及び民間の機関・団体

徳之島警察署（昭和30年代）

徳之島警察署は、現在、亀津南区の郊外に建っているが、明治時代から平成6年までは亀津の中心部にあった。同地は、江戸時代に代官所が建っていた場所で、かつてはここから海側に向かって東仮屋、西目仮屋などの屋敷が並んでいた。現地は他の仮屋や民家より1m～1.5mほど高く盛土されていて、周囲は石垣で補強されていた。写真の建物は昭和22年に建てられ、さらに群島政府補助金を得て26年に大規模な増改築が加えられたものである。昭和42年に取り壊され、コンクリート2階建て庁舎に建て替えが行われた。

第一節　国の機関

一．徳之島簡易裁判所の沿革（図１）

幕藩体制における裁判（訴訟）は奉行所が執り行い、司法と行政は未分化で、この状態は明治維新後もしばらく受け継がれていた。都道府県知事が裁判官と警視総監のような職能を兼ね備えていたようなものである。奄美では明治二年（一八六九）、代官所を在番所という名称に変え、そこが裁判を行っていた。同八年四月十五日、在番所を廃して各島に県の支庁を置き、翌九年八月から各支庁に裁判所と称する一課を設けて事務を取り扱わせた。

明治新政府は明治四年七月に司法省を設置し、同五年四月二十七日、江藤新平を司法卿に任じた。江藤司法卿は就任直後に「司法省の方針を示す書」を執筆し、司法省の職掌は公正・迅速・簡潔な民事裁判をすることと、悪人は罰するが決して冤罪は出さない刑事事件を行うと公言した。そして江藤の指揮下、お雇いフランス人法律家ブスケの協力を得て、わが国最初の裁判所構成法ともいうべき「司法職務制」が明治五年八月三日に誕生した。これには、社会的弱者の権利擁護を図り、貧者と富裕者を法の下では平等に取り扱わなければならないという江藤の理念が示された。これまで分散していた全国の裁判事務を司法省に統合集中させ、裁判権を府県から接収して裁判所に移管させた。＊1

明治期の奄美の裁判所

明治十年九月、裁判所を支庁から分離独立させ、その名称を鹿児島裁判所出張所とした。同十一年各出張所を廃し、代わって大島区裁判所を名瀬方金久村におき、庁舎は仮に大島支庁内の一部を使用することとし、管轄を現在の大島郡一円とした。事物管轄は、明治九年裁判仮規則によって「民事事件は金額一〇〇円未満とし、一〇〇円以上は鹿児島裁判所長の決済を受けて審判し、刑事事件は三年以下とする」と定めた。な

図１　徳之島簡易裁判所（亀津 554-2 番地）

＊1　『裁判制度の歴史・明治篇』大阪・貝塚司法書士ホームページによる。
なお江藤新平は佐賀藩士で維新十傑の一人とされる。司法制度、学制、警察制度、四民平等を推し進めた人物である。明治六年、征韓論争で西郷隆盛らとともに政府を批判し、下野した。明治七年の佐賀戦争で敗れ、逮捕後の佐賀裁判所で不正な判決を受けて処刑された。享年四十歳であった。

お明治八年規定第九三号で、民事の控訴は上等裁判所が取り扱い、刑事は直ちに大審院に上告することが定められた。

明治十五年一月一日、刑事治罪法の実施によって、裁判所の名称を大島治罪違警罪裁判所と改称し、同十六年治安裁判所大島支部が設置された。明治十八年に第一期重罪裁判が開かれ、その裁判は、判事秋山源蔵、判事補追沼元三郎、同□（架カ）屋武亮、検事　関清美をもって構成した。明治二十年七月に第二期重罪裁判を開き、同二十一年には徳之島に重罪出張所が開かれた。これが徳之島における裁判の始まりであった。翌年二月、法律第六号で裁判所構成法が制定され、大島区裁判所となり、同時に鹿児島地方裁判所大島支部（甲号）をおき、重罪および民事二審を除くほか、地方裁判所の裁判権に属する事務を取り扱ったが、翌二十四年に大島支部における刑事二審の事務取り扱いは廃止になった。

明治三十二年になると、初めて年一回定期的に出張裁判を開くようになり、亀津、和泊の各登記所において二十日間ほど開廷した。この制度は終戦まで維持された。明治三十八年に司法省令第九号によって、大島支部では予審事務のほか裁判事務は取り扱わないことになり、一時的に単独判事となった。しかし、明治四十年には再び重罪公判を除いて地方裁判所事件が取り扱われることになり、判事の定員も三人となった。砂糖取り引きをめぐる農民と砂糖商会、及び個人金貸業者と農民の間のトラブルはそのほとんどが訴訟事件となった。それらの事件は大島区裁判所に持ち込まれたが、多くは被告人不在の欠席裁判であった。[*2]

米軍統治下の裁判所

昭和二十六年（一九五一）四月一日、琉球臨時中央政府が創立された際に琉球上訴裁判所が発足し、琉球民政長官により判事五人が任命された。昭和二十七年一月三日付布告第一二号「裁判所制」により、従来各群島政府に属していた巡回裁判所、治安裁判所を包括した全琉的司法機構が確立された。立法機関として九人の参議が任命されていたが、新たに布告第一三号「琉球政府の設立」に基づいて設けられた立法院は、同年三月二日の

＊2　欠席裁判は、明治二十四年には一か月当たり一〇〇件、年間一四〇〇件を超えた。徳之島も数百人が含まれている。この裁判闘争は、石井清吉氏の指導によるものであり、一審の「貸金及び利金を速やかに弁済すべし」との判決を不服として、ほとんどの農民が長崎控訴院に「貸金請求反対訴訟」を提訴した。長崎では、逆に原告の貸金請求は不当であるとの判決を得て、農民側の勝利、南島興産商社の敗北に終わり、同社は撤退に追い込まれた。ただし、平民商業者（個人）の貸金請求に関する長崎控訴院の判決がどうなったのかについては、筆者の手元に資料がないので不明である。今後の研究に待ちたい。

＊3　当時、奄美群島には検事資格者がいなかったため、平和人は中江知事の指示命令で検事になり、犯罪摘発などの検事の職責を果したという。『軍政下の奄美―日本復帰三〇周年記念誌』奄美郷土研究会。

選挙により選ばれた三一人を以て構成し、立法機関としての活動を行うようになった。＊3

二．徳之島警察署の沿革

わが国の近代的警察制度の歴史は、薩摩藩出身の川路利良がフランスに渡り、天皇を中心とする中央集権国家にふさわしい警察制度を研究・提案し、明治七年（一八七四）に、首都警護を目的とした東京警視庁が設立されたのが始まりである。

徳之島においては、旧藩時代には犯罪人がある時は役場にて取り調べ、次に与人役場において詮議し、しかる後に横目（検事）が判決処分を下していたが、明治十年七、八月頃に巡査派出所（中山義宝宅）が設置され、警察事務を開始したとの記録がある。＊4 その後、大島警察署徳之島分署と改称し、その年月日は詳らかではないようであるが、樋渡郷助、原田一等巡査、林勘三郎一等巡査等が警部の資格、又は署長心得を命ぜられた。明治十五年十一月、徳之島一円の有志の寄付により庁舎を新築した。敷地は大島郡亀津村二八一四番地、宅地五畝歩（約五〇〇平方メートル）で、旧藩時代に代官所敷地であった官有地を譲り受けたものであった。明治二十六年には、全島を面縄、阿三、犬田布、平土野、松原、山、母間の七区に分けて巡査駐在所を設置した。

大正十五年七月一日、官制の改正によって警察署に昇格した。昭和十三年、八六〇〇円の建築費をかけて庁舎、及び署長官舎を建築したが、昭和二十年四月の空襲でこの庁舎は全焼した。戦後の昭和二十二年になって、徳之島はもちろん全郡に呼び掛けて寄付金を集め、これに政庁補助金七万五〇〇〇円を加え、総額二五万三〇〇〇円をかけて、十一月三十日新庁舎が竣工した。さらにその四年後、庁舎の近代化を図る必要から復興予算八五万円が認可され、本館五二坪、別館五九坪の風格ある木造建築が落成した（**図２**）。

第二次世界大戦に敗戦した日本では、連合国軍最高司令部（ＧＨＱ）主導で警察組織の

＊4 福岡富隆「徳之島沿革概要」による。現実的には直接附役が取り調べるなどの例外もあったようである。なお、徳之島での警察事務開始時期については、県史に明治十一年徳之島分署を置く、とある。

図２　徳之島警察署（亀津2884、昭和30年代）

改革が進められ、昭和二十二年（一九四七）、人口五〇〇〇人以上の町村に自治体主導の「自治体警察」を置くことになり、警察組織の地方分権化が進められた。同年、サンフランシスコ講和条約を経て日本が主権を回復すると、日本政府主導の「新警察法」がスタートした。「警察庁」と「都道府県警察」の発足である。以来、日本の警察組織は現在に至るまで、「警察庁」をトップとした中央集権体制で運営されている。

三．郵便局の沿革と概要

わが国の郵便制度は、明治四年（一八七一）、物流と郵便の制度としてスタートし、翌年にはその制度が全国で実施されることになった。徳之島では、それまで各役所の伝達は飛脚を使い、夜間の伝達は各村にアシタリと呼ばれる伝達人を置き、村から村へとアシタリが継ぎ渡していた。郵便制度が始まると、奄美にも駅逓局の官吏が出張指導して、明治八年、名瀬に七等郵便取扱所が開設し、徳之島では亀津の中山義宝が御用達頭として信書の取り扱い事務を行っていたが、明治十一年に亀津、山、阿布木名の三か所に七等郵便郵取扱所が開設された。

亀津村では、武元（後に安田）佐和應（山村は山徳峯、阿布木名は榊為基）が郵便取り扱いを命ぜられ、能周晴の自宅で郵便事務を開始した。*5 明治二十六年、後任局長に息子の安田佐和豊が任命され、佐和豊は古勝晴の自宅門前に小さな局舎を建てて事務を行った。明治三十三年六月、同氏は自費を投じて広大な局舎をマチラント（亀津二八八二番地・現「南風園」）に新築し、電信の架設を行ったことから、人々は技術の進歩に驚異したという。大正八年一月七日、息子の安田澤人が三代目局長に就任。同日に亀津で放火による大火災が発生し局舎を焼失したものの、*6 同年四月十一日には新築し開局させた。大正十年七月、福島喜敬が局長を拝命。大正十五年十一月、盛島角一が局長を拝命するにあたり自費で県道通りに局舎を移転。十二月十日に新局舎が竣工（小字古珍郷二九一五

*5 亀津郵便局の沿革については、徳富重成が勝元清（元亀津郵便局長）の手記を利用した「亀津郵便局の沿革」（『シマの郷土文化259―亀津』）に詳細な紹介がある。

亀津郵便局は、明治三十三年（一九〇〇）六月十六日、亀津村中区マチラントにおいて三等級郵便局として業務を開始した。郵便局の等級については、明治十九年（一八八六）三月、地方逓信官官制により一等、二等、三等の三等級に区分された。明治三十六年（一九〇三）三月、通信官署官制により、特定三等局規程が定められ、業務規模が拡大した。亀津局は「特定三等局」として区別されることになり、従来の三等局と異なり、経費、事務員の任免など業務運営の一部を直轄する一等局長などが行うこととなった。昭和十六年（一九四一）二月、郵便局の等級を廃止した。ただし三等郵便局の大部分は「特定郵便局」となったため、それ以外が「普通郵便局」となった。平成十九年（二〇〇七）十月、民営化により「普通郵便局」「特定郵便局」は廃止された。平成二十四年（二〇一二）十月、郵便事業株式会

表１　亀津郵便局長任免

局長 安田佐和應	明治11年8月1日任命	明治26年8月1日免職
同　安田佐和豊	明治26年8月1日任命	大正8年1月6日免職
同　安田澤人	大正8年1月7日任命	大正10年7月12日免職
同　福島喜敬	大正10年7月13日任命	大正15年7月16日免職
同　盛島角一	昭和2年1月25日任命	昭和13年6月20日免職
同　勝　元清	昭和13年6月21日任命	昭和41年3月31日免職
同　岩下良雄	昭和41年6月30日任命	平成2年3月31日免職
同　間　早男	平成2年3月24日任命	平成17年3月31日免職
同　嘉山喜一郎	平成17年4月1日任命	平成24年3月31日免職
同　屋井智昭	平成24年4月1日任命	平成25年3月31日免職
同　正岡信幸	平成25年4月1日任命	

（出典）亀津局『局務記録原簿』、福岡武『亀津町農村調査報告書』による

番地、局舎敷地面積四十一坪、局舎建坪二十五坪）し、翌年一月二十五日に業務を開始した。昭和十三年十二月十日、無線局舎を新築追加したが、二十年四月九日の空襲により焼失した。昭和十五年、勝元清が第六代局長に就任。翌年二月、郵便局の等級が廃止され、亀津郵便局は「三等郵便局」から「特定郵便局」へと変更された。

昭和二十年九月十六日、台風による高潮のために亀津郵便局は全壊し、亀津新里九一八番地へ移転した。しかし三十九年四月、南晴二九二四番の現在地に鉄筋二階建三七四・一八平方メートルの局舎を新築し、再度移転した。なお、平成十七年（二〇〇五）十月の郵政民営化法が公布され、十九年十月一日、国の機関であった郵便局は事業別に解体され民営化された。**表1**は歴代の亀津郵便局長名である。

表2にあるように、亀津郵便局は近代における科学技術及び社会経済の進歩にともない郵便局の業務もますます拡大発展し、島民の生活を支えた。

しかし貨幣経済が未発達で、しかも貯蓄習慣に乏しい明治初期～中期の奄美・徳之島においては、銀行預金並びに郵便貯金は馴染みの薄いものであった。明治十八年の鹿児島県全域の郵便貯金の預入額は三万五五〇円、うち大島郡のそれは四〇三円で、県全域に占める割合は一・三%、払出額は県八三八四円、うち大島郡五八円で、〇・六%であった。当時、米一石が五～

表２　亀津局諸事務開始年月日

郵便局事務開始	明治11年8月1日
小包事務開始	明治29年7月1日
為替事務開始＊7	明治25年2月1日
貯金事務開始	明治25年2月1日
簡易保険事務開始	大正5年10月1日
月掛貯金事務開始	昭和2年2月1日
電話事務開始	昭和5年7月1日
無線電信事務開始	昭和15年7月1日

（出典）表1に同じ

が郵便局株式会社に吸収合併されたことにともない、「郵便事業株式会社」となった。

＊6 亀津では、この後も三月までにさらに二度の大火災に見舞われ、集落はほぼ全焼に近かったと伝えられている。

＊7 『沖永良部島史』によれば、「和泊郵便局では明治十一年六月、内外国通常為替並びに貯金事務開始す」とあるから、亀津郵便局でも明治十一年から為替・貯金業務が開始されたものと考えられる。

六円、砂糖一〇〇斤が三円二〇銭であったから、郡民の郵便貯金はまだ少額なものであった。**表3**にあるように、明治二十四年の大島郡の預金額は二〇七六円、払出額は八九〇円で、うち名瀬郵便局が預金、支払ともに郡全体の五割以上を占めている。郡全体の預金額が一〇〇万円を超えるのは大正八年になってからで、年末預金残高が一〇〇万円を超えたのは昭和二年であった。郵便貯金は国民の国策への協力ということで、戦時下大いに奨励され、昭和十一年には二三〇万円余に達した。

郵便為替は遠隔地間における送金と受金に利用されるが、大島郡の昭和三年の振出額（送金）は二九六万円、払渡額（受金）は三六一万円で、六五万円の受取超過であった。大島郡の場合、大正以降に多くの出稼者を工業地帯に送り出しており、そこからの送金額が増え、毎年五〇～一〇〇万円近い受取超過となっていた。この出稼者の送金こそは、大島紬、砂糖に次ぐ第三の収入源であった。

第二節　県の機関

一．大島支庁の沿革（図3）

明治八年三月、支庁設置の準備として鹿児島県庁より中属小宮山敬次郎、県掌大山五郎が来島し、在番所を廃止して詰役を解職し、事務は一時的に亀津噯戸長役場へ嘱託した。同年七月二十五日、亀津に支庁を置き、中属川上東九郎、少属美代助左衛門等のほか一等出仕に地元の亀藤賢、雇戸長に東郷慶左衛門等が任命された。また、それまでの全島の正副戸長を廃したうえで民選の正副戸長に改めた。これが当島における民選戸長の始まりとなった。このときの布達は次のようなものであった。[*8]

＊8　坂井友直編著『徳之島小史』による。

表3　大島郡の郵便貯金額の推移（単位：円）

	明治24年	大正8年	昭和元年	昭和9年	昭和11年
預入額	2,076	1,044,085	1,138,819	2,382,282	2,254,057
払出額	890	946,408	1,053,426	2,291,254	2,139,183
年末残高	2,574	628,140	852,585	1,930,439	2,319,138
預金者一人当貯金額	–	12.24	–	23.68	25.70

（出典）『鹿児島県統計書』各年度版、一部分は預金者人数が把握できないため計算不可

第一号　当島亀津あつかい戸長役所を廃し、支庁を建て、翌二十六日から開庁して事務取り扱いを開始する旨布達する

明治八年七月二十五日　徳之島支庁

各あつかい戸長

第三号　今般、支庁を建て、万事変更改正するにあたり、正副戸長以下詰役々は全て廃止する。但し、山下見廻以下、下役々については従前の通り

明治八年七月二十七日　徳之島支庁

各あつかい正副戸長

第四号　今般、正副戸長以下詰役々は全て廃止するが、選挙が行われるまでの間、人民総代の心得を持って旧戸長の事務を取り扱うこと。戸長が病氣等で出席できない場合は副戸長が代理すること　明治八年七月二十七日　支庁

各あつかい正副戸長

第五号　当島の正副戸長はこれから選挙を行う予定である旨、各あつかい毎に漏れなく人民銘々が見込む人物を、来月三日を期限に入札封印して差し出すこと

明治八年七月二十七日　支庁

各あつかい人民総代

（文語調の文体を現代文に直した）

明治十二年一月、郡区町村編制法の施行に伴って本郡各島の支庁を廃し、大島名瀬に郡役所を設置して全郡を管轄することとなった。郡長には前支庁長の中村兼志が任命され、徳之島出張詰所には鳥丸一六が着任した。ただし、明治十六年六月限りで各島出張所は廃止となり、数百年続いた藩や県の出張機関が徳之島から消えることになった。

明治十八年、郡役所を島庁と改称。金久支庁が置かれ、初代支庁長として新納中三が就任した。知事の職権を割いて専決施行が行われ、支庁内には警察本部が置かれたが、翌十九年二月には金

図３　大島支庁徳之島事務所（亀津 7216 番地。昭和 59 年 5 月完成）

久支庁は廃止となり、島庁制度となるとともに警察本部は県に引き上げられた。初代島司には、新納前支庁長が就いた。大正十五年六月三十日、島庁は廃止されて大島支庁が置かれた。なお郡役所設置以来の郡長、島司は**表4**のとおりである。

表4　郡役所設置以来の郡長、島司

任命年月	在任期間	官職名	氏　名
明治12年1月	3年9ヵ月	郡長	中村兼志
〃 15年3月	2ヵ年	郡長	鳥丸一六
〃 18年3月	7ヵ月	郡長	宮里正静＊9
〃 18年10月	1年2ヵ月	島司	新納中三＊10
〃 20年4月	1ヵ年	同	森岡　真
〃 21年4月	2ヵ年	同	森長　義
〃 23年	4年4ヵ月	同	大海原尚義
〃 27年9月	4年2ヵ月	同	笹森儀助＊11
〃 31年10月	6年2ヵ月	同	福山　宏＊12
〃 37年12月	7年8ヵ月	同	富田嘉則＊13
大正元年8月	4年9ヵ月	同	森谷八千夫
〃 6年5月	2年7ヵ月	同	小野田祐助
〃 8年11月	1年7ヵ月	同	肝属勇吉
〃 10年6月	3年6ヵ月	同	津村伊三郎
〃 13年12月	1年6ヵ月	同	中島　楽
〃 15年7月	1年4ヵ月	支庁長	中島　楽
昭和2年10月	1年11ヵ月	同	近藤利孝
〃 4年8月	2年6ヵ月	同	小林三郎
〃 7年2月	4年5ヵ月	同	田野辺登
〃 11年7月	2年6ヵ月	同	幸田一雄
〃 14年1月	3年6ヵ月	同	内田栄二
〃 17年7月	2年6ヵ月	同	谷村秀綱
〃 20年1月	1年2か月	同	池田保吉

（出典）鹿児島県大島支庁『奄美群島の概況』及び坂井友直編著前掲書125頁

二、県立大島病院の創設とへき地医療

明治三十四年三月、三方村に県立大島病院が開設され業務を開始した。大正四年三月、金久村（現在の奄美市名瀬柳町）に新築移転。昭和二十一年二月、日本本土と行政分離され、米国軍政府下

＊9 宮里正静は、鹿児島県薩摩川内市宮里町出身。農商務省農務局より県庁に六等属大島郡長として大島に赴任し、糖業改良振興に尽力。

＊10 新納中三は、天保三年（一八三二）生まれで、藩政期末の薩摩藩家老であった。通称の刑部で知られる。名は久脩（ひさのぶ）、薩摩藩英国留学生を引率して渡英。綽名（あだな）が中三、維新後七等判事、大島島司を務め、島民の負債問題解決のために奔走した。明治二十二年十二月十日、五十七歳で死去。

＊11 笹森儀助（一八四五～一九一五）は、青森県出身、千島から奄美諸島、琉球・八重山諸島を探検・調査し、『南嶋探検』を著わし柳田国男の南島研究に影響をあたえた。島司として、糖業の振興と、島民が負っている負債の償却に多くの力を注ぐとともに本郡に初めて師範学校教員養成講習科の分教場を設置した。

＊12 福山宏は、大島農学校設立、新小学校令実施に際し多大の活動を試みた。

＊13 富田嘉則は、島嶼町村制実施に骨を折り、砂糖同業組合、販売購買組合組織設立に奮闘した。

におかれて臨時北部南西諸島政庁の管理に移ったことから、大島病院と改称。さらに翌二十二年四月、大島中央病院と改称した。

昭和二十八年十二月、本土復帰に伴い県立大島病院と改称したがベット数は八床しかなく、職員も四〇人弱であった。復帰直後の奄美群島の医療施設は病院二、診療所三八、歯科診療所一六で、医師数は、人口四七〇〇人に対し一人で、しかもその多くは名瀬と古仁屋に偏在し、無医村は九つを数えた。これらの無医村には、法制度上では何等の資格にも当たらない医師介補と呼ばれる、いわゆる医療助手によって診療を行う施設が二一か所も存在していた。医師介補という奄美独特の制度は、復帰後二か年の経過措置のあと、完全にその医療行為は禁じられた。

このように非常に立ち遅れていた医療事情の改善を図るため、群島の中核病院である県立大島病院を、最新の医療設備を備えた病院に建て替える必要があった。国・県は、奄美群島復興特別措置法に基づく病院整備七か年計画（昭和三十～三十六年）を策定し、一〇億円の巨費を投じて、七階建て三五〇床（一般一〇〇床、結核二〇〇床、精神五〇床の病院建設後に五〇床増設して四〇〇床となった）を有する、大規模病院の建設を行った。その後も設備の充実が図られ、平成二十四年十一月には救命救急センターを建設し、二十六年六月から運用開始された。二十八年十二月には奄美ドクターヘリも運航開始された（『鹿児島県立大島病院の沿革』）。ここ数年は、新型コロナウイルス感染者の増加にともない重症患者の受入れ病院に指定されるなど、奄美群島の中核医療機関として大きな貢献を果たしている。＊14

三、徳之島保健所の沿革

県立徳之島保健所は、昭和三十三年四月一日、名瀬保健所から分離し、徳之島（徳之島町、天城村、伊仙村）、沖永良部島（和泊町、知名村）及び与論島（与論村）の六町村を管轄する保健所として、亀津

＊14　内山裕「名瀬保健所長のころ」南海日日新聞、昭和五十九年七月二十五日による。

中学校に隣接する徳之島町亀津二七五八―二番地に開設（総務課、衛生課、保健予防課）した（図４）。その後の平成元年八月、駐車場の不足と老朽化などのため、新興住宅地が広がる亀津四九四三番地に三億三〇〇〇万円をかけて新築移転し、現在に至っている。高倉をイメージした建物は、旧保健所の一・七倍の広さがあって検査室や栄養室も充実し、南三島の保健予防を担っている。

戦後八年間にわたって、米軍統治の琉球政府下におかれた奄美群島は、水道などのインフラや保健衛生全般にわたって本土の水準をはるかに下まわっていた。創設時の重点事項は、風土病（フィラリア）、結核伝染病、寄生虫対策が主であり、母子衛生受胎調節はもとより、精神病院の早期開設が課題の時代であった。食品衛生としては、当時主流の露天販売に対する店舗指導が保健所の主たる業務であった。

図４　亀津中学校横にあった徳之島保健所（昭和33年～平成元年）

昭和三十七年から四十六年まで、国の施策としてフィラリア検診がはじまった。当時の保虫率は一二％にも達し、検診者が延べ一九万人におよぶ大規模な事業であった。保健所のほとんどの職員を動員し、保虫者にはスパトニンの投与が実施されたが、昼夜にわたる採血検鏡作業は困難を極めたといわれる。昭和三十七年には与論村において赤痢一〇九人、死亡三人、日本脳炎死亡四人があった。

管内の昭和四十年における医師は二二人、医療施設は一、診療所一八、病床一四〇、助産所五二であった。昭和四十年には、精神病院（徳之島病院）が設立され、昭和四十三年から精神衛生法（現行は精神保健法）に基づく保健婦による在宅精神障碍者の家庭訪問がはじまった。

表１　徳之島保健所管轄地区及び名瀬保健所管轄地区における伝染病発生状況（昭和38年度）

	細菌性赤痢	アメーバ性赤痢	ジフテリア	日本脳炎	破傷風	フィラリア	結核	梅毒淋病	猩紅熱	その他
徳之島保健所	30	2	6	3	3	1	386	0	129	16
名瀬保健所	64	8	12	20	4	7	561	8	0	2
大島郡	94	10	18	23	7	8	947	8	129	18

（出典）大島支庁『奄美群島の概況』昭和39年度版

（註１）結核は、呼吸器系及び其の他の結核を含む。（註２）その他には、疫痢、腸チフス、パラチフス、流行性脳脊髄膜炎、麻疹、百日咳、急性灰白髄炎、トラコーム、食中毒が含まれている。

昭和三十八年度に大島郡で発生した主な伝染病のうち、最も多かったのは**表1**にあるように結核（呼吸器系結核及びその他の結核）九四七人であった。このうち、徳之島保健所管轄区（徳之島、沖永良部島、与論島）が三八六人、名瀬保健所管轄区（大島、喜界島）で五六一人であった。次いで多かったのが猩紅熱（小児に多い発疹性の伝染病）で、徳之島管轄区（与論島で一二九人発生）で発生した。三番目は細菌性赤痢であった。日本脳炎も二三人発生した。なお、フィラリアは八人と減少し、昭和五十三年には保虫率ゼロが確認された。

四十年代に入ると、当保健所の重点事項は、疾病対策として成人病、結核予防、風土病、健康増進対策として「太陽の子運動」、栄養改善、環境衛生対策として上下水道の改善、食品店舗改善、ハブ対策等が行われ、昭和六十年以降は結核・感染症サーベイランス事業をはじめ保健所情報システムが導入された。

令和元年十月末の南三島の人口は三万九一八九人で、開設当初に比べて約四万二六〇〇人減少し過疎化が進んだものの、一方で医療については医師四七人、病院五、診療所二三、病床七六〇と大幅に改善され、医師一人当たりの人口は八三四人となった。ただし、県平均に比較するとやや低位であり、中でも眼科、産婦人科、耳鼻咽喉科の不足は課題となっている。

なお、二〇二〇年に発生した新型コロナウイルス感染者は、二〇二二年一月の時点で徳之島町二〇六人、与論町一七二人、喜界町九五人、伊仙町七六人、天城町四四人、知名町三三人、和泊町二七人の合計六五三人に達し、受け入れ病床の不足などによる島外への搬送など、保健所の対応も多忙を極めた。＊15

＊15 二〇二二年一月二十二日現在。『県立保健所の沿革』による。

コラム　近現代における感染症の歴史

自然と共生している人類の歴史において、疫病の流行はほとんど不可避である。江戸時代に徳之島で甚大な感染者・死亡者を出した疫病として、天然痘、麻疹（はしか）、腸チフスなどがあったこと（註1）は、すでに指摘したが、ここでは明治維新後に大流行した三つの疫病（コレラ、スペイン風邪、新型コロナウイルス）を取り上げることにする。

幕末から明治期にかけて日本で大流行した病気にコレラがあった。強い下痢と嘔吐に襲われ、なす術なく命を落とす者も多かったことから「三日ころり」とも称された。日本へのコレラの上陸は、文政五年（一八二二）に中国、朝鮮半島を経て対馬経由で下関に伝わったのが最初といわれている。明治になり、人や物の往来が格段に活発になると流行の規模も大きくなり、効果的な処方薬もなく、とにかく病人を隔離して接触をさけること、伝染毒はその嘔吐物にあることから、洗浄法も注意告諭がたびたび出された。数年ごとに何度も流行のピークを迎えた。明治十年十月三日には、鹿児島県令岩村通俊から宮崎支庁宛（当時、宮崎県の一部は鹿児島県に属していた）に「避病院」の設置と「虎列刺病予防心得」の通達が出されている。明治十二年八月二日付甲第一二五号は、コレラ発生の府県からきた船舶は予防のため二十四時間上陸を差し止める。同月七日付の甲一二七号は、コレラ流行地から来た旅客は五日間差し止め健康観察の後、通行を許可する。同月十一日付第一三二号では、コレラが次第に蔓延の勢いにつき、神社祭礼など人民群集する事業は一切差し止める、とある。コレラの蔓延防止に消毒液が有効なことや一八八三年にロベルト・コッホがコレラ菌を発見したことなどにより沈静化していった。

大正七年（一九一八）、米国で発生したインフルエンザは翌八年にかけてスペイン、フランス、英国などヨーロッパに広がり、「スペイン風邪」と呼ばれ、同時に日本へも侵入するなど、全世界を覆い、空前絶後の惨禍となった。日本での流行には、三つの波があった。第一波は大正七年三、四月頃日本に侵入し、初夏に止んだ。第二波は、その年の九月中旬から十月上旬にかけて全国に広がった。これは過去百年間の疫病のうち、最も劇的な大流行であった。第三波は、翌年一月下旬から二月にかけて日本中に蔓延した。

スペイン風邪による全世界の患者数六億人、死亡者二三〇〇万人、日本では国民の五人に二人に当たる二一〇〇万人が発症し、約三八万人が死亡したといわれる。鹿児島県でも大正七年十月から十年春までに三度の流行が襲来し、県民の約半数に当たる七三万一四三六人が感染し、一万人以上の命を奪った。毒性が強まった第二波では、死亡率が前年の一〇倍となった。各地域で予防注意が出された。

それによると、①多人数の寄る所、ほこりの立つ所へは行かない方がよい。②悪性感冒の病人には接近しないよう注意。③咳をするときはハンカチで口を覆い、また、痰を吐き散らさない、④鼻毛を剃らぬよう、また胃腸をこわさぬよう用心せよ、⑤日々丁寧にうがいをして口内、のどを清潔にせよ、⑥食振るわず、少しでも身体だるく、また熱あると思えば早く医者に治療を受けられよ、というものであった。なお、奄美大島でも感染者が出たが、徳之島では完全な水際作戦を展開して無事、島内への侵入を防ぐことに成功した（「鹿児島日日新聞」）。

なお前町誌では、大正期に徳之島で流行した疫病として次のものをあげている。①大正元年七月より、翌二年二月にわたり亀津の一部と島尻村（伊仙町）の一部に腸チフスが流行し、約六〇人が死亡した。原因などは判っていない。②大正四年一月より五年二月まで、病名不明の奇病が流行し、徳之島で五八四名の患者が出て、死亡者二〇三名を出した。はじめは高熱を出し、食欲がなく重い人は十日位で死ぬ病気であるが、今なお病名は不明となっている。③大正七年、スペイン風邪が名瀬まで南下してきたが、徳之島には流行しなかった。④大正八年一月、亀津村大字徳和瀬に天然痘が流行し、まもなくまた島尻村にも発生した。それは次第に亀津にも広がり、患者は両村合わせて五九四人となったが、そのうち二八〇人が死亡した。この期間中、各部落では部落入り口の県道や農道には、青年団員や消防団員が小屋を作って昼夜警戒し人の出入りを禁止した（同書、一七〇―一八〇頁）。

新型コロナウイルス感染症（COVID-19）は、令和元年（二〇一九）十二月初旬、中国の武漢市で第一例目の感染者が報告されてからわずか数か月の間にパンデミックといわれる世界的な流行となった。二〇二二年一月二十日現在の世界の感染者数は三億三七九七万三三七二人、死亡者五五六万五七五〇人である。最も感染者が多いのはアメリカの六八五六万九九五八人、死亡者八五万七七七八人、ついで、インドの感染者三八二一万八七七三人、死亡者四八万七六九三人となっている。日本においては、二〇二〇年一月十五日に最初の感染者が確認された後、二〇二二年一月二十二日までに合計一二一三万一九二人の感染者、一万八四九四人の死亡者が確認されている。今回の新型コロナウイルスの場合、徳之島町にも侵入し、執筆時点（令和四年二月七日）で二〇六人（徳之島三町合計は三二六人）の感染者がでている。新型コロナウイルス・ワクチンの接種（註2）が進むにつれ、全国的に感染者数は減少傾向にあった。しかし二〇二一年十二月、南アフリカでオミクロン株が発生し、日本にも侵入。厳重な水際対策（外国からの入国の禁止等）を行ったものの、二〇二二年一月には急速に拡大して第六波を迎えた。三回目のワクチン接種（二回目の接種より六か月経過者）が、十二月から医療介護関係者や施設入居高齢者、そして二月から後期高齢者が始まっている（註3）。

（註1）近年は、ほとんど流行のないジフテリア、破傷風、百日咳の三種混合、麻疹、ポリオ、ロタウイルス、風疹の全世界でのワクチン接種率は、それぞれ八六%、八五%、八六%、二三%、四六%であるという。

（註2）二〇二三年三月十四日現在の全国のワクチン接種状況は、一回目八一・三%、二回目八〇・一二%、三回目六八・五%、オミクロン対応四四・三%である。

（註3）令和五年五月から感染症法の二類相当から五類へと引き下げられたが、ワクチン接種は継続されている。

（参考文献）ウィキペディア、厚生労働省、国立感染症研究所、国立保健医療科学院、南日本新聞、鹿児島朝日新聞（大正七年十一月二日付、同年十月二十二日付）、令和三年十一月二十日、鹿児島大学西順一郎教授講演（樟寿会）資料による。

第三節　民間の機関及び団体

一・電力会社の創業

奄美諸島における電気事業は、明治四十四年五月に大島電気株式会社が資本金五万円（一〇〇〇株）をもって、当時の名瀬村伊津部新川に一〇〇馬力吸入ガス発動機三相交流発電機六〇ワットを据付け、名瀬村の電灯需要家一〇〇〇灯に供給したのが始まりである。その後利用者が増加する一方で、吸入ガス発電機の故障が頻発したこともあり、大正八年に住用川に一五〇キロワットの水力発電所が建設された。

徳之島における電力供給は、浅間出身で東京武蔵野電鉄株式会社の専務取締役をしていた浅松啓良が[*16]、有志に呼び掛けて資金を募り、大徳水電工業株式会社を起業。大正十年（一九二一）ごろから秋利神川の水力について調査を開始。秋利神川に水力発電所を建設し（図5）、平土野から花徳を経由して、亀津まで電線を配線して送電を開始した。大正十二年九月十三日のことであった。出力は一二五キロワットで、弱々しい電力ではあったが、それまで豚油や石油ランプぐらいしかなかった島の生活であったのが、夜の集会や機織りもできるようになった。前町誌によると「この日から送電されることを知った人たちは、夕方になると誰いうともなく大瀬橋の周りに集まり、電灯がつくのを待った。そして電灯がともると一瞬どよめきが起こり、この夜は遅くまで橋の周りはお祭り騒ぎであった」と書かれている。

終戦のころまでに、島ごとに五事業所（大島電気株式会社、古仁屋水電株式会社、大徳水電株式会社、知名村電気課、北大島電気株式会社）が創設され、動力需要家三三戸、契約馬力一七〇馬力、電灯需要家二三三〇戸、契約灯数六四〇〇灯に電気を供給した。

昭和十八年、国家総動員法に基づいて電気事業が再編成されることになり、日本全国を九ブロ

＊16『徳之島先駆者の記録』（高岡善成監修、松田清編）によると、浅松は徳之島の工学士第一号で藤山コンツェルン傘下の企業で専務等を務め、鹿児島電気軌道の設立に参加した。大徳水電は、技師長、常務を歴任。複数の企業電気代の支払いをサツマイモでもよい、として、集めたサツマイモで澱粉工場を建設するなど、島の産業育成に努めた。

ックの配電会社とした。当時の奄美にあった五事業者も九州配電株式会社に統合され、名瀬町に大島営業所を、徳之島（平土野）及び沖永良部（知名）に出張所を置き、管内における電灯電力の供給及びこれに付帯する事業を行った。

　終戦後、昭和二十八年十二月までの米軍政府統治期間は、臨時北部南西諸島政庁知事の管理により、元の株主らに資産が譲渡されるかたちで大島電力株式会社が設立され、独立採算方式で運営された。復帰後における電力整備計画は、奄美群島復興（振興）特別措置法に基づいて、「群島における電力施設は甚だしく荒廃し、かつ不足しているので、既存施設の急速な復興に資するとともに、無点灯部落の解消に努める。電気事業の経営については、その特殊事情にかんがみ公営によることを適当とみとめる」との大綱が打ち出された。この奄美群島復興事業電力整備計画により、電源開発配電線回収並びに配電線新設工事が実施され、施設も整備増強されて、復興事業終了時の昭和三十八年度には、発電所設備出力は五七六九キロワット（復帰時八九四キロワット）、点灯率も八五％（復帰時四〇％）となった。さらに、昭和三十九～四十八年度まで振興事業が継続され、終了時には電源開発二万九二〇〇キロワット、送配電線距離は五四七キロになった。[*17] しかし大島電力株式会社時代は、経営規模が小さかったため停電が多く、電気料金も高かった。昭和四十八年になって九州電力と合併したことで電力供給力も増し、これらの問題はようやく解消されることになった。

図５　現在も稼働する秋利神水力発電所
（写真は昭和40年頃）

二、徳之島の関西郷友会

　ある調査研究[*18]によると、平成二年時点で、関西に集落レベルの徳之島出身者の会は合計三八（アンケート調査に回答したのは二三）存在したという。そして関西の徳之島各郷友会（ごうゆうかい）の連合体として「関西徳州会」がある（図６）。関西奄美会年表によると、徳之島で最初の郷友会は大正三年に伊仙村出

＊17　電気会社については、『奄美群島電気事業の歩み』大島支庁、昭和四十八年二月に依拠した。

＊18　田島康弘「関西における奄美郷友会の実態―徳之島出身者の各集落郷友会に対する調査から―」『鹿児島大学教育学部研究紀要―人文・社会科学編』第四三号（一九九一）。

身者によって組織された徳南同志会であったようだ。大正五年になると、景気拡大による物価上昇に耐えかねた人々が、自作地等を手放して、関西地方の工業地帯へと出稼ぎに出る動きが急速に高まった。まず男たちが出て、続いて妻子を呼び寄せ、その人たちの多くは尼崎市（あまがさきし）の日本製麻会社に就職した。戦前の昭和元〜十年（一九二六〜三五）には、徳之島全体で一五の集落会（徳之島町五、天城町四、伊仙町六）が存在していたようである。それらの会が発足する際の母体となったのは、大部分が会員の居住する地域あるいは職場であった。会発足の動機として挙げたのは、徳之島から出て来て神戸、大阪などの大都市の中で暮らしていくのは侘（わ）びしく望郷の念に駆られるので、気兼ねのいらない同郷の人達と集い、語らい、島唄を歌いたかったからだという。

徳之島出身者でつくる郷友会（徳州会）は関西のほか、関東、鹿児島、その他の地区に数多く存在する。しかし歴史も古く就業者数が特に多かったのが関西であったことから、徳之島関西徳州会が最も大きな郷友会として存在する。昭和二十六年に泉芳朗（いずみほうろう）が奄美日本復帰促進協議会の会長に就任し、断食祈願を行ったが、これを知った人たちが本土においても同運動を支えようと呼びかけ、関西在住の徳之島出身者が団結して結成されたのが、関西徳州会であった。

関西徳州会は復帰してからも大変活発な活動を続け、現在に至っている。しかし全国の郷友会に共通する問題であるが、故郷で生まれ育った第一世代の人々が組織の中心をなしていた時代から時を経るにつれ、今や第二世、三世の時代となり、徐々に故郷に対する意識が薄まり、少子化もあって郷友会活動の中心的な担い手が減少しつつある。

（皆村武一）

図６　在神戸亀津青年会婦人会連合運動会（昭和初期。藤田写真館（『奄美の百年』）。
※神戸の港湾で行われ、海上に大型船が浮き、会場には万国旗と日の丸が見える。

現代

目まぐるしいほどの変化を遂げた「現代」

「現代」では第二次世界大戦の終結以降を取り扱う。

戦後、徳之島は米海軍軍政府下に入り、8 年間にわたって戦前以上の極貧生活を味わうことになった。それでも日本復帰の希望を忘れず、「教育」だけは教師たちのボランティア精神で維持された。昭和 28 年 12 月、粘り強い復帰運動によって日本復帰を果たしたが、今度は奄振事業による強烈なインフラ整備が始まった。まさに激変の時代の始まりだった。さらに様々な政治的紛争、集団就職などによる人口減少が起き、生活環境は激変した。平成に入り日々の生活は落ち着きを見せたが、世界的な規模の自然災害や疫病が相次いで起こり、人々を不安にさせている。日本や世界の政治、経済情勢も目まぐるしい変化を見せており、徳之島町も新たな時代のステージに立たされている。

はじめに

日本は西洋諸国に遅れて産業資本主義ともいえる近代社会を迎え、西洋諸国に早く「追いつき、追い越す」ため、政府主導による近代化を推進した。しかし産業資本主義に偏(かたよ)った政策は、工業の面においては著しい成果を収めたものの貧富の格差を生み、人口の都市集中と農業政策の行き詰まりを生んだ。政府はこれを打開するために海外への移民政策を進めていったが、日本の伸張を恐れた西欧列強との軍事的・外交的軋轢(あつれき)を生むことになった。さらに世界的な経済恐慌は不安定な国際関係を作り出し、日本としてもいっそうの軍事的増強に迫られた。これらは結果的に、日本を第二次世界大戦への参加と敗戦という災禍(さいか)をもたらすことになった。

戦後、日本を占領統治した連合国は、日本の社会構造にこそ強大な軍事国家になった原因があるとみていた。そこで、日本の社会構造自体を変えようと徹底的な「非軍事化」と「民主化」を推し進めた。軍国主義の排除、日本国憲法の制定、財閥の解体、農地改革、教育改革、労働改革、婦人の参政権、思想・言論・宗教の自由など、社会全般にわたって大改革（これらの改革をひっくるめて「戦後改革」と称される）を行った。そのような大改革を経て、戦後の日本は、戦前日本とは異なる時代を歩むことになったのである。このため、日本史では第二次世界大戦後を、世界史では第一次世界大戦後を「現代」と時代区分するのが一般的となっている。

奄美群島は、米国軍政府が約八年間にわたって単独占領統治したが、軍政府というその性格から日本本土とは異なった統治政策が遂行され、日本本土で行われたような戦後改革は実施されなかった。奄美群島は明治期以降、米軍統治期にかけて日本本土とは異なった歴史的経緯を経たことで、近代史や現代史の展開も多少異なったものとなった。このことを踏まえながら、奄美群島と徳之島町の現代史を叙述していきたい。

第一章　米国軍政府統治下の奄美群島

亀津町立高等女学校を訪問した軍政官ら（昭和 21 年）

徳之島町内には、昭和 21 年に青年学校工業科と 2 年制の亀津町立高等女学校が設立されていたが、23 年、亀津と花徳の青年学校が実業高等学校に名称変更となったことから、高等女学校も実業高校に統合されることになった。しかし、24 年度に新教育制度に基づく徳之島高等学校が創立されたことにより、両実業高校は新制高校に移管された。

第一節　奄美群島の武装解除と降伏文書調印

昭和十九年（一九四四）七月九日、サイパン諸島が陥落、そしてフィリピンへの侵攻により戦局は悪化し、日本本土への侵攻を防衛するために、沖縄・奄美の駐屯部隊の再編強化を迫られた。古仁屋に設置された奄美要塞司令部は昭和十九年六月に廃止され、時の要塞司令官 井上大佐は守備隊長として混成一箇連隊を率いて徳之島平土野港に上陸。その本部を平土野の福地浜にあった天城村立青年学校校舎に置き、第一大隊を西阿木名小学校に、第二大隊を岡前小学校に配置した。さらに南西諸島の防衛を強化するため、同年七月、奄美守備隊として独立混成第六四旅団を配置することになり、旅団長には東京陸軍少年飛行兵学校長の高田利貞少将が起用された。協力部隊としての憲兵分隊、大本営特務隊二、秋山特攻兵団などを加えた部隊数は四〇余で、このほかに喜界島、大島、沖永良部に各一大隊が駐屯し、総兵力は推定一万一五〇〇人であった。（『徳之島町誌』一九二～一九五頁参照）。高田旅団長は、沖縄陥落（一九四五年六月二十三日）後の日本本土防衛の最前線に立って、奄美守備隊の武装解除と帰還に至るまでその任務を担った。＊1

一九四五年七月三十日、日本政府による「ポツダム宣言」＊2の受諾が確実になると、「特別布告第一号」が公布された。米海軍の任務が終了し、陸軍を中心とした米国第一〇軍の指揮官スチルウェルが軍政長官に任命されたことを報じたものである。

八月十五日、天皇の終戦詔書が放送され、日本政府は陸海軍に対し即時停戦を命じた。九月二日には東京湾において日本の降伏文書が調印され、GHQによる日本の占領政策が始まった。奄美でも八月二十九日、沖縄の米国第一〇軍司令官・スチルウェル軍政長官から、奄美守備隊指揮官・高田利貞少将に対し、「奄美地区全日本軍降伏調印のため、使節を即刻飛行機により沖縄の第一〇軍司令部に送る準備をされたし」との通信筒が徳之島に投下された。さらに八月三十一日には、「九月三日、降伏に関する指示を受けるべく沖縄に代表を送れ」との連絡があった。

＊1 昭和十九年三月十五日、沖縄地区に創設された第三二軍下に奄美群島守備のため独立混成第六四旅団が編成され、高田貞利少将が司令官に任命された。なお同旅団は、沖縄陥落後、第一六方面軍の指揮下となった。高田利貞は「自分の祖父高田平次郎利平が文久年間に沖永良部島の代官所の役人として在任中にできた叔母が居る地であり、大島郡は関係の深い地でもあるから、大任を果たすため粉骨砕身を徳之島に埋める覚悟をしている。また士官学校長時代に最も信頼のできる生徒で、亀津出身で今は幼年学校飛行少年隊の教官である篤（とく）民雄少尉が居るので、近日中に自分の副官として呼ぶ考えである」と話されたという（勝元清著『私の回顧録―日記抄』）。

＊2 ポツダム宣言（日本の降伏条件に関する米・華（中国）・英三国宣言）は一九四五年七月二十六日、ポツダムにて発表された。ソ連は後に参加した。

これに対し、高田少将は「予は九州方面最高指揮官陸軍中将横山勇の指揮を受けなければ独断処理はできない。故に、直ちにその方に照会して返事する。また奄美大島等の海軍部隊は予の指揮下ではないから、そちらから連絡すべし。なお、我が方に飛行機一機もなく、船も大発動艇以外になし」と返答している。軍政長官より高田少将自身が沖縄に来る必要はないとのことで、代理人として中溝幕僚長を沖縄に送った。高田少将は、自ら沖縄に行って胸中を披瀝する決意をしていたので、代理人に書状を持参させた。その書状には、「自ら参る決心を致しましたことにつきましては、いくつかの動機がありますが、その一つは、閣下の偉大なる御力によりまして、平和の礎を堅くしたいというお願いがあったからであります。すなわち、奄美大島を第二の『アルザス・ロレーヌ』[*3]たらしめぬように、閣下の偉大なる御尽力をお願いしたいと思ったからであります」という内容のものであった。この書簡は受領承認され、中溝幕僚長に諸指令を授けて帰還させた。

沖縄では、同年九月七日に南西諸島の全日本軍を代表して、宮古島から第二八師団（豊部隊）の納見敏郎中将のほか、奄美から高田利貞陸軍少将、加藤唯男海軍少将らが参列し、米軍に対し、琉球列島の全日本軍は無条件降伏を受け入れる旨の降伏文書に署名した[*4]（**図1**）。九月十五日、奄美群島を管轄する大島支庁内に「戦後処理事務室」が設置され、米国海軍軍政府から管内各警察署長、各町村長宛てに終戦第一号広報「民間の武装解除」に関する通牒（外交上の一方的通知）が発せられた。

武装解除の先発として、九月十八日にガーフィールド大佐が上陸用大型船LSTで五十人ほどの兵とともに平土野港に上陸し、枕崎台風直後の徳之島の状況について説明を受け、視察を行った。二十一日になると米国第一〇司令部のカンドン大佐が戦車一台、水陸両用車四台、大型機械一台を伴ってLSTで平土野港に上陸し、港近くの武原医院において奄美群島陸軍司令官高田利貞少将との間で奄美における日本軍降伏、および武装解除の手続きが行われた。

ところが米軍側が提示した「降伏文書」の中に、奄美群島の呼称として、Northen Ryukyu

図1 沖縄島嘉手納で行われた降伏文書調印式（昭和20年9月7日。日本軍人の中央が高田利貞陸軍少将）

＊3 アルザス・ロレーヌは、ドイツとフランスの国境付近に位置しており、戦争のたびごとに所属国（国籍）が代わり、諸制度、言語、教育等が変更され、住民は戦争の結果に翻弄される悲劇を味わってきた。高田利貞少将は、米国軍政府との奄美群島の帰属問題で、奄美群島をアルザス・ロレーヌたらしめないようにと奮闘したのである。

＊4 本文は沖縄県公文書館HP「一九四五年九月七日 沖縄での降伏調印式」を引用した。

「北部琉球」が使用されていたことから、高田少将は、「北部琉球とは国頭地方のことだ。奄美群島は北部琉球ではない。ここは九州鹿児島県に属する奄美群島である」と押し問答して、交渉は難航した。結局、スチルウェル軍政長官の指示によって呼称は訂正され、奄美群島の降伏文書は北部琉球（Northen Ryukyu）から鹿児島県奄美群島(Amami-Guntou Kagosima Ken)に書き換えられた。[*5]

「米国海軍軍政府特別布告第二号」（一九四五年九月二十五日発効）は、米国海軍ジョン・ディル・プライス少将が、沖縄軍略基地の司令官であるところの職権を以て軍政長官の任務を執行することになり、同氏が米国太平洋艦隊司令官代理官となったことや、軍政府によって先に発せられた布告、命令、法令等のすべての条項はその全効力を継続するというものであった。

一九四五年十一月二十六日、南西諸島軍政長官、米国海軍少将Ｊ・Ｄ・プライスおよび南西諸島軍政副長官、米国海兵隊大佐Ｃ・Ｉ・ムレ名で、「米国海軍軍政府布告第一号Ａ」が布告された。この布告は、日本の無条件降伏受諾を反映して、先の「布告第一号」にかなりの修正を施した。この「布告第一号Ａ」によって、北緯三〇度以南のすべての南西諸島が沖縄諸島と同じく、米国海軍軍政府の直接的占領支配下におかれることを明確にした。「第一号」は、戦時下に直接的軍事占領下におかれた沖縄諸島においてのみ実施され、有効であった。直接の軍事占領下におかれなかった他の南西諸島では、有効性を持っていなかったのである。

それから間もなくして発せられた、「北部南西諸島の住民に告ぐ」と題した「米国海軍政府北部南西諸島命令第一号」は、「南西諸島の米国海軍軍政府は、北緯三〇度以南にある南西諸島の全島嶼の行政統括に当たるものである。北部南西諸島の行政は沖縄およびその南部にある島嶼と分離して設立することを適当と認める。故に、ここに米国海軍少佐ポール・Ｆ・ライリーを北部南西諸島軍政府長官に任命し、この職権を以て、同少佐は北部南西諸島における軍政に関するすべての問題に対し本官の代理とする。北部南西諸島とは、鳥島ならびに口之島を含むトカラ群島、

＊5　平成三年に公開された外務省外交記録文書『南西諸島帰属問題—奄美大島』報告書（日本マイクロフィルム）によれば、「奄美諸島を防衛すべき奄美守備隊長の任務は、戦時、戦後を論ぜずとの決心を以て戦後処理に邁進せり。幸いに、わが陸海軍の密接な協同、軍官民の一致協力および米軍の正しき理解により、現地においては、おおむね適切に処理し、奄美群島は鹿児島県に属し、九州の一部にして琉球とは全然別個なることを理解処理せしめたるものと信ず。しかれども、帰属の決定は将来に残された問題なり。当事者の絶大なる努力により有終の美を発揮し、米国の正義および雅量を相待ちて国境あるいは信託統治範囲を正しく決定し、万世にわたる泰平の礎を固成せられむことを祈念してやまず」と述べている。原口邦紘は、終戦時奄美守備隊長として携わった高田利貞の手記「奄美群島の戦後処理について」（昭和二十一年二月十八日）の資料紹介を行い、いくつかの史実を指摘している。（「外交史料館報」第三一号　外務省外交史料館、二〇一七）。

奄美群島の全島嶼を指す（南西諸島軍政府副長官・米国海軍兵隊大佐C・I・ムレ）」とある。

第二節　日本の領土問題と奄美群島の処遇

第二次大戦後の日本の領土問題に関して、米国は昭和十七年（一九四二）頃から研究をはじめ、「外郭諸島」（Outlying Islands）は日本から分離して統治する意図を当初から持っていた。琉球列島および日本本土への上陸を間近に控えた一九四五年三月、米国政府は北緯三〇度以南の南西諸島と、以北の日本とを分離して別々に占領管理する体制をとった。米国海軍は、昭和二十年三月二十八日慶良間島に、そして四月一日には沖縄本島南部に上陸し、激しい戦闘を繰り返しながら占領地域を広げ、六月二十三日、ついに沖縄は陥落した（**図2**）。この間、米国海軍軍政府は次のような「布告第一号」（日付なし）を公布するとともに、一〇件の「布告」を公布した。*6

「海軍政府『布告第一号』」

米国軍占領下の南西諸島およびその近海住民に告ぐ（中略）本官米国太平洋艦隊および太平洋区域司令長官兼米国軍占領下の南西諸島、及びその近海の軍政府総長米国海軍元帥C・W・ニミッツはここに左のごとく布告す。

南西諸島及びその近海、並びにその住民に関するすべての政治及び管轄権、並びに最高行政責任は占領軍司令長官兼軍政府総長、米国海軍元帥たる本官の権能に帰属し、本官の監督下に部下指揮官により行使される。

日本帝国政府のすべての行政権の行使を停止する。各居住民は本官および部下指揮官の公布するすべての命令を敏速に遵守し、本官の指揮下の米国軍に対する敵対行為、または何事を問わず日本軍に有利なる援助をなさず、かつ不穏行為またはその程度如何を問わず、治安に妨害を及ぼす行動に出ずべからず。

＊6　米国軍政府の琉球列島占領管理政策に関する「布告」、「布令」、「指令」等に関しては、臨時北部南西諸島政庁「米国軍政府布告・命令集―自一九四五至一九四七」に収録されている。米軍の法令の発表形式は、その内容の軽重によって区別されているが、手続き上の段階も示しており、その意義をつかんでおくことは重要である。「布告」は、占領軍の政策の最も重要なものを発表する形式で、軍政当時には常に司令官の名によって公布され、民政府樹立後は民政府副長官の署名のもとに発布されている。布告は後に発布する同一種類の法規のみによって廃止、修正もしくは代替することができ、それ以外の法規によっては布告の指示事項を無効にすることはできない。「布令」は、全琉球住民もしくは一部住民に対して効力を有する立法的性格を帯びている。条例の公布にあたっては「布令」の形式を帯びている。「指令」は非立法性の行政命令で、副長官が各群島政府に公布し、行政管轄区域内の機関及び個人の行為を指示するものはこの「指令」の方式によって公布される。

本官の職権行使上その必要を生ぜざる限り、居住民の風習並びに財産権を尊重し、現行法規の施行を持続する。今後、すべての日本裁判所の司法権を停止する。ただし、追って命令あるまで当該地方における軽犯罪者に対し、当該地方警察官によりて行使される即決裁判権はこれを継続するものとする。

本官、または本官の命令により解除されたる者を除くすべての官僚、[*7]支庁及び町村または他の公共事業関係者並びに雇用人は、本官または特定されたる米国軍士官の命令の下にその任務を遂行すべし。占領軍の命令に服従し平穏を保つ限り、居住民に対し戦時必要以上の干渉を加えざるものとする。

爾今（今後）、布告、規則ならびに命令は、本官または本官を代理する官憲により逐次発表され、これにより居住民に対する我が要求または禁止事項を明記し、各警察署ならびに部落に掲示さるべし。本官または本官を代理する官憲により発布されたる本布告、または他の布告ならびに命令または法規等において、英文とその他の訳文の間に矛盾または不明の点が生じた場合は英文を以て本体とする。　一九四五年　月　日　於　※日付等の記載なし。

米国太平洋艦隊及太平洋区域司令長官兼南西諸島及その近海軍政府総長　米国海軍元帥C・W・ニミッツ」

一方、日本本土を占領支配することになった連合国軍も連合国軍代表最高司令官マッカーサーの名のもとに一九四五年九月二日、日本との降伏文書調印の当日に三つの布告を発した。しかし、文中に立法・行政・司法の三権はD・マッカーサーの管理下に置かれること、公用語を英語とすること、日本円を廃止しB円を法定通貨とすること等が書かれていたことから、日本政府の強い抗議により白紙となった。

上記、南西諸島及その近海軍政府総長　米国海軍元帥C・W・ニミッツ「布告第一号」と連合国軍代表最高司令官D・マッカーサー名により発布された「布告第一号」は、発布された日時が異なる

＊7 公職追放された者のこと。

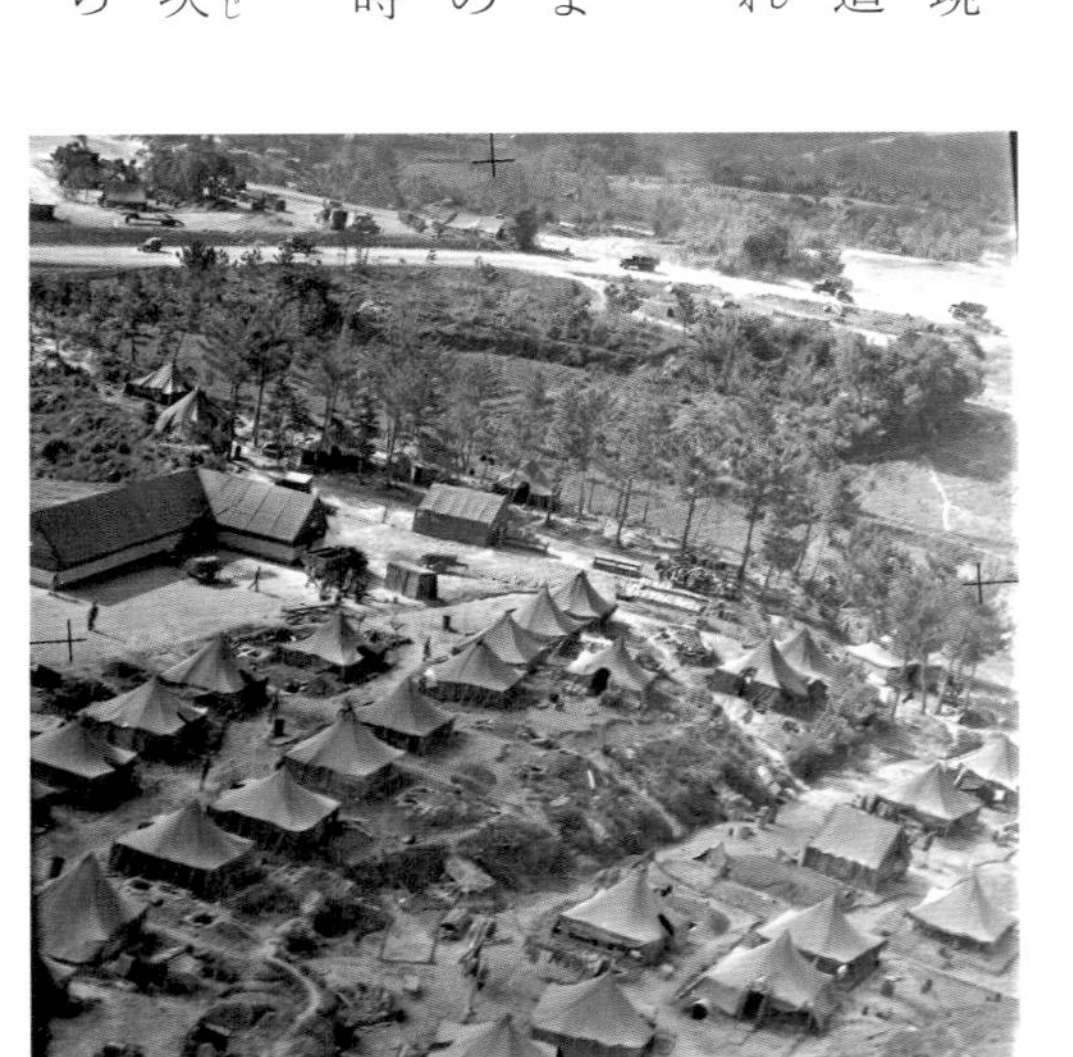
図2 沖縄の米軍基地（昭和20年。米国国立公文書館所蔵）

のみならず、占領管理の対象地域・占領管理の内容及び方法も異なっていた。また、何故に北緯三〇度を以て連合国軍最高司令官マッカーサーと米国海軍元帥ニミッツの占領管理区域に分割されたのか理由は明確ではなく、研究者の間にも諸種の見解がある。代表的なものとして、竹前栄治や天川晃らが主張するように、連合国軍政府の日本占領管理下における日本国政府の主権の及ぶ範囲に関して、明確な合意や取り決めは一九四五年十一月二十六日、米国海軍軍政布告第一号が発布されるまで明確でなかった、とするものである。また、大田昌秀が主張したように、アメリカ政府は、日本政府が対米英戦争を開始した前後あたりから、すでに軍事力や軍需物資の生産状況の実情から判断して、日本が敗戦に追い込まれるのは必至とみて、対日戦後政策の作成にとりかかっていたとするものがある。大田によると米国務省極東部の情報調査官は、一九四一年十一月十五日時点で「対日経済圧迫」という文書をまとめていた。さらに同省特別調査課では、四二年七月頃から種々の対日文書を作成しており、四二年九月の段階では、すでに日本の領土の境界線を北緯三〇度に設定する構想がもちあがっていた、という。*8

最終的には、一九四六年一月五日、連合国軍総司令部民政局長ホイットニーが「若干の外郭諸島地域を政治上、行政上、日本から分離するための覚書」案を作成し、日本政府に送付し、その「覚書」に沿って、一九四六年一月二十九日の「プライス宣言」が発せられ、いわゆる「二・二宣言」によって奄美群島は日本の行政権外におかれることになった。*9

第三節　日本から分断された奄美群島

日本の無条件降伏受諾調印後の一九四五年九月二十五日、沖縄を占領した米国海軍軍政府は、「米国海軍軍政府特別布告第二号」を公布した。同布告は、「本官米国海軍少佐ジョン・ディル・プライスは沖縄軍略基地の司令官の特権を以って軍政府長官の任務を執行する」と述べている。この布告は、

*8　大田昌秀「アメリカの対沖縄戦後政策—日本からの分離を中心に—」坂本・ウォード編『日本占領の研究』東京大学出版会、一九八八年所収。

*9　「プライス宣言」によって日本から政治上、行政上分離された外郭諸島は、鬱陵島、済州島、琉球列島（北緯三〇度以南の南西諸島）、小笠原諸島、硫黄島、その他全ての外郭諸島および千島諸島、歯舞、色丹島などである。拙著『戦後日本の形成と発展—占領と改革の比較研究』（日本経済評論社、一九九五）の第二部「米国軍政府の琉球列島占領管理政策」で論じているので参照してほしい。

「南西諸島及びその近海の居住民」を対象としているが、その具体的な領域は、北緯三〇度以南にある南西諸島及び近海であることが明確にされている。

一九四六年一月二十九日、連合国軍最高司令部は、日本政府に覚書を送って「日本の領域」を定義し、近日中に奄美を含む北緯三〇度以南のトカラ列島の一部、及び琉球列島を日本の版図から分離して統治することになる旨を伝えた。その報が奄美群島に伝わるやいなや動揺が広がり、一月三十一日には群島会議を開き、以下のような要望を連合国軍最高司令部へ送付することとなった。

①大島郡民の自治権を最大限に許容せられたきこと、②本土の各種学校への進学の自由を許容せられたきこと、③本土の新聞、出版物の購読の自由を許容せられたきこと、④日本の宗教をふくむ布教の自由を許容せられたきこと、⑤本土の金融機関を許容せられたきこと、⑥本土商社とのバーター交易を許容せられたきこと、⑦本土への移住の自由を許容せられたきこと、などであった。しかしながら、四六年二月二日に「二・二宣言」が発表され、北緯三〇度を境にして、北は連合国軍政府が、以南は米国海軍政府が占領支配することが確定した。

日本本土では、一九四六年早々には衆議院の総選挙が行われ、四六年から四七年にかけては日本国憲法制定、農地改革、財閥解体、労働改革、戦犯の公職追放など、一連の民主化改革が実施されたのに対して、米国軍政府が占領統治した沖縄・奄美では、このような社会構造や制度の改革は実施されなかった。二つの軍政府の占領統治政策の違いを端的に表したのが、一九四七年九月二十七日のジョゼフ軍政官の着任演説である。

「(一) 日本の状態と北部南西諸島の状態とは、これを比較して論ずべき性質のものではない。
(二) 日本は被征服国として復興の途上にあり、その政府は完全に民主的に改造された。南西諸島は日本から分離され、日米間に講和条約の調印をみるまで軍政府の管轄下におかれる。
(三) 南西諸島の行政府は、現在は軍政府であって、決してこれを民主政治と解釈してはならない。事実これが軍の独裁的政治形態を有する点において、民主政治とはおおよそ対蹠である。

ただこれが民主国の軍政府であるが故に、なしうる限り民主主義の原理が採用されているにすぎない」[*10]

米国海軍政府は、四七年十月十六日「米国海軍政府命令第一五号」において、「北部南西諸島住民の可能な限りの自由、言論の自由、出版の自由、宗教の自由、平和的団体、労働組合または政党の組織の自由の権利をここに付与する」と発表した。ただし、自由の付与は北部南西諸島内部に限られたもので、日本本土および外国との交易・渡航や情報通信の自由は認められなかった。母国から分断されて生活していかなければならない住民にとって、拘束・抑圧・不自由以外の何ものでもなかったのである。このようにして進学や就職、病気の治療、生活物資の移入などの経済活動といったことのために密航、密貿易、闇取引(やみとりひき)など命を賭けた活動が展開されることとなった。

奄美群島で復帰運動が組織的に展開されるようになったのは、講和問題についてダレス特使が来日し、奄美群島の帰属問題が論じられるようになった、一九五一年二月（奄美大島日本復帰協議会の結成）からである。活動の中心に、講和条約第三条にある「北緯二九度以南の琉球諸島、小笠原(おがさわら)諸島、その他の南方の島は米国の信託統治(しんたくとうち)下におく」[*11]の撤廃(てっぱい)を掲げて、復帰運動が展開されるようになった。奄美群島内外における復帰運動、あるいは支援活動は国際世論を動かし、一九五三年十二月二十五日、ついに念願の日本復帰を果たしたのである。米軍政府統治下においては、米国からの経済的・財政的支援は、群島民の最低生活が維持できる程度のものにすぎなかったから、米軍統治下の群島民の生活水準は悲惨なものであった。

第四節　米国軍政下の行政

終戦後の奄美群島の政治及び行政は、大きな変革を味わった。まず、一九四六年二月二日、いわゆる「二・二宣言」により、北緯(ほくい)三〇度線以南は切り離され、米国軍政府の統治下となり、日

＊10 要点を村山家国著『奄美復帰史』から引用した。

＊11 対日講和条約第三条には「日本国は、北緯二九度以南の南西諸島、琉球諸島及び南方諸島（小笠原諸島、西之島及び火山列島を含む）、並びに沖の鳥島及び南鳥島を合衆国を唯一の施政権者とする信託統治制度の下に置くこととする国際連合に対する合衆国のいかなる提案にも同意する」となっている。

本国旗を掲げることが禁止された。また同年、二月二十八日の米国国務省告示第二二号で、十島村のうち竹島、黒島、硫黄島の三島については鹿児島県の管轄に編入されることになった。三月十三日、軍政府が開設され初代軍政官海軍少佐ポール・F・ライリーが着任し、三月十六日には軍政府命令第二号によって南西諸島を米国海軍政府の統括監督下とし、大島郡の全政治権能及び活動も大島支庁長の行政権内に置いた。七月一日になると、統治権が海軍から陸軍の統括監督下に移管され、同年十月三日、大島支庁の名称を臨時北部南西諸島政府と改称するとともに、支庁長は臨時北部南西諸島知事、次長は副知事と改称した。

一九四七年五月十七日、司法権が独立。五〇年十月に奄美群島知事の公選が行われ、翌月二十五日、奄美群島政府が設立された。一九五二年四月一日琉球政府が創立。同年、群島政府補助金を得て念願の亀津町庁舎を建設（**図３**）。翌五三年十二月二十五日、奄美群島に関する日米協定条約第三三条により、奄美群島は日本に返還されて鹿児島県大島支庁が復活した。祖国から分断七年十か月の間、米国軍政府の監督下において、奄美群島の政治・行政はめまぐるしく変わった。

一九四六年十二月六日に開催された奄美群島市町村会の席上で、ライリー少佐は、この期間中の奄美群島最高責任者の選任に関する軍政方針「北部南西諸島における政治の在り方」を示し、「官吏の公選はありえないことを判然と了解することを要する。当分の間はできるだけ民主主義を取り入れつつ、発表されたアメリカの政策を実行するのはアメリカ合衆国軍政府の使命である」（『奄美タイムス』一九四六年十二月七日）とした。同年十月三日、アメリカ軍政府は、本土籍の官吏を解任・送還させて空席となった支庁長に、元学校長で大島支庁振興主事をしていた豊島至を任命した。十月に大島支庁は臨時北部南西諸島政庁にかわり、支庁長が知事となった。次の中江実孝まで官選であった。

図３　建築中の亀津町役場 ※昭和 27 年。建築費は政庁補助金と起債で 150 万 B 円を計上。それまでは小学校の郷土館を移築して庁舎としていた。

一九五〇年七月三十日の「琉球軍政府布告第三七号」により、奄美群島政府が樹立されることになり、群島民の民主的な選挙によって知事並びに議員を選出することになった。翌年九月のサンフランシスコ講和条約第三条により、北緯二九度線以南の地域がアメリカ合衆国の信託統治下に置かれることになったが、ダレスは、当該地域に対する日本の残存主権を認めることを宣言した。これを受けて、一九五二年四月、奄美群島政府は解消し、琉球政府に包摂（取り込まれること）されることになった。[*12]一九四六年以降、復帰（一九五三年十二月二十五日）までの知事は**表1**のとおりであった。

戦後の米国軍政府下で、郡民生活、生産労働条件、進学・就職、財政・金融、対外貿易、言論表現の自由、教育等のすべての面において困難な情況の中で、軍政府からの命令、束縛、責任を押しつけられる一方で、島民たちからの要求や不平不満が噴出し、行政の責任者は苦渋の選択をしなければならなかった。

第五節　米国軍政下の財政と金融

「二・二宣言」によって日本の行財政から切り離され、交易の途は断たれ、政府の補助もなく、群島の生産品は市場を失った。その結果、本群島の経済復興は原動力を失い、徐々に縮小の一途をたどることとなり、地方財政並びに群島民の生活は窮迫の度を加えていった。

昭和二十二年（一九四七）から二十七年までの六か年間の復興予算、及び補助金総額（ガリオア資金）は二億二七四五万B円余（一八九万五四五七ドル）で、年平均三八〇〇万B円弱である。この復興予算も使途が明示され、それも裁判所とか警察署や刑務所などの治安維持関係費が大半をしめ、郡民生活の安定や経済復興に関係するのは、わずかに三・六％の八三〇万円にすぎなかった。加えて、食糧品を主とする生活必需品の輸入は輸出をはるかに上回り、毎年の輸入超過の累積によって通貨

表1　米軍政府下の行政官（知事、地方庁長。Sは昭和）

任　期	官職	氏名
S.21.3.20～21.10.3	支庁長	豊島　至
S.21.10.3～22.9.20	知事	豊島　至
S.22.9.26～25.9.27	知事	中江実孝
S.25.9.27～25.11.25	知事	吉田　嘉
S.25.11.25～27.3.6	知事	中江実孝
S.27.3.6～27.3.31	知事代理	大津鉄治
S.27.9.22～28.12.25	地方庁長	沖野友栄

＊12　奄美群島政府解消後、群島政府所在地に地方庁が開庁し、沖野友栄氏が初代庁長に就任した。

資料1　家庭での密造酒醸造を税務署も黙認

密造酒醸造問題については、昭和二十二年三月二十三日、第二回民政議会における議題についての中江知事及び吉田議長・議員、里原税務署長の質疑応答等を紹介する。

昭和二十二年から自家醸造を認めたが、その理由は、戦争中酒造製造業者の施設がだいぶ破壊されて醸造が非常にむつかしくなり、酒の供給量が非常に少なくなった反面において需要が旺盛であったため、家庭において次第に酒の密造が始められるようになったのである。税務署も一方的に密造を取り締まることもできなくなり、酒税を徴収することで政庁の歳入も増えるので、暫定的なものとして一応認めることにした。しかしながら、その結果、多くの弊害を引き起こした。その弊害は、第一に、食糧不足が叫ばれている時に、米麦といったような主食が酒の製造に消費されているということ。更に農民の換金作物である黒糖が、大量にそれに消費されているということである。第二番目の弊害として、飲酒による成人のみならず未成年者の傷害事件が多く発生しているということ。三つ目の弊害として、醸造器に鉛を使うので酒に鉛毒が含まれることである。四つ目に酒税の徴収について各家での醸造量が把握できないので、各戸に割り当てを行わなければならないが、その結果、結局人頭税的なものとなり、酒を消費しない人も酒税を払わなければならず、不公平を生じるということである。

長所よりも欠点の多い自家醸造を修正していくことが、将来の奄美群島のためによいのではないか、ということでその処置について提案するわけである。

政庁案の提案

政庁案は、自家用密造酒の醸造を本年度で廃止する。（中略）今度新規免許の余裕がある地区は、（中略）総計十五か所あって、新規免許証を付与する予定である。（後略）

昭和二十四年度の名瀬市の酒造業者（名瀬市は自家用酒を認めていなかった）が製造した実績は、四八九石七斗八升三合であったが、古仁屋、笠利、竜郷、宇検方面から名瀬市で生産されている量とほぼ同じ量が入ってきていたので、名瀬市で九七九石六斗が消費されていたことになる。名瀬市の人口は二万九九六八人、一人当たりの年間消費量は三升二合六勺で、この割合をもって大島郡全体を推計すると約七四〇〇石にもなった。酒税収入は奄美群島政府にとっても重要な位置を占めていた。※一石は一八〇㍑。

昭和二十三年度の予算に占める酒税額は、二三％余にも及び、食糧不足が続くなか、貴重な黒糖などを焼酎生産で消費することは、徐々に問題視されるようになった。こうして、昭和二十五年四月一日をもって奄美群島にのみ認められてきた自家用酒は、ついに禁止されることとなった。

が枯渇していった。

　極度の通貨不足は、生産を一層縮小させることになり、失業者は増大した。それに伴う購買力の減退は、中小商工業者を廃業寸前に陥れ、経済窮乏はその極限に達していた。人々の生活水準は低下し、イモやソテツで露命をつながねばならなかった。奄美大島町村会『奄美大島の実態』（一九五三年）によれば、米国軍政府から復旧事業への援助が与えられ、また軍施設の工事によって民間経済が活発化し、復興の気運は促進されつつあったものの、その多くは沖縄群島が対象であった（**図４**）。そのために同じ政治圏内にありながらも、大島郡と沖縄群島は経済的・社会的に事情を異にしていた（**表２**）。

　このような社会情勢にあって、郡内の地方財政は歳入の中心である市町村税が枯渇し、一方で戦災復旧、その他の急激な経費膨張に直面した。市町村の財政は運営が困難となり、まさに破綻寸前となった。大島郡の昭和二十八会計年度の予算を県本土市町村と比較したのが**表３**である。

　これをみて明らかなことは、県本土の市町村歳入構成の主要なものは交付金・補助金であって、税収と起債がこれに次いでいる。ところが大島郡の市町村は、税収入が主軸をなし、交付金や補助金がこれに次いでいる。本来ならば、国や県の交付金や補助金は、貧困な自治体ほど歳入に占める比率が高くなるが、大島郡の場合、住民からの直接税に大きく依存していたのである。ところが住民の税負担力は著しく減退し、経済不況もあいまって税金の滞納も多く、各市町村とも赤字財政に悩まされた。市町村職員の待遇も甚だしく悪く、その平均額は昭和二十八年二月時点で二一二〇円（B円）しかなく、そのうえ給料の遅配が続いたため、徴税令書を給料代わりに配らねばならない町村もあったという（『名瀬市誌』）。

表２　米国民政府復興予算及び補助金（大島郡分）

年次	復興予算(B円)
1947	8,819,243
1948	8,466,547
1949	11,817,509
1950	31,466,470
1951	81,786,446
1952	85,099,720
計	227,455,935

（出典）『奄美大島の実態』原資料は奄美地方庁資料

表３　大島郡市町村の歳入構成比の比較（昭和27年度）（単位：％）

	税収入	交付金 国県補金	起債	使用料 手数料	夫役 現品	その他	計
大島郡	60.7	19.9	0.4	7.0	4.3	7.7	100
県本土	25.4	45.1	17.1	1.9	—	10.5	100

（出典）『奄美大島の実態』　※数字は各科目の歳入総額に対する比率

試しに、昭和二十七年度の大島郡市町村の歳入総額（約四四九〇万円）を、物価指数の膨張率（おおよそ当時の一〇〇倍）にしたがって昭和十六年度のものと比較換算すると、約四分の一にすぎない。また、本土の市町村一人当たり収入と大島郡の一人当たり収入を比較した場合、本土は二九五六円であるが大島郡は六四八円（二一六B円）となり、これも本土の四分の一程度しかなかった。

このように財政運営に苦しむ大島郡内市町村は、乏しい財源をいくらかでも確保すべく、さらに三一種類の法定外独立税目を定めることとなった。

一．接客人税、二．ミシン税、三．家畜税、四．ラジオ税、五．塩釜税、六．製糖機税、七．移出税、八．市場税、九．電話税、十．精米機税、十一．精莚税、十二．畳製造税、十三．製縄機税、十四．製粉機税、十五．製材機税、十六．製茶組合税、十七．手車税、十八．製麺機税、十九．動力用脱穀機税、二十．煙草切機税、二一．家畜商税、二二．動力税、二三．広告税、二四．炭釜税、二五．漁獲物製造場税、二六．瓦釜税、二七．夜焚（いざり漁）組合税、二八．待網税、二九．精油機税、三十．生産牛馬豚税、三一．教育税（昭和二十八年度新設）

これらの税種目は、大島郡外の市町村では見かけない珍奇なものばかりであるが、島民からすれば負担の限度を超えており、生産意欲を削ぐばかりであった。

昭和二十八年（一九五三）二月、琉球政府奄美地方庁（前年九月発足）は、「奄美群島緊急社会施策特別計画書」を策定した。「計画書」は、琉球政府（前年四月発足）に社会保障制度の促進を要請するための調査資料であった。これをみると大島郡全体の被保護者は八五〇〇人で、種類別では、寡婦と子供世帯、老人、病人、身体障害者、孤児となっている。貧困、失業、荒廃、孤立などの環境は、犯罪を生み出しやすい。大島郡全体の成年者の犯罪統計を年度別に示すと、一九四六年六一五人、四七年八四三人、四八年一五一〇人、四九年一〇三一人、五〇年一二〇九人、五一年一

図4 昭和20年代の亀津南区の風景（護岸も整備されていない）

〇九八人と推移していた。琉球政府奄美地方庁の、一九五三年度予算生活扶助費はわずか二一〇万円ほどで、被救助者一人あたりにすると月平均二一円程度ときわめて少なく、かろうじて餓死を防止する程度に過ぎなかった。

第六節　米国軍政下の交通・通信・運輸

本土と分離された奄美群島では、島々を結ぶ交通手段は小型船舶に頼るしかなかった。

昭和二十六年発行の「奄美群島管内電話番号簿」に二つの海運会社が掲載されている。大島郡海陸輸送組合（名瀬市金久、組合長・肥後吉次）と大島機帆船組合（名瀬市金久、組合長・山下辰二郎）である。ちなみに海陸輸送組合に加入している船は、春日丸、よろん丸、豊丸、平祐丸、ときわ丸など四二隻で、全船名が掲載されている。機帆船組合に加入している船は、一丸（笠利村）、海洋丸（沖縄）、魚龍丸（古仁屋、徳之島）、慶徳丸（徳之島、沖永良部島）外一九隻であった。ほとんどの船は一〇トン以下の小型船で、島と島を航海する船でも五〇トン内外しかなかった。これらの船が人や貨物を運んだり、あるいは密航船として活躍したのである（図5、6）。

宮山清著『戦時中の十島記―黒潮の譜』によれば、「トカラ列島に定期的に航海する船といえば、十島丸と金十丸があった。鹿児島の港を出た十島丸は先ず竹島・硫黄島・黒島（上三島という。現在三島村）を回り屋久島・種子島の横を南下し、口之島・中之島・臥蛇島（現在無人島）・平島・諏訪之瀬島・悪石島・小宝島・宝島（下八島、現在十島村）と一一の島々を経て、奄美の名瀬港に着く。この航路は昔から名だたる七島灘の荒波が時に狂乱する。港といっても港の形をした入江はどの島にもない。船は来ても島の荒磯はちっぽけな丸木舟を出す時もある」と述べている。

小型船ゆえに走行速度は遅く、遭難事故も相当な数にのぼった。昭和二十七年十一月、徳之島沖で起きた与論丸の遭難では、群島議員、公安委員、貿易庁職員その他の郡内知名の士を失い、二十

図５　亀徳港での砂糖積み出し（昭和29年）

図６　亀徳港のはしけの風景（昭和31年2月）

八年二月五日には新生丸が沖永良部海上で遭難。乗組員と乗客七〇余名の尊い人命が失われた。

第七節　米国軍政下の教育

昭和二十年八月十五日の終戦によって、日本政府は連合国軍最高司令部（GHQ）の統治下におかれることになったが、学校教育も例外ではなかった。連合国は、日本占領統治の基本的方針として、軍国主義の排除と民主化を掲げ、教育の面においてもその方針が貫かれた。それゆえ、占領統治下におかれた戦後直後の教科書は、これまで使用されていた全教科書の中の軍国主義的、超国家主義的な箇所を墨で塗りつぶして使用させた。翌二十一年度に使われた教科書は、ザラ紙に印刷され表紙もなく仮とじのものが配られた。それでも学級の子ども全員には数が足りず、くじ引きであった。本をもたない子どもたちは本をもっている友達の両となりに座って見せてもらったり、授業が終わったあと先生や友達に本を借りたりして、放課後や夜、書き写して勉強した[*13]（図7）。

戦後わが国の教育改革を方向づけたのは、二十一年三月に来日した米国教育使節団による次のような内容の報告書であった。

「過去の日本の教育は、たとえ軍国主義、超国家主義の影響がなくても、近代教育としてはきわめて問題が多い。具体的には、極端に中央集権化された教育制度、複線型の学校体系、画一的な詰め込み教育、官僚的な教育行政、非能率的な国語・国字などである。そして、民主主義社会にふさわしい教育原則として、個人の価値と尊厳を出発点として、ひとびとが、自らを労働者・市民および人間として成長させることをめざす（後略）」等と述べている。

二十二年五月三日に新憲法が施行され、選挙制度や教育基本法、労働組合法など各種の新しい法律が次々と制定され、新生日本の建設が着々と進んでいった。鹿児島県でも日本政府（文部省）や連

図7　昭和20年代前半の神之嶺小学校（多くの学校がこのような仮校舎を使っていた）

＊13　寿富一郎著『奄美教育』三三頁。

合国軍最高司令部の指示をうけて、戦時体制下の教育を見直すことになったものの多くの問題を抱えていた。校舎の焼失、教師や備品の不足、食糧不足、教育方針の混乱などがあり、小学校・中学校において十分な教育はできなかった。それでも二十二年四月には本県でも小学校と新制中学校がスタートし、翌年四月に新制高校、そして二十四年四月から新制大学が発足した。

北緯三〇度線によって閉ざされた奄美群島でも、「祖国日本の新法令を奄美にも適用せよ」という住民の声は澎湃（ほうはい）（盛んに起こる）として高まった。特に教育現場の困窮ぶりは言語に絶するものがあった。子供たちは教科書もなければノートや鉛筆さえなく、教員も給与だけでは暮らしていけなかった（図8）。こうした中で、教育熱心な教職員たちが二人の代表（森田忠光・深佐源三）を船員として本土に送り、出身者の協力を得て、発足したばかりの新教育制度の法令や指導書、それに教科書などを仕入れ、さらに二十四年度から使用する教科書の手配まで行った。[*14] その際東京においては、全国各地の荒廃した学校に赴任し、「学校建て直し屋」として教育界で知られていた龍野定一（亀津出身）が時間を惜しまずに同行し、文部省政務次官や初等中等局に直接面談して協力を得ることができた。また、先進的な取り組みを行う都内各学校を訪問し、実際の教育現場を見学。さらに教科書を発行する大手出版会社へも龍野自身が同行し、新教科書の手配を済ませることができたのである。

一九四六年二月二日、奄美群島は日本の行政・司法、領土等の権限から分離され、米国軍政府の統治管轄（かんかつ）下におかれた。ただし、米国の領土に編入されたわけではなかったから、米国軍政府は、奄美群島民が連合国の日本占領統治に支障のない範囲で、日本本土と同じ制度を許容した。

昭和二十一年三月、北部南西諸島米国軍政府は、新支庁長に豊島至を任命するとともに「教育懇談会」を召集した。ライリー軍政官からは、「北部南西諸島軍政府管内の教育方針」として、①世界平和を愛好する人間をつくることを目的とすること、②米国の批

*14 佐竹京子編著『軍政下奄美の密航・密貿易』一一六―一二〇頁ほか参照。

図8 米軍統治下の亀徳小学校授業風景（昭和20年代前半）

判・中傷をなさざること、③天皇のことを教えないこと、を指示した。さらに、学制に関しては、①学校は現行学制を認める、②中学校の五年制復活と本土への進学の自由を認める、③教職員の身分は既得資格を保障する、④教科書は従来のものを使用してさしつかえない。不足する分は本土から取り寄せるよう斡旋（あっせん）する、と明らかにした。これを受け、昭和二十一年から二十三年までの間、教科書は杉山商会が本土から取り寄せて配布した。

本土では、昭和二十二年四月から六・三・三制の新教育制度が発足したが、奄美群島においても一年遅れて、二十三年四月から国民学校を改称して市町村立小学校とし、同時に中学校を創設した。中学校は亀津町に二校、東天城村に仮教場も含めて三校創設されたが、急なことであったので、小学校の一部を使用することで間に合わせなければならなかった。

翌二十四年四月には、郡内に高校五校（大島、古仁屋、喜界、徳之島、沖永良部）が創立され、与論島には大島高校の分校が設置された。徳之島町域の場合、すでに二十一年に青年学校工業科と二年制の亀津町立高等女学校が設立（図９）されていた。[*15] しかし、その二年後、亀津と花徳にあった青年学校が実業高等学校へと名称変更となり、その際に高等女学校は実業高校に統合された。さらに翌二十四年四月、新教育制度に基づく亀津町・東天城村・天城村組合立徳之島高等学校が創立されたことから、二つの実業高校は新制高校に移管されることになった。

奄美全域で見ると、大島中学校に夜間中学校が設置され、農事試験場附属農学校も設置されている。本土から分離され、高等教育機関のない奄美においてこのような独自の取り組みは、いろいろな面において重要な役割を果たすことになった。

次に、郡内の中学・高等学校卒業者の進路をみてみたい。

図９　町立高等女学校正面玄関にて（昭和22年2月28日）

戦前は、進学・就職の際には日本全国どこでも自由に選べたが、戦後の「二・二宣言」以降、日本本土への渡航ができなくなった。したがって大学や専門学校への進学を希望する者は、沖縄に行くか、本土に密航するしかなくなった。このため、昭和二十四年四月に新制大島高校が発足するまでは、中学校を卒業してさらに勉学を続けたい人のために二か年間の専攻科を設け、大学入学資格や教員資格取得への道を開いた。そこを修了して大学進学や教員になり、奄美の教育や医療、産業、行政などに貢献した人も多かった。地元で就職できた人は幸いであったが、多くの人たちは、群島内には就職口は少なく、沖縄へ行き職場を見つけなければならなかった。

表4にあるように、昭和二十七年の郡内の求人数は四四〇人で、沖縄からの求人数は四八一人、合計九二一人の求人に対して求職者数は郡内七八八人、沖縄二七〇人の合計一〇五八人であった。大島郡内は、求職者数が求人数を上回っており、逆に沖縄からの求人数に対し求職希望者は不足していた。したがって、必然的に沖縄に職を求めざるを得ず、結果的に郡内の就職者一九四人、沖縄が四〇九人の合計六〇三人となった。それでも求職者数が就職者よりも四五五人も多く、彼らは失業状態にあった。しかも沖縄で就職した奄美出身者は、賃金面ほかで不当な扱いを受けることが多かった。

昭和二十八年十二月、奄美群島は日本に復帰したが、就職等で沖縄に渡航していた人や進学している人は、本土の大学や米国の大学に編入したり、就職者も職場を日本に移さなければならなくなった。中には沖縄に留まって活躍された人も少なからずいたが、外国籍として職場から排斥（はいせき）されたり、不当な差別に苦しんだりした人も多かった。[*16]

なお、進学希望者や地元や沖縄で就職がかなわなかった人たちは、関

表4　昭和27年（1952）の求人・求職・就職（労務局調査による）

	求人数			求職数			就職数		
	島内	沖縄	計	島内	沖縄	計	島内	沖縄	計
1952年 1〜12月	440	481	921	788	270	1058	194	409	603

（出典）月刊誌『自由』1953年新年号

＊15　戦前の徳之島では、上位の教育を受けるため、多額の学資を使って、名瀬か鹿児島に進学させていた。ところが戦後の経済状態ではそれもかなわなくなったことから、亀津に女学校と中学校を設立することになった。なお高等女学校は、実業高校の設立に伴って第一回卒業生を出したところで廃校となったが、卒業生から三人が教員採用試験に合格した（徳之島町誌四二八頁）。

＊16　昭和二十八年十二月二十九日、琉球列島米国民政府（USCAR）は指令第一五号「奄美大島に戸籍を有する者の臨時登録令」を発した。その内容は、奄美群島の日本復帰にともない、奄美群島に戸籍を有する琉球列島在住者はすべて、昭和二十九年二月一日以前に、同日以降九十日間の効力を持つ臨時外国人登録証の発行を受けなければならない、というものであった。

東、中部、関西、福岡等の郷友会を頼って、命を懸けて本土への密航を企てた者も多かった。また、郷友会でも故郷から就職・進学で出てくる人たちの面倒をみ、援助をおこなっていたことから、本土への渡航を希望する者は後を絶たなかった。

雑誌『さねんばな』に特集された「奄美の戦後史―密航」には、昭和二十一年から二十八年までの間に、奄美出身の渡航者が「密航」で検挙された人数について掲載されている。昭和二十一年＝一三六人、二十二年＝三七二人、二十三年＝四七六人、二十四年＝五四六人、二十五年＝三二五人、二十六年＝四二五人、二十七年＝七〇人、二十八年＝二一人、計二三九八人であった。検挙されずに無事目的地に着いた人たちはこの数倍にも上った。しかし、その陰で無念の涙をのんで遭難した人たちも数知れなかった。[*17]

なお、一九五二年四月二十八日、「北緯(ほくい)二十九度以南の南西諸島に本籍をもつ者の渡航制限に関する措置令」（政令二二七号）が解除され、奄美諸島からの本土への渡航は自由になった。これによって、密航容疑者はすべて身柄を釈放された。しかしながら、渡航の自由が完全に保証されたわけではなかった。昭和二十七年五月十五日付けの『朝日新聞』紙上で、鹿児島地検の中村次席検事は「渡航そのものは自由だが、物品持ち込みなどに対する関税は依然現行どおりとなっているので、この面は厳重に取り締まる方針である」（『自由』一九五二年六月号）と述べ、「政令二二七号」が解除された後も密航容疑で検挙された人たちが後を絶たなかった。

昭和二十八年八月のダレス国務長官による奄美群島の返還に関する声明を受け、九月中旬には、日本政府と鹿児島県の調査団が奄美群島を視察調査した。その時に奄美の実情を見た県の管理課長は、次の感想記録を残している。

「名瀬市をふり出しに古仁屋・喜界・徳之島（沖永良部島と与論島は天候不良のため渡島できなかった）の小・中・高校を視察したのであるが、想像以上に荒廃し果てた校舎ばかりであり、特に印象に残っているのは、校区の方々の手造りのかやぶきのほったて小屋に、かやの壁をめぐらしたうす暗い教室で、

＊17　『さねんばな』一九九五年三月、No3は「奄美の戦後史―密航」を特集している。「金十丸と教科書密航」、「ドキュメント・密航・陳情団」、「座談会　密貿易は奄美を活性化した」、「南海日日新聞の見出しにみる密航の記録」（昭和二十一年二月〜二十八年まで。ただし、二十八年の記録は一件もなし）などの貴重な記事を掲載している。

しかも地面に丸太を打ち込んで枝を渡して作られた腰掛と机で、児童たちが一心に勉強している光景であった（図10）。なお、先生方もある時期においては一か月の給料は米五～六升しか買えない低い給料であったと聞いたが、よくもこの苦しい生活に堪えてこの大島の教育を守って下さった」と、その崇高（すうこう）な教育者精神に非常な感激を覚えたのであった。

こうして十日余りにわたる視察資料が県教育委員会と文部省に報告され、次の方針が立てられた。①教育水準を本土並みにするために、各市町村に一年一校ずつ鉄筋校舎を建てていくこと。②机・腰掛の新調、教材教具を整備するとともに教職員の研修につとめること。③教職員の待遇改善につとめること。これらの方針は昭和三十一年四月から実現にむかって動き出したのである。

復帰直後の昭和二十九年、評論家の大宅壮一が奄美大島を視察し、その感想を次のように述べている。「戦前、奄美の旧制中学卒業生の七五％は上級学校に進学していたが、本土府県の二五％に比べて著しい開きである。亀津町のごときは、大学卒業者の人口比率が全国最高を示している」[*18]。

大宅の観察記には、本土在住者ですら上級学校に進むことは困難である時代に、一層貧しい奄美の人々が、生活水準をさらに下げて子供たちの教育に投資する姿に、半ば呆れ、驚いた様子が記されている。

第八節　米国軍政下の物価政策と暮らし

米軍の空襲によって焼失破壊された住居、工場・生産機具、農水産物等、終戦直後の日本国民の生活は悲惨を極めた。これは亀津町・東天城村の場合も同じであった。特に、飛行場周辺に広がるコメ所と呼ばれた地域は空襲が激しく、昭和二十年の稲やイモの植えつけができず、しかも

図10 井之川小学校（昭和27年）

＊18 『南西日報』昭和二十九年三月十三日、第一二二号、「教育への出血投資―奄美大島視察の中から―」。

終戦直後に来襲した巨大台風によって収穫にさえ至らなかったために、その影響は全島に及んだ。終戦から十二月までに、徳之島に駐屯していた一万人もの兵隊たちは本土へ引き揚げたが、代わりに内地・外地からの復員等により島の人口は逆に急増した。

敗戦により国や県からの援助物資の輸送は途絶し、人々は飢えを凌ぐために、山や原野荒地を開墾し、あるいは学校校庭にイモやジャガイモなどの食糧品を栽培した。主食となる米、麦、味噌は一日一食で、後は芋や煎った大豆であった。それでも足りずにソテツの実や幹から澱粉を取り、おかゆを作って食べなければならなかった。野菜もなかったので、さつまいもの葉で和え物を作り、汁の実にしたあとのカボチャの葉も食べた。柳の木の葉、グミの葉で茶も作った。ツワブキ（**図11**）の皮をむいて水に浸し、アクを抜いて、それを海水で煮て食べた。また海水を焚いて塩も作った。中でも亀津、亀徳は米がなく、東天城村や天城村にたよらざるを得ず、イモは伊仙村にたよって、大事な着物などを物々交換したという（『徳之島町誌』二二二頁）。

そのような困窮生活の中、米国軍政府の通達により、食糧、俸給・給料、貨幣の不足分は軍政府が補給することが明らかにされ、「食糧については、米食本位の考えを改めよ。補給はもちろんするが、米のほかに缶詰類、メリケン粉等を支給する」と伝えられた。さらに二十二年三月十九日になると、軍政官ラブリー少佐は経済委員会の席上、次のようなメッセージを述べた。「物価並びに賃金は上昇の一途をたどり、今や本問題に関し、何らかの措置を講じなければならぬ時期に到達した。近き将来、私は全物価並びに俸給・賃金に関し、これを調整し励行する意図を有している」として、賃金・物価の統制、すなわち低物価政策を打ち出した。

軍政官のメッセージを受けて、政庁では、緊急に経済全体会議等を開き、公定価格設置案を作り、経済委員会で最終的な公定価格案が策定され、軍政府の承認（六月二日）を経て、七月二十日から低物価政策が実施されることになったのである。実施にあたって、北部南西諸島軍政府は、軍政府長

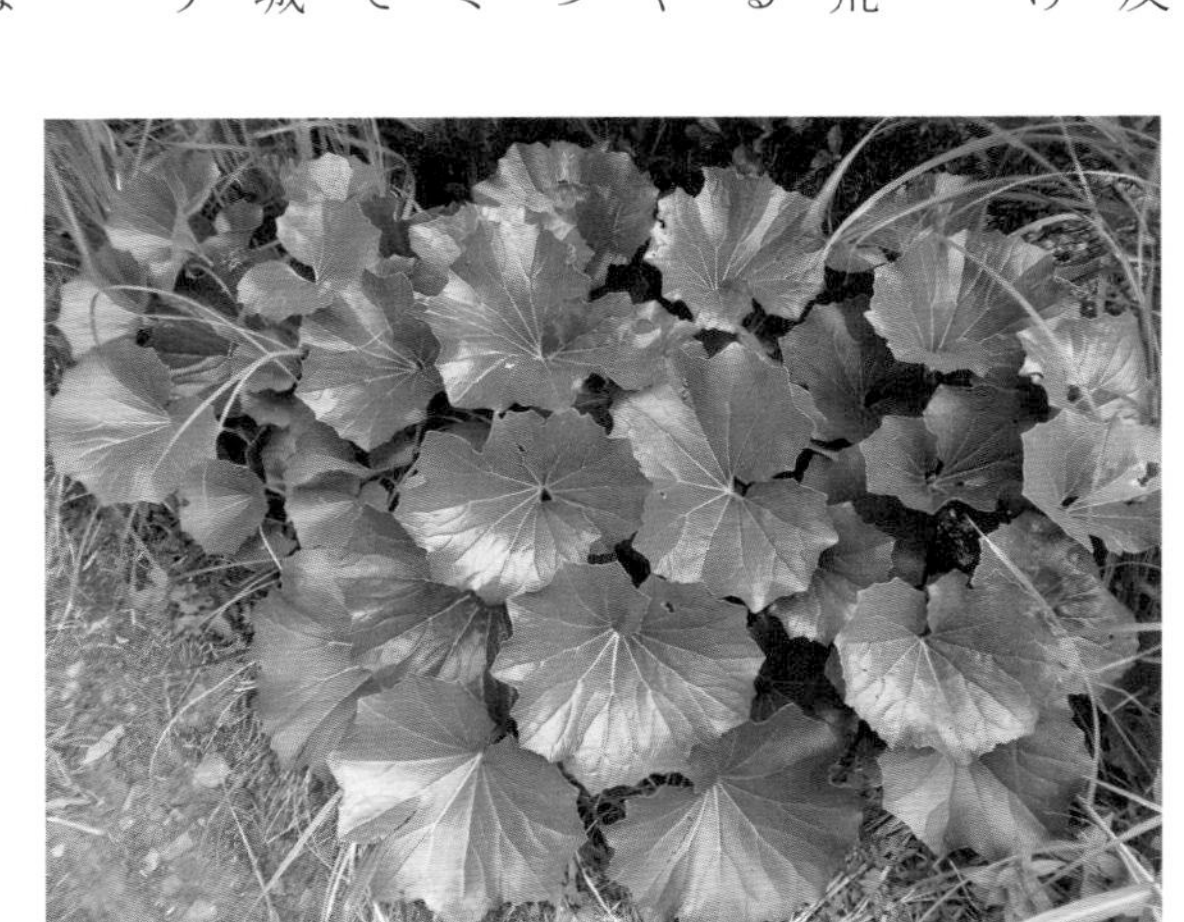

図11　ツワブキ

官フレッド・M・ラブリー名で、一九四七年六月三日付「軍政府命令第七号」を公布した。

「北部南西住民に告ぐ。物品の売買価格調節の必要を認めるが故に、ここに次の命令をなす。一．軍政府長官の随時に発する『最高物価表』に掲げられた品物は、すべて右物価表記載の価格を超過せざる範囲内においてこれを販売し、または売買の委託をなすべし。二．すべて物を交換販売する際、物品は一品ごとに正札をつけ、物価政策の徹底を期すべし。三．物の購買に当たり、軍政府長官の公布した最高価格を超えて提供し受領しもしくは支払いした者は、何人たるを問わず、軍事裁判所または裁判所において定罪のうえ一万五〇〇〇円以下の罰金、もしくはその物の右公定最高価格と売買価格の差額の五倍以下の罰金、五年以下の懲役または裁判所の定めるその他の刑罰に処せられるべし」

続く六月三十日付「北部南西諸島軍政府命令第一一号」では、冒頭で、「インフレーションを克服し、経済の安定をはかるために、物の売買価格、棒給・賃金等統制の必要を認めるが故に、北部南西諸島軍政府長官、合衆国陸軍工兵少佐フレッド・M・ラブリーは、ここに左のとおり命令する」と述べ、一九条からなる命令を公布した。

その根拠となる各商品の価格は、最初に労賃を定め、つぎに米価を算出したものであった。その労賃は軍政府指令に基づいて男子八時間労働を十円とし、米価は原価計算を行い、さらに旧慣習による交換比率を勘案（かんあん）して一升（しょう）五円と定めた。大島各地の古くからの物々交換比率に、男子夫賃一日＝玄米一升五合（ごう）～二升、米一升＝魚一斤、豚肉一斤＝塩五升等という慣習があったためである。当時の男子一日の夫賃が玄米二升足らずということは、いかに米が高価であったかが伺える。現在ならば、最低賃金が時給八七〇円であるから日当賃金は六〇〇〇円を下らないが、玄米二升（三キロ）当りの価格は約一〇〇〇円程度である。米価で比較すると当時の賃金は現在の六分の一ということになる（**図12**）。

肉類の価格表（**表5**）によると、牛肉一斤が五円に対し、豚肉一斤が六円五〇銭と豚肉が牛肉よ

表5 穀類・肉類の価格表

品目	単位	小売最高価格
籾（もみ）	100斤	147.00円
精米	1升	5.25
大豆	1升	3.15
牛肉	1斤	5.00
豚肉	1斤	6.50

（出典）「公定価格表」

りも高価である。これは普段、牛肉を食する習慣がなかったことによるものであろう。このような米軍占領下における奄美群島の低物価政策は、結果的に群島民の生産意欲を抑制した。特に食糧不足はひどくなるばかりであった。通貨の価値が下がり、物資不足から闇価格が横行したことから物価が上昇し、とても日額「一〇円」の労賃や、当時の公務員給与「三一五円」では生活できず、労働者の不満は高まっていった。さらに、日本本土における急激なインフレーションは、闇商人の暗躍による密貿易を盛んにし、群島から物資の流出を促した。

軍政府もこの失敗を認め、一九四八年八月、経済・食糧・貿易・燃料・運輸・税制・金融復興の八委員会を廃止し、経済復興委員会を再組織して、低物価廃止後の新しい政策の検討を行うことを決め、同年十一月に低物価政策に終止符を打たざるを得なかった。

一九四九年四月二十九日、軍政府長官は、食糧価格の三倍値上げを発表した。

「米国は三年以上にわたって琉球人を援助してきた。米国軍政府の費用を支払ってきたばかりではなく、琉球政府の費用の大部分を負担し、本来のドル価値よりずっと安い値段で、衣料やほとんどの薬品や建築材料、それに沖縄向け食糧のほとんど半分を、琉球諸島民のために無料同様の安い価格で支給してきたのである。（中略）現在、琉球島民は、多量の肥料や漁業用具を持ち、また莫大な軍隊を維持するための税金を納める必要がなく、税としては自分の政府を支持するためだけであり、また彼らの家庭には生産に向けうる十分の労働力を有する現在において、琉球諸島民が自己の生活の全部とはいわなくとも、その大部分は自己の手で負担すべきであると考えるのは合理的であって、いささかも不当の点はないと信ずるものである」

米軍政府によれば、米一ポンド（四五四グラム＝〇・七五六斤）の米国軍政府買入原価は〇・一六ドルで日本円に換算すると八円になる。琉球政庁は、それを一円五七銭で買い入れて島民に販売する。米軍政府の損失（負担）は六円四三銭になる。乾燥粉ミルク一ポンドの軍政府買入価格は一八円五〇銭であるが、政庁はこれを一円八銭で仕入れ、同価格で島民に販売した。軍政府の損失は一七

図 12　復帰前後の亀津商店街（当時人々の収入は低く、店では掛売が多かった）

円四二銭にもなった。その他島民に販売される商品は、米軍政府仕入価格の六分の一から一八分の一という低価格であり、それだけ軍政府の損失（負担）は大きいというのである。損失を軽減するために、郡政府は昭和二十四年（一九四九）四月付で新価格表六号を公布した。それによると、軍政府の米の仕入価格は八円のままであるが、政庁買入価格は五円に値上げされることとなった。乾燥粉ミルクその他の物資も、政庁仕入価格が三倍値上げされた。島民の購入価格を三倍に引き上げることによって、軍政府の損失額（負担額）は三分の一に減少することになったのである。それでも政庁買入価格は、米国生産物自由市場価格の三分の一以下であった。[*19]

この指令に接して、政庁ではさっそく部長会議を開いた。審議の結果、この三倍価格は本部の財政・経済・生活・治安維持という面から到底不可能であるとの結論になり、撤廃（てっぱい）を申し入れた。しかし、これはイーグルス少将の命令であるから、命令を聞く以外にはないと拒否された。これを受けて、中江知事は次の談話を発表した。

「放出食糧価格を別表の通り変更することを、軍政府から正式指令された。②新価格は一九四九年四月一日からこれを実施する。③民心の動揺を防ぐために、政府はこの価格を現在の大島の経済状態にもっともよく適合するよう、目下交渉中である」[*20]

この談話に対し、名瀬市では各種団体・青年団が中心となって、「食糧価格三倍値上げ絶対反対」を決議し、全郡的運動を展開することになったのである。

第九節　「密貿易」と「管理貿易」そして「自由貿易」

戦前、大島郡の貿易は移出が移入を上回り貿易収支は移出超過であった。その黒字でもって、租税や子弟の教育費の送金、生活費をまかなっていた。ところが分離の期間は本土との貿易が禁止されたことから、黒砂糖、大島紬、鰹節等の移出は激減した。[*21] 表6は、分離後の移出入の推移を示し

＊19　『名瀬市誌』下、一五一頁。

＊20　臨時北部南西諸島政庁「広報」第六六号、一九四九・五。

表6　分離後の移出入の推移　（単位：B円）

	移(輸)入	移(輸)出	収　支
1947	15,127,460	—	15,127,460
1948	31,298,523	—	31,298,523
1949	40,369,671	7,034,431	33,335,240
1950	140,605,426	6,049,753	134,555,673
1951	496,685,360	274,328,040	222,357,320
1952	655,455,614	289,645,229	365,810,385

（出典）『奄美大島の実態』原資料は奄美地方庁資料

たものである。

昭和二十二年まで移出はなく、移入のみ増加の一途をたどっているため、収支は赤字幅も増加している。移出がないのは移出品がないのではなく、奄美の産物は日本市場でのみ需要があるが、日本市場との貿易は遮断されたためであった。その遮断された日本市場へ産物を売り込むためには法を犯した「密貿易」という手段しか残されていなかった。鹿児島税関支所が昭和二十四年八月、『朝日新聞』紙上に発表した密貿易関係検挙件数は、同所管内で輸出一七件、輸入一九七件（一九四六年から四九年七月）であったと発表している。さらに、川上嘉（よしみ）（元参議院議員）によれば、同年以降、奄美大島関係で、密貿易の名の下に処罰された税関別の件数、金額は、**表7**のとおりである。

密貿易船はたいてい小型船であったから、最も近い鹿児島港、次いで門司港（もじこう）に輸出入先を求めて航海したのであろう。物資不足の需要を補うために、密輸入が密輸出の二〜三倍に達している。昭和二十五年の密輸入の金額は約四一二一万円に対し、密輸出額は一三〇四万円である。

一九四八年に貿易庁が発足し、いわゆる管理貿易（輸出品を貿易庁が買い上げ、日本に輸出）が行なわれるようになり、四九年以降は移出額も増加傾向を示したが、移入額が大幅に増加したため、赤字幅は拡大せざるを得なかった。当時日本は、奄美群島の多くの産物に対して輸入禁止措置を講じていたうえ、輸入される品に対しても大島紬、黒砂糖などに高率の関税を課しており、為替（かわせ）レートも設定していなかった。そのため一九五〇年二月、北部南西諸島臨時政府は、日本と奄美群島の自由貿易の再開を日本政府に要請するために、貿易使節団（笠井純一副知事外二人）を派遣した。同年五月二十日、日本

＊21　法律第一八八号、「食糧の輸入税を免除する法律」によって、黒砂糖は、昭和二十六年十二月三十一日まで、輸入税が課せられないことになっていたが、昭和二十二（一九四七）年、関税定率改正法の改正によって、奄美群島から輸入される黒砂糖にも輸入関税（奄美群島は外国と見なされているため）が課されるために、日本本土と奄美群島（及び沖縄）との交易は、今まで以上に制約を受けることになった。昭和二十四年当時、日本全国における黒砂糖の需要量が約六〇〇〇万トンで、大部分はキューバ、メキシコから輸入され、奄美大島および沖縄方面からのものは、わずか一万五〇〇〇トン程度に過ぎない状態であった。

政府は奄美群島の産物の輸入関税を撤廃し、為替レートを一ドル＝三六〇円＝一二〇B円（日本円とB円の交換比率を三対一）に設定した。それに加えて、奄美の物資を輸入するために一八万ドルの予算を計上した。その結果、一九五一年の輸出額は前年の四倍以上に増加したが、輸入額も大幅に増加した。

五二年についてみると、移出額二億九〇〇〇万円、移入額六億五〇〇〇万円で、奄美群島への移入超過額は三億七〇〇〇万円に達している。このように移入超過状態が年々増加していったが、わずかに軍政府の復興予算・補助金、あるいは沖縄向け木材、家畜等の移出等でかろうじて経済を維持したのである。実は、貿易赤字の問題は為替レートの設定（ドルや円に対してB円高のレート）にも関係している。日本と奄美群島の為替レート（三六〇円＝一二〇B円＝三対一）は、円安・B円高であるため、奄美諸島の産物の輸出には不利で、輸入に有利な為替レートであった。本来ならば、日本本土に比較して生産力の低い奄美経済の場合、為替レートは低く設定するのが妥当であるにもかかわらず、B円高レートの設定は奄美諸島の輸出品（黒砂糖や大島紬、ユリ根等）にとって不利であり、輸入品（消費財や建設資材等）に有利に働いた。一九四九年、アメリカから沖縄に「為替レート設定のための使節団」（経済使節団）が来て調査報告書を作成した。それによると、奄美・沖縄産の黒砂糖の輸出可能な為替レートは一ドル＝五一〇B円となっている。つまり、一ドル＝三六〇円＝一二〇B円の為替レートでは、黒砂糖の対日本及び対外国への輸出は割高となり、補助金なしでは不可能だということである。このようなドル対円、並びにB円対円の為替レート設定は、沖縄における軍事基地建設と関連するものであった。＊22

表7　密貿易の名の下に処罰された件数、金額、税関名

	昭和24年		昭和25年	
	密輸入	密輸出	密輸入	密輸出
横浜	3	1	—	—
神戸	14	4	3	6
大阪	9	3	4	6
名古屋	1	1	—	—
門司	145	66	229	72
合計	172	75	236	84

（出典）川上嘉「関税定率法改正案と黒糖貿易問題」昭和25年4月1日、同11日付『奄美』

第十節　復帰運動の全群島へのひろがり

昭和二十年十二月二十七日、金井正夫氏は国会報告演説会で、「われわれは鹿児島県の一行政

＊22　間弘志著『全記録―分離期・軍政下時代の奄美復帰運動、文化運動』。

区であることを、まず連合国によく知ってもらわなければならぬ」と演説した。それから間もなく「二・二宣言」が発せられ、その翌年の二十二年八月に日本復帰嘆願が二つの会合で決議された。一つが郡内二十一の市町村長会で、今ひとつが郡内学校長会議であった。しかし、両会から出された日本復帰嘆願決議をラブリー軍政長官は取り合わず、逆に自由令を廃止した。これをきっかけに戦後の復帰運動の動きは表面には現れなくなった。[*23] その間においても、群島内で官公庁組合や奄美青年同盟が結成され、講和条約や日本復帰問題、食糧問題などについても講演会等が開催された。昭和二十四年になると、米国内では対日講和条約構想案が国務省のケナンを中心に作成されはじめていた。ケナンは、「アメリカは軍事的占領によって沖縄を管理しているが、島民は独立に適さず、それを要求していない。彼らは自衛能力を全く欠いているから、アメリカは彼らを保護するための適切な恒久的（こうきゅうてき）取り決めがなされるまでの間、対外的に島民を保護する明確な責任がある」と述べた（南方同胞援護会編『沖縄復帰の記録』）。ケナンの意見が国務省内でも有力になり、国家安全委員会でも承認され、一九四九年四月「米国が沖縄の長期保有を正式に決定すべきである」と米国政府に勧告した。この情報を在日奄美連合のメンバーが察知し、はじめて群島内の各報道機関、市町村長その他に対して、署名運動の呼びかけがあった。徳之島における復帰運動への取り組みや経緯については、『徳之島町誌』に詳しく取り上げられているので、それを参照しながら述べることにする。

　徳之島町における復帰運動は、米軍統治が始まった翌年に一部有識者による民衆への呼びかけという形で始まった。「二・二宣言」が出されて間もない昭和二十一年秋、平土野（へとの）で開催された徳之島各町村連合青年団によって弁論大会が開催された。そこで一等に選ばれた、前田長英[*24]（当時二十五歳、徳和瀬青年団長、**図13**）の弁論「頽廃（たいはい）の咽（むせ）び」が民衆の共感を呼び、復帰運動の引き金になったのである。前田の弁論は、大会参加者のみならず全島民・全郡民に大きな感動と、同時に立ち上がる勇気を与えるほどに格調の高いものであったと

*23 詳しくは、拙著『戦後日本の形成と発展―占領と改革の比較研究』を参照してほしい。

*24 郷土史家・作家。徳之島郷土研究会長、南海日日新聞社文化賞。著書に『徳之島の昔話』『黒糖騒動記』『道の島史論』ほか（町HP参照）。

図13 前田 長英

いう。水野修が『徳之島町誌』第五章二節「復帰運動の経過」の中でまとめた前田の弁論要旨を引用する。

「同胞よ！ 我々奄美の人々は、歴史的にも民族的にもあるいは文化的にも、あらゆる角度から分析してみても日本人であることにまちがいない。その我々が住む島々が遠い昔から日本固有の領土であるという事実は、いかに巨大な力をもってしても、ゆがめることはできないはずである。戦勝国の一方的な取り決めによって現実にそれはゆがめられ、我々は米軍政下に置かれてしまった。この事実は我々島の人々からすべての過去を奪い、そのうえ、本土との航海の遮断(しゃだん)によって未来を探る糸口さえたち切ろうとしているのだ。我々は、この暗い歴史への道を黙って歩んでよいのだろうか？ 我々の生きる道は、この敗戦という悲惨な事実によって負わされた異民族の支配下から抜け出し、一日でも早く祖国日本に帰る以外にないのだ！」（『徳之島町誌』二四六頁）

初期の復帰運動で、前田と共に人々の記憶に残ったもう一人の人物は、当時、亀津町立高等女学校教諭であった為山道則であった[*25]（**図14**）。為山は、村々の寄り合いがあるごとに顔を出し、熱心に祖国復帰の必要性を参加者に説いて回った。この活動は軍政府の監視対象となり、間もなく為山は本土へ密航せざるを得なかった。しかし為山は、密航先の宮崎において奄美出身者による青年団を結成し、「復帰運動」を開始する旨の檄文を全郡に発するのである。

なお、旧東天城村においても、重村一郎、碇山正則、池田泰三、井原武秀、堀田初などの諸氏を中心に、村々の青年団や婦人会が相次いで組織され、長い間の戦争によって荒廃した郷土の再建にとりくむかたわら、郡内在住の青年団幹部等、当時の指導者たちと連絡を密にし、軍政下での民主化運動を各地に展開した。

このような青年層の情熱的な活動は、昭和二十二年八月に名瀬市で開かれた全郡市町村長会が決議した「日本復帰嘆願」という形で、住民意思として口頭で軍政府に伝えられた。しかし、軍政府は二度と同じような嘆願にはとりあわず、逆に十月十一日の軍政府命

＊25　為山は亀津尋常高等小学校、満鉄育成学校高等学院卒業。フィリピンにおいて負傷終戦。戦後、密航して宮崎県大島町青年団と宮崎奄美同郷会を結成、会長となり、公然と奄美の日本復帰運動を開始した。日本復帰運動決起第一号。復帰運動が全世界に紹介されることになった。宮崎県で社会福祉基金、日中友好協会などで活躍。厚生大臣賞受賞（町ＨＰ参照）。

図14　為山 道則（昭和54年）

令一五号によって、集会、言論、出版等の自由を規制し、公然と住民活動に弾圧を加える態度に転じた。以後、組織的な動きをみせはじめていた復帰運動は昭和二十五年まで一時的になりをひそめざるを得なかった。

本格的に組織だった動きをみせ始めたのは、昭和二十五年三月一日に寄せられた宮崎県大島町青年団の復帰署名運動開始宣言以降のことであり、その後、名瀬市に設けられた奄美大島日本復帰協議会の動きに歩調を合わせ、島ぐるみの運動へと三つの団体を経て推し進められていった。それは、昭和二十五年二月下旬、密航して宮崎に移り住んでいた為山道則等を中心とした宮崎市大島町（現波島町、**図15**）の青年団による次のような訴え（要旨）によって始められた。

「われわれは、歴史的、法的にも日本人である。三月一日を期して復帰署名と宣伝を開始する」

この頃の運動の中心になって尽力した方々は、平山正明、太義典、実吉豊次、名城秀時、豊島正吉、大河平才秀、宝田徳良、木原健次郎、亀沢新吉、直喜玖安、指宿長信、肥後隆男、福岡正信、篤民雄らの諸氏であった。[*26]

第三ステージは、昭和二十六年二月十三日、奄美大島日本復帰協議会（泉芳朗会長、**図16**）発足にともなって、同年三月五日に東天城、亀津の両地区にもそれぞれ支部が設置され、当時東天城村公民館長であった直島秀良と、旧亀津町長亀澤道喜が支部長に就任したことである。具体的な運動方針として、（一）全住民から自主的な日本復帰請願の署名を求めること、（二）運動に要する経費は、各団体の分担金と一般住民の任意拠出金をもって充当することなどが決められ、運動方針に沿って行動が開始された。

図16　泉 芳朗

二月十九日、まず名瀬市から署名運動の取り組みが

図15　宮崎市大島町から県庁へ日本復帰祝賀パレード

＊26　『徳之島町誌』二六六頁には、当時徳之島高等学校教諭・福岡正信の「復帰運動の思い出」が掲載されている。「昭和二十六年九月、平和条約第三条によって、わが奄美群島がアメリカ合衆国の信託統治と決定されるや、全郡民が一丸となって、本土在住の奄美出身者と相呼応して、信託統治反対を叫び、祖国復帰の運動に火の玉となって邁進した。署名・陳

始まった。方法は各区担当の委員によって、それぞれの地区に即した適切な方法を講じて行うことにし、署名は満十四歳以上の復帰希望者を対象とした。東天城村、亀津町では、三月五日に両役場を通じて、各村々の区長や青年団長に依頼され、徳之島高等学校生徒会や婦人会の街頭署名運動も加わって、両地区の十四歳以上の住民の九九%の署名が得られたといわれている。[*27]

署名運動は全郡にわたって精力的に行なわれ、短期間であったにもかかわらず、全郡で署名録の高さは三㍍にのぼり、拒否者はわずか五十六人であった。十四歳以上の住民の九九・八%の署名（第一次署名）が集められたのである。署名簿は、五月に白雲丸に乗せて東京に送られた（間弘志著前掲書）。

そのような中、暗雲として垂れ込めたのが七月の講和条約草案の第三条に、「北緯二九度以南の琉球列島及び小笠原諸島はアメリカの信託統治とする」と書かれている、との報道であった。それを契機に、「信託統治絶対反対」、「三条撤廃」の二項が加わり、「完全日本復帰」を叫んで復帰運動はいよいよ盛り上がりをみせた。その中心となったのは奄美大島日本復帰協議会であった。なかでも一二〇時間にわたる断食祈願を行うなど、人々を鼓舞し続けた泉芳朗議長の献身的な姿は人々を勇気づけ、非暴力に徹したことから、泉は「奄美のガンジー」とも呼ばれた。

五二年になると復帰運動に変化が生じてきた。九月二十六日、マーフィー米国大使と岡崎外務大臣との会談において「大島郡を北緯二七度三〇分でもって南北に二分し、その北半分の施政権を日本に返還するか、委任するか考慮中である」との報道があり、沖永良部島と与論島の二島分離反対運動が起こった。十一月には第二回奄美大島日本復帰貫徹鹿児島県民大会が開かれるなど、復帰運動そのものは最後まで貫徹され、奄美群島全体が晴れて復帰の日を迎えることができたのであった。復帰運動は全群島民の全面的な精神的、物質的・金銭的な支えによって担われ、特に青年団・婦人会・高校生などの若い世代の人たちの活躍は特筆に値するものがあった。[*28]

（皆村武一）

情・集団断食祈願・郡民大会・県民大会・国民大会等あらゆる手段を通じて情理をつくして、広く世界の世論と米国および日本本土に訴えつづけた。全郡の高校生代表本土派遣による復帰の陳情に、勝健次郎君を派遣することを、職員会において決定した。一行は本土において非常なる歓迎を受け、つぶさに奄美の実情を訴え、広く県民の理解と協力をかち得たことは、復帰運動を成功に導くために大いに役立った」。

＊27　『徳之島町誌』二五一〜二五四頁。

＊28　十四歳以上人口の九九・八%の人たちが復帰嘆願書に署名したということは大変なことであったが、当時琉球大学で学んでいた学生や官僚、あるいは沖縄で仕事を得ている人たちの中には、日本復帰を望まなかった人たちもいた。

資料2　※提出先は不明

米軍政府統治下における大島紬業存続復興の請願運動

昭和二十一年一月二十五日、本場大島紬絹織物統制組合理事長伊地知富屋は次のような「大島紬存続のための陳情書」を作成した。また同日付で、本場大島紬原料加工株式会社も「本場大島紬に就ての具申書」を提出した。

「本場大島紬の生産地本郡における経済体系の主動脈をなしてから既に五十余年を経過し、換金産業としては七十年の古き歴史を有し、その生命とするところは、染料が大島特有のテーチ木及び泥土のほか、製作技能が他の織物産地において到底模倣追随することができない特異性にある。そして、直接本業によって生計を立てつつある当業者及び被扶助者の総数実に一〇余万人を数え、（中略）。本場大島紬の生産はその九割は一世帯手機一～二台を有する農家の副業としての家内工業によるものであり、これに要する織機は一万四二八〇台を数え、その生産高は生糸の配給により左右されるが、最近五か年の年平均生産高は二〇万一〇〇〇反、その価額は一〇八五万二〇〇〇円を数え、一台平均一四反にすぎず。これを大産地の生産に比べればその旬日（十日）にも及ばない。また、これに要する生糸の量も同日の談にあらず。然るに、生糸の配給量は逐年減少の状態にあり、最近の配給量では計画生産二五万反の約半数をも製織することができない現状である。（中略）現時の国情より観て最も難題とする所は糸の増配問題で、当組合独自の微力を以ては到底達成を見ること不可能であるため、以上の事情に察々の明を賜り所要量の生糸獲得にご高配あらんことを謹みて具す」

米軍政府の統制により、日本政府は大島紬、宮古上布、黒砂糖を輸入禁止的品物として取り扱い、一〇〇％の輸入関税をかけた。そのため、昭和二十五年（一九五〇）には大島郡全体で六八一反となり、生産ストップ寸前の状態に陥る事態となった。北部南西諸島政府は、同年二月副知事の笠井純一氏を団長とする貿易使節団を日本政府に派遣し、日本と奄美諸島の自由貿易の再開を要請した。その結果、五月二十日には上記三品目などにかけられていた高率の関税は解除され、さらに日本政府は、奄美群島の物資を輸入するために一八万ドルの予算（六四八〇万円）を計上した（笠井純一著『復帰秘話・笠井貿易使節団―虹を架けた男』）。これにより、翌年の生産高は三万一五三二反に急回復した。

昭和二十八年十二月、大島紬専門委員会は、「日本復帰に関する要望書」を政府奄美調査団に提出した。そこには日本政府の大幅な援助を得て二五万反の生産目標が達成されること、そのための基本的問題として、紬生産保護法規を制定すること等を指摘し、共同織物工場設置や指導織工養成費補助、織物検査所設置補助等を要望した。これらは奄美復興事業によって実現し、高度経済成長の波に乗って昭和四十六年には目標額の二五万反を突破し、四十七年には二七万二四六〇反のピークまで増加を続けた。

第二章　日本復帰と直面した諸問題

亀津商店街での日本復帰祝賀パレード（昭和28年12月）

写真は12月26日の亀津におけるパレードの様子。前日は雨がしょぼ降る中数千人が役場近くに参集し、8年ぶりの「君が代」や「復帰の歌」を熱唱するなど夕方まで祝賀式典が開かれた。翌日のパレードではかめつ丸やダレス人形、仮装行列などを引き連れ、そのまま永浜で数千人の観衆を集めて学童相撲大会が開かれた。祝宴は浜踊りも交えて盛大を極めたという。

第一節　奄美群島返還に関する経緯

朝鮮動乱の終結を見とどけ、帰国の途中日本に立ち寄ったアメリカ国務長官ダレスは、一九五三年八月八日、羽田空港で次のような声明（「ダレス声明」）を発表した。

「米国政府との間に必要な取り決めが結ばれ次第、日本国が奄美群島に対する権限を回復するために、講和条約第三条に基づき同群島に対して有している諸権利を放棄することを希望する。（中略）将来、奄美群島が日本に復帰し、その住民が日本本土に復帰することは、米国政府の満足し、かつ喜びとするところである」

このダレス声明を受けて、八月十三日、荒木駐米大使がダレス長官と「奄美群島の返還」に関して談話した。その際にダレス長官は「今般の措置は、米国が不必要に日本人住民を米国の統治下に置く意図がない、ということを示すものとして意義がある。これらの諸島は、戦略的価値が比較的少ないと判断したから、早速返還する次第である。その正確な範囲に関してはいま即答できないが、原則的な考え方としては、旧鹿児島県に所属していた地域であるから、与論島および沖永良部島がしかりとすれば、これに含まれている」と語ったという。

いよいよ返還にむけて日米双方で準備が進められた。奄美群島返還に関する日米間の主な取り決めは、①米側が奄美群島に対する権利を放棄し、日本側が権利を回復する旨の公文書の交換、②返還に伴い処理すべき具体的事項、③日本政府と米国政府との間における事務の引き継ぎ、等であった。なお、九月二十五日に米国大使館コンロイ理事官から、（一）返還期日の目標は十一月一日である。（二）日米会談の際にしめされる米側の議題は、金融問題と軍事問題とに分かれる。軍事問題は、安全保障条約の枠内にて満足されるものと考えており、金融問題についても米国側の見方は、日本側にとり不利になるとは思えない。奄美に米軍により投下された財産等は無償で日本に譲渡せられるとともに、日本側が回収する軍票は、他の米国側の債権と相殺せられて、なお日本側に有利になるものと考えている、との発表があった。ただし、コンロイが語った返還期日は、「復帰に伴う法案の整備」等の遅れで延期されることになった。

昭和二十八年（一九五三）十月三十一日の「第一七回国会衆議院地方行政委員会議録第一号」によると、まず一つ目として「奄美群島の復帰に伴う法令の暫定措置等に関する法律案」等が議題に取り上げられ、塚田国務大臣より提案理由の説明がなされた。提示された法律案は二六項目にわたり、酒税等の徴収に関する法律や所得税法、相続税法、地方税法といった各種税に関するものであった。

二つ目の提案は、衆議院の選挙に関するものであり、衆議院議員定数を臨時に四六七人（奄美群島から一人定員）とする案であった。

三番目は、簡易裁判所の設立に関するもので、当分の間、名瀬市に名瀬簡易裁判所を、亀津町に徳之島簡易裁判所を置く。同簡易裁判所の管轄区域は、大島郡の内、亀津町、東天城村、天城村、伊仙村、和泊町、知名町、与論村とする。大島郡内のその他の市町村は、名瀬簡易裁判所の所轄とするというものであった。

提案された法律案についての質疑応答がなされ、最初に鹿児島県選出の床次委員から復帰に伴う奄美関係予算に関して質問がなされ、石井政府委員から「本年度予算計上されている一〇億円の内容は、おおむね政府機関関係予算一億円、支庁関係一億円、市町村関係七〇〇〇万円、教職員の経費四〇〇〇万円、その他生活保護、学校校舎の建築あるいは基幹産業の開発、公共土木事業に六億九〇〇〇万円程度を目標としている」との説明を受けている。

床次委員の質問に関連して、奥山八郎（奄美群島復帰期成会総本部委員長、**図1**）と泉芳朗（奄美大島日本復帰協議会議長・名瀬市長、**図2**）が参考人として出席を承認され、奥山は、法令の施行時期に関する文言の訂正と食糧管理法の導入、公職選挙法の定員問題（鹿児島県第三区の定員三人を四人に増やす）について要望した。泉は、大島郡市町村会・市町村議会代表・政府関係者・一般で構成された対策委員会において検討し、要求した予算に関して次のように陳述し要望している。

図１　徳之島４町村長の招きで帰島時の奥山八郎（昭和 31 年２月）

「対策委員会において、約四〇億円程度を来年三月まで（五か月間）のとりあえずの費用として、県にお願いしたのであるが、これが二六億円に絞られ、さらに国において一〇億円に圧縮されたことに非常に失望しているところであります。（中略）国会がもう少し力強く奄美問題を取り上げていただきたい。これは失地回復の点から見て、将来の沖縄問題、さらに小笠原問題、千島問題、そういったような方向に向かって奄美をいかに取り入れるか、いかに奄美問題に対して国会が慎重な態度を持しているかということは、国際的に大きな反響を持ち意義を持つものだと思います（中略）一つのモデル・ケースになるように、ぜひともこの臨時国会において重要な一つの案件としてご討議をいただきたい」

第二回目の衆議院地方行政委員会は、二日後に開催された。主な出席者は、委員長内村清次、理事石村幸作、委員西郷吉之助、政府委員・国務大臣塚田十一郎、外務政務次官小瀧彬、参考人三ッ井卯三郎（鹿児島県総務部長）、奥山八郎、泉芳朗、岡村寛義（喜界島早町村長）等であった。委員会で最初に取り上げられた問題は、奄美群島返還予定期日が延期される理由についての質問で、これに対する小淵外務政務次官の答弁は、「米国側の単なる事務的な処理の遅れによるもの」であるとのことであった。その後、奄美群島現地の参考人として、南方連絡事務局長石井通則から奄美群島の現況や諸問題についての説明がなされ、続いて三ッ井卯三郎鹿児島県総務部長、奥山八郎、泉芳朗がそれぞれの立場から奄美群島の復帰に伴う諸問題や要望について意見を出して終了した。

その後、米国側が提示した案に基づいて日米間で折衝が行われ、十二月七日に日米妥協案が成立、十二月二十五日に「奄美群島の返還協定」が発効したのであった。復帰運動が日本政府・国民を動かし、世界世論が後押しし、米国政府をも動かし、ついに復帰を勝ち取った瞬間であった。

図２　亀澤亀津町長と泉芳朗名瀬市長ら（昭和28年、前列左から亀澤、泉。最後列の左から２人目が内田東天城村長）

表1　第1次通貨交換高（1946年4月15日実施）

	旧日銀券回収高	B型軍票交付高	現金交付高(B円)	封鎖預金
大島	82,460,025.00	25,806,825.00	25,806,825.00	0
沖縄	62,389,114.92	20,761,565.00	20,761,565.00	41,627,109.00
宮古	18,752,522.00	17,455,035.09	17,455,035.09	1,297,486.00
八重山	9,883,908.00	9,883,908.00	9,883,908.00	0
合計	173,485,569.92	73,907,333.09	73,907,333.09	42,925,036.83

第二節　奄美群島の返還と通貨交換

一九四六年三月二十五日、次のような米国海軍軍政府特別布告第七号が定められた。

A．法定通貨　一、B型軍票。二、新日本円。三、証紙貼旧日本円

B．第一次通貨交換高（一九四六年四月十五日実施）（表1）

C．封鎖預金　一、沖縄においては世帯主一人当たり一〇〇円、家族一人当たり五〇円を基準とし、超過分を封鎖預金とする。二、大島に於いては世帯主一人当たり一〇〇円、家族一人当たり一〇〇円とし、超過分を封鎖。三、封鎖預金は生活費、事業、医療、教育費についてのみ引き出しを許可。

一九五三年十月八日の米国陸軍省の「日本の軍政に関する指令案」第二三項によると、「占領初期において軍政府は[＊1]、法貨として日本円と並んで占領軍によって供給された軍票も軍政府の支払いに使用することが認められる。軍票は、日本銀行あるいは必要に応じて設立された、他の発券銀行によって発行される新日本円が使用可能になりしだい、それと置換し流通から引き上げられることが望ましい」とある。

米軍は、琉球列島（奄美群島を含む）に上陸・占領した直後から同地域において軍票「B円」を使用した。そして日本国との降伏調印後、さらには講和条約調印後においても軍票を使用し、一九四八年以降は、琉球列島における唯一の法貨として流通し続けた。奄美群島が

＊1　軍票とは、戦争中に占領軍が占領地において物資や雇用労働者に賃金等を支払うために発行する通貨のことである。日本軍もアジア地域において軍票を発行し、使用していた。一九四五年一月六日付の米国作戦命令第七七号「軍政に関する命令」によると、B円は、米軍が占領地において一方的に、布告、命令によって法貨と宣言し、日本銀行券の補助に用いることを意図して発行した軍票そのものである。奄美群島では昭和二十年から二十八年まで流通していた。一B円は三円に相当し、一ドル＝一二〇B円＝三六〇円と定められていた（詳しくは、皆村武一著『戦後日本の形成と発展』第六章「B型軍票制度の確立」を参照されたい）。

資料3

奄美日本復帰に向け、米国内で反響を呼ぶライシャワー教授の論文

サンフランシスコ講和条約が締結（一九五一年九月八日）される約一年前、日本生まれの日本育ちで親日家として知られるアメリカ人で、ハーバード大学東洋言語学科ライシャワー教授は、「アメリカと日本」と題する論文を発表し、「琉球のうち北部諸島（奄美群島）は日本に帰すべきである。信託統治は『最小限』が賢明」と述べ、アメリカ学会はもちろん各方面で大きな反響を呼んだ。「講和条約第三条撤廃問題」で復帰運動が盛り上がりつつあった時期ゆえに、この話題は『南海日日新聞』（一九五〇年八月九日付）でも次のように取り上げられた。

「（前略）この問題の合理的解決の途は二つしかない。すなわち、一つは琉球諸島と隣接したより大きな国の完全な領土の一部分とすることである。しかしながら、その隣接国とはただ日本のみしかありえないという理由は、琉球諸島民は言語的文化的に日本人に密接な関連があり、琉球列島の北部諸島の居住民は日本人と区別はほとんどつかない。琉球王が数世紀にわたって朝貢してその奴隷下であったとはいえ、島民はどんな意味からしても支那人ではないので、中国との合併は民族自決の原理にどうしても合致しようもない。（後略）

日本に復帰する以外に残された唯一の合理的解決の途は、琉球諸島が多分アメリカの信託統治領となることであろう。アメリカ海軍は戦争終了の月以来、琉球諸島中最大の島沖縄にその根拠地を保持しており、その時以来、同地方はあたかも既に日本から取得されたかのように直接にアメリカ官憲の手で支配されている。

琉球をアメリカの信託統治にすることは、アメリカにとってある戦略的利点をもつであろう。と同時に、それは一束にされない相容れぬものたちの大きな一団を組織して、それが経済的、政治的にアメリカの負担となる。不利益と琉球島民をいつの間にか植民地的な民族にまで下落させる、という不利益を伴うであろう。日本に再び結合されたならば、彼らがアメリカに依存するものとなるよりも、自重心（じちょうしん）のある社会的政治的平等を成就するのに、より多くの機会に恵まれることになるかも知れない。従って、琉球諸島の信託統治は、できればなるべく少なくこれを留保し、その他の諸島は特に北部諸島はこれを日本に帰すことが望ましいと思われる」

追記：エドウィン・O・ライシャワー氏は日本で生まれ、少年時代を過ごし、旧薩摩藩士の松方正義（後の大蔵大臣）の娘と結婚した。一九五九年、米国駐日大使として来日し五年間勤め、親日家として知られた。著書に國弘正雄訳『ライシャワーの日本史』文藝春秋社、一九八六年、國弘正雄訳『ザ・ジャパニーズ』文藝春秋等がある。

日本に復帰した一九五三年十二月時点の流通高は、約二億五〇〇〇万円と推定され、「B円」（**図3**）の日本円への切り替えが必要であった。

十二月二十四日付けの「奄美群島に関する日本国とアメリカ合衆国との間の協定」（以下、「協定」と略す）第三条一項によると、「日本国政府は、一九五三年十二月二十五日に、奄美群島における流通からすべてのB円を回収し、かつ、一B円につき三日本円の割合で交換することを開始しなければならない。この通貨の交換はすみやかに完了しなければならない。回収したB円は、沖縄の米国民政府に返還しなければならない。米国政府は、B円またはB円と引き換えに交付される日本円について、日本国政府に対し何ら償還の義務を負うものではない」とある。

通貨切替え（交換）のために搬入された日本円は九億円であった。内訳は、交換用が七億五〇〇〇万円、公務員の俸給やボーナス等を見込んだ予備金が一億五〇〇〇万円だった。しかし実際切り替えられた通貨は、B円で一億九二一六万円、日本円にして五億七六四九万円であった。

B円が日本円と一対三の割合での交換されたことによって、奄美群島内で大幅な通貨膨張（つうかぼうちょう）が生じ、にわか復帰ブームがもたらされることになった。加えて、「協定」第三条三項は、「日本国政府は、奄美群島における郵便組織のすべての金融上の債務を負うものとする」と定めていた。復帰前の奄美群島の凍結資産は、各種恩給、預金、諸給与金、小切手等約四億円にのぼり、これを日本円に換算すると一二億円に近い金額になった。この中には当然、個人が請求する権利のある恩給、諸給与金が含まれている。この凍結資産の解除によって、生活の逼迫（ひっぱく）、産業の不振もいくらかは緩和されることになったのである。本土からの物資の流入が急増し、食糧事情や島民生活も大きく変容し始めた。

表2は、一九五三年九月時点での各島のB円流通高と一人当たりの流通高の推測額である。群島全体の流通高は二億五一八一万B円で、一人当たり一二二八B円である。一人当たり流通高を

図3　左が 50B 銭、右が 20B 円

島別にみると、大島が一五二三B円で最も多く、次いで徳之島の一二〇九B円、与論島は大島の約三分の一以下の四七〇B円である。実際に交換（日本円と交換）された金額は、奄美群島全体で約一億九〇〇〇万B円（推測額の七七％）、日本円にして五億七六四九万円であった。

徳之島では、島内の各郵便局を通じて交換がなされた。各郵便局の交換高は**表3**のとおりである。

この合計九六一五万五〇〇〇円余は、各家庭の手持ち現金の交換高であり、B円に逆算すると三二〇五万円ということになる。**表2**の交換前の徳之島の流通総額は六一六五万九〇〇〇B円、日本円に換算して一億八四九七万七〇〇〇円となるが、交換された金額九六一五万五〇〇〇円との差額八八八二万二〇〇〇円は銀行預金や郵便貯金等として交換されなかったことになる。交換されなかった預貯金は、自動的に三倍になるので引き出して交換する必要はないと大蔵省の示達（事務処理上の注意）があったが、凍結預貯金については何の指示もなく一対三の交換にならなかった。交換によって三倍の貨幣が流通したことで物価は三倍にはねあがり、すべての三倍価格が合理化して通用することになったのである。

琉球列島と奄美群島を比較すると、一九四六年四月の流通高を基準（一〇〇）としたとき、一九五三年九月の流通高は、奄美群島が三〇五（約三倍の増加）になったのに対し、琉球列島は一一九四（約一二倍の増加）である。琉球列島の一人当たりの流通高は二〇七〇B円であった。沖縄では、軍関係の仕事による資金の放出（供給）が多かったためである。

表2　奄美群島でのB円流通高（1953年9月）

島　名	流通総額	1人当流通額
大島	159,872	1,523
徳之島	61,659	1,209
喜界島	9,329	538
沖永良部島	17,191	688
与論島	3,756	470
計	251,807	4,428

（出典）高松末吉著『覚書終戦財政始末』

（注）流通総額の単位は、千B円、1人当たりの流通額は1B円である。

表3　徳之島各郵便局の交換高（1953年12月25～29日）（単位、円）

局　名	口数	日本円金額
亀津局	9,340	14,404,166
井之川局	529	7,713,304
母間	305	8,604,502
花徳	190	7,184,573
東天城(山)	355	3,557,836
手々	175	640,668
松原	381	7,930,675
平土野	800	14,076,750
西阿木名	159	514,380
犬田布	555	10,019,690
鹿浦	400	5,616,910
伊仙	579	7,957,122
面縄	541	7,935,179
合計	14,309	96,155,755

（出典）『徳之島町誌』236頁

第三節　復帰運動から復興事業へ

復帰運動は、奄美群島民の膨大なエネルギーと知恵・資力、及び郡内外の多くの人々の支援を得て実現したものである。復帰が実現するや「大目標達成安堵」からなのか、あるいは「燃え尽き症候群」に罹ったのか、大同団結して復帰運動に取り組んできた奄美大島復帰協議会や各種団体も解散し、群島民のあのエネルギーは急速に衰えていったようである。

復帰がまじかに迫るや、「復帰運動と復興問題は別である」、あるいは「復帰運動と選挙は別である」ということがいわれるようになった。「八年間の空白をいまこそ取り返し、大島の発展と繁栄をもたらさなければならない。その為には政党政治の世の中においては、大島復興の予算の編成、振興計画樹立等、すべて多数党であり、与党であるところの党の協力なくしてはなしえない。この際、大島復興という立場から多数党に属する人を選ぶべきである」という意見が有力になっていたのである。しかしながら、大野則文は「来るべき選挙について—復帰運動と選挙のことども—」の中で、このような意見には与せず、「民衆を愛し、真に民衆の代表たりうる人であり、逆境の中にあって、全郡民のために闘うような人こそが選ばれるべきである」と主張した。政策、所属政党はもちろん、人物をみるにおいては、経歴、手腕、才能等に加えて復帰運動に全身全霊打ち込んだ人であるということが、選挙に際して考えねばならない必須の条件である、ということを強調したのである。同じ紙面で[*2]、大江太郎も、「復帰運動は奄美の生活解放の為のさけびであった。したがって奄美の復興は、復帰による生活の解放と復興による生活の安定がねらいであり、復帰と復興は一体であり、復興は今後の政治と一体である」と述べている。

復帰が確実になった頃から、奄美大島復帰協議会や各種団体の組織や運動も弱化傾向をたどり、復帰後の政治や帰属問題に関心が向けられるようになり、復興問題は政治と経済の問題に矮小化されるようになった。[*3] 先田光演は、「群島民が立ち上がった歴史的な運動は、この年に終わってしま

＊2『自由』一九五三年十一月号。

＊3 奄美大島日本復帰協議会は昭和二十九年一月十六日解散した。同年二月には復帰後初の衆議院選挙(奄美群島特別区)があり、八人(宗前清、泉芳朗、保岡武久、金井正夫、伊東隆治、西田当元、山元亀次郎、中村安太郎)が立候補したが法定得票数を得たものがなく再選挙となった。再選挙で保岡武久が当選した。

った。というよりは、歴史的な視点から解釈すれば、運動の歴史が断絶してしまった、といった方が適切かもしれない。なぜならば群島民が主体的に立ち上がり、可能な限りの平和的手段を講じて実現した復帰の遺産がその後の奄美振興に活かされることなく、『奄美は一つ』という理念さえ、復興事業にひきつがれることがなかったのではと考えるからである」と述べている。

　復帰が確実になると大島支庁はすぐに二十八年十二月五日から翌年一月にかけて復興予算の折衝に取り掛かった。一月六日には鹿児島県庁で「奄美会議」が開催され、「復興事業をスムーズに運営するために大島支庁に大幅な権限を委譲するという『現地主義』でいくこと、当面、①二十八年度『一〇億円予算』の執行、②新規復興計画の基礎調査を急ぐこと」で一致した。

　二十九年一月十六日、奄美復帰協議会は解散した。衆議院選挙では、奄美群島区から六人が立候補して選挙を戦ったが、過半数を獲得する者がいなかったため、五月一日に再選挙が行われ、自由党の保岡武久が当選した。六月二十一日、奄美群島復興特別措置法（議員立法）が公布された。三月頃から奄美大島復興協議会結成の準備が進められていたが、構成メンバーの筆頭にあげられていた大島郡市町村会長が参加を拒否したことから、三十九の団体が参加して、議長に村山家国、副議長に大津鉄治・永田重徳・沖野友栄を選出して、ようやく七月二十日に発足した。すでに政治的な動きや、「復興事業」の主管機関（国とするか鹿児島県とするか）を巡って見解の対立が露わになっていたが、結局衆議院議員に選出された保岡の強い意向で、鹿児島県が主管となることに決定した。

　復帰運動は、唯一の目標である「日本復帰」を勝ち取るために、政治的立場を超えたほぼ郡民一丸となった運動であった。しかしながら、欲を言えば、運動中あるいは日本復帰が実現した直後から、奄美の行くべき方向や、奄美の内発的な改革等について議論も深めておくべきであった。全郡一丸となった見事な運動を展開しただけに、その点だけが惜しまれる。

　なお、復帰前後から「特別措置法」公布までの経緯については、月刊紙「奄美」並びに村山家国著『奄美復帰史』に詳しく報じられている。

第四節　復帰直後の経済・社会状態

前町誌第六章の「復帰以後の歩み」の冒頭は以下のような書き出しで始まっている。

「祖国復帰はようやく実現したが、戦中以来の経済的疲弊はあまりにも甚だしく、まして戦後における米軍占領下の行政、生産の減少、戦後の人口急増などから、復帰後の島民の苦労は並大抵のものではなかった。食糧は不足し、衣料にもこと欠き、本土の著しい経済成長をよそに、日本史上はじめて異民族の占領統治という異常事態を経験した徳之島は、せっかく祖国復帰の実現をみたものの、経済的には極度の貧困から立ち上がらなければならなかったのである」

琉球政府統計部発行の『奄美群島概況』（昭和二十八年）によって、日本復帰直前の亀津町並びに東天城村の概観をみることにする。

表4の亀津町、**表5**の東天城村に示された字（村）ごとの人口及び戸数・世帯数は、戦前及び戦後においてピークをなすものである。いずれの字も貧しく粗食ではあっても、大勢の子供たちと青壮年で賑わっていた。村あるいは学校の行事や祭りも盛大に行われていた。しかし復帰後、閉ざされた社会から解放されて、多くの人々が都市へと流出し、昭和四十年代には過疎化が一気に進行していった。

表6は、復帰前の亀津町並びに東天城村における水稲（米）に関する統計である。年によって変動があり、昭和二十五年（一九五〇）水稲は大型台風の影響[*4]による不作であるが、昭和二十七年は平年作あるいは豊作になっている。二十七年には一期作及び二期作合わせて、二十五年と比較して亀津町が一八六％、東天城村が一六六％の増加である。

＊4　昭和二十五年九月三～四日、大型のジェーン台風が襲来し、奄美群島にも大きな被害をもたらした。

表4　復帰直前の亀津町の字別人口及び戸数・世帯数

（昭和27年）

行政区画	人口総数	男性	女性	戸数	世帯数
亀津町	12,006	5,766	6,240	2,490	2,850
下久志	498	238	260	115	115
井之川	1,776	835	941	360	353
神之嶺	140	57	83	31	31
諸田	673	332	341	146	156
徳和瀬	813	402	411	162	166
亀徳	2,147	1,054	1,093	416	534
亀津北区	1,841	812	1,029	379	486
〃　中区	1,467	772	695	315	386
〃　南区	1,339	629	710	294	337
南原	400	190	210	73	87
尾母	763	367	396	170	170
白井	149	78	71	29	29

同年の一反当たりの米生産量は、亀津町で一・五四石、東天城村一・七〇石で、本土に比較してかなり少ない。毎日三食(一食一合)とも米を食するとすれば一年間の米消費量は一〇九五合(＝一石九升五合)を消費することになる。これを亀津町と東天城村の人口に直すと、亀津町は一万三〇八〇石、東天城村は九九二五石になる。亀津町の生産量は消費量の三〇%、東天城村は五八%に過ぎなかったことになる。不足分は島内外から移入するか、イモや麦を食さなければならなかった。

次に黒糖生産における製糖場の状況をみることにする。**表7**によると、昭和二十七年の亀津町並びに東天城村の黒糖生産量は、各々一九三万斤と一〇二万斤である[*5]が、亀津町の製糖場数は発動機一〇馬力以下が一三軒、畜力四六六軒、水車一軒である。当時は発動機を据えている製糖場数はごく少数で、大多数は畜力による昔ながらの製糖場であった(**図4**)。

一〇馬力発動機がどれほどの生産性をもっているのか不明であるが、仮に畜力の三倍の生産性があるとすれば、一三台の発動機は畜力の三九軒分になる。これと畜力を併せると約五〇〇軒の畜力製糖場に相当する。一軒当たり三八六〇斤、一〇〇日操業するとすれば、一日当たり三八・六斤を製造していることになる。東天城村では一〇二斤の製造である。なお、亀津町では五・二戸当たり一軒の製糖場があり、東天城村では二二戸当たり一軒の製糖場があった。一軒当たりの生産量においては東天城村の製糖場は亀津町の製糖場の三倍の生産量があったことになる。

次に労働力人口をみてみたい。昭和三十年(一九五五)十月一日に実施された国勢調査による

表5　東天城村の字別人口及び戸数・世帯数(昭和27年)

行政区(字)別	総数	男子	女子	戸数	世帯数
東天城村	9,101	4,177	4,924	1,948	2,151
池間	847	384	463	190	200
反川	831	381	450	202	213
大当	751	315	436	205	214
花時名	896	410	486	193	204
前川	836	389	447	178	183
新村	594	270	324	121	134
上花徳	966	470	496	190	195
轟木	640	315	325	126	131
畦	110	51	59	20	23
港川	471	210	261	110	120
内千川	641	299	342	143	157
山里	487	244	243	110	125
金見	328	157	171	76	80
手々	703	282	421	160	172

表6　亀津町並びに東天城村における米の生産高　(出典)表1．2に同じ

	亀津町	東天城村
	米生産量	米生産量
昭和25年	2,140石	3,453石
26	3,371	4,576
27	3,978	5,731

註)米は1期作と2期作の合計である。なお、2期作は、天水に依存する田が多いため、作付けできない田があり、収穫量は年により大きく変動する。

表７　亀津町並びに東天城村における黒糖生産高及び製糖場数

	黒糖生産量	製糖場数						
		発動機			電力	その他		
		計	10馬力以下	15馬力未満		計	畜力	水車
亀津町	1,930,000	13	13	0	0	467	466	1
東天城村	1,017,300	9	6	0	0	83	76	7

（出典）琉球政府統計部『奄美群島概況』昭和28年

と、亀津町の人口は一万二二〇一人、東天城村八九八五人で昭和二十五年（組替）と比較してみると、亀津町は一六二人増加しており、東天城村は逆に一九一人減少している（表８）。

十五歳未満人口は、亀津町の場合は男子二四一九人、女子二二六六人の合計四六八五人にも上り、全人口の三八・三％を占める。十五歳以上人口は七五一六人で、うち男性三五五二人、女性三九六四人である。労働力総数をみると五六二九人で、うち男性三五五二人、女性三九六四人となっている。就業者は五五九六人で、完全失業者はわずかに三三人しかいない。非労働力（主に就学者）が一八八七人となっている。

次に東天城村についてみてみると、十五歳未満人口は男性一七五七人、女性一七七五人の合計三五三二人であり、全体の三九・三％を占める。十五歳以上人口は五四五三人、労働力総数が四四九九人、就業者数は四四九二人で、完全失業者は七人しかいない。これを労働力人口の割合でみると亀津町が四六・一％、東天城村五〇・一％となっていて、完全失業者が亀津町でわずかに〇・三％、東天城村で〇・〇一％しかなかったのは驚きである。老人や病人、学生などの非労働力者の割合は、亀津町が一五・四％、東天城村一〇・六％であった。

亀津町と東天城村を比較すると、十五歳未満人口の割合は東天城村が一％高く、労働力総数及び就業者の割合においても東天城村の割合が四～五％高くなっている。逆に非労働力数は亀津町が五％近く高いが、その原因と

図４　手々の製糖用水車（昭和14年頃）

＊５　前年の昭和二十六年の亀津町と東天城村の黒糖生産高は、一〇四万五八二〇斤と五六万三〇〇斤である。二十七年に比べて五四％と五五％の生産量しかなかった。二十六年の台風がいかに深刻なものであったかが分かる。

して考えられるのは、徳之島高校が亀津町に立地しているためであろうと思われる。完全失業率が一％以下であるということは、進学や就職を希望する者が島を離れたことも一因であろう。

次に昭和二十八年の歳入歳出をみる。**表9**にあるように、亀津町の歳入額は一八三万四六〇八B円で、このうち市町村税は二九万三六〇五B円であった。歳入総額に占める割合は一六％である。その他の税収と税外収入が計八二二万二九四四B円（四四・八％）、政府交付金二一万三七一五B円（一一・六％）、借入金五〇万四三四四B円（二七・五％）である。市町村税は歳入総額の一六％、政府交付金が一一・六％となっていて、両者で二七・六％にしかならない。歳入のほとんどをその他の税収、税外収入と借入金によって補わなくてはならなかった。東天城村においても同様な状況であったが、税外収入が亀津町より多い。ただし、その中身は不明である。

亀津町並びに東天城村のいずれにおいても、予算がわずかしかないために歳出に占める最大の支出は役所費となっている。次いで亀津町は借入償還金、東天城村は雑支出であった（**表10**）。三番目は両町村ともに公共事業費である。一般的に市町村の歳出において、教育費が大きな支出項目を占めるが、歳出項目にそれがない。いずれ

表8　昭和30年10月1日現在の亀津町並びに東天城村の人口及び労働力状態（%）

	総人口	15歳未満人口	15歳以上人口	労働力総数	就業者	完全失業者	非労働力
亀津町	12,201 (100.0)	4,685 (38.3)	7,516 (61.5)	5,629 (46.1)	5,596 (45.8)	33 (0.3)	1,887 (15.4)
東天城村	8,985 (100.0)	3,532 (39.3)	5,453 (60.7)	4,499 (50.1)	4,492 (50.0)	7 (0.01)	954 (10.6)

（出典）昭和30年『国勢調査報告―第5巻都道府県編　その46・鹿児島県―』総理府統計局

表9　昭和28年度亀津町並びに東天城村の歳入（単位はB円）

	歳入計	市町村税	その他税	税外収入	政府交付金	借入金
亀津町	1,834,608	293,605	556,150	266,794	213,715	504,344
東天城村	1,426,632	200,643	459,634	370,052	173,514	222,789

（出典）琉球政府統計部『奄美群島概況』昭和28年度版。註）1B円＝3円

表10　昭和28年度亀津町並びに東天城村の歳出（単位はB円）

	合　計	役所費	土木営繕費	公共事業費	補助金	雑支出	借入償還金
亀津町	1,750,394	905,101	50,000	206,236	64,428	113,985	410,644
東天城村	1,343,850	811,574	5,000	152,061	18,150	271,756	85,309

（出典）琉球政府統計部『奄美群島概況』昭和28年度版

にしても、琉球政府下における市町村財政がいかに厳しいものであったかは明白である。

明治二十一年（一八八八）から昭和十五年（一九四〇）に至る五十二年間の大島郡独立財政時代、そして戦後の米軍政府の占領統治下における奄美（大島郡）の財政は、日本本土の市町村財政に比較して非常に貧弱で、産業振興政策・産業基盤や社会資本、文教施設の整備はきわめて不十分なものであった。昭和二十八年の調査によると、郡民の生活水準は昭和九～十一年の水準に落ち込んでいた。しかし復帰によって、郡内市町村も本土の市町村と同様に地方交付税、国庫補助金の交付を受け、また地方債を発行して歳入を増加させることができるようになった。またさらに「奄美群島復興特別措置法」の施行によって、生産基盤、生活基盤、文教施設等の復旧と道路、港湾の整備等の大規模な事業を行なうことが可能になった。その後に継続された「振興特別措置法」、「振興開発特別措置法」では、本土との「格差是正」と「自立化」を掲げて事業が展開された。

大島郡（一市五町十三村）の復帰前と復帰後の大島郡全体の財政状況を比較したのが**表11**であり、米国軍政府下、及び復帰後三年間の徳之島四町村と大島郡全体の地方交付税の推移を示したのが**表12**である。

表11によれば、昭和二十八年度の大島郡全体の歳入総額は一億三五〇〇万円である。税収は八二〇〇万円（六〇・八％）、財政交付金が二〇〇〇万円（一五・一％）、政府補助七〇〇万円（四・八％）、起債は六〇万円（〇・四％）であった。次に復帰から二年後の昭和三十年度決算を見ると、郡内市町村の歳入総額は一〇億六〇〇〇万円にもなっている。うち市町村税は七七〇〇万円（七・六％）、地方交付税が二億八五〇〇万円（二八・三％）、国庫支出金が四億六二〇〇万円（四五・九％）、市町村債一億二〇〇万円（一〇・一％）であった。昭和三十年度の歳入総額は、二十八年度の約七・五倍へと一気に増えた。復帰後に地方交付税、及び国庫支出金が大幅増となったことが大きかった。したがって歳入に占める自主財源の割合は、昭和二十八年度の六三・三％から七・六％へと大幅に減少した。

表12にあるように、徳之島三町の復帰前の地方交付税額はわずかなものであったが、二十九年

表 11　大島郡市町村歳入決算の推移　（単位：百万円）（）は割合を示す

財政年度	市町村税	地方交付税	国庫支出金	県支出金	市町村債	歳入総額	自主財源率
昭和 28 年 (1953)	82 (60.8)	20 (15.1)	7 (4.8)		0.6 (0.4)	135 (100)	63.3
昭和 30 年 (1955)	77 (7.6)	285 (28.5)	462 (45.9)	18 (1.8)	102 (10.1)	1,006 (100.0)	7.6

（出典）『奄美群島の概況』その他の項目が除かれているため、各項目の合計額は歳入総額に一致しない。なお、昭和 28 年度については、原資料ではＢ円表示になっているが、筆者が 1B 円＝3 円に換算して表示している。

度以降は一〇倍以上に増加したことがわかる。地方交付税と国庫支出金の二つが、地方自治体の歳入の二本柱となったのである。

復帰後の復興特別措置法に基づく事業によって、大島郡の総生産及び郡民所得も大幅に増加した。ただ、奄振事業による地元負担分は地方債に依存するため、公債費と債務残高は増加した。また、昭和二十九年度から三十七年度の間の郡民生産所得についても、五五億六九〇〇万円から一四〇億七五〇〇万円と大幅に増加し、年平均増加率でみると一九・一%にも上った。

第五節　昭和の大合併―徳之島町の誕生

明治維新以後、昭和の市町村大合併は二回目になる。明治の大合併（第一次）は先進諸国の外圧と自由民権運動の内圧に対抗して、中央集権的国家を創設するための支配体制を整備しようとした政策であり、昭和の大合併（第二次）は、第二次世界大戦で敗北した日本の新しい政治経済社会体制を再構築するための政策であった。

昭和二十二年（一九四七）五月三日、日本国憲法が公布され、憲法第九二条で「地方公共団体の組織及び運営に関する事項は、地方自治の本旨に基づいて法律で定める」とした。これは昭和二十四年から二十五年にかけて、日本の税制について調査勧告する目的でシャウプ使節団が来日し、作成した報告書を基にしている。報告書の内容は多岐（たき）にわたる。地方自治体の財政に関しては、地方自治体の財政力が極めて弱く、国税の比率が高いことから、地方自治体の歳出は国からの補助金に依存している。このため中央政府による地方財源の統制が過大となり、地方自治体の独立性が阻まれている。したがって、地方自治の独立性を強化するには、①地方税源の拡充強化、②国からの交付金の一方的決定の排除、③国・地方自治体間の徴税（ちょうぜい）と行政責任の明確化、④平衡（へいこう）交付金の設置等がある、*6 とした。

表12　徳之島1町3村の地方交付税額の推移（単位：千円）

	S.23	25	27	28	30	32	34	35
亀津町	171	154	414	873	14,706	30,861	38,268	44,353
東天城村	105	108	343	756	12,577			
天城村	141	135	412	994	16,124	17,606	22,764	27,073
伊仙村	123	152	541	1091	21,330	24,607	30,562	32,297

出典）『奄美大島の概況』大島支庁、昭和36年度版

註1）原資料では、昭和23～28年度までB円で表示されているが、上表では1B円＝3円に換算した数字を表示している。また、昭和27年度までは大島郡の中に十島村が含まれているが、それを除外した数字を表示してある。なお、千円以下は四捨五入している。

註2）昭和33年4月、亀津町と東天城村が合併して徳之島町となった。

この報告書は戦後日本の税制と地方自治体の財政問題に大きな影響を与えた。戦後、この報告書に基づき新制中学校の設置管理、市町村消防や自治体警察の創設の事務、社会福祉、保健衛生関係の新しい事務が市町村の事務とされたのである。また、行政事務の能率的処理のためには規模の合理化が必要とされた。

こうした流れを受けて、昭和二十八年九月、町村合併促進法（第三条「町村はおおむね、八〇〇〇人以上の住民を有するのを標準とする」）が定められた。当時合併の利点としてあげられたのは、①財政力が強化されること、②財政規模が大きくなって消費的経費に比し、投資的経費の割合が多くなること、③事業の集中的実施が可能となること、④町村役場職員について広い範囲から人材を求め得ることなど、主として財政上からの利点であった。そして、町村が合併を希望しようとするときは新町村計画を策定し、町村役場、支所、出張所の総合整備をはじめとして、小・中学校等教育施設、消防施設、病院診療所等の医療施設、授産所、保育所等厚生施設等の整備、道路、橋、農地等の整備についての計画を明らかにすることになった。

鹿児島県においても、昭和二十八年十月に町村合併審議会条例が制定され、翌月に町村合併促進審議会が発足した。本県の町

昭和33年3月9日（日）　南西日報　第538号

南西日報

合併促進協議会　きのう東天城で開く

合併後に来るもの　町長戦へ騎打の公算

合併財産問題　きょう町臨時議会

鉄筆、ガリ版部隊　合併事務テンテコ舞

町議戦早くも話題　議員定数二十名と決定

復興特法可決　六日衆議院本会議で

実熊牛対福山牛　きょう北区舟渡浜

図5　合併に向けた動きを報じる地元紙（昭和33年3月9日）

＊6　昭和二十八年（一九五三）一月「市町村財政法」が公布され、これによって「財政調整交付金」が交付されるようになった。なお地方財政平衡交付金は、昭和二十九年度から地方交付税と改称されている。

表13 徳之島町発足時の徳之島町議会議員名（昭和33年）

氏名	年齢	住所	氏名	年齢	住所	氏名	年齢	住所
大勝官二	57	亀津	小沢五郎	56	母間	内山貫一	44	母間
宮上秀応	58	諸田	徳田徳為	54	亀徳	仲田豊彦	39	母間
宮本忠重	39	轟木	岡島義忠	58	井之川	玉利重敏	43	母間
藤井助一	36	手々	東郷末男	38	下久志	中岡盛正	50	亀津
名城秀時	45	亀徳	中村茂人	44	花徳	前　永茂	39	徳和瀬
中山善良	43	山	法元豊繁	43	井之川	碇山正則	33	山
平山正明	39	亀津	常山　宏	48	亀津			

村は、財政力が脆弱なところが多い関係上、標準人口規模を一万二〇〇〇人以上として合併の指導がなされることとなった。二十九年から三十一年の三年間に四町村が合併して瀬戸内町が誕生するなど三十七件の合併が行われた。

昭和三十一年六月に町村合併促進法が失効したが、代わって新市町村建設促進法が引き続き公布され[*7]、本県にも新市町村建設促進審議会が、前審議会を引き継いだ形で生まれた。そして、まだ合併を行っていない町村に対し、最終的に一括合併勧告が行われた。

大島郡においては、一市一九か町村を一市七か町村に編成する計画であった。徳之島に関しては、亀津町、東天城村、天城村、伊仙村の一町三村を統合して一つの町を作るという計画が立てられた。しかし、この合併は合意には至らず、新市町村建設促進法に基づいて別の合併の方向を探ることになった。そこで、亀津町と東天城村が段階的に合併することによって、県から特別交付税の増額、復興事業の短年度完成に対する特別援助、などの特恵を受けられることを考慮すると、両町村が合併する以外に道はないとの見解に立ち至り、徳之島四か町村合併の前提として、両町村の合併をやろうではないかとの結論をみた[*8]（**図5**）。

昭和三十三年四月一日をもって徳之島町が発足した。合併により旧両町村議会が解消されたことから、四月二十二

*7 昭和三十一年の新市町村建設促進法により「町村数を約三分の一に減少することを目途」とする町村合併促進基本計画（昭和二十八年十月三十日閣議決定）の達成を図ったものである。

*8 『徳之島町町制施行六十周年記念誌』一一～一三頁。

日、選挙が行われ新しく議員が選出された。地方自治法第九一条によると、本来の徳之島町の議会定数は三〇人であったが、合併後の町政の運用と財政を考慮して、議員定数は二〇人とした（**表13**）。議長には亀津の大勝官二、副議長に母間（ぼま）の小沢五郎が選出された。

表14は合併当時の各集落別の世帯数と人口である。

表15は徳之島町の人口推移であるが、復帰後は本土への渡航が自由になり、しかも本土の急速な経済成長によって、人口の社会的減少（人口流出）が続くようになった。昭和三十二年一月から十二月の期間中の町内への転入は七八七人あったが、転出が一八六〇人に上ったことから差し引き一〇七三人の純減であった。なお、同期間中の出生者数は五一四人おり、死亡者数が二七四人いたので、その差の二四〇人は自然増加となる。社会的減少が自然増加を大幅に上回ることとなった。

次に町財政についてみることにしよう（**表16**）。

徳之島町となって初年度（昭和三十三年度）の財政状況をみてみると、徳之島町の歳入総額は一億七七〇二万円となっているが、合併前年度の両町村の歳入予算の未執行分を引き継いでいるため、純歳入額は一億三二七万円であった。合併時点では合併前の両町村予算の総額とそれほど大きな違いはなかった。町税や公営企業及び財産収入、使用料等のいわゆる自主財源の収入は全体の九・一％であった。

表14　徳之島町発足時の町内各部落（集落）の世帯数及び人口

部落名	世帯数	人口		計	部落名	世帯数	人口		計
		男	女				男	女	
白井	26	56	46	102	大当	214	354	415	769
尾母	161	325	369	694	花時名	213	359	432	791
南原	65	164	175	339	前川	218	451	452	903
南区	298	594	623	1,217	新村	122	231	251	482
中区	405	836	862	1,698	上花徳	195	470	479	949
北区	490	978	1,051	2,029	轟木	125	312	325	637
亀徳	508	954	1,016	1,970	畦	21	52	48	100
徳和瀬	155	306	355	661	港川	112	191	218	409
諸田	181	313	319	632	内川	158	280	325	605
神之嶺	26	57	64	121	山里	107	225	228	448
井之川	334	727	761	1,488	金見	85	169	175	344
下久志	113	246	252	498	手々	171	325	377	702
池間	185	331	370	701					
反川	197	349	423	772	計	4,825	9,655	10,406	20,061

（出典）『昭和33年徳之島町町勢要覧』

歳入の中で一番大きな科目として雑収入が全体の四三・二一％を占めている。その中身は不明であるが、合併に伴う交付金ではないかと思われる。次に大きな科目は国庫支出金で、奄美群島復興特別措置法に基づく事業である。三番目が地方交付税で、これは財政力の弱い市町村に交付される制度的交付金である。四番目は町債となっている。これは、復興事業を実施するうえでの自己負担分を、町債を発行することで資金とするためのものである。郷土の復興のためには必要不可欠であるが、自治体財政にとっては大きな負担であった。

歳出科目の中で最大の支出科目は、諸支出金約八〇六五万円であるが、その中身については不明である。町村合併に伴う施設整備や道路等の建設費と思われる。奄美群島復興事業費が四八〇〇万円で、歳出総額の二七・三〇％を占めている。産業経済費はわずか六五六万円（三・六〇％）に過ぎなかった。これでは産業の拡充強化、ひいては町民税等の自主財源の増加を図ることは困難であった。

表 15 徳之島町の人口推移

年	人口
昭和 20 年	18､603
25 年	22,936
28 年	20,627
30 年 10 月 1 日	21,186
33 年 4 月 1 日	20,061

（出典）『徳之島町誌』270 頁、『昭和 33 年度徳之島町町勢要覧』

注）亀津町と東天城村は昭和 33 年 4 月 1 日合併し、徳之島町として発足した。昭和 33 年 4 月以前の人口は、亀津町と東天城村の合計である。

表 16　昭和 33 年度一般会計歳入歳出予算及び特別会計（単位、円、%）

歳入			歳出			特別会計	
科目	予算額	構成比	科目	予算額	構成比	科目	予算額
町税	9,362,648	5.28	議会費	2,237,879	1.26	(歳入)	
地方交付税	30,397,933	17.20	役場費	19,554,689	11.04	公営企業及	1
公営企業	2,260,140	1.27	消防費	2,143,655	1.22	財産収入	138,303
及財産収入			土木費	2,029,650	1.15	使用料及手	
使用料及	1,753,201	0.99	教育費	8,117,786	4,59	数料	
手数料			社会及労働	1,478,957	0.83	国庫支出金	11,000,000
国庫支出金	42,647,809	24.10	施設費			繰入金	4,926,727
県支出金	1,533,565	0.86	保健衛生費	1,053,700	0.59	町債	6,600,000
寄付金	145,250	0.08	産業経済費	6,363,041	3.60	計	22,733,432
繰越金	0	0	財産費	881,640	0.50		
雑収入	76,523,042	43.21	統計調査費	37,825	0.02	(歳出)	
町債	12,400,000	7.01	選挙費	1,133,762	0.64	簡易水道事	25,000
計	177,023,588	100.0	公債費	3,009,193	1.70	業費	
		0	諸支出金	80,646,941	45.50	奄美群島復	22,250,000
			奄美群島復興費	48,234,870	27.30	興事業費	
			予備費	100,000	0.06	公債費	458,432
			計	177,023,588	100.0	計	22,733,432

第六節　戦後農地改革と徳之島町の農業

わが国における農業及び土地問題は、大正から昭和初期にかけて深刻化した。大正九年（一九二〇）には四〇八件だった小作争議は、十一年には一五三五件になり、昭和十年頃には約七〇〇〇件に達し、争議参加小作人数は一二万人を数えるに至った。[*9] 社会政策的観点からしても、健全な自作農創設によって農村の安定を図らなければならなかった。昭和十一年五月に制定された「自作農創設維持補助規則」は、まさにそのような意図をもつものであった。しかしながら、小作立法の多くは、議会における地主勢力の強硬な反対により実現に結びつかなかった。しかし、大戦での敗北により、日本は連合国軍政府に統治されることになったことで、連合国、なかでもアメリカは、日本の侵略は国内における封建的社会経済構造に起因するものであるとして、民主化を推進するためには、農業及び農村社会の徹底的改造が必要であると考えた。米国政府内では、一九四五年四月七日付けで「日本の土地所有問題に関する政策」と題した報告書を作成し、日本の土地・農業問題について議論をはじめた。

連合国軍最高司令官の農地改革についての最初の指令は、一九四五年十二月六日付けの「農地改革についての覚書」である。その概要は、「民主化促進上、経済的障害を排除し、人権の尊重を全からしめ、かつ数世紀にわたる封建的圧制の下に日本農民を奴隷化してきた経済的束縛を打破するため、日本政府に対して、その耕作農民がその労働の成果を享受するため現状より以上の均等の機会を保障すべきことを指令する。本指令の目的は、全人口の過半が耕作に従事している国土の農業構造を、永きにわたって病的ならしめてきた諸多の根源を除去することにある。よって日本政府は、一九四六年三月十五日までに次の諸計画を内容とする農地改革案を本司令部に提出すべし。

＊9　加用信文監修『日本農業基礎統計』一九七七年、一〇七頁。

図6 牛耕による山間の棚田（昭和30年代）

①不在地主から耕作者に対する土地所有権の移転。②耕作していない所有者から農地を適正価格を以て買い取る制度。③小作者収入に見合った年賦償還（ねんぷしょうかん）による小作人の農地買取制度。④小作人が自作化した場合、再び小作人に転落することがないよう保障する制度」というものであった。

日本政府はこの指令を受けて、連合国の主導の下、改革案を作成していくことになったのである。第二次農地改革法は、昭和二十一年（一九四六）十月二十一日に公布され、翌年一月から始まった。この法によって、不在地主の全小作地、在村地主の一ヘクタール（北海道では四ヘクタール）を超える小作地が強制買収の対象になった。

この農地改革の成果について、一九五〇年三月一日付けの連合国軍総司令部資源局の報告書「日本の農地改革計画」は次のように述べている。「一九四七年一月から始まった農地改革は、四九年三月三十一日現在、地主から小作人への土地の譲渡によって、地主─小作関係は完全に再編成された。小作地の面積は、全農地面積の四六%から一二%へと縮小した。階層としての不在地主は完全に消失した。改革前にはわずか耕作者の三六%にすぎなかった土地所有者は、今では七〇%に増加した。土地を所有しない小作人は、階層としては、以前は二七%を占めていたが、現在では六%で、そのかなりの者が土地を取得した。日本の農家の半分を超える三〇〇万の農家が計画期間中に土地を購入した。残りの地主─小作関係にある土地は政府の厳格な管理下におかれている。この計画の完遂（かんすい）は、日本の封建的な土地所有関係と明治維新以来の経済的には不健全な地主─小作関係に終わりをもたらすであろう」

ここまで、連合国軍司令部が占領管理した「日本」における農地改革についてみてきたが、米国軍政府によって統治管理されていた奄美群島と沖縄諸島は「二・二宣言」によって日本の行政権外に置かれていたため、農地改革は実施されなかった[＊10]**（図6）**。しかしながら、本土から情報が少しずつ漏れ伝わり、日本復帰が近づくにつれて大地主、特に不在地主の懸念は高まっていった。昭和二十八年十月三十一日の第十七回衆議院「地方行政委員会議」で、泉 芳朗参考人は、「郡内

＊10　石井啓雄・来間泰男著『沖縄の農業・土地問題』（農政調査委員会、一九七六）によれば、「本土においては、画期的な戦後改革であった農地改革が行われ、寄生地主的土地所有は強権的に解体され、農民の土地所有と農民的小商品生産が一般化した。そしてこの体制に応じて、諸法制（農地法、農協法、土地改良法、農業災害補償法等）も整備され、多額の財政をもって、小農民による農業の発展を促す措置がとられた。一方の沖縄では、農地改革とは逆に、農民の所有地（農地、宅地、墓地、山林、原野）の多くが米軍用地として囲い込まれ、食糧農産物への価格支持ではなく、カリフォルニア米が沖縄の稲作と甘藷作を圧倒し、さとうきび、パインアップルへのモノカルチュア的集中を余儀なくした」と述べている。

の約三〇〇人以上は、この法の適用を受けなければならないような状況下にあると大体想像されますが、これらの自作農あるいは不在地主たちは、ちょっとそこに経過期間をおいていただかぬと頓挫（とんざ）するのじゃないか」と述べている。

表17によれば、農地五〇町歩（ちょうぶ）（㌶）以上を所有する農家は伊仙村に二戸いるのみで、一〇町歩以上は東天城村一戸、天城村一戸、伊仙村二戸。五町歩以上は東天城村一戸、天城村一戸、伊仙村四戸のみである。亀津町には五町歩以上の地主は存在しない。表からは徳之島一町三村の三町歩以上の農地所有者数は不明であるが、前出の衆議院「地方行政委員会議」で、泉芳朗参考人は大島郡全体では三〇〇人にのぼると陳述しているので、徳之島全体でも相当数いたであろうと推測される。三反歩以下の零細農は、亀津町八五七戸（総戸数の四七・七%）、東天城村九八〇戸（同五一・九六%）であった。

昭和二十八年十二月二十五日、日本復帰に伴い奄美群島にも農地法が適用されるようになった。東天城村と亀津町が合併し、徳之島町となった昭和三十三年の農家戸数は三七八九戸で、うち三～五反（たん）（一反は約一〇㌃）未満は九三二戸（二四・六%）で、三反未満が一三九八戸（三六・八%）もあった。両者合わせると二三三〇戸（六一・四%）となり、五反未満の零細農家が六割強という状況であった。三〇反（三町歩）以上の農家はというと、尾母に一戸、南区に一戸いるだけで、大正、昭和初期の大地主（三〇町歩以上の所有者）は存在しない。大地主が消失した原因は、本土における農地改革の影響が大きい。多くの不在地主や在地の大地主たちが小作地を売却したり、名義変更をするなどした結果、不在・在地大地主が激減し、零細農家が増加した。そのことが、徳之島町における耕作地面積広狭別（こうきょうべつ）農家戸数に表れているのである。

農業の現況について、当時の町勢要覧は次のように述べている。「島に消費都市をもたず、しかも生産コストの高い本島においては、農産物の増産も遅々として進まず、ほとんど自給自足の程度というべきで、農家経済は極めて不振である。本町の一戸当たり経営面積は四反八畝にして、

表17　徳之島1町3村の農地所有状況（昭和22年調べ）

	総戸数	50町以上	10町以上	5町以上	1町以上	5反以上	3反以上	2反以上	2反未満
亀津町	1,796				99	374	466	368	489
東天城村	1,886		1	1	81	396	430	315	665
天城村	2,139		1	1	202	664	507	342	422
伊仙村	3,291	2	2	4	315	1,066	879	431	592

（出典）『奄美大島の概況』昭和29年

鹿児島県の平均五反六畝、全国平均の七反三畝に比較するとかなり零細である。これと合わせて農地の利用度も不振で、今後の農業経営にも多くの課題をかかえている」

戦後の農地改革は、地主―小作人の関係を抜本的に変革したが、高度経済成長期以降、農業と他産業（工業、商業等）の所得格差が拡大し、農業・農村から大量の人口流出が続き、農業の在り方を見直さざるを得なくなった。こうして昭和三十六年に「農業基本法」が制定されるに至ったのである。

第七節　甘味資源保護対策と糖業

大戦後の日本に、はじめて砂糖が輸入されたのは昭和二十二年末である。制限を設けながらも一般物資の民間貿易が再開され、翌年一月までに輸入されたキューバ粗糖（そとう）は、合計五〇万トン余にも達した。外貨の乏しい戦後日本において、砂糖は輸入品目の中心を占めることになった。外貨節約のためにも、また製糖会社の経営安定化のためにも、国内産糖の増加を図る必要があった。[*11] 昭和三十四年二月になって、政府は次の国内甘味（かんみ）資源の自給力強化総合対策を発表した。

「基本方針

国民食生活の必需物資である砂糖類の約九〇％を海外よりの輸入に依存しているわが国の現状にかんがみ、速やかに甜菜（てんさい）糖、甘蔗（かんしゃ）（サトウキビ）糖、結晶ブドウ糖等、甘味資源の国民自給度の向上をはかり、国際収支の改善及び民生の安定に資するとともに、畑作農業の振興を図ることが緊要（きんよう）である。この基本方針のもとに甘味資源の国内自給力強化のため、長期にわたる総合的対策を樹立するものとする。

砂糖類需給の長期目標

砂糖類の十年後（昭和四十三年）における自給強化の目標を次のように設定する。

＊11　昭和二十八年、政府は「甜菜（てんさい）生産振興臨時措置法」を制定し、甜菜の生産振興と価格支持および甜菜糖の政府買い入れを行うことにした。

総需要量一五二万トン、総供給量一五二万トンとし、国内産七五万トン（うち甘蔗糖二〇万トン）、輸入糖七七万トンとする。

甘蔗糖対策　奄美、沖縄、種子島等、南西諸島の主要産物である黒糖については、経済事情の変化にともない、漸次需要が減退したので、黒糖の消費税の優遇措置を講じ、品質の改善、製造方法の合理化をはかるとともに、砂糖の税制改訂にともない分密糖製造への切り替えを促進しうるよう工場建設等に所要の便宜を図るものとする。[＊12] なお、サトウキビの栽培及び製糖技術についての試験研究を推進し、あわせて黒糖の消費促進を図るものとする。」

政府の甘味資源自給力強化計画の基本方針に基づき、鹿児島県では糖業振興計画が樹立され、昭和三十七～三十八年には最低一一万三二〇〇トンの甘蔗糖を産出する計画が立てられた。しかしながら、砂糖輸入自由化の波により砂糖をめぐる状況は一段と厳しさを増した。三十九年三月、政府はさらなる砂糖輸入自由化に備えて、農業経営の改善と農家所得の安定、国内甘味資源作物の国際競争力の強化を図るため、「甘味資源特別措置法」を制定・公布し、さらに翌四十年六月には、「砂糖の価格安定等に関する法律」を公布した。

粗糖の輸入自由化以来、わが国の国内糖の価格は国際市場の砂糖価格の変動を如実に反映して、大幅な変動を続けていた。このような国内糖価の不安定さは、甘味資源の振興対策にも悪影響を及ぼした。甘味資源作物やイモ類の生産農家の所得を不安定にさせ、国内産糖やブドウ糖の製造事業者の健全な発展をも阻害することになり、また国民生活の安定といった点からも好ましくないことであった。昭和三十九年秋以降の国際糖価の下落に対して、政府は甘味資源特別措置法に基づいて国内産糖及び国内産ブドウ糖の買入れを行った。

しかし、国内産糖類の価格支持を図る政府買い入れは、国内糖価が長期にわたって低迷を続けた場合に、国内産糖量のほぼ全量を継続的に買い上げることになるが、輸入が自由な状態では砂糖の国内需給は引き締まらない。逆に、政府在庫が余剰分となって市況を圧迫し、政府がこれを

＊12　戦後徳之島における島外資本による大型製糖工場の創設は、昭和二十九年八月の大島糖業株式会社と三十四年十二月、大洋殖産株式会社の進出に始まった。大島糖業株式会社は、昭和三十年二月、平土野、犬田布に一日当たり原料処理能力五〇㌧の新式黒糖工場建設操業開始。三十四年十月目手久工場二〇〇㌧新設、十二月、平土野工場一五〇㌧分密糖工場に増改設、三十五年十二月平土野工場三〇〇㌧工場に改装。三十八年二月、平土野、目手久工場各々四〇〇㌧に増設、四十年十二月、平土野工場八〇〇㌧に増設した。

他方、大洋殖産株式会社は、昭和三十四年十二月、伊仙工場三〇〇㌧新設、三十六年十二月、徳和瀬工場二〇〇㌧新設、伊仙工場四〇〇㌧増改設、四十年十二月、伊仙工場五五〇㌧、徳和瀬工場六五〇㌧に増設。農林省の一島一社の企業合理化方針に基づく指導により、昭和四十一年五月、前記両社は対等合併した。

放出しようとすれば、市場価格をさらに引き下げる恐れがあった。しかもその結果、政府の財政負担がいたずらに増大し、糖価の回復を遅らせるなど、甘味資源対策全般に好ましくない事態をもたらすことになる。そこで、このような事態に対処して、国内糖価の安定と甘味資源作物の価格支持の方式を、抜本的に改善する必要があった。

このため、粗糖の輸入自由化を前提としつつ、甘味資源生産の安定もあわせて国民の消費生活の安定を図るため、国際糖価の異常な変動が国内糖価に反映しないよう、輸入糖の国内供給価格を調整し、その平準化、安定化を図ることにした。同時に国内産糖については、甘味資源作物の生産の見通しや国際糖価の動向などを考慮した、国内産糖合理化目標を設定した。これを実現するために「砂糖の価格安定等に関する法律」（砂糖価格安定法）を制定し、国内産糖及び国内産ブドウ糖については、政府買入制度に代えて糖価安定事業団が創設された。この砂糖価格安定法は、砂糖の国内価格を安定させるために、国際相場を基準に上限、下限価格を設定し、商社が輸入した原料糖の平均価格が下限を下回った時はその差額を安定資金として徴収し、逆の場合には積み立てた資金から払い戻して、原糖価格を一定の範囲内に安定させるとともに、国内産糖を保護しようという仕組みである。[*13]

表18にみるように、昭和四十年から四十三年までは、安定下限価格が平均輸入価格よりも高いので、事業団はその差額を糖価安定資金および調整金として積み立てている。昭和四十四〜四十五年には輸入価格は下限価格と合理化目標価格の中間にあり、調整金のみが徴収されている。四十七〜四十八年には輸入価格は上限価格を上回っており、安定資金からの充当が行われた。この期には、事業団の輸入糖の価格変動を大枠内に安定させるという目標は一応果たしたといえよう。

この間、サトウキビの最低生産者価格は、昭和四十年の一トン当たり五八五〇円から

表 18　糖価安定法の指標価格の推移（単位：円、トン（t）、%）

年	上限価格	合理化目標価格	下限価格	調整率	平均輸入価格	売戻価格	売買差額の内訳	
							安定資金	調整金
1965	49,850	40,600	27,300	37.42	21,470	32,277	5,830	4,977
68	48,500	40,600	24,100	21.93	23,455	27,925	1,820	3,618
71	47,800	42,800	24,400	21.63	39,630	40,316	—	686
74	106,700	72,500	55,400	20.18	123,650	54,000	−16,950	52,700
77	140,100	115,200	73,600	21.46	83,950	88,382	0	4,432
80	154,300	153,600	63,400	25.41	167,300	154,300	−13,900	—
83	162,700	152,300	60,000	32.56	51,020	90,903	8,780	31,103
84	16,700	160,400	46,900	33.33	83,415	83,415	13,760	36,515

（出典）原資料『糖業年鑑』及び『日本甘蔗糖工業会年報』により作成

四十八年の六九八〇円へと一八・八%引き上げられたにすぎない。これは同じく行政価格をとっている米価に比較しても低率である。日本経済の高度成長期にこの程度の引き上げでは、サトウキビの生産者所得は相対的に低下せざるを得なかった。昭和四十八年、鹿児島県のサトウキビ生産者は糖価安定法の改正を求めて立ち上がり、大規模な陳情団を編成して、中央政府へも陳情合戦、いわゆる「サトウキビ戦争」を展開した。その結果、サトウキビの最低生産者価格はトン当たり一万円、四〇%以上も引き上げられることになったことで生産意欲が回復し、栽培面積も拡大した。

表19に見るように、昭和三十五年（一九六〇）の大島郡のサトウキビ生産農家戸数は、郡全体で三万三四八四戸、徳之島だけでみると九五四七戸であった。収穫面積は大島郡四二一九ヘクタール、徳之島一八五二ヘクタール、一〇アール反収は大島郡五九八六キロ、徳之島六〇八〇キロ、生産量は大島郡二六万二五六八トン、徳之島一一万二五八七トンであった。平均規模は大島郡一三アール、徳之島二〇アールとなっている。昭和四十年になると徳之島における収穫面積、生産量、平均規模のいずれもにおいても大幅な増加を示している。その原因は政府による保護政策もあるが、サトウキビ品種の改良も大きかった。

サトウキビ品種については、昭和三十六年に奨励（しょうれい）品種をNCO310[*14]に決定すると急速に普及し（**図7**）、反収の増加と作付面積の増加で、数年のうちに生産量は普及前の約三倍となり、昭和三十九年期には六六万九〇〇〇トンの大記録を達成することができたのである。その後、サトウキビ買上価格の低迷、生産農家の減少と高齢化等により反当たり収量及び生産量の減少傾向が続き、二〇〇一年度

表19　大島郡徳之島におけるサトウキビ生産の推移

年	生産農家	収穫面積 (ha)	10a 反収 (kg)	生産量 (t)	平均規模 (a)
S.35 年	9,547	1,852	6,080	112,587	20
S.40 年	8,540	4,291	5,807	249,167	52
S.45 年	7,815	4,729	4,490	189,773	63

（出典）皆村武一著『戦後奄美経済社会論』133 頁、原資料大島支庁『奄美群島の概況』各年度版により作成

＊13　わが国の年間の砂糖消費量は二六〇万～二七五万トンで、うち国内産は八〇万トン前後、輸入量（粗糖）は一八〇万～二〇〇万トンである。砂糖の国内自給率は、政府の手厚い保護政策が功を奏して次第に高まり、一九八六年には三四・〇%になった。しかし、EUの一〇〇%、アメリカの八〇%に比べれば、まだ相当に低い自給率である。とはいっても、輸入糖に比較して法外に高い国内糖価格は、膨大な財政負担と砂糖消費者側の不利益をもたらし、早かれ遅かれ自由化の矢面に立たされることになった。

＊14　NCO310は、花徳出身で戦前から製糖会社などを経営していた乾純之助氏が、昭和三十二年に台湾の友人が発見した品種を徳之島に導入したのが始まりである。乾氏は、花徳に一町歩余の原苗圃（ほ）を作り、ここから五年間にわたって一二五万本の苗を島内に無償配布した。自らも花徳に大和製糖株式会社を設立し、徳之島の近代糖業の礎を築いた。花徳下田には、農家の寄付によって乾氏を讃えた「さとうきびNCO310号記念碑」が建っている。

には二三万八二四八トンに落ち込んだものの、新たな「甘味資源作物政策大綱」を策定し増産計画に取り組んだことで、台風災害等による変動はあるものの、概ね二〇万トン台後半の生産量を維持している。しかし生産量の減少は、南西糖業が三つの大型製糖工場を稼働させるのに必要なサトウキビ収穫量（二七万トン）を安定的に確保するには足りず、平成九年（一九九七）四月から休止していた平土野工場（天城町）の操業再開を断念し、「産業活力再生特別措置法」に基づく優遇措置を受けるため、通産省に対し「工場閉鎖」の申請を行った。[*15]

第八節　農業基本法と徳之島町の農業

昭和三十五年（一九六〇）の農林漁業基本問題調査会による答申「農業の基本問題と基本対策」を踏まえた「農業基本法」が翌年に制定された。農業基本法は第一条（目的）で「国民経済の成長発展に即して、政府及び地方公共団体の施策、並びに農業従事者の努力及び農業団体の活動により、わが国の農業が、他産業従事者の生活水準と均衡する生活水準の享受を期しうるようにすること」を宣明している。農業基本法の目的は、農業と非農業間の格差解消のため低生産性農家の離農を促進し、規模拡大による自立農家を育成することと成長作物の選択的拡大であった。

この目的を達成するため、政府は具体的施策として農業構造改善事業と近代化施設の設置を進めた。一方で、発展可能性ありと当局が判断した優良農家を育成するため、選択的な農業金融を著しく強化した。ところが、農業基本法＝農業構造改善事業が実施されて以来、農業は大きく変貌し、農産物、労働力の商品化の進展と貿易の自由化も加わって、農業の自主的な発展が根底から揺らぐことになった。昭和三十五年に、農林水産物一二一品目が自由化されたのを手始めに大豆、粗糖・バナナ・パイナップルと農産物の自由化が相次ぐ一方、政府は「農業構造改善事業」

＊15「南海日日新聞」二〇〇〇年十月六日。

図7 さとうきびNCO310記念碑（花徳）

や「選択的作目」等の実施によって多額の資本を農業生産に投下した。

表20にあるように、昭和三十年八月に調査した亀津町及び東天城村のデータによると、経営面積三反歩未満の農家は、亀津町が七九六戸、東天城村が七一三戸であった。総農家戸数に占める割合は、亀津町が三九・八%、東天城村が三八・八%に上っていた。なお、一町歩以上の農家は、亀津町で一〇・四%、東天城村で五・七%に過ぎなかった。しかし農産物市場の自由化が進行するにつれて、農地の規模拡大と自立農家の育成が急がれ、昭和三十六年度以降、様々な農業改善事業が展開されることになった。

農業構造改善事業として、昭和三十六年以降に徳之島町で実施された主な事業を、『鹿児島の土地改良—三十年の歩み』(鹿児島県、昭和五十五年)と、入佐一俊著『奄美土木史年表』(平成四年)によって見てみたい。

まず昭和三十六年四月、徳之島土地改良事務所が亀津に設置(駐在詰所から昇格)された。同年十二月、徳之島町に大洋殖産(株)徳和瀬分蜜工場が落成(日産二〇〇㌧)。翌三十七年一月、奄美で初めてとなる徳之島町農村モデル住宅が完成。三月、三十三年に着工した轟木ダムが完成(総貯水量一八万八〇〇〇㌧)。同月、三十年から開始されていた万田川改修工事も完成した。五月、国の第一次農業構造改善事業が創設。八月、県営徳之島開拓パイロット事業測量隊一九人が来島。翌三十八年三月、県営母間ダム完成(総貯水量一一万六〇〇〇㌧)。同月、亀津海岸護岸工事が完成。十月、徳之島土地改良事務所を徳之島開墾建設事務所に改称。十二月、県営開拓パイロット事業起工式(四十四年完成。本事業により旭ケ丘と大原の二団地が行政区として誕生した)。翌三十九年四月、奄美群島振興事業が開始される。九月、都市計画区域を指定。翌四十年七月、母間で初めて畑かん通水される(畝間灌漑)。四十四年三月、三十七年に着工した県営徳之島開拓パイロット事業の全工区完成(一二二一㌶、七億一二〇〇万円)(**図8**)。五月、国が第二次農業構造改善事業促進対策要綱を発表。四十六年三

表20　昭和30年8月調査の亀津町及び東天城村の農家戸数、経営面積 ()は%

	総計	3反未満	3〜7反	7〜1町	1〜1.5町	1.5〜3.0町	3.0〜
	9405 (100.0)	2889 (30.7)	3735 (39.7)	1507 (16.0)	988 (10.5)	276 (2.9)	10 (0.1)
亀津町	2,002 (100.0)	796 (39.7)	750 (37.5)	248 (12.4)	16 (8.1)	42 (2.1)	4 (0.2)
東天城村	1,838 (100.0)	713 (38.8)	803 (43.7)	216 (11.8)	80 (4.3)	26 (1.4)	—
天城村	2,107 (100.0)	493 (23.4)	852 (40.4)	414 (19.6)	311 (14.7)	37 (1.8)	—
伊仙村	3,458 (100.0)	887 (25.7)	1330 (38.5)	629 (18.2)	435 (12.6)	171 (5.0)	6 (0.2)

出典)大島支庁『奄美大島の概況』昭和31年度版

月、三十九年に着工した徳之島町内を走る県道阿布木名（あぶきな）・花徳（けどく）線改良工事が完成。昭和五十年から県営畑地総合土地改良事業開始。

以上にみるように、農業構造改善事業に多額の投資がなされ、施設も急速に整備されていった。しかしながら、日本全体で見るとコメ余り状態であり、減反政策を余儀なくされていたことから、各種事業によって整備された農地は水田耕作には利用されず、主としてサトウキビ生産に利用されることとなった。

昭和三十六年に制定された「農業基本法」は三十八年ぶりに改訂され、平成十一年度から「食料・農業・農村基本法」が施行されることになった。新農業基本法は、「良質な食料の合理的な価格での安定的供給」「食料の自給率を高める」「国土保全、水資源涵養（かんよう）、自然環境保全、良好な景観形成、文化伝承」「中山間地域への助成」「地域特性に応じた国及び県の農政」など、二十一世紀の日本農業の行方のみならず、国民生活を大きく左右するものばかりである。食料・農業を基幹産業と位置づける鹿児島県及び奄美群島にとって大きな課題は、全国共通の課題にもなっている農業就業者の高齢化と後継者不足という問題である。

（皆村武一）

図８ 県営パイロット事業で生まれた旭ヶ丘集落（昭和 39 年に入植が開始された）

第三章　戦後日本と奄美群島の復興と発展

「金の卵」と呼ばれた中学生の集団就職

昭和30年代から始まった中学生の集団就職。亀徳港での集団就職に出発する中学生たちと見送る親族や教師たちの姿は毎年の風物詩であった。毎年徳之島内11の中学校から200〜250名の生徒が集団就職で島を離れていった。奄美全体では800名を超えたので、船は貸し切りで数度に分けて出船した。就職先は大阪方面が多かったが、徐々に関東地区が増えた。男子は電気機械、女子は紡績が多かったようだ。写真の「はいびすかす」（照国郵船所有）は昭和45年から52年まで就航していた。

第一節　国土総合開発計画と工業地帯への集団就職

第二次世界大戦後の日本の国土面積は、台湾、朝鮮、満州等の植民地を失い戦前の約三分の二の面積に限定された。対外膨張が許されない日本は、国内の未開発地域の開発によって経済市場の深化発展を図らざるをえなかった。昭和二十五年（一九五〇）、政府は国土総合開発法を制定したが、朝鮮戦争の特需をきっかけに日本経済が「復興」から「成長」へと向かったことで、地域にとどまらない「日本列島」全体を対象とした「総合」的な開発計画の必要性の気運が高まっていた。

こうしたなか、昭和二十九年（一九五四）に経済審議庁計画部から「総合開発の構想（案）」が発表された。これは国土総合開発法に基づく「全国総合開発計画」として位置付けることを目指して作成され、目標年次を昭和四十五年とする総合的な長期計画であった。

この計画は、昭和三十五年に池田内閣によって策定・実施された「国民所得倍増計画」（昭和三十五—四十五年）に踏襲され、高度経済成長に大きな貢献をした。国土総合開発計画策定にかかわってきた下河辺淳によれば、「第一次全国総合開発計画策定当時、臨海工業地帯における重化学工業の展開をどうみるかというのが、所得倍増計画の産業上の大テーマであった。戦前まで日本は、国内の乏しい資源を開発して加工するというのが、産業立地上のテーマだったが、所得倍増計画の時代になると、国内資源を全部切り捨てて、輸入資源を臨海部で加工・処理することになった」のである。[*1] 昭和三十七年には「新産業都市建設促進法」が、続いて三十九年には「工業整備特別地域整備促進法」が施行され、全国二一か所もの工業都市が日本列島に生まれた。

このような大規模工業の発達は大量の労働力を必要とした。昭和三十年頃から奄美群島内の中学校・高等学校の新卒業生に対する求人が増え、島では見たこともない近代的機械を備えた大工場や鉄筋コンクリートの宿舎、都市の華やかさ、に憧れて大勢の若者が島を去っていくことになった。

＊1　下河辺淳著『戦後国土計画への証言』日本経済評論社、一九九四年。

毎年三月になると、亀徳港は学校の先生方や家族・親戚・友達・後輩などの見送りで大変な賑わいをみせたものであった。このような光景は昭和四十七年頃まで続いた（図１）。

全国総合開発計画は、高度経済成長の最中の昭和四十四年五月に「新全国総合開発計画（第二次全国総合開発計画）」（目標年次昭和六十年）に衣替えをした。新全国総合開発計画は、交通ネットワーク整備で開発可能性を全国土に拡大するとともに、大規模開発プロジェクトを掲げていた。この第二次全国総合開発こそは、全総計画の中でもっとも荒々しい国土計画であったといわれている。[*2]というのは、すでに、環境破壊や公害問題が発生していたにもかかわらず、一三〇〜一七〇億円という巨額を投じた開発政策によって、経済成長優先主義を貫こうとしたからである。同年、南九州の中核拠点都市に指定された鹿児島市を中心とした、中規模地方開発都市の正式決定を受けて、本県でも地域開発における拠点開発事業が導入された。鹿児島市の七ツ島に石川島播磨（いしかわじまはりま）重工業が広大な土地を購入して臨海工業を展開する計画を明らかにしたが、折からの石油ショックのために断念された。

図１　亀徳港での中学生集団就職見送り（昭和40年）

＊２　本間義人著『国土計画を考える』中公新書、一九九九年。

第二節　離島振興法と奄美群島復興特別措置法

昭和二十八年（一九五三）七月に制定された「離島振興法」は、国土の保全、海洋資源の利用、自然環境の保全等に重要な役割を担っている離島に対し、基礎条件を改善する。また産業振興に関する対策を樹立し、これに基づく事業を迅速かつ強力に実施するなどの特別の対策を講ずる、これによって、その経済力を培養し、島民の生活の安定及び福祉の向上を図る、というものであった。同法は十か年の時限立法であったが、そのつど延長され、平成二十五年（二〇一三）七月に発効した第七次離島振興法についても令和五年（二〇二三）六月末期限満了するが、さらに延長の見込みとなっている。

これまでは都道府県が振興計画を作成し、その計画に基づく離島振興事業を関係予算の概算要求に一括計上していた。その中で補助率の嵩上げ、補助採択基準の緩和、地方債の配慮、地方交付税の特例、特別融資制度など多くの財政支援措置が講じられてきた。第六次振興計画では地域が主体性を発揮できるよう国は基本方針の作成にとどめ、都道府県が計画を決定できることになった。

一方、昭和二十九年に制定された「奄美群島復興特別措置法」（現「奄美群島振興開発特別措置法」）は、第一条（目的）で、「この法律は、鹿児島県大島郡の区域で北緯二九度以南にある地域（以下「奄美群島」という）の復帰に伴い、同地域の特殊事項にかんがみ、その急速な復興をはかるとともに、住民の生活の安定に資するために、特別措置としての総合的な復興計画を策定し、及びこれに基づく事業を実施することを目的とする」と定めている。同じような理由により、小笠原諸島や沖縄諸島にも復帰後にそれぞれ別個の「特別法」が制定・施行されることになった。

奄美群島復興特別措置法は、上記の目的を達成するために、第二条（復興計画の内容）で、①公共土木施設の整備事業、②土地改良事業及び林業施設の整備事業、③紬の生産、製糖、水産等の主要産業の復興事業、④文教施設の整備事業、⑤保健、衛生及び社会福祉施設の整備事業、⑥電力、航路及び通信施設の整備事業、⑦ハブ類及び病害虫の駆除事業、⑧前各号に掲げるもののほか復興に関し必要な事業、を挙げている。

復帰直後の昭和二十九年一月六日、鹿児島県庁で「奄美会議」が開催され、復興事業をスムーズに運営するために、大島支庁に大幅な権限を委譲するという「現地主義」で一致した。当面、①昭和二十八年度「一〇億予算」を執行すること、②新規復興計画の基礎調査を急ぐこととすることが決められた。「一〇億円」予算の中身は、①平衡交付金 九五六四万九〇〇〇円、②義務教育費 五億四九八五万三〇〇〇円、③振興事業費 七一八五万四〇〇〇円、うち道路 三一〇〇万円、河川 九五〇万円、調査費 七五〇万円、黒糖 一三三二万円、紬 六六三万四〇〇〇円、造林 三一万円、④貸付金 九九七万七〇〇〇円、うち黒糖 六六五万円、紬 三三二万七〇〇〇円、⑤保健所 六三万七〇〇〇円、⑥選挙費 七七五万九〇〇〇円、⑦学校設備費 一億一二三三万八〇〇〇円、計七億六一五七万六〇〇〇円であった。残額は二億三八四二万五〇〇〇円で、残金は二十九年度へ繰り越されることになった。

「奄美会議」と同日の夕刻、名瀬小学校校庭で、来島中の重成県知事一行を迎え、市郡各界有志主催の大島復興促進大会が開催され、一．復興事業並びに緊急失業対策等の即時実施、二．砂糖消費税の撤廃、製糖場に国庫補助の実現、三．紬業や中小企業への低利融資の途を開くこと、四．運賃を引き下げ航路の国営化をはかること、五．主食の完全確保をはかることについて「決議」[*3]を採択した。

昭和二十九年六月二十一日、奄美群島復興特別措置法（議員立法）が公布され、同年十月三十日に奄美群島復興五か年計画が決定した。事業費一五二億余円（うち国費一二一億円余）の特別事業費は、二十九年度を初年度として展開をはじめた。

「復興事業」開始から三年目の昭和三十一年、事業の進捗状態と今後の施策について提言するために、奄美群島復興審議会の六人の委員（団長、谷口三郎）が、六月に十日間の日程で奄美群島現地調査を行い、『奄美群島公共土木事業関係調査報告書』（昭和三十年度）をまとめた。同報告書による復興五か年当初計画予算に対する三か年間（三十一年度末）の進捗状況は、下表のとおりである。

表1にみるように、二十九年から三十四年の五か年間の当初計画予算額は一五二億一一〇〇万円であるが、三十一年度末までの三か年間の事業実施額は四八億五九〇〇万円で、進捗率は三一・九％であった。五か年間の予算額が最も多いのは、農林水産の四九億三九〇〇万円、次いで交通通信関係の三九億八二〇〇万円で、三番目が厚生文教等の三九億七六〇〇万円余となっている。

同現地調査団が実地調査をして最も強調したことは、交通通信施設の急速な整備であ

＊3 先田光演「日本復帰に伴う復興予算関係史料について」（『えらぶ郷土研究会報』Ｎｏ．２３、平成二十六年二月号所収）。

表１　当初計画予算に対する昭和 31 年度末までの進捗状況（単位：千円）

類　別	5年計画総額	割合	29-31 年度実施額	割合	進捗率
交通通信関係事業	3,982,000	26.2	1,326,000	27.2	33.1
国土保全	1,061,000	7.0	155,000	3.2	14.7
農林水産	4,939,000	32.4	1,291,000	26.6	26.1
電力	989,000	6.5	725,000	14.9	73.3
厚生文教等	3,976,000	26.1	1,238,000	25.5	31.1
試験研究施設、調査	264,000	1.8	124,000	2.6	41.8
合　計	15,211,000	100.0	4,859,000	100.0	31.9

（出典）『奄美群島公共土木事業関係調査報告書』（昭和 30 年度）

った。これによって回船運営の能率をあげ、商取り引きを活発化させる点で投資価値は充分にあるとした。第二に、主要港湾施設の早期完成と荷役方法の整備改良である。第三は、名瀬―古仁屋、名瀬―笠利道路を安全に自動車平均時速二〇㌔以上で走れる程度に三十三年度までに改良することと、各港湾に通ずる道路の整備であった。

復興計画は、群島における住民の生活水準を、戦前（昭和九～十一年）の本土並みに引き上げるために必要な産業、文化の復興と公共施設の整備拡充を図ることを目標とした。最初の五年間の事業実施状況は四四％の進捗率にすぎなかったため、昭和三十三年（一九五八）六月三十日、「復興十か年計画」を決定した。群島経済の「自立化」を促進することを目的としていた。三十四年度から三十八年度に至る五か年間の総事業費（実績）は二一〇億円で、基幹産業の復興及び特殊産業の開発費に一〇一億円をあて、全体の約半分を占めた。次いで、陸海空交通の整備費五七億円、文教施設の復興整備費二九億円、保健衛生施設及び社会福祉施設等の充実費一四億円、国土保全費九億円となっていた。ちなみに、昭和三十八年度の大島郡全体（一市九町六村）の歳出総額は、二九億一六〇〇万円で、土木費三億五三〇〇万円、産業経済費五億九八〇〇万円と比較したとき、いかに「復興事業費」が膨大なものであったかが窺えるのである（図2）。

復帰に伴う公共事業や、基幹産業の復興と振興は、社会資本の整備と生産性の向上を通じて郡民の所得を直接的に高めるとともに、経済自立化への指向が高まった時期であったが、本土との経済格差はそれでも拡大していた。本土では、昭和三十年頃には戦後復興がほぼ終わり（同年度の『経済白書』は、「もはや戦後ではない」と述べた）、高度経済成長期を迎えていたのである。

鹿児島県がまとめた『奄美群島復興の成果』（昭和三十八年十二月）によると、「復興事業の進捗に伴い、公共土木施設を中心とする各方面の復興はめざましく、群島住民の自立復興意欲の高揚と相まって、群島の経済活動もとみに活発化し、復興事業終了時には、計画の目標とされた生活水準の達成もほぼ可能の目途がついている」と述べ、今後の課題として、「復興計画においては、当初、公

図2　人力で行われる河川護岸整備工事（昭和30年頃、徳之島町内）

共施設の整備に重点がおかれ、産業振興については計画の後半に初めて問題提起がなされた関係で、基幹産業さえようやく将来の方向づけがなされたにすぎない段階にとどまり、十分な成果を収めたということはできない。しかもこの間における日本経済の伸長はめざましく、国においては国民所得倍増計画を策定し、国民所得の飛躍的発展を図りつつあり、（中略）本群島も島民所得並びに各種の施設においても地域格差をできるだけ縮小し、後進性から脱却するための諸施策をさらに講ずる必要に迫られている」と結んでいる。

「復興特別措置法」に基づく事業として、徳之島町内では、①学校建築及び設備整備、②公営住宅建築（図3）、③林道開設、④木炭倉庫建設、⑤簡易水道開設、⑥蚕共同飼育所、⑦町村道開設、⑧青果物共同集荷所建築、⑨溜池工事、⑩家畜人口受精所、⑪家畜繋留所、⑫甘蔗苗圃場設置、⑬地力増進対策その他果樹類、桑、バナナ、椎茸、サイロ等農業に関する事業などが行われ、木材・茅葺の校舎が鉄筋コンクリート校舎に変わり、道路や水道が整備され、徳之島町内の村々の様相や生活基盤も近代化されていった。本土から二五〇〜六〇〇キロに位置し、海で隔てられた奄美群島において緊急に整備が望まれたのは、交通通信運輸施設の整備であった。

図3　新築された亀津中と亀津小の校舎及び町営今開（こんかい）住宅（昭和33年頃）

第三節　交通・通信・運輸施設の整備

一．海上交通

昭和二十八年一月時点では、北緯二九度以南の奄美群島と本土との人的交流は禁止されていたので、列島外航路に就航する船舶（関東・関西）が、主に奄美群島と沖縄間の貿易に携わっていた。金十丸は大島郡内を運行する唯一の船舶であった。[*4] 昭和二十九年一月九日付け「南西日報」は、「復帰後

＊4　復帰前、唯一の奄美群島航海船・金十丸は島民の憧れと待望の的であり、遥か洋上に船影が見えるとき、「何の船かとたずぬれば、奄美航海金十丸」と島民たちは歌ったものである。

の第一船・待望の照国丸（中川水産、**図4**）初入港」を告げ、船の概要「照国丸　九八〇㌧、長さ六〇m、幅一〇m、深さ四・九m、最大速度一五ノット、亀津—名瀬間五時間、名瀬—鹿児島間十五時間、乗組員四十二名、照国丸の運賃（鹿児島の桟橋賃を含めて）亀徳—鹿児島間一等七六三〇円、二等四二四〇円、特三等三一八〇円、三等二一二〇円、亀津—名瀬間一等二一二〇円、二等一一八〇円、特三等八九〇円、三等五九〇円。初の照国丸の積荷、砂糖四万斤、（徳之島から）鹿児島へ積み出す。（鹿児島の）砂糖相場一斤五六円」と紹介している。

復帰後初の照国丸の奄美航海は各島々の人々の歓喜の声に迎えられた。復帰後の昭和二十九年十月の「奄美群島復興審議会」において「奄振復興事業予算」が決定され、昭和二十九年度から三十三年度に至る五か年計画の事業費総額は一五二億円余であった。うち、漁港及び港湾施設を新設するための港湾予算は一二億三八〇〇万円であった。復興計画開始以来一島一港早期完成を期して進められたものの、予算不足もあって、郡内には五〇〇㌧級の船舶が接岸可能な港湾は一港もなかった。

昭和三十一年六月、奄美群島復興審議会委員の「奄美群島調査報告」によれば、奄美群島就航船舶は一〇〇〇㌧級が二隻（鹿児島と群島間就航）、一六二一～五七三㌧三隻、六〇〇㌧一隻（鹿児島—名瀬—沖縄間）、一四九三～三二四六㌧五隻（内地主要港、名瀬・沖縄間）、外に自家用の三二〇㌧以下小船が三七隻、合計四八隻であった。しかし港湾施設が良くないために、貨客輸送に著しく支障をきたしていた。**表2**には含まれていないが、一九六〇年三月に竣工し、同年四月一日から阪神～奄美～沖縄航路に就航した関西汽船の浮島丸についても記録に残しておきたい。[*5]

五か年計画事業が完了する昭和三十三年度には、名瀬港をはじめ瀬武、押角、名柄、山間、思勝、湾、亀徳、平土野、鹿浦、和泊、伊延、茶花の諸港が新設（改修）された。その後も奄振事業によって各島の港湾は拡充整備され、昭和五十年代以降になると、六～八〇〇〇㌧級のフェリー

図4　亀徳港に入港する照国丸（昭和30年頃）

＊5 浮島丸は、昭和四十八年（一九七三）三月、小笠原海運に売却され、父島丸となり、椿丸の代船として同年四月八日から東京～小笠原航路一〇〇〇㌔に就航した。当時の航海時間は片道三十八時間であった。昭和五十九年十月、スクラップのため台湾高雄に回航され、その後解体された。（https:4travel.jp/travelog）

が毎日鹿児島―奄美諸島（喜界島には奄美海運の二〜三〇〇〇㌧級のフェリー二隻が週に五回運行）―沖縄間を就航するようになった。徳之島町には、大型貨客船も接岸可能な亀徳港が整備されており、天城町の平土野港も五〜八〇〇〇㌧級の船が接岸可能である。また、昭和四十年代以降、各島に飛行場も開設し、徳之島空港には毎日平均三〜四便が運航するようになり、かつては船舶が中心であった人の移動は、現在では航空機が主流となっている。＊6

　奄美群島に係る海路については、鹿児島と奄美群島を結ぶ路線が基本となるが、まず、鹿児島と那覇を起点とするいわゆる鹿児島路線については、現在マリックスライン（株）とマルエーフェリー（株）がそれぞれ五〇〇〇〜八〇〇〇㌧級のフェリーを二隻ずつ投入しており、上り下りとも両者が毎日交互に一隻ずつ運航している。また、鹿児島、沖永良部島知名を起点とし、喜界島を経由するいわゆる喜界航路については、奄美海運（株）が三〇〇〇㌧級のフェリーを二隻投入し、週五便運航している。このほかに、神戸―奄美間にはマルエーフェリー（株）の「琉球エキスプレス」が、東京―奄美間にはマルエーフェリー（株）の「クルーズフェリー飛龍21」が、それぞれ週一〜二便ずつ運航していたが、格安航空会社の参入などにより旅客数が減少し、運航を休止した。またこのほかに数隻の貨物船が鹿児島―奄美間を運航している。フェリーはいずれも五〇〇〇〜八〇〇〇㌧の大型船なので、鹿児島―名瀬間を一〇時間、鹿児島―与論間を二十時間で快適な旅ができる。ただし、航空便が増便され、さらに高率の離島割引で利用しやすくなったこともあり、船を利用する人々は大幅に減少している。しかし、離島間を結ぶ路線としては船のほうが利用頻度が高い。

表2　奄美大島航路就航船舶（昭和31年）

船　名	所属会社名	トン数	連　絡　航　路
高千穂丸	中川海運	1,020	名瀬、古仁屋、亀徳、和泊、茶花
第1照国丸	中川海運	980	名瀬、古仁屋、亀徳、和泊、茶花
黒潮丸	関西汽船	1,493	大阪、神戸、門司、名瀬、那覇
那覇丸	関西汽船	1,600	大阪、神戸、門司、名瀬、那覇
千歳丸	日本郵船	3,246	横浜、大阪、神戸、門司、名瀬、那覇
金十丸	三島村船舶	573	鹿児島、名瀬、亀徳、茶花
三章丸	三島村船舶	302	鹿児島、名瀬、喜界
十島丸	三島村船舶	162	鹿児島、三島村、名瀬、
白雲丸	大阪商船	2,284	東京、横浜、大阪、神戸、名瀬、那覇
白竜丸	大阪商船	3,207	東京、横浜、大阪、神戸、名瀬、那覇
美島丸	琉球海運	600	鹿児島、名瀬、沖縄

（出典）『奄美群島調査報告』

＊6　徳之島空港の沿革等については、第五章第八節二項「開発型の観光から持続可能な観光へ」で紹介している。

昭和五十年代以降、平成二十八年までの奄美群島―鹿児島間の船舶及び航空機乗降客は**表3**に見るとおりである。昭和六十年の船舶利用者は九四万八〇〇〇人、航空機利用者が六五万七〇〇〇人で、船舶利用者が約三〇万人多かったが、平成七年には航空機利用者が船舶利用者を一五万人ほど上回り、今や航空機が中心的役割をはたすようになっている。なお、船舶及び航空機利用者はともに減少傾向にあったが、平成二十七年度から離島割引運賃制度が実施されるようになったことや、奄美群島（大島と徳之島）が世界自然遺産登録されたことから観光客等の増加が見込まれている。

名瀬―鹿児島間と与論―鹿児島間の船運賃の推移をみてみると、昭和三十一年には二等運賃は、前者二九四〇円、後者四二八〇円だったのが、令和四年二月には九二二〇円と一万三六二〇円（消費税含む）となっている。ただし現在は、離島割引制度（奄美群島振興開発特別措置法による予算措置）が実施されたことで、島内在住者は半額程度で利用できる。

（皆村武一）

二、陸上交通

戦前の陸路の整備状況や交通事情については、近代第七章で記されているように大正から昭和初期にかけて盛んに県道の拡張工事が行われた。道幅は三・六メートルほどであった。戦時中の昭和十九年にも、陸軍飛行場の開設に合わせて県道工事が行われたが、舗装はされなかった。

終戦後、徳之島は昭和二十八年十二月まで米軍の統治下に置かれたが、この間は本土との交易が絶たれ、ほぼ独立経済の状況を呈した。このため、道路などのインフラ整備がほとんど行われず、日本復帰を果たした時点で舗装された道はなく（**図5**）、通行できない区域もあった。徳之島町域に限っても、復帰時には主要道である県道でさえ車が通れない区間が約一〇キロメートルも残っていた。

終戦後、徳之島に駐留していた日本軍が本土へと引き上げた際に、高田利貞旅団長の配慮で

図5　昭和30年頃の母間の県道

表3　船舶及び航空機利用者（乗降）の推移

	船舶	航空機	合計
昭和60年	948,999	657,028	1,606,027
平成7年	874,456	1,048,904	1,923,360
平成17年	691,011	1,009,838	1,700,849
平成22年	593,773	883,300	1,477,073
平成27年	521,028	1,101,341	1,622,369

出典）『奄美群島の概況』平成23年度、28年度

三六両のトラックと燃料が残された。トラックはこのうち一三台を残して解体され、エンジンは製材などの動力源とし、車体は農機具類に加工された。残る車両のうち二台は軍から沖永良部の農業会に払い下げられ、四台は東天城、天城、伊仙の各農業会に払い下げ、一台は徳之島警察署が使用した。残る五台は徳州自動車㈱（二台）、犬伏自動車（二台）、作城自動車（一台）に払い下げられた。燃料もそれぞれの団体にドラム缶入り航空ガソリンが五〇本ずつ分配された。しかし道が悪く、タイヤも不足しており、亀津から花徳までの片道運航だけで一度や二度はパンクするので、思うように走ることができなかったという。

昭和二十四年ごろになるとジープやGMC（米国メーカー）トラック、待望のタイヤが密貿易で持ち込まれるようになった（**図6**）。二十七年になると、徳之島の運転手たちで徳之島自動車組合（組合長　嘉山正元）が設立され、二十九年には作城作一、嘉山正元、亀沢英雄、作城豊敏、作城豊三、麓薫、政野武志、政野富夫、藤田良治の九名が出資して合資会社相互バスと相互トラックが設立された。社長は嘉山正元であった。同社は沖縄からGMCバスを二台購入して、バス四両、トラック一二台の体制で乗合バスと貸切貨物事業を開始した。しかしGMCの車は燃費が極めて悪いうえ、復帰後の物価高騰（こうとう）でガソリン代が急上昇したことから、翌年には倒産寸前となった。作城作一、嘉山正元、亀沢英雄、山口高峯の四名で増資を行い、さらに鹿児島銀行徳之島支店長の英断で七〇万円の融資がなされたことで一息つき、昭和三十二年に鹿児島の林田バスの日本製中古車四両を購入、ようやく経営が安定することになった。三十六年には、亀津出身で関西金属工業株式会社社長の前田村清が資本参加した。これによって多角的経営が可能となり、三十八年には亀津に徳之島観光ホテルを開業した。三十年代以降は、奄美群島復興事業によって県道を中心とした道路整備が本格化したことで、道幅拡張や舗装が進み、昭和三十八年になってようやく島内の県道で自動車が走れないところはなくなった。

図6　昭和30年頃のジープを改造したタクシー（亀津）

なお昭和三十七年、合資会社徳之島相互バスと相互トラックが合併し、徳之島総合陸運株式会社となった。現在、徳之島唯一のバス事業者として島内に六系統の路線を運営し、このうち四系統はデマンド型バスとなっている。[*7]

（米田博久）

三、北部地域とデマンド型交通

デマンド型交通

平成二十一年（二〇〇九）十月一日、本町北部地域（手々〜花徳間）においてデマンド型交通が導入された[*8]（図7）。国土交通省によるとデマンド型交通とは「路線やダイヤをあらかじめ定めないなど、利用者のニーズに応じて柔軟に運行するバス又は乗合タクシー」のことである。[*9] 本町北部地域では事前に予約のあった便・区間のみを運行し、基本経路から利用者の希望に応じて決められた乗降場所へ迂回しながら運行する「迂回型運行」を採用した。便数は手々発花徳行が六便、花徳発手々行も六便の一日三往復とした。

デマンド型交通が導入されたのには次のような理由があった。全国的な傾向として、一家に人数分の自動車が存在するようになり路線バスの利用者が大きく減少したこと、自治体からの補助金で通常のバス運行を継続できた場合でも、自治体の財政の都合により、費用対効果の高い手段としてデマンド型交通が導入されるようになったことが指摘されている。[*10] 全国的にバスの利用者がピークであった昭和五十年（一九七五）から平成十七年（二〇〇五）の三十年間において本町の一人当たり自動車保有台数は約一・八倍に増加しており、[*11] モータリゼーションの波は本町にも到来した。

徳之島三町が平成二十一年に策定した「徳之島地域公共交通総合連携計画」では、本町北部地域を運行していた平土野〜花徳系統の平均乗車密度が極めて低く、運行方法を根本的に見直すなどの対応策を検討すると述べられている。[*12] 平成十九年度実績では当該系統の平均乗車密度は〇・四人であり、県単独補助の要件を充たしていなかった。平成二十年度の運行収支（試算）は九九五万

＊7　本文は『徳之島町誌』三六四〜四〇六頁、『奄美の自動車史』（昭和五十一年）二二三〜二二八頁、「徳之島総合陸運株式会社の沿革」を参照した。

＊8　平成二十四年（二〇一二）四月からは亀津〜白井間においてもデマンドタクシーの運行が始まった。

＊9　国土交通省国土交通政策研究所「多様な地域公共交通サービスの導入状況に関する調査研究」（『国土交通政策研究』第一五三号、二〇一九年）、要旨。

＊10　砂田洋志「デマンド型交通に関する予備的考察—歴史、特性、課題、及び分類」（『山形大学紀要（社会科学）』第四五巻第二号、二〇一五年）、二九頁。

＊11　徳之島町・天城町・伊仙町『徳之島地域公共交通総合連携計画』二〇〇九年、八頁。

＊12　註11前掲書、三九頁。

九〇〇〇円の赤字であり、徳之島町の負担は五九九万五〇〇〇円、天城町の負担は三九六万四〇〇〇円であった。[*13]

利用者がまったくいない「空バス」の発生等に見られる利用率の低迷、それに起因する町財政への負担が「問題点」として指摘され、その対応策としてデマンド型交通が導入された。[*14]「期待される効果」にはデマンド運行による非効率な便・運行区間の解消、運行経費の削減、町の運行負担の軽減、自宅や目的地近くまで運行する迂回運行による利便性の向上があげられていた。[*15]

図７ デマンド型バス（ひまわり号）出発式（2009.10.1）

導入から十年

「北部地域に関する住民アンケート」（平成二十九年）によると回答者五八〇名（有効回答率五八パーセント）の七五・三パーセントが普通免許または原付免許を所持している。[*16] 日常生活と交通手段についての回答を見ると、通勤・通学の七六・八パーセント、買い物（食料品）の七五・一パーセント、買い物（日用雑貨）の七六・三パーセントが自家用自動車を使用している。高齢化が進む北部地域においても、日常生活を営む上での主要な交通手段は自家用自動車であることが分かる。一方、平成二十九年度のデマンド交通運行調べによると利用者の六二・一パーセントが敬老券を利用していた。[*17] このことは普通免許や原付免許を所持していない高齢者にとって、デマンド型交通が唯一と言っても過言ではない交通手段となっている状況を示していよう。

導入当初は財政政策としての目的が大きかったと思われるが、導入から十年を経た現在、デマンド型交通は北部地域の行政窓口である役場花徳（けどく）支所への往来、花徳・母間（ぼま）・亀津（かめつ）などへ

＊13　註11前掲書、一九頁・三九頁。

＊14　註11前掲書、三九頁。

＊15　註11前掲書、三九頁。

＊16『北部地域に関する住民アンケート調査 調査報告書』（徳之島町役場花徳支所、二〇一七年）、九～一三頁。

＊17　徳之島総合陸運株式会社「デマンド交通運行調べ」（平成二十九年四月～平成三十年三月）により算出した。

の買い物、通院などを支える広義の住民福祉の役割を担っている現状がうかがえる。

第四節　亀津臨海埋立事業

図８　埋立前の亀津の海岸線（昭和42年）

亀津臨海埋立事業では、亀津の海岸から沖合八〇〇メートルにも広がるサンゴ礁（図８）を利用して、縦二〇〇〇メートル前後、幅約一五〇〇メートルにわたって埋め立て、広大な宅地を造成した。昭和四十二年（一九六七）十二月から昭和五十六年（一九八一）までの長期にわたる大工事であった。*18 この埋め立てによって、現在の亀津と亀徳を結ぶ、徳之島最大の市街地が形成されることになった。事業の進展に伴い昭和四十六年八月には都市計画課（平成二十三年建設課に統合）が新設された。

埋め立ては、五つの工区に分けて、段階的に行われた。昭和四十二年十二月、まず南区から伊仙町へ向かう県道の墓地降り口から丹向川（たんこうがわ）尻を沖に向かう線を結ぶ地域（第一工区、一万七一一〇平方メートル）の埋め立てが行われ、翌四十三年（一九六八）九月に完了した。*19 第二、三工区は、徳之島土木事務所から大瀬川尻までの中区の沖合（九万五〇〇〇平方メートル）で、昭和四十三年十一月から埋め立て工事が始まり、昭和四十五年（一九七〇）十二月に完了した。

*18　『広報とくのしま』昭和五十二年十月号に埋立の目的などの説明がされている。内容の概略は、過疎が進む本町を奮い起こすため街を大きくし、そこに住宅・商業、工業その他を誘致する。町が直接埋立を行い、土地の処分に余剰金が出たら一般会計に繰り入れて町の福祉向上に役立てようと考えた。資金については銀行から借り入れて特別会計とし、一般会計から切り離した。利息や次期事業のため、土地の処分を早める必要があった。もし赤字が出た場合、金融機関からの借り入れで対応しなければならない、というものである。

*19　『徳州新聞』（昭和四十三年三月一一日（月）付け）。

この埋め立て地域には、四十九年三月、町役場新庁舎が建設され、五月には県の合同庁舎も竣工した。同年六月、第四工区の起工式が行われ、北区の臨海部の埋め立てが開始された。大瀬川下流から沖へ一二五㍍、通称「軍艦岩」の沖七八㍍を結ぶ域内（一三万四七四四平方㍍）で、昭和五十二年（一九七七）三月に完了した。[*20] 第一から第四区までの埋め立て事業では、総額一〇億六〇〇〇万円が投入された。[*21]

図９　現在の亀津埋立地（令和３年）

第四工区は、造成中の五十一年五月には分譲申し込みが開始され、坪当たり単価は九万三五〇〇円～四万五〇〇〇円の価格帯を設定し、一世帯当たり一区画のみ申込可とした。二週間弱の申込期間にもかかわらず、個人用宅地一三七区画に対し二四八三人もの申込が来る人気であった。なお第五区は、翌五十三年九月、軍艦岩から亀津港までの区域（六万一二二七平方㍍）で埋め立てが開始され、昭和五十六年（一九八一）一月に完了した。同年十二月十七日には、勤労者体育センター入口に「埋立記念碑」が建立された。碑には、総事業費二五億四〇七六万円、埋立面積三〇万八〇八〇平方㍍と記されている。

埋め立て地域には、海岸に沿って県道八〇号線（通称一六メートル道路）が走り、町役場の新庁舎や消防署、公民館などの公共施設が建設され、分譲地には住宅や大型商店が次々と建設され、新しい亀津の街が広がっていった（**図９**）。この結果、商業の中心は、旧道沿いの商店街から新しい商店街に移っていくこととなった。

（山本一哉）

＊20　『徳州新聞』（昭和四十九年一月二十一日（月）付け）。

＊21　徳之島町「広報とくのしま」（昭和五十三年十一月発行）、二頁。

第四章　徳之島町の現在

「鹿児島ブランド産地」に指定された徳之島のばれいしょ「春一番」

日本経済は、昭和 40 年代までの高度成長期、50 年代の安定成長期、60 年代からのバブル景気、平成 10 年頃からは賃金も物価も下がるデフレ経済に陥った。さらに令和に入る少し前から高齢化と少子化による人口減少も始まった。2045 年には国内人口が約 2000 万人、徳之島町の場合は 4000 人近く減少すると予測され、労働力不足が懸念されている。

一方、近年は人工知能（ＡＩ）や情報通信技術（ＩＣＴ）の発達が目覚ましい。事務処理などの作業を補うだけでなく、多くの分野で人工知能に置き換わることが予測されている。今後は、人間本来の役割とは何かを模索する時代になるであろうといわれている。徳之島町の持つ進取の気性と陽気な気風は、これからの時代を乗り越えるうえで大事な資質となるかもしれない。

第一節　昭和・平成の財政史

一．町財政の推移

「三割自治」という言葉に代表されるように、地方自治体の大きな財政問題の一つが自主財源の低さである。地方自治体の多くが地方交付税と地方債に歳入の多くを依存している。徳之島町も例外ではなく、町内に基盤となる産業や大型事業所等が少ないことから、自主財源に乏しく、財政基盤は脆弱（ぜいじゃく）である。人口減少や少子高齢化が急速に進む中で、行財政改革による歳出削減の取り組みが行われている。

表1は、徳之島町の昭和四十年度（一九六五）以降の歳入額の内訳の推移を示したものである。歳入額は、一九七〇年代の中頃から一九九〇年代末まで増加を続けた。この増加を支えたのが、地方交付税の伸びであった。地方交付税は、地方公共団体の財政格差の是正を目的とした国からの交付金である。一九九〇年代に入ると、国庫支出金及び町債収入も大きく増加したが、二〇〇〇年代に入ると、地方交付税の伸びの鈍化や国庫支出金や町税の減少により一転して減少傾向に入った。地方交付税は、二〇〇〇年代以降、横ばい傾向である。歳入額は、平成二十年度（二〇〇八）から一転して増加傾向に転じ、令和二年度（二〇二〇）の歳入額は、国庫支出金が約二・六倍の大幅増となり、新庁舎建設のための町債収入の大幅増（約一・八倍）と合わせて過去最高額の約一〇六・六億円（前年度比二八・八％増）であった。

町債収入は、バブル経済崩壊直後の一九九〇年代中頃から、不況による税収の落ち込みや地方交付税の減少、また町施設の建設、整備等の経費確保などを背景に、二〇〇〇年代中頃まで増加した。この時期の地方債の発行増は、全国的にみられる傾向である。[*1] 町債の起債状況を見ると、平成五年度（一九九三）には、文化会館の建設事業費として約一〇・五億円の起債が行われ、町債歳入は前年度

＊1　平成十三年度（二〇〇一）からは、地方財政収支の不足額の一部を補てんするため、地方公共団体が特例として発行できる「臨時財政対策債」の発行が始まった。「臨時財政対策債」の元利償還金相当額については、全額が後年度の地方交付税の基準財政需要額に算入され、地方公共団体の財政運営に支障をきたすことがないよう措置されている。

比で約二・六倍の一五・五億円に増加した。その後もほぼ毎年度、一〇億円を超える町債歳入があり、平成十五年度（二〇〇三）には、生涯学習センターの建設事業費として約一二・二億円の起債があり、初めて町債歳入が二〇億円を突破した。二〇〇〇年代後半からは、徳之島町の行財政改革によ

表1　徳之島町の歳入額の内訳の推移

年度	歳入合計（千円）						
		地方交付税	町債収入	国庫支出金	県支出金	町税	その他
1965	363,958	126,220	36,700	52,222	55,322	35,131	58,363
1966	350,111	139,284	29,100	55,751	49,991	36,196	39,789
1967	370,609	172,242	20,300	49,536	52,335	41,375	34,821
1968	488,977	201,761	27,800	78,460	79,305	44,499	57,152
1969	600,450	255,277	39,300	84,813	94,874	53,850	72,336
1970	675,613	317,834	35,800	86,529	127,090	57,592	50,768
1971	839,555	384,800	72,800	99,970	142,981	68,942	70,062
1972	929,540	444,031	87,800	84,445	101,271	83,911	128,082
1973	1,308,249	544,944	187,500	125,242	126,232	97,006	227,325
1974	1,491,446	693,258	99,000	167,041	175,081	129,874	227,192
1975	1,964,958	784,265	193,950	355,999	326,554	153,013	151,177
1976	2,724,197	839,239	355,650	440,462	725,488	188,244	175,114
1977	3,339,760	918,870	402,300	507,383	847,022	242,672	421,513
1978	3,400,423	1,072,337	530,800	403,491	783,648	295,604	314,543
1979	4,010,892	1,161,272	593,650	605,695	1,085,438	345,091	219,746
1980	4,827,038	1,271,614	634,400	799,112	809,496	378,713	933,703
1981	4,166,609	1,433,858	554,500	706,641	702,462	439,756	329,392
1982	4,093,553	1,515,587	510,600	612,242	582,839	474,501	397,784
1983	4,836,272	1,639,730	742,300	793,527	840,540	514,740	305,435
1984	5,253,311	1,720,449	773,900	785,685	870,398	544,602	558,277
1985	4,923,450	1,847,274	526,900	579,182	821,925	572,978	575,191
1986	4,753,243	1,986,969	470,700	370,262	879,459	662,339	383,514
1987	5,143,010	2,116,498	619,200	643,378	722,296	684,654	356,984
1988	5,448,933	2,281,138	636,400	602,765	740,269	696,694	491,667
1989	5,658,928	2,814,470	496,600	441,916	751,861	690,865	463,216
1990	5,952,521	2,989,139	511,500	443,454	639,603	687,377	681,448
1991	6,112,447	3,001,331	564,200	516,678	649,978	672,607	707,653
1992	6,485,085	3,419,696	602,300	299,594	784,212	709,081	670,202
1993	7,789,384	3,453,913	1,556,600	452,263	612,586	738,530	975,492
1994	7,554,841	3,407,429	750100	664627	569,835	754373	1,408,477
1995	8,674,403	3,325,204	1,592,200	1,277,071	728,630	746,299	1,004,999
1996	8,311,822	3,531,167	1,350,800	1,086,197	743,652	764,129	835,877
1997	8,352,249	3,638,543	1,202,000	1,273,225	674,663	814,959	748,859
1998	9,508,243	3,500,330	1,610,100	1,781,445	712,752	800,333	1,103,283
1999	8,715,904	3,729,014	1,113,900	1,759,575	455,296	833,110	825,009
2000	8,905,002	3,723,446	1,003,900	1,640,102	494,418	873,539	1,169,597
2001	7,720,024	3,673,846	1,003,500	807,560	397,567	884,457	953,094
2002	7,574,847	3,432,910	1,189,700	733,123	381,999	887,247	949,868
2003	8,645,321	3,245,990	2,380,100	776,371	312,915	881,252	1,048,693
2004	7,394,313	3,090,003	1,169,000	940,133	327,014	879,160	989,003
2005	6,369,325	3,100,313	632,200	449,868	340,113	902,290	944,541
2006	6,001,402	3,136,691	567,700	405,880	277,368	904,310	709,453
2007	5,864,462	3,237,608	314,900	333,042	309,927	962,500	706,485
2008	6,060,584	3,409,021	368,200	462,521	313,939	948,218	558,685
2009	6,878,010	3,414,284	427,100	1,081,039	425,593	942,024	587,970
2010	8,036,503	3,564,129	730,472	1,475,704	429,698	955,867	880,633
2011	7,497,370	3,523,905	770,415	740,337	651,996	988,209	822,508
2012	7,334,257	3,452,823	731,369	509,010	586,446	960,294	1,094,315
2013	8,179,180	3,346,605	1,029,479	1,284,615	727,379	977,373	813,729
2014	7,878,191	3,283,889	1,047,686	1,193,691	560,800	973,354	818,771
2015	7,648,256	3,403,051	798,656	830,270	766,683	969,120	880,476
2016	7,429,500	3,363,176	529,426	929,256	638,038	954,852	1,014,752
2017	7,992,940	3,371,087	653,648	992,284	619,405	961,609	1,394,907
2018	8,170,218	3,448,888	812,121	726,859	669,685	953,147	1,559,518
2019	8,274,628	3,379,962	654,081	992,044	744,623	986,121	1,517,797
2020	10,660,806	3,564,220	1,183,322	2,535,344	896,426	980,659	1,500,835

（出典）鹿児島県『奄美群島の概況』（各年版）

る起債の抑制により、地方債歳入は減少傾向にあるが、平成二十六年度（二〇一四）には、町内最大の生徒数を有する亀津中学校建設事業費の一部として、約五・七億円の起債があった。そして、令和二年度（二〇二〇）には、新庁舎建設事業費などの経費として、前年度比で約二・六倍の一六億九五二一万五〇〇〇円の町債収入があった。

自主財源である町税収入は、一九七〇年代後半から二〇〇〇年代中頃まで、緩やかながら増加を続けたが、その後は横ばいが続いている。注目すべきは寄附金収入であり、近年の「ふるさと納税」の増加を背景に増加傾向にある。

表2は、徳之島町の自主財源比率及び地方交付税依存比率を示したものである。自主財源比率とは、歳入総額に占める、地方税、分担金、負担金、使用料、手数料など、地方公共団体の意思で自

表2　徳之島町の自主財源比率及び地方交付税依存比率の推移

年度	自主財源比率(%)			地方交付税依存比率(%)
	徳之島町	奄美市及び大島郡平均	県内市町村平均	徳之島町
1965 (S40)	25.3	18.6	—	34.7
1966	20.2	18.0	—	39.8
1967	20.6	19.8	—	46.5
1968	20.8	18.7	—	41.3
1969	21.0	17.3	—	42.5
1970 (S45)	16.1	16.8	—	47.0
1971	15.8	16.6	—	45.8
1972	21.3	15.8	—	47.8
1973	23.6	17.9	—	41.7
1974	22.3	16.5	—	46.5
1975 (S50)	13.9	13.9	—	39.9
1976	11.8	12.4	—	30.8
1977	18.5	14.3	—	27.5
1978	16.4	13.9	24.7	31.5
1979	12.4	13.7	24.9	29.0
1980 (S55)	16.5	15.4	27.5	29.7
1981	16.8	16.1	28.2	34.4
1982	19.6	17.4	30.0	37.0
1983	15.4	17.4	31.6	33.9
1984	19.6	19.1	33.8	32.7
1985 (S60)	21.9	19.1	35.5	37.5
1986	20.3	19.2	37.1	41.8
1987	18.5	17.8	36.4	41.2
1988	20.0	18.2	36.2	41.9
1989	17.9	18.6	34.0	49.7
1990 (H2)	20.1	14.8	34.0	50.2
1991	19.6	18.2	34.7	49.1
1992	18.0	16.9	32.5	52.7
1993	19.2	16.0	32.2	44.3
1994	25.6	18.8	30.6	45.1
1995 (H7)	17.5	17.1	31.5	38.3
1996	16.6	17.6	31.9	42.5
1997	16.3	18.4	32.4	43.6
1998	15.2	17.1	32.4	36.8
1999	15.8	18.4	31.9	42.8
2000 (H12)	19.3	17.6	31.8	41.8
2001	19.9	17.9	33.3	47.6
2002	21.0	18.7	33.8	45.3
2003	19.2	18.9	32.8	37.5
2004	21.0	21.0	35.9	41.8
2005 (H17)	23.9	23.8	35.3	48.7
2006	21.3	19.1	34.2	52.3
2007	24.1	21.0	36.7	55.2
2008	20.9	19.7	35.5	56.2
2009	18.9	18.0	33.7	49.6
2010 (H22)	19.9	17.3	30.6	44.3
2011	21.2	18.3	32.3	47.0
2012	25.3	18.9	32.5	47.1
2013	19.5	17.7	31.8	40.9
2014	20.0	19.1	32.8	41.7
2015 (H27)	20.0	18.2	32.7	44.5
2016	22.7	19.5	34.7	45.3
2017	25.8	20.6	35.2	42.2
2018	27.0	21.3	36.0	42.2
2019	26.6	21.5	36.6	40.8
2020 (R2)	20.2	17.6	29.4	33.4

（出典）鹿児島県『奄美群島の概況』（各年版）

主的に獲得できる収入の割合である。徳之島町の自主財源比率は、一九八〇年代、町税収入の増加により二〇％前後まで上昇したが、その後は二〇％前後を推移しており、いわゆる「三割自治」に程遠い状況である。令和二年度（二〇二〇）の自主財源比率は二〇・二％で、県内市町村平均の二九・四％には遠く及ばないが、奄美群島内の平均一七・六％を上回っており、奄美では高い水準である。一方、徳之島町の最大の収入源である地方交付税への依存比率（地方交付税収入／歳入総額）は、平成二〇年度（二〇〇八）の五六・二％をピークに低下傾向にある。

表3は、徳之島町の義務的経費（人件費、扶助費、公債費）と経常収支比率の推移を示したものである。義務的経費は歳出のうち、任意に地方公共団体が削減することができない極めて硬直性が強い経費である。一方、経常収支比率は、毎年度経常的に支出される義務的経費に充当された一般財源の額が、地方税、普通交付税など毎年度経常的に収入される一般財源などの合計額に占める割合である。この比率が高いほど、財政構造が硬直的であることを意味する。義務的経費のうち、最も多いのが人件費[*2]であり、一九九〇年代末までほぼ毎年度増加を続けたが、新規採用の抑制などにより二〇〇〇年代以降は急速に減少した。平成十八年度（二〇〇六）以降はほぼ横ばいで推移していたが、近年緩やかに増加しており、類似団体内平均値より高い水準となっている。徳之島町では、平成二十八年（二〇一六）三月に策定した「徳之島町定員管理計画」に基づき、適正な定員管理を行い、各種手当等の見直しを図り、人件費の抑制を図っている（**図1**）。人件費に次いで多いのが扶助費（ふじょひ）であり、一九九〇年代以降緩やかに増加し、平成二十二年度（二〇一〇）から急激な増加を続けている。扶助費は、生活困窮者、児童、老人、心身障害者等を援助するための経費である。近年の急増の背景には、児童手当制度の拡充や幼児教育・保育の無償化などがあり、少子化が進んでいるにもかかわらず、児童福祉関係の経費は増加傾向にある。公債費は町債の元利償還金及び一時借入金利子の支払いに要する経費であり、町債残高の拡大とともに増加を続けていたが、行財政改革が本格化した二〇〇〇年代後半から減少傾向にある。[*3]徳之島町の経常収支比率は、

図1　令和4年9月まで使用された旧庁舎

＊2　職員給、地方公務員共済組合等負担金、退職金、委員や議員報酬手当等。

＊3　性質別歳出における公債費が地方債の元利償還金及び一時借入金利子に限定されるのに対し、目的別歳出における公債費については、元利償還等に要する経費のほか、地方債の発行手数料や割引料等の事務経費も含まれる（総務省「地方財政白書」用語の説明）。

表3 徳之島町の義務的経費（人件費、扶助費、公債費）と経常収支比率の推移

年度	歳出合計(千円)	義務的経費(千円)				経常収支比率(%)
			人件費	扶助費	公債費	
1970 (S45)	663,845	279,661	178,360	74,033	27,268	72.6
1971	821,053	281,720	224,473	25,539	31,708	75.4
1972	886,246	329,761	251,132	40,241	38,388	75.8
1973	1,220,749	443,208	316,293	78,895	48,020	77.5
1974	1,448,815	602,587	441,875	99,679	61,033	80.3
1975 (S50)	1,933,763	723,922	515,512	139,206	69,204	82.8
1976	2,663,419	822,427	588,790	154,289	79,348	84.6
1977	3,241,235	917,305	652,670	157,064	107,571	86.9
1978	3,338,566	1,091,404	763,993	190,648	136,763	81.7
1979	3,960,649	1,256,922	859,692	205,840	191,390	84.2
1980 (S55)	4,225,653	1,436,077	929,488	237,301	269,288	86.1
1981	4,129,420	1,609,651	1,002,834	264,447	342,370	82.3
1982	4,041,741	1,782,896	1,104,179	271,273	407,444	82.8
1983	4,742,772	1,777,325	1,073,303	235,312	468,710	80.0
1984	5,219,601	1,883,319	1,105,100	239,040	539,179	83.5
1985 (S60)	4,875,848	2,049,270	1,198,796	241,530	608,944	88.5
1986	4,726,415	2,205,078	1,272,555	270,023	662,500	85.9
1987	5,073,741	2,299,586	1,333,226	266,875	699,485	84.8
1988	5,382,674	2,342,527	1,376,065	243,831	722,631	81.6
1989	5,622,766	2,446,576	1,459,730	238,366	748,480	71.9
1990 (H2)	5,830,772	2,574,601	1,555,136	254,772	764,693	73.5
1991	6,081,037	2,732,001	1,667,188	276,117	788,696	77.2
1992	6,342,104	2,803,911	1,684,647	299,517	819,747	72.1
1993	7,608,049	2,960,843	1,743,641	376,810	840,392	74.0
1994	7,441,484	3,527,386	1,765,169	380,470	1,381,747	77.6
1995 (H7)	8,610,622	3,051,988	1,804,013	393,673	854,302	83.0
1996	8,220,349	3,257,696	1,854,145	410,787	992,764	84.8
1997	8,231,453	3,310,524	1,837,557	426,107	1,046,860	84.7
1998	9,401,566	3,411,074	1,854,145	458,657	1,098,272	87.5
1999	8,599,044	3,420,962	1,834,821	454,534	1,131,607	86.3
2000 (H12)	8,764,360	3,125,371	1,591,304	404,014	1,130,053	84.4
2001	7,593,581	3,243,673	1,577,167	423,851	1,242,655	86.1
2002	7,469,569	3,313,475	1,594,859	437,267	1,281,349	93.3
2003	8,561,123	3,346,471	1,524,910	492,215	1,329,346	93.5
2004	7,309,448	3,329,095	1,483,998	514,017	1,331,080	93.6
2005 (H17)	6,273,625	3,289,590	1,431,840	520,494	1,337,256	95.3
2006	5,937,480	3,138,563	1,264,506	528,554	1,345,503	92.7
2007	5,759,971	3,293,812	1,323,672	580,276	1,389,864	92.1
2008	5,972,345	3,207,842	1,272,086	567,706	1,368,050	88.6
2009	6,636,770	3,134,496	1,227,312	568,126	1,339,058	88.2
2010 (H22)	7,680,633	3,182,936	1,218,352	739,387	1,225,197	84.5
2011	7,289,073	3,294,757	1,332,869	757,796	1,204,092	90.1
2012	6,959,858	3,253,944	1,299,497	802,690	1,151,757	92.8
2013	7,932,699	3,190,761	1,266,472	854,028	1,070,261	91.7
2014	7,658,709	3,152,432	1,238,291	945,584	968,557	92.1
2015 (H27)	7,222,847	3,157,085	1,218,955	978,147	959,983	87.7
2016	7,142,556	3,086,912	1,211,891	1,039,902	835,119	88.4
2017	7,821,727	3,155,245	1,242,940	1,093,801	818,504	89.6
2018	7,978,864	3,158,599	1,254,635	1,080,381	823,583	86.3
2019	8,100,036	3,219,098	1,261,553	1,145,507	812,038	89.4
2020 (R2)	10,377,472	3,515,436	1,456,015	1,252,351	807,070	87.3

（出典）鹿児島県『奄美群島の概況』（各年版）

バブル経済崩壊以降、義務的経費の増大とともに上昇した。令和二年度（二〇二〇）の義務的経費は約三五・二億円で、経常収支比率は八七・三％であり、県内市町村平均の九一・九％及び奄美群島平均の九〇・一％を下回っているが、今後も経常的な歳出の削減を図り、比率の抑制に努める必要がある。

表4は、徳之島町の目的別歳出の推移を示したものである。昭和四十五年度（一九七〇）と令和二年度（二〇二〇）を比較すると、農林水産費と教育費の割合が大きく低下したのに対して、民生費と総務費の割合が大きく上昇している。土木費はバブル期前後に大きく膨らんだが、近年は低下傾向にある。民生費は、児童福祉費、社会福祉費、老人福祉費、生活保護費などから構成される経費であり、歳出に占める割合が昭和四十五年度（一九七〇）の六・四％から、平成二年度（一九九〇）に一五・七％と大きく拡大し、令和二年度（二〇二〇）には一九・二％まで拡大した。

公債費の割合は、昭和四十五年度の四・一％から平成二年度には九・九％まで上昇したが、令和二年度は七・八％とやや減少している。総務費の割合は、低下傾向にあったが、近年、再び上昇しており、令和二年度は、歳出項目のなかで最も多い二八・五％であった。

平成不況が深刻化する平成十八年（二〇〇六）六月、北海道夕張市が三五三億円の巨額赤字を抱えていることが報道され、翌十九年三月には、国の管理下で再建を目指す「財政再建団体」に指定された。地方自治体の財政破綻がクローズアップされる中で、平成十九年六月、「地方公共団体の財政の健全化に関する法律」が公布され、これにより、自治体は健全化判断比率・資金不足比率等の公表が義務付けられた。

従来の財政再建制度（「地方財政再建促進特別措置法」）が財政再建の対象を一般会計に限定していたのに対して、新法では「早期健全化」や「財政再生」の対象が公営企業や

表4 徳之島町の目的別歳出の推移

区分	1970年度（昭45）		1990年度（平2）		2020年度（令2）	
	金額（千円）	割合（%）	金額（千円）	割合（%）	金額（千円）	割合（%）
議会費	14,186	2.1	131,613	1.5	89,035	0.9
総務費	104,540	15.7	978,000	11.4	2,955,882	28.5
民生費	42,229	6.4	1,350,343	15.7	1,996,879	19.2
衛生費	24,436	3.7	531,012	6.2	759,641	7.3
労働費	16,499	2.5	1,130	0.0	9,500	0.1
農林水産業費	132,864	20.0	1,265,191	14.7	964,808	9.3
商工費	4,892	0.7	102,744	1.2	398,722	3.8
土木費	58,775	8.9	1,327,105	15.4	924,927	8.9
消防費（防災費）	6,867	1.0	331,336	3.8	347,809	3.4
教育費	157,067	23.7	1,385,140	16.1	1,103,688	10.6
災害復旧費	74,170	11.2	352,650	4.1	19,511	0.2
公債費	27,270	4.1	854,302	9.9	807,070	7.8
計	663,845	100.0	8,610,565	100.0	10,377,472	100.0

（出典）鹿児島県『奄美群島の概況』（各年版）

一部事務組合などまで拡大された。平成二十一年(二〇〇九)四月からの健全化法の全部施行に伴い、健全化判断比率のうち、一つでも早期健全化基準以上となった場合には、「財政健全化計画」を策定し、財政の健全化を図ることが必要となる。また、実質赤字比率、連結赤字比率及び実質公債費比率のいずれかが財政再建基準比率以上となった場合、財政再生計画を策定し、財政の再生を図ることが必要となる。実質赤字比率は一般会計を対象とした実質赤字額の標準財政規模に対する比率であり、連結赤字比率は全会計を対象とした実質赤字の標準財政規模に対する比率であるが、徳之島町では、いずれも黒字のため策定されていない。

表5は、新法施行後の徳之島町の実質公債費比率及び将来負担比率の推移を示したものである。実質公債費比率は、一般会計等が負担する地方債の元利償還金(がんりしょうかん)及び準元利金の標準財政規模に対する比率であり、将来負担比率は一般会計が負担すべき実質的な負債の標準財政規模に対する比率である。令和二年度(二〇二〇)の実質公債費比率は六・六%で早期健全化基準の二〇・〇%を大きく下回っている。法律が施行された平成十七年度(二〇〇五)の同比率は一九・六%であったが、年々低下し、平成二十九年度(二〇一七)以降は一桁台を維持するまでに改善している。将来負担比率については、平成十九年度(二〇〇七)、一五七・九%だったが、その後はふるさと納税(「ふるさと思いやり基金」)の増加などで改善が図られ、平成二十九年度には〇・二%まで低下した。しかし、今後、新庁舎建設事業による庁舎整備基金やその他基金の繰入れにより再び上昇することが予想される。[*4]

これらの比率が低下したのは、徳之島町が推進している行財政改革による地方債発行の抑制、高利率の地方債の借換(かりかえ)、地方債の繰上償還等により、地方債残高が減少したためであ

表5 徳之島町の実質公債費比率及び将来負担比率の推移

年度	実質公債費比率(%)	将来負担比率(%)
早期健全化基準	25.0	350.0
財政再建基準	35.0	
2005(H17)	19.6	−
2006	19.3	−
2007	19.2	157.9
2008	18.6	129.9
2009	17.2	125.6
2010(H22)	15.8	96.1
2011	15.3	83.9
2012	14.9	68.9
2013	14.6	70.9
2014	13.2	71.9
2015(H27)	12.1	64.5
2016	10.6	45.7
2017	9.6	31.2
2018	7.6	16.4
2019	6.9	0.2
2020(R2)	6.6	−

(出典)徳之島町

＊4 鹿児島県「令和二年度財政状況資料集(徳之島町)」。

る。表6は、徳之島町の地方債現在高と実質公債費比率（三か年平均）を示したものである。平成十六年度（二〇〇四）に約一二四・八億円まで増加した地方債現在高は、令和二年度（二〇二〇）には約八三億円まで減少した。これに伴い、三か年平均で見た実質公債費比率も大きく低下した。

徳之島町は、平成十六年（二〇〇四）三月に「徳之島町行政改革大綱」（平成十六～二十年度）、平成十八年三月に「徳之島町集中改革プラン」（平成十七～二十一年度）、及び「公債費負担適正化計画」、平成二十二年三月に「第四次行政改革大綱」（平成二十三～二十七年度）、平成二十八年三月には「徳之島町行政改革大綱」（平成二十八～三十二年度）を策定し、行財政改革を推進した。

平成十六年の「徳之島町行政改革大綱」では、「最小の経費で最大の効果をあげるためのシステムの再構築と職員の意識の改革」を掲げて、事務事業及び組織機構の見直しや職員の定員管理（新規採用の抑制）及び給与の適正化を通じた行財政改革を行った。「徳之島町集中改革プラン」は、国が策定した「行政改革の推進のための新たな指針」を踏まえて、この「行政改革大綱」を見直

表6　徳之島町の地方債現在高と実質公債費比率（三か年平均）

年度	地方債現在高（千円）	実質公債費比率(3か年平均)(%)
1975 (S50)	725,690	—
1976	1,051,734	—
1977	1,412,619	—
1978	1,894,573	—
1979	2,414,372	—
1980 (S55)	2,937,919	—
1981	3,345,780	—
1982	3,675,536	—
1983	4,201,895	—
1984	4,731,528	—
1985 (S60)	4,978,922	—
1986	5,128,053	—
1987	5,390,103	—
1988	5,650,299	—
1989	5,750,164	—
1990 (H2)	5,848,664	—
1991	5,979,076	—
1992	6,118,442	—
1993	7,199,998	—
1994	6956589	—
1995 (H7)	8,058,593	—
1996	8,797,274	—
1997	9,335,498	—
1998	10,219,696	—
1999	10,560,515	—
2000 (H12)	10,778,464	—
2001	10,860,945	—
2002	11,066,945	—
2003	12,384,674	—
2004	12,479,331	—
2005 (H17)	12,014,739	19.6
2006	11,460,642	19.3
2007	10,593,168	19.2
2008	9,778,395	18.6
2009	9,031,928	17.2
2010 (H22)	8,684,227	15.8
2011	8,386,423	15.3
2012	8,088,424	14.9
2013	8,158,371	14.6
2014	8,338,407	13.2
2015 (H27)	8,269,755	12.1
2016	8,043,212	10.6
2017	7,945,784	9.6
2018	7,990,356	7.6
2019	7,880,199	6.9
2020 (R2)	8,296,765	6.6

（出典）鹿児島県『奄美群島の概況』（各年版）

したものである。公債費負担適正計画は、「実質交際費比率」の上昇を抑えるため、平成十八年度から策定され、これに基づいて事業の見直しや廃止が行われた。平成二十二年の「第四次行政改革大綱」では、事務事業の見直しや歳入の確保など八項目の基本方策を設定し、三一項目の具体的な方策のもと、様々な取り組みが実施され、一定の成果を上げた。平成二十八年の「徳之島町行政改革大綱」は、徳之島町行政改革推進委員会からの提言をもとに、「第四次行政改革大綱」を継承する形で改革案がまとめられ、特に、人件費の抑制については、「徳之島町定員管理計画」に基づき、適正な定員管理や各種手当等の見直しを図ることが示された。

二、ふるさと納税

平成二十年度（二〇〇八）税制改正により、個人住民税の「寄附金控除制度」が拡充され、都道府県、市区町村に対する寄附金のうち、五〇〇〇円を超える部分について、一定額まで所得税・個人住民税から全額が控除される「ふるさと納税」制度が導入された。都道府県、市区町村に寄附をした者は、確定申告を行うことで、寄附金額の一部が所得税及び住民税から控除される。この「ふるさと」に対する寄附は、必ずしも生まれ育った故郷に対するものである必要はなく、応援したい自治体も対象になる。ふるさと納税の寄附金は、自治体の自主財源となる。現在では、寄附をした者に対して寄附先の自治体から返礼品が贈られるのが一般化している。

寄附金控除適用下限については、寄附者の負担を軽減することを目的に、平成二十四年（二〇一二）一月、当初の五〇〇〇円から二〇〇〇円に引き下げられ、平成二十三年一月以降に行った「ふるさと納税」から適用されている。

表7は、全国自治体のふるさと納税の受入金額と件数の推移を示したものである。制

令和4年度
全国各地から寄附件数39,267件の
(寄附額420,224,991円)
あたたかい応援をありがとうございました。
(おぼらだれん。)
鹿児島県徳
るさと納税

図2　徳之島町ふるさと納税マスコットキャラクター

度導入後しばらくは低迷していたが、平成二十七年度（二〇一五）の寄附額は、前年度の三八九億円から約四・三倍の一六五三億円に急増した。その後も寄附額は順調に増加し、令和三年度（二〇二一）には、八三〇二億円を記録した（図２）。このようにふるさと納税が急激に増加した背景には、第一に、寄附に対して返礼品の提供が行われるようになったこと、第二に、各自治体が提供する返礼品を紹介する「ふるさとチョイス」、「ふるなび」、「さとふる」、「楽天ふるさと納税」といったポータルサイトが次々と開設されたことがある（図３）。また第三の要因として、平成二十七年度（二〇一五）税制改正により、確定申告の不要な給与所得者等がふるさと納税を行う場合、自治体の数が五団体以内であれば、確定申告を行わなくても寄附金控除が受けられる「ふるさと納税ワンストップ特例制度」が創設されたことがある。この改正では、控除される限度額である「ふるさと納税枠」が約二倍に拡充された。なお、令和三年度（二〇二一）の大幅増は、新型コロナウイルス感染拡大に伴う「巣ごもり需要」が影響したものと考えられる。

　ふるさと納税がスタートした当初は返礼品を提供する自治体は少なかったが、その後、返礼品競争が過熱し、一部の自治体が還元率が非常に高い商品や換金性の高いギフト券などを返礼品として提供し、多額の寄附金を集める事態となった。これに対して政府は規制に乗り出し、平成三十一年（二〇一九）三月、地方税法等の一部改正により、「ふるさと納税に係る指定制度」を創設した（適用は同年六月一日以降）。同制度は、総務大臣が①寄附金の募集を適正に実施する地方団体であり、②返礼品を送付する場合には、返礼品の返礼割合が三割以下で、返礼品が地場産品である、という二つの基準を満たす地方団体をふるさと納税の

表７　全国自治体のふるさと納税受入金額と件数の推移

年　度	寄附額（億円）	寄附件数（万件）
2008（H20）	81	5
2009	77	6
2010	102	8
2011	122	10
2012	104	12
2013（H25）	146	43
2014	389	191
2015	1,653	726
2016	2,844	1,271
2017	3,653	1,730
2018（H30）	5,127	2,322
2019（R1）	4,875	2,334
2020	6,725	3,489
2021	8,302	4,447

（出典）総務省「各自治体のふるさと納税受入額及び受入件数（平成20年度～令和3年度）」

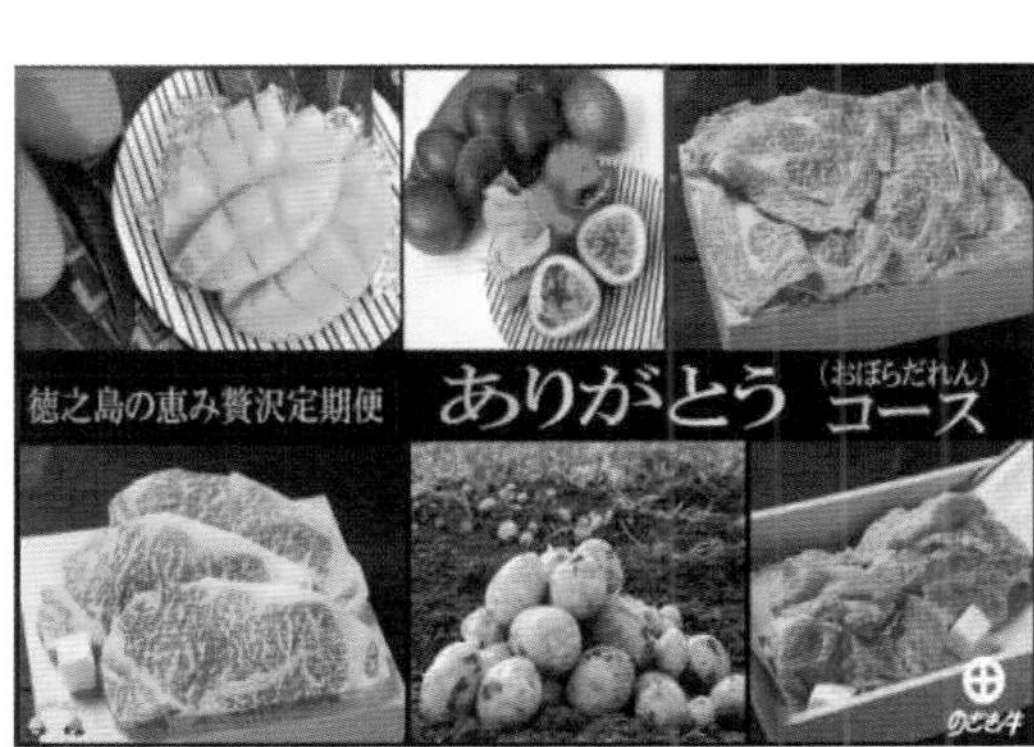

図３　徳之島の“旬”定期コース～徳之島ありがとう（おぼらだれん）。（「ふるさとチョイス」から）

対象として指定する仕組みである。この基準を満たさない自治体は、二年間指定を取り消され、実質的にふるさと納税の受入ができなくなる。総務省は、平成三十一年五月十四日、前年度十一月以降も継続して「返礼割合三割超」かつ「地場産品以外」の返礼品を提供し、更に、同年十一月以降に「Amazon ギフト券」等のいわゆる金券類を返礼品に追加して募集を行ったとして、大阪府泉佐野市、静岡県小山町、和歌山県高野町、佐賀県みやき町の四団体をふるさと納税の指定自治体から除外した。[*5] しかし、令和元年（二〇二〇）六月に出された最高裁判所の判決（泉佐野市の勝訴）により除外は解除されている。

徳之島町は、企画課内にふるさと納税を専門に担当する「ふるさと思いやり応援推進係」を設置し、寄附金の拡大を図っている。受け入れた寄附金は、「徳之島町ふるさと思いやり基金」に繰り入れられ、徳之島町のハード及びソフト面での整備に活用されている。寄附者は、申請の際に寄附金の使い道として、①特産品の研究開発に関する事業、②高齢者および障がい者の健康増進・福祉の充実に関する事業、③徳之島の環境・保全等に関する事業、④伝統文化の保存・継承に関する事業、⑤教育・文化・スポーツの振興に関する事業、⑥観光及び定住促進に関する事業、⑦その他町長がふるさとづくりに必要と認める事業の七つの事業から選択することができる。寄附金を活用した事業として、平成二十九年度（二〇一七）「徳之島町総合運動公園「健康の森屋内運動場」整備事業」（事業費八八〇〇万円、うち基金からの繰入額が約二〇〇〇万円）や令和二年度（二〇二〇）「高齢者と子供の健康増進事業（児童公園遊具設置）」（事業費二九〇〇万円、全額基金からの繰入）などがある。この他にも、アマミノクロウサギを守る事業や島の高校生を応援する事業等にも

＊5　総務省自治税務局「ふるさと納税指定制度における令和元年六月一日以降の指定等について」（二〇一九年五月）。

＊6　平成二十八年度（二〇一六）分までは、鹿児島県を通じて徳之島町に寄附された「鹿児島応援寄附金」を含む。

表8　徳之島町のふるさと納税の受入状況

年度	寄附額（県経由含む）（百万円）	「ふるさと思いやり基金」残高（百万円）	寄附件数（件）
2008 (H20)	1	1	5
2009	3	5	8
2010	6	9	21
2011	5	11	15
2012	3	9	19
2013 (H25)	2	6	26
2014	3	6	51
2015	7	11	183
2016	132	106	7,201
2017	350	229	16,672
2018 (H30)	488	362	25,517
2019 (R1)	653	604	31,293
2020	526	753	34,998
2021	429	853	34,901

（出典）徳之島町

活用されている。

表8は、徳之島町が受け入れたふるさと納税の金額と件数の推移を示したものである。[*6] 徳之島町のふるさと納税は、制度開始後しばらく低迷していたが、「ふるさと納税ワンストップ特例制度」が創設された平成二十八年度（二〇一六）に急増し、前年度の約一九倍の一億三二〇〇万円の受入額を記録し、寄附件数も前年度比で約三九倍と急増した。その後も増加を続け、平成三十一年度（二〇一九）には、過去最高額となる六億五三〇〇万円を記録した。近年の寄附額の増加の背景には、ワンストップ特例制度の導入など制度変更もあるが、徳之島産の完熟マンゴーや特産の黒糖焼酎、徳之島〝生まれ〟〝育ち〟の黒毛和牛・島豚などの返礼品の人気がある。[*7] 徳之島町は、平成二十八年（二〇一六）六月、返礼品を大幅に見直し、現在人気ベスト3の黒糖焼酎、牛肉、パッションフルーツといった果物など一四一商品を追加した。[*8] 徳之島町の返礼品提供業者は約八〇社で、地元の約二〇〇戸の農家からも返礼品の提供を受けている（令和二年九月時点）。

第二節　産業構造と町民所得

一・産業構造の特徴と変化

徳之島町の産業構造は、農業中心からサービス業中心へと大きく変化した。**表1**は、徳之島町の産業構造の変化を従業者数で見たものである。昭和四十五年（一九七〇）を見ると、農業の従事者が全体の四五・一%を占めており、当時の徳之島町が、さとうきびを中心とした農業

＊7　希望する寄附者には、返礼品の他に徳之島町の広報紙「広報徳之島」を一年間無料で提供している。

＊8　徳之島町「平成二十九年第一回定例会会議録目次」。

表1 徳之島町の産業別従業者数の推移

	昭和45年		平成7年		平成27年	
	就業人口	構成比%	就業人口	構成比%	就業人口	構成比%
総数	6,905	100.0	5,743	100.0	4,986	100.0
第1次産業	3,167	45.9	1,415	24.6	778	15.6
農業	3,116	45.1	1,358	23.6	747	15.0
林業	9	0.1	1	0.0	10	0.2
漁業	42	0.6	59	1.0	21	0.4
第2次産業	1,494	21.6	959	16.7	658	13.2
鉱業	13	0.2	15	0.3	2	0.0
建設業	274	4.0	629	11.0	494	9.9
製造業	1,207	17.5	315	5.5	162	3.2
第3次産業	2,243	32.5	3,369	58.7	3,541	71.0
卸売業・小売業	804	11.6	1,223	21.3	734	14.7
金融保険・不動産業	50	0.7	94	1.6	89	1.8
運輸・通信業	301	4.4	257	4.5	175	3.5
電気・ガス・水道業	34	0.5	26	0.5	20	0.4
サービス業	800	11.6	1,377	24.0	2,170	43.5
公務	254	3.7	286	5.0	353	7.1
分類不能の産業	1	0.0	1	0.0	9	0.2

（出典）国勢調査

の町だったことがわかる。その後、農業の従事者数は減少し、平成二十七年（二〇一五）には、約三分の一の一五・〇％まで減少した。次に、第二次産業を見ると、特産品である砂糖と黒糖焼酎を中心とする製造業の従業者数が減り続けており、平成二十七年（二〇一五）の割合はわずか三・二％であった。平成以降の減少には、大島紬産業の衰退も大きく影響している。一方、建設業は、平成七年（一九九五）以降も、約一〇％の割合をキープしている。一九七〇年代以降、大きく従業者数を伸ばしているのが、第三次産業であり、特にサービス業の伸びが大きい。サービス業の従業者数は、昭和四十五年（一九七〇）は八〇〇人（一一・六％）であったが、二〇〇〇年代以降、急速に増大し、平成二十七年（二〇一五）には二一七〇人（四三・五％）まで増加した。総務省・経済産業省「平成二十八年経済センサス」のデータを見ると、サービス業の中で最も従業者数を伸ばしているのが、老人福祉や介護事業を中心とした「医療、福祉」分野である。

表2は、徳之島町の業種別に見た市町村内総生産（平成二十八年度）であり、第三次産業の生産額が全体の約八割を占める。最も生産額が大きいのが全体の一五・七％を占める「保健衛生・社会事業」である。

第三次産業の卸売業・小売業の従業者数は、近年、減少傾向にある。**表3**は、徳之島町の商業（卸売業・小売業）の事業所数、従業者数、年間商品販売額の変化を示したものである。昭和四十五年（一九七〇）と平成六年（一九九四）を比較すると、すべての指標で大きく増加している。しかし、平成二十八年（二〇一六）を見ると、平成六年と比べて、年間商品販売額の合計は大きく減少

表２　徳之島町の業種別に見た市町村内総生産（平成28年度）

	実数（千円）	構成比（%）
市町村内総生産	33,450,046	100.0
第一次産業	2,079,296	6.2
農業	2,013,489	6.0
林業	41,835	0.1
水産業	23,972	0.1
第二次産業	4,230,032	12.6
鉱業	—	—
製造業	1,976,575	5.9
建設業	2,253,457	6.7
第三次産業	26,982,151	80.7
電気・ガス・水道・廃棄物処理業	815,804	2.4
卸売・小売業	3,104,690	9.3
運輸業	1,747,663	5.2
宿泊・飲食サービス業	1,354,452	4.0
情報通信業	1,471,253	4.4
金融・保険業	820,642	2.5
不動産業	3,483,234	10.4
専門・科学技術、業務支援サービス業	1,181,797	3.5
公務	3,226,519	9.6
教育	3,012,635	9.0
保健衛生・社会事業	5,254,024	15.7
その他のサービス	1,509,439	4.5
輸入品に課される税・関税	479,436	1.4
（控除）総資本形成に係る消費税	320,869	1.0

（参照）令和元年度奄美群島の概況（令和2年）

している。小売業に注目すると、事業所数は三三七から一七七へ大幅に減少したが、年間商品販売額はわずかに増えており、店舗の大型化が進んでいることがわかる。この背景には、零細な商店が事業主の高齢化等で閉店する一方で、島外資本やフランチャイズ契約の大型小売店舗が町内に進出したことがあると思われる。

徳之島町の商業は、昭和四十年代から始まった亀津地区の埋立事業による造成によって大きく変化した。昭和四十年代後半から六十年代前半にかけて、造成地にスーパーなど次々と大型店舗が開店し、商業圏が急速に広がっていった。また、徳之島町の商業の中心は、旧道沿いの中央通り、北区通り、中央区通りから、新しく造成された新里新町地区周辺に移動することとなった。

昭和四十九年（一九七四）三月、亀津で早くから食料品店を営業していた義村商店（昭和三十七年から「大丸」）が大瀬川沿いの造成地（中区）に大型スーパー「ダイマル」を出店した。昭和五十四年（一九七九）には衣料品を扱う「よしむら」が、続いて昭和五十六年（一九八一）五月には「秋丸商会」が現在の新里新町通りに開店した。昭和六十二年（一九八七）五月には、南区の丹向川沿いにJA系列の大型スーパーである「Aコープ徳之島店」が開店している。近年では、島外資本系列のコンビニエンスストアや百円ショップのフランチャイズ店の進出も増えている。平成九年（二〇〇七）二月、西川グループが、亀徳地区にスーパーセンター「ニシムタFC徳之島店」を出店し、平成二十八年（二〇一六）一月には、福岡資本が生鮮食料品や日用品等も販売する大型の「ドラッグストアモリ亀津店」を保健所近くの亀津郊外に出店した。徳之島町亀津地区の商業エリアは、大瀬川周辺を中心として、北と南へ拡大を続けている。

二、町民所得の推移

奄美群島の振興開発事業は、長年、「本土との格差是正」を最大の目標として実施されてきた。しかし、厳しい地理的・自然的条件もあり、いまだに本土との間には大きな所得格差が存在す

表３　徳之島町の商業（卸売業・小売業）の事業所数、従業者数、年間商品販売額の推移

	1970年（昭和45年）			1994年（平成6年）			2016年（平成28年）		
	事業所数	従業者数（人）	年間商品販売額（百万円）	事業所数	従業者数（人）	年間商品販売額（百万円）	事業所数	従業者数（人）	年間商品販売額（百万円）
合計	319	746	3,045	374	1,218	18,835	203	905	16,043
卸売業計	29	169	1,566	37	191	7,450	26	106	4,029
小売業計	290	577	1,479	337	1,027	11,385	177	799	12,014
うち飲食料品小売業	186	272	414	160	368	3,550	72	374	4,995

（出典）1970及び1994年は「商業統計」、2016年は「経済センサス」

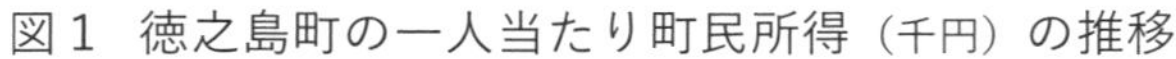
図1　徳之島町の一人当たり町民所得（千円）の推移

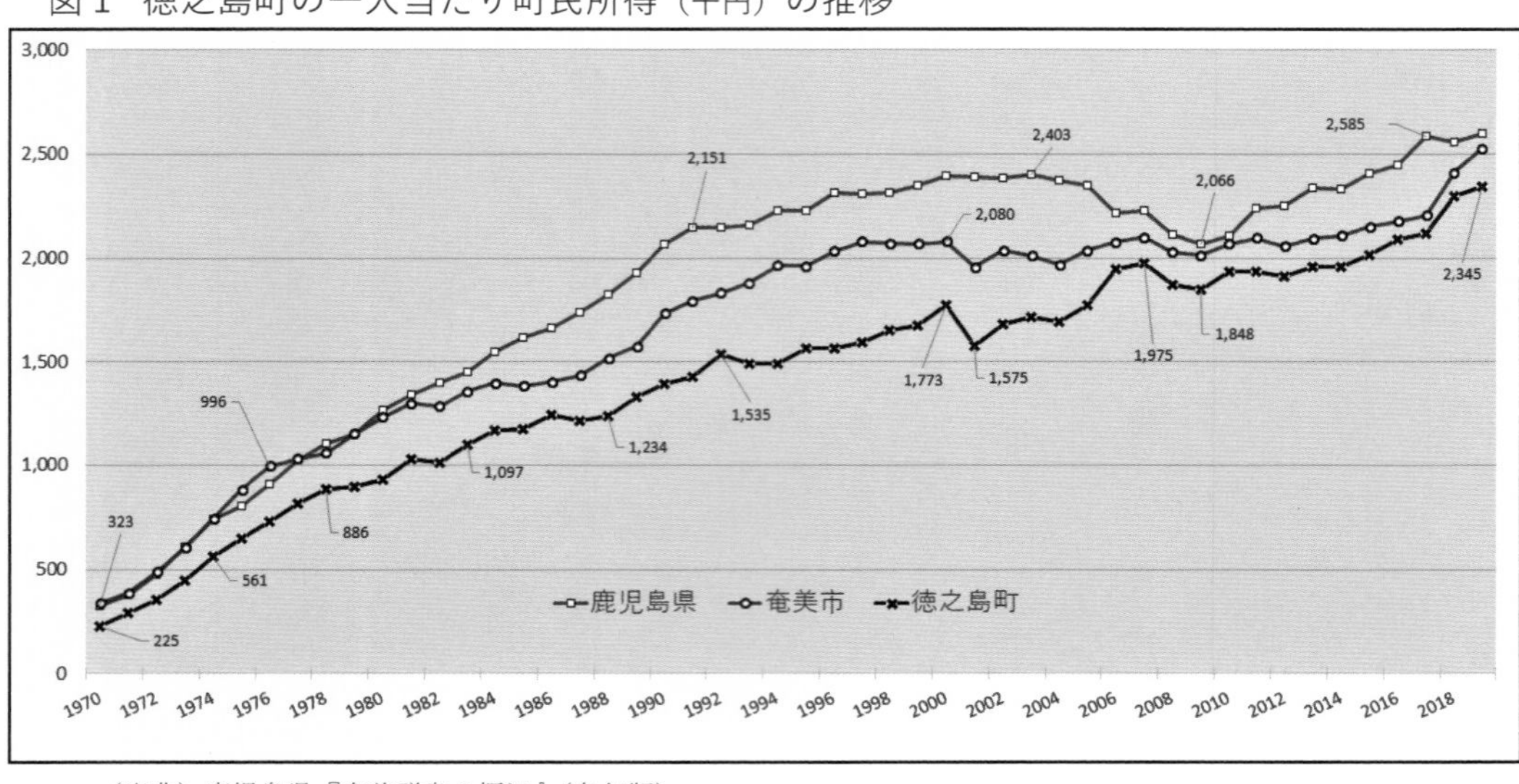

（出典）鹿児島県『奄美群島の概況』（各年版）

る。徳之島町の町内総生産（鹿児島県「平成二十八年度市町村民所得」）を見ると、第三次産業が中心で総生産額の八〇・七%を占め、なかでも老人福祉・介護事業など「保健衛生・社会事業」が一五・七%で最も多く、次いで、「不動産」（一〇・四%）、「卸売・小売業」（九・三%）が多い。また、徳之島町は肉用牛の飼養やさとうきびの栽培が盛んであることから「農業」が六・〇%を占め、製糖や黒糖焼酎など「製造業」は五・九%を占める。

図1は、徳之島町の一人当たり町民所得の推移を示したものである。町民所得は緩やかに増加しているが、本土との格差は依然として大きい。令和元年度（二〇一九）の一人当たり県民所得が二五九万八〇〇〇円であるのに対して、徳之島町の町民所得は二三四万五〇〇〇円であり、約一〇%の格差が残っている。ただし、バブル経済崩壊後にいったん広がった格差は、徐々に縮まりつつある。**表4**は、奄美群島内の市町村の一人当たり所得であり、徳之島町は、宇検村、奄美市、和泊町、瀬戸内町に次いで第五位である。

＊1　内閣官房デジタル田園都市構想実現会議事務局・内閣府地方創生推進室「地域経済循環マップについて」（令和五年三月）、一頁。

町民所得を増大させるには、域内の産業、特に島外から「稼ぐ力」のある産業の育成とともに、所得の流出を減らすための生産・分配（所得）・支出の域内循環を強化する必要がある。地域内企業の経済活動を通じて「生産」された付加価値は、労働者や企業の所得として「分配」され、消費や投資として「支出」されて、再び地域内企業に還流する。[*1] この循環過程で地域外に資金が流出した場合には、地域経済が縮小し、結果として住民の所得は減少することになる。**表5**は、内閣官房（デジタル田園都市構想実現会議事務局）・経済産業省が提供する「地域経済分析システム（RESAS：リーサス）」を使って計算した奄美群島内市町村の「地域経済循環率」と「支出の域外流出額」である。「地域経済循環率」は「生産（付加価値額）／分配（所得）」により算出され、域内で生み出された所得がどの程度域内に還流しているかを示すものである。この循環率が高いほど経済の自立度が高いことを意味する。平成三十年（二〇一八）の徳之島町の「地域経済循環率」は七二・一％で、鹿児島県（八一・八％）や鹿児島市（八六・一％）には及ばないが、奄美群島内で最も高い。群島内で最も一人当たり所得水準が高い宇検村（六七・〇％）を大きく上回っている。次に「支出の域外流出額」を見ると、徳之島町は一億七二〇〇万円であり、喜界町とともに、奄美市、瀬戸内町に次いで大きい。町民所得を向上させるには、この域外への支出の流出を減らし、域内に資金を循環させる経済・産業へ変えていくことが必要である。ただ、徳之島が本土から遠く離れた小さな島嶼であることを考えると、町単独で町民所得を高めることには限界があり、伊仙町や天城町と協力し、島内循環率を高めることが必要であろう。

（山本一哉）

表５　奄美群島内市町村の「地域経済循環率」と「支出の域外流出額」（2018）

	循環率（%）	支出の域外流出額（百万円）
徳之島町	72.1	−172
宇検村	67.0	−43
知名町	63.7	−120
瀬戸内町	63.4	−185
奄美市	62.9	−789
与論町	59.9	−115
龍郷町	58.7	−128
喜界町	57.5	−172
和泊町	57.0	−170
天城町	56.0	−151
伊仙町	50.3	−166
大和村	41.2	−67

（出典）内閣官房（デジタル田園都市構想実現会議事務局）及び経済産業省「地域経済分析システム」

表４ 徳之島町の一人当たり町民所得（千円）の推移

市町村	一人当たり市町村民所得（千円）	市町村内生産額（千円）
宇検村	2,757	9,113,194
和泊町	2,543	21,950,704
奄美市	2,529	129,418,729
瀬戸内町	2,469	31,572,138
徳之島町	2,345	36,702,539
知名町	2,331	19,493,995
龍郷町	2,266	17,182,073
大和村	2,256	6,038,199
与論町	2,232	14,955,683
喜界町	2,230	20,967,197
天城町	1,930	15,683,092
伊仙町	1,765	16,351,283

（出典）鹿児島県『令和４年度奄美群島の概況』

第三節　人口減少と合計特殊出生率

厚生省が平成三十一年（二〇一九）に発表した最新の全国市町村の合計特殊出生率によると、昭和四十年代はほぼ二・一台で推移していたが、五十年に二・〇〇を下回ってから低下傾向をたどって平成十七年には一・三となった。その後やや増加傾向に転じ、平成二十八年時点で一・四四となっている。都道府県別にみると、合計特殊出生率が高いのは沖縄県（一・八二）で、最も低いのは東京都（一・一五）である。市町村別にみると、全国第一位は沖縄県金武町の二・四七、次いで伊仙町、徳之島町と続き、天城町も七位に入っている。徳之島三町は近年は常に上位を占めており。平成十五〜十九年平均の合計特殊出生率で一位から三位を独占したこともある。徳之島町及び全国平均の合計特殊出生率の推移は、**表1**のとおりになっている。平成二年の二・六〇から、平成十七年は二・一八に下がったものの、その後の町の少子化対策によって、平成二十七年には再び二・四〇まで上昇した。いずれの年も全国の出生率を大きく上回っている。

次に国勢調査による人口推移をみると、昭和四十年（一九六五）には一万八九二〇人いた人口が、六十年（一九八五）に一万五三二一人となり、平成十七年（二〇〇五）には一万二八九二人、令和二年（二〇二〇）では一万一四七人に減少している。**図1**にあるように国立社会保障・人口問題研究所の平成三十年の推計では、二〇二五年以降の人口は今後も緩やかに減少を続け、二〇四五年には六二二二人（現在から約二六％減少）になるものと予想されている。

表1 徳之島町及び全国平均の合計特殊出生率の推移

和暦（西暦）	徳之島町			全　国	
	人口	出生数	出生率	人口	出生率
昭 40(1965)	18,920	331	-	98,275	2.14
45(1970)	16,445	271	-	103,720	2.13
50(1975)	15,215	222	-	111,940	1.91
55(1980)	15,553	255	-	117,060	1.75
60(1985)	15,321	237	2.52	121,049	1.76
平 2(1990)	14,536	229	2.60	123,611	1.54
7(1995)	13,640	146	2.44	125,570	1.42
12(2000)	13,127	129	2.41	126,926	1.36
17(2005)	12,892	136	2.18	127,768	1.26
22(2010)	12,090	106	2.33	128,057	1.39
27(2015)	11,160	84	2.40	127,095	1.45
令2(2020)	10,147	92	2.40	126,146	1.30

（出典）徳之島町『徳之島町人口ビジョン』平成 27 年 12 月、鹿児島県大島支庁『奄美群島の概況』（平成 19 年度版、令和 2 年度版ほかによる）
註）出生率は、合計特殊出生率のことである。

人口減少と並んで問題なのが、少子高齢化と生産年齢人口（十五〜六十四歳）の減少である。**図1**からわかるのは、幼年人口（十五歳未満）が昭和四十年から四十五年にかけて急減していることである。この時期に子育て世代の若い労働者が徳之島町を離れたことを示している。一方、生産年齢人口はゆるやかに減少を続け、平成になって減少が加速化している。この結果、生産年齢人口比率（総人口に占める生産年齢人口の割合）は、昭和六十年（一九八五）の五九・〇％から、令和二年（二〇二〇）には五〇・七％へと八・三ポイント低下した。図1の推計では、二〇四五年には四〇・八％まで低下すると予想している。なお、人口減少とともに高齢化が加速し、昭和二十五年に七・七％だった老年人口（六十五歳以上）が、令和二年には三三・二％にまで大きく上昇した。二〇四〇年になると高齢化率は四三・八％まで高まり、生産年齢人口比率（四二・七％）を逆転すると予測されている。

最近の人口減少の主たる原因は、自然減少（出生者数から死亡者数を差し引いた数）によるもので、社会的増減は低下傾向にある。しかし、町内では六十五歳以上の単身世帯が増加しており、労働力、消費力が減退し、地域経済が衰退する要因となりつつある。全体の就業人口が減少する中で、第三次産業の就業人口は大きく増加し、農業や製造業といったモノづくりに携わる労働者は大きく減少している。

徳之島町には、「子は家の宝・地域の宝」という考えが根強く残っている。また、昭和六十年に「健康のまち」を宣言し、恵まれた自然と人情味豊かな環境のもと健康と長寿のまちづくりを目指している。さらに出産や子育てのしやすい環境づくりや支援とともに、若者が働ける職場、住みたくなる環境、高齢者が安心して和やかな老後が過ごせるような島づくり・町づくりを推進しているところである。

（皆村武一）

図1　徳之島町の人口と人口構成の推移

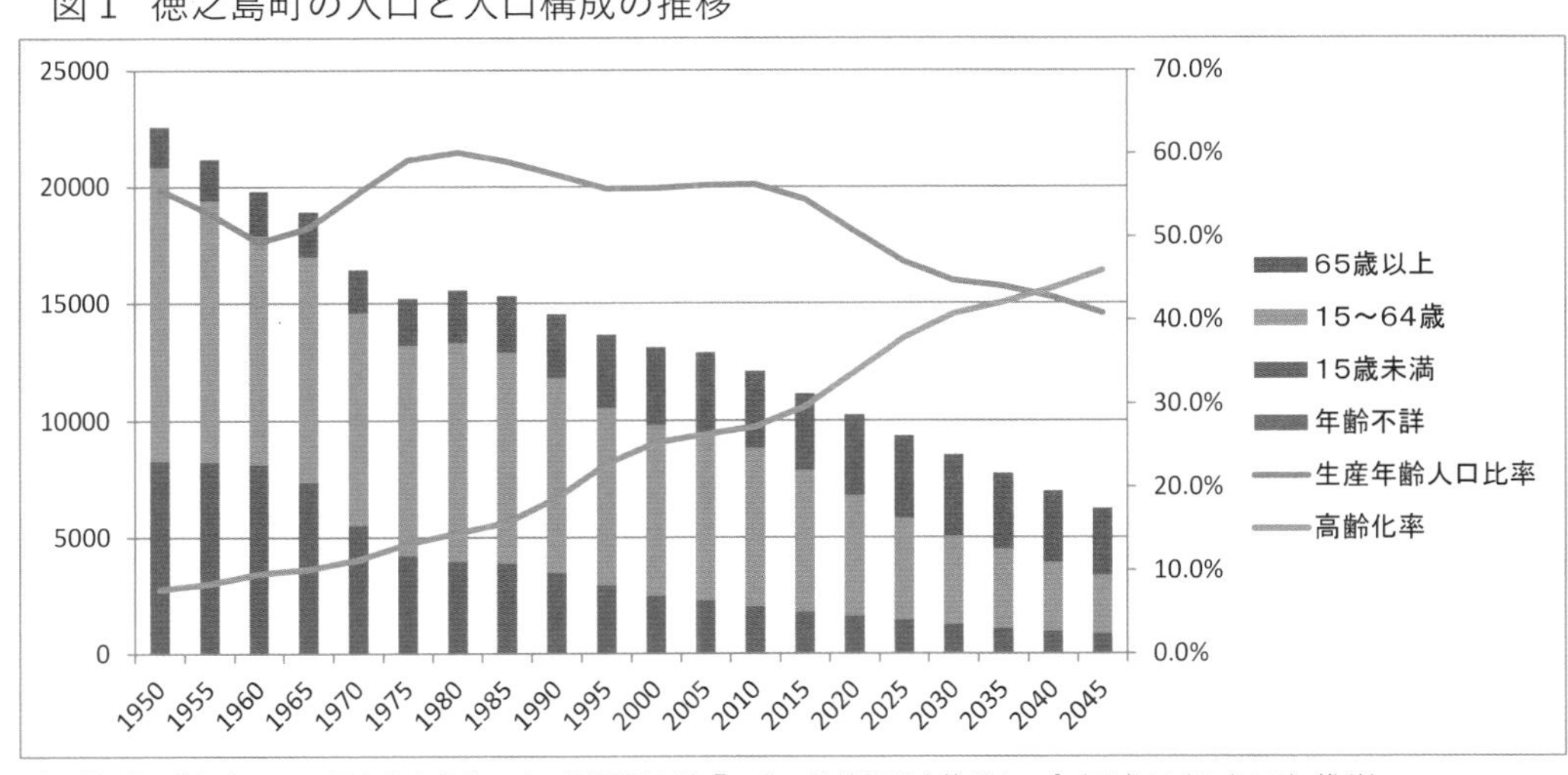

（出典）「国勢調査」及び国立社会保障・人口問題研究所『日本の地域別将来推計人口』（平成30年（2018）推計）

第四節　農業の展開

農業を取り巻く環境変化

戦後奄美の農業近代化は、昭和二十九年に施行された「復興特別措置法」によるかんがい排水、農道整備、農地保全あるいは干拓等の事業から始まった。続く昭和三十九年からの十年間では、「奄美群島振興事業」によって農地集団化を目指した区画整理、農道整備、かんがい排水、ほ場整備が実施された。さらに一般法による土地改良事業として農地造成、畑地帯総合土地改良事業及び農道整備なども導入され、零細でしかも分散していた耕地の集約化を図る、などの生産基盤づくりが押し進められた。

しかし昭和三十年代後半になると、国内の急激な経済成長によって離島から大都市圏へ労働者人口の流出が止まらず、いわゆる「三ちゃん農業」[*1]を生み、農家の担い手不足や高齢化、後継者問題を生じることになった。さらに昭和四十年代には、米国との貿易不均衡が問題視され始め、これを背景に米国から日本に対する農産物の輸入自由化要求が強まっていった。昭和四十九年になると日本の輸入制限品目はわずか二二品目にまで減少し、この間に豚肉、ハム、りんご、精製糖、配合飼料が自由化され、牛肉の輸入枠を拡大し、大豆の関税率をも引き下げねばならなくなった。昭和四十八年から始まったガット[*2]（現・ＷＴＯ）の東京ラウンドでは、多国間交渉でなかなか合意が得られない米国は、昭和六十一年になると日本の輸入数量制限農産物一二品目についてガット違反であると提訴。結局このうち一〇品目が違反とされた。これを受けた日米の二国間交渉において、日本は牛肉、オレンジの輸入数量制限を撤廃させられることになった。続くガット・ウルグアイラウンド交渉では、各分野の保護水準の引き下げが議論され、国内農業の政策分野にまで交渉の対象が広がった。こうして日本の農業を取り巻く国内外の環境は、年を追うごとに一層厳しさを増していった。[*3]

＊1　「三ちゃん農業」は昭和六十年代の流行語で、じいちゃん・ばあちゃん・かあちゃんを指す。主な働き手である男性が出かせぎや勤めに出て、他の家族により行われる農業経営。（デジタル大辞泉）。

＊2　GATTは「関税及び貿易に関する一般協定」と訳され、貿易に関する国際的な枠組みを決めるために一九四七年に創られた。現在のＷＴＯの前身にあたる。日本は昭和三十年に加盟した。昭和三十八年に日本はGATTの一一条適用国となったことから貿易自由化の義務を負うこととなり、このときに輸入農産物の六割を占めた大豆、鶏肉、バナナ、粗糖、レモン等が自由化された。（「農産物自由化と農業政策」農林水産委員会調査室）。

＊3　「農産物自由化と農業政策」農林水産委員会調査室。

奄美・徳之島における耕地整備と農地の集積化

これらの二国ないし多国間の農産物協議は、パイン産業の衰退など奄美の農業にも大きな影響を与えた。また、昭和三十年代から始まった日本の工業化中心の政策は、農村部からの労働力の過度の流出を起こし、農業従事者の高齢化や労働者不在による農地の荒廃も進んだ。この対応策として、国は農地の集積化を進め、機械化による農産物の効率的な生産を可能にし、低コスト化を図ることによって競争力を高め、農家所得の向上を図ることにした。次世代の農業を担う人材を確保するためにも、農家所得を高めねばならず、農業構造や環境の改善が必要であった。

昭和四十九年から始まった奄美群島振興開発事業、その後の新奄美群島振興開発事業（昭和五十九年度～平成五年度）、さらに第三次奄美群島振興開発事業（平成六年度～十五年度）と続いた三十年間、奄美農業の安定と質的向上を目的に、それまでの線的事業から、面的な広がりを持つ総合整備事業を中心とした生産基盤整備と水資源開発、農村環境施設整備が着々と図られた。さらに平成三年には土地改良事業が「農業農村整備事業」へと名称変更され、生産基盤から農村の生活環境や集落排水事業まで含めた総合的な農村整備へと重点が移行された。これによって、令和三年時点の農業農村整備事業の整備水準は、概ね県本土の平均を超えるまでになった。徳之島については、畑地かんがい施設の整備のみがやや遅れているという状況である。*4

徳之島の耕地面積は六八五〇㌶に及び、面積は群島中最大で群島農産物の宝庫とされる。農家一戸当たりの耕地面積は三二三・四㌃で、さとうきびを主体にばれいしょ、かぼちゃ等の野菜やマンゴー、タンカンなどの園芸作物、畜産（肉用牛）との複合経営により農業が営まれている。平成二十三年五月、徳之島中央家畜市場が整備され、畜産振興に大きく寄与している。また、翌二十四年には、「春一番」のブランド名で人気が高い徳之島ばれいしょが県の「かごしまブランド産地」に指定された。「春一番」は、平成三十年度の制度改正で「かごしまのばれいしょ」に産品認証されている。なお、農家の規模拡大と農業の近代化のため建設が進められていた国営農地

＊4　『奄美群島の概況』第七章農業農村整備（令和二年度、三年度）。

＊5　徳之島ダムは、九州農政局により総事業費五八〇億八二五五万円をかけて、秋利神川中流域をせき止めて造られた。平成二年から現地調査が始まり、平成九年から事業が開始され、平成二十九年に完工した。全島にめぐらせた用水路は一二八㌔。揚水機場が一か所。加圧機場八か所。調整池二か所。ファームポンドは一二か所という大規模なものである。受益面積は三四五一㌶に及ぶ（『奄美群島の概況』）。

開発事業徳之島地区が平成十二年度に完了。さらに島全体の畑かん受益者を対象に、徳之島ダム（平成二十九年完工）を水源とする徳之島用水農業水利事業が行われている。[*5] 平成二十九年度に国営事業は完了し、末端水路や水施設を対象とした畑かんなどの県営付帯事業が島内各地区で実施中である。これが完成すると生産性の高い畑作事業の展開が期待されている。[*6]

一・徳之島町の農家戸数と農地の推移

昭和四十年（一九六五）における生産所得の内訳をみると、農業を中心とする第一次産業が三三・六％、建設業などの第二次産業が二一・八％、残る四四・三％は商業や運輸、公務員といった第三次産業が占めていた。これを就業人口でみると、第一次産業が五八・四％（昭和三十年で八二％）を占め、第二次産業が一六・四％、第三次産業が二五・二％であった。これは、昭和四十年時点における農業を中心とした第一次産業の収益性がかなり低かったことを示す。この収益性を改善しない限り、当然、労働者は第一産業からより高い収入を得られる産業（特に第三次産業）へと移動することになる。

令和二年までの過去五十年間の農家戸数（兼業含む）の推移は**表1**のとおりである。昭和三十年の農家戸数が三八四〇戸、四十年が三四一四戸、五十年は二七〇九戸と減少し、令和二年には七〇三戸となった。この五十年間に二割弱にまで減っている。特に昭和六十年に三一・三％、続く平成二年に一九・五％と連続して急減した。十年間で一一二二戸も農家戸数が減少しているが、

表１　徳之島町の人口と農家戸数の推移

	人口（人）	戸数	農家戸数（戸）	農地面積	減少率(%)	
					人口	農家戸数
昭和35年	19,804	4,946	3,726	1,796		
40年	18,920	4,942	3,414	2,273	△4.5	△8.4
45年	16,445	4,709	3,197	2,476	△13.1	△6.4
50年	15,215	4,748	2,709	2,336	△7.5	△15.3
55年	15,553	5,035	2,488	2,460	2.2	△8.2
60年	15,321	5,287	1,709	2,260	△1.5	△31.3
平成2年	14,536	5,298	1,376	2,380	△5.1	△19.5
7年	13,640	5,317	1,203	2,330	△6.2	△12.6
12年	13,127	5,286	1,062	2,360	△3.8	△11.7
17年	12,892	5,316	1,062	2,340	△1.8	0.0
22年	12,090	5,230	903	2,330	△6.2	△15.0
27年	11,160	4,960	885	2,330	△7.7	△2.0
令和2年	10,147	4,714	703	2,330	△9.1	△20.6

（出典）鹿児島県大島支庁『奄美群島の概況』

＊6　＊4に同じ。

同期間の人口減少は六・五％（一〇一七人）ほどであるから、これは異常な数値であるといえる。原因として考えられるのは、この期間がまさに『バブル景気』と呼ばれた時期に重なるということである。この期間は不動産投資が活発化し、土地建物の価格の上昇を追って、昭和六十四年十二月には日経平均株価が三万八九五七円の史上最高値を記録するなどした。そのきっかけとなったのは、昭和五十年代に発生した日米貿易摩擦による急激な円高や、米国から国内需要の拡大を求められた政府が、極めて積極的な公共投資拡大に踏み切り、同時に日銀も数回にわたって公定歩合を引き下げたことが原因であると言われている。潤沢な資金が市場に供給されたことで、経済はにわかに好景気に沸き、人手を補充するために企業による学生の青田買いが盛んに行われるようになった。労働者の給料も高くなり、公務員は敬遠された時代であった。

農家戸数が急減した昭和五十五年から五十九年を、町政要覧の産業別就業人口で見ると、第二次産業の建設業、第三次産業のうち小売業とサービス産業の伸びが著しかったことがわかる。ただし建設業は、昭和六十年に入ると急速に減少し始めている。

次に過去五十年間の農地面積の推移を見ると（**表2**）、昭和三十五年は一七九六ヘクタールであるが、このうち三五〇ヘクタールは、戦後の食糧難のために昭和二十年代に町民自らの手で造成がなされたといわれる。[*7] 昭和三十八年からは旭ケ丘、大原地区において徳之島県営開拓パイロット事業が開始され、七億一二〇〇万円の資金を投じて総面積四五八ヘクタールに及ぶ

表2　徳之島町の田と畑の面積推移（ha）と生産額推移（千円）

	田	畑	（畑の内）サトウキビ	サトウキビ生産額（千円）	果樹（千円）	野菜類（千円）	農業生産額（千円）
昭和35年	625	1,170	553	193,886	—	—	528,357
40年	582	1,691	1,329	494,934	—	—	899,275
45年	536	1,941	1,579	616,104	64,160	37,705	1,080,993
50年	540	1,796	1,503	1,195,890	75,650	105,066	1,558,736
55年	398	2,051	1,701	1,982,369	51,625	607,189	2,785,590
60年	48	2,210	1,862	2,138,541	53,371	530,912	2,786,143
平成2年	15	2,360	1,367	2,342,000	76,500	530,126	3,003,116
7年	5	2,330	1,303	1,414,000	114,612	1,132,924	2,813,981
12年	3	2,350	1,452	1,483,000	60,506	1,005,201	2,594,290
17年	3	2,330	1,464	1,130,543	60,516	1,193,379	2,428,847
22年	—	2,330	1,446	1,485,048	110,494	1,009,560	2,722,881
27年	—	2,330	1,246	969,950	88,902	870,993	1,972,694
令和2年	—	2,330	1,244	942,365	16,403	515,275	1,631,877

（出典）鹿児島県大島支庁『奄美群島の概況』

原野の開墾（かいこん）が行われ（図１）、昭和四十五年には農地面積が二四七六ヘクタールに拡大した。その後の農地面積は若干減少したものの、近年は二三三〇㌶で変動はみられない。

昭和四十五年以降の主要作物の推移を見てみると、四十五年はサトウキビが六億一六一〇万円で、二位はバナナなどの果樹で六四一六万円、三位が島内消費分や出荷用の石川サトイモなどの野菜類で三七七一万円であった。五十年になるとサトウキビが一一億九五八九万円に伸び、二位が一億五〇七万円で野菜類、三位が七五六五万円で果樹となっている。この後の推移で目に付くのは、昭和五十五年のサトウキビ生産額の急激な伸びと、同年の野菜類の生産額が前期に比して六倍余りの六億七一九万円を記録していることである。サトウキビ、野菜類ともに耕地面積が大きな増加を見せたことが大きい。サトウキビの伸びは、昭和四十八年以降に買取価格の大幅引き上げによる生産意欲が向上したことによる。野菜は輸送作物である石川サトイモの価格低迷による影響はあったが、農業基盤整備が進み、かん水施設も整備されてきたことから野菜類全体の生産量は増加したうえ、自給野菜の価格が上昇したことで生産額が急上昇した。この後サトウキビは平成二年に二三億四二〇〇万円を記録したあと減少し始めている。野菜類では輸送作物の石川サトイモが平成七年に六億円を超えるなど順調な伸びを示していたが、その後は徐々に減少していき、平成二十七年には一億円を割り込んだ。ただし、令和二年にはやや持ち直している。なおばれいしょは、順調に生産額を増やし、平成十七年には五億八六八〇万円となり、石川サトイモの生産額を逆転した。平成二十四年に「鹿児島ブランド産地」に指定され、平成二十七年には七億円を超えている。

二、水田と畑転換事業

国内におけるコメの過剰生産が問題視されるようになると、国はその対策として水田転換特別対策事業を開始した。奄美の場合、工業地帯への労働力の流出に加え、減反とサトウキビ増産政策が

＊7　『徳之島町誌』三八六頁

図１　入植が始まった旭ヶ丘団地（昭和39年）

同時に進められたこともあって、昭和三十八年に奄美群島全体で四二五二㌶あった水田は、平成十年にはわずか八七㌶にまで激減し、畑の占める面積が九九％を占めるに至った[*8]（図２）。

昭和三十八年時点で、すでに徳之島における労働力の島外流出は問題となっていた。農業は機械化、集団化を模索していたが、農村に老夫婦と婦人が増える中、農業機械を購入したとしてもこれを活用する力がない、といった指摘がなされていた[*9]。しかも稲作からあがる収入は少なく、一方でサトウキビはＮＣＯ３１０に品種が変わったことで収穫量が格段に良くなり、買取価格の見直しも行われたこともあって、積極的にサトウキビに切り替えるところも出ていた。

しかし、その後政府の買上米の価格が数度にわたって大きく引き上げられ、サトウキビも管理不足から反収が下がったことで再び米作が増え始め、昭和四十二年には三町の作付面積は一二〇〇㌶余り（徳之島町五一〇㌶）となり、全郡の生産高の三分の一を徳之島が占めるまでになった[*10]。また、味が落ちると言われていた奄美のお米も奨励品種の山路ワセ、赤もち、純系銀河といった品種に切り替えられて改善が進んだ（図３）。

一方、日本の製糖業界は昭和三十九年ごろから再編が始まっていた。当時の業界大手は三井物産グループ、三菱商事グループ、丸紅飯田（まるべにいいだ）グループで、それぞれに系列企業を持っていた。これらの製糖業界は、設備投資の過剰により砂糖需要量の五〇％を超える余剰（よじょう）設備（せつび）を抱え、経営を圧迫していた。業界内で生産目標の自主減産によって対応を行ったが、世界の砂糖増産情勢や自由貿易の波がせまり、自主減産では対応ができなくなったのである。系列企業内での統合を進めるなど過剰設備の廃棄を行わざるを得なかった。大洋殖産㈱と大島糖業㈱は昭和四十一年五月に対等合併して南西糖業㈱となり、ＮＣＯ３１０で奄美の糖業に多大な貢献をした乾（いぬい）純之助が花徳（けどく）に立ち上げた大和製糖も、四十三年六月に自主的に解散した。

農産物の世界的自由化の波は、製糖業界のみならず米作の世界にも広がった。すでに国内

＊8　平成二十五年度『奄美群島の概況』

＊9　「徳州新聞」昭和三十八年六月。

＊10　「徳州新聞」昭和四十二年七月十七日。

図２ 田んぼの広がる井之川（昭和30年代）

においてコメ余りの状況にあった政府は、各県への減反割り当てなど強力に減反（げんたん）政策を進めてきたのである。奄美群島区選出の保岡武久衆議院議員は、昭和四十四年二月、奄振の五年延長の報告を徳之島三町で行った際に、○サトウキビを全力で増産、○増産の根本はたい肥、農家ごとに牛の飼育を、○牛購入用の牛基金を信用基金に設ける、○お米はもう作らないように、○水田転換に反当たり二万円を用意、などの要請と提案を行っている。*11

　同年、三町の経済課が作付け転換希望調査を行った。その説明で、反あたり二万円の転換費に加え、七・五町歩以上の集団地の場合は一町歩あたり八万八〇〇〇円の事業費も支給するとしたことで、三町で一三一町歩もの希望があった。減反事業は翌年度からさっそく始まったが、県の米生産調整推進協議会で市町村別の生産調整割り当て数量が承認され、県全体では一万六一〇〇トン、四五九〇ヘクタール、減反率は七・一八%であった。大島郡は三六九ヘクタールで減反率は平均九・〇六%となり、県内最高であった。大島郡はサトウキビ作への転換が見込まれたためと言われている。中でも徳之島町は九・六九%の割り当てで、県内で最も高い減反率であった。水田休耕奨励金二万円は、既に開始されていた「さとうきび集団地育成あぜはずし」工事の農家負担分に充てられた。これで農道が広がり、農地へのトラックなどの乗り入れが可能となった。*12また、後に畑地総合土地改良事業が始まると、奨励金は受益者負担分に充てられた。

　米の生産調整によって町内の水田は消えていったが、サトウキビなどへの転換は思うように進まず、農家の高齢化と人手不足により休耕地が増えることになった。昭和四十九年の作付面積は、三町合計で一九七ヘクタールにまで減少した。減反が開始されてわずか五年で六分の一になったのである。昭和五十一年になると新たに「水田総合利用対策」に移行し、サトウキビなどへの転作奨励金は、一〇アール（一反）あたり四万円に引き上げられた。翌年の米の作付面積は、三町で一二七・八ヘクタール（徳之島町は八八・四ヘクタール）にまで減った。ところが次年度（昭和五十三年）の徳之島町の水田利用再編対策（米生産調整）事業による割り当て目標は、同年の作付面積の約八

＊11　「徳州新聞」昭和四十四年二月三日

＊12　「徳州新聞」昭和四十五年三月九日、五月四日

図3　お米の収穫風景（昭和40年代、徳之島町内）

倍にあたる三五四㌶であった。また、それに対する申込みは四〇五㌶と目標を超えた。この数値は、いかに休耕地が多かったかを物語っている。町経済課では、▽転作すれば奨励金の対象、▽四十八年度までに転作奨励金をもらった水田でも、今年度転作すれば対象とする、などとして畑への転換を呼び掛けた。この年、徳之島町の農家が受け取った奨励金は、二億三九八四万円であった。なお、前年の五十二年にも三〇一㌶の転作が行われており、一一五三戸に対し二億九七九万円の転作資金が農家に交付された。

水田から畑作への転換は、行政の取り組みにもよるが、水田の転換割り当て面積に対し、実際の転換申込面積はそれ以上であった。農家がこのように積極的に畑転換を行った背景には、「コメ余り」と言われ、大多数の農家が米作に将来性を見出せなくなっていたことのほか、畑総事業による農道整備などの農地基盤整備への魅力があったようである。地元紙徳州新聞を確認すると、伊仙町では議会で水田四〇㌶の畑地転換の要望（昭和四十七年）が出され、翌年度には六四㌶の開墾が行われた。天城町では地主一三〇人から、水田開発された集団地を農地基盤整備地域に指定してほしい、との請願書が提出された事例も見受けられる。

昭和五十三年、三町の稲の作付け面積は合計で八三㌶であった。この内の六二㌶が徳之島町で、主な作付け地は上花徳の一一・五㌶、井之川の一一㌶、轟木八・六㌶、残りが花徳前川、下久志、手々であった。五十七年になると島内から水田のほとんどが姿を消し、轟木、井之川、下久志にわずかに残るばかりとなった。かつて各集落で行われていた綱引きやモチタボレといった、米の豊穣を祝う伝統行事も一部の集落でしか見られなくなった。

三　県営畑総事業

徳之島町における県営畑総総合土地改良事業は、昭和五十一年度に神嶺地区（図4）、五十四

図4　耕地造成中の神嶺畑総（昭和57年）

年度から井之川地区、五十五年度から花徳地区、五十八年度から山地区を対象に始まった。事業の補助率は、国七五%、県一五%、町五%、受益者五%であった。町広報誌（昭和五十七年七月）によると、高補助率なのは奄美群島振興開発特別措置法によるためで、期限の切れる五十八年度に神嶺ダム事業等を完了させるべく急いでいるとした。事業メリットとして、○区画整理、道路、水路、畑地かんがい、客土等を一時に整備ができること、○農地の集団化、○区画整理作業により土地の登記簿が再整理され、相続登記も可能に、○すべての畑が道路に面する、○機械化農業が可能になる、を挙げている。なお、この時期の町の予算は昭和五十年度が四十五年度比二九一%、五十五年度が五十年度比二一八%と急激に拡大した。しかも昭和五十五年には投資的経費が二一億円余りとなり、予算の五〇%を占め、このうち一〇億七三〇〇万円が農林水産事業費であった。

轟木ダム

本事業に欠かせない農業用水の確保については、昭和三十年代から始まっている。島内各所に溜池やダムが建設されたが、最初に造られたのが轟木ダムであった。昭和三十一年に東天城村の直営事業として多木川上流に農業専用の轟木ダムの建設が始まり、三十三年に群島復興事業の県営かんがい排水事業として県に移管され、三十六年度に完成した。有効貯水量は一八万五〇〇〇立方㍍あり、このダムからは水田・畑地二一五㌶ほどにかん水を行った。ただし、農地の区画整理や畑かん事業が行われたのは、昭和五十五年の県営畑総花徳地区事業の時である。五五億六九〇〇万円の巨額をかけた事業であった。畑かん面積が一八六㌶、区画整理面積は二七四㌶に及んだ。

母間ダム

轟木ダムに続いて昭和三十三年に母間花時名の伊宝川上流に母間ダム建設が始まった（**図5**）。同じく県営かんがい排水事業により着工し、三十八年度に農業専用のダムとして完成した。有効貯水量は一一万五〇〇〇立方㍍で、一〇〇㌶の農地整備も行われた。同地域は平成元年から三八億五八〇〇万円をかけて県営畑総第二母間地区が施行され、一〇

図5　母間ダム（昭和38年度完成）

図6　完成した神嶺ダム（昭和57年度完成）

六㌶の区画整理事業と九八㌶に畑かん事業が行われた。

神嶺ダム　昭和五十年、亀徳川上流で神嶺ダムの建設が着工し、一六億九四〇〇万円を投じて昭和五十七年度に完工した（**図６**）。総貯水量は八〇万八〇〇〇立方㍍であった。このうち農業用として五一万八六七〇立方㍍、水道用として一五万九三三〇立方㍍が利用されている。水道用水は下流に造られた第一浄水場に送られ、亀津・亀徳地区に供給。農業用水は、県営畑総神嶺地区に送水された。同畑総事業は、昭和五十一年から五十八年にかけて総事業費四八億四〇〇〇万円を投じて造成され、面積二五八㌶、受益農家は五二五戸という大規模なものであった。[*13]ダムの完成に合わせて二四三㌶の畑かん設備の敷設が完了し、五十九年四月に保岡衆議院議員や鎌田県知事らを招いて「神嶺ダム、神嶺畑地かんがい設備、上水道通水式」（徳之島勤労者体育センター、昭和五十七年度完成）を盛大に挙行した。これらのダムは徳之島町が管理者となっている。

*13　令和三年度『奄美群島の概況』。

四．国営農地開発事業

平成十二年度、農家の規模拡大と農業の近代化のため、四七八㌶の農地造成、一七六㌶の区画整理、二八㌔に及ぶ道路建設を進めていた九州農政局の国営農地開発事業徳之島地区が完了。引き続き平成九年度から「国営かんがい排水事業徳之島用水地区」事業が開始された。本事業では、秋利神川に徳之島ダム（天城町秋利神。有効貯水量七三〇万立方㍍）を築造し、水源を確保（**図７**）。島内に幹線水路を敷設し、県営畑総事業などの関連事業による末端畑地のかんがい、農地造成、区画整理、農道といった整備を一体的に行い、経営規模及び生産性の向上を図ることを目的としていた。受益者は島内全域に及び、全島に巡らせる用水路の延長は一二八㌔、揚水機場一か所、加圧機場八か所、調整池二か所、ファームポンド一二か所という極めて大規模な建設工事であった。受益面積は三四五一㌶に及び、総事業費は五八〇億八二五五万円とい

図７ 徳之島ダム（徳之島用水土地改良区だより 令和５年２号）

う、これまでとは桁違いの費用が投じられた。二十年を費やした徳之島用水地区事業は、平成二十八年二月に一部通水を開始し、翌二十九年十月に完工した。これで国営事業は完了したが、末端水路や水施設を対象とした畑かんなどの県営付帯事業が島内各地区で実施中である。*14

天城町天城に所在した農水省・九州農政局徳之島用水農業水利事業所は、国営徳之島用水農業水利事業（徳之島ダム）の完了に伴い、平成三十年三月三十一日付で閉鎖され、局舎（鉄骨造り平屋五八一平方メートル）は天城町に譲渡された。

（米田博久）

*14 令和三年度『奄美群島の概況』。

五．畜産業の推移

奄美群島では、徳之島を中心に、畜産業、特に肉用牛（繁殖雌牛）の飼育が盛んであり、基幹産業の一つにまで成長している。奄美群島における肉用牛の農業産出額（令和元年度）は一〇二・七億円で、さとうきびの八一・九億円を大きく上回っており、農業部門第一位である。奄美では、ほとんどの肉用牛飼養農家が零細で、さとうきびやばれいしょなどとの「複合経営」が一般的である。

奄美の肉用牛農家は繁殖農家であり、繁殖用の母牛を飼育し子牛を生ませ、生後九か月程度まで育てて市場に出荷する（**図8**）。競りにかけられた子牛は県内を中心とする群島外の肥育農家に引き取られ、肥育ののちブランド黒毛和牛肉として市場に流通している。奄美群島、特に徳之島は日本でも有数の肉用子牛の供給基地となっている。なお、近年、子牛の取引価格は高値が続いていたが、新型コロナウイルス感染拡大による外食産業の低迷のあおりを受けて低迷し始めている。子牛の飼育には、収入が入るまでに時間がかかり、さらに価格が不安定という問題がある。

徳之島町における肉用牛は、さとうきびに並ぶ農業部門の稼ぎ頭であり、**表3**に示したよ

図８　子牛のセリ風景（徳之島中央家畜市場）

うに、令和元年度（二〇一九）の農業産出額を見ると、第一位のさとうきび（一二億三八〇〇万円）に次いで、肉用牛が一〇億五三〇〇万円で第二位である。

表4は、徳之島町の肉用牛及び豚の飼養農家数と飼養頭数の推移を示したものである。まず、肉用牛であるが、高齢化や後継者不足により飼養農家が減少する一方で、飼養頭数は増加傾向にあり、農家一戸当たりの飼養頭数は年々増加している。肉用牛の飼養農家は、昭和の終りごろに大きく減少し、その後は緩やかな減少が続いている。昭和六十二年度（一九八七）三八四戸だった飼養農家は、令和元年度には約半分の一八四戸まで減少した。これに対して、飼養頭数は農家の減少と反比例するように平成に入って急増しており、平成元年度（一九八九）一一四〇頭だった飼養頭数は、令和元年度には約三・五倍の三九五〇頭まで増加した。この結果、農家一戸当たりの飼養頭数は、平成元年度の五頭から、令和元年度には二一頭まで増加した。この背景には、一部の畜産農家の大型化がある。現在でも約六割の畜産農家が飼養頭数十頭未満の零細農家であるが、平成に入ると、徳之島町でも多頭数を飼育する島外資本を含む畜産企業が次々と参入してきた。徳之島町だけで、飼養頭数が一〇〇頭を超える畜産企業が、永吉ファー

表3 徳之島町の主要農業産出額
（令和元年度）

	作目	農業産出額（百万円）
第1位	さとうきび	1,238
第2位	肉用牛	1,053
第3位	野菜	931
第4位	果樹	222
第5位	豚	–

（出典）鹿児島県『令和３年度奄美群島の概況』（令和４年）

表４ 徳之島町の肉用牛及び豚の飼養農家数と飼養頭数の推移

年度	肉用牛			豚		
	飼養農家	飼養頭数	一戸当たり飼養頭数	飼養農家	飼養頭数	一戸当たり飼養頭数
1984	315	1,276	4	18	1,783	99
1985 (S60)	299	1,180	4	19	2,046	108
1986	370	1,208	3	20	2,184	109
1987	384	1,210	3	21	2,244	107
1988	261	1,094	4	19	1,974	104
1989	226	1,140	5	7	1,640	234
1990 (H2)	246	1,211	5	5	1,477	295
1991	257	1,443	6	6	1,495	249
1992	253	1,745	7	6	1,197	200
1993	272	2,046	8	4	997	249
1994	264	2,320	9	3	1,538	513
1995 (H7)	256	2,470	10	3	691	230
1996	248	2,660	11	3	741	247
1997	231	2,780	12	3	1,338	446
1998	227	2,850	13	3	1,403	468
1999	218	2,880	13	3	1,099	366
2000 (H12)	218	2,910	13	3	974	325
2001	219	3,000	14	3	982	327
2002	211	3,120	15	1	579	579
2003	204	2,960	15	2	681	341
2004	204	2,960	15	3	608	203
2005 (H17)	220	3,392	15	2	650	325
2006	222	3,450	16	2	717	359
2007	230	3,559	15	2	717	359
2008	230	3,654	16	2	712	356
2009	226	4,013	18	2	736	368
2010 (H22)	227	4,153	18	2	637	319
2011	219	4,451	20	2	614	307
2012	219	4,431	20	1	–	–
2013	206	4,202	20	1	–	–
2014	198	3,843	19	1	–	–
2015 (H27)	191	3,590	19	1	–	–
2016	192	3,659	19	1	–	–
2017	200	3,806	19	1	–	–
2018	193	3,926	20	1	–	–
2019 (R1)	184	3,950	21	1	–	–

（出典）鹿児島県『奄美群島の概況』（各年度版）

ム（亀津北区地区）、奄美大運畜産（中南地区）、林ファーム（山地区）、そして平松グループ（本社：鹿屋市）の大将グローバル牧場（中南地区）とティダファーム（畦）の五社も存在する。

徳之島町で飼育された子牛のほとんどが、徳之島中央畜産市場（天城町）でセリにかけられ、島外の畜産関係者に引き取られる。これに対して、繁殖、肥育から精肉販売、外食産業まで「一貫畜産経営」を手掛ける平松グループは、徳之島町内の大将グローバル牧場とティダファームで繁殖させた子牛を、鹿屋市にあるグループ企業の牧場で肥育している。

徳之島町は、平成二十四年（二〇一二）五月、徳和瀬にＴＭＲセンター（混合飼料生産施設）、平成三十年（二〇一八）には同地に「受精卵センター」を整備した（**図９**）。いずれも、（株）きらめきサポート想が管理運営している。「受精卵センター」は、鹿児島大学共同獣医学部の協力のもと、優良な雌牛から受精卵を採卵し、販売・移植を行うための施設で、血統の改良された優良子牛増頭による畜産振興が期待される。また、徳之島町は、令和二年度（二〇二〇）から、繁殖から肥育まで島内で完結する「徳之島牛」の生産を目指した実験事業を開始し、町内で生まれた子牛の「肥育委託事業」を進めている。[*15] これまで、奄美では飼料確保の点から肥育まで行うのは不向きとされてきたが、この事業は町内の畜産農家三戸で六頭を飼育し、町内産の農産物を活用した飼料を与え、離島でも肥育が可能であることを実証しようというものである。

徳之島町では、ふるさと納税の返礼品として、「徳之島〝生まれ〟〝育ち〟の黒毛和牛肉」を提供しており、人気を博している。また、このふるさと納税（徳之島町ふるさと思いやり基金）を活用して、徳之島〝生まれ〟の黒毛和牛肉を島内の学校給食で提供する「徳之島〝生まれ〟ブランド牛推進事業」も行われている。

次に、豚であるが、昔から徳之島では養豚が盛んで、各家庭でも自家用として一～二頭の豚が飼われ、正月や祝いの際に食されていた。大手の畜産農家が飼育する豚も島内で地消されていた。**表４**の右側は、徳之島町の豚の飼養農家及び飼養頭数の推移を示したものであるが、平成に入って飼

＊15 南海日日新聞「『徳之島牛』生産へ 肥育モデル事業始動」（令和二年六月八日付）。

図９ 町TMRセンター（平成24年）・受精卵センター（平成30年）

養農家は数えるほどとなり、多頭数を飼育する畜産農家の廃業もあり、飼養頭数は激減した。昭和六十二年（一九八七）の飼養頭数は二二四四頭（飼養農家二二戸）であったが、平成二十三年（二〇一一）には、三分の一以下の六一四頭（飼養農家二戸）まで減少した。背景には、冷蔵技術の向上や大型スーパーの進出もあり、島外から豚肉が仕入れられ、安い値段で手に入るようになったことがある。現在、徳之島町内で豚を飼育する畜産農家としては、飼育から豚肉の販売まで一貫して手掛け、島内最大の養豚業者である宮本商店（亀津）のみとなっている。宮本商店が生産する豚肉（島豚）は、徳之島町のふるさと納税の返礼品にもなっており、貴重な島豚として人気を博している。

（山本一哉）

コラム

環太平洋パートナーシップ協定（ＴＰＰ）と徳之島

平成三十年（二〇一八）三月、チリで「環太平洋パートナーシップに関する包括的及び先進的な協定（ＴＰＰ一一協定）」が署名され、同年十二月三十日に発効した。環太平洋パートナーシップ協定とは、モノの関税だけでなく、サービス、投資の自由化を進めるために、オーストラリア、ブルネイ、カナダ、チリ、日本、マレーシア、メキシコ、ニュージーランド、ペルー、シンガポール、ベトナム及び米国の合計一二か国で交渉が進められてきた経済連携協定である。平成二十九年（二〇一七）一月にトランプ政権下の米国が離脱し、最終的には参加は十一か国となった。ＴＰＰ参加国の総人口は約五・一億人、総ＧＤＰは約一一・二兆ドル、貿易総額（輸出）は約二・九兆ドルの巨大な経済圏である（1）。

奄美において、危惧されたのが、徳之島の主要産物でもある「砂糖」と「牛肉」の輸入自由化（関税等の完全撤廃）である。特に、砂糖は、牛肉のように差別化（ブランド化）することが難しく、また内外価格差が大きいことから、自由化による壊滅的なダメージが心配された。徳之島において、さとうきび栽培とそれを原料とする製糖業は、地域経済を支える重要な基幹産業である。奄美では、「一島一社体制」が確立されており、各島には製糖会社の分みつ糖を生産する大型製糖工場がある。徳之島にも、南西糖業の製糖工場が徳之島町徳和瀬と伊仙町伊仙に二つあり、年間約一七万トンのさとうきびが原料として運び込まれている。徳之島で作られた原料糖は、島外の工場で精製され、上白糖やグラニュー糖として国内市場に流通している。

さとうきびから製造される甘しゃ糖は、国内外産の間で品質に大きな違いがない一方で、国内産の価格は外国産の約六倍である(2)。自由競争では、国内の製糖会社は輸入糖に太刀打ちすることはできない。そこで、政府は、「砂糖及びでん粉の価格調整に関する法律」に基づき、「糖価調整制度」を使って国内のさとうきび農家と製糖会社を保護・支援している。政府(農畜産業振興機構)は、安い外国産糖(指定糖)を輸入する業者に「調整金」をかけて内外価格差を是正するとともに、その徴収した「調整金」を主たる財源として、国産品の生産者及び製造事業者に対し、国産品の生産・製造コストと販売額との差額相当の交付金を交付する「価格調整制度」を実施している(3)。一定の資格を満たした製糖会社に対しては、「国内産糖交付金」が、一定の資格を満たしたさとうきび農家に対しては、「甘味資源作物交付金」が交付されている。現実的に考えた場合、この「糖価調整制度」の廃止は、徳之島のさとうきび栽培と製糖業の実質的な消滅を意味する。当初の政府や鹿児島県の試算では、「糖価調整制度」が廃止され、交付金の財源が失われるという最悪のシナリオが想定されていた。しかし、TPPの基本合意では、「重要五品目(米、麦、乳製品、牛肉・豚肉、砂糖・でんぷん)」は関税撤廃の例外扱いとなった。砂糖に関しては「糖価調整制度」が維持され、高精度の精製用原料糖の関税撤廃及び「調整金」削減と加糖調整品のTPP輸入枠設定という限定的な自由化となった。

(1) 外務省経済局「環太平洋パートナーシップに関する包括的及び先進的な協定(CPTPP)」(令和五年三月)。

(2) 農畜産業振興機構「砂糖の価格調整制度の概要」(令和元年十月)。

(3) 農林水産省「令和四砂糖年度・令和四でん粉年度における価格調整制度の各種指標の決定について」(令和四年九月)及び山本一哉「第三章奄美のさとうきび生産及び製糖業とTPP基本合意」鹿児島県地方自治研究所『鹿児島における政治・行政改革―自治体改革プロジェクト報告書―』(二〇一六年九月)、二二一~三八頁。

(山本一哉)

ハーベスターによるサトウキビ収穫作業

六．農業施設

たい肥センター

昭和六十二年三月、農業の生産性向上に必要な土づくりのため、徳之島町たい肥センター（図10）が総事業費約一億五〇〇〇万をかけて徳和瀬に完成した。六〇％が国の補助金で、残りを徳之島町、徳之島農協、南西糖業が出資した。約九〇〇〇平方㍍の敷地に約二〇〇〇平方㍍の工場を有する。管理運営は当初、第三セクターによる徳之島町たい肥生産組合であったが、現在は有限会社南国パワーが行っている。商品のたい肥は、町の補助を受けて一五㌔入りの袋詰めのものとバラたい肥で農家に販売している。たい肥の原料はバガス（サトウキビの搾りかす）やバーク（樹皮）、牛ふんなどである。たい肥盤と呼ばれる施設に原料を集め、バークは粉砕機で砕き、これらをたい肥舎に移し一次発酵槽させ、そこで撹拌しながら柔らかく堆積させて十日ほど発酵を進める。これを二次発酵舎へ移し、二か月ほど発酵させて完成品を作っている。徳之島町たい肥センターで作られたたい肥は「パワーフレッシュ」のブランド名で販売されているが、幾度も鹿児島県たい肥コンクールで最優秀賞を受賞するなど高く評価されている。

なお令和四年三月には、環境保全型資源リサイクル装置整備事業（町単独事業）でふるさと納税一五〇〇万円を活用して、「ペレットマシーン」を導入した。ロシアのウクライナ侵攻などで高騰する化学肥料を軽減し、有機物を積極的に投入する土づくりをおこない、農家所得の向上を目指すものである。たい肥センターでは、サトウキビのバガスやハカマ（葉）、肉用牛生産で生じる牛ふん、焼酎の廃液などの有機物を主原料に年間約二〇〇〇㌧の粉末たい肥を製造してきた。「たい肥ペレット」の生産は、奄美群島で初の試みであり、サトウキビの株出し管理作業での有機肥料投入の困難さを解決するものである。完熟牛ふんたい肥などの有機物をふるいにかけ、造粒設備で直径約六㍉、長さ約一〇㍉の円筒形ペレットに圧縮形成する。耕運機や小型トラクターに装着したり、

図10 徳之島町たい肥センター（昭和62年3月完成）

背負い式の施肥器が使えるため施肥作業がやりやすくなる。さらにゆっくりと効果が持続するというメリットもある。価格は可能な限り安く提供すること目指している。高岡町長は稼働式のあいさつで「日本は世界一化学肥料を使用し、しかもウクライナ問題などで肥料価格が上昇している。（ペレットを活用して）豊かな土を子や孫に残そう」と述べ、有限会社南国パワーの東社長からは「肥料を少しでも多く地場産で供給したい」と抱負があった。[*16]

ＴＭＲセンター

平成二十四年五月、国の食糧自給率向上を図る産地再生緊急対策交付金事業を活用して、総事業費一億九一四〇万円をかけて徳和瀬に徳之島町ＴＭＲセンター[*17]が竣工した（**図11**）。管理棟、原料置き場、飼料調整倉庫、調整貯蔵倉庫、各種機器を備え、株式会社きらめきサポート想が管理運営する。ＴＭＲセンターでは飼料用サトウキビにバガス、ハカマ、濃厚飼料として黒糖焼酎かすや糖蜜を加え、栄養価の高い飼料の供給を目指している。

南西諸島一帯はサトウキビと畜産が盛んな地域であるが、特に肉用牛繁殖経営では全国の肉用子牛の一三％が生産されている。中でも徳之島は奄美群島で最も多くの肉用牛を飼育しており、一方で飼料畑の面積が少ないことから自給粗飼料が不足している。農家は冬期の飼料にサトウキビのハカマ（収穫後に残る葉）やバガス（搾りかす）を与えており、栄養価が低く繁殖成績にも影響が出ているといわれる。[*18] 徳之島町では、繁殖雌牛を飼養する畜産業がサトウキビ産業とともに基幹産業をなしているが、飼料用畑の面積が群島内に比べても低い水準にある。このため島外から高い粗飼料を購入する必要があった。一方、サトウキビ栽培においても島外から高い肥料を購入せずに済むように、牛ふんをベースにした地場産有機肥料の増産が欠かせない。このように畜産業の振興を図ることは、サトウキビ産業を永続させるためにも必要なことである。ＴＭＲセンターを稼働させるにあたって、町では平成二十二年度から九州沖縄農研が開発した飼料用サトウキビの試験栽培を開始。今後は、きらめきサポート想の飼料畑のみならず、農家の協力を得て粗飼料、混合飼料による自給率の向上を目指している。

図11 徳之島町ＴＭＲセンター（平成24年5月完成）

＊16 本文は主に『広報とくのしま』（昭和六十二年五月）と奄美新聞デジタル版（二〇二三年三月五日）を参照した。

＊17 ＴＭＲとは Total Mixed Ration の略で「混合飼料」「完全飼料」という意味である。ＴＭＲセンターは、それぞれの地域にある食品産業の副産物（豆腐かすや焼酎かすなど）を有効活用できるメリットがある。

＊18 「九州沖縄農研ニュース」（No.47、二〇一四）を参照した。

第五節　林業・水産業

林業

日本は、国土の約七割を森林が占める森林大国で、戦後も国策による造林事業を精力的に進めるなど、日本の重要な資源として活用されてきた。しかし、近年は安価で大量に入手できる輸入材に依存し、自給率は平成十四年まで減少を続け、同年には一八%台にまで落ち込んだ。しかしその後自給率は上昇を見せており、現在（令和三年）では四一%にまで回復を見せている。しかし国内資源の活用率は低く、伐採量は年間〇・五三%と僅かである。この状況は、昭和三十九年に外国産木材の輸入が完全自由化となり、大量の木材が安く国内に流入するようになったことが大きい。さらに「燃料革命」ともいわれた電気・ガス・石油へのエネルギー転換が進み、そこへ急激な円高も加わったことで、国内の木材価格は下落し続けた。近年は輸入木材価格の上昇など明るい兆しも見えるが、間伐などの保育作業や伐採・搬出などの経費さえ賄えず、日本の林業経営は極めて苦しい状況に追い込まれており、未だ解決の見通しが立っていない。[*1]

現在、徳之島の総面積に占める林野面積の割合は四二%、一万五四一㌶である。林野全体の約五割（五五一四㌶）は徳之島町域に分布し、その所有内訳は林野庁管轄（かんかつ）の国有林が約一五〇〇㌶、市町村公有林が約三六六㌶、集落有林が約四二八㌶、私有林が約三二二一㌶である。これらのうち三一七一㌶が国立公園に指定されており、山頂部周辺域は世界自然遺産登録地である[*2]（**図1**）。

図1　井之川岳山頂の天然林（平成3年7月、世界自然遺産に登録された）

林野部における植林による人工林は二九三㌶（五・三%）しかなく、残りは天然林である。林種をみると、井之川岳（六四五㍍）、天

＊1「森林・林業学習館」を参照した。

＊2「奄美群島の概況」（令和三年度）。

＊3 切り株から芽が出て発育を始めたもの。定期的に伐採を行っても再生を繰り返して資源となる。

＊4「徳之島に所在する国有林の自然特性等について」九州森林管理局。

＊5 マツノザイセンチュウは、松の樹皮を食べるマツノマダラカミキリという虫を宿主に木から木へ伝染する。

城岳（五三三㍍）、三方通岳（四九六㍍）の頂上周辺部には、八十年以上前のスダジイ群集を主とする天然木が広がる。その周囲には、五十年余り前に伐採された後に成長したシイやカシの萌芽林[3]やリュウキュウマツの人工林が多い。それ以外の区域は二十〜三十年ほど前の二次林である。[4]ただし、昭和五十年代から全国に広がった松くい虫被害[5]（マツ材線虫病）が、平成十年ごろから奄美群島でも見られるようになり、平成二十九年にはリュウキュウマツの九五％が松枯れ状態となった。徳之島でもほとんどが松くい虫の被害を受け、シロアリの発生や倒木の危険が問題となったことから、県の「里山林総合対策事業」や「里山林等保全管理促進事業」を活用して、町道などの道路沿いを中心に枯損木（枯れ木）を伐倒・除去したほか、「松くい虫伐倒駆除事業」では被害蔓延を防止するため薫蒸処理まで行っている。二十年間にわたり猛威を振るった徳之島における松枯れは、平成三十年度に一万二八九一立方㍍、令和元年度が二六一〇立方㍍、令和二年度は三七〇立方㍍となり、ようやく沈静化し始めた。

戦後、徳之島町域の林業の組織化は、昭和二十九年に戦前にあった森林組合を再結成してスタートした。昭和三十三年には、東天城村と亀津町が対等合併して徳之島町が誕生したことから、その二年後に両町村の森林組合も合併し、徳之島町森林組合となった。合併当時、森林組合が取り組んでいた事業は、パルプの生産や造林事業、造林地の整備、樹苗の購買などであった。このほかに山林種苗生産組合（七名）、木炭生産組合（三名）、シイタケ生産組合（十二名）が組織されていた。製材所は二か所あって、パルプなどの素材を六〇〇〇立方㍍生産し、木炭も四〇㌧ほど生産していた。また、昭和四十年代前半には、リュウキュウマツの種苗一六〇万本が山裾の伐採地に生産・植樹されている。[6]

昭和四十九年七月、森林組合の強化を図るため徳之島三か町の森林組合が合併（組合員数は徳之島町五五六人、天城町三一三人、伊仙町六八九人、出資金合計六〇一五万円）し、徳之島地区森林組合が発足した。同月、徳和瀬に中越パルプ工業系列の㈱徳之島チップセンターが六〇〇〇万円をかけて竣工（図

図2 徳之島チップセンター（昭和49年7月稼働）

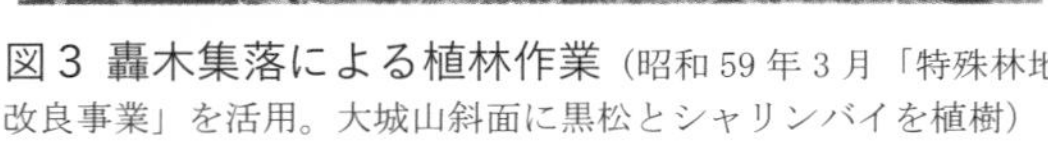

図3 轟木集落による植林作業（昭和59年3月「特殊林地改良事業」を活用。大城山斜面に黒松とシャリンバイを植樹）

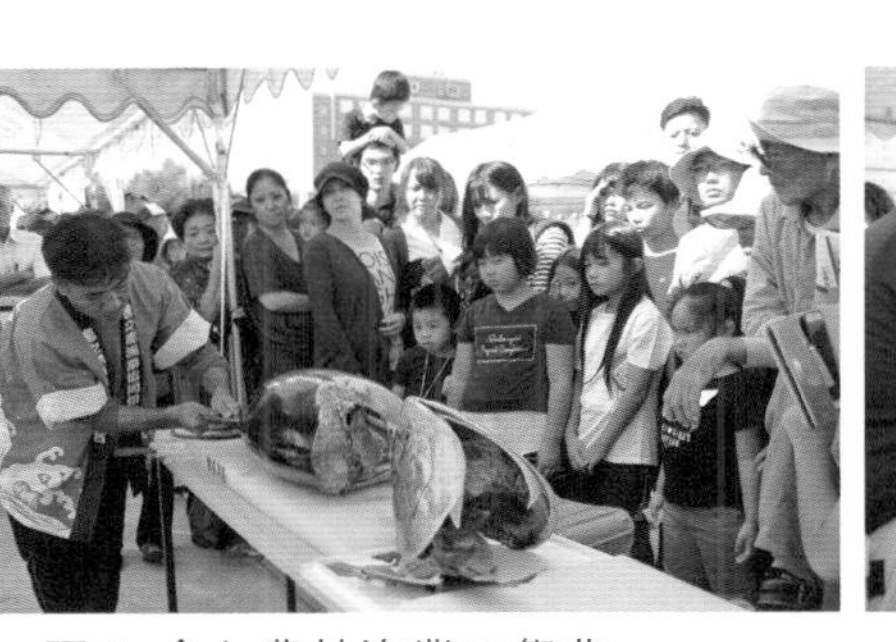
図４ 食と農林漁業の祭典（平成28年11月、マグロの解体ショー、シイタケ駒打ち体験）

２）し、徳之島初のチップ工場として中越パルプ社長をはじめ、地元から秋武町長ら一五〇名が参加して盛大に式典が行われた。工場ではイタジイや松などを分別してチップにし、中越パルプへ送った。同年度に策定された徳之島町五か年計画では、基本方針の一つに林道の整備を掲げるなど、町として林業の振興に力を入れた（図３）。

現在、林業関連の町事業としては、防災や景観保全の観点から枯れ木の除去を行う「里山林等保全管理促進事業」、町有林内の健全な森林育成を図り不要木等の除去を行う「造林事業」、林道の長寿命化や橋の補修を目的とする「農山漁村整備交付金事業」などを行っている。また、島材の活用を図るため、平成十九年度に徳之島高校の吹き抜けや表示板に地元産のリュウキュウマツを使用し、平成二十三年に完成した町総合食品加工センター「美農里館（みのりかん）」の壁の腰板（こしいた）部分にも同材を使用している。また、昨秋完成した新庁舎にも地元の板材を活用するなど、林業の活性化を図っている。このほか、平成二十五年から始まった「徳之島町食と農林漁業の祭典」では、木工教室やシイタケの駒打ち体験、マグロの解体ショーなど様々なイベントを開催し、農林漁業の魅力を発信している（図４）。

漁業

歴史的にみて、徳之島の経済は島でありながら内陸的であると言われている。豊かな海に囲まれながら漁業にはそれほど積極的ではなく、漁業者といえども半農半漁の生活を営んできた。徳之島で漁業を専業とする人たちの多くは、明治初期に与論や沖縄から移り住んできた人たちで、海岸近くに漁師たちの集落を形成した。しかし、漁は近海のみで行い、舟も小さなものであった。戦後は、昭和二十九年に徳

＊６『徳之島町誌』参照。

＊７『奄美群島の概況』（昭和六十年度）。

＊８ 製氷・貯氷事業は、漁や市場で使用される氷を漁協が専用の施設を運用して製造・貯留し、漁業者等に供給する事業で、浜での生産・流通にとって不可欠な基礎インフラである（マリンバンクマガジン）。

図5　亀津漁港に完成した製氷貯氷施設（平成26年10月）

之島全体の漁業者による徳之島漁業協同組合がつくられ、天城、伊仙に支所が置かれたが、距離が遠く不便であったことから、三十五年に天城支所が分離し、四十一年には伊仙支所が分離・独立することになった。[7]

昭和四十二年から五十六年にかけて、徳之島町が単独事業として行った亀津臨海埋立事業によって、約三〇万八〇〇〇平方メートルもの広大な宅地が亀津海岸に造成された。その際、大瀬川河口に新たな漁港も整備され、昭和五十三年に徳之島漁協に対し町から漁協敷地と漁港を無償譲与された。同年、製氷貯氷施設[8]が同地に設置されていたが、老朽化により必要量を供給できなくなり、平成二十六年十月、徳之島町は防衛省の「基地周辺対策施設整備事業」を活用して、新たに大型施設を亀津漁港内に建設した（図5）。

現在、町内では山漁港（図6）と亀津漁港（図7）が第一種指定港（地元漁師が主として使用）になっており、動力付き漁船数は三トン未満が五一隻、三～五トン未満が一六隻、五～九トン未満が一隻、一〇～一八トンが一隻となっている。令和元年度の各漁港の一日あたり利用状況は、最も多いときで山漁港が二三隻、亀津漁港が三四隻である（水産庁「漁港港勢調査」）。なお、平成十八年八月、漁協の機能強化・効率化により漁協の経営基盤を強化し漁家経営の安定を図るため、三町漁協が合併して「とくのしま漁業協同組合」が設立された。[9]元田隆丸組合長（当時）は「年々資源が減少する中で、一本釣り漁業とマグロ魚類やソデイカ等の旗流し漁業との複合経営を推進したい」と抱負を語った。合併時の組合員数は、正組合員が一一四人、准組合員一八七人の合計三〇一人であったが、令和三年度末では正組合員七五人、准組合員一九七人の合計二七二人で、正組合員が減少傾向にある。このうち漁業を専業としている人は三三人である。[10]とくのしま漁協の

図6　第一種指定されている山漁港

図7　亀津漁港

令和二年度の生産額は約八九〇八万円で、個人事業者による一本釣り漁を主体としている。漁獲量は、天候による変動はあるものの八〇トン前後で安定している。製氷貯氷施設は、とくのしま漁協本所に一施設、天城支所に一施設が稼働している。このほか水産物直売施設として亀徳新港の近くに「㈱漁師の店さかな」が自立運営されている。

今後の課題としては、新型コロナ流行が三年にも及び、個人宅での祝い事や飲食店の利用者が減少し魚価の低迷を招いていることから、地元需要の拡大が急がれる。またロシア・ウクライナ紛争を機に燃油や漁業資材の価格高騰といった問題も起きている。なお、亀津漁港については、外郭施設としての防波堤等などの整備はほぼ完了しているものの、各施設の老朽化により漁港機能に支障をきたしていることから、令和三年度から国の「水産物供給基盤整備事業」を活用し、護岸の補修や水域の浚渫工事を行った。漁協施設についても、建設から四十数年が経ち、老朽化により外壁が剥がれ落ちて事故の恐れもあるため、新しい拠点施設の建て替えが急務となっている。[*11]

（米田博久）

＊9「合併認可申請書」（平成十八年）。

＊10「奄美群島の概況」（令和三年度）。

＊11「徳之島町過疎地域持続的発展市町村計画（令和三～七年度）」（令和三年九月）、「二〇二三年度施政方針」を参照。

第六節　製造業

一．大島紬産業の盛衰

大島紬は、シャリンバイ（テーチ木）のチップを煮詰めて作った煮汁に絹糸を入れて染めた後、泥田の中でもんで泥染めを行う（図１）。この二つの作業を繰り返し行うことによってシャリンバイに含まれるタンニン酸と泥に含まれる鉄分が化学反応し大島紬独特の黒い光沢のある色が作り出される。

奄美における大島紬の生産は、昭和三十七年（一九六二年）頃から、高度経済成長や映画「島育ち」のヒットを背景とした「大島紬ブーム」に乗って本格化した。[*1] 大島紬は奄美の住民にとって貴重な現金収入源となり、一九六〇～一九八〇年代、生活を支える重要な役割を果たした。

図１ 紬の泥染め作業（昭和 59 年）

表1に示したように、大島群島全体の生産量は、昭和四十七年（一九七二）には約二八万四三〇〇反の過去最高を記録し、バブル経済直前の昭和六十一年（一九八六）まで二〇万反を超える高水準が続いた。しかし、その後、日本人のライフスタイルの変化に伴う和装離れや韓国紬の流入などを背景に、大島紬の生産は急激に減少することとなった。[*2] 平成四年（一九九二）には生産量が一〇万反の大台を切り、平成二十二年（二〇一〇）には一万反を切る水準まで減少した。令和二年（二〇二〇）の生産量は三四〇〇反で、過去最高だった昭和四十七年（一九七二）のわずか一・二%まで減少した。

徳之島の大島紬生産は、大正時代の初めに母間（ぼま）の大川道歳氏が始め、その後、上原豊良氏が広めたと言われている。[*3] 戦後、徳之島での大島紬生産が再開したのは、昭和三十年代に入ってからで、昭和三十年度（一九五五）の復興事業で花徳（けどく）にあった乾繭場（かんけんじょう）が新築されたのが再開の手始めであった。[*4] その後、花徳、山、旭ヶ丘、畦（あぜ）、手々（てて）などに桑の幼木が持ち込まれ、蚕の共同飼育場が作られた。

＊1　『本場奄美大島紬協同組合創立八十周年記念誌』（昭和五十六年）、一五八～九頁。

＊2　皆村武一は、大島紬産業衰退の要因として、産地全体を統括し、産地の利益を保全する統率者がいなかったことを挙げている（皆村武一「第四節産業基盤の再編と新たなシマおこし」『宇検村史』平成二十九年十月、九三三頁）。

＊3　泰山一郎『私の集成記 心の泉』（その一）、一一六頁。

＊4　『徳之島町各種事業実績調書（昭和二十九～五十三年）』（昭和五十五年四月）、一七頁。

表1　奄美郡島全体及び徳之島町における大島紬生産量の推移

年度	奄美群島全体（反）	徳之島町（反）
1966	189,425	445
1967	195,455	534
1968	205,599	595
1969	220,430	1,079
1970 (S45)	275,510	1,001
1971	248,491	1,273
1972	284,278	2,083
1973	265,541	1,741
1974	255,025	2,248
1975 (S50)	270,788	1,920
1976	267,641	2,565
1977	261,627	2,925
1978	243,343	2,798
1979	253,895	3,184
1980 (S55)	269,778	3,626
1981	269,125	2,945
1982	258,814	3,159
1983	255,314	2,141
1984	262,460	3,165
1985 (S60)	238,555	2,380
1986	201,692	1,651
1987	178,692	1,415
1988	161,706	501
1989	149,876	200
1990 (H2)	126,311	125
1991	113,594	81
1992	95,292	43
1993	78,731	27
1994	67,640	4
1995 (H7)	62,755	0
1996	60,631	0
1997	55,441	23
1998	49,828	91
1999	43,651	74
2000 (H12)	37,339	48
2001	34,088	0
2002	33,232	0
2003	31,901	0
2004	30,235	0
2005 (H17)	27,273	0
2006	23,893	0
2007	18,162	0
2008	14,144	0
2009	10,698	0
2010 (H22)	8,919	0
2011	7,728	0
2012	6,883	0
2013	5,866	0
2014	5,340	0
2015 (H27)	5,106	0
2016	4,732	0
2017	4,402	0
2018	3,862	0
2019	3,671	0
2020 (R2)	3,385	0

（出典）鹿児島県『奄美群島の概況』（各年版）

しかし、徳之島の紬生産は鹿児島や名瀬の大手業者の力によるところが大きく、島内資本での再開は難しく、亀津や母間に島外資本の紬工場が相次いで建設されることになった。[*5] 島外資本は、製織以外の工程は島外で行い、加工済原料を持ち込んで下請けさせたため、徳之島での作業は製織工程にほぼ限定されていた。[*6] このため、徳之島での主な紬収入は婦女子の織り賃であった。

日本復帰後いち早く母間に進出したのが、鹿児島市に拠点を置く鶴田織物（社長は母間出身の鶴田茂氏）であった。[*7] 一方、島内資本ながら生産量が多く、唯一、一貫製造を行っていたのが、仙太森直氏によって母間で創業された仙太織物（現在の所在地は鹿児島市下荒田）であり、最盛期には徳之島だけでなく、鹿児島本土、与論島や宮崎県でも生産を行っていた。[*8]

表1を見ると、徳之島町における大島紬の生産は昭和四十年代に入って、緩やかに増加し、ピークの昭和五十五年（一九八〇）には、三六二六反を記録した。徳之島町では、貴重な農業外の収入源として、地域を挙げて大島紬生産が奨励され、昭和四十五年（一九七〇）六月には、人材育成を目的に、徳之島町営の「大島紬織工養成所」（亀津南区）が開設された。

表2は、徳之島町が集計した最盛期である昭和五十三年（一九七八）の「地区別大島紬従事者数と生産実績」である。生産量は一万六〇二四反で、表1の二七九八反の約五・七倍である。このような乖離が生じている要因は、徳之島町で生産された多くの大島紬が鹿児島市や名瀬市で検査を受けていたためと思われる。地区別にみると、古くから大島紬生産が盛んであった亀津地区と母間地区での生産が多い。徳之島町の調査では、昭和五十三年（一九七八）十月一日時点での紬業従業者は一六

表2　徳之島町の地区別大島紬従事者数と生産実績（昭和53年、生産額：千円）

地区名	工場数	機械台数	年1台当たり平均生産反数	生産反数	生産額
亀徳	8	168	10	1,680	109,200
反川	8	124	10	1,240	80,600
南区	6	123	10	1,230	79,950
井之川	8	129	9	1,161	75,465
花時名	10	113	10	1,130	73,450
北区	1	111	10	1,110	72,150
中区	6	107	10	1,070	69,550
池間	7	96	10	960	62,400
大当	5	92	10	920	59,800
尾母	2	72	9	648	42,120
轟木	5	64	9	576	37,440
前川	2	54	10	540	35,100
諸田	1	65	8	520	33,800
徳和瀬	0	62	8	496	32,240
下久志	3	45	9	405	26,325
手々	0	45	9	405	29,250
上花徳	2	42	9	378	24,570
金見	0	33	9	297	19,305
新村	2	30	9	270	17,550
港川	0	30	9	270	17,550
内千川	1	27	9	243	15,790
山里	0	19	9	171	11,115
大原	0	13	8	104	6,760
神之瀬	0	9	8	72	4,600
旭ヶ丘	0	6	8	48	3,120
南原	0	5	8	40	2,600
畦	0	3	8	24	1,560
白井	0	2	8	16	1,040
計	77	1,689	−	16,024	1,044,400

（出典）徳之島町『町政要覧（昭和54年度）』

＊5　金原達夫『大島紬織物業の研究』（昭和六十年）多賀出版、一〇三頁。

＊6　＊5に同じ。

＊7　泰山一郎『私の集成記 心の泉』（その二）、一一八頁。

＊8　金原達夫『大島紬織物業の研究』（昭和六十年）多賀出版では、S社として紹介されており（一六五頁）、仙太織物での聞き取り調査で確認した。

七八名（うち一六六〇人が織工）であった。[*9]

徳之島町の大島紬ブームはわずか二十年余りで終焉した。昭和六十年代に入ると、いっきに大島紬の生産は減少し、平成十三年（二〇〇一）以降の生産量がゼロとなっている。

二、パイナップルの栽培と缶詰加工

奄美におけるパイナップル栽培は、昭和三十年代に入って、瀬戸内町、徳之島町、沖永良部島で本格化し、島外資本によりパイナップル缶詰（以下、パイン缶）の生産が開始された。缶詰事業のきっかけは、昭和三十一年（一九五六）に鹿児島県が奄美群島復興計画事業の一つとしてパイナップル栽培を奨励したことである。[*10] 徳之島町では、昭和二十九年（一九五四）、大島パインが進出し、亀徳にパイナップル農場を作り、昭和三十一年（一九五六）には、奄美パインがフィリピンとマレーから苗を輸入し、山（さん）でパイナップル栽培を開始した。[*11] 昭和三十三年（一九五八）には、山に奄美パインが三つの生産ラインを持つパイン缶の新式工場（**図2**）を建設した。[*12]

図2 奄美パイン缶詰工場（昭和35年、徳之島町山）

大島パインと奄美パインが缶詰工場を建設した昭和三十三年（一九五八）頃から徳之島でのパイナップル栽培が本格化し、三年後には栽培面積が一五五㌶に急拡大した。しかし、三十八年から栽培面積は八〇㌶前後に減少し、昭和四十三年まで七五㌶を維持したものの、その後急速にパイナップルの生産は縮小した。この結果、徳之島町でのパイン缶詰事業は、わずか十年ちょっとで幕を下ろすこととなった。奄美パインは、

＊9 金原達夫『大島紬織物業の研究』（昭和六十年）多賀出版、一〇四〜五頁。

＊10 渡辺正一「奄美群島のパイナップル産業考察」日本熱帯農業学会『熱帯農業』二（四）（一九五九）、一七四頁。

＊11 徳之島町『徳之島町誌』（昭和四十五年）、三九四頁。町誌に大島パインが亀津に農場を造ったとあるが、亀徳の間違いと思われる。

＊12 斎藤憲「奄美大島瀬戸内地域の近現代史資料とその検討（2）：パインアップル缶詰工場の失敗」『人間科学：大阪府立大学紀要』一一（二〇一五）、一〇八頁。

昭和三十年代末には徳之島での缶詰事業から撤退し、山にホテル（「東亜観光ホテル」）を建設し、観光業（「東亜観光」）へと転身した。その後もパイナップルの栽培は小規模に継続されたが、観光客向けの販売を目的としたものであった。[*13]

結果的にパイン缶工場は失敗した訳であるが、その最大の要因として、気温が低いことによる単収の低さや耕作地の狭さによる原料不足を挙げることができる。[*14] また、缶詰が製造され始めた昭和三十年代の日本は外貨が不足しており、外貨資金割当制度下にあったことも大きい。[*15] このため輸入缶詰が不足し、国内価格は高い状態が続いた。[*16] しかし、昭和三十七年になるとパイナップルも自由化の対象となり、米国やフィリピンなどからの輸入品が急増したことで、採算ラインを維持することができなくなったのである。

＊13　右同。一二一～一二九頁。
＊14　右同。一三一～九頁。
＊15　国内で工業化が必要な産業については、外貨の割当を少なくし、原材料などの調達には、外貨割当を増加させる措置。
＊16　「奄美農業の変貌」鹿児島大学 萩原茂（一九九二）。

三、黒糖焼酎産業の展開

大島紬産業が衰退するなかで、これに代わる奄美経済の基幹産業の一つとして黒糖焼酎産業の成長が期待されている。黒糖焼酎は、さとうきびの搾り汁で作った黒糖（含蜜糖）と米こうじを原料として製造される焼酎である。酒税法上、焼酎は蒸留方法の違いにより、甲類と乙類（いわゆる本格焼酎）に区分されており、黒糖焼酎は乙類に属する。焼酎は、穀類やいも類など様々な原料により製造されるが、黒糖焼酎の製造は奄美群島だけに認められている。

奄美群島では、昭和二十八年（一九五三）十二月の本土復帰以前から、庶民の酒として奄美特産の黒糖を原料とした蒸留酒が製造されていた（図3）。しかし、復帰当時の酒税法では黒糖を焼酎の原料として使用することは認められておらず、黒糖を原料とした蒸留酒は税率の高いスピリッツ類（ラム酒）に分類されていた。黒糖を焼酎乙類の原料とすることが初めて法令で認められたのは、昭和二十九年（一九五四）五月一日の酒税法施行規則の改正による。奄美群島だけ

図3　米軍統治下の焼酎こしき（鮫島吉廣氏提供）

に黒糖焼酎造りが認められているのは、昭和三十四年（一九五九）十二月に出された国税庁の基本通達による。[*17] 通達は、米こうじを使用することを条件に奄美群島（大島税務署の管轄区域内）だけに黒糖焼酎の製造を認めている。奄美だけに認められたのは、本土復帰以前から、奄美の主要産物である黒糖で焼酎が製造されていた実績が評価されたことによる。また、米こうじの使用が条件とされたのは、黒糖焼酎と同じさとうきびの絞り汁を原料とし、当時焼酎より高い税率が課されていたスピリッツ類（ラム酒）と区別するためであった。もともと原料の黒糖は島内で生産されたものを使っていたが、一九七〇年代に入ると、ほとんどを沖縄県に依存するようになり、一九九〇年代中頃からは価格の安い外国産の使用も増加している。

表3は、奄美群島にある黒糖焼酎の製造蔵と共同瓶詰会社を示したものである。徳之島には、六つの酒造所と一つの共同瓶詰会社がある。[*18] このうち徳之島町内には、亀澤酒造場（亀津）、高岡醸造（亀津）、天川酒造（花徳）、奄美大島にしかわ酒造（白井）の四つの酒造蔵と共同瓶詰会社である奄美酒類（亀津）がある。奄美酒類は、黒糖焼酎産業が「中小企業近代化促進法」の指定業種となったことを受け、昭和四十年（一九六五）十二月、島内の六つの酒造蔵（亀澤酒造場、高岡醸造、天川酒造、松永酒造場、中村酒造、芳倉酒造）が出資して設立した奄美群島初の共同瓶詰会社であり、各酒造蔵で製成された黒糖焼酎をブレンドして瓶詰めを行い、「奄美」や「奄美煌の島」など統一銘柄で販売している。現在は、令和三年三月に離脱した松永酒造場（伊仙町）と廃業した芳倉酒造

表3　奄美群島の黒糖焼酎製造蔵と共同瓶詰会社

島名	製造場等	所在地	代表銘柄
奄美大島	弥生焼酎醸造所	奄美市名瀬	弥生
	西平本家	奄美市名瀬	せいごれ
	西平酒造	奄美市名瀬	珊瑚
	富田酒造場	奄美市名瀬	竜宮
	奄美大島開運酒造奄美伝承蔵	奄美市名瀬	奄美六調
	天海の蔵	瀬戸内町手安	天海
	奄美大島開運酒造	宇検村湯湾	れんと
	町田酒造	龍郷町大勝	里の曙
	山田酒造	龍郷町大勝	長雲
	奄美大島酒造	龍郷町浦	じょうご
喜界島	朝日酒造	喜界町湾	朝日
	喜界島酒造	喜界町湾	喜界島
徳之島	奄美酒類　共同瓶詰会社	徳之島町亀津	奄美
	亀澤酒造場	徳之島町亀津	奄美
	高岡醸造	徳之島町亀津	奄美
	天川酒造	徳之島町花徳	奄美
	中村酒造	天城町平土野	奄美
	松永酒造場	伊仙町阿三	奄美
	奄美大島にしかわ酒造	徳之島町白井	島のナポレオン
沖永良部島	沖永良部酒造内東倉 共同瓶詰会社	和泊町玉城	稲乃露
	沖酒造	和泊町手々知名	稲乃露
	竿田酒造	和泊町国頭	稲乃露
	神崎産業	知名町上城	稲乃露
	原田酒造	知名町知名	昇竜
	新納酒造	知名町田皆	天下一
与論島	有村酒造	与論町茶花	島有泉

（出典）鹿児島県『令和４年度奄美群島の概況』（令和５年）

＊17　山本一哉「奄美の黒糖焼酎産業について（一）」鹿児島大学『奄美ニューズレター』（十七）（二〇〇五）、一三頁。

＊18　酒造蔵及奄美酒類の紹介は、鹿児島県酒造組合奄美支部・奄美大島酒造協同組合ホームページの「蔵めぐり」及び各酒造蔵ホームページの情報による。

＊19　令和二年に奄美酒類から離脱した松永酒造場では、三代目の松永晶子氏が「まる鹿」の銘柄を五十年ぶりに復活させた。

（伊仙町）を除く四つの酒造蔵で運営されている。*19

亀澤酒造場は、大正十年（一九二一）に亀澤道喜によって創業された徳之島で最も老舗（しにせ）の酒蔵（さかぐら）である。高岡醸造は、昭和二十四年（一九四九）、亀津の高岡徳浜が創業した酒蔵で、奄美酒類へ供給する原酒のほか、自社銘柄のラム酒「ルリカケス」やクラウドファンディングで誕生した奄美群島限定の黒糖焼酎「世萬代（ゆまんでぃ）」などを製造・販売している。先代の高岡善吉は、共同瓶詰会社奄美酒類の設立に尽力した功労者であり、昭和五十九年から十五年にわたって町長の職も務めた。息子で三代目社長である高岡秀規は現・徳之島町長である。天川酒造は、昭和二十二年（一九四七）にサトウキビＮＣＯ三一〇号を群島に普及させた乾純之助（いぬいじゅんのすけ）が創業した酒蔵である。共同瓶詰会社に参加していた芳倉酒造はすでに廃業しており、平成二年（一九九〇）にホテル・レストラン・運輸などの事業を展開する「西川グループ」が買収して、社名を「有限会社奄美大島にしかわ酒造」に変更した（平成十八年、「株式会社奄美大島にしかわ酒造」に変更）。奄美大島にしかわ酒造は、平成十六年（二〇〇四）、水の良い徳之島町白井（しらい）地区に工場を移転し、令和元年（二〇一九）十一月には徳之島初の製造工程見学コースを備えた観光型工場を新設した。

図４は、奄美群島全体の黒糖焼酎の生産量（製成数量）及び出荷量（課税移出数量）を示したものである。昭和四十八年（一九七三）以降を見ると、二回の生産・出荷の大きな拡大があったことがわかる。いずれも黒糖焼酎独自のブームではなく、国内の焼酎ブームに乗ったものであった。最初は昭和六十年前後に起こった「チューハイブーム」に、二回目は二〇〇〇年代に起こった

図４　奄美群島全体の黒糖焼酎生産量（製成数量）及び出荷量（課税移出数量）の推移

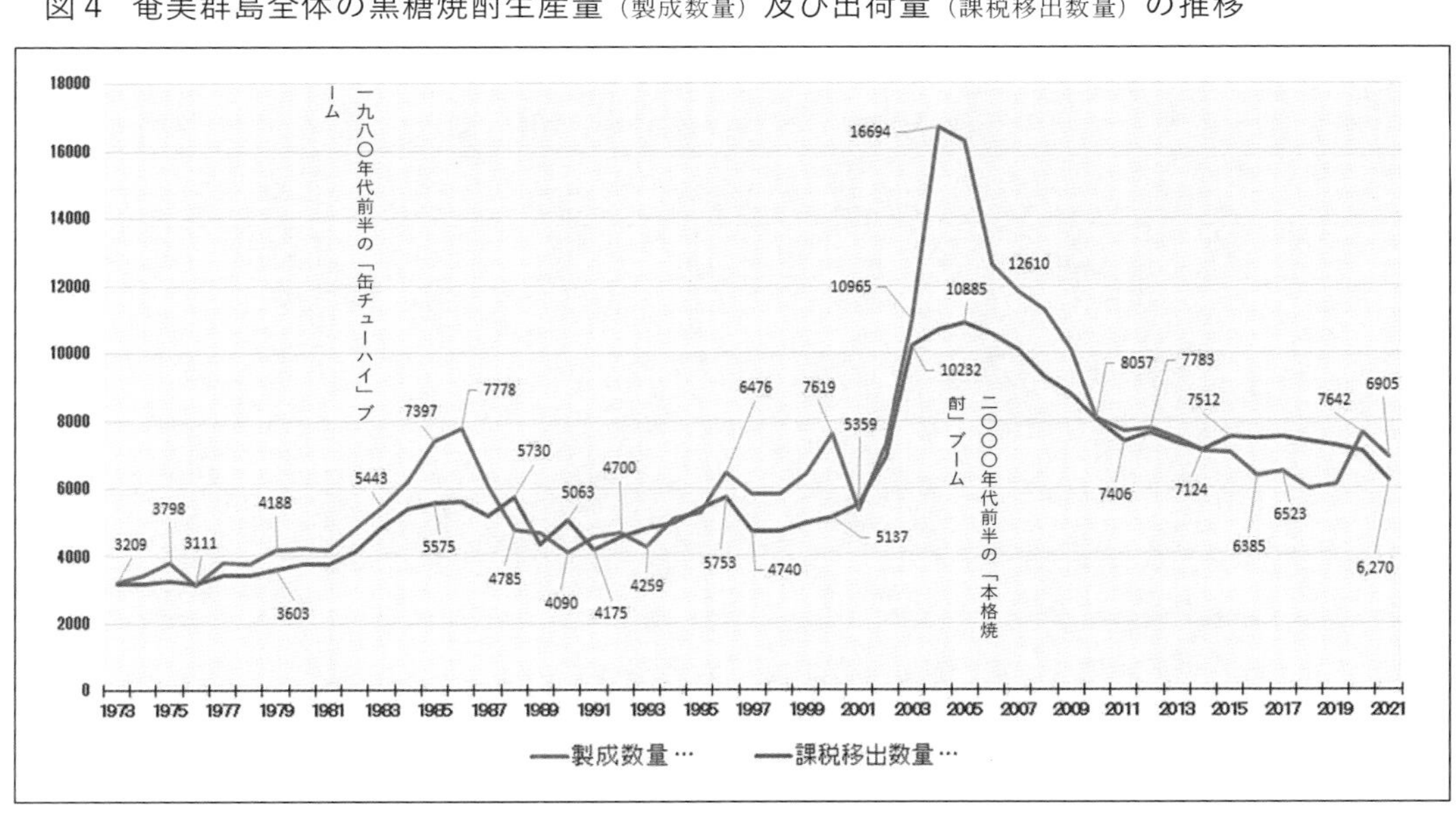

（出典）鹿児島県『奄美群島の概況』（各年度版）※製成数量、課税移出数量は酒造年度（７月～翌年６月）

「本格焼酎ブーム」に乗った盛況であり、関西を中心に県外出荷の急増にけん引されたものである。奄美酒類は、東京、神戸、鹿児島に営業所を持ち、約六割を本土へ出荷している。二〇〇〇年代のブーム終焉（しゅうえん）後、生産量及び出荷量は急速に減少し、二〇一〇年代以降は横ばいが続いている。

黒糖焼酎産業の成長をけん引する県外への出荷には大きな輸送コストがかかるが、平成三十一年度（二〇一九）から、奄美群島振興交付金を活用した「農林水産物等輸送コスト支援事業」が開始され、黒糖焼酎の群島外出荷に伴う輸送費の一部が助成されるようになった。

図5は、徳之島町内の四つの酒造蔵（亀澤酒造場、高岡醸造、天川酒造、奄美大島にしかわ酒造）及び共同瓶詰会社（奄美酒類）の生産量及び出荷量を示したものである。[＊20] 奄美群島全体の動向（図4）と比較すると、昭和六十年前後と二〇〇〇年代に起こったブームとその後の衰退はほぼ同じ傾向であるが、奄美全体では低迷が続いているのに対して、徳之島町の生産量及び出荷量は平成二十八年度（二〇一六）以降、急速に回復している。この背景には、紙パックの焼酎の販売開始やふるさと納税の返礼品としての人気（**図6**）、奄美大島にしかわ酒造の新工場稼働（令和元年）などがある。

（山本一哉）

図6　ふるさと納税の返礼品として人気の黒糖焼酎（「ふるさとチョイス」）

図5　徳之島町の黒糖焼酎生産量（製成数量）及び出荷量（課税移出数量）の推移

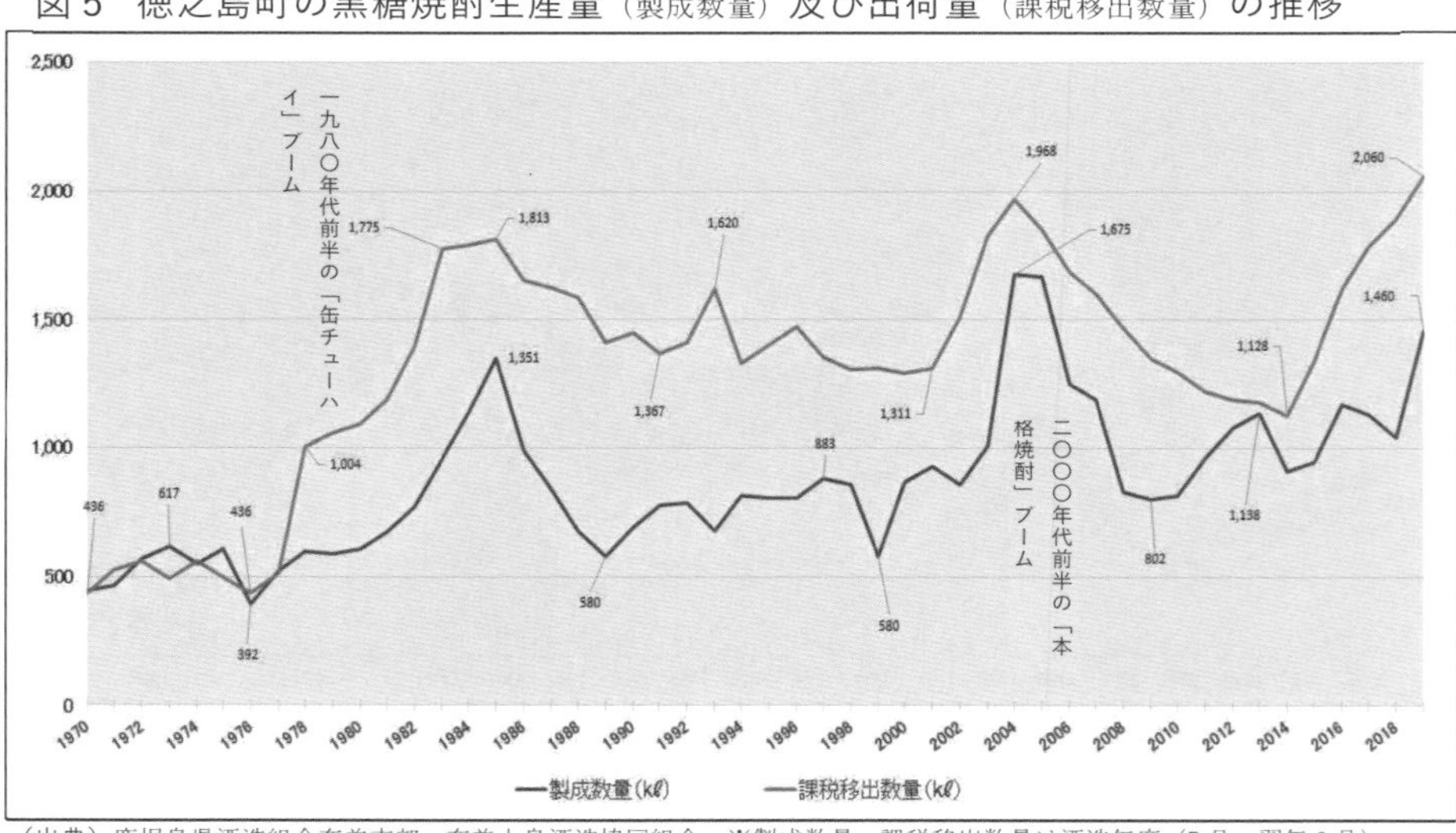

（出典）鹿児島県酒造組合奄美支部・奄美大島酒造協同組合　※製成数量、課税移出数量は酒造年度（7月～翌年6月）

＊20　昭和五十三年度（一九七八）から奄美酒類が課税移出を開始した。平成十六年度（二〇〇四）からは、奄美大島にしかわ酒造による製成・課税移出を含む。

第七節　「健康のまち」づくりと保健・環境

一・　保健センターと保健予防活動

昭和二十二年に新保健所法が施行され、各地域に設置された保健所により、伝染病や結核等を中心とした公衆衛生活動が行われていた。徳之島保健所が亀津に開設したのは昭和三十三年であり、住民の結核対策や、栄養改善、精神保健業務、母子保健業務など南三島の公衆衛生の拠点であった。また、そのころから、公衆衛生の主軸は感染症対策から脳卒中、ガン、心疾患などの成人病予防へと移行してきた。

昭和三十六年一月、国民健康保険制度が創設され、全国の市町村にいわゆる「国保保健婦」が配置されてきた。昭和五十年代には、健康づくりは国民の一人ひとりが「自分の健康は自分で守る」という、自覚と認識を持つことが重要であるという考え方により、国民健康づくり対策が開始された。各種健康診断の実施による疾病の早期発見、早期治療及び市町村保健センター整備などの環境整備が進められた。さらに、昭和五十七年に老人保健法に基づき市町村事業として予防事業が開始され、各市町村で住民基本健診、がん検診、健康教育・相談などの事業が開始されている。また、徳之島町は、昭和六十年十一月に「健康のまち」宣言をし「健康で明るく住みよい豊かな町づくり」を基本理念に、各種政策が推進されており、町民の健康づくりに関する健康関連施策も重要な位置づけであり、昭和六十三年に公衆衛生の専門職である保健婦が配置された。

町の予防活動の拠点となる保健センター[*1]（図1）は平成元年四月に開設され、母子・成人、老人等の各種予防活動が展開され、各種健診受診率も向上するなど成果が見られている。さら

＊1　町保健センターは、平成元年四月に亀徳港近くの一八〇〇㎡の町有地に一億二〇〇〇万円をかけて建設された。機能訓練室、問診計測室、診察室、保健指導室、事務室を備え、バリアフリーの構造になっている。年間を通して予防接種など様々な保健事業を行う。

図1　平成元年度に完成した徳之島町保健センター（亀津）

に、平成九年に保健所法が地域保健法に改正・施行された。これまで県保健所で実施されてきた事業のうち、母子健診や栄養指導（図2）など、身近な保健サービスを町で一元的に提供することとなり、専門人材の確保、増員が急務となった。保健センターの人員配置を強化し、保健師の増員、歯科衛生士や栄養士の配置などの充実を図ってきている。

また、急激な高齢化の進行や疾病構造の変化に対応して、全ての国民が健やかで心豊かに生活できる活力ある社会とするために、平成十二年、国の「二十一世紀における国民健康づくり運動（健康日本二十一）」が策定され、徳之島町においても同年、健康づくり推進協議会における協議が開始され、翌年度に「徳之島町健康づくり計画　健康どぅ宝」が策定され、町民総ぐるみの健康づくり体制を推進している。これは、人が健康であるためには、個人の努力によるだけではなく、それを支援する環境づくりが必要であるというヘルスプロモーション[*2]理念の実践活動である。この協議会活動は、後に平成二十一年から開始される「地域ぐるみ歯科保健対策推進協議会」につながり、地域の関係者による総合的な乳幼児期への歯科保健対策を行う「われんきゃ歯っぴぃクラブ」として推進され、乳幼時期のむし歯有病率の減少などの成果を上げている。

また、平成十二年の介護保険制度創設に伴う高齢者への介護予防事業の実施、全国的な自殺者の増加に伴う平成十八年の自殺対策基本法の成立による自殺対策を含む精神保健予防の推進など、時代背景に応じた健康課題への対応を行ってきた。特に、平成二十年四月「高齢者の医療の確保に関する法律」に基づき、メタボリックシンドローム（内臓脂肪症候群）に着目した「特定健診・特定保健指導」の導入は、それまでの早期発見・早期治療から、生活習慣病の発症や重症化の「予防」を目的とし、健康施策への大きな変革をもたらすものであった。予防が効果を上げるには、個人の「ヘルスリテラシー[*3]を高める」ことが基本となる。これは、健康や医療に関する情報を自らが適切に選択し決定する力のことであり、もともとこの点が日本人は低いと言われている。これは幼少時からの教育や社会環境、

図2　徳之島町保健センターでの保健指導

＊2 ヘルスプロモーションとは、一九八六年にWHOが提唱した「人々が自らの健康をコントロールし改善する」ことを指す。

＊3 ヘルスリテラシーとは、「健康や医療に関する正しい情報を入手し、理解して活用する能力」（東京都医師会）のこと。

医療環境など様々な要因が関係するものであるが、自らの健康課題を自らの力で解決していく能力の育成を、幼少時からの教育も含めて総合的に身に付けていくことが、生涯に渡って健康を保持する力、ひいては他者を尊重しより良い関係を築く力、自分の人生をコントロールできる「生きる力」の獲得にもつながる。あらゆる健康施策を通して、個人が主体的に健康づくりに取り組むための環境づくりを支援していくことが重要である（図３）。

また、従来からの母子保健事業に加え、平成三十一年には保健センター内に「子育て世代包括支援センター」が開設された。社会や家庭環境の多様化から、妊産婦うつ対策や、育児不安も増え、母子福祉分野との連携を図り、妊娠中から途切れなく、きめ細やかな支援に努めている。

さらに近年は、いわゆる「健康危機管理」への対応が急務である。災害発生時の被災者への健康管理、メンタルヘルス（心の健康）や、まさに令和三年現在、渦中であるパンデミック（世界的流行）への対応などである。令和二年に発生した新型コロナウイルス感染症への対応、ワクチン接種などの業務では、従来、ほとんど表面に出ることがない公衆衛生活動が良くも悪くも注目されているが、すべての公衆衛生従事者が望むことは、パンデミック以前の平穏な社会、普通の暮らしが戻ることである。国の方針に翻弄されながらも、現場では防波堤となる業務・役割を粛々と遂行することに徹するのみである。

長寿の島で名高く、元気高齢者が多い町ではあるが、運動や食習慣、飲酒などの近年の生活習慣の変化の影響から、必ずしも町民の健康度が高いとは言えず、平均寿命も男性においては全国平均を下回っている。温暖な気候、人とのつながりの強い地域環境、新鮮な野菜を自ら作り近所に分け合う高齢者など、まさに「健康のまち」にふさわしい姿に思える。また、車の普及や豊かな食生活など現代の利便性も日常生活に欠かせないものである。日々の暮らしの中で、自らの健康に関しての価値観に即して何を選択し行動するか、自ら健康になっていく道を選択できることで、長寿の島、健康のまちの実現化、具現化がなされることだろう。

図３　高齢者を対象にした「軽がる教室」（保健センター）

二．高齢者福祉と介護保険制度

高齢者福祉制度は、昭和三十八年の老人福祉法の制定による高齢者施設の整備や、老人家庭奉仕員（ホームヘルパー）などの法的な整備で本格的に始まった。平成元年以降は、「ゴールドプラン（高齢者保健福祉推進十か年戦略）」によってさらなる在宅福祉の推進がすすめられた。しかし、一九九〇年代、予測を超えて急速に進行する高齢化を背景に、要介護高齢者の増加や介護期間の長期化など介護ニーズが高まる一方で、核家族化など家族形態の変化もあり、時代に対応する新たな施策が必要とされ、平成十二年に介護保険制度が創設されることとなった。

介護保険制度の創設

介護保険制度の創設は、高齢者施策に大きな変革をもたらした。支援を必要とする高齢者を、すべての国民で支えあう仕組みとして、四十歳以上から介護保険料を徴収し財源の一部とした。また、「措置から契約へ」と移行し、要介護者本人の主体的な権利としてサービスの選択を可能とした。そして、日本の介護保険制度の特徴といえる「介護支援専門員（ケアマネジャー）」を介護保険制度の要として位置付けた。本人の状態を把握し、必要とする介護サービスを調整し、「ケアプラン」[*4]を作成する専門職である。

徳之島町でも、平成十二年四月の全面的施行に向けて介護保険制度準備室が設置され、要介護認定の調査や審査会の開催準備、介護保険事業計画の策定など着々と準備が進められた。

介護サービスの基盤整備

徳之島町の高齢者入所施設は、昭和五十三年四月に町立の「特別養護老人ホーム徳寿園」（図4）が開設されたのが最初である。島内では、昭和五十七年に天城町に同様の施設が開所し、それ以降平成八年に天城町に「介護老人保険施設愛心園」が開設されるまで、長きに渡って要介護者が入所でき

図4　特別養護老人ホーム徳寿園（亀津、昭和53年度建設）

*4 「ケアプラン」とは、「介護保険サービスを使うための計画書」のことで、介護保険サービスを利用すると、自己負担額は原則一割となるが、ケアプランを作成しないで介護保険サービスを利用すると、全額自己負担となる。介護保険サービスを受けるには必須となる（HP「介護のほんね」から）。

る施設は二か所のみであった。

なお、自宅で生活する高齢者の支援としては、昭和四十七年に町役場に家庭奉仕員を配置して派遣したのが最初である。昭和五十七年には社会福祉協議会に業務が移管され、入浴乾燥車による巡回入浴等も行われていた。平成七年に地域福祉センターが開設し、老人デイサービス事業、＊5 宅配給食が開始された。このうち宅配給食以外の事業は、介護保険制度施行時に、それぞれ新たに介護サービス事業所として指定を受け、運営されることとなった。

昭和六十一年に大型の総合病院として亀津に開院した徳之島徳洲会病院は、平成六年から医療保険によるデイケア（日帰りでリハビリや入浴サービスを受ける）を開始していたが、介護保険制度の下での通所リハビリテーションとして介護保険サービスの一つに位置付けられた。

また、当時、全国的にも介護保険事業への民間企業の参入が話題となったが、徳之島においても、これまで社会福祉協議会など公的機関のみが実施してきた介護サービス事業に、民間の参入が相次いだ。特に平成十三年、医療法人南溟会が花徳地区に開設した特別養護老人ホーム南風園（**図5**）は、ケアハウス、＊6 在宅支援事業所、訪問介護、通所介護を併設し、徳之島北部地区における福祉拠点とも位置付けられる施設となった。

さらに、認知症対応型共同生活介護（グループホーム）は、比較的小規模で民間参入・運営がしやすいことから、新規開設が相次ぎ、＊7 平成二十四年までの間で島内に六施設が開設するまでになった。グループホームについては、平成十七年の制度改正により、市町村がそれぞれの町民の介護ニーズを勘案して、設置計画に基づき指定を行う「地域密着型サービス」に移行しており、事業所運営もさらに認知症介護対応への質を求められているところである。

また、徳洲会系列の法人や事業所が、認知症共同生活介護、島内で初となる地域密着型特定施設「白寿苑」（有料老人ホーム、**図6**）を相次いで開設した。その他の民間事業所による訪問介護やグループホームへの参入もあり、島内の高齢者へのサービスは飛躍的に基盤整備がす

＊5「老人デイサービス事業」は、六十五歳以上で日常生活に支障をきたしている方が、排せつ、食事等の介護、機能訓練、介護方法の指導等の支援を行う事業。介護保険法によるサービスを受けられない場合の措置として市区町村が提供する。

図5　特別養護老人ホーム　南風園（花徳）

すんだ。施設入所も比較的に容易となり、誰もが必要な時に在宅サービスを利用することが可能な時代となった（表1、2）。

表1　徳之島島内の介護施設・居住系サービスの状況（〜現在）

施設名	開設年	事業所名
介護老人福祉施設	S53年	特別養護老人ホーム徳寿園（H23年まで町立）
	S23年	特別養護老人ホーム徳寿園（H23年民間移譲）
	S57年	特別養護老人ホーム　天寿園
	H13年	特別養護老人ホーム　仙寿の里
	H13年	特別養護老人ホーム　南風園
介護老人保健施設	H8年	介護老人保健施設　愛心園
	H23年	介護老人保健施設　サザンコート
認知症対応型共同生活介護事業所	H13年	グループホーム　こぼれ陽
	H15年	グループホーム　港ケ丘
	H16年	グループホーム　みさき
	H17年	グループホーム　たんぽぽの家
	H19年	グループホーム　天望台
	H24年	グループホーム　ゆいの家
地域密着型特定施設入居者生活介護	H19年	有料老人ホーム　さみどり苑
	H22年	有料老人ホーム　白寿苑

表2　介護保険外の入居施設・高齢者住宅（〜現在）

施設名	開設年	備考
軽費有料老人ホーム	H13年	ケアハウスいこいの里
シルバーハウジング	H29年	白久団地
サービス付き高齢者住宅	H29年	総合施設　南風園

＊6 ケアハウスとは、軽費老人ホームC型とも呼ばれ、家庭での生活が困難な六十歳以上の高齢者が、低料金で食事や洗濯などの介護サービスを受けられる施設。

＊7 グループホームとは、「認知症対応型共同生活介護施設」とも呼ばれ、認知症の方が、共同生活をおくるための施設。介護保険の地域密着サービスに属する。

図6　地域密着型特定老人ホーム 白寿苑（亀津）

サービスの質の確保と自立支援

一方で、民間事業所の参入によりサービス供給が増えるとともに、受け手側の権利意識の高まりを背景に、施行後は急速に要介護認定者、サービス利用者が増え、介護費用額が増大し、結果的に高齢者が負担する介護保険料の値上げにつながることになった。

介護費用の増大には二つの側面がある。一つには、介護サービスが過剰なものとなっていないか（適正化）という面と、もう一つは、高齢者が増えるなか、元気な高齢者が要介護になることを予防する取り組みが必要（介護予防）という二つである。

一つ目の介護保険の適正化については、介護費用の一部を住民の介護保険料で負担していることから、町民が納得できる適切なサービスを、必要な方に必要なだけ提供される必要がある。介護保険制度は「自立支援」を基本的理念としているが、制度施行当初は事業所も利用者も、制度の趣旨や理念への理解が乏しく、一部の事業所による不適切なサービス提供が、県による事業所の指定取り消し処分を受けるに至り、平成十五年から本格的な「適正化」への取り組みが始まった。三年間の適正化事業を島内で取り組むことにより、介護保険制度の要である「介護支援専門員（ケアマネジャー）」への徹底的な教育がなされ、制度の趣旨・自立支援の理念を踏まえた、本人の状態に応じた適切なサービス利用を調整する機能が強化され、質の高い介護サービス提供に向けて全ての介護事業所が取り組む基盤ができたことが、その後の制度の安定的運営につながっている。

もう一つの側面である介護予防に関しては、高齢化が進行する中「要介護状態にならないように取り組む」ことは従来から重要視され、適切な運動負荷により高齢でも歩行や運動能力は改善できることが実証されている。一方で、制度開始後、全国的に軽度の要介護認定（要支援者及び要介護1認定者）の増加率が高いことが指摘された。つまり、要支援者に対する介護サービスが本人の状態改善につながっているのか、という問題がある。これらのことを踏まえて、平成十八年に介護保険法の抜本的な制度改正が行われた。

「予防重視型システムへの転換」を大きな柱に掲げ、平成十八年の介護保険法の抜本的改正により地域支援事業が創設され、中核を担う機関として、地域包括支援センターが設置された。

地域包括支援センターと介護予防

地域包括支援センターは、それまで民間が担当していた軽度の要介護認定者（要支援者、及び新たに要支援2の区分が設けられた）の介護サービス計画を公的機関が作成すること、認定を受けていない高齢者の介護予防を総合的に推進すること、また、介護が必要になっても、地域で暮らし続けるための地域包括システムを構築することがその業務である。徳之島町では役場内に地域包括支援センターを設置し、保健師・社会福祉士、主任介護支援専門員の三職種をおき、これらの業務に取り組むこととなった。

介護予防事業としては、全国的に開始された一般的な「介護予防教室（虚弱高齢者をピックアップし転倒予防などの教室に一定期間通う事業）」に加え、町独自の事業として、介護予防は、高齢者の暮らしの中で取り組むことが最も重要であるとの考えで、各集落公民館単位に高齢者の集いの場としての「地域サロン」を社会福祉協議会*8（**図7**）に運営委託し開設した。それまで二、三か所の集落で実施されていたが、社会福祉協議会に運営委託して各集落単位で開始されることとなった。これにより、地域の高齢者の通いの場ができ、元気な高齢者はボランティアとしての役割を担い、参加者が定期的に顔を合わせることで地域のつながりも再構築され、支え合いが自然に育まれる基盤ともなり、大きな成果を上げた。特に金見（かなみ）地区の地域サロン（**図8**）は、古くから自主運営していたことから、平成二十七年に厚労省の全国表彰を受けるなど、全国的にモデルとなる活動として評価されている。

さらに平成二十四年の介護保険法改正では、全国的にも「地域の通いの場」が介護予防の効果が認められるものとして制度化された。事業として位置付けられ、地域サロンの一部は集落自治会が委託を受けて自主運営するようになり、集落全体の活性化にもつながり、開催場所も増加している。

＊8 町地域福祉センターは、平成七年九月に町保健センター隣の町有地に五億六三〇〇万円をかけて建設された。その運営は町社会福祉協議会に委託されており、在宅福祉サービスや居宅介護支援や訪問介護などの介護保険事業、町から受託した地域サロン事業などを行っている。平成二十一年に全国社会福祉大会で優良活動表彰を受賞した。

図7 社会福祉協議会が運営する地域福祉センター（亀津）

令和三年には地域サロンは一〇か所、住民の主体的な通いの場は一三か所にも拡がり、交流の場、介護予防の場として欠かせないものとなっている。

ただ、在宅介護サービスの充実は良いことではあるが、介護保険法施行当初は、一部の事例ではあるものの、公的サービスが入ることで近隣の家族が高齢者宅に顔を見せる機会が少なくなった、地域の見守り訪問が減った等という声が聞かれるようになり、それまでの互助・共助の減退が指摘されるようになった。

自助・互助・共助

徳之島町社会福祉協議会では、民生委員を中心とした独居高齢者等の見守り活動を支援してきていたが、平成十六年に小地域福祉ネットワーク「きゅううがめら活動」として組織的に活動を開始している。独居、高齢者夫婦宅を民生委員や見守り協力員が定期的に訪問することで、困りごとや状態の変化を早期に発見し、必要な支援や専門機関につなげるというものである。この見守りネットワークの活動が、新たな地域のつながり・互助活動を生むことにもなった。また、介護サービス事業所も、当初はサービス提供に主眼を置きがちであったが、要介護者の暮らし全体を見たときに、家族や近隣を含めて皆で生活を支えるという共通認識が醸成（じょうせい）されてきた。

地域包括ケアから地域共生社会へ

平成二十三年の制度改正では、「地域包括ケア」[＊9]の理念規定が明記され、地域包括ケアシステムの構築・推進に重点が置かれることとなる。たとえ介護が必要になっても、住み慣れた地域で本人の選択のもとに暮らしつづけることができる社会をめざし、医療と介護福祉を総合的に提供できる体制づくりが進められる。具体的には、地域包括支援センターを中心に、介護予防の一層の推進、医療と介護の連携、認知症ケア体制の強化等の取り組みがなされてきた。また、平成二十九年に、亀津地区に初の小規模多機能居宅支援事業所「総合施設　南風園」が開設した。訪問介護、通所介護及び必要に応じた

＊9 地域包括ケアシステムとは 住み慣れた地域で自分らしい暮らしを、人生の最後まで可能な限り続けることができるように、住まい、医療、介護、予防、生活支援が地域で一体的に提供される体制のこと（HPなかまある）。

図８　金見の地域サロン活動（サロンのメンバーで「金見水曜クラブ」を結成して花見やゲーム、飾り物づくりなどを楽しんでいる）

宿泊サービスを組み合わせ、在宅支援機能を持つ新たな形態の事業所であり「住み慣れた地域で暮らし続けることができる」ことを目的として支援を行っている。

さらに今日、地域包括ケアシステムは、高齢者のみならず、さまざまな障害を持つ方々や精神疾患など、多様な特性を持つ方が地域で生活ができる「地域共生社会」の視点へと深化している。

しかし、考えてみればこの島の暮らしは、昔から一人ひとりが大事にされ、当たり前のように近隣同士で声をかけあい、助け合い、自ずと地域での暮らしができていたのではないか。地域の中で、高齢者は敬われ、独居の方に近隣が何かと声をかけ、必要があれば買い物や通院の送り迎えを行っている事例、子どもが島外でも、甥（おい）、姪（めい）が金銭管理や生活の世話まで行っている事例、認知症を発症し物忘れがひどくなった独居の方に、服薬や集落行事への声かけを行っている事例など枚挙にいとまがなく、すばらしい地域性がいまだに根付いている。近年、特に新興住宅地などでは、そのつながりが薄れつつあるが、日本が目指す地域共生社会とは、数十年前の島の暮らしそのものではないだろうか。今こそ、従来からある島の良さを活かし、集落のつながりや助け合いを絶やすことなく時代に合わせて再構築し、次世代へとつなぐことが高齢化・人口減少が目にみえている社会を救う道でもある。

（徳田美加子）

三、徳之島町ごみ処理センターと徳之島愛ランドクリーンセンター

ゴミの収集、処理事業が我が国で法制化されたのは明治三十三年の「汚物掃除法（おぶつそうじほう）」が始まりである。その数年前から国内でペストが流行したが、その原因が公衆衛生にあったことから、環境を清潔に保つことを目的に施行された。なお汚物掃除法の条文に、「（市は）域内の汚物を掃除し、清潔を保持するの義務を負う」とあって、この時から現在に至るまでごみ処理事業が自治体固有の業務として扱われている。さらに昭和二十九年に制定された「清掃法」には、生活環境を清潔にすることを市町村に義

務付け、かつゴミ処理は市町村の責務であること等が明確に規定された。ただし、昭和四十年前後までは、ほとんどのゴミが処理場で野焼きされ、そのまま埋め立てられるだけであった。

昭和三十九年の東京オリンピック前後を境として、日本は大量消費時代に突入した。三種の神器と言われたテレビ、冷蔵庫、洗濯機をはじめ、スーパーマーケットの普及などによる包装品やプラスチック類、大量の紙類など、新たな種類のゴミが急増していった。また生活様式の変化に加え、紙の大量消費やゴミの量はその国の文化・経済レベルに比例するという考え方も影響した。しかし、ごみ処理量の急速な増大は、昭和四十六年に東京都で起きたいわゆる『東京ゴミ戦争』[＊10]といわれる紛争を引き起こすなど、全国各地で同様な問題が頻発することになった。当時のゴミは焼却施設でも処理されたが、収集量の増加に対して焼却場の数が間に合わず、清掃工場から出るばい煙公害の問題も起きていた。ゴミを集積すること自体が公害を引き起こすという状態で、しかも東京都でさえ収集されたゴミの七割がそのまま埋め立てに回されていた。最終処分場を確保することは、全国の自治体共通の課題となっていたのである。しかも最終処分場では悪臭とハエの大量発生という問題を抱えていた。当時ごみ量の増加割合は前年度比一〇%を超えることもあり、ゴミ処理場の建設は急務であった。

昭和四十五年十二月、「廃棄物の処理及び清掃に関する法律」（廃棄物処理法）が制定された。これは「廃棄物を適正に処理し、生活環境を清潔にすることにより、生活環境の保全及び公衆衛生の向上を図る」もので、「生活環境の保全」という文言がこの時に加えられた。その後も改正により規制が徐々に強まり、昭和五十年代になると全国の自治体でゴミ焼却場の建築が進んだ。しかし、この時点ではばい煙対策や処理水、悪臭などの公害対策は行ったが、リサイクルやゴミの減量という規定はなく、自治体に作られたゴミ焼却場では焼けるだけ焼くことで、悪臭対策や埋立て処理する量を減らし、処分場の延命を図ることを基本としていた。悪臭やハエの大量発生の問題、あるいは人々の生活環境を保護する必要から、人里離れた土地にゴミ焼却場と最終処分場は設けられていった。しかし、これも昭和六十年代のバブル期を迎えると再びゴミ量が増大し、新たな対策を迫られることになったのであ

＊10 東京ゴミ戦争とは一九七一年に美濃部東京都知事が議会においてこの言葉を使用したことで広まった。東京都江東区には江戸時代からゴミの最終処分場があり、高度経済成長期に急増したゴミによって公害問題が浮上した。最終処分場として埋立地の確保や清掃工場からの煤煙、悪臭、火災、ハエの大量発生等で住民は悩まされた。一方でゴミを排出する他の区では、ごみ処理施設の建設が住民の反対にあい、ゴミの分散は進まなかった。これに江東区が激しく反発し、ゴミの搬入阻止という強硬手段をとったことから、収集されないゴミが腐敗し、杉並区などは衛生が悪化した。この対立は杉並清掃工場建設が決まる一九七四年まで続いた。

る。

一九九〇年代に入ると廃棄物処理法は次々と改正され、処理施設への規制強化、不法投棄への罰則強化、野焼きの禁止などが加えられていった。平成十三年（二〇〇一）に環境庁が環境省となり、家電リサイクル法、食品リサイクル法、ダイオキシン類対策法、PCB処理法等が施行された。

徳之島町におけるゴミ処理問題が最初に表面化したのは、地元紙「徳州新聞」によると昭和四十二年十二月のことである。「亀津のゴミ処理　地区民の協力要請」という見出しで、徳之島保健所運営委員会の席上において亀津の大瀬川、海岸、市街地の投棄ゴミ問題が指摘されている。このときは、亀津におけるゴミ運搬車を一台増やす、自宅で缶詰やガラス類と生ごみ類を区分させる、紙類はできるだけ自宅で燃やす、市街地衛生費を亀津の住民から徴収する、といった対策を町に要請することを決めている。しかし昭和四十五年九月には、「観光徳之島を叱る　ゴミ見物をさせるな」という見出しが第一面に載った（図9）。当時、奄美観光と言えば徳之島が最も美しいと言われ、新婚旅行地としても人気を誇っていた。しかし景勝地という景勝地にゴミが散乱し、中にはハエがたかっているところもあったようだ。早くゴミ焼却場を造り、町が人手不足であるならば住民に清掃を委嘱する、などの対策を求めた。さらに四十八年三月になると「どう処理する　日ごとに増えるゴミ」という見出しが載った。この頃のゴミ収集体制は亀津・亀徳の市街地が週に一回、北部地区は五の日に収集を行い、作業を民間事業者に委託していたが、焼却炉が小さいことや回収車の不足などが指摘された。その一週間後の伊仙町議会では県道横にゴミ、空き缶、古木材、トタンが山のごとく放置されていること、焼却施設が伊仙町にないことが問題視されている。五十年一月の新聞には、「ゴミ収集二五トン計画」の見出しと共に昭和五十年度以降の徳之島町五か年計画が紹介された。この計画では、亀津・亀徳を中心に民間業者に委託してゴミ収集を行っているが、この

図9　海岸へのゴミ投棄防止を訴える看板（昭和57年、サンライフ運動徳之島町推進協議会。町内各所に立てられた）

体制ではごみの増加に追い付かず、市街地以外では自家処理を余儀なくされている。また、処理施設も露天焼却している状況であるとして、日量二五トン処理できる高性能ゴミ処理施設の計画が示されている。

なお、ごみ問題のほかにし尿処理問題も発生していた。当時、し尿運搬車は亀徳に一台、母間に一台民間業者が所有し汲取りを行っていたが、農地への還元が減少する一方で処理量が増え、五か年計画の中でも、し尿処理場の建設が必要であるとしていた。当時の徳之島町では、これらに加えて家庭排水の垂れ流しによる亀津海岸と河川のヘドロ問題も深刻になりつつあった。

そういった中でもゴミ処理問題は特に切迫度を増していた。昭和五十年まで使われていた南区霜原の県道脇にあったゴミ処理場は野焼き処理であったことから、雨が降ると煙が県道に流れ、交通の邪魔になることもあった。また、ゴミの搬入の三割は一般の人が耕運機などで乗り付けて捨てており、他町の人たちが車で通りがけに投げていくという有様であった。その対策として、町は数年かけて代替地を探していたが、ゴミ処理場用地は誰も売却したがらず、川などが近くにないこと、民家から離れていること、交通の便が良いことなどの条件もあった。これらの条件を満たせる場所は限られており、最終的に亀津字雁焼の町有地をゴミの処分場と決定した。しかし当時は、それ以前と同じ野焼き埋立て方式であったから、増加し続けるゴミ処理に対応できなくなっていた。ゴミ焼却場の新設が必要であることについては議会も町も意見が一致していた。しかし、数億の予算を町単独で確保するのは難しく、三町共同で造ることが模索されることになった。その後、徳之島三か町広域市町村圏事業としてゴミ処理場建設が協議されたものの、結局、伊仙町と天城町が難色を示したことで、徳之島町独自の事業として進めざるを得なかった。

昭和五十八年、奄振予算に徳之島町ゴミ処理場建設費として七〇〇〇万円の予算がついた。四月に着工して初年度は用地整備、本体工事を行い、翌年には処理能力一〇トンの焼却炉を二基備える等の各種設備を整え、十一月からは実際に町内のゴミを受け入れる試運転に入った。

図10　徳之島町ゴミ処理センター（亀津、昭和59年11月から試運転が始まった）

総工費は四億七八六〇万円であった（図10）。すでに処分場にはハエや野ネズミ、異臭騒ぎが起きており、三十年は持つと言われた処分場は満杯近くになっていた。処理センターには、公害防止のための機械式集塵（しゅうじん）装置、有害ガス除去装置、排水処理は炉内噴霧（ろないふんむ）方式を採用し、工場内処理を目指した。しかしセンターの運営は、町民の意識改革なしには成り立たなかった。可燃物と不燃物の仕分け、特にスプレー缶の混入防止を再三、注意指導しなければならなかった。またゴミの六〇％は水分という状態で「水を燃やしている状態」のため家庭での生ごみの水切りの啓発も欠かせなかった。

同センターは、徳之島町全域のゴミを受け入れ、一日平均一九トン（可燃物一四トン、不燃物五トン）を処理した。しかし使い古しのスプレーや電池、油缶などが混入し、正式稼働から間もない五月には爆発事故により、二機の炉の一つが使用不能となった。センターは、わずか数か月で炉が破損したことに危機感をつのらせた。

センターを維持するには、まず、ゴミは捨てるものという軽い程度の認識から、より高いモラルを町民に持たせる必要があった。広報誌や講習会、集落放送、ゴミ収集用ボックスの設置（図11）、ボランティア清掃活動の推進、区長たちを招いてゴミ処理センターの現実を見てもらうなど、地道な努力を続ける必要があった。同時に「危険物が混入したゴミ袋を収集しない徹底した態度」（炉を建設した日本建炉工業）が求められた。町はチラシの配布や広報車を使い、〇可燃物と不燃物の分別徹底と指定場所の厳守、〇ゴミの種類ごとの指定日の徹底、〇スプレー類には必ず穴を空けるようにし、収集にあたる職員の安全を考えるように指導・啓発にあたった。このようなゴミ収集の有様を評して、六十年三月の徳州新聞は「二十年前の島の経済状態を考えた時、広報車で呼びかけ、日に何十台もの収集車が走り回る様子は異常に思う」と書いた。

町民のゴミ処理に関する意識を高めるため、生活環境の美化と保全に関する啓発活動はその後も粘り強く、繰り返し続けられた。中でも多かったのは空き缶のポイ捨てであった。県道の清掃作業員は「い

図11　地域住民用に道路わきなどに設置されたゴミボックス（通行車両からのポイ捨てや犬猫による散乱防止を図る）

くら拾っても次から次に捨てていく」と嘆いた。「使い捨て」という言葉の流行もあったが、「自動車に乗っていて始末に困ったから」「持ち帰りが面倒だったから」というゴミを捨てることへの無自覚が大きな原因であった。ただし国内外の環境政策の変化により、徳之島町ゴミ処理センターは稼働から十七年でその役目を終えることになった。この間のゴミ処理量は一〇万トン超に達していた。

平成十五年三月、伊仙町目手久に徳之島愛ランドクリーンセンターが竣工した（図12）。総事業費六一億九一〇〇万円、最終処分場を含めた敷地面積は四万平方メートル、ゴミ焼却能力一九トン（八時間当たり）の炉を二機、二・六トン（八時間当たり）の灰溶融炉も備えていた。前年十二月にダイオキシン類対策特別処理法が施行されたことにより、三町それぞれで稼働させていたゴミ焼却施設が基準を満たせなくなったのである。対応を迫られた三町は、徳之島愛ランド広域連合を立ち上げて平成十一年から準備を進めていた。法の基準を満たすために最新の設備を導入し、ダイオキシン対策として集塵機等で集められた焼却飛灰は、酸素バーナ式灰溶融炉で約一三〇〇度の高温で溶かされ、溶融スラグとして処分されることになった。また処分場の排水は、施設内で沈殿・濾過され再利用する仕組みであった。リサイクル施設も設けられ、各種リサイクル法に対応させた。なお、最終処分場は二重の遮水シートで覆われ、アース電極をシート間に挟むことで損傷個所を検知する仕組みを取り入れた。保護マットも含めると五層になる耐久性の優れた仕様で、処分場下部に溜まった汚水は調整槽に導水される仕組みであった。なお、ゴミの収集は各町の責任で対応し、中間処理及び最終処分を愛ランドクリーンセンターが行った。

クリーンセンターの稼働を前に、新設備に対応したゴミ収集体制を確保する必要から、前年の十四年八月に有料の指定ゴミ袋が三町で導入された。可燃ゴミ、不燃ゴミ、資源ゴミに色別に分けられ、大袋四〇円、小袋二〇円で店舗販売が開始されたのである。各町の担当者は徹底的に住民への周知を図った。有料化や細かな分別作業に対する住民の抵抗感も強かった。しかも、資源ゴミと可燃ゴミの分別への理解が進まず、回収されずに「違反シール」が貼られて放置されるゴ

図12 徳之島愛ランドクリーンセンター（平成15年3月竣工。伊仙町目手久。有害物質除去のための高温焼却や集塵設備、最終処分場も備えている）

ミ袋が増えた。さらに、ごみの収集日や時間を守らないなどの問題も頻発した。市街地に設けられたゴミ集積場には、他の地区からの持ち込みがやまず、そのような場所は猫などによって周辺にまでゴミが散乱し、苦情が絶えなかった（図13）。町もある程度の混乱は予想していたので、監視員一五〇名をゴミ集積場所に配置してゴミの出し方を指導した。さらに町や広域連合は、3R[＊11]（リデュース・リユース・リサイクル）の考え方の普及を機会あるごとに根気よく続けなければならなかった。こうしてごみを排出することへの責任感を住民に根付かせていった。このことは、多額の費用を投じたクリーンセンターの設備能力を維持し、安全に運営するためにも必要なことであった。なお、事業系のゴミは直接クリーンセンターへ搬入するか、別途収集業者と契約を結ぶ必要があった。

平成三十年三月、クリーンセンターは当初予定されていた運用計画期間十五年を経過した。最終処分場の残余から今後さらに十五年前後は埋立てが可能であったことから、当初は三町の負担を抑えるべく施設の延命を図る予定であったが、地元西目手久集落の強い反対や施設の老朽化など様々な問題が生じ、延命化計画は白紙となった。このため、今後は新たな施設の建設計画を立てる方向で進められている。

なお愛ランドクリーンセンターが運用開始されて以降、ゴミの搬入量は減少を続け、平成二十四年から令和三年までの十年間を見ると一六・六%もの減少となっている。市街地のゴミ集積地の混乱もほぼ見受けられなくなり、分別違反についても悪質なケースは見られなくなった。ゴミを出すことへの責任感が高まったことで、車からのポイ捨てもほとんど見られなくなった。このような島民の意識変革は、令和三年七月に徳之島が世界自然遺産に登録されることにもつながった。自然や生活環境を保全するのに必要なリデュース・リユース・リサイクルの考え方は、町民の常識として根付いたと言えるかもしれない。

（米田博久）

図13　集合住宅のゴミ集積所はゴミ捨て場となった
（一部の住人と通行人のポイ捨てが止まらなかった）

＊11　3R は Reduce（リデュース）、Reuse（リユース）、Recycle（リサイクル）の3つのRの総称。リデュースは節約、リユースは繰り返し使うこと、リサイクルは原材料に加工し直したり、部品を再使用したりすること。

第八節　災害と広域消防

一．災害

大火

藩政期以降の徳之島町域における大火は、数多く記録されている。中でも亀津地区は行政の中心地で、海岸沿いの狭い地域に人口が密集していたことから、火災の発生も多く、幾度となく大火に見舞われてきた。

亀津における近代以降の主な火災について、『徳之島町誌』（昭和四十五年刊行）は次のようなものを挙げている。明治四十四年（一九一一）四月、新里晴（あらとうんばり）（北区）東海岸で一一〇余戸を全焼する火事があった。大正八年（一九一九）一月、二月、三月と三度連続して起きた大火は過去最大のもので、住民を震撼（しんかん）させる事件であった。一度目は一月八日。同日午後十時四十五分、出火。住家二八五棟、小学校校舎五棟、郵便局舎一棟、裁判所亀津出張所一棟、紬工場三棟、物置一二九棟、畜舎八四棟を焼失。豚が八六頭、鶏は一一八羽が焼死した。被害総額は三二万円。大火災で学校の卒業名簿や官公庁の公文書、古文書、系図などがことごとく焼失した。

二度目は二月十二日だった。同日午前零時半ごろ出火し、住家三二棟、畜舎三〇棟、物置一三棟を焼失した。被害総額は九七一五円。三度目は三月三日午後九時半、出火。住家五五棟、畜舎三〇棟、物置一三棟を焼失した。被害総額は一万一七七〇円。火事のあった日はいずれも強風が吹いていた。警察が内偵を進めたところ放火と判明。犯人を逮捕した。大火は犯人の名前がついた。それから間もない大正十年十二月にも、五三戸が焼失する「亀津大火」があった。

戦後になると、消防団や消火ポンプなどの発達により大きな火災は減った。戦後の主な火災としては次のようなものが挙げられる。昭和三十三年（一九五八）二月、亀津南区丹向橋（たんこうばし）南側で火災があり、住家六棟、畜舎五棟を焼失した。原因は子どもの火遊びだった。昭和三十九年（一九六四）三月十二日は、深夜に亀津中区の商店街で火災が発生。住家や店舗など一一棟、九七〇平方㍍を全焼、軽傷者が出た。被害額は約三五〇〇万円。新学期に備えて洋服や靴などを大量入荷していた商品が灰となった。

戦後最大、亀津大火

戦後最大の大火となったのが、昭和六十二年（一九八七）十一月二十一日未明の「亀津大火」（**図1**）である。南海日日新聞によると、同日午前三時ごろ、亀津北区の通称・朝日通りの飲食店から出火。隣接する住家や飲食店など一七棟、約二四〇〇平方㍍を焼いて約一時間半後に鎮火した。一人が軽い火傷を負い、一人が屋根から転落してけがをした。一帯は飲食店や住居が軒を連ねる密集地で、消防はタンク車など五台を出動させたが、現場は道幅が狭く、大型車の乗り入れに手間取った。火災によって一一世帯三一人が焼け出され、県は「法外援助」を決定。災害救助法の適用基準に達しない災害の被災者に対して、県単独で被災者を支援する制度で、町に執行を委任した。

亀津大火は、防火体制や密集地問題を浮き彫りにした。水圧が上がらず、消火が思うように進まない。簡易水道と共用の消防水利体制で複数の個所で消火栓を開くと水圧が落ちることが判明した。防火水槽の設置率も基準を下回っていた。火災が発生する度に都市計画の必要性が指摘されながらも減歩率（げんぶりつ）（区画整理での所有地の減少率）の問題などで実現しなかった経緯もあった。大火後の十二月議会でも防火体制問題が取り上げられ、町側は「消防水利は亀津にも重点整備してきたが、放水の際の水圧低下の問題もあり、これを補助する水槽の設置に努力したい」と答弁した。

都市計画に関しては、県が「徳之島都市計画　都市計画区域の整備、開発及び保全の方針」（マスタープラン）＝平成十六年五月最終変更＝を決定。「住宅の老朽化や過密化、生活道路等の都市基盤が未整備のため、機能面、利便面、防災面で適正な居住環境が確保されていない地区については、土地区画整理事業等による面的整備

図１　亀津北区の朝日通りで起きた火災（昭和62年）

を進め、都市基盤整備を進めるとともに、建築物の不燃化や集合化を図る」との方針を示した。亀津地区に関しては、「中心商業業務地としての都市機能の向上と良好な住環境の確保を図る」とした。しかしながら、現在まで具体的な都市計画は進んでいない。

気象災害

台風常襲地帯の奄美の島々の歴史は災害との闘いの歴史だった。平成以降は台風に加えて記録的な集中豪雨も多発。人的被害や住家被害、農業被害に加えて公共施設や道路、港湾などインフラにも大きな影響を与えた。ひとたび台風が接近すれば船舶は長期間にわたって欠航し、店舗から食料品が消える。暮らしへの影響も大きい。令和三年度「奄美群島の概況」（鹿児島県大島支庁）によると、戦後、奄美地方に接近し、顕著な被害をもたらした台風は**表1**の二九個。昭和二十～三十六年（一九四五～六二）の十七年間は、八個の大型台風が奄美地方に大きな被害をもたらした。特に戦争直後の二十年九月十七日に接近、通過した台風一六号は超大型で死者六五人、負傷者一八人、家屋の全半壊は一万四三四八棟にも達した。終戦間もない混乱期を超大型台風が直撃したのである。徳之島でも家屋の八割が倒壊した、と言われている。

昭和三十六年九月十四～十六日、奄美地方を縦断した

表1　奄美群島に顕著な被害をもたらした台風（昭和20年～令和3年　大島支庁調べ）

元号年	月日	台風番号	死者	負傷者	住家 全壊	住家 半壊	非住家	浸水 床上	浸水 床下	山崖崩れ	道路損壊	台風の大きさ	強さ
昭和 20	9.17	16	65	18	9449	4899	—	—	—	—	—	超大型	非常に強い
25	11.11	40	8	6	1252	1827	3278	—	—	—	667	大型	並の強さ
29	8.15～17	5	—	8	492	2617	2652	186	1219	56	219	超大型	強い
29	9.25	15	—	3	245	924	1523	61	652	36	46	大型	並の強さ
31	9.26	15	1	32	1398	4578	6707	36	719	—	79	大型	強い
32	9.4～6	10	2	20	1281	3681	3951	171	1086	—	138	超大型	並の強さ
32	9.25～26	14	4	12	239	800	—	375	6527	75	175	中型	並の強さ
36	9.14～15	18	7	62	3368	6929	9508	719	2431	—	105	超大型	非常に強い
45	8.13	9	2	69	953	1658	3791	127	967	—	—	大型	強い
51	9.9～12	17	—	18	505	3442	—	415	2094	24	535	大型	強い
52	9.9～10	9	—	135	1342	3285	—	—	4	—	6	大型	強い
平成 2	9.16～19	19	13	49	155	557	—	467	958	89	15	大型	非常に強い
14	7.14～15	7	—	3	5	23	273	—	1	—	10	大型	非常に強い
15	8.6～8	10	—	15	3	10	251	1	18	3	23	大型	非常に強い
16	8.27～30	16	—	5	1	7	71	11	167	2	10	大型	非常に強い
24	8.25～29	15	1	—	9	42	89	5	106	28		大型	強い
24	9.15～17	16	—	—	23	94	196	4	54	1		大型	非常に強い
24	9.28～10.1	17	—	7	35	153	443	109	427	33	2	—	非常に強い
25	10.7～8	24	—	1	38	187	309	—	—	—	—	—	非常に強い
30	7.20～21	10	—	1	—	—	—	—	—	—	—	—	—
30	8.21～8.22	19	—	4	—	—	65	—	3	—	—	—	非常に強い
30	9.29～9.30	24	—	11	37	278	1509	23	30	—	—	大型	非常に強い
令和 元	8.2～8.7	8	—	—	—	—	—	—	—	—	—	—	強い
元	8.6～8.16	10	—	—	—	—	1	—	—	—	—	—	—
元	9.2～9.8	13	—	—	—	—	—	—	—	—	—	—	非常に強い
元	9.20～9.23	17	—	—	—	—	—	—	—	—	—	大型	強い
元	10.17～10.21	20	—	—	—	—	—	—	—	—	—	—	強い
2	8.31～8.31	9	—	—	—	—	—	—	1	—	—	—	—
2	9.4～9.4	10	—	2	—	4	33	1	2	—	—	大型	非常に強い

この表から奄美地方に影響した台風は次に述べる特徴が挙げられる。
(1) 大被害をもたらす台風は，ほぼ9月に集中している。
(2) 昭和 20 年～昭和 36 年までの 17 年間は，8個の台風（非常に強いが2個，強いが2個，並の強さが4個）による災害を受けている。昭和 20 年は，終戦後間もないこともあって死者や住宅被害が多くなっている。
(3) 昭和 37 年～昭和 52 年までの 16 年間のうち，昭和 44 年までは比較的被害は少ないが，昭和 45 年と 51 年には強い，昭和 52 年には非常に強い台風が来襲している。昭和 52 年の沖永良部台風は「負傷者 135 名，住居の損害はなはだしく・・・死者を出さなかったのが不幸中の幸い・・・」と報じられている。
(4) 昭和 53 年から平成元年の 12 年間は比較的に台風の被害も少なく経過したが，平成2年9月の台風第 19 号は，奄美地方に大きな被害をもたらした。
(5) 平成 24 年に奄美市から 500 ｋm以内に接近した台風は9個，これらは全て 300 ｋm以内に接近しており平年値を大きく上回り，統計開始以来，最多となった。

台風一八号も超大型だった。徳之島では死者二人、重軽傷者一四人が出た。家屋の全半壊は五三九〇棟に達した。四十五年八月十三日の九号も群島に深い爪痕を残した。瞬間最大風速七八・九㍍を観測。これは明治二十九年（一八九六）に名瀬測候所が創設されて以来の強風で、照国郵船の定期貨客船・高千穂丸（一〇七〇㌧）が瀬戸内町久慈海岸で座礁した。同船は天城町平土野港を出港後、台風を避けるために瀬戸内町ネオン崎灯台と阿丹花崎の沖で停泊中であったが、猛烈な突風にあおられて錨をひきずりながら岸に引き寄せられた。

昭和五十一年（一九七六）の台風一七号（九月九～十二日）は、速度が遅い上に吹き返しも猛烈で、群島全域に甚大な被害をもたらした。徳之島は九日午後から暴風圏に入り、夜半から十日未明にかけて台風が直撃。港湾や河川、住家、農作物など被害は広範囲に及んだ。徳之島町では、七月の台風九号で大破した亀徳港岸壁の被害がさらに拡大。亀津地区の大瀬川堤防二か所が相次いで決壊し、近くの丹向川も氾濫した。町内四〇〇世帯に避難命令が出た。奄美全体をみると、群島全体の台風による負傷者は一八人。住家の全壊五〇五棟、半壊三四四二棟、床下・床上浸水は二五〇九戸に上った。

沖永良部台風

昭和五十二年（一九七七）九月九～十日の年の沖永良部台風は、負傷者一三五人、住家の全壊一三四二棟、半壊三一八五棟にも達し、インフラも甚大な被害を受けた（**図2**）。「死者が出なかったのが不幸中の幸い」と報道された。現地入りした南海日日新聞の記者は、「まるで爆弾が落とされたよう」と述べた。直撃を免れた徳之島でも、三町合わせて住家一九棟が全壊、四四棟が半壊した。

昭和五十三年から平成元年（一九八九）にかけては比較的台風被害も少なく推移したが、平成二年は「台風の年」だった。この年の台風は九個。このうち六個が奄美地方に接近、通過した。特に九月十六～十九日にかけて奄美群島を縦断、奄美大島を直撃した台風一九号は死者一三人、負傷者四九人に上る大惨事を引き起こした。住家の全壊が一五五棟、半壊は五五七棟。床下・床上浸水は一四二五戸に上った。農作物の被害も甚大だった（**図3**）。一九号の悪夢が冷めやらぬうちに二〇号、二一号が奄美を駆け抜け、

図2　台風9号の荒波が亀徳港に打ち寄せる（昭和52年）

図3　台風のたびに大きな被害を受けるサトウキビ

十一月にも二八号が奄美地方を通過した。

これ以降、平成十三年（二〇〇一）までは甚大な被害をもたらした台風はなかったが、平成十四年（二〇〇二）は八個の台風が奄美地方に接近、通過した。特に一五号（八月）、一六号（九月）は徳之島に甚大な農業被害をもたらしたほか、徳之島町亀徳では旧港の防潮扉が高波で損壊。高波が亀徳集落に押し寄せ、住宅が床上浸水した。

奄美豪雨

台風による被害ばかりではない。平成二十二年は、奄美の災害史に残る「奄美豪雨」が発生した（図４）。同年十月二十日。奄美付近に停滞していた秋雨前線に台風一三号からの湿った空気が流れ込み、奄美大島に「百年に一度」の大雨が降った。二十日から二十一日午後十時までの二十四時間雨量は六四七ミリ。統計史上最多を記録した。十八日の降り始めから二十一日までの総雨量は八〇〇ミリを超えた。

記録的な豪雨は大災害をもたらした。高齢者三人が犠牲となり、二人が重軽傷を負った。土砂崩れや河川の氾濫が相次ぎ、家屋の損壊や床上・床下浸水が各地で発生した。ライフラインは寸断。複数の集落が孤立した。国道や県道は立ち往生した車両が放置されたまま浸水した。通信塔が被災したため、携帯電話も通じない。避難所には救助を求める人があふれた。二十二日になって陸上自衛隊が投入され、復旧作業が本格化した。

奄美豪雨では、多くの被災者が不自由な避難所生活を長期にわたって強いられた。ハード面の復旧に加えて被災者の心のケアも課題となった。県大島支庁によると、住家被害は全壊が一〇棟、半壊は四四三棟、一部破損一二棟、床上浸水一一六棟、床下浸水八五一棟。河川や道路、海岸の被害件数は九九件。被害総額は一一五億六八〇〇万円に上った。奄美大島では、さらに翌二十三年九月には北部地区、十一月には南部地区が記録的な集中豪雨に見舞われた。

竜巻、「五十年に一度」の大雨も

平成二十三年（二〇一一）十一月十八日、徳之島町轟木で竜巻が発生した（図５）。住家一棟が吹き飛ばされ、三人が死亡した。調査に当たっ

図４　奄美大島全域で大被害が出た「奄美豪雨」
（平成22年10月　奄美市住用町）

図5　轟木の竜巻被害（平成23年11月）

た気象庁機動調査班によると、被害範囲は長さ六〇〇㍍、幅一〇〇㍍。F0～5の六段階で示される竜巻の強さは「F1～2」（最大風速三三～六九㍍）と判定した。

翌二十四年には九個の台風が奄美地方に接近、通過した。八月下旬から一か月の間に大型台風三個が襲来。住家の全半壊や床上浸水、停電なども相次ぎ、農作物は甚大な被害を受けた。与論島では、十月の台風二一号の影響が長引き、島内のガソリンが枯渇した。

平成二十七年（二〇一五）は四個の台風が接近した。五月十二日に襲来した台風六号は、群島全域を暴風雨圏域に巻き込み、伊仙町では竜巻とみられる突風が吹いた。台風二五号（七月二十五日）では徳之島に「五十年の一度」[*1]の記録的な雨が降り、床上・床下浸水が続出。住家被害は一〇〇棟を超えた。

平成二十九（二〇一七）、三十年、奄美地方は二年続けて「五十年に一度」の記録的大雨に見舞われた。二十九年の八月四日～五日は台風一五号が襲来。奄美大島と喜界島で「五十年に一度の大雨」を記録。一か月後の九月四日には奄美地方に南からの湿った空気が流れ込み、両島は再び「五十年に一度」の大雨に見舞われた。翌三十年は「台風ラッシュ」の一年でもあった（**図6**）。九月二十九日～三十日に襲来した二四号は最大瞬間風速五〇㍍を超え、大規模な停電や通信障害、断水が発生。群島全体で建物被害は四〇〇〇棟を超えた。人手や資材不足もあって、影響が長期化した。

令和二年（二〇二〇）六月十二日から十四日にかけて、奄美地方南部は梅雨前線に向かって西からの湿った空気が流れ込み、非常に発達した雨雲が徳之島にかかった。名瀬測候所は十三日午後四時五十六分、徳之島で「五十年に一度の記録的な大雨になっているところが

図6　台風19号の大雨で巨岩が落下（亀徳、平成30年）

＊1　五十年に一度の記録的大雨　気象庁が発表する特別警報で使用される表現。重大な災害が差し迫っている場合、地元の気象台が一層の警戒を呼び掛けるために簡潔な文章で発表する「見出しのみの短文で伝える気象情報」という枠組みがあり、「五十年に一度の記録的大雨」もその一種。奄美豪雨（平成二十二年）の際は「百年に一度」との表現が用いられた。（ウェザーニュースHP）

ある」と発表した。天城町では一時間に六六・〇㍉の激しい雨が降り、六月の一時間当たり降雨量としては最多を観測し、同町では崖崩れや床上浸水が発生。徳之島町花徳では下田川が増水し、河口近くの住居が床下浸水した。

この年の九月は〝過去最強クラス〟といわれた台風一〇号の接近に奄美各島は震撼した。名瀬測候所は「記録的な暴風、高波、高潮、大雨の恐れがある」として、最大級の警戒を呼び掛けた。台風は奄美地方全域を風速二五㍍以上の暴風域に巻き込みながら、喜界島の東海上を北上した。奄美の自治体は各所に避難所を開設し、七〇〇〇人が身を寄せた。台風は予想された猛烈な勢力には発展しなかったものの、重軽傷二人、二五〇戸の住家被害があった。

「軽石」大量漂着

令和三年は「軽石」に悩まされた。小笠原諸島の海底火山・福徳岡ノ場が八月に噴火。火山から噴出した軽石が海流に乗って十月上旬、喜界島に漂着。瞬く間に群島全域で確認された（**図7**）。与論島では、約二十日間にわたって発電用重油を積んだタンカーが接岸できず、瀬戸内町の「フェリーかけろま」はダイヤを見直した。漁業への影響も大きく、徳之島では漁港が使用できなくなる事態となり、地域住民はボランティアで軽石を回収した。十一月二十七日には二之湯智防災担当大臣、同月三十日には務台俊介環境副大臣が奄美大島を視察した。

災害に強い地域づくり

「奄美群島振興開発総合調査報告書」（鹿児島県・平成三十年三月）によると、平成二十四年から二十八年までの五年間の自然災害による被害額は約一〇〇億円。人口一人当たりの被害額は九・三万円。県平均の一・三倍であった。報告書は、▽災害に強い防災情報システムの整備、▽避難施設の機能強化、▽地震・津波の観測・研究体制の強化、▽自主防災組織の育成—などハード・ソフト両面から防災体制を強化していく必要がある、と指摘した。

図7　大量の軽石が川面を埋めた
（井之川、令和3年）

二、阪神・淡路大震災と徳之島

地震発生

戦後五十年の節目を迎えた平成七年（一九九五）、穏やかな新春が一月十七日に一変した。午前五時四十六分、兵庫県淡路島の北東約三キロを震源とするM七・三の大地震が発生した。最大震度は七。死者は六四三四人に達し、負傷者は四万人以上を数えた。奄美出身者も一四六人が犠牲になった。気象庁はこの地震を「平成七年兵庫県南部地震」と命名した。政府は、災害の規模の大きさに加え、復旧・復興施策の推進の際に統一的名称が必要となることが考えられる、として二月十四日、呼称を「阪神・淡路大震災」と決めた。震度七は、昭和二十三年（一九四八）の福井地震以降に設定された震度階級であったが、戦後最大の阪神・淡路大震災で初めて記録されることになった。

翌日の新聞各紙は地震報道一色になった。南海日日新聞は、時事通信の配信を活用して主要面に地震の記事を展開した。「崩れ落ちるビル、落下するハイウエー」の記事・写真に読者は息をのんだ（**図8**）。「十七日早朝、『ドーン』という激しい揺れが近畿地方などを襲った。震度六（烈震）を記録した神戸市では、ビルや住宅などが倒壊し、あちこちに空を赤く染める炎と煙が上がる。関東大震災以来、初めて阪神地帯という都市部を直撃した兵庫県南部地震。高速道路の橋脚が落下し、電車も転覆するなど被害は大きく広がり、家屋の下敷きになった人を中心に、死者は一四五六人（十七日午前九時四十五分現在）以上の大惨事となった。泣き叫ぶ女性、必死に友人を助けようとする男性、寝間着姿のまま飛び出した住民たちは路上に立ち尽くし、不安におののいた」

地震発生直後から被災地と電話がつながりにくくなった。出身者の安否に故郷の人々は気が気でなかった。同日の社会面に、九死に一生を得て、ようやく父親と連絡が取れた徳之島町出身の女性（当時二十七歳）の証言が載った。「激しい揺れで飛び起きた。ガラス

図8　神戸市灘区国道43号線岩屋交差点周辺（1995年1月18日 神戸市提供）

戸が割れ、家の中はめちゃくちゃになり、押しつぶされた玄関の隙間から隣人に救助された。着の身着のまま。その直後、向かいのビルが崩れ落ち、周辺は真っ暗になった。数か所で煙がくすぶって街全体がむせ返り、住民たちは自分の家があった場所を呆然と見つめていた」（図９）。女性は父親に、学校の体育館に避難したと伝えた。

間もなく徳之島町出身者の悲報が伝わってきた。山（さん）出身で神戸市長田区に暮らす親子四人が、家屋に押しつぶされて行方不明になり、女児（当時八歳）が遺体で発見された。「活発でいい子だった。あまりにも早すぎる死が悔やまれてならない」。棺を前にした人々から嗚咽（おえつ）が漏れた。残る三人も後日、遺体で見つかった。

同年三月時点で、徳之島町や天城町が集計した出身者の死者数は、徳之島町が二八人、天城町は三人、伊仙町は一四人に上った。被災者は、徳之島町出身者だけで六三二世帯。一六三五人が避難した。被災地全体をみると、住家（持ち家・借家含む）の全壊三九三棟、半壊は一二八棟、一部損壊は一一五棟に達した。被災地全体をみると、家屋の倒壊が約一〇万五〇〇〇棟、半壊は約一四万四〇〇〇棟。死亡した人のうち、四分の三が倒壊した家屋による圧死・窒息死とみられている。火災による死者も多かった。奄美出身者が多く住む神戸市長田地区の火災は凄まじく、数日間燃え続けた。奄美出身者の心の拠りどころでもあった「神戸奄美むつみ会館」も全焼した。奄美と縁が深い神戸市東灘（ひがしなだ）区の大橋愛由等さん（昭和三十年生）は、震災から四半世紀を迎えた令和二年（二〇二〇）一月、「東灘は家屋の倒壊が多かった。奄美出身者が多く住む長田は、まるで空爆にあったかのように街は焼けただれてしまった」と述懐した。肉親を失い悲しみに暮れる人々、一瞬にしてがれきと化した自宅の前にたたずむ人々がいた。住居を失った人は親戚や友人知人宅に身を寄せたり、避難所に駆け込んだりした。大橋さんも被災者の一人で家族を守るのに必死だった。災害の理不尽さをこう語った。

「震災は多くの出身者の人生を狂わせた。仕事を求めて阪神に出てきて、黙々と働き、家庭

図９　神戸市長田区鷹取商店街周辺（1995年1月18日　神戸市提供）

を持ち、ローンを組んで安息の家を構え、子どもを育てた一世たち。そうした安定した生活や将来の希望といったものが一九九五年一月十七日早朝に一瞬のうちに崩壊してしまった。震災に生き残った者の辛さは、地震が起きて多くを失ったその日も、その次の日も何かを食べてどこかで寝て、見通しが立たない明日もまた同じように生き、失ったものを背負い続けて十年後、二十年後を迎えなくてはいけないということなのだ」

ユイワクの力

被災地に設置された避難所は一一五三か所、最大で三一万人が避難した。内閣府によると、約七割の避難所が震災発生当日に開設されたが、被害の大きかった地域では、手配にあたる市や区の職員、教職員の到着が間に合わず、余震の不安に駆られた被災者が勝手に入り込んだケースもあった。建物に入ることができず、学校の校庭で過ごした人も多かった。沖永良部出身者とその縁故者は、神戸沖洲会館に避難した。当日の夜は一七〇人もの人であふれた。余震に脅え、誰かが持ってきたおにぎりを分け合って食べた。

同年の「山だより」（山集落のミニコミ紙）によると、大阪・箕面市に住む碇山俊光さん（徳之島町山出身・昭和十二年生まれ）は震災の四日後、自家用車に大量の水や物資を積んで避難所に向かった。被災地をくまなく回って、出身者に物資を届ける活動を始めた。初日は渋滞がひどく、西宮市にたどり着くので精いっぱいだった。二日がかりで被災地に着いた。二回目には、警察署から「緊急車両」マークの交付を受けたが、渋滞を回避することはできなかった。日中は、救援活動（**図10**）と復旧工事の車両が絶え間なく行き交う。そこで、休日は午前四時に箕面市を出発することにした。二時間かけて神戸市に向かう。車中で二時間休憩した後、午前八時頃から訪問開始。帰宅は午後九～十一時。仕事のある平日は、近くの被災地を訪問した。そこで見た光景をこう話した。「避難生活を送られる人々の規律正しく、心の通った行動である。家を焼かれ、損壊し、愛しい人を亡くし、恐怖の中から救われて時間がたっていないこともあるのだろうか。今のところ、

図10　JR新長田駅近くでの自衛隊の救助活動（神戸市提供）

世間が温かく見守っていることは、喜ばしい限りである」

自らも被災しながら、ボランティアに奔走した出身者も少なくない（図11）。東灘区の長老は、子どもの家を転々としながら避難先を訪問して激励を続けた。神戸市山和会の前会長は家具の下敷きになり、夫婦とも一時、気を失った。出口が見つからず、やっとの思いでがれきから抜け出た。地震後一週間は余震の不安で眠れなかったが、先輩や友人の励ましで元気を取り戻した。自身も小学校に避難しながら、被災者を訪ねて激励した。長田区で理容業を営む男性は、営業を続けることができなくなったため、避難所で理髪ボランティアを行い、被災者から喜ばれた。

被災者の多くが着の身着のままで避難した。この年の冬は厳しく、避難した人々にとって耐え難い寒さが続いた。被災者は倒壊した自宅に戻り、毛布や暖房器具などを持ち込んだが、電気容量の問題や火災の危険性から使用できない器具もあった。衛生面の問題やプライバシーの問題もあり、行政は対応に追われた。

徳之島をはじめ、奄美出身者は過酷な避難所生活にあっても寄り添い、助け合って懸命に生きる道を模索した。ユイワク（結い。互助作業）が生きる力になった。その姿を見た神戸新聞社会部副部長（当時）の中井和久さん（名瀬出身）は自らを奮い立たせ、そして決意した。「奄美の仲間と共に生きていこう」。中井さん自身が被災者の一人でもあり、社屋は倒壊し、新聞発行もやっとの状態であったが、シマジマの絆が復興の力になる、と確信を持った。中井さんは、後に関西奄美会の会長を務めている。前述した大橋さんは、コミュニティーFMで島唄を流し、出身者を励ました。

出身者を救え

出身者の苦境にシマンチュたちが指をくわえてはいなかった。地震発生から一夜明けた一月十八日、奄美一四市町村は義援金の受け付けを開始した。伊仙町のボランティアグループ「奄美出身者を救援する会」は、同月二十二日、神戸市に向けてダイコンやジャガイモなど野菜類と牛肉を送った。「全島民の力を合わせて被災地の同胞

図11 被災者による救助活動
（1995年1月18日 wikipediaより）

を救おう」との趣旨に多くの島民が賛同した。関東や関西在住の出身者は、運送班、炊き出し班を組織した。大阪で荷物を受け取り、被災地まで運ぶ。簡易ガスボンベや鍋を持ち込んで調理した。徳之島三町は災害応援隊を組織し、二月四日、職員三人を現地に派遣した。被災地を脱出して古里に身を寄せる人も多かった。

徳之島三町の集計によると、平成七年二月二十八日時点での三町の合計で二五三〇万九一八九円の義援金が集まった。内訳は徳之島町が一〇二九万一〇四一円、天城町は八三一万六一六五円、伊仙町は六七〇万一九八三円であった。被災地からの転入者は、徳之島町が二五人、天城町四人、伊仙町八人の合計三七人で、行政は被災者のために公営住宅や民間の空き家などの確保に奔走した。

復旧から復興へ　避難所暮らしをしている被災者の願いは、「広くなくてもいい。プライバシーが守られた中で、ゆっくりと風呂に入りたい」だった。兵庫県は、震災直後から仮設住宅の建設を始めた。八月までに県内一四市町と大阪府内に四八〇〇戸を建設（**図12−1、2**）。二月から入居が始まった。ピーク時の十一月には、四万六六一七世帯が入居した。大阪府も府民向けに一三八一戸を建設し、最大一三六一世帯が暮らした。多くの被災者は、住み慣れた地域を離れて不慣れな土地で再出発を図った。八月には避難所不足はほぼ解消された。

ところが、地震発生から半年後、仮設住宅での孤独死が社会問題化した。入居者の三割以上が六十五歳以上の高齢者で単身世帯も多かった。隣の物音が響き、夏は暑く、冬は寒い。複数人が住むには狭い、といった問題も判明した。新たなコミュニティーづくりや健康面、住環境改善など多くの課題が突きつけられ、行政はボランティアと共に改善に当たった。

国や自治体が実施した復興対策は、①生活再建支援、②住宅復興対策、③市街地整備事業、④復興特定事業―などであった。兵庫県企画県民部防災企画局復興支援課の亀井浩之副課長は震災から十五年たった平成二十二年（二〇一〇）、「震災からの創造的復興の取り組み」を公表した。震災直後からの

図12-1　鹿の子台仮設住宅（1995年4月21日　神戸市提供）

避難所の位置づけについて、「緊急・応急対応期」（平成七年一月～八月）、仮設住宅の期間（平成七年九月～十年三月）を「復旧期」、仮設住宅から恒久住宅への移行期（平成十年四月～十二年三月）を「復興前期」と位置付けた。復興前期には、災害復興公営住宅の整備が進み、仮設住宅から恒久住宅への移行が本格化した時期であった。また、復興基金を活用した生活再建支援などの現金給付制度も創設された。商店街のにぎわいの回復、空地・空き店舗を解消するための復興大バザールなどのイベントや、小規模事業者への事業再開支援も継続した。

平成十二年（二〇〇〇）以降は本格復興に入る。災害復興住宅は高齢化率が五割近くになったため、高齢世帯生活援助員の配置や看護師が健康相談に当たる「まちなか保健室」の開設などが行われた。住宅再建では最高三〇〇万円の支給が可能になったほか、兵庫県住宅再建共済制度を創設した。経済・雇用関係では、中小企業向け融資の償還延長、観光キャンペーンなどを実施。震災の教訓を継承・発信するため、十四年四月、人と防災未来センターを開設した。

教訓

平成十三年、震災で焼失した神戸奄美会館が、再開発ビルの一角で活動を再開した。神戸市長田区の一角にあるビルの入り口には、神戸大空襲と震災を耐え抜いた「神戸の壁」の礎石が置かれ、その上には「明日へわがまち」のレリーフが据えられた。復興への決意と共に、震災で犠牲になった碑周辺の一七人の名前も刻まれた。会館は奄美出身者の憩いの場、島唄や舞踊の練習の場としても活用されている。

震災から四半世紀余がたった。被災地は力強く復興し、人々の生活も震災以前に戻ったかのように見える。神戸の街に震災の跡を探すのも難しい。徳之島町山（さん）出身の男性の自宅は、地震で倒れてきた隣の家に押しつぶされて全壊した。男性は何とか這い出て一命を取り留めた。経営していた会社の建物も壊れ、廃業を決意した。避難所生活を送っていたとき、呼吸困難に陥り、救急車で搬送され、昏睡状態を経て蘇生する。仮設住宅住まいのときは、心と体のリハビリのため三味線をつま弾くことで、健康を回復していった。震災の十年後にはＣＤを制作した。被災地に残って歯を食いしばって再起し

図 12-2　西神南仮設住宅（1996 年 12 月 20 日　神戸市提供）

た人、出身地に戻って再出発した人もいる。もちろん美談ばかりではない。いまだに「震災のことは話したくない」と口をつぐむ人もいる。それぞれが「失ったものを背負い続けて」懸命に生きた。一月十七日は震災の記憶を刻むと同時に、深化させ続ける日でもある。

震災の教訓、後世へ

国の中央防災会議は「阪神・淡路大震災の教訓とそれを踏まえた災害対策」をまとめ、内閣府ＨＰ「みんなで減災」に掲載した（図13）。主な教訓は、①予防対策、②応急対策、③復旧・復興対策―の三項目であった。

予防対策については、▽死者の多くが家屋の倒壊家具の転倒による圧迫死だった。▽老朽住宅が密集し、道路も狭（きょう）あいな市街地において延焼によって多くの被害が生じた。▽建物被害は主として現行の建築基準法を満たさない建物に起こった。▽道路橋では、昭和五十五年（一九八〇）以前に建築されたコンクリート橋脚が破壊、崩壊したほか、多くの鋼製橋脚に座屈（ざくつ）（重みで折れ曲がる）を生じた―と指摘した。

応急対策は、▽国全体の情報連絡・初動体制が遅れをとった。▽大震災直後には被害の確定情報が迅速に収集できず、死者数や建物倒壊数等の被害規模の把握が困難だった。▽地方公共団体相互の応援協定は一部についてはあったものの、要請・応援のシステムが円滑に作動しなかった。▽道路の損壊、極度の渋滞に加えて、鉄道・港湾の損壊も著しく、要員・物資の緊急輸送に著しい支障が生じた。▽負傷者の搬送活動が必ずしも充分に行われなかった。▽ボランティアの諸活動の有用性が明らかになったが、受付窓口の開設や業務の振り分け体制の整備、医療や建築技術、福祉など専門技術を有するボランティアの重要性が指摘された―などを挙げた。

復旧・復興対策の課題は、「災害弱者の生活再建や商店等の経営再建に困難が生じた」ことを挙げた。復興の過程で住民が分散したことによって、それまで地域コミュニティーが担っていた、相互扶助機能が失われたことが大きな要因だった。

図13 内閣府ＨＰ「みんなで減災」（2010年）

災害対策の充実

阪神・淡路大震災の教訓を踏まえ、①災害に強いまちづくり、②災害応急対策、③ボランティア活動を支援するための制度、④災害復旧・復興―の充実が進められた。具体的には、▽耐震基準の見直し、診断・改修の支援措置、▽避難地・避難路の整備。学校の耐震工事化、▽地震の早期予測システムの整備、▽全都道府県による応援協定、▽激甚指定基準の見直し、▽被災者生活支援法の制定―などである。

日頃の備え、疑わしきときは行動せよ

阪神・淡路大震災から十六年後の平成二十三年三月十一日、東日本大震災が発生した。大津波が発生し、死者一万五九〇〇人、行方不明者二二二三人（令和四年三月現在）という未曽有の被害をもたらした。阪神・淡路大震災は直下型、東日本大震災は海溝型の大地震である。二つの震災は私たちに地震の恐ろしさをまざまざと見せつけた。平成二十八年に発生した熊本地震も記憶に新しい。

時事通信によると、令和四年（二〇二二）三月二十五日、政府の地震調査委員会は日向灘など九州周辺や南西諸島海溝（琉球海溝）周辺の地震活動について、長期評価の第二版を公表した（図14）。平成十六年の第一版では、沖縄県与那国島周辺でM（マグニチュード）八・八程度が最大の想定だったが、日向灘や与那国島を含む南西諸島でそれぞれM八程度の地震があり得ると評価し直した。ただ、資料がそろう十七世紀以降では起きた事例が一回ずつしか知られておらず、今後の発生確率は「不明」とした。

M八は、東日本大震災級の震度だ。日本は地震大国。奄美も徳之島も無縁ではない。多くの出身者が犠牲になった阪神・淡路大震災などの経験を踏まえ、日頃から準備を怠らないようにしたい。行政も①疑わしきときは行動せよ、②最悪事態を想定して行動せよ、③空振りは許されるが、見逃しは許されない―の防災三原則を徹底したい。

（久岡　学）

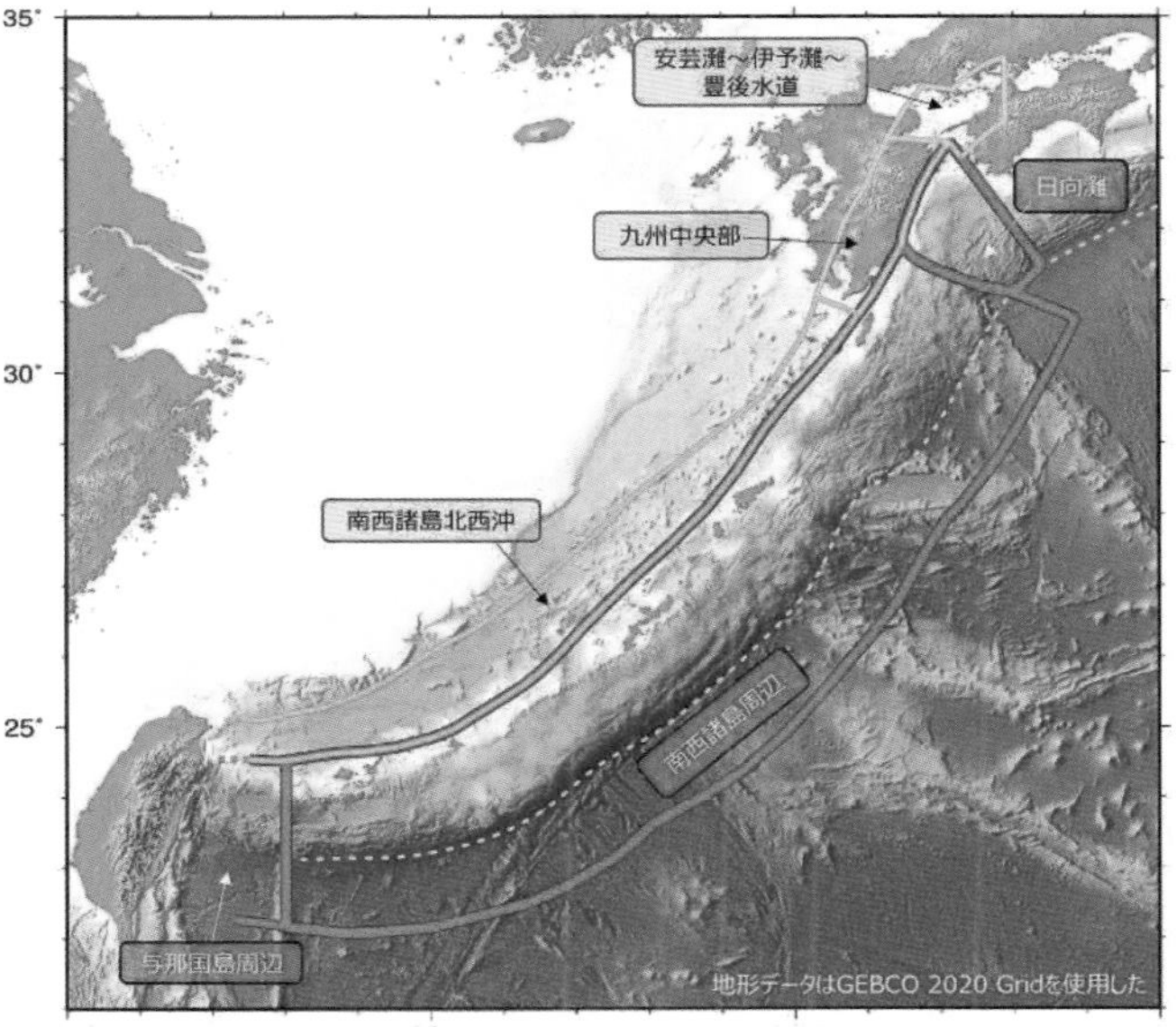

図14　日向灘及び南西諸島海溝周辺の地震活動の長期評価（第二版）（出典：「地震調査研究推進本部」）」（2010年）

図15 亀津町消防団記念撮影（大瀬川河口付近、昭和20年代）

三．徳之島地区消防組合発足

消防の沿革

日本における消防の歴史は、江戸時代の「町火消」を受け継いだ「消防組」（明治五年）が東京府に移管されたのが始まりである。明治二十七年（一八九四）に「消防組規則」ができて以降、各県知事の警察権のもとに消防組が整備されるようになった。費用は市町村の負担であった。徳之島町域の消防組は、明治四十二年に中区（当時中組といった）で起きた火災をきっかけに、在郷軍人会で組織された。大正時代に入ると、母間、花徳、山など各村に公設あるいは私設の消防組がつくられ、人力ポンプ一台を備え、組頭、小頭、消防手が組織された。ただし常設の組織ではなかった。*2 昭和十四年（一九三九）に「警防団令」の詔勅*3が出されたことから、消防団は「警防団」と名前を変え、「防空、水火災消防その他警防に従事」（伊仙町誌）することが加えられた。

終戦後の昭和二十二年、勅令*4の「消防団令」が出たことにより、警防団という名称はなくなった。さらに、日本国憲法制定後の二十三年三月には「消防組織法」が成立し、市町村長が消防の組織と運営管理を行うことになった。亀津町においては、二十二年に亀津高等女学校教員の爲山道則らが連合青年団を組織し、その中に「警防部」を置いていた。しかし間もなく消防組織法が制定されたことで、米軍統治下の大島郡全体がこれに倣うことになり、新たに消防団として独立した（**図15**）。亀津町では、平山正明が初代団長、永浜安雄が副団長となり、

*2 東天城村役場『我が村』参照。なお、国内には大正期においても、常設の消防組織は東京、大阪、京都、神戸、名古屋、横浜の六都市のみであった。この後、昭和時代に入り、国を取り巻く情勢がひっ迫し始めたことから、国防上重要な都市に公設の消防署が設置されていった（日本消防協会HP）。

*3 詔勅には、詔書と勅書があって、詔書は天皇の言葉を国民に知らせる公式文書で、勅書は国民に示すものではない。

*4 勅令は天皇によって制定された命令を指す（日本大百科全書ほか参照）。

各地区には分団が置かれた。しかし初めのうちは、消防団の備品といっても手動ポンプもわずかで、ほかに鳶口（とびくち）があるだけだった。昭和二十五年五月、軍政府から消防車と消防三輪車が入り（図16）、消防車を亀津公民館に、消防三輪車は母間（ぼま）に、手動ポンプは亀徳に置いた。消防三輪車が配備された母間は、井之川から轟木（とどろき）まで消火にあたったといわれる。昭和二十七年ごろに亀徳で起きた火災では、これらのポンプが大いに活躍した。また、二十八年には消防後援会が亀津に組織され、会計を役場内に設け、町民から二〇円を徴収して消防団運営を強化した。

昭和三十三年四月、亀津町と東天城村が合併して徳之島町が誕生した。同時に両町村の消防団は合併して、徳之島町消防団となった。団長は永浜安雄、副団長は内山貫一で、六人の地区分団長のほか役場内に消防主任が置かれた。消防費予算は二一四万三六五五円でホースなどの備品費、手々の防火水槽設置にかかる補助金、貯水槽二基の設置費などに充てられた。

昭和三十八年、国内の自動車事故急増に対応するため、消防法の改正が行われ、消防団が救急業務も行うことになり、大都市から順々に整備されていった。さらに、四十年代に入ると消防の常備化が進み、併せて消防体制の広域化も図られていった。この流れを受けて、昭和三十年、大島郡においても郡内の市町村消防団をもって県消防協会大島支部が設立された。大島支部は各支部主催の講習会開催や、各地区持ち回りの大島郡消防操法大会（そうほうたいかい）を開始するなどにより、[*5]郡内消防団の技量向上を図り、併せて地域間の交流を深めていった。

救急業務の始まり

昭和五十年四月、徳之島町に初めて救急車が導入された。一一九番は役場総務課に置かれた。救急業務は行わず、患者を島内病院、あるいは名瀬市や鹿児島市の病院に送るためのもので、現場とヘリポートないし空港間で活動した。初年度は一六件の出動があり、うち一四件が島外搬送（はんそう）であった。な

＊5 伊仙町誌三九八頁。

図16 沖縄から届いた消防三輪車（亀津、1950年5月　正田武仁氏提供）

お、同時期の民間ないし自衛隊ヘリを使った緊急輸送自体は、徳之島全体で一六五件あって、その五〇%強が交通事故などによる外傷、骨折であった。昭和六十一年、消防法の改正があり、事故以外の急病人も救急業務の対象に加えることになった。平成二十一年には、再び消防法及び消防組織法が改正され、消防の任務の中に救急業務を行うことを明確化したことで、救急搬送は次第に消防組合における主要な業務となっていった。

徳之島地区消防組合発足

昭和五十七年、国における消防広域化の動きと県からの指導もあり、徳之島三か町で広域消防組合設立に向けて協議がはじまり、翌年二月には徳之島地区広域消防推進協議会が設立された。財政協議や先進地視察などを経て、九月議会において徳之島町と天城町の二町で可決され、十二月に伊仙町議会での可決を経て、翌五十九年二月に県知事から設置許可が下りた。これを受けて、翌三月に組合議会臨時会を開き、組合管理者を新田成良徳之島町長とすることで決定。十六日に初代消防長として徳之島町の東文一林務課長が就任した。三月末には職員採用試験も行った。一八九名もの応募があり、学科、身元調査、面接試験を経て四三名を採用した。このうち、消防士の資格を持つ三名を除いた四〇名は、ただちに六か月間にわたる県消防学校での研修に出発した（図17）。

昭和五十九年十月一日、徳之島地区消防組合が始動した（図18）。常備消防体制が確立したことで、高層化しつつある亀津市街地の火災対策や全島的救急体制の確立、防災体制の充実が期待された。業務が開始される同年十月までのわずか半年間で消防本部、消防署各分遣所（ぶんけんじょ）庁舎の建設が開始され、さらに救急車四台（一台は寄贈）、消防司令車、水槽付き消防ポンプ車三台、ポンプ車一台を購入、配置した。このほか消防無線中継基地一、固定局三、陸上移動局九も設置した。常備消防化と広域化により、島内での災害時における機動力、消防力等は飛躍的に高まることになった。

しかし、常備消防体制の整った昭和六十二年十一月、亀津で一七棟が全焼する戦後最大の大火事が

図17 県消防学校への出発式（昭和59年4月、徳之島町役場）

発生したのである。消防車やタンク車が五台出動して消火に当たったが、現場付近の路地が狭く消防車の乗り入れに困難を来たし、水圧不足に加えて古い木造住宅の密集地だったことから、せっかくの消防力を発揮できなかった。町内には、同様に狭あいな路地を持つ地区が多く、この反省を込めて地元紙は、住民の防災意識を高めることが不可欠であると警鐘（けいしょう）を鳴らした。[*6]

広域化が進む消防体制

平成十八年、国が定めた「市町村の消防の広域化に関する基本指針」に基づき、二十年に鹿児島県でも消防広域化推進計画が策定された。県内に一九ある消防本部を七つにまとめようというものであった。小規模な消防本部を広域化することによって、災害への対応能力をあげ、組織管理や人材確保、財政運営上も効率的であるとしていた。大島地区は、大島と喜界島でつくる大島地区消防組合、徳之島地区消防組合、沖永良部与論地区広域事務組合の三つを「大島消防本部（仮称）」として統合するというものであった。しかし、離島の場合、広域化しても効率化や他の島からの応援が期待できないなどの問題もあり、平成二十三年九月、徳之島地区は大島地区消防広域化検討協議会から離脱した。しかし、消防本部の統合はしなかったものの、消防体制維持の相互応援という形で、令和四年三月に大島地区消防組合、沖永良部与論地区広域事務組合との間で協定を締結している。さらに平成二十八年十二月、第五項で詳述する奄美ドクターヘリの運航が開始された。奄美ドクターヘリは沖縄県との連携も図られており、災害体制、救急体制ともに広域化が進んでいる。

消防組合と消防団の現況

徳之島地区消防組合は、令和四年四月時点で消防長も含めた五〇名体制であり、ポンプ車、救急車などの台数も設立当初からほぼ変わっていない。令和三年度の救急出動回数は一五三三件で、十年前の平成二十四年と比較すると一五〇件ほど減少しているが、一日あたり約五件の頻度で緊急出動している状況である。また同年の火災の発生件数は、三町合計で一四件であった。なお、徳之島町消

*6 徳之島新聞　昭和六十二年十一月二十六日。

図 18 徳之島地区消防組合消防本部（亀津）

防団については、一一分団、一四一名が所属し、消防ポンプ車一台、水槽付き消防車六台、小型ポンプ積載車八台、一〇ト水槽車一台を備え、地域防災に大きな力を発揮している（図19）。

（米田博久）

四．陸自ヘリ墜落事故

事故発生[*7]

平成十九年（二〇〇七）三月三十日深夜、鹿児島県からの急患搬送の要請を受けて、那覇から徳之島に向かっていた、陸上自衛隊西部方面隊第一混成団所属のＣＨ４７型輸送ヘリコプターが、天城岳（標高五三三メートル）の山中に墜落、炎上。乗員四人全員が犠牲となった。乗員には徳之島出身の建村善知三佐（当時五十四歳）も含まれていた。徳之島の人々は、任務に殉じた四人の死を深く悼んだ。四月一日付南海日日新聞によると、ヘリに搭乗していたのは建村機長と、副操縦士の坂口弘一一等陸尉（当時五十三歳）＝佐賀県出身＝、整備員の岩永浩一二等陸曹（当時四十二歳）＝長崎県出身＝、同じく整備員の藤永真司二等陸曹（当時三十三歳）＝大分県出身＝。

ヘリは三十日午後九時八分ごろ、徳之島地区消防組合の急患搬送要請を受けて、同日九時四十九分に那覇空港を離陸。午後十一時ごろ、悪天候による視界不良のため、当初、着陸を予定していた徳之島町総合運動公園から徳之島空港に進路を変更した。午後十一時十分、「グラウンドに着陸できないため、空港に向かう」との連絡を最後に通信が途絶えた。徳之島空港管理事務所によると、同日午後六時には霧が発生しており、視界は五〇メートル未満だったという。ヘリが低空飛行し、墜落するところを釣り人が目撃していた。墜落後、住民から「爆発音がした」、「山が燃えている」との通報があった。ヘリが墜落した天城岳頂上付近は赤々と燃え上がった。事故現場の麓にある山集落は一時、騒然となった。事故機は林道から三〇〇メートルほど登ったところで発見された。機体は大破し、プロペラなどの残骸が飛び散り、辺り一面が焼け焦げていた。

図19　消防団の車庫（手々）

＊7 陸自輸送ヘリ墜落事故ドキュメント（四月一日付南海日日新聞より抜粋）

三月三十日 二一時〇八分　徳之島地区消防組合から県へ急患搬送要請。県は陸上自衛隊西部方面隊第一混成団に要請

二一時四九分　自衛隊ヘリ（機種ＣＨ－４７）、機長以下四人、那覇空港を離陸。

二二時四五分　徳之島町総合運動公園へ到着予定

二二時五五分　消防より「ヘリが到着しない」と県に連絡あり

二三時　視界不良のため、目的地を徳之島空港（天城町）へ変更を確認

二三時一〇分　自衛隊はヘリと連絡が

事故から一夜明けた三十一日には、自衛隊や警察官などの応援部隊が次々と徳之島入りし、大規模な救助・捜索活動が行われたが、同日午前中に乗員四人全員の死亡が確認された。なお急患は、鹿屋からの自衛隊機で沖縄に搬送された。陸上幕僚監部（ばくりょうかんぶ）は九月、事故原因について「夜間の天候急変により視界不良になったことなどが原因」とする調査結果を公表した。

島のために

機長の建村さんは徳之島町亀津出身。三月末で定年退官するはずだった。五千四百時間の飛行時間を持つベテランパイロットだった。再就職先も決まっていた。建村さんの姉の芳江さん（当時七十五歳）は「定年間近で、もう夜間のフライトはしないと言っていた。出身地の徳之島からの急患搬送と聞いて飛んだのかもしれない」と涙した。建村さんは、小学校三年まで亀津小で過ごした。父親の転勤に伴い、四年生から龍郷町（たつごうちょう）の大勝（おおがち）小へ。龍南（りゅうなん）中学校時代は野球部に所属し、主将・投手を務めた。昭和四十二年（一九六七）の陸上大会では、三段跳びで大会新記録をマークしたこともある。中学卒業後、文武両道でなければ難しいと言われる少年自衛官に合格した。

御霊よ安らかに

四人の遺体は那覇市に搬送された。四月十五日、陸上自衛隊第一混成団飛行隊の格納庫で葬送式が行われた。安倍晋三首相は「極めて過酷な状況の中、身の危険を顧みず、患者救命を第一に最後まで任務を完遂しようと務められた」と述べ、四人の死を悼んだ。同じ日、徳之島でも機体の回収作業に当たっていた自衛隊員らが黙とうを捧げた。

陸上自衛隊第一混成団は、同月十八日、事故現場近くの山コミュニティーセンターで殉職（じゅんしょく）隊員慰霊祭を行った。建村さんの遺族や現地対策本部長の高橋祐二・一等陸佐、三町の首長など約百人が参列して、殉職した四人の冥福を祈った。陸自西部方面隊の朝倉昇総監が追悼（ついとう）の辞を述べた。現地対策本部はこの日までに回収作業を終え、同月二十日、対策本部を解散した。

慰霊碑建立

事故後、「勇敢な隊員たちのために慰霊碑を建立しよう」という機運が盛り上がった。

十月三日、自衛隊ヘリコプター殉職者慰霊碑建立実行委員会の初会合が徳之島町役場であった。会長には同町の高岡秀規町長が就任した。一周忌に慰霊祭を実施することを申し合わせ、

取れないことを確認
二三時一五分　住民から天城岳付近が燃えている、と消防に連絡あり
二三時四〇分　県警本部に自衛隊機墜落事故対策本部を設置
三十一日〇時五〇分　消防職員、消防団員、徳之島署員による現地捜索
一時〇五分　航空自衛隊混成団ヘリ（機種UH―60）、機長以下那覇空港離陸
三時　消防が山コミュニティーセンターに航空事故対策本部を設置
三時五〇分　自衛隊先遣隊が徳之島空港到着
六時三五分　警察が現地に到着し、機体を確認。機体は損傷が激しく、乗員は見当たらず
六時四三分　乗員一人目発見
六時五五分　乗員二人目発見
七時一四分　鹿屋自衛隊が急患搬送のため離陸（五時二三分、急患搬送の要請あり）
七時四七分　乗員三人目発見
八時四四分　乗員二人の死亡確認
九時五四分　急患搬送の自衛隊機が徳之島空港離陸
一〇時五〇分　乗員四人目発見
一一時五〇分　乗員三、四人目の死亡確認

鎮魂歌（作詞・寶田辰巳さん、作曲・幸多優さん）も制作された。

年が明けて平成二十年月二月二十五日、実行委員会の二回目会合が天城町役場であった。慰霊碑を事故現場近くの山集落に建設することや、事故から一年目に当たる三月三十日に慰霊祭を実施することを確認した。慰霊碑建立のための募金は、この日までに一二〇〇万円に達した。

三月三十日、山公民館裏の広場で慰霊祭が行われた。遺族や自衛隊関係者など約二百人が参列し、国歌斉唱や黙とうに続いて、鎮魂歌と「千の風になって」の合唱が行われたほか、自衛隊の急患搬送について感想文の朗読、献花が行われた。遺族代表として謝辞を述べたのは、建村機長夫人の美和子さん。「たくさんの方々に励まされた。事故現場に町民の皆さんが植えてくださった桜に感動した。遺族は、彼らが自らの職務に人生を懸けたことを誇りにして生きていきたい」。同じ日、那覇市の陸上自衛隊第一混成団駐屯地でも慰霊祭が行われ、四人の冥福を祈った。

事故から二年後の三回忌を前に慰霊碑建立の準備が整った。場所は慰霊祭が行われる広場。平成二十一年一月二十二日、慰霊碑建立の安全祈願祭が行われ、一か月後の二月二十日に完成した（**図20**）。慰霊碑は御影石製で、高さは五㍍あり、右側に碑文、左側に歌碑を設置した。四人の隊員を四色の琉球ガラスで表した。事業費は約二六〇〇万円。事故現場に鎮魂碑と林道からの階段も整備した（**図21**）。鎮魂碑には「波濤を越えて」の文字が刻まれている。

実行委員会が主催する慰霊祭は、遺族の希望もあり、平成三十年（二〇一八）の十三回忌をもって最後となったが、自主的な慰霊活動は続いた。事故後の平成二十年から、慰霊碑一帯の清掃活動が始まった。令和二年十一月は、奄美大島青年会議所（渡太郎理事長）の呼び掛けに、山集落の住民、NPO法人徳之島虹の会や樟南第二高校の生徒が応じ、一帯を清掃した。渡理事長はこう話した。「殉職した隊員たちは、地域の守り手として過酷な任務で犠牲になった。事故を風化させることなく、私たちも地域と一つとなって作業することで、人同士のつながりを深め、大切な人のために役割を果たすことが

図20 自衛隊ヘリコプター殉職者慰霊碑（徳之島町山）

図21 事故現場の山頂で行われた慰霊碑竣工式（平成21年2月）

できると思う」。人のつながりがある限り、事故を風化させることなく語り継がれていくことだろう。

急患搬送などに伴う自衛隊機の墜落事故は、ほかにも昭和三十七年（一九六二）九月三日、血液搬送中の海上自衛隊鹿屋基地のP2V機が、奄美市名瀬のらんかん山に接触、炎上する事故があって多大な被害が出た。*8 慰霊祭は三十三回忌を機にいったん途絶えたが、奄美大島青年会議所が記憶を途絶えさせることがないようにと、平成十七年（二〇〇五）に再開した。

五．奄美ドクターヘリの運航

奄美ドクターヘリ就航

平成二十八年十二月二十七日、奄美ドクターヘリ*9の運航が始まった。エリアは十島村と奄美の各島で、基地局は奄美市名瀬の県立大島病院に置かれた。業務は現場出動と施設間搬送で、救急医療に必要な器具や医薬品を装備し、救急現場に医師と看護師が飛ぶ。現場から医療機関に搬送するまでの間、救命救急医療を行う。県内では平成二十三年十二月、鹿児島市立病院を基地局とする鹿児島県ドクターヘリが運航を開始しており、奄美ドクヘリの運航開始で県内全域をカバーできる体制になった。夜間や荒天時の急患搬送は、従来通り自衛隊ヘリが対応。徳之島、沖永良部、与論の急患については大島病院で対応が困難な場合、沖縄県内の医療機関にも搬送する。

奄美ドクターヘリの運航時間（**図22**）は、天候に問題がなければ午前八時から日没まで。日中は県立大島病院の救命救急センター屋上に待機し、各地の消防からの要請に応じて出動する。ランデブ

＊8 海上自衛隊哨戒機墜落事故。昭和三十七年（一九六二）九月三日午後四時五十五分ごろ、海上自衛隊のP2V－7哨戒機が、奄美市名瀬のらんかん山に墜落。乗っていた隊員一二人と住民一人が死亡、多くの家屋が焼失した。哨戒機は県立大島病院に入院していた妊婦の手術に必要な血液輸送の依頼を受け、海自鹿屋航空基地を出発。当時、奄美大島に空港はなく、名瀬港中央埠頭へ血液を投下する予定だった。奄美の病院では保存血液が不足し、献血体制が整備されていなかったことによる悲劇だった。

＊9 日本のドクターヘリの沿革。世界最初のドクターヘリは一九五二年、スイスが山岳遭難者を救護・搬送するため創設した。七〇年代に入ると、交通事故による犠牲者を減らすことを目的にドイツやアメリカでヘリコプター救急が始まり、急病人の治療や患者搬送へと用途が広がっていった。日本で正式に運航が始まったのは平成十三年（二〇〇一）四月。導入のきっかけとなったのは平成七年一月十

ーポイント（離着陸場所、平成二十九年十二月現在）は一六六か所。徳之島は二〇か所。通報から出動までは三分~五分。奄美大島の場合は十分、与論は四十分程度で到着できる。自衛隊ヘリの場合は、出動要請から到着まで平均四時間ほどかかったが、ドクターヘリの導入で大幅な時間短縮となり、救命率の向上、後遺症の軽減につながると期待された。

初出動は徳之島

奄美ドクターヘリの初出動は徳之島だった。南海日日新聞によると、患者は徳之島徳洲会病院に入院中の女児（二歳）。先天性心疾患（しんしっかん）があり、容態が悪化したため、高度な小児医療が必要になり、鹿児島大学病院へ搬送することになった。

運航初日の十二月二十七日午前八時三十五分、徳之島消防からの出動要請を受けたドクターヘリは四分後、大島病院を出発（**図23**）。同九時三分に徳之島町緊急ヘリポートに到着。ヘリポートでは女児を乗せた救急車が待機していた。女児と母親がヘリに乗り込み七分後に離陸した（**図24**）。

この日は強風のため、燃料消費が激しく、ヘリは安全面を考慮して枕崎空港で給油しなければならなかったが、同十一時十八分、鹿児島大学病院に到着した。ヘリに搭乗した大島病院の服部淳一救命救急センター長によると、上空は風速三〇メートルの強風が吹き荒れ、ヘリが出動できるギリギリの状況だったという。「通常の三割増しの時間がかかったが、何とか助けたいとの思いで任務に当たった。（運航までの）半年間に積み上げてきたものが生かされた」と話した。患者を搬送した徳之島徳洲会病院の東泰幸研修医は「（奄美ドクターヘリの就航で出動要請から）わずか二十分で来てもらい、鹿児島まで搬送でき

図22　ドクヘリ基地局までの所要時間（県HP）

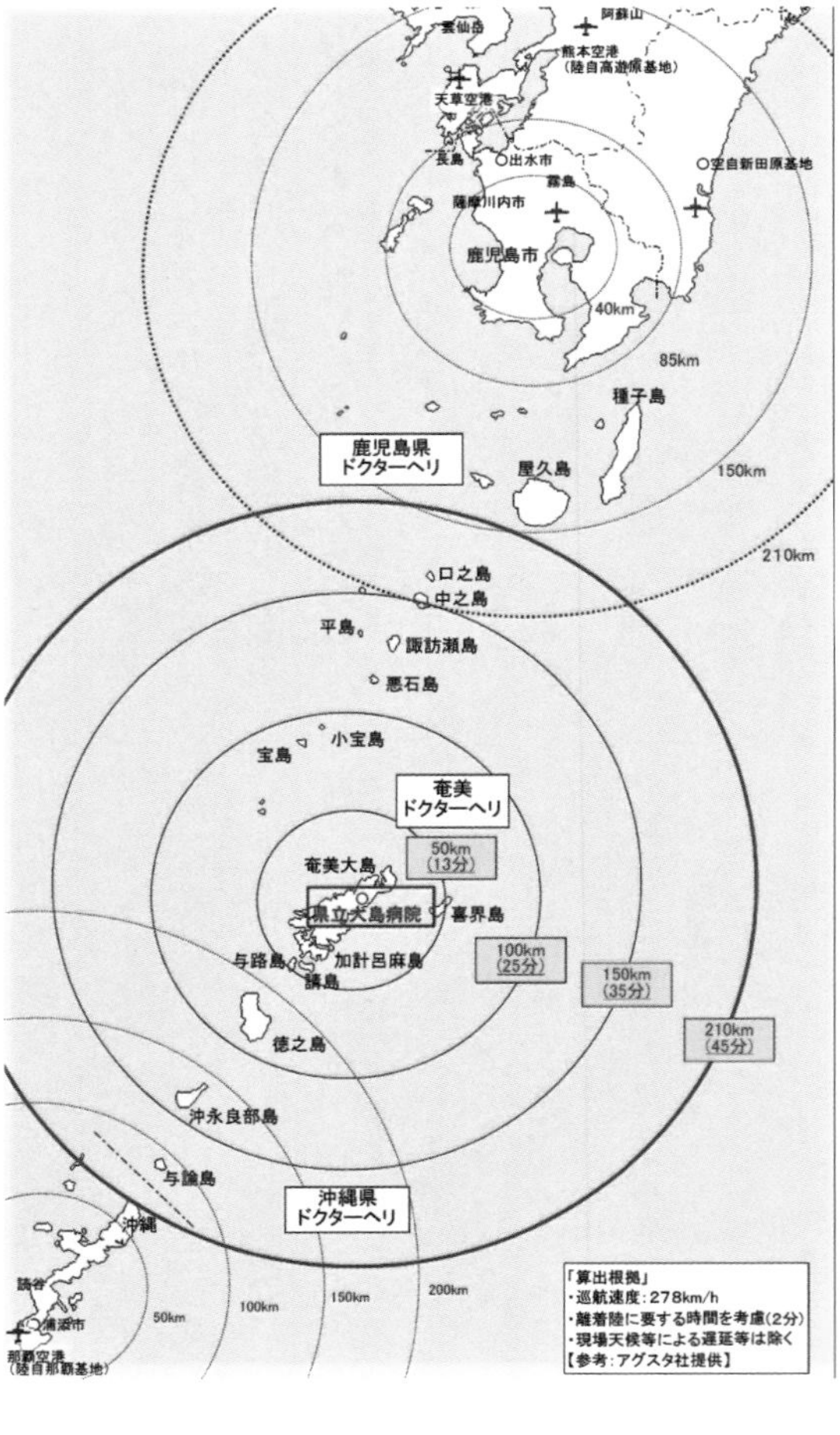

七日に発生した阪神・淡路大震災だった。平成十九年六月、救急医療用ヘリコプターを用いた救急医療の確保に関する特別措置法（ドクターヘリ特別措置法）が成立。その後、ドクターヘリの導入は年々増加。平成二十三年（二〇一一）三月の東日本大震災ではドクターヘリ一八機が災害医療活動のため出動。令和四年四月現在、全国四七都道府県に五六機が配備されている（認定NPO法人救急ヘリ病院ネットワークHPより）。

る。救える命が増える」と運航開始を喜んだ。

運航前夜

奄美ドクターヘリが運航を開始する以前は、急患が出た場合、自衛隊ヘリに出動を要請することが多かった。急患搬送は自衛隊の本来の業務ではない。ヘリの出動は緊急性や公共性、非代替性の要件を満たした場合のみ、県知事が自衛隊に出動を要請する。このため、前述したように要請から出動、到着まで時間を要することが多かった。

ＮＰＯ救急ヘリ病院ネットワーク（ＨＥＭ—Ｎｅｔ）によると、国内でドクターヘリの導入議論が盛んになったのは、阪神・淡路大震災（平成七年一月）がきっかけだった。発生当日に消防防災ヘリによる患者搬送はわずか一件だった。翌年には消防庁にドクターヘリによる患者搬送の検討委員会が発足。平成十一年には厚生省がドクターヘリ試行事業を開始。ＮＰＯ救急ヘリ病院ネットワークも設立された。

国会はドクターヘリ議員連盟の発足に向けて動きだす。徳之島の自衛隊ヘリ墜落事故のあった平成十九年四月、伊藤祐一郎知事はドクターヘリの導入については「自民党内で法案化に向けた動きもある」と指摘。「これからより少子高齢化が進み、人口が減少していくと、大きな病院を地域ごとに維持していくのは困難になると予測されるので、なるべく早く各地域から患者を搬送する仕組みをつくらないといけないと考えている」と述べた。同年六月、「救急医療用ヘリコプターを用いた救急医療の確保に関する特別措置法」（ドクターヘリ特措法）が超党派の議員立法で成立した。特措法の成立に伴い、鹿児島県もドクターヘリ運航に向けた準備を進め、鹿児島県ドクターヘリが平成二十三年十二月に運航を開始した。

奄美地区でドクターヘリ運航に向けた準備が本格化したのは、平成二十七年。同年七月に準備委員会が発足。運航要領案の策定に入った。課題となったのが沖縄との協力関係。徳之島以南の三島は沖縄県に患者搬送を依頼してきた経緯もあり、大島病院で対応が困難なケースに

図23 初出動のため基地局に着陸するドクターヘリ（平成28年12月27日 県立大島病院屋上ヘリポート、南海日日新聞社提供）

図24 急患を初搬送するドクターヘリと消防関係者（平成28年12月27日　南海日日新聞社提供）

ついては、県境を越えた協力関係の必要性を求める声が相次いだ。沖縄側との協議の結果、「緊急性の高い患者については受け入れる」ことで合意した（図25）。

伊藤知事は平成二十八年二月、奄美ドクターヘリの運航開始を「十二月」と発表。関係機関の調整が本格化し、八月には実証実験も始まった。徳之島では十一月二十二日、運航前訓練が行われ、十二月二十七日の運航開始を待つばかりとなった。

輸送実績

「奄美群島の概況」によると、搬送件数は平成二十八〜二十九年度が六一〇件（徳之島地区消防組合一一〇件）。内訳は、現場出動が二六一件、施設間搬送は三二六件、出動後キャンセルは二三件。三十年度は四五一件（同七九件）、このうち現場出動二〇九件、施設間搬送は一九六件、出動後キャンセルは四六件。令和元年度の輸送件数は三〇三件（同七〇件）、二年度は二四七件（同三五件）、内訳は現場出動が一〇〇件、施設間搬送は一二五件、出動後キャンセルは二二件だった。

奄美ドクターヘリは、県本土や沖縄への搬送も多く、平均飛行時間も長い。就航一年目は県の想定（年間二〇〇件程度）を大幅に上回り、不出動の原因ともなる重複要請への対応も課題に挙げられた。令和元年度（二〇一九）以降、出動件数は落ち着きを見せ、適正利用が進んだ。奄美ドクターヘリは住民の貴重な医療資源であり、永続させなければならない。今後も、効果的・効率的運用やマンパワーの確保に向けた継続的な議論、検証を進めていきたい。

徳之島に関しては奄美ドクターヘリの対応が困難な場合、平成二十年に運航を開始した沖縄・浦添ドクターヘリ（基地局・浦添総合病院）が引き続き、カバーしている。このほか、沖縄の陸上自衛隊や鹿屋航空自衛隊のヘリ、鹿児島県消防防災ヘリ、海上保安庁の固定翼機・巡視船、民間航空機、定期船による患者の搬送も行われている。搬送件数は、浦添ドクターヘリ（平成二十〜令和三年）が二二八件、奄美ドクターヘリ（平成二十八〜令和三年）は二五三件だった。

（久岡　学）

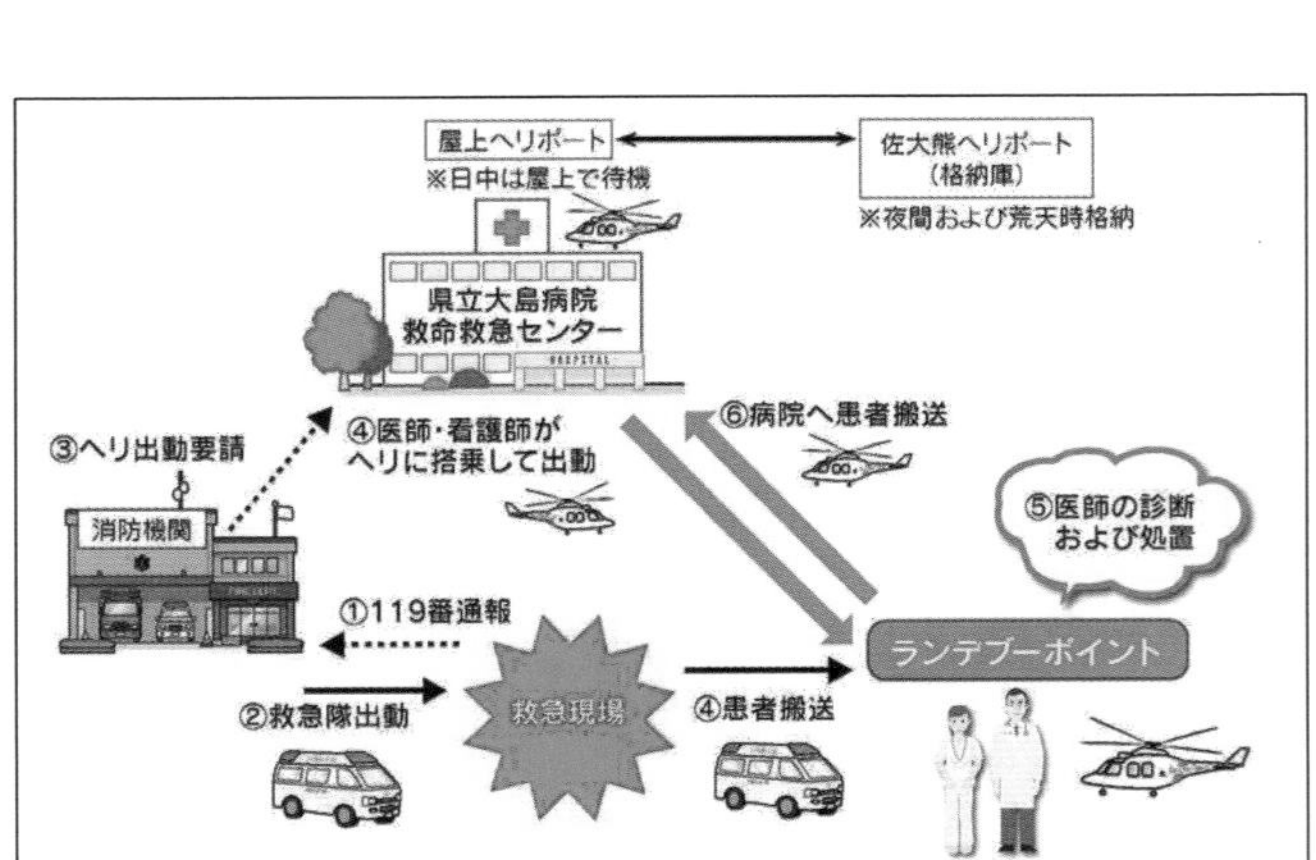

図25 ドクヘリの出動手順（県立大島病院HP）

第九節　「政争の時代」と地域の運動

一．「ＭＡ―Ｔ計画」[*1]反対運動

特筆すべき、二つの住民運動

戦後の奄美は住民運動の連続だった。日本復帰運動に始まり、奄美大島宇検村（うけんそん）の無人島・枝手久島（えだてくじま）に計画された石油備蓄基地建設反対運動（枝手久闘争）＝昭和四十八～五十九年（一九七三～八四）＝、与論島（よろん）の百合ケ浜港（ゆりがはまみなと）建設反対運動＝昭和六十二～平成二年（一九八〇～一九九〇）＝、喜界島（きかいじま）「象のオリ」建設反対運動＝昭和六十三～平成十八年（一九八八～二〇〇六）＝、アマミノクロウサギなどを原告とした「自然の権利」訴訟＝平成七～十四年（一九九五～二〇〇二）＝など、さまざまな住民運動があった。近年では奄美大島・徳之島の自然遺産登録を見越した大型クルーズ船の寄港地建設計画に対する反対運動もあった。住民運動が結実し、跳ね返したものもあれば、進出・建設を許したものもある。

中でも、徳之島の二つの住民運動は特筆すべきと言えるだろう。核燃料再処理工場反対運動＝昭和五十一～五十八年（一九七六～一九八三）＝、米軍・普天間飛行場移設反対運動＝平成二十二年（二〇一〇）＝がそれだ。本土や都市部では受け入れられない迷惑施設や余ったカネは、離島や過疎地をいつも狙っている。徳之島住民が燃えた二つの住民運動は、日本の環境問題、基地問題に大きなインパクトを与えたに違いない。

コードネームは「ＭＡ―Ｔ計画」

奄美群島のみならず本土の出身者をも巻き込んだ住民運動は一本のスクープ記事から始まった。[*2] 昭和五十一年（一九七六）九月二十八日付の南海日日新聞一面、「核燃料の再処理工場　秋利神（あきりがみ）に白羽の矢」がそれだ。前年の昭和五十年三月、財団法人日本工業立地センター（伊藤俊夫理事長）が策定した計画を取り上げた。「ＭＡ―Ｔ計

＊1 「ＭＡ―Ｔ」計画の「ＭＡ―Ｔ」の部分はマスタープラン・アトミック・徳之島という説と、ミツビシ・アトミック・徳之島という二つの説があるが、今のところ、どちらにも確実な証拠は存在しない（樫本喜一「奄美　日本を求め、ヤマトに抗う島―復帰後奄美の住民運動」第三章「核と奄美」）。

＊2 本稿の終わりに「資料」として記事の元になった「ＭＡ―Ｔ計画調査」（財　日本工業立地センター）の概要を掲載した。

画」というコードネーム（暗号名）がつけられていた。

記事の概要は次の通りである。

「通産省所管の財団法人『日本工業立地センター』は、昨年三月、計画は天城町秋利神上流に核燃料再処理工場の計画を想定する『MA―T計画』をつくり（図1）、関係部門へ極秘に配布していることがこのほどわかった。

日本工業立地センターは公表を避けているが、本社が入手した調査書のまえがきには『本調査は、奄美群島第二の徳之島における使用済み核燃料再処理工場の適地性を調査したものであり、再処理工場の建設推進の踏み台として役立つことを期待している』と述べている。同センターは『離島中では最高の立地条件である。あくまで自主的調査で委託を受けたものではない』としているが、同センターは、理事長ら幹部職員は通産省からの出向や天下り、会長は元経団連会長であることを考えれば、財界と当局の意を受けた調査であり、徳之島が核燃料の再処理大型工場候補として関係部門で密かに論議されていることは確実である。

この調査書は天城町秋利神川上流、三京を含む地域に三〇〇ヘクタールの土地を買収し、一日五トンの処理能力を持つ使用済み核燃料再処理工場を建設しようとするものである。適地の条件として①国定公園を除外した四地点に三〇〇〇～五〇〇〇トン級の港湾建設が可能（候補地は秋利神河口、岡前の沖、山、下久志）、②基盤が堅ろう、③人口の希薄な用地が三〇〇ヘクタール確保できる、④簡単なダム建設により用水が確保できる、⑤若年労働者が確保しやすい―を挙げている」

新聞「解説」の見出しは、「数千億円の規模」「捨て場のない厄介物」となっている。茨城県東海村に再処理工場の整備が進められていること、使用済み核燃料が英国に送られ再処理されていることを取り上げたうえで、「再処理工場で出た灰は相当量の放射能を百年間も出すために、捨てる場所が世界のどこにもない。ガラスやコンクリートと混ぜて厚いコンクリートの筒の中に押し込められている。

図1　MA-T計画報告書にある核燃料再処理工場敷地配置図案に示された地区。右上が徳之島ダム。左は秋利神川河口（国土地理院航空写真を加工）

こんなぶっそうな工場を果たして徳之島島民が受け入れるのか」と警鐘を鳴らした。

同社徳之島総局は、地元の反応を取材した。地元天城町と同町漁協は、「寝耳に水」と驚いた。出張中の吉岡為良町長に代わって取材に応じた新田助役は、「たとえ調査が事実だとしても、町は歓迎するべきことではない」と述べた。計画地では町の放牧場（六〇〇㌶）や開拓、パイロット地区（九〇㌶）のほか、水田転作事業（水田転換特別対策事業）が行われていた。町は、一帯を亜熱帯植物の栽培地とする考えだった。新田助役は政争にも言及。「町長としてもこれ以上、分裂を招くような好ましくないことはやる訳がない」と答えた。

反対運動始まる

徳之島が使用済み核燃料再処理工場の候補地になった。この報道に島内外に衝撃が走った。報道の翌日、九月二十九日の県議会地域振興、環境保全両特別委員会でも同計画が取り上げられ、県の見解をただした。県側は「新聞報道で初めて知った。この種の工場を立地させることは全く考えていない」と答弁した。後に県知事を務めることになる須賀龍郎企画部長は同日、記者たちの質問に答えた。「全く知らなかった。具体的な相談があっても認めない。日本工業立地センターに問い合わせるつもりはない」と、明確に反対の意思を示した。

県はそれまでに日本石油（現在のＥＮＥＯＳ）の喜入基地や川内原発の設置を認めていた。大型開発に積極的だった県が、再処理工場に関しては反対の立場を打ち出したことについても質問が出た。須賀部長は「再処理の場合は石油や原発とは大きな次元の違いがある。諸外国でも再処理には手を焼いており、こうしたものを立地させることはできない」と答え、知事をはじめ県幹部が一致して反対の立場を取っていることを明かした。県議会と同じ日、天城町は漁協や関係職員を呼んで事情を聞き、町議会は特別委員会を設置した。七年前から、各種目的を掲げて十数社の調査団が島に入っていたことが分かったが、詳細は不明だった。

再処理工場という得体の知れない〝怪物〟に島民は動揺、混乱したが、短期間のうちに組織的な反対運動が組織されることになった。反対運動については樫本喜一[*3]が多角的、詳細に分析している。ここからは樫本の著作、論考を中心に考察したい。口火を切ったのは同時期、宇検村(うけんそん)で石油備蓄基地建設反対運動（枝手久闘争(えだてぐとうそう)）に取り組んでいるメンバーだった。闘争の中心的役割を担っていた新元博文は、現地の初動が遅れていることに危機感を持った。十一月上旬、再処理工場の問題点を指摘したパンフレット、「逆流・緊急特集号」*4を五〇〇〇部準備して徳之島に渡り、数日かけて各戸に配布した。「再処理工場の問題点がほぼ全て正確に指摘されており、よくまとめられた内容だった」（樫本）。パンフレットは「離れ島で、国民の目から比較的知られにくい所を選んだ」「徳之島の住民が全員放射能に汚染されてもかまわないと考えている節さえある」と指摘した。

パンフレットに加え、科学者の講演が反対運動に火をつけた。大阪大学理学部の久米三四郎教授が十二月十日～十二日、名瀬と徳之島三町で講演した。久米教授は早くから政府が進める原子力政策の問題に気づいていた。講演で再処理工場の危険性を訴えた。「原子力発電所の誘致を決めた、全国の数少ない県や市町村でも再処理工場だけは持ってこない―として住民を説得しているほど厄介なもの」「現在、日本で最有力候補にあがっている場所の一つが、この徳之島と奄美群島で、もう一つが北海道の奥尻(おくしり)、ここも島です。南北二つの島を、有力な設置予定地と原子力を推進する人々は考えているわけです」「本土と呼ばれる所に置くことができない再処理工場を、この奄美に持ってくるというだけでも、その動きに対してどのように対処しなければならないか、明らかだと思うわけです」

樫本は、原子力関連施設は「地域間格差の存在を前提とする」と指摘する。電力の安定供給で利益を受ける地域（大都市）とリスクを負う地域（地方）が異なる。事故を起こした福島第一原発のほか、福島第二原発、柏崎刈羽(かしわざきかりわ)原発も都心部への電力供給源だったが、立地場所は東北電力管内に位置する。東京湾には原子力発電所は存在しない。再処理工場の厄介さは原発を上回る。パンフと講演は問題点をあぶり出した。講演後、徳之島町議会は十二月十六日に、天城・伊仙両町は同月二十一日に再処理工場の建設反対を決議。同月二十三日には徳之島連合青年団（三島利雄団長）が反対を決議。島内外を巻き込んだ一大反対運動に発展していった。

＊3　樫本喜一（かしもと・よしかず）　昭和三十九年（一九六四）生まれ。大阪府立大学客員研究員。博士（人間科学）。大阪府立大学大学院人間社会学研究科博士課程修了。関西大学社会学部卒業後、団体職員を経て、歴史研究の道に入る。専門は日本近現代史、特に戦後日本の核・原子力問題の歴史の解明に取り組む。MA－T計画の研究に関連して、平成二十四年度（二〇一二）に「奄美群島における原子力関連施設等立地反対運動関係資料の収集と保存」というテーマで科学技術社会論学会の柿内賢信記念賞実践賞を受賞。各方面から学術的に重要なテーマだと認められた。主な著書に「奄美　日本を求め、ヤマトに抗う島―復帰後奄美の住民運動」（共著・南方新社）、「核の世紀―日本原子力開発史」（共著・東京堂出版）などがある。

＊4　「（再処理工場のトラブルなどは隠蔽しないと、政府が進める核燃料リサイクル政策に対する）反対運動が活発になるので、離れ島で、国民の目から比較的知られにくい所を選んだということです。次に、事故が起きたら周辺は完全に放射能に汚染されます。人間はもとより、海も草も木も、全てです。そういうの（再処理工場）を例えば、東京のド真ん中に建設したら被害が余りに大きい

死の灰から生命を守る町民会議

迷惑施設を離島に押し付ける―。問題の本質が見えてくると島民の動きは早かった。翌年（昭和五十二年）一月二十二日、伊仙中学校で「死の灰から生命を守る伊仙町民会議」（議長・福元砂盛伊仙町議会議長）の総決起大会があった（図2）。製糖シーズンにもかかわらず約一五〇〇人の町民が参加。「党派や個人感情を越えて息の長い団結を続けよう」と訴えた。町民会議は再処理工場に関する調査や教宣、陳情、請願活動を展開することを申し合わせたほか、町内各地区で支部結成、署名活動を行うことを決めた。徳之島町は、二月二十二日に結成大会を開催（図3）。天城町は準備委員会を経て、昭和五十四年に結成した。

樫本は、MA―T計画と後述する米軍普天間飛行場の移設問題を、「抵抗の記憶」と位置づけた。薩摩藩の圧政に、反旗を翻した記憶が島民にはある。母間騒動（一八一六年＝文化十三年）、犬田布騒動（一八六四年＝元治元年）がそれだ。徳之島は奄美の日本復帰運動の際、復帰の父と呼ばれた泉芳朗を輩出した地でもある。復帰運動の特徴を一言で表すとすれば「縦横無尽」。党派や思想信条を越えて一致団結した。島外の出身者は、情報を収集提供し、支援する。反再処理工場の運動は、復帰運動を彷彿させる運動に発展した。徳之島町の結成大会宣言では「われわれは無知な未開人でもなければ、島を売るような拝金亡者でもない。また、権力による脅しに負ける臆病者でもないことを怒りを込めて声明するとともに、かかる計画を断念させるまで、復帰運動をしのぐ闘いを粘り強く展開する」とのスローガンを採択した。日本復帰から二十四年。復帰運動はまだまだ人々の記憶に鮮明に残っていた。

樫本が収集した伊仙町の資料（戦後日本住民運動資料集成9に収録第三巻徳之島編）に、三町の町民会議の収支報告やビラなどが豊富に収録されている（図4）。「最も強力に反対運動を貫徹した」（樫本）伊仙町民会議の資料が目を引く。第二代議長の吉岡良憲と、事務局長を務めた福田高吉らが作成、保管していた資料だ。吉岡は中学校教諭で地元労働団体代表。福田は奄美医療生協徳之島診療所の事務局長。資料のなかに昭和五十六年、五十七年のものとみられる会計

ことがわかります。ところが、徳之島のような離島につくれば、人口が少なく、周囲を海で囲まれているので、被害の程度がわかりづらくなります。たとえ、徳之島の住民が全員放射能に汚染されてもかまわないと考えている節さえあります」（かっこ内は樫本補足）。

図2　死の灰から生命を守る伊仙町民会議総決起大会（福田高吉提供）

報告書がある。会費は町内のほとんどの集落から納入されており、一〇〇万円を超える。寄付や繰り越しを含めると二〇〇万円以上。これらは陳情団の旅費や看板製作にも使われた。吉岡は一六ミリの映写機を担いで島内を巡回した。集会による意思確認に加えて、立て看板や映像による教宣も反対の機運を盛り上げた。

収束へ

地元が反対の機運一色に染まる中、政治も動き出す。昭和五十二年二月、笠井純一県議（大島郡区）は通産省、環境庁を訪問し、省庁の方針をただした。通産省側は「日本工業立地センターの調査に通産省は全くタッチしていない。工場の設置には住民のコンセンサスが必要」と答えた。同年三月十二日、県議会総務警察委員会は、原水禁県協議会と奄美地区労が提出した陳情「徳之島における使用済み核燃料再処理工場建設計画反対について」を全会一致で採択した。徳之島三町、鹿児島県の行政、議会が足並みをそろえて「反対」の意思表示をする結果となった（図5）。

県議会と同じ日、衆議院予算委員会第四分科会があった。奄美群島区選出の保岡興治が質問に立ち、「MA―T計画調査が明らかにされて以来、徳之島では不安に陥っていることから、民生安定の見地からも由々しき問題」と指摘した。これに対し通産省側は「核燃料の専門家が調査したものではなく、工場立地の可能性について調査したものであり、再処理工場の建設に全く役に立たない」「通産省は具体的な地名を挙げて検討したことはない」「再処理工場はもちろんのこと、原子力産業の立地にあたっては国民的合意、地元の合意と協力でやるべきものである」と答弁した。さらに、日本工業立地センターと通産省の関係については、「通産省の認可を受けた財団法人で国、地方公共団体等の委託を受けて立地調査を行う機関で、民間からの委託も受けて収益事業を行っている。その調査は立地センターが随意に行っている、通産省はこれに関与しないし、その内容についても報告を受けていない」「MA―T計画については、騒ぎが起こってから立地センターに事情を聞いた」と答えた。政

図4　電柱に貼られた立地反対報告会のポスター

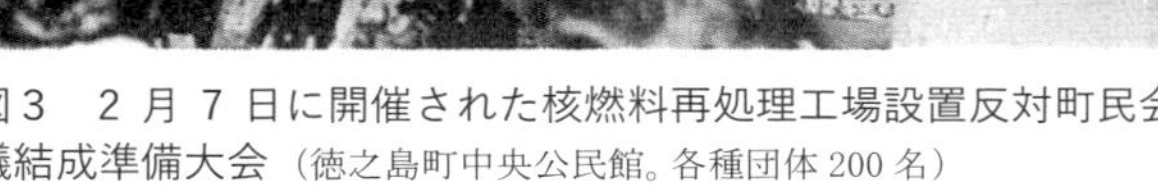

図3　2月7日に開催された核燃料再処理工場設置反対町民会議結成準備大会（徳之島町中央公民館。各種団体200名）

府としては、徳之島に再処理工場建設計画はない。MA―T計画策定にも関与していないことを明らかにした。保岡は、政府は町と県が反対している限り、無理強いすることはないから、安心するようにと地元に申し送った。MA―T計画調査には不可解な点が多く、天城町が業者と結んだとされる調査依頼書にも不備が見つかっていた。＊5

国会審議を機に事態は収束に向かったが、地元は警戒態勢を維持した。通産省が調査を把握していないのは不自然だと考えたのだ。昭和五十四年の師走、島は再び緊張感に包まれる。十二月一日、使用済み核燃料再処理工場の運営民間母体、日本原燃サービス株式会社の社長に九州電力副社長の後藤清が内定し、再処理工場の候補地も徳之島が最有力、との報道があった（朝日新聞三日付他）。南海日日新聞は、四日付で次のように伝えた。「原子力発電所の使用済み核燃料の再処理を行う、初の民間会社が来年二月ごろに設立されることになったが、社長に九州電力副社長が内定。既に立地調査が行われている徳之島での再処理工場建設は急激に現実味を帯びることになった。このため、公害反対郡民会議（松原若安議長）は五十一年に徳之島三町で結成されている『死の灰から生命を守る町民会議』の再建と同組織との連携強化を働きかけるなど、反対運動の態勢づくりに全力を挙げる。一方県の須賀企画部長は、再処理工場建設の候補地は徳之島が有力、との観測が高まっていることについて三日、『そういう話は聞いていない。仮に話があったとしても断る』と重ねて否定した」

東海村に続く、国内二番目の再処理工場の建設候補地とみられていたのは徳之島のほか、利尻島や礼文島（北海道）、下北半島（青森県）、上関町（山口県）など十数か所あったが、九電の副社長が原燃の社長に内定したことで、徳之島がクローズアップされた。原燃は年間一二〇〇トンの使用済み核燃料

＊5 大阪府立大学「人間社会学研究論集6」（二〇一二）二四七頁。

とくのしま
広報 徳之島

徳之島町の現勢
面積 100.51㎢
人口 15,585人
（先月より17人増）
男 7,340人
女 8,145人
世帯数 4,813戸
（昭和52年3月1日現在）

No. 98 3月号
発行 徳之島町役場
編集 企画課
電話 09978(2)1111-17
印刷 吉川印刷

復帰運動をしのぐ戦いを展開する

町民会議結成大会 盛大に挙行

核燃料再処理工場建設反対がさけばれている中で二月二十日、午後二時より予定どおり死の灰から生命を守る徳之島町民会議結成大会が挙行された。

最初の予想では、きびの刈り取り時期とかちあうため農家の人々が集るかと心配されていたが最初から体育館をうめつくした。

これは徳之島町民だけでなく、天城、伊仙方面からも、かけつけたことと、それよりも大きいのは徳之島島民が、いかに関心を持っていたか、であろう。

本町役場の東郷勇民の司会ではじまり、この大会に、もってくるまで、ひとかたならぬ苦労と世話をしていただいた、井之川青年団の加島俊彦君が開会宣言を皮切りにスタートした。

これまでの経過報告を木場議長が行なった後、演台に立った秋武町長は「広島、長崎のことを思い出して下さい。我が島に工場が出来れば生まれた子供達は幸福かどうか、決して幸福とはいえないでしょう。我が島民は金もほしくなければどのような権力も恐れない。この平和な島を守るため一緒に闘うつもりだ。」と怒りをこめてのべ、つづいて天城、伊仙、両町の代表も「この運動は息の長い戦いになると思われるので全島民が一致団結しておかなければならない。天城町も伊仙町、徳之島町につづきます。」と力強く述べた。

又、来賓として来島してくださった元山春光県議と松原若安公害反対郡民会議議長も「徳之島だけの問題でなく、奄美全郡、鹿児島県の問題として考えるべきだ。みなさんの先頭に立って戦います。」と訴えた。

このあと大沢昭夫、佐藤輝文、三島和雄の三氏を議長団に選出し、青年代表、婦人代表、区長代表、農協代表などが演台に立って力強く反対の決意を表明したが、このあと会則と審議は原案どおり承認した。

町役場前にて力強く反対の意志を表示する町民

図5 徳之島町役場前で行われた「町民会議結成大会」（昭和52年3月）

の再処理を計画した。

反対運動は、再び島内外で盛り上がることになった。報道から間髪を入れず、十二月九日、伊仙町民会議が反対決起集会を開き、のろしを上げた。同月十四日には名瀬市でも抗議集会があった。同じ時期、沖縄の米軍伊江島射爆場の硫黄鳥島（図5－2）への移転問題も持ち上がっていた。硫黄鳥島は天城町の西六五キロに位置する。行政区分は沖縄県だが、周辺は貴重な漁場となっている。立ち入りが制限されるとなると漁民の死活問題になる。核燃料と射爆場、島民は二重の怒りに震えた。島民の声に後押しされるように、県議会は同月十九日、核燃料再処理工場建設に反対する決議、硫黄鳥島への米軍射爆場設置反対に関する意見書を採択、可決した。質問を受けた鎌田知事も「反対」を繰り返し強調した。昭和五十五年の明け早々（一月十八日）、名瀬市で会見した保岡は、「徳之島への核燃料再処理工場の建設は考えられない。また、硫黄鳥島への米軍射爆場移転も、今のところ正式には県や防衛庁には話はないが、鎌田知事も反対しており、私も反対だ」と述べた。

計画が発覚してから四年。一度は収束した運動がすぐに再構築され、燃え広がった。結果的にＭＡ―Ｔ計画は立ち消えとなった。その後、次々と離島案が浮上した。長崎県平戸市への建設案がある、と報道され（長崎新聞・昭和五十七年九月十二日付）、平戸市は誘致のための団体が既に立ち上がっていたが、反対運動がすぐさま起こった。結局、計画が具体化する前に反対運動が盛り上がり、押し返すことに成功した。平戸の反対運動のモデルになったのが徳之島であった。住民運動は往々にして当初は盛り上がっても、切り崩しにあったり、疲弊したりして条件闘争に終わってしまうケースがある。しかし、徳之島は違った。樫本は「（徳之島の場合）反対運動は、徳之島と奄美群島の歴史を背負った闘いであった。それゆえ、長期化した住民運動に生じがちな、外部からつけ入る隙を与えなかった」と指摘する。昭和五十九年（一九八四）、再処理工場の建設候補地が青森県六ヶ所村に決まったことで、ようやく徳之島の運動は収束へ向かったのである。

図5-2　徳之島の西65ｋｍに見える硫黄鳥島（国土地理院処理画像）

（資料）　MA―T計画調査の概要

スクープ記事の元になった「MA―T計画調査」を少し詳しく見てみよう。計画書は、七四ページあり、①調査の概要、②徳之島の立地条件、③住民意識調査からみた地域開発意識、④徳之島の立地可能業種、⑤再処理工場の規模、⑥港湾施設、⑦道路計画、⑧住宅地計画―の八章構成となっている。これに「まえがき」「むすび」がある。

「まえがき」には次のように記載されている。

「本調査は、奄美群島第二の徳之島における使用済み核燃料再処理工場の適地性を調査したものであるが、単に企業サイドから適地を選定するのではなく、地域住民の利益付与に留意して、再処理工場の徳之島における位置づけを検討するとともに、地域の所得、文化水準の向上・工場従業員と地域住民の融和の場の在り方等を含めた再処理工場の立地手法について検討したものである。

とかく、核アレルギーの著しいわが国において、再処理工場を建設することには、その実現過程で多くの問題が生じることが考えられるが、原子力が、わが国の今後の有力なエネルギー源の地位を占めるであろうことは疑問の余地がなく、またそれに必要な核燃料の需給体制の安定を図るための再処理工場の建設は、不可欠な条件ということができよう」

核燃料の再処理とは、原子力発電所から出た使用済み核燃料から、再利用できるウランとプルトニウムを取り出すシステムのことである。石油や石炭など化石燃料は、一度燃やすと二度と使用できないが、ウラン燃料の場合は三～四年使用することができる。さらに再処理することで繰り返し使用できる。国は、「再処理工場は準国産エネルギー創出の場」と位置づけていた。再処理工場は巨大プラントの集合体であり、原子力発電所以上に耐震性が求められる。

計画書の一―二調査の概要（２）徳之島の工業立地条件には、次のように書かれている。

「徳之島の地質は、基盤が比較的古い中生層～古生層の輝緑岩、花崗岩、粘板岩、凝灰岩を主体とし、海岸部及び河川流域の平坦部は、その基盤の上に琉球石灰岩（サンゴ礁）が広く分布しているが、基礎地盤の地耐力はきわめて大きいと判断される。

徳之島の河川水による供給力を、秋利神川支流の２地点について降雨量から流量推計すると、No.１地点で三四〇〇立方メートル／日、No.２地点で九五〇〇立方メートル／日が流れており、簡単な取水工事によりかなりの取水が可能である。

電力は二か所から供給されているが、出力は四九〇〇キロワットであり、世帯数一万世帯からして、新規工場への供給余力は乏しいと判断される。立地工場の中心的労働力供給源となる、中・高卒者の供給量は、徳之島の県外就業者が約七六〇人（昭和四十八年卒）と推定され、また、奄美群島全体では約二〇〇〇人と推定され、立地企業の雇用如何によっては十分に就業者の確保が可能であろう」

センターは「島民の開発意識」についても調査をした。

「a 徳之島の人々は南国的、開放的でおおらかな性格をもち、排他的、閉鎖的なものは感じられないが、国や企業といったいわゆる体制の行為に対しては、『結局、本土に有利になることしかしないのではないか』といった、猜疑心を持つものと思われる。

b　過疎化については、建前的には『防止しなければ困る』と言うが、流出防止の手段である工場誘致については、絶対に公害と関係ない工場を、と主張する声がかなり強い。しかし、識者や積極派には『責任ある企業があれば公害対策も十分措置されるであろうから』という前提で、公害云々より工場誘致に賛成な意見もある。

c　島の自然に対する執着は、土地に対する執着と同義語として根強く、開発との関連では、島全体としてみたとき『あえて何かするよりは今まで通りのんびりと過ごしたい』という無欲的な意識が示される。ことに自身の力ですることには消極的で、意欲の欠如が伺われる。

d　本土のニュースに対する反応は、原子力のことではかなり関心が持たれていた。原子力船むつの問題については、その安全性の確立がなされないままに強行される無責任さに、強い反発が示されていた。

アンケート調査の結果を工場誘致の観点からまとめると、徳之島はこれまで工業導入を地域振興の手段として結びつける立地環境になかったため、産業は自然条件を基盤とした農水産と観光が中心となってきた。従って島民は、自然すなわち生産の場に対する依存心と工業に対する期待の薄さとが産業振興を考える基調となり、これに本土からの公害等の工業に関するニュースが不安材料として加えられ、工業開発に消極的になっていると思われる。

従って、立地工業は経済的寄与は当然として、島民の自然、とくに生産の場を侵犯しない工業であることが前提となろう」

日本工業立地センターは、徳之島の立地環境に適した工業として、使用済み核燃料の再処理工場とともにCTS（石油貯蔵基地）を挙げた。CTSは、MA—T計画とほぼ同時期に奄美大島宇検村枝手久島に計画され、島内外を巻き込む一大反対運動に発展した。ただし、CTSに関しては、「大型タンカーを入港させうる岸壁の確保が、経済的または技術的に難しい」と指摘し、「再処理工場については、次の条件から有力な適地と考えられる」とした。その条件として次の六項目を挙げている。

a　国立・国定公園を除外した四地点に三〇〇〇〜五〇〇〇トン級の港湾建設が可能である。

b　基礎となる基盤が堅ろうと想定される。

c　人口の希薄な用地三〇〇ヘクタール程度確保できる。

d　工場、住宅に必要な用水が簡単なダムの建設により確保できる。

e　港湾と工場間を結ぶ専用道路が集落を離れた山間部に建設できる。

f　若年労働者が徳之島から約七〇〇人。奄美群島から約二〇〇〇人が年々県外に流出しており、労働力確保がしやすい。

再処理工場の規模は、次のように記されている。

「（MA—T計画が策定された当時）わが国の再処理環境は、動力炉・核燃料用開発事業団が茨城県東海村に設置した、処理能力一日最大〇・七トン（金属ウラン換算）、年間最大処理量二一〇トンが唯一のものだった。国の原子力発電の需給計画によると、昭和六十年（一九八五）には六〇〇〇万キロワットの出力が想定されているので、同年までに再処理工場の処理能力をさらに五・〇トン／日以上確保することが必要になる。

再処理工場はスケールメリットが大きく、規模が大きいほど経済的であるが、どの規模が適正であるか、定説はない。世界的に実在する再処理工場の処理能力は五・〇トン/日であることから、本調査では再処理工場の処理能力を最大五・〇トン/日とし、処理方式を湿式として検討することとした。敷地面積は二五〇ヘクタールとした」

施設計画は次のように書かれている。

「▽港湾　三〇〇〇～五〇〇〇DWT（※積載重量トン）の貨物船専用港湾候補地点を四か所選定した。候補地は①秋利神（あきりがみ）地区（大城町）、②岡前（おかぜん）地区（同）、③山（さん）湾（徳之島町）、④下久志（しもくし）地区（同）。総工費は下久志地区が七二億円、秋利神地区は九七億円。山湾と岡前は下久志に近い。

▽道路　港湾候補地と再処理工場を結ぶ専用道路。荷重は二四〇トントレーラーで自重を含め三〇〇トン。片側三・五メートルの二車線。工費は二一億五六〇〇万～一〇六億四〇〇〇万円

▽住宅地計画　①従業員・家族対策、②住民との融和、③地域産業への協力の三点を考慮した。住宅は四～五LDK、集中冷暖房を採用。家庭菜園や児童公園、動物公園、体育館（プール含む）、幼稚園、総合診療所、ショッピングセンターの整備など」

最後の「むすび」では、動燃東海村（どうねんとうかいむら）工場が稼働していないことから未確定な点はあるが、徳之島は立地条件を備えている、としている。

※本計画調査資料については、町民の要望により、要旨抜粋が昭和五十二年二月号から四回にわたって、徳之島町広報誌にも掲載された。

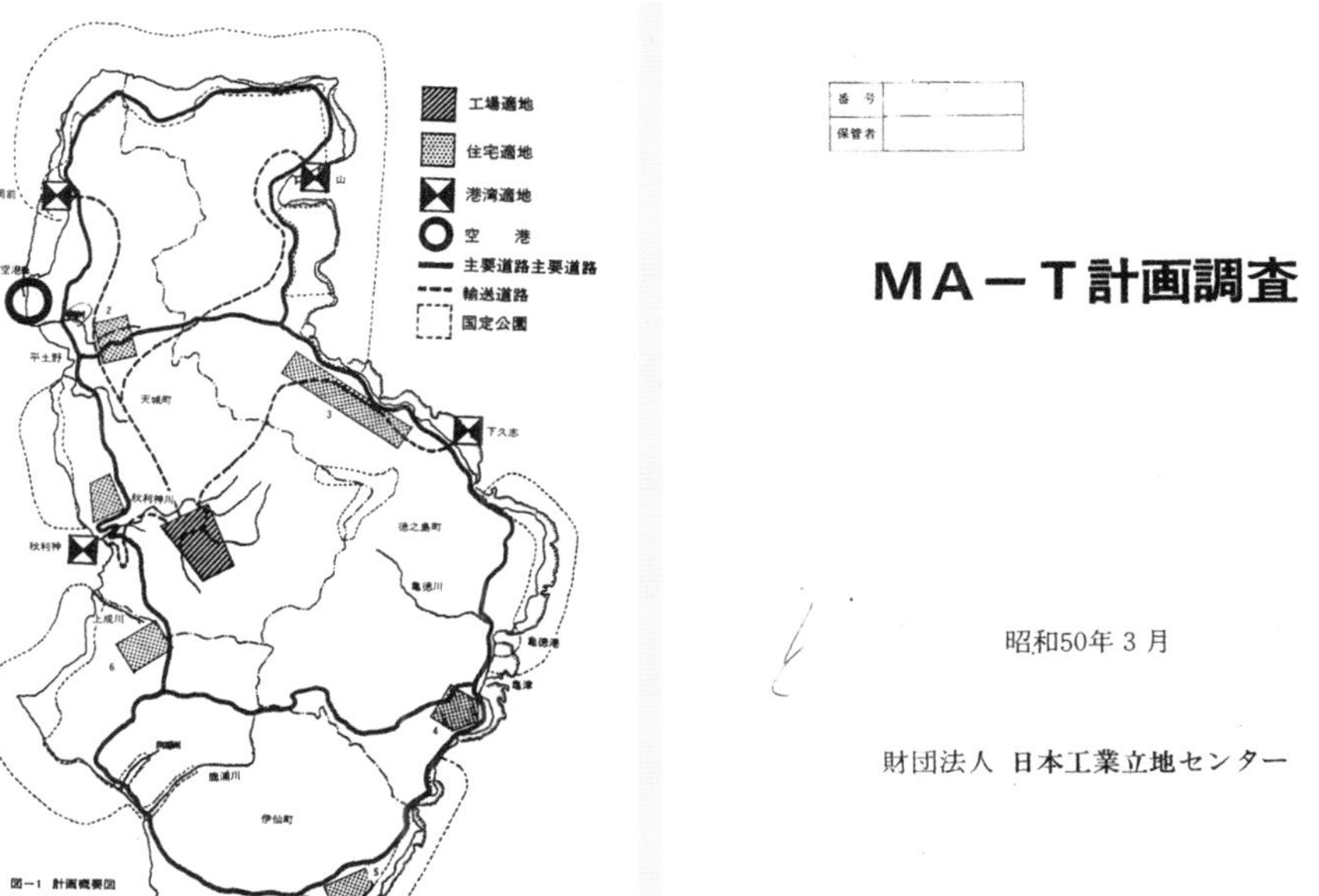

番号
保管者

MA－T計画調査

昭和50年3月

財団法人　日本工業立地センター

日本工業立地センターが作成した「MA－T」計画書

※計画の概要。工場のほか、港湾適地、住宅地、主要道路が盛り込まれている。島の形を変えるほどの大計画だったことがわかる

二．徳洲会の医療改革と「保徳戦争」

医療界における徳田虎雄

昭和四十年代後半、後に医療界を席巻する人物が登場する。徳田虎雄[*6]（徳之島町亀徳出身）がその人だ。「生命だけは平等だ」のスローガンを掲げ、全国に次々と病院建設を進め、国内最大の医療グループ徳洲会を一代で築き上げた。

徳田は昭和十三年（一九三八）二月、兵庫県高砂市で生まれた。父・徳千代、母・マツの長男。二年後、両親の故郷、亀津村（亀津町、徳之島町）に転居した。小学校三年生のとき、病気の弟（三歳）が医者に診てもらえずに死亡するというつらい経験をした。この時は子供だった徳田が、夜道を走って医者を迎えに行ったが断られたという。その時、「貧乏人でも診る医者になろう」と決意した。

徳田は、地元の徳之島高校に進んだが、医者になるため大阪の今宮高校に転校した。卒業後、二年間の浪人を経て大阪大学医学部に入学し、在学中に幼なじみの秀子と結婚した。医学生として国民医療を推進する立場から「博士号ボイコット運動」にも参加した。学生時代の徳田は勉学の傍らアルバイトにも精を出し、家計を支えた。

昭和四十年（一九六五）、大阪大学を卒業。大学病院、公立病院勤務を経て昭和四十七年一月五日、大阪府松原市に徳田病院（現在の松原徳洲会病院）を開設した。担保は自らの生命保険であった。この時から文字通り「命懸け」の病院建設が始まり、わずか二年後の昭和五十年には医療法人徳洲会を設立し、理事長に就任。病院建設を加速させていった。

徳田は当初、「徳之島出身の自分がなぜ、島ではなく大阪に病院をつくるのか」と自問自答した。徳田は、外科医として徳之島に医療で貢献するなら、組織的で永続的な体制が必要と考えた。「大阪で病院をつくって、そこで働いている医師に、三年勤めたら徳之島へ半年か一年行ってもらうことを頼んだら、快く行ってくれるのではないか。病院が一つで足りなかったら、五つでも六つでもつくってやろう。こうして一つの病院から一人ずつでも徳之島へ行ってもらえれば、徳之島に病院をつくる

＊6　徳田虎雄　昭和十三年（一九三八）二月、兵庫県高砂市生まれ。幼少期を徳之島町亀徳で過ごす。大学受験のため、徳之島高校から大阪の今宮高校に編入。昭和三十四年、大阪大学医学部に合格。昭和四十年、大阪大学卒業。昭和四十八年、徳田病院（大阪府松原市）を開設。昭和五十年に医療法人・徳洲会を設立し、「生命だけは平等だ」の理念を掲げて「年中無休・二十四時間オープン」の徳洲会病院の全国進出を本格化させた。平成二十三年時点での病院数は六七、診療所は四四、福祉施設三一五。国内最大の医療グループをつくりあげた。平成三十年発行の「奄美群島医療白書」（徳洲会グループ奄美ブロック）によると、奄美群島内には病院七、診療所五、介護施設三四を開設した。平成二年に衆議院議員初当選。通算四期。沖縄開発政務次官を務めた。平成十四年に難病のALS（筋萎縮性側索硬化症）を発症。平成十七年八月、政界引退。平成二十五年、医療法人徳洲会理事長を退任。令和二年から名誉理事長。徳之島・天城・伊仙・和泊・知名・与論・瀬戸内町の名誉町民。

ことができる」（生命だけは平等だ）」。徳田は都市部の病院から過疎地や島嶼地域に医療スタッフを送り込む構想を早い段階から考えていた。

徳洲会は「年中無休・二十四時間オープン」「入院補償金なし」「患者からの贈り物は一切受け取らない」「差額ベット廃止」など当時の医療の常識を覆す医療方針を掲げ、全国に病院を展開した。これが人々の心をつかみ、共感を呼ぶと共に、それまで閉鎖的だった全国の医療機関に大きな影響を与えることになった。当時は急患の「病院たらい回し」が社会問題化していた時期でもあり、病院建設は順調に進んだが、その急速な病院建設に各地の医師会が反発して激しい対立も起きた。鹿屋市では徳洲会の進出に反対する医師会が学校の健康診断をボイコットする事態も発生した。週刊誌などのメディアは両者の対立をあおった。

徳洲会の設立から十年目の昭和六十一年（一九八六）十月一日、徳田は念願だった徳之島徳洲会病院を開院した（図6）。次いで平成元年（一九八九）四月には、無医地区だった加計呂麻島に診療所を開設した。「奄美群島医療白書」（徳洲会グループ奄美ブロック刊）によると、当時の徳之島は緊急手術ができるのは宮上病院（医療法人・南溟会）のみであった。加計呂麻に至っては貸切船を頼んで患者を古仁屋（瀬戸内町）の南大島診療所（民医連）に運び診断を受けて名瀬の県立大島病院へ搬送しなければならなかった。

徳田は、病院の全国展開と医療改革を進める中で、地域医師会との対立、その圧力を受ける行政、病床規制に動き出した厚労省などの問題に直面した。一民間病院の限界を感じた徳田は、「病院建設には政治力が必要」との考えに至り、昭和五十八年（一九八三）の衆議院選挙奄美群島区に初出馬した。しかし保岡興治（自民）との激しい選挙戦の末に落選。続く六十一年の選挙にも敗れ、平成二年（一九九〇）に三度目の挑戦でようやく初当選を果たした。その後、一度の落選を挟んで国会議員として通算四期務め、平成十七年に政界を引退した。[*7]この間、平成十四年にＡＬＳ（筋萎縮性側索硬化症）との診断を受けた

図6　昭和60年5月　徳洲会病院建設地鎮祭（徳之島町亀津）

表1　徳洲会の地元への経済効果

	（千円）
人件費	9,673,058
固定資産税	133,999
住民税	217,110
所得税	363,171
水道光熱費	469,701
給食材料費	422,296
車両費	86,939
広告宣伝費	55,306
その他	2,241,874
計	13,663,454

（徳洲会グループデータ）

が、病床にありながらも議員活動を続け、平成二十五年までグループ理事長として活動した。徳田の勇退後も病院建設は進んだ。

令和四年現在で、全国に七一病院、診療所・クリニック三〇施設、介護老人保健施設三八、訪問看護ステーション五〇、介護・福祉・施設事業所他一六一を展開。従業員数約三万五〇〇〇人、年間の売り上げ約四六〇〇億円という巨大な医療グループに成長した（**表1**）。徳洲会の活動は国内に留まらず、平成十八年にブルガリアのソフィア州に一〇一六床の病院を開設。さらに世界二〇〇国に病院建設を目指している。

徳洲会グループは、奄美に七病院をはじめ四〇の医療福祉施設を運営し、奄美の医療過疎を解消した。令和二年（二〇二〇）来の新型コロナウイルス対策でも患者の受け入れや検査を担った。医療福祉面に加えて経済効果も大きいものがある。平成二十三年度の職員総数は二〇〇〇人以上に上り、人件費総額は九六億七三〇〇万円。固定資産税や地元業者との取引などを合わせた支出総額は、一三六億四三〇〇万円に達する。現在は老朽化した病院の移転、新築も進めている。

現在の徳洲会グループは行政、他の医療機関との連携を重視するようになった。「離島の生命を守るために行政と徳洲会グループの水魚（すいぎょ）の交わりが求められている。長年の活動は国、県、市町村の公的支援、指導はもとより、全国の医療系教育機関や奄美群島内外の徳洲会グループ以外の病院、診療所、薬局、介護施設などの協力、支援で維持されてきた。また、地域の人々の徳洲会グループに対する理解、援助、支援により可能であった」（奄美群島医療白書）。

「保徳戦争」

保徳戦争とは、主に昭和五十八～平成二年に行われた衆議院議員奄美群島区（定数一）をめぐる、三回の激しい選挙戦を指す。医療改革には政治力が必要との結論に至った徳田

＊7　初当選した徳田は、自由連合を組織し、大内啓伍や柿澤弘治らの議員を迎え政党要件を満たすなどしたが、出入りが激しく、選挙結果も芳しくなかった。平成五年の衆議院選挙前に自民党に入党し、再選したものの日本医師会の反対でわずか三日で離党しなければならなかった。

議員としては、平成七年に沖縄開発政務次官を務めたほか、日本体操協会会長やアジア体操連盟会長を歴任した。

は、昭和五十八年十二月、親子二代にわたる強固な地盤を誇り、連続五回目の当選を目指す保岡興治（自民）に挑んだ。それまで無風だった奄美群島区は様相が一変し、全国屈指の激戦区となった。選挙戦は回数を経るごとに過熱し、買収や供応、賭博（とばく）が横行。大量の逮捕者を出した。初めの二回（五十八年、六十一年）は保岡が議席を守り、三度目となる平成二年は徳田が当選した。その二年後には奄美群島区は解消され、中選挙区（定数四）の鹿児島一区に合区となったことから、二人の直接対決は終わった。平成五年に行われた第四十回総選挙では保岡、徳田両氏ともに当選することができたが、平成六年に政治改革関連法が成立して、全国に小選挙区制が導入されたため、奄美は鹿児島二区として再編されることになった。

奄美群島区が誕生した経緯

激しい選挙の原因となったのが、奄美群島区と呼ばれる全国で唯一の小選挙区であった。奄美群島区は、復帰暫定措置法（ざんていそち）で「この法律の施行後、最初に更正されるまでの間」と規定されていたが、平成四年（一九九二）まで存続し、この間に一六回の総選挙が行われた。

昭和二十八年十一月十六日、「奄美群島の復帰に伴う法令適用に関する暫定措置等に関する法令」（復帰暫定措置法）が公布され、同時に衆院・奄美群島区が設置されることになった。奄美での総選挙は昭和十七年（一九四二）に行われた「翼賛（よくさん）選挙」＊8以来、十三年ぶりのことであった。選挙は昭和二十九年一月二十一日告示、二月十五日に投票が行われた。立候補したのは泉芳朗（四十九）、山元亀次郎（六十）、伊東隆治（五十六）、保岡武久（五十二）、金井正夫（六十二）、宗前清（五十七）、中村安太郎（四十五）、西田当元（四十八）の八人。有権者は一〇万七〇〇〇人。当選に必要な法定得票数は二万二〇〇〇票。実力者が顔をそろえ激戦となった。本土政界からも大物が相次いで来島、応援演説した。

選挙の結果は、「当選者なし」。法定得票数に達した候補がいなかったためであった。一万票台が五人も並び、当選者が出なかったために再選挙が行われることになり、その際に金井、山元、西田が出馬を取りやめた。再選挙は四月三十日に行われ、前回以上の激戦となった。開票の結果、保岡（自由党）が二万四九五六票で当選。次点は伊東（改進党）で二万七〇六票。前回トップの宗前は三位。社会

＊8　昭和十七年四月三十日に行われた第二十一回衆議院議員選挙。戦争完遂のため、議会を政府の補助機関化する目的で行われた。東条英機内閣は同選挙の前、同年二月に翼賛政治体制協議会を発足させ、推薦候補を選び、非推薦候補には選挙干渉を行った。当選者四六六人のうち、推薦候補が三八一人を占めた。
　翼賛政治体制協議会は、戦時体制下、政府の国策遂行を補完する目的で結成された団体で、東条英機内閣は昭和十七年二月十八日、「大東亜戦争の完遂を目標として清新強力なる翼賛議会の確立を期する」と規定した。

党から出馬した泉は一万七〇〇〇票台で及ばなかった。奄美大島日本復帰協議会議長として尽力し、復帰前後の名瀬市長も務めた泉は、昭和三十三年（一九五八）の総選挙にも出馬したものの、ついに議席を獲得することはなかった。「復帰運動の父」と呼ばれた功労者を、奄美から国政に送り出すことはなかった。

保岡と伊東はその後も議席を争った。当選回数は保岡が四回、伊東は三回。昭和四十三年（一九六八）三月、伊東の死去に伴い、両氏の戦いは終わる。保岡もその翌年の総選挙で豊永光に敗れ、勇退。地盤を長男の興治に引き継ぐことになった。[*9] 興治は昭和四十七年（一九七二）の総選挙で豊を破り、初当選し、盤石な地盤を築いていく。

島を二分した保徳戦争

昭和五十八年、奄美の選挙史に残り、全国に知られた「保徳戦争」が幕を明けた。第三七回衆議院選に立候補したのは自民前職の保岡興治（**図7**）と、無所属新人の徳田虎雄、共産新人の島長国積の三人であった。この時、保岡は四十四歳、徳田四十五歳、島長三十六歳。平成二年（一九九〇）まで同じ顔触れで戦うことになる。事実上、保岡、徳田の一騎打ちだった。

保岡は父・武久の地盤を引き継ぎ、昭和四十七年、三十三歳の若さで初当選した。以来、四期連続当選し国土、大蔵政務次官を務め、「大臣の椅子に手が届くところまで来た」と期待され、奄美群島区で盤石（ばんじゃく）の地盤を築いていた。対する徳田は医療界の革命児。医療面をはじめ離島苦からの脱却をアピールした。

この時の選挙は「五百日戦争」とも言われ、前哨戦から過熱した。昭和五十七年八月四日、奄美群島市長村長会（会長・松元辰巳 宇検村長）と奄美群島市町村議会議長会（会長・重田久宣 伊仙町議会議長）は連名で地元紙に「次期衆院選に保岡興治氏を推せんするにあたって」と題して意見広告を掲載。保岡支持を打ち出し、徳田支持者をけん制した。意見広告は県選管から厳重注意を受けた。

投票は昭和五十八年十二月十八日に行われ、保岡が四万九六四三票を獲得して五選を果たした。次

＊9 昭和十四～令和元年（一九三九～二〇一九）。宇検村出身。昭和三十九年、中央大学法学部卒。裁判官、弁護士を経て昭和四十七年（一九七二）、衆院奄美群島区に出馬し、初当選。当選後に自民党に追加公認された。鹿児島一区を含め当選一三回。第二次森内閣などで二度にわたり、法務大臣を務めた。「憲法族」の重鎮として衆院憲法審査会長、自民党憲

図7 神嶺ダム完成記念式に出席した保岡興治（昭和59年4月）

点の徳田は四万八五三八票。島永は一四四八票。保岡と徳田の差は僅か一一〇五票差だった。徳之島は徳田の出身地ということもあり、三町合計の得票数は保岡が八八五一票、徳田は一万三一八五票だった。投票率は過去最高の九一・八〇%であった。

選挙賭博も問題になった。選挙終了後の翌年一月、県警と名瀬署は衆院選奄美群島区における選挙賭博事件捜査本部を設置。本部が解散する三月二十七日までの間、逮捕や指名手配、検挙は一〇二人にも達した。公務員や議員、団体職員、会社社長、主婦など幅広い層が関与した。

続く第三八回衆議院選は、三年後の昭和六十一年七月六日に投開票が行われた。得票数は保岡五万九六五票、徳田四万七四二四票、島長一二三五票であった。保岡は名瀬市と奄美大島南部で大きくリードし、六選を果たした。保岡と徳田の得票差は三五四一票で前回よりも開く結果となった。徳之島三町は保岡八五七四票、徳田一万三七六八票で徳田が上回った。投票率は前回を上回る九三・二六%で、全国トップだった。二度目の選挙でも選挙違反が相次いだ。前回は賭博が多かったが、このときはほとんどが買収容疑で、九月八日までの間に一五三人が公選法違反容疑で鹿児島地方検察庁名瀬支部に送致された。この年の十月、徳之島徳洲会病院が開設された。

三回目となった第三九回衆議院選は、平成二年（一九九〇）二月十八日、投開票が行われた。得票数は徳田四万九五九一票、保岡四万七四四五票、島長一四二八票となり、ついに徳田が保岡に二一四五票差をつけて初当選した（**図8**）。投票率は前々回、前回をさらに上回る九三・八五%。[*10] 前回に続き全国トップ。選挙戦はさらに過熱し、機動隊が投入されるほどであった。県警・名瀬署の選挙違反取締本部は保岡、徳田両選挙事務所を家宅捜索するなど、同年六月まで四か月にわたって捜査を続け、二八人を逮捕、一一八人を検挙・書類送検した。総力戦となった選挙では、車両での投票者送迎は当たり前で、運動員に背負われて投票所入りする人もいた。首長選挙や市町村議会議員選挙は保徳両

図８　今後の抱負を述べる徳田虎雄（平成２年８月、徳之島町役場）

法改正推進本部長を務めた。宇検村名誉村民。平成三十年、春の叙勲で旭日大綬章。奄美群島区で徳田虎雄と昭和五十八年、昭和六十一年、平成二年の三回にわたり激しい選挙戦を繰り広げ、「保徳戦争」と呼ばれた。

派の〝代理戦争〟となり、事業所や各種団体は色分けされた。その激しさは、地元紙に昭和六十一年八月に掲載された「いわゆる保徳戦争によって、奄美の心は真っ二つに引き裂かれてしまった。親と子と、兄弟や友人、親戚知人等々、それぞれが温かい絆で結ばれていた人間関係がある日突然、容赦なく切り裂かれ、対立の渦中に巻き込まれてしまった。私たちの愛すべき郷土、奄美の島々に昔のような純朴な人情、美しい隣人愛が戻ってくるのはいつの日だろうか」という投書に表れている。新聞社には、このような過熱選挙を憂い、正常化を求める投書が相次いだ。選挙の度に〝実弾〟（現金）が飛び交うさまは、「第四次産業」とまで揶揄（やゆ）された。

年々激化する選挙運動に対して内外からの批判の声は高まり、名瀬、大和、喜界の三市町村議会は奄美群島の合区を求める陳情を国に起こした。加えて、翌年四月二十一日投開票が行われた伊仙町長選挙は大荒れとなり、機動隊やテレビ、大手新聞社、週刊誌といったマスコミまでも乗り込んできた。全国の注目を集める騒動に発展したことは、奄美群島区の解消に拍車をかけることになり、当時の県大島支庁長入佐一俊は「これで奄美群島区はなくなるだろう。奄美から代議士を一人確実に出せる特権を失うかもしれない」と語った。翌年十二月の衆院本会議において、衆院の定数「九増十減」とする公選法と政治資金規制法の改正が可決され、鹿児島一区（定数四）に編入されることが決定した。

保徳共存、そして世代交代

公選法改正後の平成五年（一九九三）七月、第四十回総選挙が行われ、鹿児島一区は九人が立候補し、保岡、徳田は共に当選した。この選挙で保岡は一〇万一一〇五票を獲得してトップ当選となり、徳田は七万七四九一票で三位だった。報道各社は「保徳戦争、本土に上陸」「奄美旋風吹き荒れる」と報道したが、主戦場が本土に移り、中選挙区で行われたこともあって、奄美での選挙戦は前三回とは打って変わり平穏に推移した。旧奄美群島区の投票率は八六・二六%。前回を七・五九ポイント下回った。

平成六年十二月、徳田は自由連合を旗揚げし、[*11] 無所属から政党所属の代議士へと転じた。同月に衆院小選挙区区割法が施行され、奄美群島は鹿児島市谷山地区や指宿市、揖宿郡（いぶすきぐん）と共に鹿児島二区となった。

＊10 令和三年十月三十一日に行われた第四十九回総選挙の奄美群島の投票率は六九・〇九%だったから、当時と比較すると二五ポイント近くの差がある。「保徳戦争」時の投票率がいかに高かったかがわかる。

平成八年十月の総選挙は、日本で初めてとなる小選挙区制のもとで行われ、二区は自由連合前職の徳田と自民新人の園田修光、共産新人の桂田成基が立候補した。事実上、徳田と園田の一騎打ちであった。投開票は同月二十一日に行われ、園田が八万七四七一票を獲得して当選。徳田は八万四四八票で次点となり、三〇二三票差で涙をのんだ。比例復活も叶わなかった。桂田は一万六一八票だった。前年に自民党を離党した保岡はこの年、復党。鹿児島一区から出馬し、八選を果たした。この選挙では、結党したばかりの新進党[＊12]から徳之島出身の力士、旭道山和康[＊13]が出馬し、比例代表近畿ブロックで初当選した。

捲土重来（けんどちょうらい）を期す徳田は、平成十二年（二〇〇〇）六月に行われた第四二回総選挙で議席を奪還。園田に一万一〇七一票差をつけて返り咲き、三選目を果たした。徳田は、続く第四三回の総選挙でも園田を破って四選を飾ったが、このとき徳田は既にALSを発症していた。選挙戦では従前の饒舌（じょうぜつ）ぶりは陰を潜めた。徳田は平成十六年二月から国会を長期欠席し、平成十七年八月八日、衆院解散を受けて政界引退を表明した。

地盤を引き継いだのは次男の毅だった。毅は同年九月十一日の総選挙に無所属で出馬し、園田修光（自民元）、打越明司（無所属新）との三つどもえの選挙戦を制して初当選。当選後、自由連合に入党したが、間もなく離党し自民党に入党した。その後、第四五回総選挙（二〇〇九年）、第四六回総選挙（二〇一二年）と三回連続して当選を果たした。平成二十三年国土政務官や復興政務官を務め[＊14]、将来を嘱望されたが、思わぬ落とし穴が待っていた。平成二十四年の総選挙で選挙運動をした職員に手当を支給していたことが判明。公選法違反（運動員買収）の容疑で大量の逮捕者を出したことから、毅は事件の責任を取って平成二十六年二月、議員を辞職。徳田虎雄は前年十月、理事長を辞任。令和二年九月、名誉理事長に就任した。

政争の教訓

一九七〇年代から八〇年代初頭にかけて奄美に盤石の基盤を築いていた保岡に対する挑戦者として徳田が登場した。奄美は公共事業（奄振）が最大の産業だったため、予算や人口規模に対する建設業の割合が高かった。首長選挙は生活を懸けた戦いの場でもあったし、保徳以前も代議士の入れ替わりは激しかった。選挙賭博にしても徳之島に限らず行われていた。しか

＊11　徳田虎雄が立ち上げた政党。第三九回衆議院議員選挙が行われた平成二年十月に設立し、平成六年十二月に政党となった。結党当初は有力議員も参加したが入れ替わりが激しく、公認候補で当選したのは代表の徳田のみであった。徳田は平成十七年に政界を勇退。地盤を引き継いだ次男の徳田毅が総選挙で当選し、自由連合代表に就任したが、毅の自民党入りに伴い、平成十九年に政党要件を喪失した。

＊12　平成六年（一九九四）十二月一〇日結成、平成九年十二月解党。自民党から分裂した新生党、日本新党、公明党、民社党などが合同して結成された。幹事長には小沢一郎が就任。平成七年の参院選比例区で自民党を上回る勢いを見せたが、寄せ集めであったため徐々に分裂し、わずか三年で解散することになった。

＊13　昭和三十九年（一九六四）生まれ。亀津中学校を卒業後、大相撲の大島部屋に入門した。当時の身長は一七八㌢、五八㌔しかなく、小結に昇進した時点でも一〇〇㌔余しかなかった。軽量ながら頭から当たる真っ向勝負の立合いと、並外れた運動神経から繰り出される取り口は大変な人気を呼んだ。張り手を得意とし

し、そこへ保徳の構図が輪をかけた。自民党の支持基盤をフル活用、「中央とのパイプ」を強調した保岡に対し、徳田は土着型。「離島の医療苦」からの脱却を訴えた。病院職員や出入りの業者だけでなく、既得権益からはじき出された人々を取り込んだ。

鹿児島大学の平井一臣教授は、「復帰がもたらした独特の選挙区（奄美群島区）というボーダー（境界）の存在が保徳戦争をもたらした」と指摘する。復帰に伴う特別措置として奄振が始まり、奄美群島区も誕生した。公共工事（仕事）の獲得の場として選挙があり、一人しか選べない選挙区は大量の死票を出した。保岡は平成五年、細川連立政権時に行われた政治改革関連四法案の質疑で自身の経験に触れ、「こんな異常な選挙をやるくらいなら、政治家なんてやめてしまおうとの思いに駆られるほどの地獄を見た」と語り、「小選挙区制を成功させるには政党、政治家、有権者の革命的な意識改革が必要」「徹底的な連座制の適用を柱とする英国型腐敗防止法を研究すべきだ」と主張した。

平成二十八年に小選挙区比例代表並立制が採用されて四半世紀が過ぎた。この間、九回の選挙が行われたが、制度改正の狙いであった二大政党制による政治の緊張感をもたらすことはできなかった。むしろ公認権を握る党幹部の意向を反映した候補者選びが進み、議員が個々に主張することが難しくなった事実は問題ではないだろうか。また、令和三年に行われた総選挙で議席につながらなかった「死票」は二六〇〇万票を超え、四六・五％にも達した（時事通信）。現行制度下で世襲候補も増えた。一般の新人候補にはない地盤・看板・カバンを引き継ぐため、当選の可能性が高まるためだ。小選挙区制は制度疲労が進んでいるように思われる。奄美の苦い経験が役立つ時代が来ることを願う。

三．平成の市町村合併

平成の大合併、動き出す

亀津町と東天城村の合併に伴い昭和三十三年（一九五八）四月、徳之島町が誕生した。政府の「昭和の大合併」[*15]が合併を誘導した。その四十年後、

たことから「南海のハブ」と呼ばれた。行司の木村寿之介は弟である。

平成八年（一九九六）に突如大相撲を廃業して第四十一回衆議院選に新進党から比例近畿ブロックで出馬して当選した。まだ断髪式を経ていなかったことからチョンマゲ姿で国会に登院した。在職中は数多くの委員や与党国会対策副委員長を務めたが、二期目への出馬要請は断った。その後はタレントや実業家として活躍している。

＊14　平成二十三年三月十一日の東日本大震災とその後発生した福島原発の爆発という未曽有の大惨事では、自ら救援物資の搬送活動を行った。また現地の現状をブログで報告し、被曝者の救援活動や医療活動が進んでいないことの警告を発し続けた。

このほか、日本のＴＰＰへの加入は農業分野に限らず金融・保険・投資・流通・知的財産権・政府調達・労働に及び、我が国の経済構造のみならず社会構造までも大きく変えてしまうと、阻止を強く訴えた。このほか、派遣労働者がこれ以上増加することは、日本を衰退させると強く警鐘を鳴らした。

「平成の大合併」が動き出す。

昭和の合併後の昭和四十年、市町村合併に関する法律（合併特例法）が施行された。合併特例法は昭和五十年（一九七五）以降も十年ごとに延長を繰り返してきたが、高度経済成長期以降は合併の動きが低調になった。そうしたなか、一九八〇年代末頃から経済団体や青年会議所などを中心として、市町村合併を求める提言が行われるようになった。昭和の大合併から四十年。この間、国民生活は変容した。東京一極集中が進む半面、地域コミュニティーは変容し、保健・福祉など市町村の公共サービスの比重、ニーズが増大し、地方分権の担い手となる市町村再編の議論が再び持ち上がってきた。

政府は平成七年（一九九五）、合併特例法を改正して住民発議制度を導入した。地域住民が有権者の五〇分の一の署名を集めれば合併を議論する法定協議会の設置を求めることができるようになった。しかし、政府が期待するような合併機運は盛り上がらない。そこで平成十一年に合併特例法を再度改正。①住民発議の強化、②地方交付税の特例措置[＊16]（算定替え）の延長、③合併特例債の導入―などを盛り込んだ。政府の動きに呼応するように、政治も市町村合併を後押しした。平成八年の第四一回衆議院議員選挙では主要政党（自民・新進・民主）が市町村合併の推進を公約に掲げた。平成十二年になると、自民・公明・保守党の与党行財政改革推進協議会は「基礎的自治体強化の視点で、市町村合併後の自治体数の目標を千とする」との方針を示した。政府は合併に期限をつけた。合併に伴う優遇措置にも平成十七年（二〇〇五）三月末までに手続きを終えた自治体としたため、合併の動きが加速していく。合併特例債など優遇措置と三位一体（さんみいったい）改革[＊17]による地方交付税の削減。「あめとムチ」の市町村合併が本格化した。

鹿児島県の対応

鹿児島県は平成十一年、県内各地における日常生活圏の状況調査を実施。これをもとに平成十二年十月、県内を十の基礎圏域に分けて想定される合併パターンを示した。同年十二月には鹿児島県市町村合併推進要綱を策定。平成十三年一月、県地方課合併推進室は、県大島支庁主催の行政懇談会の中で奄美における合併パターンを示した。

＊15　昭和の大合併　戦後、新制中学校の設置管理や消防などが新たな市町村事務となった。このため、市町村の役割を強化するため、昭和二十八年（一九五三）、町村合併促進法が施行された。新制中学校一校を効率的に設置管理していくための、人口八〇〇〇人を標準として進められた。その結果、昭和二十八年には九八六八あった市町村が昭和三十六年（一九六二）には三四七二と三分の一になった。昭和の大合併に伴って、昭和三十三年四月徳之島町が誕生した。これに先立って昭和三十一年九月には奄美大島と加計呂麻島、請島、与路島の古仁屋町と西方村、実久村、鎮西村の四町村が合併して瀬戸内町が誕生。喜界島では昭和三十一年、喜界町と早町村が合併し、喜界町となった（総務省HP参照）。

＊16　市町村合併の特例措置　市町村にとってもっとも魅力的だったのが合併特例債だ。法定協議会で策定する合併後の市町村建設計画に定めた事業や基金の積み立てを要する経費に充てることができる。合併後、十年間に限って借り入れることができる地方債のことで、事業費の九五%に充当できる。しかも元利償還金のうち七五%を後年度の地方交付

合併パターンは三つ。①奄美十四市町村全てによる合併。②奄美大島（七市町村）と喜界島（一町）が合併し、その他の島々（徳之島、沖永良部島、与論島）の六町で一つの自治体をつくるという、奄美を二つの自治体とする合併。③奄美大島北部と喜界島の合併、奄美大島南部の合併、徳之島三町による合併、沖永良部島と与論島の合併、というものであった。③番目のパターンのうち奄美大島南部の合併は早々と消えた。その後は③の修正パターンで議論が進んでいくことになる。徳之島は島内三町の合併を協議することになった。

奄美の合併パターンは、①外海離島が「海越え」で合併、②離島の都市部（名瀬市）と近隣町村による合併、③島内間、過疎地の合併、の三点が特徴だ。県合併推進室は、合併の必要性について四点を挙げた。「一点目は生活圏の拡大。広域化、多様化した住民ニーズに対応するためには、狭いエリアの市町村では無理がある。市町村は住民に最も身近な自治体である。住民生活に不可欠な仕事をしているが、サービスを提供する側と受ける側の範囲がずれてしまっている」「二点目は地方分権への対応。市町村には自己決定、自己責任が求められてくる。企画立案を含めて行政能力の向上を図り、財政基盤を確立していかなければならないが、現状では難しい。特に小規模自治体では専門スタッフを確保できない」「三点目は少子高齢化への対応」「四点目は財政の問題。国、地方共に財政状況は厳しく、抱えている長期債務を今後どうするのか。少子高齢化で財政が脆弱になっていくなか、厳しい対応を迫られている」

合併に代わる手段として、広域事務組合や広域連合の強化も考えられたが、県側は「行財政の効率化を考えると、合併の方が徹底している。広域連合などができるということは、合併の素地があると考えられる」とした。さらに、昭和の大合併の検証についても否定的だった。住民の間には、奄美大島の南部と加計呂麻島、請島、与路島は昭和の大合併が原因で疲弊したとの見方が根強い。しかし「高度経済成長期には、地方からどんどん人が出て行った。社会情勢が変わったなかで、あの当時の話ばかりしていては現状の課題解決につながるのか疑問だ」。昭和の大合併では、亀津町と東天城村が合

税で措置される有利な条件がついた。合併市町村に認められた算定替えも魅力的だった。こちらも合併後十年間は合併前の自治体があったものとして交付税が認められた。この二つが「あめ」と言われた。

＊17 三位一体改革　小泉純一郎政権下で進められた行財政改革。①国庫補助金の廃止・縮減②国から地方への税源移譲③地方交付税改革（削減）―の三点セット。平成十一年六月、「基本方針二〇〇三」（骨太方針第三弾）で工程表を示した。地方交付税の大幅削減は自主財源に乏しく、交付税への依存度が高い小規模町村に大きな痛手となり、財政運営の不安から合併を選択した自治体も多い。こちらが「ムチ」。

併した。瀬戸内町だけではなかった。全国、県内共に、昭和の大合併の検証も行われないまま、平成の大合併に突き進んでいった。

難産の末の法定協

徳之島三町の合併論議は、平成十四年（二〇〇二）五月以降の合併研究会を経て、平成十五年一月九日、徳之島三町による徳之島地区任意合併協議会（任意協議会）が発足。法定協議会設置に向けての議論が始まった。＊18 六月に県の合併重点地域に指定され、十一月二十九日まで八回の会合を開いた。十二月十六日に徳之島町と伊仙町の議会が徳之島地区合併協議会（法定協議会）の設置案を審議し、伊仙町は全会一致で可決したものの、徳之島町は賛成少数（賛成六、反対一二）で否決した。天城町は翌十七日の審議を予定していたが、同町の採決を待たずに、徳之島三町の枠組みは破綻した。徳之島町の場合、一月の住民アンケートでも「反対」が六割を占めていた。

徳之島町の質疑では、賛否が交錯した。「重要な議論は法的根拠を持つ法定協を設置して行うべき」という賛成意見と、「任意協議会で議論が尽くされていない」「東天城村の例からも合併のデメリットは目に見えている」「各町で行革もせずに、合併してから行革はできない」との反対意見があった。

徳之島町議会の否決を受けて、任意協議会は同月二十五日に会合を開き、翌年三月議会に法定協議会設置議案を再提案することを申し合わせた。平成十七年三月までに合併を申請しなければ、合併特例法の恩恵は受けられない。国も地方も法定協議会の立ち上げにやっきになっていた。

事態が動いたのは、平成十六年度（二〇〇四）三月議会であった。徳之島町議会の一般質問で勝重藏（かつしげぞう）町長は「昨年十二月の時点で、ここまで財政が厳しくなるとは想定していなかった。合併した場合と、単独でいく場合の両方のシミュレーションを町民に示すべきで、そのためには法定協に参加しなければならない。最終的には住民の意思を尊重する」と述べた。同月二十三日、町議会は法定協設置案を賛成一一、反対六、欠席二の賛成多数で逆転可決し、四月十三日、徳之島地区合併協議会（法定協議会）が発足することになった（図9）。

法定協議会の初日。会長に選出された勝は「合併は究極の行財政改革である、三町合併の方向に進

＊18　徳之島三町の合併論議の経過
平成十四年五月　徳之島三町合併協議会研究会が発足。
十二月　伊仙町が合併問題に関する住民アンケートを実施（回収率四一％）＝賛成六〇％、反対四〇％。
平成十五年一月　徳之島町と天城町が住民アンケートを実施。徳之島町（回収率六五％）＝賛成三一・五％、反対六一・六％。天城町（回収率五七・六％）＝賛成三七％、反対五六％。
同月　徳之島地区任意合併協議会発足。
十二月　三町議会で法定協議会設置案を審議。天城、伊仙両町は全会一致で可決。徳之島町は賛成六、反対一二で否決。
平成十六年三月　徳之島町議会が法定協議会設置案を可決（賛成一一、反対六）。
四月　徳之島地区合併協議会（法定協議会）が発足。合併特例法の期限内に合併することを申し合わせた。
十月　新町の名称を決定。「とくのしま町」。
十月～平成十七年一月　第九回～第一二回協議会。庁舎の位置を巡って協議したが、平行線。庁舎位置を決めないまま住民投票に。

むべきと考える」とあいさつした。合併は町議会でも反対意見が根強く、法定協議会設置議案も一度は否決された。それでも勝が合併推進へ舵を切った理由は、前述したように「財政」だった。

町の平成十六年度の当初予算一般会計は七二億五七〇万三〇〇〇円。前年度と比較して一一億四三三万九〇〇〇円、実に一三・三％もの減額となった。「三位一体の改革」に伴い、地方交付税が六・五％も減り、振り替え財源となっている臨時財政対策債は二八・六％の減額となった。影響額は三億八四九万六〇〇〇円で、前年度に比べて九・〇％もの減となった。各種基金から五億三〇〇〇万円余を取り崩してしのいだ。町には平成十四年度は一五億円余の基金があった。町側はこのまま交付税の減額が続けば平成十九年度には二億八〇〇〇万円の赤字が出る、と予測した。町の自主財源は二二・五％。町の財政担当者はこう漏らした。「三位一体改革が性急過ぎたため、予算編成が大変難航した。大島郡や県、全国町村会とも足並みをそろえて、一方的な削減を行わないよう強く主張していきたい。」

町側は、法定協に加入する一方で行革にも本腰を入れた。平成十六年度を「行革スタートの年」と位置付け、▽課や係を再編、▽議員報酬の一割カット、定数削減（二〇から一六）、▽特別職の給与カットなどを実施した。それでも各種施設整備に伴う維持管理や、起債償還（きさいしょうかん）が重くのしかかる。財政問題に後押しされるように合併議論が本格化していった。

庁舎位置めぐり綱引き

徳之島地区合併協議会（法定協議会）の第一回会合は平成十六年四月十三日、徳之島農協会館であった。委員は三六人。各町の首長と助役、議員、各種団体の代表、学識経験者など。事務局は徳之島町役場に設置し、県からの派遣職員と各町職員三人ずつの一〇人体制であった。初日は基本的な事項を協議。合併方式は新設（対等合併）とし、合併

平成十七年一月三十日　住民投票。天城、伊仙両町は賛成多数。徳之島町は反対が多数（賛成二〇五四票、反対四一一九票）。

二月九日　徳之島町が法定協議会離脱。三町の枠組みが破綻。

徳之島地区　創刊号　平成16年4月
合併協議会だより
事務局：徳之島町役場内３階）　〒891-7192 大島郡徳之島町亀津7203番地
TEL 0997（82）1111（内線　341・342）
0997（83）0065（直通・FAX兼用）
ホームページ　http://www15.ocn.ne.jp/~tkgappei/
【徳之島3町長らによる看板設置式（徳之島町役場正面玄関）】
記載内容
○第１回協議会内容
○協議会委員の構成　○議決事項　○協議事項
○第２回協議会開催のお知らせなど

図９　徳之島地区合併協議会だより創刊号（平成16年４月）

目標期日は平成十八年三月三十一日と決めた。会長の勝重藏徳之島町長は「合併特例法の期限内、平成十七年三月末の県申請を目標にしたい」と述べた。庁舎位置は今後の協議課題とした。特例法の期限を見据えて、駆け足の議論がスタートした。

徳之島の法定協議会が発足して一か月後の五月十九日、市町村合併に関する法律三本が参院本会議で可決された。内訳は合併新法と改正地方自治法、改正合併特例法。合併新法は平成十七年から五年間の時限立法。知事が合併協議会の設置を勧告できると定めた。改正合併特例法は、平成十八年三月末までに合併すれば現行法の財政優遇措置が受けられるとした（図10）。知事に権限を持たせ、合併を強力に推進する体制が整った。

徳之島の第二回法定協議会は、五月二十二日に天城町で開かれ、翌年一月に住民説明会を開催することを申し合わせた。七月十四日の第三回協議会では、事務事業一元化に向けた作業の遅れが指摘された。徳之島三町での合併の最大の懸案は庁舎の位置。三町の思惑が交錯した。徳之島町の委員は、「亀津に国や県の出先が集中しており、人口も多い。亀津に本庁舎を置くべき」とした。天城町は、「最も新しい天城町の現庁舎を（本庁舎として）活用すべき」と主張。伊仙町は、「本庁舎を造る際、徳之島町も天城町も敷地面積が足りない。伊仙町は農業試験場跡を確保してある」と主張した。「持ち回り」（遷都）提案も飛び出した。これには徳之島町が、「行財政の効率化を目指す合併の目的に反する」と強く反発した。議論は平行線をたどった。同年十月、新町の名称が「とくのしま町」に決まったものの、庁舎の位置は決まらない。その一方で、伊仙町議会議員の任期を見据えて、合併の目標期日を当初予定の平成十八年三月三十一日から、同年一月三十一日に前倒しした。

合併に関する三町の首長の立場は「推進」であった。伊仙町長の大久保明は、

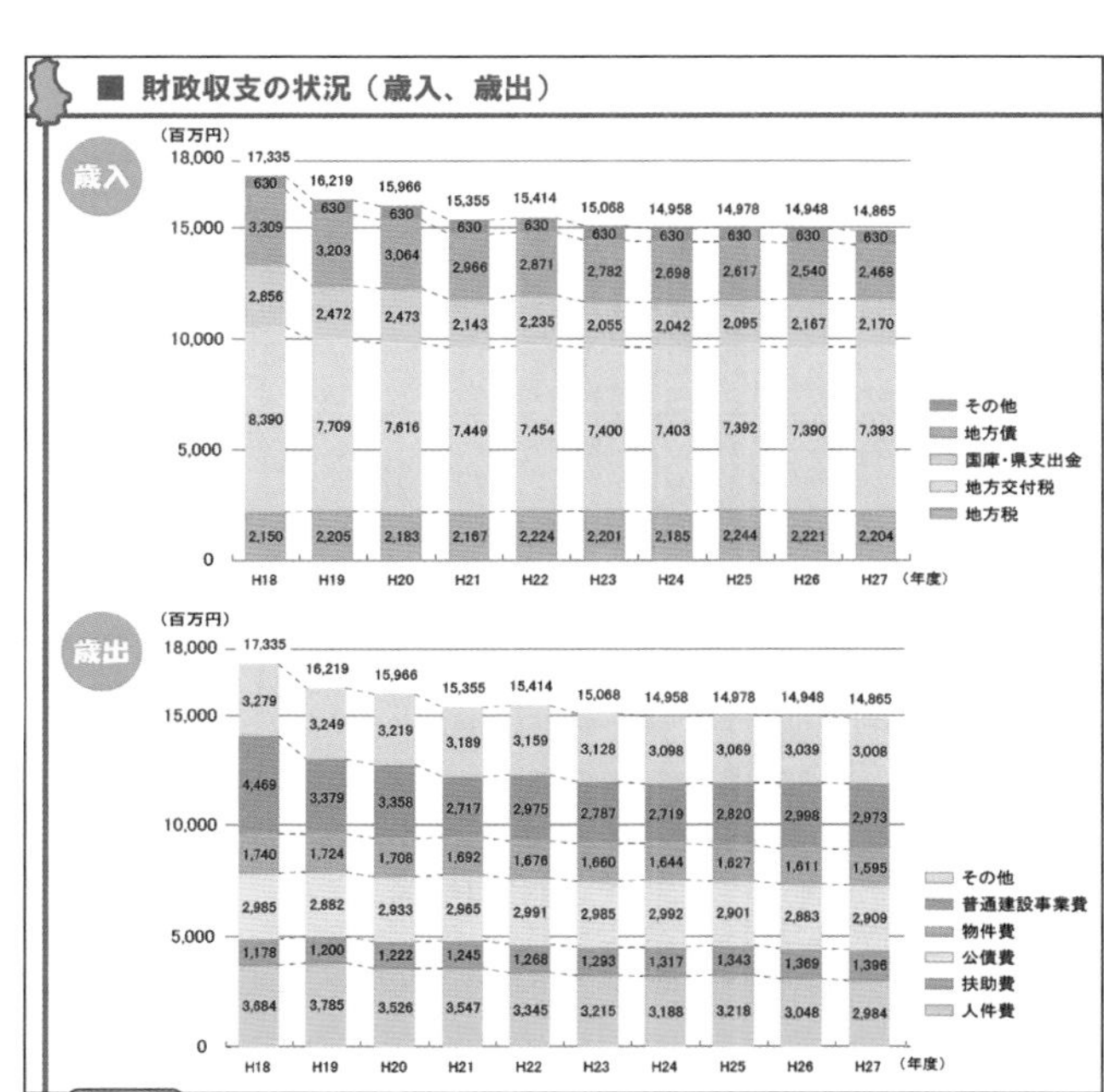

図10　合併後の財政シミュレーション（平成17月1日、合併協だより第8号）

当初から推進の立場を明確にしていた。徳之島町長の勝は、平成十六年度当初予算の編成状況を見て推進に舵を切った。天城町長の吉岡光一は、この年の十一月、住民説明会で初めて「推進」の立場を明確にした。説明会の席上、吉岡は「あらゆる観点から熟慮を重ねた結果、町長の立場としては不本意ながら合併せざるを得ない」と苦渋の決断であったことを明かした。

同年十二月、法定協議会は「新町まちづくり計画案」（新町建設計画）を策定。合併後の新町の姿や街づくりの在り方を示した。新町建設計画でも、議論の大詰めを迎えた法定協議会でも、本庁舎の位置を決めることはできなかった（**図11**）。

住民投票で決着

同年十二月、徳之島町は住民説明会を開催し、この中で勝町長は「（法定協議会で合併後の）本庁舎の位置が決まらなくても、住民投票を実施して住民の判断を仰ぐ」との考えを示した。三町とも九月議会で、既に住民投票条例を可決していた。年明け後、一月に二度開催された法定協議会でも庁舎位置の結論は出なかった。同月十九日の第十二回法定協議会では、投票による採決までもつれ込んだが、結論は出なかった。

平成十七年（二〇〇五）一月三十日、決断のときが来た。三町の選挙管理委員会は、前年十二月、住民投票を告示した。対象は、町内在住の二十歳以上の有権者（永住外国人含む）で、永住外国人は事前に選管への登録が必要とされた。投票は、合併に賛成か反対かに丸をつける方式で行われ、投票資格者の過半数で成立し、過半数に達しない場合は開票しない、とした。同月二十六日に期日前投票が始まった。本庁舎の位置を決めないままの住民投票に、投票率を不安視する声もあった。

住民投票は三十日、三町で一斉に行われた。即日開票の結果、徳之島町は賛成が二〇五四票、反対

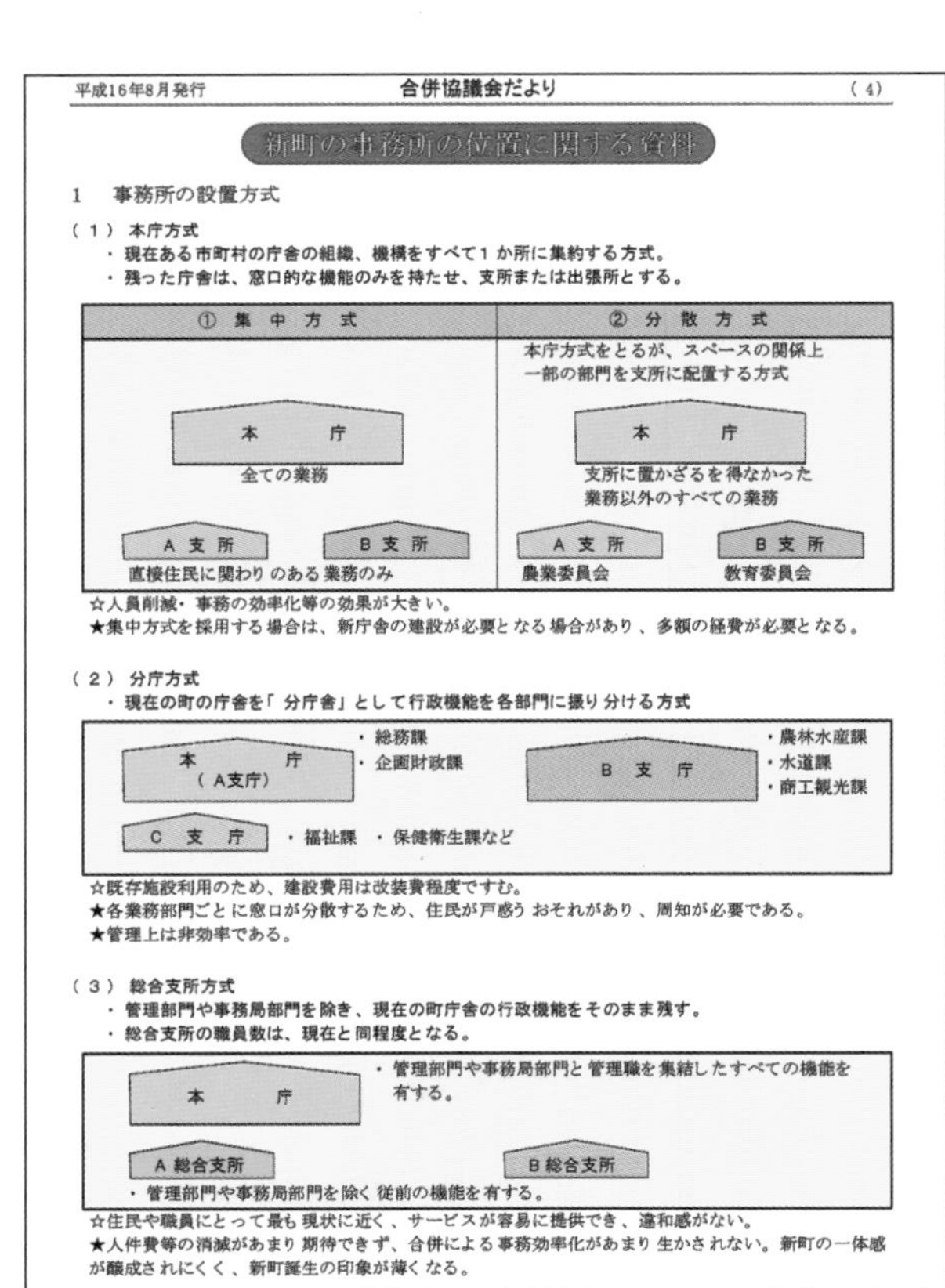
平成16年8月発行　合併協議会だより　（4）

新町の事務所の位置に関する資料

1　事務所の設置方式

（1）本庁方式
・現在ある市町村の庁舎の組織、機構をすべて1か所に集約する方式。
・残った庁舎は、窓口的な機能のみを持たせ、支所または出張所とする。

☆人員削減・事務の効率化等の効果が大きい。
★集中方式を採用する場合は、新庁舎の建設が必要となる場合があり、多額の経費が必要となる。

（2）分庁方式
・現在の町の庁舎を「分庁舎」として行政機能を各部門に振り分ける方式

☆既存施設利用のため、建設費用は改装費程度ですむ。
★各業務部門ごとに窓口が分散するため、住民が戸惑うおそれがあり、周知が必要である。
★管理上は非効率である。

（3）総合支所方式
・管理部門や事務局部門を除き、現在の町庁舎の行政機能をそのまま残す。
・総合支所の職員数は、現在と同程度となる。

☆住民や職員にとって最も現状に近く、サービスが容易に提供でき、違和感がない。
★人件費等の削減があまり期待できず、合併による事務効率化があまり生かされない。新町の一体感が醸成されにくく、新町誕生の印象が薄くなる。

図11　合併後の事務所設置方式案（徳之島地区合併協議会だより第4号、平成16年8月）

は四一一九票。天城町は賛成二〇七四票、反対一八一〇票。伊仙町は賛成三三二五票、反対八六五票となった。投票率は徳之島町六二・八五％、天城町六九・三六％、伊仙町六六・七九％だった。徳之島町の反対が過半数に達したため、二月九日、同町は法定協議会を離脱。天城、伊仙はしばらく二町での合併を模索することになったが、結局合併特例法の期限内の合併を断念した。

平成の大合併を経て全国の市町村は合併前の三二三二から一七一八まで減少した（令和四年一月末現在）。鹿児島県は、九六市町村が四三市町村に減少（図12）。奄美は名瀬市と住用村、笠利町が合併して奄美市が誕生し、一四市町村が一二市町村となった。徳之島三町は、自治体の枠組みが変わることはなかった。

「単独」を選択した背景

徳之島町が住民投票で反対の意思を示し、「単独」を選択した理由がいくつか考えられる。一つは住民の最大の関心事だった本庁舎（事務所）の位置を決められないままに住民投票になだれ込んだこと。役場は地域の拠点であり、役場が支所になる不安があった。同町の場合、昭和の大合併に伴い東天城村がなくなり、地域の過疎化が進んだ、とみる住民も多かった。もう一つは行革に対する不公平感があった。「徳之島町は、他の二町に比べて行革が進んでいるのになぜ合併を急ぐのか」との声もあった。最も重視したいのは地域に対する愛着であり。同町の場合、「亀津断髪」にみられるよう進取の気性に富んだ住民性に誇

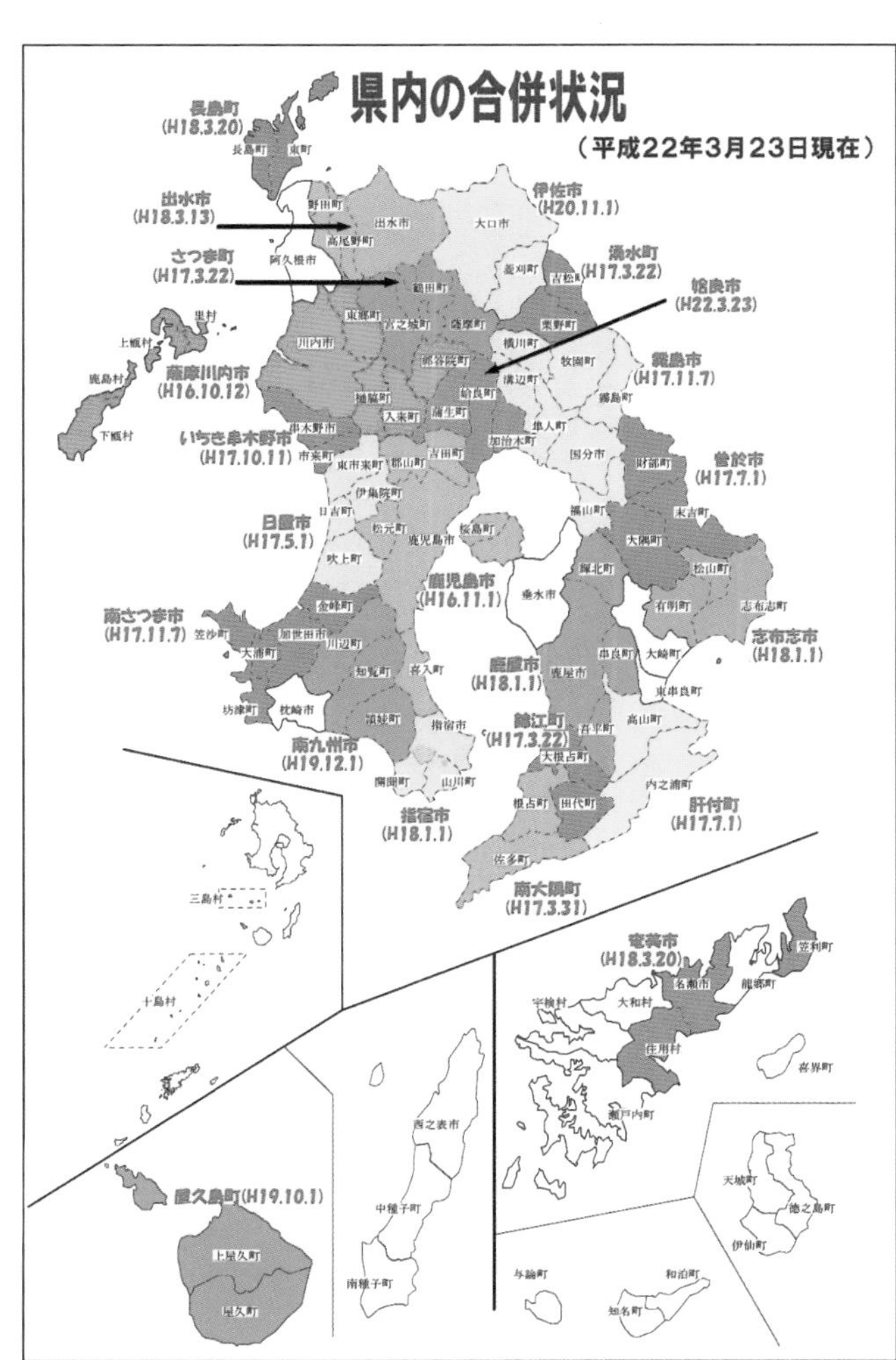

図12　鹿児島県内の合併状況（平成22年3月。鹿児島県HPから）

りを持っている。住民有志が私財を投げ打った河川改修は「井之川根性」として今も語り継がれる。画一的な合併に対する反発が強かったのではないだろうか。事実、首長はじめ行政側が「合併せざるを得ない」と推進の立場を取ったのに対し、住民の意思は合併アンケート時点（平成十五年一月時点）からほぼ変わることはなかった。

「平成の大合併」終わる

徳之島の住民投票後、叶芳和・拓殖大学教授（経済学）は南海日日新聞（平成十七年二月五日付、ひろば談論）に「市町村合併『財政シミュレーション』の問題点」と題して次のように投稿した。

「財政シミュレーションは、合併したケースでは十年後に〇億円の黒字。合併しなかった場合は〇億円の赤字という議論である。仮に合併したところで、今よりは地方交付税は削減されると考えるべきだ。今までの手厚い財政支援の下で過疎化を止めることができなかったのに、もっと減った財政下で地域振興は可能であろうか。（中略）今回の合併は性急すぎたように思う。『財政シミュレーション』は、お上の考えを正当化することに終始している。本来あるべき議論がないから、説得力に限界がある。財政シミュレーションをベースに合併の是非を考えるのは、財政依存心の表れである。これは奄美群島が最も脱却すべき問題でもあるに関わらず、逆にそれに引きずられた議論をしている。自立化に向けた取り組みを強化させる仕組みは何かを考えるべきである」

総務省は平成二十二年（二〇一〇）三月、「『平成の合併』の終わりとこれから」と題した報告書をまとめた。評価に関しては、全国町村会が平成二十年十月にまとめた報告書の内容を引用している。まずプラス効果として、▽財政支出の削減、▽職員の資質向上―を挙げる一方、マイナス効果として、▽行政と住民相互の連帯の弱まり、▽財政計画との乖離、▽周辺部の衰退―を挙げた。総務省は、引き続き市町村財政基盤を強化していく必要がある、とした上で、「合併推進後十年が経過し、これまでの経緯や市町村を取り巻く状況を考えれば、従来の手法を続けていくことには限界があると考えられる」と指摘。平成二十二年三月末で一区切りとし、同年四月以降は新たな特例措置を講じることにすると結んだ。

平成の大合併の議論は、「小規模自治体は効率が悪い」ことを前提としていた。外海離島や山間地など地域事情を考えない合併パターンや、「あめとムチ」による誘導が目立った。合併を真に考えるならば、「あめとムチ」を横に置いて地域の将来像を議論すべきであった。

政権の交代や時の政治状況によって、地方の財政状況は変わった。徳之島三町は従前のまま残り、財政破綻したところはない。「あめとムチ」に翻弄（ほんろう）されたとはいえ、合併問題をめぐってのさまざまな議論は無駄ではなかった。広域行政の推進については三町とも異論はなかった。三町の結束につながり、奄美の住民運動史に残る、普天間飛行場移設反対運動を盛り上げる一因にもなったのではないだろうか。

「生活圏の広域化」といっても、車に乗れない高齢者や幼児には無関係だ。新型コロナウイルスの経済対策として実施された一〇万円の特別定額給付金は、小規模町村ほど早く支給され、都市部は遅れた。小規模町村は、「住民一人一人の顔が見える」からだ。高齢化が進むにつれ、買い物難民対策や一人暮らし高齢者への支援など、多様で手厚い支援が求められ、自治体の果たす役割は一層重くなる。徳之島三町が今後、どうなっていくのか分からないが、「平成の大合併」をめぐる議論を財産とし、未来の町づくり、島づくりに役立ててほしいと願う。

四．普天間基地移設反対運動

徳之島に飛び火

特筆すべき二つめの住民運動は「普天間（ふてんま）飛行場、徳之島移設反対運動」[*19]だ。「MA－T計画」反対運動から約二十年後、再び、徳之島および奄美の島々を揺るがす大問題が起きた。米軍普天間飛行場（沖縄県宜野湾市（ぎのわんし））の徳之島移設計画が浮上したのである。

朝日新聞が、「徳之島に移転計画」との一報を報道したのは平成二十二年（二〇一〇）一月二十七日。翌日、報道各社が後追いした。南海日日新聞には共同通信が配信した。民主党が政権を担った時代になる。記事によると、普天間飛行場移設問題で政府与党内において徳之島が移設候補地に挙がり（図13）、島内三

＊19　米軍普天間飛行場移設問題の経緯（「普天間飛行場移設　徳之島の闘い」平成二十二年・南海日日新聞社より抜粋）
平成七年九月：米兵少女暴行事件が発生
十月：八万五〇〇〇人が参加し、暴行事件に抗議する沖縄県民総決起大会
平成八年四月：日米両政府が五～七年以内の普天間飛行場返還で合意
平成二十一年九月：鳩山連立政権が発足。首相は県外移設が前提との考えを表明
平成二十二年一月二十五日：民主党議員が徳之島三町に移設を打診
同月二十七日：移設候補に徳之島が浮上。徳之島三町長は反対を表明。徳之島の自然と平和を考える会が反対集会
二月十五日：徳之島三町長が移設反対の決議書作成
同月十八日：移設に肯定的な徳之島の基地問題を考える会が徳之島三町に移設の是非を問う内容の要望書
同月十九日：徳之島を米海兵隊ヘリ部隊の訓練地とする案が浮上
同月二十五日：徳之島の基地問題を考える会解散
三月一日：徳田毅衆議院議員が平野博文官房長官に徳之島三町長の反対要望書を提出
同月七日：徳之島町で島民五〇〇人余りが移設反対集会
同月八日～二十三日：大和村議会を皮切りに十市町村議会が移設反対を決議
同月二十四日：県議会が移設反対を決議。伊藤祐一郎知事も反対表明

図13　普天間飛行場の移設に伴い候補地の一つに挙がった徳之島空港

町長が政府高官との会談を要請されていたことが分かったのである。同飛行場の移設先をめぐっては、従来の政府方針だった同県名護市辺野古案を含め、国内一〇か所以上が候補地として取りざたされていたが、奄美関係個所が浮上したのは初めてであった。候補地の一つに過ぎず、三町長も反対を明言していた。

　徳之島町長らによると、前年、民主党関係者が来島して三町役場を訪問。年明け後の一月二十五日、三町長は同党の牧野聖修衆院議員（静岡一区）らと天城町役場で懇談し、牧野議員から「米軍基地移設問題で上京して、政府の平野博文官房長官と会ってほしい」と要請されたという。懇談では島内の具体的な候補地名は出ず、三町長は「受け入れ反対」を明言。二十六日には、面談要請を正式に断ったという。

　普天間飛行場の移設問題は、平成七年（一九九五）に大きな転機を迎えていた。それまでも騒音や米軍機の危険性で、移設や撤去を求める県民の声は根強くあった。しかし、この年に起きた普天間飛行場所属の米兵による少女暴行事件は、沖縄県民の中に米軍に対する強い嫌悪感を生んだ。基地反対運動は、この事件をきっかけに大きなうねりを起こした。日米両国は事件の翌年、普天間飛行場の全面返還で合意した。米国は代替え地の確保を求め、政府は辺野古移設に取り掛かった。平成二十一年の総選挙。政権を奪取した民主党の鳩山由紀夫代表は、選挙期間中に普天間飛行場を「最低でも県外」と訴え、沖縄県民の支持を獲得した。これが徳之島に飛び火したのだ。島内外を揺るがす「普天間基地移設反

同月二十五日：伊藤知事と徳之島三町長らが官房長官に移設反対を要請。瀬戸内、龍郷両町議会も反対決議。奄美一二市町村の足並みがそろう。
同月二十八日：徳之島で「移設に反対する郡民大会」、奄美大島では「連帯する緊急市民集会」
四月九日：政府が米海兵隊ヘリ部隊を徳之島に移転する考えを固める
同月十一日：徳之島への米軍基地移設反対協議会が発足
同月十七日：鹿児島市で基地撤去・県内への移設反対県民集会
同月十八日：徳之島で米軍基地移設反対一万人集会。一万五〇〇〇人参加。最大規模の集会で日米両政府に移設反対を示す
同月十九日：鳩山首相徳之島入りを地元側が拒絶
同月二十日：徳之島三町長、官房長官との会談打診を拒否
同月二十四日：地元賛成派が米軍普天間飛行場誘致推進協議会を結成
同月二十五日：沖縄で県外、国外移設を求める県民大会
同月二十八日：首相が徳田虎雄・元衆議院議員を訪問。徳田氏は「徳之島では無理がある。判断は三町長」と伝える
五月四日：首相が仲井真弘多・沖縄県知事と会談
同月七日：徳之島三町長が首相と首相官邸で会談、受け入れ拒否を伝える
同月八日：鹿児島市で徳之島への基地移設に反対する県民総決起集会
同月十日：政府が普天間飛行場移設問題の五月末決着を断念
同月十二日：官房長官が徳之島町議五人と鹿児

図 14　徳之島全域に数えきれないほどの個性豊かな看板が立てられた（平成 22 年）

対運動」の始まりだった。

反対運動は、朝日新聞の報道が出たその日のうちに始まった。「徳之島の自然と平和を考える会」（椛山幸栄会長）は同月二十七日、「米軍普天間飛行場移設に反対するアピール」を発表した。薩摩の奄美・琉球侵攻（一六〇九年）以降、太平洋戦争、日本復帰運動などの苦難の歴史を踏まえた上で、「軍事基地は殺戮の基地であり、これまでの歴史で武器を持たない徳之島の人々は脅威を感じている。私たちは『徳之島移設』を断固として拒否するものである」。考える会は以後、反対運動の中核を担い、三町の行政や奄美の他市町村・団体、出身者を巻き込んで反対運動を盛り上げていった。

畳み掛ける反対運動

自然と平和を考える会は、畳み掛けるように反対運動を展開した。

為政者が基地や原発など、いわゆる迷惑施設を誘致・建設する際、通常は地元に賛成派を組織し、ある程度地ならしした上で計画を発表するのが常だ。過疎や財政難にあえぐ自治体を狙い撃ちする格好で、立地計画を進めていくものである。民主党政権の準備不足を割り引いても、徳之島の動きは素早かった。集会に続いて、二月二日には三町長に対して移設反対を求める要望書を提出した。徳田毅衆議院議員（自民）は、平野官房長官に三町長の反対要望書を提出。島民は、普天間飛行場の移設反対を訴える看板を設置し始めた。看板は見る見るうちに増え、島

島市で会談。五〇〇人規模のヘリ部隊受け入れを要請していたことが後日、判明
同月十四日：関東徳州会有志など三団体が移設反対を訴え国会請願デモ。奄美市で徳之島への米軍基地に反対する郡民会議が発足
同月十五日：官房長官が徳之島の経済団体関係者らと鹿児島市で会談
同月十六日：官房長官が徳之島の普天間基地誘致推進協議会と鹿児島市で会談
同月十九日：奄美群島市町村議員大会で普天間飛行場の移設反対を特別決議
同月二十七日：全国知事会臨時会合で首相が沖縄の負担軽減で協力を要請。伊藤知事は「徳之島の島民はほとんどが反対で大変厳しい」と伝える
同月二十八日：日米両政府が辺野古崎地区とこれに隣接する水域を移設先に、訓練の一部移転先を徳之島とする共同声明発表
同月二十九日：奄美市で徳之島への米軍基地移設反対奄美群島民大会
六月二日：鳩山首相が普天間基地移設問題と政治資金規正法違反で引責。退陣の意向を表明。
同月四日：民主党は菅直人副総理兼財務相を新代表に選出。菅氏が第九十四代首相に。
八月七日～八日：徳之島で米軍基地移設反対「命のたすきリレー」

の至る所に見られるようになった（図14）。

考える会は思想信条を問わない自発的な集まりだ。椛山会長は「一個人に過ぎず、政治色の薄い私の先導だったことも奏功し、多くの住民も安心して賛同してくれた。反対運動の賛同者は米軍基地の移設を自分自身の問題ととらえていた。（基地の）押しつけに対する反発、無理強いするなら、お上にも、物申すことを辞さない島民気質があると思う」と述懐した。徳之島の熱気に後押しされるように各島の市町村議会が動く（図15）。三月二十五日までに県議会と奄美一二市町村議会が反対決議を可決した。大規模集会も開催され、反対の世論は一段と盛り上がる。

最初の大規模集会は三月二十八日、天城町総合運動公園で開催された。「普天間基地徳之島移設断固反対郡民大会」と銘打ち、四二〇〇人の熱気で包まれた。民主党政権下での移設問題とあって自民系の国会議員も参加。小池百合子元防衛大臣が吠える。「鳩山首相は鳩ではなく、サギ」。反民主の決起集会的一面も見えた。同じ日、奄美市名瀬でも「緊急市民集会」があった。徳之島への移設に反対する連帯の輪は確実に広がっていった。

地元の動向とは裏腹に政府は四月九日、米海兵隊ヘリ部隊の徳之島移設方針を固める。同月十三日、鳩山首相はオバマ米大統領と非公式に会談し、普天間飛行場移設問題の五月末の決着を約束。徳之島移設に向けてアクセルを踏んだ。ここから徳之島の反対運動はさらに加速する。徳之島三町は五月にも三月の集会を上回る「一万人集会」を計画していた。政府方針を受けて同月八日、大久保明・伊仙町長は同月十八日に「前倒しで開催する。徳之島、天城両町長とも確認した」と発表した。大久保は「鳩山政権は命運を掛けて徳之島移設を決断してくる。いろんな形でものすごい圧力がくる。島民の決意を示さなければならない」と危機感を表明した。十一日には徳之島三町が一体となって組織する「徳之島への米軍基地移設反対協議会」を発足させることを確認した。協議会はその日のうちに発足

議会だよりとくのしま　平成22年4月発行

いっぱん質問

3月定例会には、7人の議員が登壇し、施政方針や普天間基地移設問題、さらに農業の振興や教育、医療、生活環境など町政全般にわたり執行部の考えをただしました。質問と答弁の要旨は次のとおりです。

どう考える普天間移設

貞　美義　議員

問　普天間基地移設問題で徳之島が急浮上し、波紋が広がっている。その経緯と徳之島三町長は断固反対の決議をしたが、一方反対以外の立場を表明する住民もいる。どのように考えるか。

冷静に対応

答　高岡町長
普天間基地移設については、反対を表明しています。確かに、中立的あるいは賛成を表明している方もいることは認識しています。しかし、皆さんが自然と平和を大事にする方々だと考えます。真の平和は、対話と議論でしか解決できないと考えます。しっかり、冷静にすべてに対応することが望ましいと考えます。

3月28日、天城町での普天間基地移設反対集会

図15　徳之島町議会でも普天間基地移設問題が取り上げられた（平成22年3月議会）

した。共同代表は三町の首長と自然と平和を考える会代表。事務局長は三町の総務課長と考える会。「官民一体」「離脱できない」態勢が整った。集会に向けての手際の良さには舌を巻く。▽住民への参加呼び掛けや基地問題に関する教宣強化▽各集落から会場までのシャトルバスの運行▽意見発表の登壇者の選出―などが次々と決まっていく。後述するが、これらは奄美の日本復帰運動やMA―T計画反対運動の経験に裏打ちされたものだった。

「米軍普天間飛行場の徳之島移設反対を日米両政府に示す一万人集会」（一万人集会）は予定通り同月十八日、徳之島町亀津漁港で行われた。主催は発足したばかりの米軍基地移設反対協議会。「一万人」と銘打ったものの、「本当に集まるのか？」と疑問視する声もあったが、徳之島の民意を見せつける結果となった。会場は「移設反対」のプラカードを掲げた人々で熱気にあふれ、予想を上回る一万五〇〇〇人（主催者発表）に上った。南海日日新聞社はこの日、ヘリをチャーターし、上空から集会の様子を撮影した。同月十九日付の紙面は「一五〇〇㍍上空に伝わる怒り」と題したルポを掲載した（図16）。集会は「『長寿、子宝、癒やしの島に米軍基地はいらない！』。今、政府に求められているのは普天間基地の無条件撤去、基地のない沖縄をめざす本腰の対応、平等の対米交渉です。私たちは徳之島への移設に断固反対します」との決議を満場一致で採択した。*20

迷走する鳩山政権

参議院外交防衛委員会が作成した「鳩山連立政権における普天間飛行場移設問題～その経

*20 決議文

徳之島への米軍基地移設に反対するために、本日ここに島内の老若男女一万人が集いました。島内外から、熱い思いで結集された皆さん、この美しい自然と、島ん人の「結いの心」の共同体を、米軍基地は消し去ります。

私たちは基地の移設に断固反対して政府が断念するまで闘います。

奄美の祖国復帰運動にも勝る、島を守る「民族危機」の叫びです。

兄弟島である沖縄県民の生活は、米軍犯罪や墜落事故などによって日常的に脅かされ、経済発展にも大きな影響を与えています。そのために米軍基地の整理・縮小・撤去こそが沖縄県民の願いです。

徳之島および国内への基地の分散は、軍拡であり、軍縮という世界平和の流れに逆行するものです。

「地域振興に米軍基地が有効」という声がありますが、この十年間、振興策として六〇〇億円も投入されてきた名護市では、逆に市債残高が増加し、失業率の増加、法人税の減収など市の経済は困難をきたしています。

島の自然も文化も、太古の昔から、先祖からの大切な預かりもの、傷付けず未来の子どもたちに届けなくて

図16 「1万人集会」 プラカードを掲げて移設反対を訴える参加者（平成22年4月18日、徳之島町亀津漁港。「米軍普天間飛行場移設　徳之島の闘い」南海日日新聞社から）

過と国会論議〜」（笹本浩・加地良太）によると、第四五回衆議院選挙に伴い、平成二十一年（二〇〇九年）九月、民主党を中心とする連立政権が発足する。民主党はマニフェストでは普天間移設に関して直接言及はしていなかったが、鳩山由紀夫代表は「海外移転が望ましいが、最低でも県外移設が望まれる」と主張。政権発足後は県外移設を中心に検討することになった。

鳩山政権が県外移設の検討を始めた頃、米国側は辺野古沿岸域（V字案）への移設決定を求めていたとされる。鳩山首相は同年十一月のオバマ大統領の来日の際も結論を示すことができず、先送りにした。「トラスト・ミー」発言をめぐっても物議を醸した。自民党は辺野古移設を十数年かけて築き上げてきたもの、と反論した。

平成二十二年（二〇一〇）一月、沖縄・名護市長選挙が行われ、移設反対派の稲嶺進が当選し、辺野古移設がより厳しくなった。鳩山首相は一月の国会で「五月末までに結論を出す」と表明した。一月下旬から徳之島への移設案が報道されるようになった。鳩山首相はじめ政府関係者は国会においては徳之島を含めて新たな移設先を明らかにしなかった。四月十八日に徳之島で行われた「一万人集会」に関しては「民意の表れの一つ」との認識を示した。鳩山首相は同年六月の辞任後、徳之島移設案が浮上したのは前年末であったことを明らかにした。

「一万人集会」以後、徳之島移設を模索する政権の動きも慌ただしくなる。鳩山首相は四月二十八日、東京都内のマンションに、徳田虎雄元衆議院議員（医療法人・徳洲会理事長）を訪ねた。面会は一時間二十分に及んだ。鳩山首相は普天間飛行場の航空部隊の一部、もしくは訓練の一部移転案を示し、協力を求めたが、徳田は島民の意向を踏まえ「徳之島では無理がある」と回答。「（問題を）判断するのは（徳之島）三町長」と述べた。三町長は当初、政府関係者との面会を拒否していたが、五月七日、三町長は官邸で鳩山首相と会談。鳩山首相は徳田に申し入れたものと同様に、普天間の機能の一部（部隊移転の場合も千人以下）、あるいは訓練のみの受け入れを要請したが、三町長はこれを拒否。その後も平野博文官房長官が徳之島町議と会い、負担を求めたが、町議側は「受け入れ困難」と回答。沖縄側も辺野

はなりません。

徳之島は世界的にも貴重な希少動植物の保護活動を推進し、世界自然遺産登録を目指しています。

「長寿、子宝、癒しの島に米軍基地はいらない！」

今、政府に求められているのは普天間基地の無条件撤去、基地のない沖縄をめざす本腰の対等、平等の対米交渉です。

私たちは徳之島への移設を断固として反対します。

大会スローガン

（1）徳之島への米軍基地、訓練基地移設に断固反対する。

（2）徳之島は豊かな自然に恵まれている。私たちは希少な動植物の保護活動を積極的に推進し、世界自然遺産登録を目指す。

（3）私たちは農業を中心とした、観光振興を目指す、そのために振興策に名を借りた環境破壊を許さない。

以上　決議する。

古移設を拒否した。鳩山首相は徳之島関係者に会うと共に沖縄県の仲井真弘多知事とも面会。沖縄県内への受け入れを要請した。

米軍も徳之島移設には難色を示したこともあり、徳之島移設案は急速にしぼんでいく。地元合意を前提にした「五月末決着」を事実上、断念せざるを得なくなった鳩山首相は同月二十三日、沖縄県の仲井真弘多知事を再度訪ね、辺野古付近への移設を要請した。

政権はその後、日米防衛首脳会議を経て五月二十八日、日米安全保障協議委員会（「2プラス2」）の共同声明が発表された。普天間基地代替施設は「一八〇〇㍍の滑走路、キャンプシュワブ辺野古崎地区及びこれに隣接する水域に設置」すると明記[＊21]。これに沖縄の負担軽減策として訓練の一部移転先に「徳之島」を盛り込んだ。同日、日米共同声明に盛り込んだ内容を閣議決定。署名を拒否した福島瑞穂国務大臣は罷免され、社民党は連立政権を離脱した。迷走を繰り返した揚げ句、辺野古に回帰する結果になった。

記憶と体験を継承

第一七四回国会参議院外交防衛委員会会議録第一九号＝平成二十二年＝をみると、「日米共同声明に沖縄県外移転の拡充に際して、徳之島の活用が明記された理由について平野博文官房長官は、沖縄の海兵隊の運用を含めて考えたときに一番運用的に可能なところとして地理的要因から徳之島が挙がったとした上で、米側は運用上移せる範囲として（陸上部隊から）一〇〇㌔以内と説明しているが、一七〇㌔（徳之島）の検討も交渉の中に上げてもらいたいとした。これに対して訓練移転では距離的な課題は関係ないのではないかとの指摘がなされたが、共同発表には、米軍の活動（アクティブ）という概念も入っており、訓練移転のみではないとの見解も示している」

前述した日米共同声明（五月二十八日）でも徳之島が沖縄に「近い」「一体的運用が可能」としか説明されていない。徳之島はもちろんのこと、県も移設に反対。八方塞がりの中でも、鳩山政権が徳之島を移設先に選んだ理由は何か。

森宣雄[＊22]は五月七日付の産経新聞の記述に着目した。記事は「鳩山首相が徳之島への海兵隊移転にこだわった背景には日米両政府が昭和二十八年（一九五三）に交わした覚書の存在があった」と報道した。覚

＊21　日米共同声明要旨（平成二十二年五月二十八日）＝南海日日新聞五月二十九日付、共同通信配信。
【日米同盟】日米同盟が日本の防衛のみならず、アジア太平洋地域の平和、安定および繁栄にとって不可欠であることを再確認。同盟の変革と再編プロセスの一環として普天間飛行場を移設し、日本に返還する。

【移設先】一八〇〇㍍の長さの滑走路を持つ代替施設をキャンプ・シュワブ辺野古地区とこれに隣接する水域に設置する。

【環境影響評価】シュワブ沿岸部を埋め立てる代替施設の環境影響評価手続きなどが著しい遅滞がなく完了できる方法で、代替施設を配置し、建設する。

【詳細設計の策定】普天間飛行場の速やかな返還を実現するために、いかなる場合でも二〇一〇年八月末日までに完了させ、次回の日米安全保障協議委員会（2プラス2）までに検証と確認を終える。

【施設の共同使用】米軍と自衛隊との間で施設の共同使用拡大を検討。

【訓練の県外移転】米軍の活動の沖縄県外への移転拡充を決意。適切な施設が整備されることを条件として徳之島（鹿児島県）の使用を検討。

図17　沖永良部空港に緊急着陸したオスプレイ（平成31年3月　南海日日新聞）

書は米政府が「南西諸島のその他の島の防衛を保全し、強化し、及び容易にするため」、返還後も奄美群島において（米軍が）要求する事項を、日本政府が考慮するとしたものだ（図17）。具体的には通信・レーダー施設とその用地提供が想定される旨記述した。「奄美返還と日米関係」[＊23]に収録されている。確かに奄美の返還後も、沖永良部には米軍基地が存在した。森は「もし、報道が事実なら」と前置きした上で「徳之島移設案は米軍の奄美占領の論理にすがり、再活用することで基地の沖縄集中をぼかそうとする、占領の論理の再来ということのようだ」と批判した。[＊24]

第二の復帰運動

徳之島移設反対運動は「第二の復帰運動」と位置付けられた（図18）。奄美の日本復帰運動の特徴は十四歳以上住民の九九・八％にも達した署名にみられるよう、①内部の強固な団結②世論へのアピールにある。署名や島外での活動は復帰運動を踏襲（とうしゅう）しているとみていい。復帰運動の際は最終的に沖縄は切り離されたが、移設反対運動では沖縄との連携も顕著だった。徳之島の自然と平和を守る会は「沖縄の痛みは分かち合うものではなく、なくすもの」と訴え、学習会では沖縄から講師を招いた。「二万人集会」に続いて行われた沖縄で行われた県民大会（四月二十五日）には徳之島三町長が連帯のメッセージを寄せた。奄美市名瀬で行われた群島民大会（五月二十九日）では決議に「戦後六十五年の長きにわたり、米軍基地を押し付けられた沖縄の苦難に連帯し、政府与党に対して普天間基地の即時閉鎖、無条件撤去を米国政府に要求することを強く求めます」との一文を盛り込んだ。ともすれば住民運動は分断と対立を生みがちであるが、徳之島の場合は違った。森

【訓練の国外移転】米国グアムなどへの訓練の移転を検討。

【訓練区域】（沖縄本島東の水域である「ホテル・ホテル訓練区域」）の使用制限一部解除を決定。その他の措置は協議を継続。

【嘉手納基地の騒音軽減】米軍嘉手納基地（嘉手納町など）におけるさらなる騒音軽減への決意を確認。

【嘉手納以南の返還促進】嘉手納基地以南の施設・区域の返還が日米軍再編ロードマップ（行程表）に従って着実に実施されることを確認。

＊22　森宣雄（もり・よしお）一九六八年横浜市生まれ。琉球大学大学院法学研究科修士課程、大阪大学大学院文学研究科博士後期課程修了。博士（文学）。聖トマス大学人間文化共生学部教員を経て、同志社大学・奄美―沖縄 琉球研究センター学外研究員、西宮公同教会・関西神学塾講師。専攻は沖縄・東アジア近現代史。

＊23　ロバート・D・エルドリッチ著。南方新社・平成十五年。

＊24　「地（つち）のなかの革命　沖縄戦後史における存在の解放」（平成二十二年）。

は徳之島の反対運動を「支配構造の下で、共に苦しみを受ける者同士が素朴に手を取り合うのはむしろ稀。普天間飛行場の徳之島移設案の浮上は、お互いの歴史や間柄を見直すきっかけになったのではないか」と評価した。

命のたすきリレー

徳之島への移設がほぼなくなったとみられた八月七、八の両日、徳之島で「命のたすきリレー」が行われた。反対運動の記憶を残すためだ。発着点は伊仙町にある泉芳朗の銅像前。泉は復帰運動の父と呼ばれる。核燃料再処理工場の反対運動も、普天間飛行場の反対運動も復帰運動をモデルにしている。復帰運動を経験したり、運動の経過を見ていたりした人たちがMA―T計画（核燃再処理工場）反対運動の中心となり、MA―T計画反対運動を経験した人々が移設反対運動をけん引した。徳之島の自然と平和を守る会会長の椛山幸栄*25もその一人だ。命のたすきリレーは約三〇〇〇人が参加。島内八一キロを六〇区間に分け、たすきをつないだ。参加者の中には八十歳代の高齢者の姿や徳之島らしく闘牛と共に歩いた人もいた。

記憶の継承は続く。MA―T計画反対運動に奔走した死の灰から生命を守る伊仙町民会議は同年十二月十九日、徳之島の自然と平和を守る会（椛山会長）に活動資金を譲渡した。町民会議の議長・吉岡良憲は「核燃問題は終わったが、新たな基地建設が始まろうとしている。皆さん力を貸してください」とあいさつ。椛山は「若い頃に吉岡さんたちが頑張っていた姿を思い出す。吉岡さんらの志を引き継ぐ」と決意を示した。

普天間飛行場移設反対運動について令和三年（二〇二一）、椛山は次のように語った。「徳之島移設をはねのけられたのはスピード感を持ってしっかりと島民の意見をまとめ、『ノー』を突きつけられたことが大きい」「反対運動ののぼりには集落名が書かれたものも多かった。この手の反対運動には政治色の強い団体が先導する場合が多いが、徳之島では住民が自身の問題として真剣に考えていた」「当時は民主党政権ということもあり、多くの政治家をこちらの方に取り込むことができた。もしこれが自民党政権で、し

＊25　椛山幸栄（かばやま・こうえい）　徳之島の自然と平和を守る会会長。「守る会」は普天間飛行場移設反対運動の中核を担った。昭和三十年生まれ。徳之島町亀津出身。徳之島高校、日本経済短期大学卒。徳之島に帰郷後、徳之島町役場勤務を経て平成二年から南日本新聞販売店主。徳之島町文化会館長も務めた。二十歳の頃、「MA―T計画」反対運動に取り組む先輩たちに感銘を受け、運動に参加した。その後、LL牛乳廃止運動や自衛隊のイラク派兵反対、徳之島三町の合併に反対する活動に「一住民」の立場で取り組んだ。

米軍普天間基地の徳之島移設に反対する特別決議

現在、政府において、米軍普天間基地の代替施設移設先として、奄美群島の徳之島を含む案が検討されている。

奄美群島は、国の特別措置法の下、社会基盤の整備も進み、農林水産業の発展にも力を入れるとともに、貴重な国有動植物の宝庫である奄美群島全体で世界自然遺産登録を目指し官民挙げて尽力している折、地元への説明や意見を聞くこともなく徳之島が移設先として検討されていることに、群島民は大きな衝撃を受けるとともに、非常に不安に感じている。

言うまでもなく、沖縄県民・普天間市民が長年負担してきた苦痛は大いに了察されるものであるが、移設の前提には、移設先との合意形成が必要不可欠であり、在民主権の国家による法的な強制収用があってはならない。

かつて、奄美群島は、第二次世界大戦後に日本本土から切り離され、住民の意思を問うこともないまま米国軍政下に置かれることとなったが、群民の日本復帰への強く熱い想いを訴えるべく、実に99.8％にも上る署名運動を展開するとともに、十数回に及ぶ群民総決起大会や断食祈願を行った結果、昭和28年12月25日に、悲願であった日本復帰を成し遂げた歴史がある。

よって、米軍基地移設という新たな形での負担を、再び、奄美群島民に一方的に課すことが繰り返されないよう強く抗議するとともに、いかなる規模であっても、米軍普天間基地代替施設の徳之島移設に断固反対するものである。

以上、特別決議する。

平成22年5月19日

特別決議を発表する徳之島3町議会議長

22

図18　群島市町村議会大会での基地移設反対決議
（H22.5 大和村。町議会だより7月号）

っかりと根回しをしたうえで徳之島を移設候補地に挙げていたり、米軍ではなく自衛隊だったりしたら、反対運動は遥かに苦戦しただろう。今の辺野古の状況をみれば、そう考えられる」

「いま、振り返ると大変な日々だったが、島民が呼応して一つの目標に向かっていく高揚感は得難い体験だった。私がMA―T計画で先輩たちの活動に感銘を受けたように、移設反対に賛同してくれた若い世代があの体験から何かを学んでくれたらと思う」

「抵抗の記憶と島を守り抜いた経験はまた引き継がれていく」（安田常雄・神奈川大学大学院特任教授）。復帰運動とMA―T計画反対運動、普天間飛行場移設反対運動は個別に発生したのではなく、人々の記憶と体験が継承されていたのである。

（久岡 学）

第十節　世界自然遺産と観光まちづくり

一・奄美群島国立公園の誕生と世界自然遺産

島の成り立ち

奄美群島などの中琉球域は、トカラ海峡とケラマ海裂（かいれつ）*1に挟まれた区域で、地質学的に南西諸島の基盤は中生代から新生代にかけて海溝（かいこう）にたまった付加体（ふかたい）が地表へと持ち上がって島々を形成している（**図１**）。大陸から離れた年代は一〇〇〇万年から二〇〇万年前と推測され、その後、さらに一〇〇万年ほどをかけて奄美大島、徳之島、沖縄などに分かれた。その間に絶滅した種や、島に合わせて分化することにより島ごとに固有種が生まれた。徳之島と奄美大島は「兄弟島」とも言われるように、アマミノクロウサギ（**図２**）やアマミテンナンショウなど共通の種が多くみ

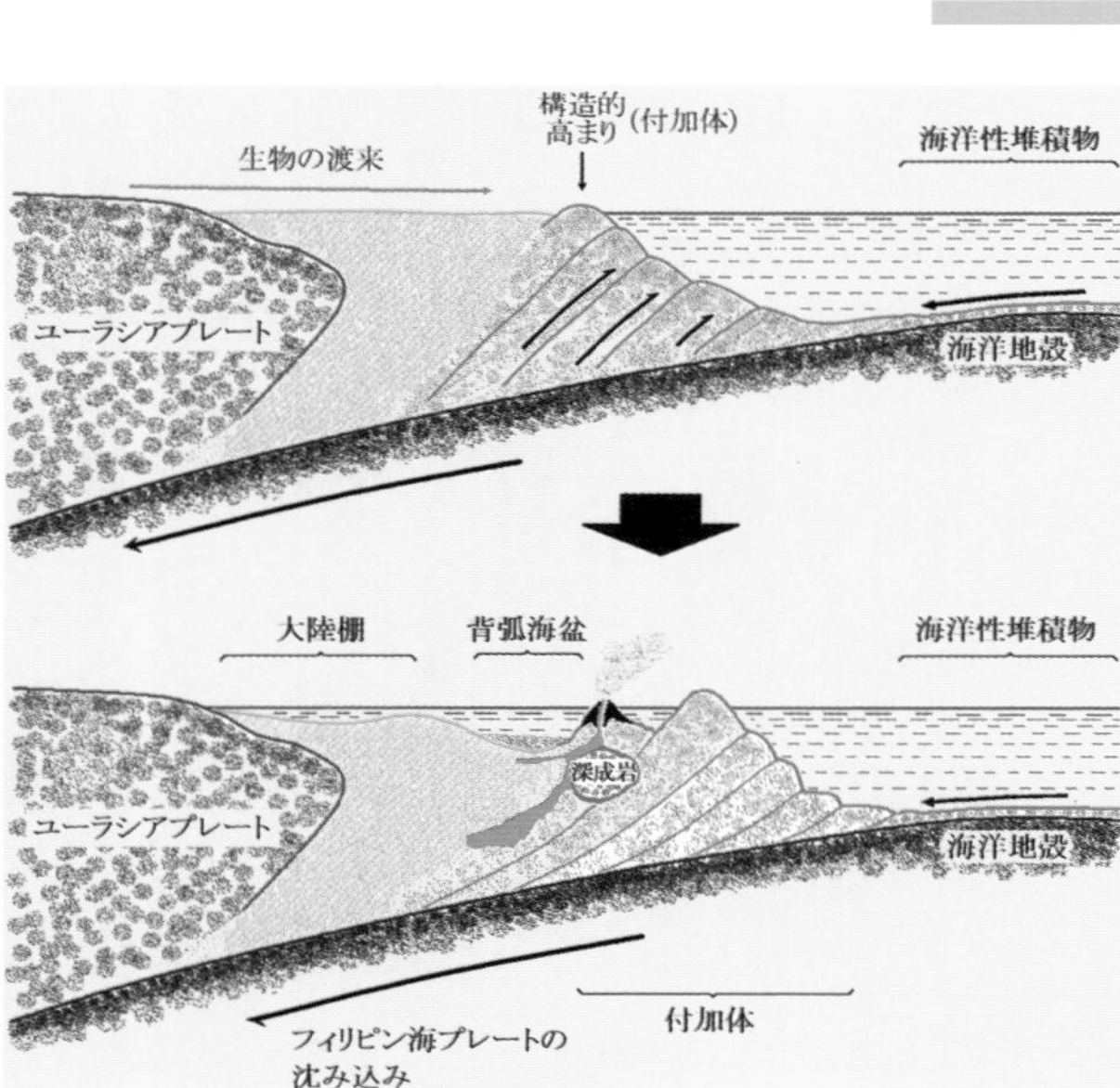

図１ 付加体（初期～後期）（徳之島町史自然編）

られる。しかし、イシカワガエルのように徳之島に生息していない固有種、あるいはトクノシマトゲネズミのように徳之島にのみ見られる固有種も存在する。一方でオビトガケモドキのような沖縄と徳之島に共通する種もみられる。また、共通種を多く持つ奄美大島と徳之島ではあるが、奄美大島はその多くの山地が海岸線まで迫っており、海から切り立った崖をなして平地が少ない。ところが徳之島の場合は、井之川岳を中心に天城岳から犬田布（いぬたぶ）岳にかけた山脈の周囲に平たい地形が広がっており、その南半分は琉球石灰岩の地層になっている。さらに広い区域の海岸線がサンゴ礁によって囲まれるなど、両島の成り立ちは複雑である。[*2]

奄美群島国立公園

奄美群島国立公園が誕生したのは、平成二十九年三月七日である。国内では三四番目と日本では一番新しい指定となっている。それ以前は「奄美群島国定公園」[*3]（昭和四十九年二月）としての指定であった。平成十九年になって奄美群島内の照葉樹林（しょうようじゅりん）地帯を国立公園に指定する方針が決定され、二十二年に奄美群島を国立公園の候補地に選定した。二十八年に「奄美群島国立公園」の区域案が公表され、同年中央環境審議会の答申を受けて国立公園に格上げされることが決定された。なお、翌年三月七日の指定を待って「奄美群島国定公園」の地域指定は解除された。

国立公園は、自然公園法に基づき特別保護地区、第一種～第三種特別地域、海域公園地区、普通地域の六つの地種区分を設けている（**図3**）。奄美群島国立公園の場合、この区分のほかに従来にはなかった「環境文化型の国立公園」という特徴がうたわれ、自然環境や景観だけではない住民と自然との長い関わり方も含めて保全する、という新しい考え方を導入した。奄美群島国立公園内には一七もの集落が存在するにも関わらず、例えば日本の面積の〇・一％に満たない徳之島だけでも二〇〇〇種を超える生き物が生息する。手つかずの自然と人々の暮らしの中で培われた自然が混在していて、自然と集落の暮らしの関わりという地域環境文化のあり方もこの国立公園の魅力になっている。また徳之島の場合は、奄美大島にはない一〇〇㍍を超えて発達した琉球石灰岩の台地が広が

＊1　約二億五〇〇〇万年前から数千万年前の時代。

＊2　徳之島町史　自然編「恵みの島」参照。なお、本項目はその多くを同書を参考に記述した。

＊3　国定公園も国立公園も自然公園法に基づき、環境大臣が指定する。国定公園は国立公園に準ずる扱いで、国立公園は環境省が、国定公園は県が管理を行う。

図2　アマミノクロウサギ（白タビと言われるタイプ）

り、そこに生息する動植物も指定されたという特徴を持つ。

なお国立公園法は「保護」の面が強いものの、自然体験活動などへの「利用」もうたっている。平成二十九年二月から「奄美群島エコツアーガイド認定制度」がスタートし、自然環境への負荷を最小限に抑えつつ、国立公園を地域振興や観光振興、教育に活かそうという活動も行われている。ただし指定後、通行する車両の増加により希少野生動物のロードキルという問題が発生し、また希少野生植物の盗掘（とうくつ）や損傷、体験利用者の質の問題も懸念されたことから、山クビリ線、剥岳（はげだけ）線、三京（みきょう）線の三本の林道にゲートが設置された。これによって林道の利用は、認定エコツアーガイドのツアー、あるいは行政への事前利用申請なくしてはできなくなった。さらに種の保存法や県及び三町の条例中の保護種が増え、山間部のパトロールも強化された（**表1**）。幸い徳之島の場合、林道が少なかったこともあり、生活環境と保護地域が隣接はしているものの自然環境は良好な状態が保たれていると言える。

世界自然遺産への登録

令和三年七月二十六日、その固有種の多さと生態系の多様さが評価されて、南西諸島域でも特に希少な生態系を有する地域を対象とした「奄美大島、徳之島、沖縄島北部及び西表島（いりおもてじま）世界自然遺産」がユネスコに登録された。この指定区域は、平成十五年に小笠原諸島（おがさわらしょとう）、知床（しれとこ）半島とともに世界自然遺産候補地として認められ、平成三十年のＩＵＣＮ（国際自然保護連合）による登録延期勧告、令和元年の再申請と新型コロナウイルス感染拡大による審査延期などを経て、令和三年七月のユネスコ世界遺産委員会でようやく登録が決定されたものである。推薦書には次のように記されている。

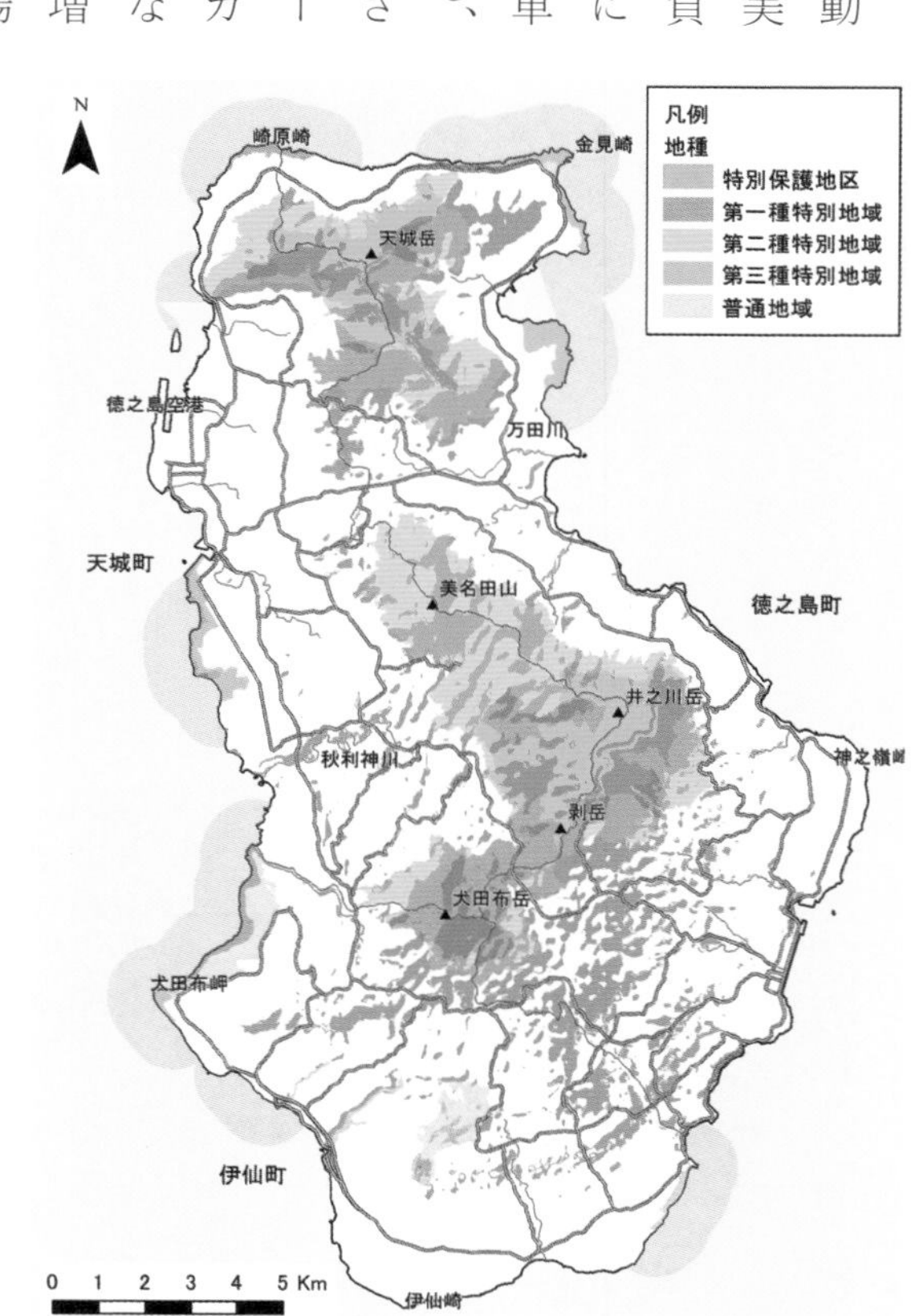

図3　徳之島における奄美群島国立公園区域図と規制の強さ（徳之島町史自然編）

＊4　固有種は、分布の成立時期を考慮した場合、遺存固有（古固有）および新固有に分けることができる。遺存固有は比較的古い時代に生じたとみられ、分布圏の縮小の結果固有となったものであり、周辺地域に近縁植物群が存在せず、形質の上でも孤立の度が高い（『世界百科事典』）。

「推薦地は、中琉球の奄美大島、徳之島、沖縄島北部と、南琉球の西表島の四地域の五構成要素で構成され、面積四万二六九八ヘクタールの陸域である。中琉球及び南琉球は日本列島の南端部に位置する琉球列島の一部の島々であり、推薦地は黒潮と亜熱帯性高気圧の影響を受け、温暖・多湿な亜熱帯性気候を呈し、主に常緑広葉樹多雨林に覆われている。

推薦地は、世界の生物多様性ホットスポットの一つである日本の中でも生物多様性が突出して高い地域である中琉球・南琉球を最も代表する区域である。推薦地には多くの分類群において多くの種が生息する。また、絶滅危惧種や中琉球・南琉球の固有種が多く、それらの種の割合も高い。さらに、さまざまな固有種の進化の例が見られ、特に遺存固有種[＊4]及びまたは独特な進化を遂げた種の例が多く存在する。

これらの推薦地の生物多様性の特徴はすべて相互に関連しており、中琉球及び南琉球が大陸島として形成された地史の結果として生じてきた。分断と孤立の長い歴史を反映し、陸域生物はさまざまな進化の過程を経て、海峡を容易に越えられない非飛翔性の陸生脊椎動物群や植物で固有種の事例が多くみられるような、独特の生物相となった。また、中琉球と南琉球では種分化や固有化のパターンが異なっている。

このように推薦地は、多くの固有種や絶滅危惧種を含む独特な陸域生物にとって、全体として世界的にかけがえのなさが高い地域であり、独特で豊かな中琉球及び南琉球の生物多様性の生息域内保全にとって最も重要な自然の生息・生育地を包含した地域である」[＊5]

『徳之島町史 自然編』の「はじめに」で、「徳之島では裏山が世界自然遺産という集落も多く存在する。

法・条例	対象種	主な指定種例	規制等
種の保存法	国内希少野生動植物種： 18種	アマミノクロウサギ、ケナガネズミ、トクノシマトゲネズミ、アマミヤマシギ、アカヒゲ、オビトカゲモドキ、イボイモリ、トクノシマテンナンショウ	捕獲・採取、殺傷、損傷、譲渡等、譲渡を目的とした広告・陳列
鹿児島県希少野生動植物の保護に関する条例	県指定希少野生動植物：16種	バーバートカゲ、キバラヨシノボリ、ヤシガニ、リュウキュウサワガニ、ハツシマカンアオイ、オナガエビネ、フウラン、カクチョウラン、ナゴラン	捕獲・採取、殺傷、損傷、所持・譲渡等
徳之島3町希少野生動植物の保護に関する条例	徳之島 3 町指定希少野生動植物：31種	ヒメフチトリゲンゴロウ、アマミマルバネクワガタ、アマミシカクワガタ、ヤマトサビクワガタ、マルダイコクコガネ、ダイサギソウ、アコウネッタイラン、トクノシマエビネ、トクノシマカンアオイ、オオバカンアオイ、タニムラアオイ、ハマトラノオ、アマミアオネカズラ、アマミテンナンショウ、オオアマミテンナンショウ	捕獲・採取、殺傷、損傷、所持・譲渡等
文化財保護法	国指定天然記念物：6種	アマミノクロウサギ、ケナガネズミ、トクノシマトゲネズミ、アカヒゲ、カラスバト、オカヤドカリ	現状変更（捕獲、殺傷等）
鹿児島県文化財保護条例	県指定天然記念物：3種	オビトカゲモドキ、イボイモリ、アマミハナサキガエル	現状変更（捕獲、殺傷等）
鹿児島県ウミガメ保護条例	県内の海岸に上陸しているウミガメ	アオウミガメ アカウミガメ	捕獲、殺傷（卵の採取、き損を含む）

表1　徳之島における希少動植物を守る主な法制度（2021年4月時点、環境省徳之島管理官事務所）※表に示した以外にも、場所によって規制がかかる種もある。

＊5　環境省「奄美大島、徳之島、沖縄島北部及び西表島世界自然遺産」から。

図4　イボイモリ（鹿児島県天然記念物）

サトウキビ畑にアマミノクロウサギ、裏庭にオビトカゲモドキやイボイモリ（図4）というケースも珍しいことではない」と述べられているように、徳之島は自然と人々の生活空間が接近し、あるいは同居している。しかもこの共生状態を少なくとも数百年間続けてきた。これだけの人口を抱える島で、世界的希少種が数多く残っていることは奇跡ともいえる。かつては善意による大規模なモクマオの植林や、マングース（徳之島ではイタチ）の放獣といった安易な外来種移入が起きたこともある。我々島民の手によって生態系のバランスを壊すことなく、これからも身近に希少種が生息し、「裏山が世界自然遺産・国立公園」という環境の島であり続けることを願うものである。

（米田博久）

二、開発型の観光から持続可能な観光へ

「日本のハワイ」

「黒潮おどる日本のハワイ」。これは昭和三十八年（一九六三）の『南海日日新聞』に紹介された徳之島のセールスフレーズである。[*6]「日本復帰」から十年が経ち、徳之島では観光振興に力を入れていた。その状況は同紙に「各島に先がけて観光地づくりに乗り出し」[*7]と指摘されており、昭和三十七年十月には徳之島三町と関係機関から構成された徳之島観光協会が発足していた。また、同年十二月二十五日に東亜航空による四〇人乗り飛行機の試験飛行が鹿児島―徳之島間で実施されていることから、この時期は徳之島観光の黎明期（れいめいき）として捉えることができるだろう。

＊6　『南海日日新聞』昭和三十八年一月十七日付。
＊7　註1に同じ。ただし、昭和四十一年三月十日に徳之島観光協会発足という記事（『徳州新聞』昭和四十一年三月二十一日付）もあり、昭和三十七年に発足した同名組織との関係は不明である。

図５　徳之島ヘルスセンター（昭和38年2月完成。山）

東亜観光

徳之島観光の黎明期には東亜観光株式会社（東京都千代田区麹町に所在した）が積極的な事業展開を見せた。同社は奄美パイン株式会社の商号を変更し、昭和三十八年三月に誕生している。当時の同社社長・佐野友二は、島の緑化を進め、国内の木材需要に応えると同時に観光資源に活用するという展望のもと、徳之島を「東洋のハワイ」にしたいと語っている。[*8]

徳之島観光にとっての画期は奄美パイン株式会社によるヘルスセンターの建設（山集落内。図５）であろう。[*9] この施設は大・中のホールや食堂、浴場、一〇室の宿泊施設などを備えていた。当初は島民をターゲットとしていたが、半年ほどで島外からの誘客が不可欠であると判断されたという。[*10]

時代の「追い風」も吹いていた。昭和四十年の東京オリンピックである。当時の東亜観光株式会社徳之島支店長・中尾良一は次のようにこの時代をふり返っている。[*11]「四十年の東京オリンピックを契機に離島ブームがおこって、空からは一日六〇人だが、段階的に観光客が訪れるようになった。この時すでに施設拡充は急務でした」。東京オリンピックの二年前（昭和三十八年）には徳之島空港が開設され、四十年六月十日に東亜航空がＹＳ 11機（六〇人乗り一日一便、図６）を就航させた。

地元の動き

東亜観光の動きと並走して、地元の徳之島総合陸運株式会社も黎明期の徳之島観光を牽引した。同社は昭和三十八年十二月に八〇人乗りの大型遊覧バスを購入し、同年八月四日には「徳之島観光ホテル」（図７）を開業した。[*12] 三階建てのホテルで亀津北区の海岸を望む場所に建てられた。この年は地元紙が「秋晴れ観光ブーム」と言うように、十月の十日間だけで奄美大島の小・中学校の修学旅行一行約一〇七〇人を同ホテルが受け入れる、という盛況が紹介されている。[*13]

＊8　『徳州新聞』昭和三十八年四月一日付。

＊9　昭和三十八年二月二十四日に落成式が行われた。

＊10　『月刊ホテル旅館』第一二巻五号、一九七五年、六〇頁。

＊11　註5に同じ。

＊12　『徳州新聞』昭和三十八年一月一日付、同三十八年八月五日付。社史に「徳之島観光ホテル」とある。

＊13　『徳州新聞』昭和三十八年十月十四日付。

図6 東亜航空 60 人乗り YS11 型機（徳之島空港）

徳之島町もこのような動向をふまえてであろう、観光関係団体に呼びかけて昭和三十八年二月五日に徳之島町観光協会（会長・秋武喜祐治町長）を立ち上げた。*14 役場に事務局を置き、徳之島総合陸運株式会社、町商工会、町議会、奄美パイン株式会社、タクシー事業者、旅館組合、船舶事業者、飲食店組合などで構成されており、現在の言葉でいう「官民協同」の組織であった。

観光黎明期に直面した課題の一つにおみやげ品の少なさがあった。昭和三十八年、徳之島観光に訪れた小倉商工会員の一人は、「何一つみやげ品がないことにはあきれた。鹿児島や本土から送りこまれた商品の包紙を替えてみやげ品に売っている」と指摘している。*15 このような状況を改善するため、徳之島町では観光物産コンクールを開催するなどおみやげ品の開発を奨励したが、先の指摘は現在においても全て解決されたとは言えないのではなかろうか。

観光ブーム

昭和四十四年時点でも「徳之島観光ブーム」は続いていた。東亜航空は「奄美で逢うらで（奄美で逢いましょう）」をキャッチフレーズにプロモーションを展開していた。その効果であろうか、同年一月三十一日の徳之島観光協会総会において東亜観光ホテルの支配人・柱吉一は、同年二月から翌年三月までの予約状況として一六〇団体、六七〇〇人という数字を報告した。*16 また、同年一月下旬から二月中旬の総合陸運株式会社の観光バス予約申し込みも二三団体あり、およそ一二〇〇人が来島する見込みだと紹介されている。

新婚旅行

昭和四十七年に沖縄が「日本復帰」するまで、徳之島は「国内最南端」に近い観光地であった。昭和四十五年二月九日の『徳州新聞』では「寒い本土から徳之島へ」という見出しを掲げ、飛行機は連日満席であると紹介している。その中には新婚旅行で来島した人々も多かった。

図7 徳之島観光ホテル（昭和38年8月5日 オープン、亀津）

＊14 『徳州新聞』昭和三十八年二月十一日付。

＊15 『徳州新聞』昭和三十八年八月五日付。

＊16 『徳州新聞』昭和四十四年二月三日付。

図8　東亜観光ホテル（出典：『近代建築』）

観光産業において、どのような顧客をターゲットにするかということは現在でも議論されているが、特にこの時期の東亜観光ホテルは、新婚旅行客を主要なターゲットに位置づけていた。そのため、昭和四十年頃からリゾートホテル建設の計画と実行に着手した（図8）。昭和四十四年三月には客室二〇室と別館「高倉」（図9）を完成させ（第一期工事）、翌年三月には三〇室を増築した（第二期工事）。さらに昭和四十七年十月に第三期工事を終え、昭和四十九年七月には新館一〇室、プレハブハウスを増築した。同ホテルで特徴的なのは、海に面した食堂の座席ほとんどが二人席であり、[*17]ここからも新婚旅行客を主要ターゲットに置いていたことがうかがえる。

また、第三期工事のタイミングはYS 11機が一日三便に増えた年であり、「飛行機の増便計画と同時に需要予測をたてながら施設拡充をしてきた」（東亜観光ホテル徳之島支店長・中尾良一）という。[*18]「離島」の観光産業においてはどのような交通手段を確保できるかが生命線の一つであろうが、航空会社を母体とする東亜観光の優位性がうかがえる証言である。実際、昭和四十九年の同ホテルの来客数はおよそ五万人、年間稼働率は五七パーセント、収入は六億八〇〇〇万円でこれは徳之島の年間観光収入の半分を占めていたという。[*19]これらの数字は同社の決算書等に拠ったものではないため留保が必要であるが、この時期の徳之島観光において同ホテルが占めた位置をうかがわせる。

開発型観光の転換

しかし、昭和五十二年十一月、東亜観光ホテルはホテルニューオータニ徳之島になった。その経緯は明証できないが、同社の拡充型の事業展開が経営に負担

＊17　註5前掲書、口絵。

＊18　註5前掲書、六一頁。

＊19　註5前掲書、六二頁。

図9　東亜観光ホテル別館「高倉」（東亜観光パンフレット。山）

を与えたのであろうか。昭和五十七年六月には同ホテルも閉鎖されるに至った。昭和四十七年（一九七二）五月十五日の沖縄の「日本復帰」による国内観光における位置づけの変化、労働争議の発生などその要因は複数あると思われるが、規模を拡充していくいわば開発型の観光は、ホテルニューオータニの閉鎖を象徴として転換期に至ったといえるだろう。

次に、旅行者に描かれた徳之島像を見てみたい。島の側の自己認識と併せ、旅行者等によってイメージされた徳之島の内容もその時代を表していよう。

旅行記にみる徳之島

昭和三十一年に一人の生物学者が調査のため広島から来島しているが、[*20] 亀徳港から宿泊先の天城町西阿木名（にしあぎな）まで約四時間要していた。まず洋上で本船からハシケ（艀）に移り、「アユミ」を渡って海岸に降り立った。伊仙町犬田布（いぬたぶ）まではバスが出ていたが、そこから西阿木名までは約八キロの夜道を歩かなければならなかった。ビール瓶一本分の灯油を入手し、布に灯油を染み込ませ火をつけ、明かりとした。ハブに遭遇する危険があるためである。道路事情も悪く（**図10**）、赤土の泥がぬかるみ、裸足で歩かなければならなかった。両生類の調査に訪れたこの研究者は一泊して帰路につくのであるが、「文明がこの島の自然を滅ぼす前に、きっときっと再び来ようと思った」という言葉で旅行記を結んでおり、[*21] 本節において徳之島観光の黎明期と捉えた昭和三十七～三十八年よりも早い時期に、すでに島の開発が予感されていたことがわかる。

「観光ブーム」にあった昭和四十一年の旅行記もある。小田実の体験記『何でもみてやろう』を引用するとともに、「風葬（ふうそう）のあと残る徳之島」という表題をつけた記録である。[*22] 小田の書名を引いていることから、外国体験と同様なものとして徳之島観光を位置づけていたことがうかがえる。

この旅行記の冒頭には「奄美群島に来る人が、先ずこの島を目指すという観光の中心地」と記されており、[*23] 前述したこの時期の徳之島観光の隆盛（りゅうせい）が確認できる。

また、露店（ろてん）で売られるパイナップル、バナナといった果物も「南の島に来たんだ。私ははずむ心を抑えられなかった」という感慨を引き出した。先の研究者と同様、この旅行記の著者も徳之島が「あまり俗化

＊20　宇都宮妙子「徳之島へ」（『暮らしの手帖』第六二号、一九六一年）、一六七～一七一頁。

＊21　註15前掲書、一七一頁。

＊22　森村桂「風葬のあと残る徳之島」（『旅』40⑷、一九六六年。

＊23　註17前掲書、一二七頁。

しないうち、ひとつくまなく見て来ようという気になったのだ」と旅の動機を記しており、〈自然〉な徳之島に魅力を感じていたことがうかがえる。さらに、「この土地は観光地として、もっともっと発展して行くだろう。資本家がぞろぞろやって来て、日本のハワイをつくるだろう。そして若者たちが年老いて帰ってくる頃、もうこの土地は〝故郷〟ではなくなっているかも知れない」と述べ、[*24]今後進むであろう観光開発が島民にとっては故郷の喪失となるのではないかと指摘している。実際は、昭和五十七年のホテルニューオータニの閉鎖に見られたように、「本土」資本による観光開発は困難な結果となった。しかし、この旅行者の指摘は、現在においても観光産業の抱える構造を問うものとして捉えることができるのではなかろうか。

旅行記ではないが、ファッション誌の草分けとも言われる『装苑』の昭和四十八年八月号では女性モデルを登用し、母間の茅葺の家屋、鍾乳洞、諸田浜、ムシロ瀬、喜念浜が紹介されている。東亜国内航空および東亜観光ホテルの「協力」というクレジットがある記事であり、ファッション誌の読者層に徳之島観光を訴求（広告などで勧誘すること）していたことがわかる。

修学旅行

観光黎明期であった昭和三十八年に見られた徳之島への修学旅行は、開発型の観光が困難を示した後の昭和六十年代にも行われていた。修学旅行の専門誌に、旧名瀬市立朝日小学校の徒歩での修学旅行がレポートされている。[*25]当時の朝日小学校は、鹿児島県教育委員会の「山坂達者」実践推進指定校となっており、「たくましい朝日小の児童を育成する」ことを目的として、徒歩による徳之島一周の修学旅行が企画されていた。[*26]学校側は、「歩き終わった瞬間の感動は大きく、その意味では強烈な印象として残る、忘れられない修学旅行」と位置づけていたが、地理的に近い旅行先であるため、児童にとっては新しい発見が期待できないことなどが指摘されていた。[*27]

以後、徳之島での修学旅行は定着していないが、「学び」をコンセプトとした観光は、高校や大学などとの連携にもつながりうる可能性をもっていると考えられる。[*28]

＊24　註23前掲書、一三一頁。

＊25　鹿児島県名瀬市立朝日小学校教諭　阿多昌司「徳之島徒歩修学旅行」（『修学旅行』第三六巻一二号、一九八八年）。

＊26　註25前掲書、七頁。

＊27　註25前掲書、一二―一三頁。

図10　井之川集落内の県道（昭和30年代）

持続可能な観光へ

昭和三十年代には奄美群島における観光振興のパイオニアとされた徳之島であるが、黎明期から約二十年間、島の観光産業の中心にあった「本土」資本が中心となった開発型の観光に代わる新たな徳之島観光の姿が求められている。[*29] 平成二十九年の国立公園指定、令和三年の世界自然遺産登録、持続可能な開発目標（ＳＤＧｓ）の広がりなどをふまえると、「持続可能性」がその一つの柱となる理念であることは間違いないだろう。先史考古学が明らかにしているように、約三万年前からヒトが暮らす島のもつ〈価値〉を島民と島を訪れる人々とが分かち合い、「well-being」[*30]を体現できる時と場を創り出すというような観光は可能であろうか。それはもはや、「観光」という言葉だけでは表すことができないものであろうが、令和の現在、その模索が胎動（たいどう）していることを記しておきたい。

三.「地方創生」政策の展開

「消滅可能性都市」

「二〇四〇年までに全国の市町村の半数が消滅する可能性がある」[*31]と指摘した日本創成会議・人口減少問題検討分科会の報告は大きな衝撃だった。その対象は、若年女性（二十〜三十九歳）の推計人口が二〇四〇年に五割以上減少する市町村八九六（全体の四九・八パーセント）である。[*32] 平成二十六（二〇一四）年五月に出されたこのレポートと軌を一にして、国の地方創生政策が始まった。その特徴は「人口減少の克服」を主眼としたことであろう。「地方」の若年層が出生率の低い三大都市圏（特に東京圏）に流出することで人口減少に拍車がかかり、それが消費・経済力の低下につながるという「負の連鎖」への「危機感」であった。

総合戦略と人口ビジョン

平成二十六年十二月二十七日、国は二〇六〇年度に一億人程度の人口を維持するという長期展望（「まち・ひと・しごと創生長期ビジョン」）とそのた

＊28　全国の島々をキャンパスと見立て、大学生が島の事業所でインターンシップを経験する「島キャン」、徳之島町と武蔵野大学が平成二十七年度から構築しているプロジェクト学習などはその事例である。

＊29　本稿では筆者の力量から言及できなかったが、東亜観光ホテルなどによる島民の雇用など、「本土」資本が島民生活に与えた影響は多方面から分析されるべき課題である。

＊30　ウェルビーイングという言葉が言及されたのは、一九四六年の世界保健機関（ＷＨＯ）設立の際に考案された憲章。幸福な状態、充実した状態などの「幸せ」を表す言葉。

＊31　増田寛也（元・岩手県知事、元・総務大臣）を中心として作成されたため、「増田レポート」と呼ばれた。なお、「増田レポート」はこの報告を含めた複数のレポート・著作を指す。

＊32　日本創成会議・人口減少問題検討分科会『成長を続ける21世紀のために「ストップ少子化・地方元気戦略」』、平成二十六年五月八日、一四頁。

めの五か年（二〇一五～二〇一九年度）の政策目標・施策（まち・ひと・しごと創生総合戦略）を閣議決定した。同様に自治体に対しても、平成二十七年度中の「地方人口ビジョン」と「地方版総合戦略」の策定に努めるよう求めた。これらを策定するに当たっては、国の提供する地域経済分析システム（RESAS）を活用し、重要業績評価指標（KPI）の設定とPDCAサイクル[*33]の確立、産官学金労言[*34]などのあらゆる人の協力・参画を促すことがポイントとされた。

徳之島町
まち・ひと・しごと創生総合戦略
～<あこがれの連鎖づくり>～
平成２７年１２月
徳之島町

図 11　徳之島町まち・ひと・しごと創生総合戦略（表紙）

徳之島町においては、産官学金および町議会代表、高校生の参画を得て、平成二十七年五月十一日に徳之島町創生総合戦略会議を設置した。さらに町役場若手職員を中心とした総合戦略の素案を検討する分科会（子育て教育班、雇用・就労班、移住・定住班）を立ち上げた。最大六回の各分科会および四回の総合戦略会議を開催し、町議会への報告を経て、平成二十七年十二月二十五日に「徳之島町まち・ひと・しごと創生総合戦略」（図11）を策定した。

本町の総合戦略は四つの基本目標（①徳之島町における安定した雇用を創出する、②徳之島町への新しい人の流れをつくる、③若い世代の結婚・出産・子育ての希望をかなえる、④時代にあった地域をつくり、安全な暮らしを守るとともに、地域と地域を連携する）を柱としているが、いずれも国の総合戦略に沿ったものである。独自性として、「島・シマ（集落）の課題解決と創造を担う『人づくり』、『仕組みづくり』に重点を置いた戦略」をコンセプトとし、それを端的に表す言葉として「あこがれの連鎖づくり」を掲げた。

総合戦略に位置づけた各種施策を展開するに当たっては、国の地方創生関連交付金を主要な財源として見込んでいた。平成二十七年度補正予算（執行は平成二十八年度）に計上された地方創生加速化交付金まではいわゆる一〇〇％補助であったため、本町においても様々な事業を申請、実施した。小規模

＊33　PLAN（計画）→DO（実行）→CHECK（検証）→ACTION（改善）のサイクルによるマネジメント手法。

＊34　産業界、自治体や国の関係機関、大学等の高等教育機関、金融機関、労働団体、メディアを指す。

な自治体にとっては「魅力的」に映った地方創生関連交付金であるが、当時の事業申請担当者であった筆者の体感としては、常に他の自治体との「競争」にさらされているような感覚を抱いていた。それは、「増田レポート」に表れていた「選択と集中」の論理のもつ怖さを感じつつ[*35]、一方で、それに乗り遅れてはならないという観念の同居であった。おそらく、「消滅可能性都市」とラベリングされた多くの自治体が同様の感覚を抱いたのではなかろうか。

「人づくり」

総合戦略のコンセプトである「人づくり」に重点を置き、本町は地方創生政策を設計した。全事業を紹介する紙幅はないが、例えば、「高校との連携による特産品開発プロジェクト」、「民間チャレンジ支援事業」、「みらい創りラボ井之川」、「プログラミング教育」、「ふるさと留学センター」、「産科医および小児科医確保支援」などである。人口減少の抑制という地方創生の論点から、若年層を中心に据えた政策設計となったことが指摘できる。

改めて地方創生の目的を考えたとき、地域社会学者・山下祐介の「結婚し子どもを産み育てること―人生を設計するのに絶対的に必要なことは、未来に対する安心感である」という指摘をふまえておきたい[*36]。徳之島の合計特殊出生率[*37]の高さは周知のこととなっているが、本町の人口ビジョンによると、平成二十二年（二〇一〇）はその五年前と比べて合計特殊出生率は上がったが出生数は三〇人の減少であった。これは出産する年代の女性の町外転出によるのではないかとされる[*38]。この事実と先の山下の指摘を照らし合わせたとき、各政策が総体として、本町に暮らし、人生設計できるという安心感につながっていたかという検証が不可欠である。

政策評価

国の地方創生政策で位置づけられたことに外部有識者による事業効果検証がある。総合戦略会議と同様、産官学金各機関の参画を得て、徳之島町施策等効果検証委員会を設置した。事業ごとに設定した重要業績評価指標（ＫＰＩ）の達成状況を検証するものである。検証結果は町議会へ報告し、町公式ホームページでも公開している。エビデンス（根拠）に基づいた政策立案が求められる昨今、本委員会はその一つとしても位置づけられるだろう。

＊35　山下祐介『地方消滅の罠―「増田レポート」と人口減少社会の正体』（筑摩書房、二〇一四年）、一一四頁。

＊36　註5前掲書、四三頁。

＊37　合計特殊出生率は、「十五～四十九歳までの女性の年齢別出生率を合計したもの」で、一人の女性がその年齢別出生率で一生の間に生むとしたときの子どもの数に相当する。本町の平成二十二年の合計特殊出生率は二・三三、平成二十六年は二・一八であった。

＊38　『徳之島町人口ビジョン』、徳之島町、二〇一五年、一〇頁。

ＳＤＧｓ未来都市

令和元年七月一日、本町は国から「ＳＤＧｓ未来都市」に選定された（図12）。ＳＤＧｓは「持続可能な開発目標」と訳される国際連合で採択された二〇三〇年までの目標である。[*39] 国はＳＤＧｓを柱とした地方創生に取り組む自治体を募集し、その中からモデルとなる提案を行った自治体をＳＤＧｓ未来都市として選定した。

これまでの地方創生政策の基調は「経済と雇用」、「人口減少の克服」であったが、ＳＤＧｓ未来都市に関する政策は、「経済」「社会」「環境」のバランスを図り、循環を創出することを軸としていることが特徴である。世界自然遺産に登録された貴重な自然と人の営みが「共存」してきたことが「環境文化」として評価されているが、ＳＤＧｓは今後の本町政の羅針盤（らしんばん）となる考え方ではなかろうか。[*40]

図12　SDGs未来都市選定証授与式（於：首相官邸）

「地方創生」をふり返る

平成二十七年度から始まった地方創生政策であるが、「消滅可能性都市」という言葉のインパクトは強く、「人口争奪戦」のような様相を呈したこともあった。第一期の戦略期間を終え、改めてふり返ってみると、自治体としては交付税の算定基礎となる「人口」というものさしに強く反応したことがうかがえる。しかし、わが国全体の人口が減少している中、自分たちの暮らす自治体のみ人口が増えればよい、というような政策に展望があろうか。むしろ、前述したＳＤＧｓやコミュニティデザイナー・山崎亮が指摘する「縮充（しゅくじゅう）」[*41]という考え方をふまえ、人口減少を前提としたまちづくりが求められているのではなかろうか。

本町教育委員会では成人式の出席者に対し、毎年アンケート調査を実施している（図13）。令和元年のアンケート調査結

＊39 持続可能な開発目標（SDGs：Sustainable Development Goals）とは、二〇〇一年に策定されたミレニアム開発目標の後継として、二〇一五年九月の国連サミットで加盟国の全会一致で採択された「持続可能な開発のための2030アジェンダ（計画表）」に記載された、二〇三〇年までによりよい世界を目指す国際目標（外務省）。

＊40 令和四年度から始まる本町の最上位計画である第六次徳之島町総合計画において、各政策はＳＤＧｓに紐づけて立案されている。

＊41 「人口や税収が縮小しながらも地域の営みや住民生活が充実したものになっていく」こと（山崎亮『「縮充」する日本』ＰＨＰ研究所、二〇一六年、一七―一八頁）。

果（出席率七五・九％）を見ると、出席者の九五・三％が「徳之島に生まれたことを誇りに思っている」と回答し、将来「徳之島に住みたい」という回答は四〇・二％（前年比三・七％増）であった。近年、まちづくりのキーワードに「シビックプライド」（暮らすまちへの誇り）があげられているが、このアンケート調査からは、就職や進学を契機にすでに島外で暮らしている若い世代においても、「島への誇り」を有していることがわかる。

一方、将来のUターン意向については前年より増加してはいるが、約四割という数字はどう捉えられるだろうか。本来、人口回帰を実現していくにはUターンにこそ力を入れるべきだが、家族の調整や集落内での意思疎通の問題ともなることから、政策化が困難とされる。[*42] しかし、Uターンが一定の現象として起きているということから、本町においてもその実態を把握し、政策を立案していくことが必要であろう。

これまで見てきたように、「成長」「拡大」に代わって、「循環」「持続可能性」が今後の「地方創生」の軸となろう。人口減少を前提としたこれからの島をどう創っていけるか、それは島で暮らすことの「幸せ」を一つ一つ再認識していくことだと考える。具体性の乏しい結語であるが、明治以来の「成長」路線からの転換期にある現在において、まちづくりの「哲学」となる可能性をもつ視座ではなかろうか。

（竹原祐樹）

図13　成人式でアンケートに答える若者たち
（毎年、成人式への出席率は高い）

＊42　註35前掲書、二二〇頁。

第五章　戦後の教育

昭和 40 年頃の亀津小学校（手前）と亀津中学校（奥）

亀津小学校は、明治４年（1871）、手前の丘に建っていた安住寺を改修し、全島から子どもたちを集めて開校した。明治 21 年に旧代官所横の空き地に移転。しかし、就学児童が増えて手狭となったことから、明治 43 年、現在地いあった龍野家や安田家などの屋敷地などを買い取って校舎を新築し、開校した。この際に、中区の尋常小学校と北区にあった高等小学校を一つにまとめて移転した。正門は特殊な石材を表面に散らしたコンクリート製の荘重な門であった。

写真奥に見える亀津中学校は、昭和 23 年に亀津町立第一中学校として小学校内に併設して開校したが、奄美群島が日本に復帰後の昭和 31 年、今開（こんかい）の田ん圃を埋め立てて校舎を新築し、小学校から移転独立した。写真の中学校校舎は、平成 27 年（2015）に新校舎へと建て替えられた。

第一節　行政分離から復帰までのあゆみ

昭和二十一年（一九四六）二月、米軍政の統治となり「臨時北部南西諸島」の名称が付せられた。同年三月に大島支庁に「北部南西諸島米国海軍軍政府」が開設し、県が任命した池田保吉支庁長は軍命令により解職され、豊島至が支庁長に任命された。学務課長と視学も更迭され、大重栄寛が視学（しがく）兼教学課長となった。こうして米軍統治時代の苦難の教育行政は始まった。同年七月、大島郡は米陸軍軍政の所管となり、十月には大島支庁が「臨時北部南西諸島政庁」と改称された。昭和二十二年五月、軍政府指令によって教育課は文教部に昇格し、文教部に庶務・教育・文化の三課を置くことになった。二十四年六月及び二十五年六月にもそれぞれ文教部の機構改革が行われた。さらに昭和二十五年十月、知事が公選され「奄美群島政府」が設立された。これに伴い同年十二月、奄美群島組織法により行政機構の改正が行われ、文教部は庶務・教育・指導・社会教育の四課と、外郭に各種学校と博物館をかかえることになった。

このように米軍政下に置かれた昭和二十年代は、本土との交流が遮断（しゃだん）されたうえに頻繁に行政機構が改正されるなど混乱の時代であった。同時に青年団活動、婦人会による文化的活動が花開いた時代でもあった。なお、戦後の米軍統治下の教育については、第一章第七節「米国軍政下の教育」で主に行政側の視点から記述されているので、参照していただきたい。

一．米軍政下の学校施設整備

徳之島郷土研究会報第一（図１）、二号で、直島秀良（当時東天城村助役・成人教育主事）は次のように述べている。「極度の食料・物資不足の中でも島の人々が子供た

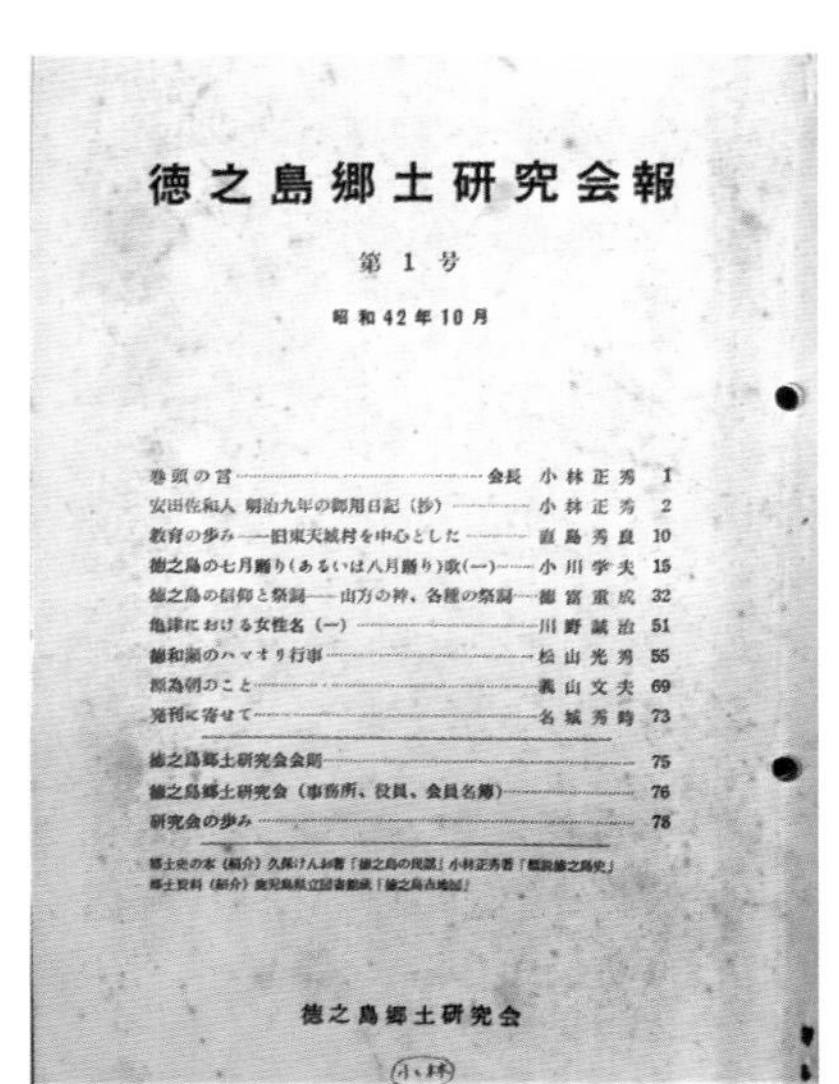
徳之島郷土研究会報

第１号

昭和42年10月

巻頭の言……会長　小林正秀　1
安田佐和人　明治九年の御用日記（抄）……小林正秀　2
教育の歩み――旧東天城村を中心とした……直島秀良　10
徳之島の七月踊り（あるいは八月踊り）歌（一）……小川学夫　15
徳之島の信仰と祭詞――山方の神、各種の祭詞……徳富重成　32
亀津における女性名（一）……川野誠治　51
徳和瀬のハマオリ行事……松山光秀　55
源為朝のこと……義山文夫　69
発刊に寄せて……名城秀時　73

徳之島郷土研究会会則……75
徳之島郷土研究会（事務所、役員、会員名簿）……76
研究会の歩み……78

徳之島郷土研究会

図１ 徳之島郷土研究会報第１号
（昭和 42 年 10 月）

ちの教育に寄せる熱意は実に強く、戦災で灰塵と化した校舎の跡片付けもどかしく、たちまちにして掘立て小屋が築かれ子供たちの教室としてあてがわれ、再び授業が開始された。米軍占領下であっても『臨時北部南西諸島政庁』という（中略）形ばかりだとはいえ文教部が設置されており、群島内の学校教育に関していろいろと世話をしてくれた。戦時中、戦後を通じて見逃してはならないことは、各学校の先生方がほとんど無報酬同然の状態におかれながらも、学校を守り教育を守るために寝食を忘れて御苦労下さったことである。文房具一つない状態で、父兄と一緒になり互いに苦難の道を切抜けてきたのであるが、先生方の尊い姿を思い浮かべ感謝の念で一杯である。米軍から紙幣や食料等が配給になったが、つまらないものでもありがたかった。群島政庁に充分町村の面倒をみていけるだけの金があるわけではないし、といって各町村でそれぞれ担税力があるわけでもなかった。どうすればよいのか、政庁の役人や町村長等は鳩首協議をしてああでもないこうでもないと論じあったが、これはといってよい知恵も浮かばなかったらしい。ただ残された道は米軍政府にでもお願いして、僅かでも援助してもらって校舎の復旧を急ぐほかなかった（図2）。こうして昭和二十三年七月一日から米国式の会計年度になると少しずつ援助をもらえるようになった。（中略）花徳と手々両小学校の建築は、村民の木材供出によって順調に工事が進められ、同年七月から始まる米国の会計年度で、B円で一八万五〇〇〇円の補助が決定していたので、手々小に八万五〇〇〇円で四〇坪、花徳小に一〇万円で八〇坪（中略）一八万五〇〇〇円は両校建築の大工賃にあてられたが、それはほんの一部のたしにしかならず、ほとんどが部落民の奉仕によるものであった」

二．琉球教育法による本町の教育行政

奄美の教育は奄美の人の手で支えていく以外はないということで、日本から分離後

図2　掘立小屋時代の花徳小学校（昭和20年代）

間もない昭和二十一年五月二十三日、大島郡教育審議会を発足させた。この審議会によって、翌年四月には旧青年学校をひとまず市町村立実業高等学校に切り替えたが、これが後の新制高校の母体となった。この審議会の最大の任務は、六・三制をどのように実施していくか、新制中学校及び新制高校の発足を何年度にするかという問題の審議であった。各市町村の中学校を何校にしぼり、どこに設置するか慎重な審議の上答申した。こうして本土より一年遅れて、新制中学校は四月に、新制高校は翌二十四年四月に発足を見たのである。

昭和二十七年（一九五二）二月琉球教育法が公布され、それまでの奄美・琉球・宮古（みやこ）・八重山（やえやま）の四つの群島政府の機能を停止し、同年四月一日琉球政府が創立された。同年五月、区及び地区教育委員会[*1]が発足したが、この教育委員会制度はわが国の教育委員会制度とは異なる独特のもので、教育税（図3）の徴収権を持っていた。

琉球教育法（民政府布令第六六号）が施行され、亀津区、東天城区、天城区、伊仙区の四つの教育区からなる徳之島地区連合教育委員会ができた。地区教育委員会は教育税を賦課（ふか）徴収することができたが、実際に賦課徴収に踏み切ったのは、諸事情により二十八年二月以降である。当時の教員の給与について、南西日報紙（二十八年五月）が報じたところによれば、新俸給の地区平均給与ベースは三五七一円に決定したとある（文教局長より徳之島地区教育長室に届いた電報）。徳之島地区平均にすると三八九七円となる。昭和二十八年九月の徳之島地区教育長事務所調査によると、亀津区小学校教員数四六名に対し三三三二円。同中学校は二九名で三四七九円、東天城区小学校は教員数四二名に対し三〇六〇円。同中学校が二九名、三三六六円であった（図4）。

まだ日本復帰の見通しが立っていなかった二十八年五月、鹿児島県総務部長三ッ井卯三男が来島。亀津町役場前広場で学童、教師、一般父兄に対する慰問挨拶（いもんあいさつ）で「（前略）生徒の皆さんは大抵戦争の激しい時に生まれ、戦争中、家や学校が焼かれ、食料不足に困り、戦争が終わってからも校舎がなかったり、教科書がなかったり、勉強に不自由されている

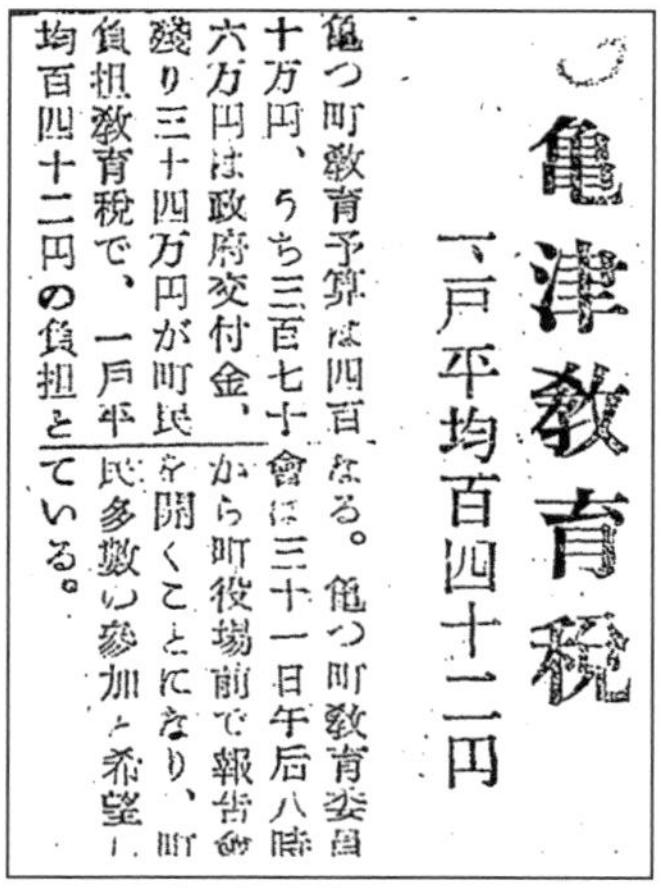

亀津教育税
一戸平均百四十二円

亀つ町教育予算は四百十万円、うち三百七十六万円は政府交付金、残り三十四万円が町民負担教育税で、一戸平均百四十二円の負担となる。亀つ町教育委員會は三十一日午后八時から町役場前で報告會を開くことになり、町民多数の参加を希望している。

図3　亀津教育税を伝える南西日報（1953年5月30日）

＊1　「町政要覧」（昭和三十一年度版）に次のように書かれている。
「琉球教育委員会により昭和二十七年五月四日、徳之島地区教育委員会が発足し、教育行政は全面的に教育委員会に移行され、復帰により町教育委員会に改訂された。初代徳之島地区教育長は直江光良、亀津町教育長岡島義忠、委員は指宿英子他三名。本町教育委員会は、本年四月一日の合併により五人の臨時委員がおかれていたが、六月一日、正式に五人の委員が任命された。担当する事務は、町、大島教育事務局、県教育委員会との連絡調整により、町教育末端の行政事務が執行されている。委員長鶴野忠利、委員は永喜、秋武、堀田、一名欠員。教育長嘉山登」

と思う。艱難辛苦汝を玉にするという言葉もある。（中略）教育、政治、経済、産業、あるいは学問の上に立派な人が出て、鹿児島県や日本の各方面で活躍している。どうか皆さん苦労に負けないでしっかり頑張って下さい」と島民を激励した。

三、新制中学校の創立（亀津二中～現井之川中の当時の状況）

図５　井之川小学校跡地に新築された中学校（昭和32年）

本土では昭和二十二年（一九四七）四月から新学制による小学校及び中学校が発足。九年間の義務制となった。これに対応すべく本町でも様々な取り組みが行われた。終戦直後の予算不足のなかで資材・労務の確保、教材・教具を確保したが、亀津町立第二中学校（図５）の創立当時の学校沿革から具体的な動きを見てみたい。

「亀津中新校舎落成事業記念誌～積極進取～」*2（平成二十七年）によると「亀津町では亀徳以南の校区を第一中学校区として亀津小学校内に置き、その他の地区を第二中学校区として神之嶺小学校にそれぞれ併設した。本校（第一中）の西山清良校長他一六名が任命されて開校準備に着手し、同年四月三十日に創立開校した。通学距離その他経済上の施策を考慮し、本校の仮教場が尾母に分設置され、四名の専任、他に家事・裁縫に女教師二名をあて、週一回通勤させた」

「井之川中沿革誌」には、「六・三・三制の改革が、

＊2 この記念誌に、第四回卒業生の次の思い出が紹介されている。「私たちの頃は戦後間もないということもあって（昭和二十五年頃）、カリキュラムもままならない頃で、先生方も大変苦労なさった。（中略）幸い亀津小学校が空襲で焼けずに残っていたので、小学校と中学校が半分ずつ使い、共同で学んでいました。ただ、今になって思えば、音楽などは本土と比べ物にならないほど貧しかったように感じています」

また、孫から中学校時代を聞かれた卒業生は、「爺ちゃんの頃は『第一中』といって、小学校の敷地内に中学校があった。授業は今と変わらず、六時間目までの授業。時間を知らせるチャイムは、先生が鐘を鳴らして知らせていた。休み時間には、ビー玉にカッター・竹馬・コマ回し

教員地區別平均給與
永良部が最高で三六四三円

図４　教員地区別平均給与
（南西日報 1953年5月30日）

本土より一か年遅れて一九四八年（昭和二十三年）に断行せられ、国民学校は昔なつかしい小学校に改名、新制中学校が愈に雄々しく各町村に誕生した。この学制改革の狙いは、一．教育の機会均等、二．教育の中央集権より地方移管、三．教育の民主化であった。当亀津町も亀津校区と神之嶺校区との二本校設立に決定。文教部において、四月の開校の準備のため、校長を三月中旬に早くも任命し、本校へは亀徳校長福吉雄先生が御任命になった。早速母胎である後援会を組織し、四月一日職員も決まり、四月五日開校式を挙げる運びに至った」とある。

▼資料「井之川中沿革誌」に見る創立当時の様子

○亀津町立第二中学校教育後援会の組織。昭和二十三年三月十五日、新学期の開校を控え設立準備役員会を開催す。校舎建設及び備品の整備として、

一　仮校舎　二間半、三間半。

二　小学校より高等科用四教室を借用。

三　建設　四教室。徳和瀬は職員室。諸田、宝島・神之嶺、伊宝、佐渡・下久志は各一教室を四月二十日まで完成。宿直室は職員生徒作業により建設。

四　備品机、腰掛。規格を一定にし、生徒各自作製。

○後援会理事会（前略）小学校も備品不足につき、小学校であまり必要ではないものを分けていただく。・後援会費の残及び農業会計の分配比率を小学校三分の二、中学校三分の一の割合に協定。（中略）・備品補助として後援会費。生徒一人毎月二円、二人以上三円、貧困者は半額徴収する。

五　学校自給体制　・塩釜建設。井之川ウサキ（地名）に、塩釜小屋を職員生徒共同作業により建設。学校で製塩の他、部落民に借用せしめる。・学校理髪部を設け理髪用具を購入。生徒の散髪を市価の半額で学校で行う。

六　学用品其の他の配給　・本土と分離され、教科書、学用品皆無の状況にあったが、軍政府の

など。女子はゴムダンスやまりつき、全部手作りで楽しかった。でも今のように男子と女子と仲良く話すことはなかった。いつも裸足で学校に行っていたから、冬は寒くてよくひび割れして痛かった。部活もあったけど、今のように盛んではなく、ほとんどの人が家に帰ったら家の手伝いをしていた。草刈りをしているとおなかがすくので、そこらの畑のウギを切って噛んでいた。おやつもなかった」

御好意により教科書、用紙、鉛筆等の学用品ほとんど無償で配給。ようやく学習を続けることができた。・衣料等も軍政府及び米国、アジア厚生協会（通称「ララ物資」）よりの贈物、又は配給により、生徒も一般民もようやく難局を切り抜けることができた。

○昭和二十六年五月六日　学校建築調査のためリード中尉、奥田文教部長御来校。五月十一、十二日　製塩実習。井之川新田製塩小屋を借用、生徒昼夜交代作業に従事。製塩量六斗五升（約一一七㍑）。六月七日ＰＴＡ総会、二五〇名集合。会費の増額等決定（一人一か月金一〇円）。同月　学校備品制作用材として、職員生徒で寺山から前里製材所まで枯松運搬。七月　生徒井之川道路修理。諸田部落道路修理。笠井副知事一行来校。七月二十三日　日本復帰協議会亀津支部打合せ会。（以下略）

なお、昭和二十三年から徳之島町誕生までの各中学校の状況については、**表1**のとおりである。

四．本町の学校給食（昭和二十二〜三十年）

昭和二十四年七月、保健体育審議会令制定、学校給食分科審議会が設けられ、十月、ユニセフ（国際連合児童基金）からミルクの寄贈により給食が開始された。当時の栄養状況について、徳之島地区教育長事務所が作成した昭和二十八年九月発行の徳之島地区学校状況によれば、在籍児童数一万一二六〇名中、貧困のため長期にわたる欠席者は四四三名（三・九％）、昼食の持参できない児童数は七〇九二名（六二％）、昼食に芋なら持てる児童数が六四五六名（五七％）、栄養不良の児童数が一九五九名（一七％）と記載されている。

表1　昭和23年から徳之島町誕生までの中学校の状況

徳之島町教育沿革史〜新教育制度の発足〜		
時代	年	概　　要
琉球政府管轄小中学校時代	昭和23年(1948)	○学校教育法(各学校名称を改める) ○6・3・3制実施(小学校に中学校を併設) ○亀津小に亀津町立第一中学校併設 ○尾母小に亀津町立第一中学校尾母仮教場併設 ○神之嶺小に亀津町立第二中学校発足 ○母間小に東天城村立第一中学校併設開校 ○山小に東天城村立第二中学校を併設開校
	昭和24年(1949)	○東天城村立第二中学校手々仮教場認可 ○亀津町立第一中学校尾母仮教場を廃し、本校に合併 ○東天城村立第一中を花徳中学校と母間中学校に分離 ○東天城村立第二中、校舎移転 ○手々仮教場が東天城村立第二中学校手々分教場に昇格
	昭和27年(1952)	○亀津町立尾母中学校独立認可 ○手々分教場は東天城村立手々中学校として独立認可
	昭和28年(1953)	○東天城村立第二中学校、木造建築校舎完成、校名を東天城村立山中学校と改称
日本復帰時代		○12月25日、奄美群島日本復帰
	昭和31年(1956)	○亀津町立第一中学校、亀津小から分離独立。新校舎竣工 ○神之嶺小、井之川小を統合して神之嶺小となる ○亀津中新校舎完成、亀津町立第一中、第二中を解消して亀津中として発足。井之川に分校を設置
合併	昭和33年(1958)	○4月1日、東天城村と亀津町が合併し徳之島町となる ○母間中と花徳中を合併し徳之島町立東天城中となる ○井之川分校、井之川中として独立

表2 徳之島町教育沿革「学校給食」関係（令和4年1月教委作成）

年	概　要
昭和36	○亀津小・亀津中完全給食実施
40	○神之嶺小完全給食開始、○母間小完全給食実施
41	○尾母小中、手々小中完全給食、○井之川中完全給食
49	○給食センター発足
平成8	○給食センターにパン・米飯工場完成
28	○給食センター建設準備委員会設置
令和元	○幼稚園給食導入検討会開催
3	○幼稚園給食導入、○給食センター建設推進（令和5年度～）

昭和二十九年六月「学校給食法」が成立、公布された。同年中に学校給食法施行令、施行規則、実施基準等も定められ、学校給食の実施体制が法的に整った。奄美大島の概要によれば「復帰直後の児童生徒の体格は県平均と比較して、約一年半遅れていた。これは主に、経済貧困からくる栄養の不足によるものと考えられるが、ユニセフ本部はこの状況に対して三か年のミルク贈与措置をとり、さらに延長二か年の措置まで講じられた。栄養知識の向上とともに、学校での効果的飲用と相まって体格も漸次（ぜんじ）よくなり、県平均との差も半年から一年となった。中学校では県平均を凌（しの）ぐ学校もあり、喜ぶべき現象と思う。また完全給食校も一〇校に増加し、特色ある経営がなされている」とある。

本町でも、手々（てて）小中学校沿革誌に「昭和三十一年、ユニセフ協会より無料にて贈られる粉乳により小中全生徒へミルク給食開始」とある。また、当時の新聞記事にも「学校給食ミルクが亀津小に三五タル到着」（図6）とある。当時、県教委主催で開催された徳之島教育公聴会でも学校給食存続の要望があり、丸野事務局次長は「文科省の粉ミルクは今後も続けるよう努力する。ユニセフからは向こう三年間続けることになっている。完全給食は自己負担しなければならない。本土では児童一人当たり百円くらい父兄が負担している」と答えている。国生次長は「学校給食課長が視察に来ることになっているが、給食の準備施設く

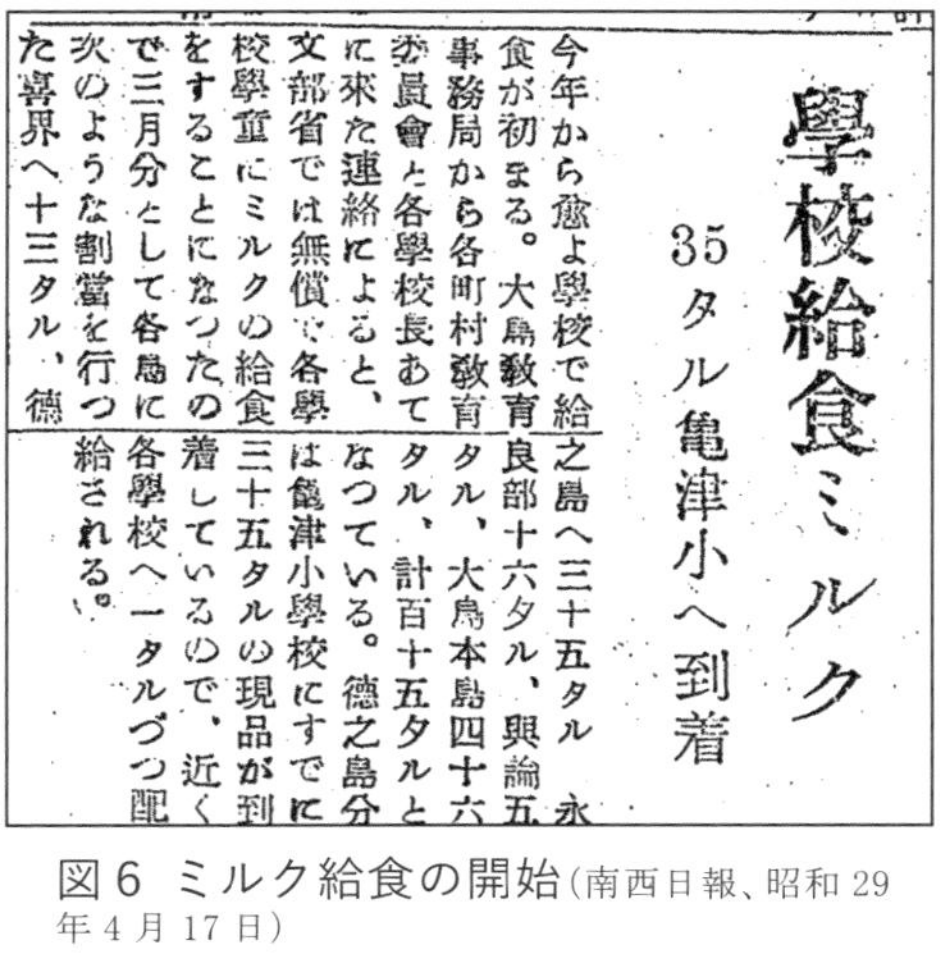

學校給食ミルク

35タル亀津小へ到着

今年から愈よ學校で給食が初まる。大島教育事務局から各町村敎育委員會と各學校長あてに來た連絡によると、文部省では無償で各學校學童にミルクの給食をすることになつたので三月分として各島に次のような割當を行つた喜界へ十三タル、徳之島へ三十五タル、永良部十六タル、與論五タル、大島本島四十六タル、計百十五タルとなつている。徳之島分は龜津小學校にすでに三十五タルの現品が到着しているので、近く各學校へ一タルづつ配給される。

図6 ミルク給食の開始（南西日報、昭和29年4月17日）

給食室の設置計画

旧亀津四小中校対象に

徳之島町では本年度予算
一億九百四十九万五千二
百二十八円（昨年度より
二千五百六万七千五百九
十円の増）を三月定例議
会で成立させたが、特に
学校給良設備費に四百五
十三万円余を計上してい
るのが注目されている。

図7 給食室の設置（南西日報、昭和三十六年四月八日）

らいは学校自身で準備したらどうかと思う。ただ給食給食といっても、給食用のカマ一つもないでは話にならない」

なお、県教委一行は視察した某校の不潔な便所について、「職員側でも頭を絞って清潔にしてもらいたい。学校給食は学童の衛生上危険千万である」と「学校給食」と「便所の不潔さ」に言及している。昭和二十八年の徳之島地区学校状況調査によれば、飲料水設備状況は小中学校三五校中、井戸のある学校が五校、水道のある学校が四校、設備のない学校が二六校であった。

昭和三十六年に学校給食設備費を予算化し、旧亀津町の小中学校の児童生徒三〇〇〇人を対象に完全給食を実施した（図7）。また表2に示すように、三十六年に亀津小・中学校において完全給食を実施し、四十九年には給食センターも発足した（図8）。令和三年度には町立幼稚園へ給食を導入するとともに、現在、新給食センター建設に向けて協議を進めている。

第二節　復帰から昭和三十年代のあゆみ

一・復帰後の校舎建築・設備の整備

昭和二十九年四月の新聞に、「復興第一号として尾母小学校の敷地の拡張が決定され、校区民総出で敷地拡張に取組む」との記事がある（図9）。五年後にまとめられた『奄美群島の概要』（昭和三十五年度版大島支庁総務課復興計画の概要）によれば、「学校の校舎施設は、復帰前八年間及び太平洋戦争による災害のために、いわゆる掘立小屋や窓硝子（まどがらす）のない吹きさらしの雨もり教室にその悲惨な姿を留めているが、復帰後は復興特別措置法によって年々

給食センター完成
近く試運転六月開始

徳之島町給食センターは亀徳に亀津丸富建設（富清一代表者）の手で建設中であったが、工期が遅れてこの程完成、目下備品や設備の取付が終り、プロパンなどの準備が終り次第、今週中には試運転をする運びとなった。建物は五三二平方米、総工費三五〇〇万円、備品設備類ざっと二五三七万円である。試運転は給食開始後途中では故障などがあってはいけないと、相当期間続けてみて、給食開始は六月二日からとなりそうである。

教委の調べによると給食を受ける町内の小学生は一八一七人、中学生は一一六三人で合計二九八〇人（五月一日現在）である。

給食費は県平均基準より多少低く、中学生は一人一五六〇円（現在より三六〇円高）小学生一人一二〇〇円（現在より二〇〇円高）であるが、吉田課長の話では離島という悪条件に物価高という悪条件が重なり、体位向上という観点から、給食委員会でも頭をなやましているが、一応この線できめた、と苦心ぶりを語っている。

給食は三台のトラックで北は手々小中から南は尾母小中まで、昼食時間前に届ける。

第二商工
長髪

天城の私立第二鹿児島商工高校（丸野一真校長、生徒千五十八人）の三年生約百二十人は、学校側の長髪規制などに対する不服から、七日職員室や九教室約六百枚の窓ガラスを割り暴れ廻り手がつけられず、警察の出動を要請、徳之島署は集団による器物き棄の疑いや暴力の疑いが強いとして取調べている。

学校側の話によると同校生徒代議員会は四月末学校に対して、長髪を認

ドリ
りヒナかえす

死んだという。

図8 給食センター完成（徳州新聞 昭和49年5月）

復興第一号!!
尾母小學地擴張

亀津町校舎復興第一號尾母小學校のブロック立てがいよ〳〵近く着工されるので、同校區民は大喜びで來る十六日から總動員で敷地擴張を初めることになつた

等に就勞しているが、最高はタイル張工や配管工で五百九十円から六百円、最低は農業耕作就勞で百五十円から百六十円となつているが、平均勞務賃は三百円となつている。

図9 復興第1号尾母小学校の敷地拡張（南西日報 昭和29年4月）

校舎建築・設備の整備が行われ、既に相当の復興を示している」とある。

復帰と同時に、文部省に於いて奄美群島復興前後処理費として、一般校舎整備費（一六億一八〇〇万円）と設備整備費（一億一四六八万八〇〇〇円）の予算措置を行ったが、年度末であったため二十八年度内の工事着手に至らず、二十九年度に繰越して工事に着手した。その後、米軍統治という奄美群島の特殊事情を考慮して急速な復興を図る必要から「奄美群島復興特別措置法」が公布された。これを受けて、文部省は「文教施設復興計画」を作成し、奄美群島復興審議会を経て復興五か年計画を決定した。

この復興五か年計画では、本地域の特殊事情である白蟻（しろあり）被害及び台風災害を考慮し、小規模学校を除いて総ブロックによる校舎建築とし、さらに十分の九という高補助率が決定された。以後、毎年度の復興予算措置により、五か年計画の線にそって事業の緩急順序を考慮のうえ、逐次（ちくじ）校舎建築、設備整備の充実をはかっていった。しかし、復興五か年計画の四か年目に対する三十二年度の進捗率は未だ四〇％に過ぎず、当初計画を達成することは困難であった。したがって、これを達成するための年限の延長及び計画を訂正し、文教施設復興計画第二次計画が決定された。三十五年度における一般校舎の進捗率は七四％であった。

図10　鉄筋2階建て校舎が完成した花徳小（昭和30年）

▼資料　復帰前後から三十年代前半の校舎等の整備状況と児童生徒数（昭和三十三年）

昭和二十八年　東天城村（ひがしあまぎそん）立第二中学校木造建築校舎完成。校名を東天城村立山（さん）中学校と改称。翌年、尾母（おも）小鉄筋ブロック校舎建設（七教室）。山（さん）小敷地拡張。亀津町立第一中学校敷地購入。花徳（けどく）小ブロック建校舎竣工。

昭和三十年　神之嶺小鉄筋校舎完成。母間小ブロック建二教室増築。花徳小鉄筋ブロック二階建て校舎完成（**図10**）。山小ブロック建校舎一二〇坪四教室落成。台風一五号で亀徳小倒壊。

昭和三十一年　手々小ブロック校舎落成。＊3 亀津中が亀津小から分離独立し、現在地に新校舎完成（一〇教室）。亀津小に新校舎六教室完成。

昭和三十二年　母間小に鉄筋校舎五教室が落成。亀津町立第一中と第二中を解消し、亀津中学校として発足。井之川に分校を設置。亀津小に校舎四教室と職員室完成。亀徳小の新校地を購入整地し校舎改築。

昭和三十三年　亀徳小が現在地に移転。神之嶺小に鉄筋二階建て六教室が落成。鉄筋三教室と特別教室も竣工。里久川沿いに東天城中の本館校舎、仮校舎、ほかに木工機械室が竣工。山中の校庭拡張並びに鉄筋ブロック校舎完成。

昭和三十五年　亀津中の木造仮校舎完成。亀津小に校舎五教室と理科室落成。亀徳小に鉄筋校舎完成。母間小の東校舎完成。

なお昭和三十三年時点の児童生徒数は**表3**、**4**のとおりである。

＊3　手々小中学校沿革史に昭和三十一年三月、ブロック建て校舎一室、二一〇坪。鹿児島の田中組の手によって、一五二〇万円にて請負工事。満五か月の日数を要し落成、とある。

表3 徳之島町立小学校別児童数及び教職員数
（昭和33年5月1日現在）

学校名	学級数	教職員数	男子児童	女子児童	合計
尾母小	4	5	71	76	147
亀津小	19	23	500	421	921
亀徳小	10	13	163	189	352
神之嶺小	12	14	270	238	508
下久志分校	2	2	33	36	69
母間小	11	14	251	272	523
花徳小	11	15	246	228	474
山　小	9	11	188	179	367
手々小	5	6	62	72	134
計	83	103	1,784	1,711	3,495

（出典）『徳之島町町勢要覧』昭和33年度版

表4 徳之島町立中学校別生徒数（昭和31年5月1日現在）

学校名	学級数	職員数	生徒数	校舎坪数	敷地面積（坪）
尾母中	2	4	45	55	756
亀津中	9	14	452	514	3,359
井之川分校	3	5	128	139	1,627
東天城中	9	14	350	266	5,687
山中	3	6	107	107	1,475
手々中	3	4	44	63	255
計	29	47	1,126	1,144	13,159

（出典）中学校調　昭和33年5月1日

二、昭和三十年代の学習環境

郷土に古くから語り伝えられている伝承に、

玉黄金(たまくがね)　親(うや)や　生(な)ちど　置(う)かりゆる　肝魂(きむだましい)　連(ち)りて生(な)しやならぬ

という言葉がある。「親は子どもを生むことはできるが、その子に生まれながら知恵と才覚をつけて生むことはできない。人間として社会に生きる知恵と才覚や思慮分別は、教育によってできるのである」[*4]という意味である。昭和二十八年の徳之島地区学校状況によれば、貧困のための長期欠席者が三・九%、家庭における作業(家事手伝)過重と思われる児童が二四%[*5]、雨具のない児童は七一%、栄養不良の児童が一七%であった。なお資格別職員数は、亀津区が七五名中無資格は一八名、東天城区は七四名中無資格が二四名であった。

昭和三十五年度版『奄美大島の概況』には次のように書かれている。「三十年度に県教育研究所が実施した学力水準調査によると、本群島の小、中学校の学力は、本土の昭和二十七年並みという結果であった。三十一、三十二年度に実施された文部省や県の学力調査では、相当な成績を示した学校もあり、漸次(ぜんじ)学力は向上した。三十三年度はさらに向上し県平均を上回る教科もあった。しかし、三十三年度はじめて調査された教科では低い成績を示すなど、教科の差が著しくあらわれた。三十四年度は、教科間の差は縮まり著しい向上のカーブを示した。

過去五年間の結果を概観(がいかん)すると明るい将来が予想される。しかし、詳細に分析すると児童生徒の個人差が著しいので、これに応じた指導技術の研究実践が大きく望まれる。なお、中学卒業生の高校進学率が五三%以下であるので、今後一層の研究努力を必要とする」

なお、この十五年後に出た『奄美群島の概況』(昭和五十年度)によると「大島教育事務局では、学力向上について各地区ごとに学力向上対策協議会を設け、昭和四十一年度から鋭意努力を重ねているが、まだ県水準にまで達していない。しかし、学習指導方法の改善や教材教具等の整備によ

＊4 横濱健二(井之川出身 元名瀬中学校長)「郷土教育に思うこと」

＊5 働く子供と叱られた子供の調査(昭和三十年二月、井之川小)
○家庭労働状況調査
草刈り(男一六、女〇)、畑仕事(男三九、女三一)、子守(男一九、女三七)、炊事(男八、女四二)、遊び(男二八、女二)
○叱られた状況
仕事(男五四、女三八)、金銭(男〇、女一)、勉強(男四四、女二四)、遊び(男三〇、女一七)、礼儀(男六、女二二)

＊6 県内一〇〇名「大島高校二五名・大島実高二一名・古仁屋水産科六名・永良部二名・鹿児島工業八名・玉龍三名・鶴丸八名・純心二名」、県外二三名。

り、徐々に向上しつつある。特に、近時人口の過疎現象から児童・生徒数の減少で小規模化する傾向がみられ、複式学級や少人数学級が増加しつつある。したがって、複式における学習指導方法の問題や、少人数学級における個別指導のあり方等、指導上の問題点もあるのでこの面の指導改善にも努力すべきである」としている。

昭和三十八年二月徳州校長会での「中卒の進学問題〜島内中学校長の報告から」には「就学率は徳之島町四六％、天城町二九％、伊仙町五四％で、三町の平均は四三・五％である（昭和三十七年度三八％、三十六年度二九％）。八月の調査では、徳之島高校（図11）への進学希望者五一〇名のうち十二月調査で、徳高以外が一二三名いる。[*6] 十二月現在で、徳高亀津の定員二〇〇名を二七〇名に、伊仙校舎一〇〇名を一二〇名と考え、徳高で計三三〇名を採用。一学級定員五〇名とするよう考えている」（徳之島高校長　川畑）と記されている。

徳州教育振興会（昭和三十七年一月発会）では、島内小中高校長や教育長などの教育関係者の間で、かねてから徳之島の教育振興の諸問題について検討を進めていたが、昭和三十八年九月には徳之島地区数学教育研究会が発足した。この研究会は、徳之島地区の高校小中学校の数学担当教諭約五五名で組織された。午前中は亀津小中の数学研究授業を参観し、各町で独自の立場で研究が続けられていたが、今後は全地域が一丸となって研究に乗り出すことになった。すでに国語・社会・理科・英語の四つの研究会が組織されており、残るは道徳と技術教育の二つということになった。同年十月、戦後はじめての大きな研究会として、亀津小で徳之島国語教育研究会を開催し、小中高二〇〇名が参加。亀津小実演授業や鹿児島大学蓑手教授、城南小副田前校長等の指導や講演があり、離島の悪条件下の国語教育に力強い刺激になったという。

昭和三十四年四月、各市町村に指導事務嘱託（しょくたく）が設置された（小・中学校長の中から）。昭

図11　藏越（くらこし）ヶ丘に拡張が続く徳之島高校（昭和30年代後半）

和三十六年四月には徳之島地区駐在指導主事設置。昭和四十四年四月、社会教育指導員を徳之島に配置。四十七年七月には、国・県費補助による社会教育指導員が市町村にはじめて設置された（徳之島町、伊仙町、笠利町、名瀬市）。さらに昭和五十年七月、徳之島町に県費負担による社会教育（スポーツ担当）主事が配置された。

三　花徳中学校と母間中学校の統合問題

当時の新聞報道（昭和二十九年一月　南西日報）によれば、徳之島四ケ町村当局、教委、議会、校長、PTA幹部なども出席し、全郡教育界の諸問題について質疑応答があった。学校の統廃合について丸野教育次長の勧告として「昭和十四年ごろ郡内には一〇四校あった学校が終戦後、一六八校となっている。これでは学校施設に力を注ぐことはできないと思う。だから小中学校を調整して、適正に統合することが必要である」と助言・勧告があった。[*7]

県教委の勧告案によると本町関係の統合計画は、（一）亀津町の小学校については、井之川校を神之嶺校に、亀徳校を亀津校に統合する。（二）中学校については、亀津二中を一中と井之川分校に分割統合する。（三）東天城村は小学校の統合計画はなし。（四）中学校は、山と母間両校を花徳校に統合する、としていた。[*8]また、大島教育事務局では「大島復興五〇億の予算案は削減されたが、文教復興方針は既定方針通り進める。統合方針も同様に進め統合できた学校から順次建設していきたい」との方針を定めた。五か年計画にそって事業の緩急順序を考慮の上、施設整備の充実をはかってきたものの、四か年目にあたる三十二年度の進捗率は未だ四〇％に過ぎず、当初計画を達成することは困難であった。これを達成するための年限の延長並びに計画の訂正をし、文教施設復興計画第二次計画が決定された。

東天城村立花徳中学校と母間中学校（**図12**）については、三十二年度内に統合して両校の中央部に統合敷地を決定。[*9]復興予算文教費として、敷地三三六〇坪を購入することになっていた。購入

＊7　「大島文教復興計画　統合校から順次建設」（昭和三十二年一月付南西日報）。

大島教育事務局では、文教復興五か年計画を樹立。五か年目の三十三年度までには、郡内からわらぶき校舎を一掃する計画を立てているが、三年目の今年まで、わずかに目標の六八％しか完成していないので、来年度は予算一〇億八〇〇〇万円を要求したが、大島復興予算そのものが大削減され、要求額の三分の一ほどになっている。東京から帰った丸野次長は次のように語った。「大島復興五〇億の予算案は削減された。文教復興方針は、既定方針通り進める。統合方針も同様に進め、統合できた学校から順次建設していきたい」五か年計画の線に沿って事業の緩急順序を考慮の上、逐次校舎建築、設備整備の充実を図ってきたが、三十二年度の四か年目で復興五か年計画に対して進捗率は未だ四〇％で、当初計画を達成することは困難であった。したがって、これを達成するための年限の延長、及び計画を訂正し、文教施設復興計画第二次計画が決定された。

＊8　昭和三十年三月　南西日報。

図 12　母間小に併設されていた母間中学校（昭和 30 年頃）

値段は単価坪当たり一〇〇〇円とし、三二六万を計上した。うち国庫補助金が一六〇万円、地元負担六三万円であった。また、統合される東天城中学校の校舎は、ブロック建二一二坪、総工費一二〇〇万一〇〇〇円でうち国庫補助一〇八〇万一〇〇〇円、地元負担一二〇万円となっていた。この中には事務費二三万五〇〇〇円も含まれている。この他に、ブロック建一五坪の便所が五五万一〇〇〇円計上されており、敷地、校舎、便所など総額一五八一万円が統合の経費であった。

▼資料　花徳中学校と母間中学校の統合に関する南西日報記事

昭和三十二年五月二十五日の南西日報に、次のような記事が出た。

「母間（ぼま）中学校と花徳（けどく）中学校の統合問題について、またまた池間部落民が猛反対して、東天城村教育委員会に集団抗議を持ち込んだ。委員会は、かねて慎重を期して統合促進の啓蒙（けいもう）懇談会を重ねていたが、統合敷地からもっとも遠い池間部落では、依然として反対の空気が強い。たまたま二十一日、同教委では花徳と花時名（けどきな）の中間前里久（まえりく）に新統合敷地一町三反の測量を終わったが、これを聞いた池間部落区長他五二名は、二十二日、委員会に乗り込み、絶対反対の意見を表明して陳情書を提出している。委員会の話によると、池間部落民の反対する主な理由は、通学距離が遠くなって天候が悪い時の雨具代など、経済が他部落より

＊9　東天城中学校の沿革

○昭和三十三年四月一日　学校統廃合により、東天城村立花徳中学校と東天城村立母間中学校を廃し、東天城中学校として、花徳前里久五二番地に創設。東天城村と亀津町合併により徳之島町立東天城中学校となる。

○昭和三十三学年度

校舎本館一棟竣工。教室六。ほかに校長室、職員室、給食室、宿直室、仮校舎一棟三教室竣工。花徳中学校、母間中学校より備品その他搬入。校長稲田敏夫（伊仙中）。校長を除く教員一四名の内訳は、花徳中七名、母間中五名、母間小一名、亀津小事務職員、職業科助手一名。

○学級編成は、各学年三組、九学級三四九名。

苦しくなるということであるが、委員会は既定方針を進めると言っている。両校の統合建築予算は一五八一万円である」

また同年九月三日には、次の記事が大きく取り上げられた。

「東天城村立花徳中学校と母間中学校は統合することになり、すでに同村教委は決議して着工を開始している。三十一日、新学期を前に母間中校区の南端池間部落（図13）では、かねて花徳中との統合については、統合校敷地までの通学距離が三・五キロとなり、母間中までの一・五キロをはるかに上回ることから、現状維持論が支配的になり、感情的にも反対空気が強まり、二十九日に父兄会を開き統合反対など四項目を決め、三十日夕方から篠原教育長宅に押しかけたが留守のため引き上げ、三十一日は男女区民百数十名は昼食携行して花徳公民館に集合。（中略）村並びに教委首脳部を招いて、一．花徳、母間両中の統合の理由如何、二．統合を撤廃せよ、三．統合した責任者の責任追及、四．母間中、池間中学生の同盟休校、など四項目を議題として鋭い追及を行った。（中略）また、村教委は三日に委員会を開き、委員会の態度を決定するが、既存の議決を再確認し、すべて教育三法に従って法的に措置する模様である。（中略）母間中の校長は、一日から池間部落在籍の学童四八名が休んでいることは事実であり、あくまでもこの問題の中には巻き込まれず、学校本来の教育に努力したいと思っている、生徒が休んでいることは気の毒で、一日も早く円満解決を希望している次第である、と述べた」

同盟休校など、激しさを増した抗議活動であったが、学校建設が進み、三十三年三月に期限の迫っていた「徳之島四か町村合併協議」、あるいは二町村段階合併論議などに注目が集まり、新聞紙上には新校舎設置位置に関する協議についての記事は見られなくなった。次に出たのは昭和三十三年三月二十九日になってからであった。

「翌年三月に東天城中学校が創立された（図14）。里久の田んぼに豪華な鉄筋校舎。花徳と母間花時名の中間、里久の田んぼにできた花徳中と母間中の統合中学校は、四月一日から東天城

図13　昭和30年頃の母間集落（手前が池間集落。松の枝で隠れているところが里久浜）

中として発足する。校舎は平屋造りで東西に長く南向き、普通教室六教室、校長室、職員室、便所付きであるが、両中学校が統合するとせまいので、現在の花徳中から木造教室を二教室、母間中から木造教室を三教室持ってきて当分間に合わせることになった。花徳中学生と母間中学生たちは、木造教室移転に備えて、二十一日から二日間、校庭南側の地ならしを行った。さんさんたる春の日ざしを浴びて、男女中学生は朗らかにたくましい力を発揮、地ならしを終わった。ストも辞せずとした池間部落も個々から協力、新しい統合中学校はたくましく発足するのもあと数日。初代校長には伊仙中の稲田敏夫氏が発令された」（昭和三十三年三月南西日報）

東天城中学校沿革史によれば、学校創設にあたり、まず教育の目的として、個性の伸長と自主的精神の涵養(かんよう)、教養豊かな社会的実践人の育成、勤労精神と生産意欲の啓培(けいばい)（知識を与え導く）を掲げた。また、当年度の行事が記録されているが、開校式・入学式挙行や全校生徒による校庭の地ならしと土堤構築(どてこうちく)作業などのほか、池間部落民の奉仕作業で花徳小学校の幼稚園校舎を移転、木工教室建設完成と記載されている。校舎建設位置については強く抗議を続けた池間集落であったが、位置が確定し、新中学校が開校したのちは、その運営に協力を惜しまなかった。

図14　完成して間もない東天城中学校

第三節　町立幼稚園

亀津幼稚園は昭和二十六年四月、西山清良によって設立された私立西山学園[*10]（図15）を前身としている。昭和三十年四月に亀津保育園が公民館に開園し、翌年、亀津小学校に幼稚園として併設された。当時の新聞によれば、「昭和三十一年四月に亀津保育園から亀津小学校幼稚園として出発し、一中（亀津中）の新校舎建設移転に伴い亀津小学校校内に置くことになり、その入園式が挙

＊10　昭和二十四年四月との記録もある。二十九年度で閉園した。昭和三十年六月から同施設を亀津珠算会が使用した。園を創立した西山清良は、二十三年三月まで亀津小校長、二十五年三月まで初代亀津中校長を務めた。

行された。勝助役、嘉山教育長、堀田小学校長ら来賓が参列、一三七名の園生とその父兄が集まり、朗らかな入園式であった。なお幼稚園では園児を二組に分けて教導にあたる」とある。亀津小幼稚園は、昭和四十九年四月、初の徳之島町立幼稚園として発足して現在に至っている。それまでの「幼稚園」は通称で、正式の幼稚園ではなかったため、それまでの間「各小学校にある幼稚園は、法的には設立義務者もなければ指導監督者もなく、学校の先生やＰＴＡ、町の補助などで運営されているのが実状である」＊11という状況が続いていた。

昭和五十年三月、亀津幼稚園に続いて花徳に町立幼稚園を開設するために、初めて職員採用試験を実施し、町立幼稚園職員として三名が合格した。その後、次々と各小学校に幼稚園が併設されたが、少子化などの影響でそのいくつかは保育園に代わっていった。各小学校に併設されたそのほかの幼稚園には、山幼稚園（二十八年山小に付設、六十一年開園）、母間小付属幼稚園（三十五年改造。四十四年に廃止。へき地保育所となる）、亀徳幼稚園（五十三年開園）、神之嶺幼稚園（五十五年開園、平成十五年休園、同二十五年閉園し井之川保育所に転用）がある。なお、平成十七年に幼保一元化が行われ、轟木保育所・手々保育所は廃止され、花徳幼稚園と山幼稚園に統合された。

第四節　昭和五十年代以降のあゆみ

一・直島秀良・新田成良町長時代の教育行政（昭和五十二年〜五十九年）

亀津町時代も含め、昭和三十三年に初代徳之島町長に就任して以来、秋武喜祐治町政は大変長きにわたった。そのあとを受けた直島秀良は、昭和三十三年の徳之島町誕生時に一期、四十一年

＊11 昭和四十八年四月の徳州新聞。「幼稚園」が付属していたのは、亀津、亀徳、母間、花徳の各小学校であった。

図15　米軍統治下、亀津に設立された西山学園

から四十九年まで二期にわたって秋武町政の助役を務め、五十三年から二年間町長を務めた。三〇代半ばという若さで東天城村の助役を務める一方、昭和二十五年には群島政府から東天城村成人教育主事に任命され、村内青年の教育指導を行うなど、特に社会教育行政に長く関わってきた。また、徳之島町の誕生後は社会教育事業についても立ち上げから関わった。秋武町長と二人三脚で行った事業は教育施設分野だけでも多岐にわたる。「資料　復帰前後から三十年代前半の校舎等の整備状況と児童生徒数」（四二六頁）で紹介した学校整備のみならず、四十年代には町内全学校に体育館を建設し、二校にプールを建設。このほか全学校の防火書類庫の備え付け、全児童生徒の理科実験費の援助、給食センターの設置など教育環境の改善に尽力した。

なお町長に就任後も引き続き教育文化に関する取り組みを積極的に行い、「学校教育の施設整備の充実、教育機材の導入といった教育環境の整備等により、次代を背負う児童生徒の教育効果の向上を図る。また、公民館活動を強化、郷土資料館等の整備等により生涯教育の場として社会教育の機能を高める」として、亀津小プール、山小郷土資料館、亀徳幼稚園設立、町文化協会設立、山中二階建て校舎、亀津中武道館の整備等を進めた。

直島町長の病気退任を受けて、昭和五十五年八月にスタートした新田成良町長（**図16**）は、秋武町政下に総務課長、助役を歴任し、教育施設整備にも熱心に取り組んできた。五十四年度から奄振法が五か年延長されたことを受け「真の経済的自立を図り、自立自興の基礎固めをしなければならないのがこの五か年である。（中略）また、昭和五十二年度ごろから県が提唱している『むらづくり』を基本に、各地域で自分たちの集落の振興策は『何か』を引き出し、島興しを進めていくことが火急の課題である。また自立自興は行政が行うものではなく、町民の皆様ひとりひとりが中心になって自らを興して成し遂げるものである。町民がお互いの生活体験を生かし考えていかなければならない」とした。

図16 新田成良町長（昭和55年）

図17　徳之島勤労者体育センター（昭和58年3月完成、亀津）

また教育文化においても、「学校教育では、体位・体力の向上、学習指導の充実を図るとともに施設設備を整えていかなければならない。そのため、母間小の屋内体育館の改修工事、山幼稚園の建設を計画する。社会教育では、生涯教育の観点にたち、住民が学習の機会を得られるよう配慮する。町民の参加の場として、社会教育のセンターとしての公民館活動は、町民の実際活動に即した事業の実施及び学習内容の充実を図る。（中略）社会連帯意識を高め自立自興の精神を養いぬくもりに満ちた郷土づくりを目指した活動を展開しなければならない」とした。

この時期は、体育館や亀徳小や山小などへのプール設置や亀津中、井之川中、山中の夜間照明施設の整備といった体育関係施設の建設が進められた。中でもナイター設備は人気を呼び、野球などのナイター試合が開催され、多くの観衆が集まった。また五十八年五月に二億一五〇〇万円をかけて建設された徳之島勤労者体育センター（**図17**）は、夜間もスポーツ等が楽しめたことから大変な好評を得、翌年度にはひと月の利用者が一万人を超えることもあった。なおこの年は、町民体育祭が仮整備が始まった徳和瀬グランドで初めて開催された。

昭和四十年代から始まった体育館建設は、最初に亀津中体育館が落成（昭和四十一年六月）。一九六坪、予算総額一三〇〇万で徳之島では初めての体育館であった。[*12] その後、五十三年までにはすべての学校に体育館が建設された。[*13] また、四十三年に亀津中にプールが竣工し、続いて東天城中（四十七年）、亀津小（五十三年）、亀徳小（五十五年）、山小（五十六年）、神之嶺小・花徳小（六十三年）と順次プールが新設されていった。

二、高岡善吉町長時代の教育行政（昭和五十九年八月～平成十一年六月）

昭和六十四年昭和天皇が崩御され、新元号「平成」に改元となり、本町でも新しい時代に対応した教育行政が推進された。平成二年から四年にかけては文部省中央教育審議会（中教審）より「生涯学習の基盤整備について」、「新しい時代に対応する教育諸制度の改革について」の答申が

＊12　徳州新聞、昭和四十年六月。

＊13　各学校の体育館落成年。東天城中（四十一年）、山中（四十二年）、亀津小（四十四年）、井之川中（四十五年）、花徳小（四十六年）、神之嶺小（四十七年）、母間小（四十八年）、尾母小中・亀徳小（四十九年）、山小（五十年）、手々小中（五十二年）。

＊14　学校建設にあたっては、昭和五十六年に耐震基準が定められ、それ以前に建てられた学校などの耐震化が進められた。
また、五十九年に文部省による「多目的スペース補助」制度が始まり、学校の新築、改築の際に建設費補助がされることになった。
平成二年に建てられた山中学校は、鉄筋コンクリート平屋建て。一部二階建てで、総工費二億三〇〇〇万円。ワークスペースのついた普通教室で、開放的な学習が行われている。放送施設、音楽室、理科室など特別教室、屋外ステージ、中庭があり、二階にはワークスペース付の普通教室が配置。ギリシャを彷彿とさせる中庭と広々とした玄関ホールを備えた。

なされ、生涯学習審議会から「今後の社会の動向に対応した生涯学習の振興について」の答申があった。また、学校建築も耐震化や多目的スペースなど新たな時代の要請に対応したものとなった。[*14] 各学校の設備や施設についても、復帰後の量的整備から質的整備に転換が図られた。同様に「健康の森運動公園基本計画」に伴う関連施設の複合的な整備をはじめ、文化会館の建設等は生涯学習推進体制の基盤づくりとなった。

平成四年に開催された第一回徳之島町生涯学習推進大会（図18）で、テーマに「生涯学習による人づくりは町づくり」を掲げ、平成七年に町生涯学習推進会議において宣言された「一人一学習・一人一健康・一人一奉仕」のスローガンは、令和の時代の今日まで引き継がれている。このように本町における教育文化の大きな転換は、この期間を通して成し遂げられたと考えられる。

本項ではこのような高岡町政の歩みを、本町の本格的な生涯学習社会への転換期として捉え、現在も本町教育の基盤となっている生涯学習関連施設や、学校教育並びに社会教育等の教育環境が年次的にどのように整備され、教育の向上につながったかを明らかにしておきたい。

高岡善吉町長が、就任一年後の昭和六十年十一月、第二十一回産業祭の式典で「わたしたちは、恵まれた自然と人情豊かな環境のもとで、健康をたかめ、産業をおこし、活力にみちた地域づくりをめざして、ここに〝健康のまち〟を宣言する」との宣言文を読み上げた（図19）。この日から、健康のまちづくりは、健康づくり、産業づくり、地域づくりの三本柱で進められた。また、昭和六十三年の合併三十周年式典では、「合併後の徳之島町の発展は目覚ましく、産業、教育、文化、福祉など各般にわたって急速な進歩を遂げた。地区民が、それぞれの立場を大切に認め合いながら切磋琢磨（せっさたくま）し、もう一度合併の原点を問い直して、新しい視点に立って二十一世紀を展望する機会に」

図19 里久浜を見下ろす県道脇に建つ「健康のまち宣言」碑

図18 第１回町生涯学習推進大会（平成４年 山中学校）

と、協調と前進を促した。

町長は、特に教育文化の振興において、「学校教育では、教育内容の充実、教育施設の整備、教職員の資質の向上を図り、かつ日本一の学士村として全国に紹介された『教育の町』としての名声に恥じない優秀な人材の養成を目指す」（昭和六十二年三月町広報）として教育関係者や町民等の要望に的確・迅速に対応し、新しい時代の要請に応じる教育施設の充実や、教育環境の整備を推進した。

その後も一貫して、「『人づくりなくして、まちづくりなし』は、私の年来の固い信念であり、明るく豊かで活力のあるまちづくりをめざす本町の未来は、若い世代の人材育成にかかっている」（平成四年一月年頭の挨拶）として自ら次代の担い手の育成に力を注いだ。

ここからは、主に施政方針等から具体的な取組みを明らかにする。

平成元年告示の学習指導要領で、中学校技術・家庭科において、選択領域として「情報基礎」が新設され、各教科の指導において教育機器を活用することとされた。本町ではいち早く情報化社会に対応するために、昭和六十二年度に東天城中学校にマイクロコンピュータを導入した。学校施設の整備では、亀津小を三階建てにし、六十二、六十三年度の二年計画でワークスペース（多目的室）のついた近代的な校舎に建て替え、学級増に対処した。さらに亀津小学校は引き続き二期工事を開始し、六十三年度に工費約二億円で完工した。また、要望されていた花徳小プールにも着手した。

社会教育では、総合陸上競技場を中心に年次的に社会体育施設の整備充実に努め[＊15]（図20）、昭和六十三年度に尾母小・中学校校庭にも夜間照明施設を設置し、生涯体育時代への移行に備えた。

年号が平成となり、二一世紀は、これを担う若い世代の人材育成にかかっているという観点から、児童生徒の国際感覚を養うことを目的に、平成元年度から学校教育では外国青年招致事業を導入し、中学校英語教育の充実、改善を図った。

＊15「健康の森総合運動公園」は次のように二十年近い歳月をかけて整備された。
昭和六十年　陸上競技場完成
平成九年　プール施設完成
平成十一年　野球場完成
平成十二年　ジョギングロード、テニス場、多目的広場が完成
平成十六年二月「健康の森総合運動公園」竣工

図 20　平成 16 年に竣工した「健康の森総合運動公園」

また学校施設整備については、山中学校の建て替え工事の完了に続き、平成二年度、井之川中学校を総工費二億三七〇〇万でワークスペースつき二階建て校舎に建て替えた。

平成元年前後は、「戦後二度目の教育荒廃の到来」などと評された時期で、校内暴力をはじめ、不登校、学力低下、いじめなどの教育問題がマスコミを通して大きく報じられ、社会問題化した。当時は教育の混乱が大きな社会問題となり、特に学校教育に対しては社会の厳しい目が向けられた時期であった。大島地区においても、公立高校入試の結果が県内最下位という低学力問題、校内暴力、登校拒否、いじめ等の学校を取り巻く諸問題で社会は揺れていた。

平成六年度施政方針では、「いつでもどこでも学習でき、学んだことが生かされる環境づくりと生涯学習社会の基盤づくり」として、生涯学習が施策のトップに位置づけられた。家庭教育、地域教育力の充実・向上のための研究推進。各種団体との連携を密にした青少年の健全育成。青少年の非行等を直視した健全育成として、地域での教育懇談会や教育を語る会等が開催された。平成七、八年度は、このような社会状況に対応した青少年の健全育成を推進するため、家庭教育の充実や地域の教育力の向上に努めるとともに、自主的・創造的な活動の場の提供や、異年齢集団による県外研修、自然体験学習、愛の声かけ運動を展開する方針が町長から示された。

町民、児童生徒参加の生涯学習を推進し、旧警察署を図書館として整備、総合運動公園プール施設の建設に着工した。また、文化会館[*16]（図21）の完成に伴い、各種文化活動のより一層の充実と郷土色豊かな文化を創造し、明るい町づくりを推進した。なお、コミュニティーづくりの考えが登場し、新たに生涯学習による地域づくりも進められた。さらに「健康のまち」を実現するために、「健康づくり」では健康な食生活の推進（学校給食用LL牛乳を普通牛乳に切り替え実施）、無料健康診断の実施、スポーツ活動の推進を掲げ、「産業づくり」では健康な農水産物の開発・育成、関連事業を推進した。また、

＊16 平成六年五月に総事業費一五億八〇〇〇万円をかけ、鉄筋コンクリート二階建て（一部三階）、六〇八席の客席ホール、楽屋、リハーサル室、展示ギャラリー、研修室、会議室などを備え、地元の建設業者の手によって完成した。落成式には神野美伽歌謡ショーや

図21 徳之島町文化会館がオープン（平成6年5月）

「地域づくり」では環境美化、住民の融和と小さな親切運動の推進、健康で長寿の島としての広報活動が推進された。

平成六年から平成十年の主な教育文化関係の事業では、青少年育成関連事業として六年度に「海のアドベンチャー」(図22)、「さとうきびっ子」等の体験学習がスタート。七年度に「鹿児島はばたけ青少年の船」もスタートし、徳之島町チーム七人は上海や蘇州市を訪問、同国の青少年と交流を深めた。この事業は九年度にアイオワ州での徳之島町国際交流ホームステイ事業につながった。

平成十年八月には「全国こどもサミットIN徳之島」を開催。島外(新潟・東京・大阪・沖縄・与論)七〇名、島内から一三〇名が参加し、二十一世紀にはばたく子どもたちが主役となり、新しい時代に今最も必要とされている、地球にやさしい環境や自然と人や動物との共生、いたわり・思いやり、福祉の心や奉仕の精神を持ち、また郷土愛や平和を愛する心について、グループごとの話し合いや調査・研究・実践活動を通して、建設的な提言や意見発表を行うことを目的に開催された。

学校教育関係では、平成八年、国際感覚と心豊かな町民の育成を図るため、五年間にわたり、専修大学の外国人講師による夏季英語セミナーを実施した。また、亀津中吹奏楽部が県大会で金賞に輝き九州吹奏楽大会へ出場した。

このほか、平成八年度地域の活性化と学校教育の一層の充実を図るべく、手々小中学校に里親制度を設立し、さらに、里親の高齢化に対応するために「ふるさと留学センター」を新たに設置。現在まで継続している。また、学校・家庭・地域社会が一体となり青少年の指導を強化充実し、

図22　70人の児童生徒が参加した海のアドベンチャー
(平成6年8月、亀津フウフダグチ海岸)

ミュージカルなどが行われた。

文化会館は、平成十八年から任意団体「楽しむ人の館」(椛山幸栄代表(当時。現・実島一仁)、旧名「ワイド21徳之島」)が指定管理者となり、「子ども音楽フェスティバル」や「子ども音楽祭」を開催するなど、子どもたちの文化体験に力を入れている。自主事業としても島民劇を定期的に主催するなど、文化交流による心豊かな暮らしに貢献している。令和二年度には、地域における創造的で文化的な表現活動のための環境づくりに功績のあった、公立文化施設に贈られる二〇二〇年度「地域創造大賞(総務大臣賞)」を獲得している。鹿児島県内では平成二十二年の霧島国際音楽ホール以来、二件目となる快挙であった。

健全育成に取り組み、「海のアドベンチャー」、「さとうきびっ子」等の体験学習を進め、心豊かでたくましい青少年の健全育成を推進した。さらに、文化会館等の施設の整備により、公民館各種講座の底辺が拡大され、受講修了者の学習成果反映と文化活動支援を推進した。平成八年度には公民館講座開講を文化会館ホールで開催し、ワープロ、コーラス、太極拳（たいきょくけん）、健美体操など六五教室に過去最多の一六六一名が受講した。

三．勝重藏町長時代の教育行政（平成十一年七月～十九年七月）

「新世紀」がキーワードの時代になり、当時の教育改革国民会議の中間報告では、現代の教育はいじめ、不登校、校内暴力、学級崩壊など危機的な状況にあり、これらの状況を踏まえてこれからの教育システムを改善するために、学校、親、地域そして行政は何をすべきかが、具体的にしめされた。「教育の原点は家庭であることを自覚する」、「奉仕活動を全員が行うようにする」など、教育振興基本計画・教育基本法の見直しについての国民的議論がなされ、本県でも「新世紀カリキュラム審議会」が本県の特色を生かした教育課程の在り方をまとめた。

平成十二年度の教育改革と本町の教育は、主に次のような観点で推進された。それは、①生きる力、②総合的な学習の時間、③思いやりの教育、④特色ある学校づくり、⑤基礎的基本的事項の習得であった。勝町長は、「（全国的な流れとして）本町においても一時期、教育現場の荒廃や青少年の非行に心を痛めたこともありました。現在では教育関係者のみなさんやご父兄のご努力によりまして、幾分平穏さを取り戻しつつあり、この傾向を良い方向へ伸ばして行きたいと考えています。そのために教育関係者と話し合いを重ね、『健全な知力と体力そして思いやりのある青少年育成』のため、学校・家庭・地域の連携を密にして参りたいと考えています」と就任直後の所信表明

図23 公民館、図書館、郷土資料館の機能を兼ね備えた生涯学習センター（平成16年3月 完成）

を行った。

当時開催された徳之島町青少年問題協議会では、「みんなで力を合わせ、二十一世紀を担う子供を健やかに育てよう」をテーマに各委員からの現状報告や提言など活発な意見が交わされた。現状報告としては、○ボランティア活動（道路清掃、老人ホーム慰問、町行事等）への積極的参加、○ふるさと芸能（島唄・三味線、踊り等）の伝承活動、○小、中、高校の音楽（ブラスバンド）やスポーツクラブが県、九州、全国で活躍したことが挙げられた。その反面、少数ではあるが、いじめ、登校拒否、夜間徘徊（はいかい）、オートバイ窃盗など悪い行為も起きているとの報告があった。

平成十二年度の第九回生涯学習推進大会は、第二十七回産業祭・健康まつりと合同で開催された。また、平成十六年三月に総工費一五億六〇〇〇万円をかけて生涯学習センターが完成（図23）し、町立図書館[*17]（図24）や公民館、郷土資料館もオープンしたことで、生涯学習の観点から「学・社融合」の教育活動を地域総ぐるみで推進する体制が整った。その後、生涯学習の体系的な事業展開や、さらに効率的で自主的な事業展開を進めるため、平成十八年に図書館・文化会館、町体育センターは指定管理者制度に移行した。

町民の文化に対する関心がさらに高まり集客力も上がったことから、第二十回町文化祭（徳之島町文化協会）は文化会館で開催され、大変な賑わいを見せた。日頃の成果である作品展示発表や芸能発表も年々盛んになった。当時の芝公民館主事によれば、「文化会館ができたことにより、これまで中央公民館などでの舞台発表とは違い、講座生の意識が変わったと実感した」と当時を振り返った。

平成十四年度には、教育改革の大きな一つである「生きる力を育む総合的な学習の時間」で、豊かな人間性や社会性、国際社会に生きる日本人としての自覚、自ら学び考える力、個性を生かす教育を充実させた。また、希望する児童生徒に転入学を認め、同時に学校及び過疎地域の活性化を図る目的で尾母小中学校・手々小中学校を特認校制度[*18]（小規模校入学許可制度）の指定校として

図24　指定管理者制度を導入した町立図書館

＊17　平成十六年から町の直営図書館としてスタートしたが、地方自治法で指定管理者制度が制定され、十八年四月から本町でも文化会館、体育センター、図書館の指定管理者制度が導入された。
令和元年七月、徳之島三町の図書館の共同利用システムとして「徳之島きずな図書館ネットワーク」サービスが始まり、「広告スポンサー」や「読書通帳」など県内でも先進的な取り組みを行っている。平成二十六年に「子供の読書活動推進実践優秀図書館」として文部科学大臣賞を受賞した。

他校からの転入学を許可した（現在は、花徳小・山小・山中を追加）。平成十五年には、全学校で学校評議員制度を実施した（令和四年度から学校運営協議会制度に移行）。

学校施設整備としては、平成十二年に神之嶺小学校新校舎が完成。普通教室六教室、特別教室（図書・理科・家庭科・コンピューター室）、総合的学習に対応した多目的スペースを設けた。また屋根には欄間（らんま）を設けて採光や風通しを良くした。総事業費は五億七五六八万円であった。続く平成十七年には花徳小学校新校舎も完成した。同年、花徳小は町の指定校として「エネルギー環境教育」公開研究会を実施している。その他、亀津小・山中・母間小の教職員宿舎が竣工した。このほか、平成十五年度に総合運動公園多目的広場及び健康の森総合運動公園が完成。同年、これを記念して健康の森第一回ウオーキングが開催された。

平成十七年には、第一回町学力向上推進協議会を開催。同年九月には町内全幼稚園・小学校・中学校で「敷地内禁煙」となった。また、平成十八年度から徳之島地区駐在指導主事（その後復活）、派遣社会教育主事が不補充となった。

四. 高岡秀規町長時代の教育行政（平成十九年七月～現在に至る）

高岡秀規町長は、就任時に「時代の変化に対応する人と組織づくり」を掲げ、平成二十四年度の施政方針で、町振興の羅針盤となる「第五次徳之島町総合計画」に基づく施策に取り組むと表明した。「町民総参加で、みんなの知恵と力で、未来へ紡ぐ健やかまちづくり」を基本理念に掲げ、町の目指す将来像を「人と自然が輝き　みんなで紡ぐ　きらめきのまちづくり」として、今後も住民参加型の町づくりを進めていくとした。施策を推進する中で人材育成が急務であると実感しており、言うまでもなく町づくりの基本は人であり、人知を結集してこそ真の地域振興が図られるとした。

教育行政に関しては、「子どもたちが将来に夢を持てる町づくり」として児童生徒の知・徳・

＊18 特認校制度とは、豊富な自然環境に恵まれた小規模校の特性を生かし、個を生かした学習指導、異年齢集団による学校行事や諸活動を通して学ぶ楽しさ、心身の健康増進、豊かな人間性を培いたいと希望する児童・生徒が、指定校となった小規模校に転入学することができる制度。

＊19 平成二十一年五月九日に開校した学士村塾は、学校の宿題やドリルなどを持ち込み、異年齢集団での助け合い学習により、自学自習の習慣の定着や学力向上を図ろうというものである。学校週五日制への対策でもあった。各地域の公民館や学校を使い、参加児童生徒数は、一三〇名から一六〇名ほどにもなる。

体の健全な発達を挙げた。「徳之島町幼・小・中学校再編計画委員会」を設立し、徳之島町の幼稚園や小中学校の望ましい設置のあり方を研究・検討し、町教育委員会に答申する。また、亀津小学校と花徳小学校の体育館を耐震補強工事の実施し、学士村塾[*19]（図25）や向学塾[*20]を開設、学力向上対策試験を実施する。さらにインターネットのテレビ会議による国際交流の実施、特別支援教育支援員の配置、国際的感覚の醸成を図るとした。なお、文化事業として、芸術を愛する心を育て、豊かな情操を養うことを目的に、中学生を対象とした芸術鑑賞会を六月に計画し、これを今後も継続する。またこのほか、子育て支援については、「徳之島町次世代育成行動計画」に基づき、多様化する保育園ニーズへの対応や待機児童の解消に向けて、亀徳保育園の建て替えを支援する、とした。

学校再編答申について

徳之島町教育委員会は平成二十四年六月、徳之島町幼（園）・小・中学校再編計画委員会（横濱健二委員長）に対し、今後の教育環境の在り方について諮問（しもん）をし、平成二十六年二月十四日に小中学校を再編することが望ましい、との答申を受けた。横濱委員長は答申書に「私たちの再編計画委員会は設立以来、計一四回の会議を開催した。審議の過程では賛否両論あったが、徳之島町の子どもたちにより良い教育環境を提供するために、また、町全体の教育の向上のために審議を尽くし、この答申に至った」と結んでいる。

答申を受けて、町教委では「学校再編計画案」を審議し、町長への最終答申を行うにあたり、徳之島町幼（園）・小・中学校再編検討委員会（幸野善治委員長　平成二十八年二月二十五日設立。以下「検討委員会という）に対し、最終答申案を研究・協議して作成するよう依頼した。

検討委員会の役割は、再編計画委員会から町教育委員会に答申された計画案を基に、廃校になる学校の跡地活用も含めて研究・討議し、町教育委員会が町長に答申するための最終答申案を作成するもので、設置期間は平成二十九年三月までとした。町教委や検討委員会では、これまでの「学校編成計画案」を踏まえながらも、計画委員会設立後に新たに国が示した関係法令や、平成

＊20　向学塾は平成二十二年に開校した。夏期・冬期の休業中を利用した短期集中型の塾である。学士村塾と同様に自学自習の習慣化のほか、苦手科目の克服も課題に挙げている。例年、鹿児島大学や鹿児島国際大学の学生、あるいは教員を指導者に七〇名前後の児童生徒が町内の数会場で学んでいる。

図25　学士村塾の開校式の様子

二十七年度から北部三小学校における小規模校での文科省実証事業「遠隔教育」等の教育方法の導入がなされたことで、平成二十九年十二月、東天城中学校建設計画を「学校再編計画案」から見直し、総合的見地から再編の在り方について再検討を行った。

これらの審議を踏まえ、本町の再編の方向性として、検討委員会（平成三十一年度二回開催）において、町立学校一二校（小六校・中四校・小中併設二校）を再編せずに現行のまま存続させることが示された。令和二年三月、徳之島町幼（園）・小・中学校の学校再編についての結論として、次のように最終答申として提出された。

「幼・小・中学校の再編については、徳之島町幼（園）・小・中学校再編計画委員会答申を一部見直し、現状のままで本町の教育課題に対応するために、次のように再編する。①全校を対象に、年次的に小中一貫教育制度（施設分離型）やコミュニティースクール制度を導入する。小規模校においては、ふるさと留学制度や特認校制度をさらに拡充する施策を充実する。②本町の教育の質の向上をめざして、全小中学校を対象にこれまで小規模校で実践しているＩＣＴ教育[＊21]やＧＩＧＡスクール構想[＊22]（令和二年度から導入）の先端技術等を導入し、北部や南部の圏域内のネットワーク化を推進する。なお、本答申の再編の時期を二〇二〇～二〇二五年度を目処にして、年次的に推進する」

離島へき地から最先端の学びの町への挑戦

南北六〇〇㎞の広域にわたる本県の教育の大きな柱の一つが、へき地・小規模校における教育活動の充実である。へき地として指定されている学校が、小・中・義務教育学校の約四〇％で、北海道に次いで全国二位。複式学級を有する割合は全国一位である。本町で複式学級を有する学校は、小学校で六三％（県四四％）、中学校が五〇％（県一三％）であり、半数以上の学校が複式・小規模校となっている。全国的に少子化や過疎化が進行する「人口減少社会」を迎える中、[＊23]現行の学校規模（小学校六校・中学校四校・小中併設二校）を維持することが困難な学校が増加することが見込まれた。この中で、小規模校では地域コミュニティの核としての性格への配慮等から、ふるさと留学制度（平成七年）や

＊21 ＩＣＴ教育とは、情報通信技術を活用した教育で、日本では平成二十一年度「学校ＩＣＴ環境整備事業」を導入して、ＩＣＴ環境の整備が進められている。

＊22 ＧＩＧＡスクールは、令和元年に文部科学省が主導して始まった。Global and Innovation Gateway for All の略で、国際的で革新的な環境づくりを意味し、小中学生がＩＣＴ（情報通信技術）を使いこなせるようにすることを目的としている。具体的には全児童生徒にパソコン、タブレットなどの端末を持たせ、クラウドの活用や双方向授業の促進などにより、子供たちの情報活用能力を高めようというものである。

＊23 本町の場合でみると、昭和六十年人口一万五三二一人・児童生徒数二五九二人、令和三年 同一万〇〇一七人・同九五七名となっている。

小規模校入学特別許可制度（平成十三年）の導入、集合学習なども推進された。

同時に、このような学校の教育課題の解決にＩＣＴを有効に活用しようと、平成二十六年度から母間（ぼま）小学校で「ＩＣＴの利活用による少人数・複式学級の授業改善」の取組みが始まった（**図26**）。平成二十七年度には、小規模校のメリット・デメリットへの対応を含め学校が持つ多様な機能にも適切に対応する必要から、県ＩＣＴ研究協力校に指定された。また同年、文部科学省の「人口減少社会におけるＩＣＴの利活用による教育の質の維持向上に係る実証事業」研究校にも指定され、事業に三年間取組んで、その手法を「徳之島型モデル」（**図27**）として現在まで推進している。本町の三校において文科省の実証研究を推進し、その後、残る小規模校五校に拡大した。実践した遠隔合同授業は「徳之島型モデル」と呼ばれ、遠隔地の二つの複式・小規模校で双方向に授業を実施し、一つの教室の中に二つの遠隔合同授業を構成し、両校の担任がそれぞれ一学年ずつを主として担当する。距離を超えて、同学年同士を「まるで一つの学級空間」とする、全国的にも初めての取り組みである。

新しい時代の教育へ
徳之島町教育大綱の改定

国は、地方教育行政の組織及び運営に関する法律の一部を改正し、平成二十七年度から地方公共団体の長に教育大綱の策定を義務づけた。教育大綱は、教育基本法に基づき策定される国の教育基本計画における基本的な方針を参酌（さんしゃく）（照らし合わせて良いところをとる）して定めることとされ、教育の課題が地域によって様々であることを踏まえ、地域の実情に応じた教育、学術及び文化の振興に関する総合的な施策について、その目標や施策の根本となる方針を定めるものとされている。これに基づき、本町においても平成二十八年三月に「徳之島町教育大綱」を策定し、徳之島町の教育行政の方向性や目標を明確にした。しかし計画期間が満了を迎えたことから、

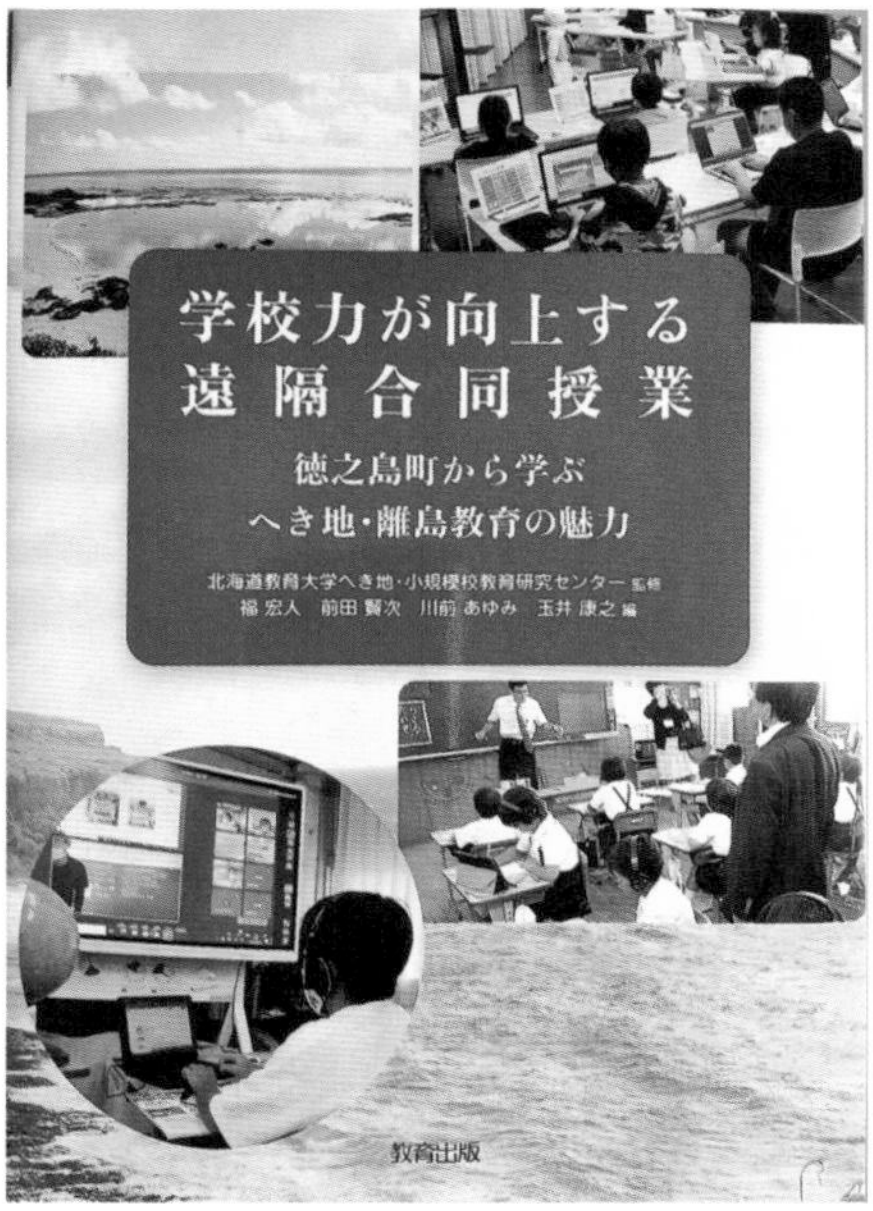

図27「徳之島型モデル」を特集した『学校力が向上する遠隔合同授業』（令和４年度、北海道教育大学・徳之島町教委共著）

図26 テレビ会議を活用した授業（母間小）

改めて本町の総合教育会議において協議し、改定した。

高岡町長は、令和二年度の施政方針において「将来の徳之島を担う子供たちを育むために、町総合計画の基本目標等の『未来を創造する思いやりと文化を育む人間性豊かなひとづくり』の実現をめざし、教育環境の整備等の諸施策を加速化させる。また、教育格差を是正し質の高い学びを実現するために、幼児教育、家庭教育、特別支援教育、英語教育の充実をはじめ、プログラミング教育やＩＣＴを活用した遠隔教育等、国のＧＩＧＡスクール構想（図28）を推進する。これらを通して、多様化した社会環境に適切に対応できるよう、新時代の到来を見据えた次世代の教育の創造を目指すとともに、学士村塾、向学塾のさらなる充実を図る施策も進めていきたい」と述べた。

また、このほかの教育施策として、諸外国での短期留学や都市圏での様々な職場の体験学習等を推進する。また、わが国や郷土の歴史や伝統をはじめ、自然や生活・文化を受け止め、それを継承・発展させるための教育を推進し、郷土を愛し、郷土に誇りをもつ「人づくり」はもちろん、誇りをもてる「地域づくり」に力を入れ、本年度、内閣府より選定を受けた「ＳＤＧｓ未来都市」の目標の達成を目指すこととした。

最先端の学びの町

令和二年度「町総合教育会議」において、今後の五年間を見据え、教育大綱を改定した。基本方針に「未来を創造する新たな教育への挑戦」を掲げ、新時代の最先端技術活用の推進を通して「最先端の学びの町」をスローガンに掲げている。主要施策として新しい時代の教育に対応した施設分離型小中一貫教育、教科担任制度、新校舎の建設推進、海外派遣事業などを実施する将来目標を定めた。また令和二年、県内自治体で初めて内閣府の「ＳＤＧｓ未来都市」に本町が選定され、さらに翌年七月には悲願であった「奄美大島、徳之島、沖縄島北部及び西表島世界自然遺産」にも登録された。

このような動きと連動しながら、コロナ禍の中でも本町の小・中学校においては、島の宝であ

図28　GIGAスクールを基盤とした徳之島町教育施策

る子どもたちの「将来の夢の実現」に向けた教育環境づくりを持続可能な教育の取組みの一環として推進している。また、昨年「最先端の学びの町」を総合的に推進するために、「GIGAスクール構想等を基盤としたロードマップ」を策定した。現在、すべての学校に一人一台の端末、WiFi環境や空調機器等の整備を終え、さらにハード面、ソフト面における、家庭用貸し出しWiFi、教師用指導端末、電子黒板、統合型公務支援システム、pepper導入、ICT支援員の配置などを推進している。また、人材面においてもソフトバンク株式会社との教育連携協定（令和二年、**図29**）や外部企業との連携により、プログラミング教育をはじめ、オンライン学習塾、特別支援教育、防災・福祉、スポーツ、キャリア教育、不登校支援等の様々な分野で各学校と連携した取組みを推進している。

第五節　社会教育から生涯学習へ

昭和二十二年～昭和三十年

文部省「学制百年史」によれば、戦時中、教化的性格を強めていた社会教育は、戦後の民主化動向の下で人々の自発的な学習活動を基盤にする、その本来の姿に立ち返ろうとした。昭和二十年十月、文部省に社会教育局が復活し、同年十一月の大臣訓令及び次官の依命通牒（いめいつうちょう）「社会教育振興ニ関スル件」を基に活動を開始した。

昭和二十一年三月に出た米国教育使節団の報告書においても、日本の民主化を進める上での成人教育の重要性が指摘された。同年五月、文部省及び都道府県・市町村に社会教育委員が設けられ、次いで同年七月文部省は「公民館設置運営の要綱」を通達し、我が国独特の社会教育地域拠点となる公民館の開設を勧奨（かんしょう）した。社会教育法（昭和二十四年）は、社会教育に関する国及び地方公共

図29　ソフトバンク株式会社との教育連携協定

団体の任務を明らかにすることを目的とし、社会教育関係団体、社会教育委員会、公民館、学校施設の利用及び通信教育など社会教育と社会教育行政との関係を規定したものであって、我が国で初めて社会教育行政に法的根拠を与えた画期的な法律であった。*24

昭和二十一年二月二日、本土と行政分離（二・二宣言）され、二十八年十二月返還まで米軍政下に置かれ、奄美群島に「臨時北部南西諸島政庁」（以下、「政庁」という）が設置された。日本国憲法は適用されず、教育基本法（昭和二十四年五月政庁公布）や社会教育法（昭和二十六年奄美社会教育条例）などの一連の教育法制も一部の制限や遅れが生じた。

昭和二十五年、政庁文教部に成人教育課がおかれ、*25八月には各市町村に成人指導主事が政庁職員として配置された。花徳（けどく）小沿革史によれば「昭和二十五年九月、東天城村（ひがしあまぎそん）成人教育主事に直島秀良が任命され、本校に公民館図書館を並置し、村内青年の教育指導を計画、各学校職員へ委嘱指導せしむ」。また、同年十月に「第一回徳州オリンピック大会を本校校庭に開催、本校優勝」とある。同大会では二日にわたって排球（はいきゅう）（バレーボール）大会、四か村女子青年会、相撲大会が行われた。

奄美社会教育条例も本土法を基本にしているが公民館等の施設建設はほとんど進展せず、伊仙町誌によれば「この頃、各部落では集会づくりがあり、若者たちと共に、部落民一丸となって、山に木をきり、牛で運び、体をはって部落活動の拠点をきずいた」、また「この時代の青年活動はまさにシマの歴史に比類を見ない自発性を発揮した」とある。

なお、水野修*26は「敗戦直後の島社会は、若者たちの帰郷によって活気を取り戻し、彼らを中心に動き出した。共同作業による学校校舎や集会場などの建設に始まって、ユイワク（互助）による食料増産が自発的に進められた。（中略）文化活動が盛り上がりを見せたのもこの時期である。演芸会が地域別の青年団主催で開かれた。この時期に（中略）盆踊り、浜踊り、十五夜、ウヤホジミ（先祖祭）など、古式にのっとって伝統行事が復活している。その意味において、奄美の人々がもっとも奄美びとらしい姿に立ち戻った時期だった」と書いた。

＊24 当時全国公民館連絡協議会会長を務めた龍野定一は亀津出身。東京都社会教育委員会議長も務めた。特に戦後は社会教育活動に全力を尽くし、昭和二十九年に社会教育功労により第一回文部大臣表彰を受けた。

＊25 『徳之島郷土研究会報』第2号「教育の歩み―旧東天城村を中心とした（直島秀良）」一五頁に「昭和二十四年社会教育法が制定公布されている。これにともなって北部南西諸島でも社会教育の実施にあたっての検討がはじめられており、昭和二十五年八月三十一日全郡の各町村に米国式の成人教育主事が任命され、同時に公民館をつくることになった。東天城村では筆者が成人教育主事として政庁から任命され、ただちに花徳小学校の職員室廊下に事務所をおいて発足した」とある。

＊26 徳之島の郷土史家、雑誌「潮風」の発行者。HP「むんがたり館」は人気を呼んだ。平成二十七年八月逝去。八十一歳。本記事は、昭和六十二年四月三十日付徳之島新聞に掲載の「井之川物語」26にある。

当時の社会教育活動は、各集落での集会所の自力建設及び自主的な活動が中心であり、施設等の公的な条件整備の水準は極めて低い状態であった。これは学校施設においても、同様であった。母間小沿革史によれば、「火災により木造校舎が全焼。昭和二十四年一月、校区民一致協力僅か二ヶ月足らずで一二教室の仮校舎を完成。落成式の際、奄美群島政府知事中江実孝より表彰状を授与された」とある。

昭和二十三年頃、終戦後の荒廃し混乱した社会状況の中で、婦人会や青年団活動が盛んとなり、これらの組織を中心に村づくり運動や新生活運動が始まった。戦前の村社会から脱却し、衣食住の生活改善や農業生産の向上などの村づくりの運動が展開されたのである。南西日報（昭和二十八年五月創刊）には、昭和二十三年頃の東天城村畦集落の住民による主体的な取組みが掲載されている（図30）。なお、昭和二十六年の琉球統計報告書によれば、この頃の人口は徳之島全体で五万一三三一人（亀津町一万二〇〇三人、東天城村九二八八人、天城村一万二三二八人、伊仙村一万七七〇三人）であった。

本町の社会教育関係団体は、神之嶺小沿革史によれば、昭和二十五年成人講座（婦人講座・父兄講座）開始。翌年、父兄懇話会からPTAの結成を決議して総会を開催したとある。なお、昭和十年五月に発足した各集落主婦会（国防婦人会）は名称を変更し、昭和二十八年に徳和瀬婦人会、諸田婦人会、下久志婦人会、北区婦人会が開催されたとある。また、昭和二十九年には亀津三区合同婦人会で、葬儀、年始廻り、年の祝い等の生活改善の申合わせが行われている。また、昭和三十年六月に開催された東天城連合婦人会総会や東天城連合青年団の活動の様子が当時の新聞に報じられている（図31）。

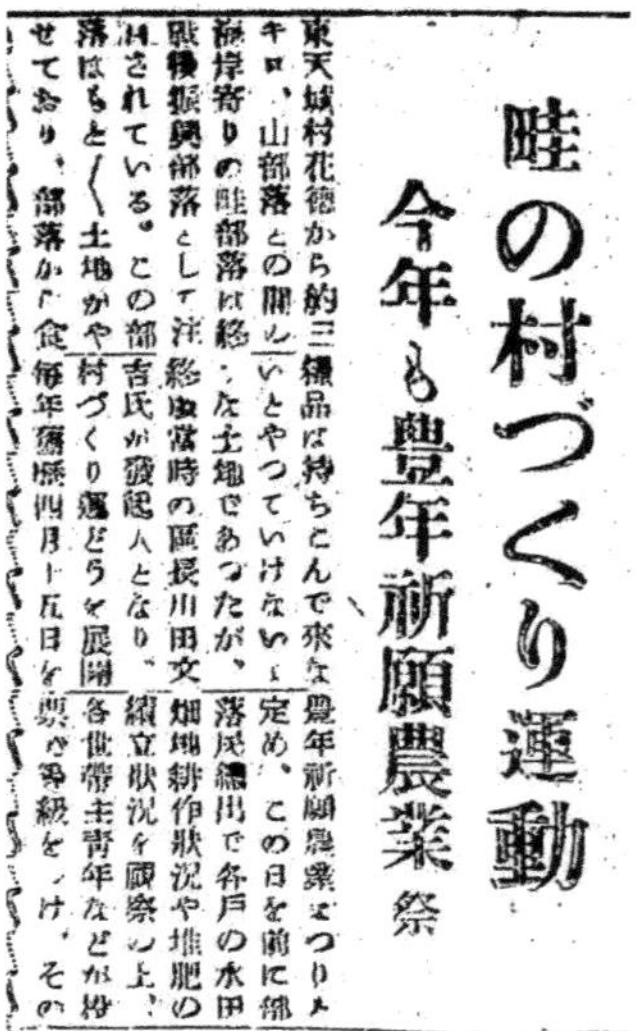

▼資料　東天城村連合婦人会総会（南西日報　昭和三十年六月）

「東天城村連合婦人会総会（図32）は、去る十九日午前十時より山小学校講堂で開催した。こ

畦の村づくり運動
今年も豊年祈願農業祭

図30 村づくりの様子を伝える（昭和30年6月南西日報）

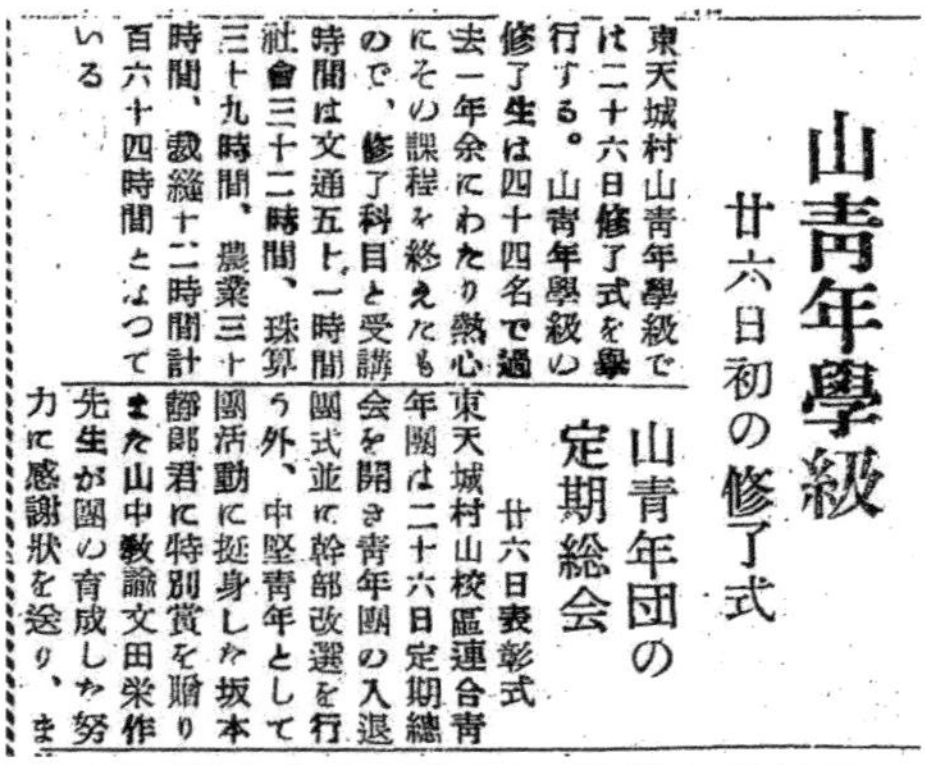

山青年學級
廿六日初の修了式

東天城村山青年學級では二十六日修了式を擧行する。山青年學級の修了生は四十四名で過去一年余にわたり熱心にその課程を終えたもので、修了科目と受講時間は文通五十一時間、社會三十二時間、珠算三十九時間、農業三十時間、裁縫十二時間計百六十四時間となっている

山青年団の
定期総会
廿六日表彰式

東天城村山校區連合青年團は二十六日定期總会を開き青年團の入退團式並に幹部改選を行う外、中堅青年として團活動に挺身した坂本靜郎君に特別賞を贈りまた山中教諭文田栄作先生が團の育成した努力に感謝状を送り、ま

図31 婦人会や青年団の活動を報じる（昭和30年3月南西日報）

の日は好天気に恵まれ、各校区及び元婦人団員六百余名出席するという盛況。（中略）村連合婦人会長花徳の林スマさんの挨拶があり、続いて村教育長永喜仲清、山中校長有川一郎、山小校長寶田正茂の三氏の祝辞後、二十九年度の各区婦人会運動の実践結果の報告反省に入り、各区から一名ずつの代表が報告した。（中略）午後一時から再開、永喜教育長から子供と教育指導、ヒロポン対策、受胎調節衛生問題について講話があった後、三十年度の実践事項の協議に入り、座長に花徳校区会長 中村トヨさんを推し、一、総会を各校区輪番制とすること。二、時間の励行。三、次回総会を手々で開くこと。四、婦人会費は会員一名一〇円とすることを決定。婦人の衛生、先進地視察の問題について意見交換を行った。続いて、村社会教育主事から、この日の会合運営に対する感想を述べられて協議会を終わり、レクリエーションに移った。各婦人会ののど自慢や舞踊家が飛び出し（中略）午後五時に散会した。連合会長の林スマさんは次のように語った。今度の総会はこれまでにもない盛会でしたが、次の総会からもっと盛んになるでしょう。いま村の各校区婦人会活動（図33）は活発化しています。全会員の自覚で今後より一層発展すると思います」

　昭和二十八年に成立した「青年学級振興法」は、勤労青年に対して実際生活に必要な職業または家事に関する知識および技能を習得させ、一般的教養を向上させることを目的としたものであった。翌年六月に開催された東天城村連合青年団理事会では、文化面では現在、青年学級を強化し、すでに手々、花徳、山の三校区では青年学級開設中であるため、母間校区にもさっそく開校して村内の足並みをそろえることを決議した。

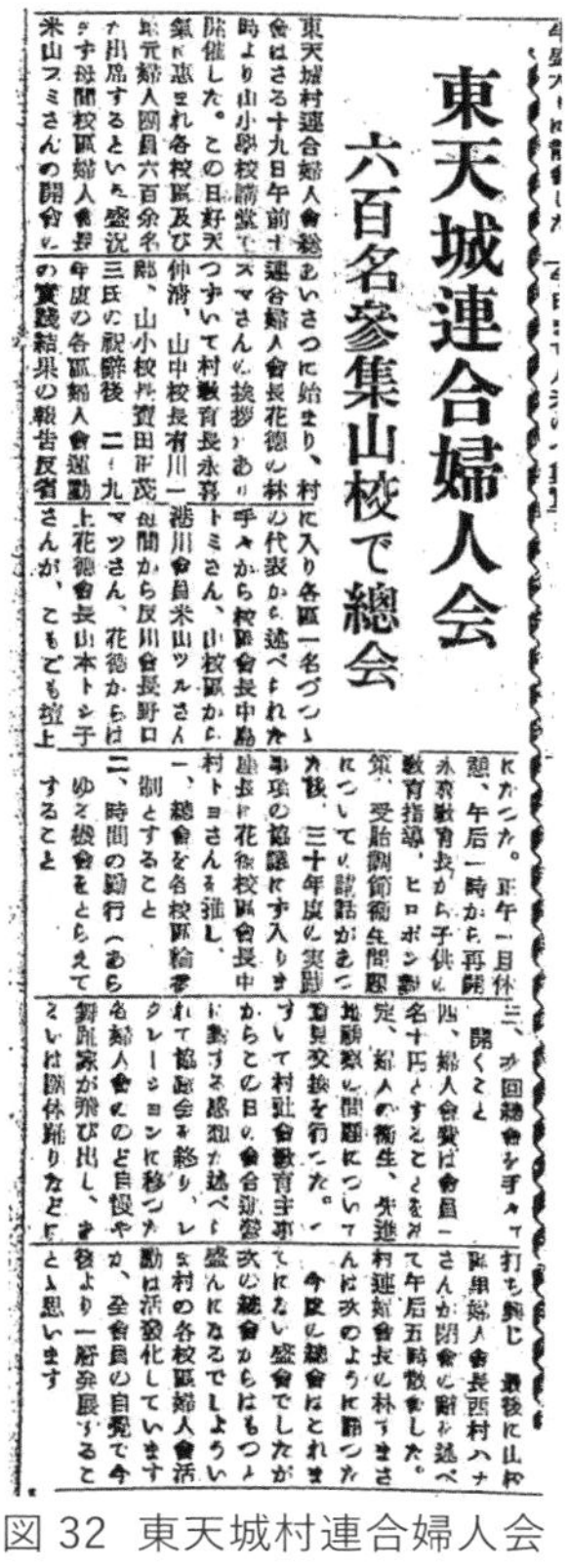

図32　東天城村連合婦人会総会を伝える（昭和30年6月　南西日報）

図33　当時の婦人会活動（轟木婦人会菓子講習会。昭和32年）

南西日報には「昭和二十八年全島闘牛大会を（天城村兼久連合青年団・消防団主催）平土野浜で開催。青年団長は、がやぶき（茅葺）の青年会館が老朽化しているので、団員男女二〇名が協議し、区長はじめ区民協力の下にブロック建二五坪の青年会館建設資金を募集するための闘牛大会である」との記載がある。島内各地の集落で、このような青年団による闘牛大会や演劇などが開催され、青年会館建設や備品購入が行われた。終戦から社会教育活動は復帰のエネルギーへと結びついていった。

総合社会教育大会時代の社会教育

大島支庁『奄美群島の概況』の社会教育概況によれば、昭和三十年から『奄美大島総合社会教育研究会』と銘打って研究指定地区を設定し、郡全域から各市町村社会教育関係者、社会教育関係団体代表（関係機関代表）の参加を得て、指定研究公開を行い、地域生活課題の解決及び諸問題の研究をすすめてきた。日本復帰が決定すると、奄美社会教育条例は本土の社会教育法として実施されることになった。奄美では復帰の翌年、昭和二十九年（一九五四）六月に「奄美大島社会教育振興会」が結成され、昭和三十年に主催行事として、第一回総合社会教育大会を喜界町（きかいちょう）で開催し、その後は市町村持ち回りで開催された。

山下巌「鹿児島の教育　上（本県における総合社会教育の歩み）」によれば、昭和三十七年に薩摩郡東郷町が「公民館活動を中心とする総合社会教育のすすめ方」のテーマで文部省の研究委託を受けたのがその始まりとされている。県農政部は昭和三十八年から人づくり、仲間づくり、環境づくりのいわゆる「農村三作運動」を提唱し、農業振興の組織的な実践活動を展開した。本県の総合社会教育は、この「農村三作運動」との深い関連の中で進められた。当時の社会教育の総合は、学習集団の総合、学習課題の総合、学習における一般行政との総合と解釈されていた。一般行政との総合は、一般行政の行う事業を教育的観点に立って学習上の課題としてとらえ、その学習の結果を実践に移すという形で、行政の行う事業に主体的に参加することだと説かれた。

徳之島で開催された郡総合教育研究会

昭和三十四年六月、本町でも社会教育審議会を開催した。「町教委と社会教育委員との合同会議を開催。議長に名城秀時（町ＰＴＡ連絡協議会長・町議）、副議長に牧繁秀（神之嶺小学校長）を選出。前田社会教育主事から社会教育関係法規の解説があり、三十四年度の町社会教育の方針・努力目標、郡総合社会教育研究会開催地たる徳之島地区行事日程を原案通り審議決定した。出席者　直島助役、嘉山教育長、前田社会教育主事、警察署長代理、保健所長代理等」（南西日報）。そこで可決された日程によると一日目は、山会場が奄美パイン製造工場等の視察。花徳会場は花徳部落視察と女子青年学級研究公開（指導講話）、町興農会研究公開（指導講話）、下久志会場が部落概況報告や園芸組合運営発表など。亀津会場では町政報告（新町建設計画その他）、社会教育概況報告、指導講話、閉会式（社会教育振興会長挨拶）、歓迎パーティー（教育長挨拶）などとなっている。二日目が郡内青年研究集会、郡内婦人会体験発表会（亀津小学校）、亀津中学校部落ＰＴＡ公開（夜）。三日目が奄美婦連総会（亀津小学校）。その他関連行事として、十二月二日東天城中学校産業教育研究公開（文科省指定）、七日亀津中学校産業教育研究公開（県指定）という大規模なものであった。

新聞は「『復興の息吹たくまし』と題して三日の伊仙村を皮切りに天城、徳之島三か町村の各地で行われた本郡総合社会教育は、七日の亀津における奄美婦連総会を持って五日間にわたる多彩な行事を終えた。参加者の窪田義徳名瀬市教育長は「私が復帰前にきたときと現在とは形の上でも精神的にも大きく変わっている。港湾、道路、架橋、学校その他公共施設はもとより、一般個人の建造物など目を見はらせるものばかりである。大島糖業、大洋殖産の四つの分密糖工場、奄美パインの缶詰工場など亜熱帯産物の発展に大きな役割を果たすような産業施設の偉容を見たとき、復興の息吹をしみじみと痛切に感じた」（**図34**）と紹介した。

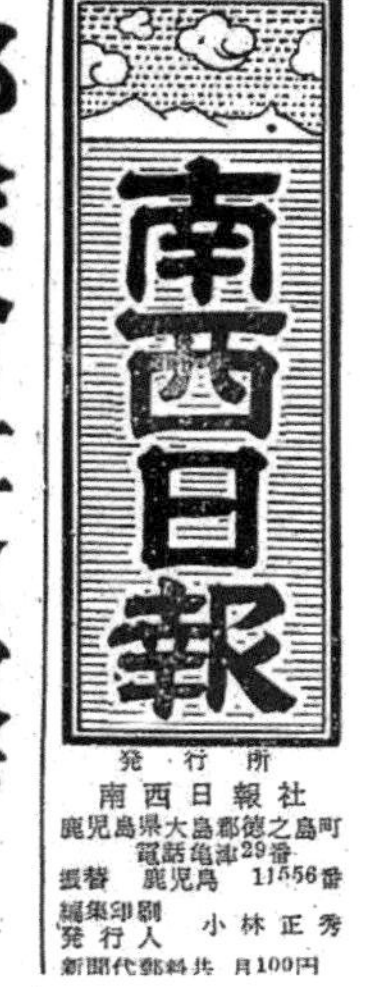

南西日報

発行所
南西日報社
鹿児島県大島郡徳之島町
電話亀津29番
振替　鹿児島　11556番
編集印刷発行人　小林正秀
新聞代郵料共　月100円

郡総合社会教育
研究会きのうから開く

大島郡総合社会教育研究会は昨三日から徳之島三カ町村で開かれた。参加者は郡内社会教育関係者で、一日と二日の下り船で丸野教育長や事務局指導員、郡内社教委、元校長、現役校長迭、教育長奄美婦連、興農会、青年団幹部など八十六名が相次いで来島、亀津で一泊地元三カ町村の教育長、ＰＴＡ関係、校長など約六十名が参加してごつたがえした。一行は三日午前八時亀津永浜に集合、丸野教育長の開会のあいさつを受けたのち役場前から四台の大型バスに分乗して、日程通り伊仙に向つたが、三日は大田布泊り、四日は平土野泊り、五日は平土野から鹿木経由、山から徳之島町を廻つて亀津泊り、六日は亀津で奄美大島産業振興研究会と婦人会活動研究会および亀津中ＰＴＡ公開、七日は亀津中産業教育研究会と奄美婦連総会を…つて多彩な催しを終る…とになつている。

伊仙の將來に希望
社教視察団も驚く（第一日目）

総合社会教育研究団一行は亀津永浜を四台のバスに分乗して三日午前八時半伊仙に向つた。南原から本川、喜念、佐弁を経て大島糖業目手久工場を見学すると共に附近農地を視察、目手久平原から伊仙に向い、伊仙用水やパイン栽培地、農事試験地、徳高伊仙校舎で開催中の農村文化祭、青年学級公開を見て西伊仙県道下大洋殖産の精糖工場を見学、昼食後、犬田布の婦人学級公開に参加、引続き大田布小で全体会を開いた。まず勝久村長の村政報告を聞いた後、伊仙村の社会教育の現況報告、指導講話を終つて村主催の歓迎パーティーで懇親をかさねて民家に散宿した。

伊仙村視察を終った奄美婦連幹部や大島の社教部連は次のように語つた。伊仙村は大島郡のウ…ライナとは聞いていた…来てみてびっくりしま…た。山に明けくれる大…

図34　大島郡総合教育研究会徳之島大会（昭和34年）

なお、国土交通委員会調査室の資料に「昭和二十九～三十八年度には、『奄美群島復興特別措置法』により策定された復興計画に基づき、復興事業が実施された。復興事業は、群島住民の生活水準をおおむね戦前（昭和九～十一年）の本土並みに引き上げることを目標として行われ、道路、港湾、水道など公共土木施設を中心とする各方面の復興に成果を上げた」とある。

奄美大島総合社会教育研究会

昭和四十一年十二月、本町社会教育委員会は田袋吉三委員から龍郷町で開催された総合社会教育委員会の報告等があった。また藤田時秀中央公民館長からは、町内部落公民館の建設状況その他、公民館運営に関する報告を行った。これらをもとに意見交換した結果、町内部落公民館の運営基準を定め、公民館活動を盛んにすることを申し合わせた。広報とくのしま（昭和四一年七月、第四五号）によれば、秋武町長は「豊かな環境づくりはみんなの手」を掲げ、昭和四十一年度は社会教育推進計画の一環として、町内部落ごとの公民館建設促進と、町民所得の向上を目的とした農業構造改善等（急がれる農業経営の多角化）を重点施策として町政を推進するとした。

同年七月に中央公民館が発足。町勢要覧（昭和四十二年度）によれば、当時二十四の地区公民館（十八自治公民館・学校を含む）が設置されており（表5）、中央公民館を中心として活発な社会教育活動が行われていた。本町は大島地区の二か年の研究指定を受けて総合社会教育研究を推進し、昭和四十三年十月、徳之島三か町を会場に開催された奄美大島総合社会教育研究会（図35）においてその結果を公開した。本町のテーマは「公民館を中心とした成人教育をとおして部落づくりをどのようにすすめたらよいか」。また、会場でのテーマとして、旭ヶ丘（あさひがおか）は「開拓団地

昭和四十三年十月二十四日
奄美大島総合社会教育研究会資料
徳之島町教育委員会

図35　奄美大島総合社会教育研究会資料（昭和43年10月）

令和3年度　徳之島町自治公民館　令和3年度教育要覧より作成					
	公民館名	構造	落成年度	坪数	施設名称
1	大原第2公民館	鉄筋コンクリート平屋建	平成9年度	14	集会場
2	南原公民館	〃	昭和56年度	21	農業研修館
3	尾母公民館	鉄筋コンクリート平屋建	昭和52年度	67	へき地保健福祉館
4	南区公民館	〃	平成12年度	62.7	
5	中区公民館	〃	昭和55年度	66.6	生活館
6	北区公民館	〃	平成15年度	52	
7	東区公民館	〃	昭和61年度	59.2	
8	亀徳公民館	〃	昭和40年度	50	
9	亀徳地区振興センター	鉄筋コンクリート2階建	昭和58年度	291.85㎡	地区振興センター
10	徳和瀬公民館	鉄筋コンクリート	昭和48年度	53	へき地保健福祉館
11	諸田公民館	〃	平成13年度	56	
12	神之嶺公民館	〃	昭和54年度	21	農業研修館
13	井之川公民館	〃	平成13年度	86.6	
14	下久志公民館	〃	昭和54年度	29.6	青少年館
15	旭ヶ丘公民館	〃	平成2年度	30	
16	池間公民館	〃	昭和51年度	67	へき地保健福祉館
17	反川公民館	〃	昭和46年度	39	
18	大当公民館	〃	昭和60年度	34	
19	花時名公民館	鉄筋コンクリート2階建	昭和44年度	65	
20	花徳公民館	鉄筋コンクリート平屋建	昭和49年度	70	生活館
21	新村公民館	〃	昭和32年度	18	青年会館
22	上花徳公民館	〃	昭和55年度	70	農業研修館
23	轟木公民館	〃	昭和44年度	53	へき地保健福祉館
24	麓公民館	〃	昭和58年度	15.4	集落センター
25	山公民館	〃	平成17年度	67.2	
26	山里公民館	〃	昭和33年度	18	
27	金見公民館	〃	昭和55年度	21	農業研修館
28	手々公民館	〃	昭和54年度	67.9	へき地保健福祉館

表5　徳之島町自治公民館一覧（令和3年度教育要覧から）

における公民館活動」、轟木（とどろき）は「農業生産を高めて豊かな部落活動をめざす」、山（さん）が「農業構造改善事業の推進と部落づくり」、亀津が「町体協の活動を通した明るい町づくり」、花時名（けどきな）が「部落づくりをめざした公民館建設と今後の活動」など、集落を中心とした総合社会教育が公民館等を中心に推進された。

また、明治百年を記念してはじまった昭和四十四年の「町農業祭」を、町内全産業の協力のもとに産業祭として毎年文化の日に挙行することにし、四十七年十一月三日（文化の日）、町中央公民館（図36）において第一回徳之島町産業祭を開催した。総合優勝した轟木に表彰状と優勝旗が授与された。なお、六名が「青年活動の在り方」「商業に生きる」「農業に生き甲斐を」「婦人リーダー研修会をかえりみて」「私の農業経営大原二団地」「徳之島観光の現況と今後の在り方」のタイトルで体験を発表した。

第一回徳之島町総合社会教育大会

昭和五十六年二月、本町の第一回総合社会教育大会が中央公民館で開催された。大会の趣旨は「町民総ぐるみの社会教育を推進するために、関係者が一堂に会し、日頃の実践をもとに研究・協議し、これを契機に新たな前進を図ろうとするものである」として、大会テーマに「本町における自治意識の高揚を図るため、社会教育をどのように進めればよいか」を掲げた。また、「少年教育、婦人活動、青年活動、高齢者活動、自治公民館活動、文化・スポーツ活動」の六分科会ごとの事例発表をもとに課題と具体策について協議を行った。翌々年度の第三回大会からは会場を各地区での持ち回りとして、各校区の小中学校で開催した。

町教委は第一回の大会開催にあたり「徳之島のジェット化よる中央との距離の短縮や、テレビの普及により都市文化が直通し、裸足で駆け回っていた島の子の面影は見られなくなった。島の人情、豊かな文化が後退している」とした。また当時、徳之島町教育委員長であった山口清雄は、「八〇年代は地方の時代と言われている。自立自興運動の総決起大会として開催された第一回大

図36　旧中央公民館（昭和41年、現・生涯学習センター敷地）

会は、まことに時宜に適した大会と高く評価する」と語った。

生涯教育の考え方が提唱されたのは昭和四十年、ユネスコの世界成人教育会議においてであった。我が国においても、五十六年に中教審から「生涯教育」をテーマとする答申が出され、六十二年臨教審による「生涯学習体系への移行」というキャッチフレーズのもと、「生涯学習社会」を構築すべき方向が打ち出された。本町では、昭和六十年十一月十三日に開催された第一二回町産業祭（図37）で、「健康のまち宣言」がなされて健康づくりがスタートした。高岡町長は、「健康のまちづくりは、健康づくり、産業づくり、地域づくりの三本柱で進められるもので、徳之島の温暖な気候や豊かな自然など、恵まれた環境のもとで食生活やスポーツを通して健康を高め、健康産業を掘りおこして地域の活性化を図り、観光や保養、医療施設の整備を進めるとともに環境美化や住民の融和につとめ、明るく、豊かな、活力に満ちたまちづくりで町勢の発展を図ろうとするものです」とした。このことを踏まえて、平成四年度社会教育行政計画の基本方針で「郷土のもつ教育的伝統や風土を生かして生涯学習推進体制の確立を図り、心身ともに健康で人間性豊かな町民の育成と、明るく豊かで活力にみちた『健康のまち』づくりのために、社会教育諸条件の整備及び充実に努める」として、健康のまちづくりとしての生涯学習が推進されていった。

「健康のまち」宣言と生涯学習の推進

生涯学習推進大会時代の社会教育

文部省（平成十三年文部科学省に再編）は、昭和六十三年に生涯学習局を設置し、平成二年に制定した「生涯学習振興法」や同法の規定により設置された生涯学習審議会の答申等に基づき、生涯学習社会の実現に向けた基盤整備に努力した。生涯学習振興法では「生涯学習社会の実現は、『個性重視の原則』、『国際化、情報化などの変化への対応』と並び、臨時教育審議会（昭和五十九〜六十二年）で打ち出された教育改革の基本理念の一つ」とされた。

図 37　第 12 回町産業祭（昭和 60 年）

平成三年十一月十六、十七日の両日、勤労者体育センターを主会場に第三十七回奄美地区社会教育研究大会徳之島町大会が開かれた。ここで「生涯学習のまちづくりをめざして」をテーマに三人のパネラーによる討論が行われ、「社会教育研究大会」の名称は今回限りとし、来年からは「生涯学習推進大会」に改めることを決定した。

本町においても平成四年度社会教育行政計画の重点目標に（一）生涯学習社会を実現するため「生涯学習推進会議」を設置して推進体制の整備・充実を図るとともに、第一回生涯学習推進大会（従来の社会教育大会）を開催して住民すべてを対象とする学習機会の拡充に努め、地域ぐるみで生涯学習に取組むまちづくりを進める。（二）学校週五日制に対応して、家庭・学校・地域の連携を図り、青少年の学校外活動をより一層充実させる。（三）住民の自治意識を高めるために、自治公民館活動の活性化を図り、公民館を拠点とする住民活動を積極的に推進する（図38）。（四）生涯にわたるスポーツ・レクリエーション活動を推進する。（五）郷土に残る芸術・文化活動の保存と伝承を図る、といった五項目を掲げ、本町において生涯学習実現に向けての取組みを推進した。

▼資料　徳之島町生涯学習大会（平成四年〜）

○第一回徳之島町生涯学習推進大会　山(さん)・手々(てて)地区大会

平成四年十一月二十九日（日）山中学校体育館。大会テーマ「生涯学習社会をめざす町づくりはどうすればよいか〜新しい風　いつでも　どこでも　だれでも〜」。分科会テーマ「自立を育む青少年教育部会」、「潤いと活力のある町づくり部会」、「生き生きスポーツ健やか健康部会」、「豊かな心を育む文化活動部会」、「学び続ける力を育む学校教育部会」、「住みよいふるさとづくりに役立つ産業部会」、「特別部会選挙浄化」。アトラクション・全体会、「パネルディスカッション」。講演：川崎製鉄顧問　盛島精一（亀津出身）「人間生きている間は、イキイキとしていなさい」

図38　公民館講座「郷土料理教室」（平成6年、旧中央公民館）

○奄美群島復帰四十周年記念第二回徳之島町生涯学習推進大会　亀津・尾母（おも）・亀徳地区大会

平成五年十二月十二日（日）勤労者体育センター。大会テーマ「生涯学習社会をめざす町づくりはどうすればよいか～さわやかな風　わが町の生涯学習～」

○徳之島町第二十一回産業祭・第五回健康まつり、第三回町生涯学習推進大会　母間（ぼま）地区大会

平成六年十一月二十六日（土）・二十七日（日）町文化会館・勤労者体育センター。大会テーマ「生涯学習社会をめざす町づくりはどうすればよいか～学びの風　わが町の生涯学習～」

○徳之島町第二十二回産業祭・第四回町生涯学習推進大会　神之嶺（かみのみね）地区大会（図39）

平成七年十二月二日（土）・三日（日）町文化会館・勤労者体育センター。大会テーマ「生涯学習社会をめざす町づくりはどうすればよいか～わたしが主役の生涯学習～」ひとづくりは、町づくりの基本理念のもと、一人一学習（ひとりいちがくしゅう）一人一健康（ひとりいちけんこう）一人一奉仕（ひとりいちほうし）をスローガンに生涯学習推進の町を宣言する。

○徳之島町第二十六回産業祭・第八回徳之島町生涯学習推進大会・第一回青少年大会

平成十一年十一月二十日（土）・二十一日（日）町文化会館・勤労者体育センター前広場。大会テーマ「生涯学習社会をめざす町づくりはどうすればよいか～頭で学び・心で学び・体で学ぶ～」・青少年大会テーマ「めざせ、私たち、僕たちの生涯学習」

※第九回から一二回まで略す。

○第十三回大島地区生涯学習推進大会徳之島町大会

平成二十二年十一月二十八日（日）町文化会館。大会テーマ「ふるさとのよさに根ざした地域社会の活性化～生涯元気な人づくり・まちづくりをめざして～」。講師：横峯吉文　演題「ヨコミネ式育児」

○平成二十五年度徳之島町生涯学習推進大会

平成二十六年一月二十六日（日）町生涯学習センター。大会テーマ「原点は家庭教育」。講師：

図39　第4回町生涯学習推進大会（平成7年）

神田淳子（ＮＰＯ心のサポート「親学」代表理事）　演題「子供の心をみつめて」

〇平成二十七年度徳之島町生涯学習推進大会

平成二十七年十二月二十日（日）町生涯学習センター。大会テーマ「リーダーが育つ組織的な地域活動」。講師：豊重哲郎（鹿屋市串良町柳谷自治公民館長　やねだん）演題「感動と感謝の地域再生」

〇平成二十九年度徳之島町生涯学習推進大会・生涯学習フェア（徳之島町制施行六十周年記念）

平成三十年一月二十一日（日）町生涯学習センター。講師：德久正（井之川出身　弁護士・元最高検察庁検事）　演題「すばらしきかな　わが徳之島」（図40）

第六節　令和時代からの本町の社会教育の方向

『つながり・協働』する社会教育の再構築～多様化・複雑化する地域課題～

平成十八年、教育基本法が改正され新たに第三条「生涯学習の理念」が規定された。また、平成二十五年に出された『今後の社会教育行政等の推進の在り方について』では、「今後、社会教育行政は、社会のあらゆる場で地域住民同士が学びあい、教えあう相互学習等が活発に行われるよう、環境を醸成する役割を一層果たしていくことが必要」とし、今後の社会教育行政は従来の「自前主義」から脱却し、首長部局・大学等・民間団体・企業等と協働して取組みを進めていくネットワーク型行政へと再構築を図っていくことが必要としている。

本町においても、徳之島町教育大綱や学校再編答申を踏まえ、現在進めている最先端の学びの町をスローガンに、新たに「連携・協働」のネットワーク型の社会教育行政の再構築をすることが求められた。また、平成二十九年の社会教育法の改正では、地域学校協働活動の推進が教育委員会の事務として新たに規定された。こうしたことを背景に、地域と学校の連携・協働が様々な

図40　平成29年度町生涯学習推進大会（講演する徳久氏、町生涯学習センター）

活動の実践によって広がりつつある。これまでの学校支援を中心とした取組みから、地域との協働による取組みを組織的・継続的に行い、子供たちが地域住民と共に地域課題の解決に取組むといった事例も各地で見られる。

地域学校協働活動（図41）は、地域全体の新しい人づくり・つながりづくりの機会として大きな可能性を持つものである。子供に関係した活動への地域の参加や、子供たち自身の関わりをきっかけに、防災や福祉を含めた地域づくりに関する新たな学びと活動の輪が広がり、これまでの取組みの成果や課題も踏まえ、世代を超えて循環していくことが期待される。

学校教育と社会教育を通じて、子供たちが地域に幅広いつながりを持ち、生涯にわたり学び、多面的な思考力を養い、主体的に社会を形成し、自ら問いを立ててその解決を目指す人材へと成長していく過程を支援することが重要である。そのためには、地域における学校教育と社会教育との一層の連携を推進する必要がある。

平成三十年十二月、中央教育審議会から「人口減少時代の新しい地域づくりに向けた社会教育の振興方策について」（答申）が出された。平成が終わる年に「平成最後の答申」が出たのである。そこでは「地域における社会教育の目指すもの」として、「ひとづくり・つながりづくり・地域づくり」を挙げている。

（福　宏人）

図41　地域学校協働活動のチラシ
（令和３年）

コラム

島の教師の思い

「Passion of teachers in my home islands」

東京工業大学名誉教授　里　達夫

私はこの徳之島に生まれ、小・中・高校時代をここで過ごしました。自分が過ごした子供時代に思いを馳せていると、その頃の島の先生への感謝の念が彷彿と去来してきます。（中略）戦後日本から行政分離され、言わば奄美にとって日本は外国となり、自由な往来など許されなくなりました。本土在住の親兄弟との往来も絶たれ、往来どころか情報もほとんど遮断されました。

　そのような状況下で奄美の子どもたちの戦後教育は始まったのです。私は信託統治時代に生まれた「外国生まれ」の身です。小学校には昭和三十一年に入学しましたので、復帰後になります。曲がりなりにも本土と同じ学校制度で勉強することができました。とはいえ、当時は床もない掘建小屋が教室で、教材もお粗末そのものでした。

　しかしながら、これとて戦後のアメリカの支配下にありながら、子どもたちの教育だけは何とかしたいという島民の、とりわけ、島の教師たちの並々ならぬ努力の結晶であったことを改めて痛感しています。戦争の悲惨さを経て、本土からも分離され、失意と焦燥と生活の危機の中で、子どもたちのために教育の灯は絶やすまいと一丸になっての取り組みがありました。戦争で消失した校舎を再建するため教師や父兄が一体となって、建材（木材、カヤ、藁など）を調達し、掘建小屋の校舎を作ったのです。藁屋根や草壁は夏は暑く、冬は寒風にさらされていました。床はありません。机や腰掛は皆無で、木箱を手作りで準備して机代わりにしていました。子どもたちはひもじい思いをしながらも学校では明るく元気に振る舞い、勉強に励んでいました。教師たちも住む家すらない不自由な中で、雑居生活をしながら薄給の苦しみに耐えて、教育に情熱を燃やして打ち込んでいました。

　（中略）島の先生方は自分たちの生活苦を顧みずに戦後の教育制度や教材について国の情報を渇望していました。当時、二人の先生が船員になりきり、ばれたときは入獄覚悟で本土にわたり、文部省（当時）から六・三制教育などの貴重な情報を得て命がけで帰島し、奄美の教育への取り組みに生かしたとの話が残されています。そして、先生方は子ども教育のためには早期の日本復帰が不可欠との信念のもと復帰運動を先導し、盛り上げていきました。子どもたちとともに断食祈願まで断行しています。

　私の生まれ故郷の集落には「ヤンキチシキバン精神」という言葉があります。つまり「屋根の垂木が映るほどの薄いお粥」という意味で、親は「ヤンキチシキバン」を食べてでも子供たちには学問させる、という強い思いが込められた言葉です。同じ集落の出身に、教育者として知られる龍野定一先生がおります。龍野先生は、当時、荒れて手が付けられないと言われた中学校（旧制）に若くして校長として乞われて赴任し、立派に立て直した教育者です。

先生の教育方針は「厳訓無処罰の教育」でした。先生は生徒たちに向かい「（君たちが）どんな事を言い、どんな事をしてもただ教えるだけであって、決して処罰はしない」と宣言し「僕は警察官でも裁判官でもない。君等を教え導くために来た」として、苦労を乗り越えて子どもたちに立派な教育を施しました。

（中略）私も長年、大学教員として教育に関わってきましたが、戦後のアメリカ統治下で子どもたちの教育に心血を注がれた先生方の努力や希望を思い起こすとき、忸怩たる思いを禁じえません。当時の先生方はほとんどが鬼籍に入っており、また、ご高齢となっていますが、いくらかでも当時の教育現場を知る方々の生の声を聞く機会を得て、教育の大切さを改めて思い起こしています。多様化した現代社会において、社会を支えているのはやはり人間であり、人間は教育によって育まれるとの普遍性はゆるぎないと思います。新型コロナウイルスの災禍を経験し、社会の在り方が問われる中で、地方の役割も新たに見えてくる気もします。依然として教育環境も十分ではなく、高等教育機関もない離島でも遠隔教育やＩＴを活用した教育などが模索されています。そうなれば、離島のハンディキャップが今後緩和されることも十分に考えられます。一方では単にハンディキャップの緩和に留まらず、離島ならではの魅力やアドバンテージを発揮することも考えていく必要があるでしょう。

奄美出身ではない作家の島尾敏雄や、日本画家の田中一村を引き付けてやまない独特のエネルギーが、奄美の島々には溢れています。島の先生たちは、子どもの教育のために持てる力を尽くして奔走し、傍らで家族とのわずかな触れ合いをいとおしむ様子も伝わってきます。身を挺して子どもたちの教育にあたった、当時の先生方の具体的な状況を知るにつけ、そこまで駆り立てたのは一体何だったのだろうかと想いが巡ります。

（中略）最近は徳之島に帰省する折々に、小中学生の子どもたちと触れ合う機会も増えています。夏期や冬期休暇中に「学士村塾」が開講されています。かって、人口当たりの大学進学率が全国一だったと言われていた時代に「学士村」と呼ばれていました。子どもたちと触れ合っていると、時代は違えど「あの頃の自分」を思わず見つけたりします。島の教育関係者とも交流しながら何かができるのではないかと考える機会を得ました。

軽金属七〇（二〇二一・十二）

第六章　テーマに見る徳之島町

座談会の様子（令和4年11月、背景は金見崎の海岸）

本章では、徳之島町の誇る特徴的事項をまとめている。第1節で町長、副町長、教育長に現町政の歩みと今後について座談会形式でお話を頂いた。第2節では徳之島の闘牛文化を取りあげ、第3節で徳之島町が生んだ大横綱 朝潮太郎を紹介した。また第4節では、奄美の新聞界を立ち上げた徳之島町出身者たちの活躍を記録した。第5節では、徳之島は人材の島といわれるが、その一部を紹介する。

背景の写真は金見海岸から大島方面を眺望したものである。徳之島町からは、奄美の最高峰湯湾岳（ゆわんだけ、694m）、瀬戸内町の最高峰油井岳（ゆいだけ、483m）、請・与路島の山々、さらに徳之島町の背後には井之川岳（645m）、天城岳（533m）など奄美を代表する山々が一望できる。

第一節　町政の歩みと未来～町長・副町長・教育長に聞く～

とき　令和四年十一月四日
ところ　新庁舎四階町長室（新庁舎は十月から業務を開始）
出席者　高岡秀規町長、幸野善治副町長、福宏人教育長
進行　竹原祐樹町誌編纂室長

現在約五十年ぶりとなる町史編纂事業を進めておりますが、これまでの政策や今後のビジョンについて、町政を担う三役にお集まりいただいてお話をお伺いしたいと思います。

まず、新庁舎建設[*1]という歴史的な事業が行われました。町長のご感想をいただきたいと思います。

高岡町長　新庁舎建設は、ちょうど時代がマッチングしたような印象があります。新庁舎の建設は国からの補助金が得られないこともあって、町長就任以来、予算の確保が難しい状況でした。ところがこの度、東日本大震災で問題となった津波対策の必要性に加え、平成二十八年四月に起きた熊本地震において五市町の庁舎が使用不能となったことを受けて、耐震化など防災を目的とした庁舎建て替えに国の有利な起債事業が決定したことから、新庁舎建設に踏み切ることができました。ちょうど世界的な新型コロナウイルスの流行で、働き方を含め大きな変化が起きている時に、今回の新庁舎建設は新たな気持ちでスタートする良いきっかけになったのではないかと思います。

竹原　幸野副町長は、役場に入庁されたのが、ちょうど旧庁舎が新築された時と伺いました。当時の役場の雰囲気などはいかがでしたか。

幸野副町長　私が入庁したのは昭和四十九年です。この時に新庁舎落成祝賀会（**図1**）がこの新しい庁舎の建つ場所で盛大に行われ、集落対抗相撲大会や郷土芸能大会も行われました。私も相撲大会

*1　徳之島町役場新庁舎は、旧庁舎と徳之島地区消防組合本署との間の駐車場のうち一三三〇・一五㎡を活用して、総額一八億円をかけ、鉄筋コンクリート五階建て（延べ床面積三五八三㎡）、うち一階は駐車場とイベントフロアとした。これは四メートルの津波を想定したもので、住民窓口等は二階以上になっている。建て替えの決定理由として、旧庁舎は昭和四十八年に建築され、約五十年が経過していたほか、かねてより耐震不足が指摘され、さらに津波対策、バリアフリー未対応など課題を抱えていたことによる。なお、旧庁舎の撤去や駐車場整備など外構工事を含めた総事業費は約二三億円となっている。

に出場して、当時の秋武町長からお褒めをいただき大変感激したことを今でも鮮明に覚えております。そのとき私は、島で生きて島のために自分を生かすと決めました。実際、後に青年団活動や集落活動に参加するなかで、その活動自体が島興しになっていると実感しました。四十九年に新庁舎が建った時には、近隣の町村職員たちから、建物や敷地も広く立派で、駐車場や会議室もたくさんあるのは素晴らしいと絶賛されました。今回、その庁舎も役割を終えて新しい庁舎が完成したことは非常に感慨深いものがあります。

竹原　新庁舎になって教育委員会が本庁舎に移転したわけですが、その点について教育長の思いをお聞かせください。

福教育長　新庁舎の完成によって、久しぶりに教育委員会が生涯学習センターから本庁舎に戻ることになりました。今後、学校教育課と社会教育課が同じフロアーでともに仕事をすることで、情報の共有化や業務の効率化を図れると期待しているところです。また、働き方改革というわけではありませんが、この環境を生かして一緒に仕事をすることで、一つのチームとして教育課題の解決に向けて一致団結していきたいと考えています。また、本庁の他の部局との連携も取りやすくなったので、総合行政ネットワークの拠点としての関わりを大事にして、新しい時代に対応した教育行政を進めたいと考えています。

竹原　次に町誌編さん事業を立ち上げた（**図2**）経緯について、副町長からお話しいただけますか。

幸野副町長　旧町誌（**図3**）は、昭和四十五年に明治百年を記念して作られ、島の文化、政治、経済を隈なく記録してあります。そのころの執筆陣には、既に亡くなられた小林正秀、名城秀時、前田長英、徳富重成、松山光秀、水野修などの各氏がおられました。今から十五年ほど前、高岡町政が誕生した際、私は企画課長をしていましたので、町長に新町誌の編纂(へんさん)を開始してはどうかと進言したことがあります。その時の町長は「良いですね」と二つ返事で了解してくれました。しかし、当時の財政事情はひっ迫しており、残念ながら町誌編さん事業は諦めねばなりませんでした。平成二十八年に

図1　町民あげての新庁舎落成祝賀会（昭和49年）

私が副町長に任命されたときに、改めて新町誌の編纂を開始しませんかと町長に提案しました。すると十年前と同じく、二つ返事で「やりましょう。今度は十分な予算もつけましょう」ということでした。実際、町の財政事情も好転しており、タイミングとしては良かったと思います。現在、三冊の資料集や自然編、民俗編が刊行され（**図4**）、来春には通史編が刊行されるところまできました。町誌編さん事業を開始するにあたっては、「できると思えばできる。やれない理由を考えない」ことだと痛感しています。

竹原　当時、町長のお気持ちはいかがでしたか。

高岡町長　町誌については、旧町誌を読んだときになかなか難しいなというイメージがありました。特に最初の歴史の部分。しかも歴史を記述した部分に、ニュアンスの違いや不適切ではないかと感じた点もありました。幸野副町長から最初に提案があったとき、その感覚がよみがえったのを覚えています。そのときは私も就任間もない頃で、提案に同意はしたものの予算面がどうなのかまではわかりませんでした。財政的な面は総務課の判断にゆだねるしかなく、予算面の確保が難しいということで進みませんでした。今回、（元総務課長でもある）幸野副町長になったことで思い切った予算が確保できたので、非常に流れが良かったように思います。

竹原　教育長は、教員時代も文化財行政に携わってこられたわけですが、町誌編さん事業についてはどのような印象を持たれていますか。

福教育長　教員をしていた時は、学校現場を中心に平成六年から喜界町教育委員会で、平成十年度から名瀬市教育委員会（現奄美市）で、さらに平成二十年からいちき串木野市教育委員会に在籍しました。この間に町史の編纂や文化行政にも取り組みました。本町の町誌編さんは残すところ通史編、簡易版の制作を残すのみとなりました。町誌編さん事業の成果は、簡易版に活かされることになります。この簡易版をデジタル化して、子供たちに徳之島を学ぶという意味で「徳之島学」として教科書的な資料に活用で

図２　町誌編さん事業の立ち上げ（平成30年）

図３　徳之島町誌（昭和45年刊行）

きないかと期待しています。これまでも学校では郷土の歴史・文化・自然等について教えていますが、教員自体が島の歴史・文化などについては素人であるので、教材化や系統的な指導などの課題を抱えています。今後、「総合的な学習の時間」に簡易版を活用して学ぶことは、ますます複雑化する社会の担い手として、子供たちの生きる力の育成にも非常に役立つ良い機会になると感じています。

竹原　次に町長が取り組んでこられた政策について伺います。町長になられた時に「平成の合併」協議問題（**図5**）がありました。町長はこの問題に対し、反対の立場を表明されていました。

高岡町長　徳之島町は昭和三十三年に東天城村（ひがしあまぎそん）と亀津町で合併をしました（**図6**）。前町誌にはその時のことが載っていますが、当時は交付税の減額など、国県から合併せざるを得ないという雰囲気づくりが意図的に作り出されていました。実際、全国的に合併が落ち着いたら元通りの交付税というものが確保できた。そういう歴史がありました。しかも昭和三十三年当時は、政府が非常に強い権限を持っていたように思います。しかし、昨今は地方自治、地方行政が非常に重要視されるようになっており、地方の意見を踏まえてでなければ動けない、という政治的な流れになっています。しかも昭和の合併によって東天城村域が疲弊（ひへい）しました。合併は必ず疲弊する地域を生み出してしまいます。平成の合併論議の際も、徳之島三町が合併した場合、徳之島町側に悪影響は考えられませんでしたが、伊仙町、天城町域は思うような予算が付けられない時代が来ると思いました。これは徳之島全体で考えるとマイナスで、三町の合併は選択肢の中にはありませんでした。

竹原　副町長は当時企画課長だったわけですが、当時の世論や県からの指導などはいかがでしたか。

幸野副町長　当時の役場職員や町民は、合併に反対だったように思います。鹿児島県の合併推進室長らが来庁されて説明を受けましたが、その時の高岡町長は逆に彼らを説得していたように思います。

竹原　町長は県の担当者を逆に説得されたということですが、どのように対応されたのでしょうか。

図５　徳之島地区合併協議会の様子（第７回協議会・徳之島町）

図４　徳之島町史『自然編』と『民俗編』（令和３年。読みやすさを重視した全面カラー仕上げになっている）

高岡町長　県の担当者は国からの出向でしたから、説得をしてもどうしようもないことであることはわかっていました。それでも、国が合併で効率化を進めるということは、自治体経費の削減を意味します。だから合併によって財政の弱い自治体はいっそう疲弊してしまうということを話しました。理解はしているようでした。地方交付税のシステムを考えると、おそらく三町が合併したら、現況よりも三〇億円くらい地方交付税が減額されることが予想されました。

竹原　教育長は当時、島外におられたわけですが、故郷である徳之島三町の合併論議についてどのように感じておられましたか。

福教育長　合併協議の行われた平成十六、十七年頃は鹿屋市といちき串木野市で勤務していました。すでに両市とも合併したり、合併推進に向けて話し合いが進んでいました。私は旧東天城村（ひがしあまぎそん）出身なので、合併の推移について心配しながら見ておりました。その後の様子を見ると、合併したところは人口減少や学校の統廃合が進み、教育力の低下などの課題が出ています。今振り返れば、本町が合併しなかったことは良かったと感じています。

竹原　町長が重点分野として挙げられている農業、教育、福祉についてお話いただけますか。

高岡町長　まず農業については、水産業と共に大事な一次産業として活性化を図るつもりです。町長になりたての頃は、自民党から民主党政権に移っていく時代で、「財政を絞る時代」でした。コンクリートから人へという政策の下、補助事業から交付金という形で事業が行われるようになりました。補助事業は事業そのものに予算がつき、交付金となると事業全体での予算枠となり、要望額一〇〇に対して八〇%しかつかないときには、事業を諦めねばならなりませんでした。公共事業はますます減額されていくと予想されましたので、その分の外貨を稼ぐためには一次産業を支え、さらに二次産業へと政策を進めるべきと考えました（**図7**）。また福祉については、町が障碍者（しょうがいしゃ）福

図7　総合食品加工センター　美農里館（平成23年、徳之島町徳和瀬）

昭和33年3月9日（日）　南西日報　第533号

南西日報

合併促進協議会
きのう東天城で開く

合併後に来るもの
町長戦一騎打の公算

合併財産問題
きょう町臨時議会

復興特法可決
大日衆議院本会議で

町議戦早くも話題
議員定数二十名と決定

実生牛対福山牛
きょう北区井波浜

鉄筆ガリ版部隊
合併事務テンテコ舞

寿山歯科

春の特価大売出し
純毛生地
原価大売出中です
亀津町中区
チヨ香

色良し 味良し 香良し
マルエタ醤油
販売店 亀津茶屋 電話52

建築用資材
木材なら
多少に拘らず
永瀧兄弟商会へ

図6　東天城村と亀津町の合併協議
（昭和33年3月　南西日報）

祉や高齢者を支える福祉政策をすることで、「徳のしま」の理念と合致し、雇用の場の確保にもつながることから「農業」、「福祉」と政策を決めました。

なお教育については、「人財」[*2]育成という面から非常に重要です。大人になってからのスキルアップも大事ですが、それ以上にこの国の未来を背負っていく子供たちの教育が最も重要な事業であり、高度な教育環境を子供たちに与えるべきだと考え、重点的に施策を図っています。

竹原　令和元年七月に徳之島町は国のSDGｓ未来都市に選定（**図8**）されました。個々に行われてきた事業を、町長が普段おっしゃっている点と点を結ぶという考えの基本としてSDGｓがあると思います。今後、どのように生かそうとお考えでしょうか。

高岡町長　元々私にはSDGｓという概念はありませんでした。後でこの考え方が国の政策になっていると知りました。「徳を積む」とは弱いものをどうやって救うかということ。これは日本人の本来の心だと思っています。町長に就任したころは、弱肉強食の政策を国が推し進めていました。規制緩和であるとか、弱いものが切り捨てられる国の政策に危機感を感じていました。そこで、だれ一人取り残さない町づくりこそが、島に住んでくれる人たちの価値観に合うであろうと政策を進めました。これがSDGｓの理念にマッチングしました。今後も人を支え、人の心を大切にする人たちが徳之島に住みたくなることを期待しています。

竹原　SDGｓ未来都市選定の表彰は首相官邸で行われたわけですが、その授与式に出席された幸野副町長のご感想をお願いします。

幸野副町長　ちょうど町長が四期目の選挙の真っ最中に授与式があり、私が代理出席しましたが、安倍総理、菅官房長官、片山地方創生大臣、西村経済再生担当大臣からの祝福を受け、記念撮影までありました。鹿児島県からはほかに大崎町が選定されました。本町はICT教育などで先んじた取り組みをしていたのが評価されたと思います。

*2　「人材」が本来の使われ方で、「才能があり、役に立つ人」という意味である。しかし、文中にあえて「人財」と表現したのは、人材という意味だけではなく、かけがえのない「宝」である、という意味を込めている。「子供は宝」という島の格言とも結びついている。

図8　令和元年７月１日、本町は鹿児島県内自治体で初めて内閣府の「SDGs 未来都市」に選定された

竹原　町長は奄美群島市町村長会長と鹿児島県町村会長に就任されていますが、その立場から見た徳之島町はどのような印象でしょうか。

高岡町長　会長というものは非常に責任が重く、会長になった以上は自分の町のことは順番を後にし、他の地域のことをいかに考えるかが会長に問われる資質です。結果的にそうすることで他の町村から多くのことを学び、多くの人脈ができ、かえって結果的に徳之島町の情報共有と地域振興に役立っているのを感じます。今後は鹿児島県全体の発展を目指すなかで、奄美群島がモデルとなる政策を行いたいと思います。考え方として、世界から見たら日本は島国で、日本から見たら奄美は島国。だから奄美群島の成功は日本の成功事例へとつながります。我々がモデルになるよう努力するつもりです。

竹原　旧町誌刊行から五十年が経過し、その間役場職員として歴代町長を見てこられた副町長[＊3]からその印象などをお聞かせください。

幸野副町長　昭和四十九年に入庁して退職するまで、六代の町長に仕えました。歴代町長の代表的な業績には次のようなものがありました。

まず秋武喜祐治（きゆうじ）町長は、旧亀津町長、新生徳之島町の初代町長として大変長きにわたる町政を担いました。その中から代表的なものを三つ挙げるとしたら、まず亀津臨海埋立事業（**図９**）があります。この事業で亀津の海岸約三〇㌶を埋め立て、亀徳と一体化させ名瀬（なぜ）市に次ぐ市街地を形成しました。港を亀津側にも建設し、人口減少対策を積極的に進めました。次に、手狭になっていた旧庁舎を移転し、埋立地に大きな敷地を確保して近代的な建物にしました。三つ目として原野だった旭ヶ丘（あさひがおか）や大原（おおはら）に国のパイロット事業を導入し、広大な畑を造成して島外から農家を受け入れ、農業振興を行いました。

直島秀良第二代町長は、東天城村出身の初の町長として大変期待された人物でしたが、わずか二年で病気退任されました。東天城村で社会教育主事をつとめ、新生徳之島町では助役、収入役を歴任。旧町

図９　中区まで埋め立てられた亀津臨海埋立事業（昭和48年）

＊3　徳之島町歴代町長
第一代　秋武喜祐治（昭和三十三年四月二十二日～五十三年四月二十一日）
第二代　直島秀良（昭和五十三年四月二十二日～五十五年八月十一日）
第三代　新田成良（昭和五十五年八月十七日～五十九年八月十六日）
第四代　高岡善吉（昭和五十九年八月十七日～平成十一年六月二十四日）
第五代　勝重藏（平成十一年七月二十六日～平成十九年七月二十四日）
第六代　高岡秀規（平成十九年七月二十五日～現在に至る）

誌編さん事業では執筆陣として加わりました。明治以降の政治や教育、歴史、文化にも詳しく、町長としては庁舎一階に「町民と語る室」を設け、誰でも気軽に相談や政策提言ができる雰囲気づくりに努めました。任期中には手々僻地研修館、下久志青少年会館、神之嶺農業研修館を完成させるなど地域の活性化に貢献しました。直島町長は、大変話術にたけた雄弁家型の政治家でもありました。

新田成良第三代町長は、亀津町時代の議会議員であり、徳之島町の農政課長、総務課長、助役を務められました。役場出身者として豊富な実務経験をお持ちでした。農政と財政に強く勤勉家でした。子育て支援として母間保育所を建設し、児童福祉の先べんをつけました。神之嶺地区で農業用水事業を進め、神嶺地区二六〇㌶の畑地帯総合整備事業を完成させました。亀徳には浄水場を建設し（**図10**）、亀津・亀徳の飲料水の確保を行い、亀津市街地に勤労者体育センターを建設して多くのスポーツ愛好家に喜ばれ、現在も盛んに利用されています。

高岡善吉第四代町長は、初の民間出身の町長で、その任期は四期十五年間に及びました。就任後、「健康のまち宣言」をして、健康づくり、産業づくり、地域づくりの三本柱をかかげて地域振興を図りました。徳和瀬に総合運動公園の整備を図り、次々とスポーツ施設を整備するとともに、文化会館（**図11**）、保健センター、福祉センターを市街地に整備して、文化、教育、福祉の一大総合拠点を整備しました。また、老朽化していた各小中学校の建て替えを積極的に進め、高齢者の健康と雇用を確保すべく大島郡内初となるシルバー人材センターを立ち上げ、さらに農業分野では堆肥センターを造るなど農業の発展を図りました。

勝重藏第五代町長は、町民の文化や生涯学習の拠点として、中央公民館跡地に生涯学習センターを建設しました。また海洋汚染等の環境問題に対処するため亀津地区に公共下水道事業（**図12**）を導入し、河川や海洋汚染の防止に努めました。この事業は現在も進行中です。また、町直営だった文化会館と図書館に指定管理者制度を導入し、現在も民間発想の経営がなされています。優良図書館、文化会館として国や県から表彰を受けましたが、これは大島郡内でも初のことでした。

図10 昭和58年完成した第一浄水場（亀徳）

図11 徳之島町文化会館ホール（平成6年完成。大ホールの音響設備は高い性能を誇る）

平成十年から始まった全国闘牛サミットは、現在も全国持ち回りで開催され、それぞれの地域の観光や伝統文化の継承に役立っています。

竹原　教育長は今回、通史編の戦後教育史を執筆されています。徳之島町の教育史で特徴的なことをいくつか挙げていただけますか。

福教育長　やはり伝統的教育風土として引き継がれている「学士村」（**図13**）や「ヤンキチシキバン」、「亀津断髪（だんぱつ）」など通史編の中でも取り上げられている点（「近代」第二章第六節）が、本町の教育史を考えるうえで根幹になると思います。また各校区の人々の精神的な面として、様々な困難な時期にも一致団結して事に臨む、あるいは立ち向かうという姿勢が見られ、学校を核にした地域の活性化にもつながっています。それと同時に、歴代町長が今日まで教育政策に熱心に取り組んできたことがわかります。また学校施設の整備を積極的に進めただけではなく、生涯学習時代の到来を敏感にとらえ取り入れるなど、町民の教育にも歴代町長が力を入れてきました。近年の最先端技術を取り入れた学びも含め、常に町長が他市町村に先駆けて、教育を最重要施策に位置付けてきたことが特色だと感じています。

竹原　教育長は母間（ぼま）小と山（さん）小で校長をされたわけですが、その中でふるさとのワレンキャ（子供たち）への思いと校長時代の取り組みのいくつかをご紹介ください。

福教育長　徳之島町では六年間校長を務めましたが、やはり自分の故郷ということもあって子供たちは自分の後輩という感覚でした。私は地元出身の校長としての強みを第一に生かしていきたいと考えました。例えば、複式小人数の学校の授業の改善にICTを活用したり、学校と地域が連携する新たな関係づくりを進めました。なお、地域の教育力と絆という点では、平成二十八年に行われた「母間騒動二百周年事業」で島口による母間騒動のシナリオを作って、地域住民と一緒になって、消えかけていた母間騒動の記憶を後世に伝えることを目的に取り組みました（**図14**）。新しいものへの取り組みと、伝統を大切にした活動の両輪で教育力の向上を心がけました。

図12 亀津南区の浄化センター（平成22年度完成）

図13　亀津小学校に建つ山徳峯先生頌徳碑と龍野定一先生像

竹原　副町長は、今教育長が話された「母間騒動二百周年記念式典・シンポジウム」をご覧になられたそうですが、その印象をお聞かせください。

幸野副町長　母間という集落は、私たちが幼い時から知られる「母間正直」という伝統があります。「母間騒動」は、式典の三か月前から児童教員保護者が連携して練習に取り組んだと聞いています。この式典が大成功裏に終えることができたのは、校長のリーダーシップと母間集落の団結力があったからです。島外から郷土史家や学者を招いての講演もあり、多くの町民の共感を得ました。子供たちには、不当な権力には屈しなかった島民の力や、郷土の伝統である「母間正直」を誇りにして、これからの人生を歩んでいってほしいと思います。

竹原　話題を変えます。町長は、令和六年末に期限を迎える現行の奄振法（あましんほう）の改正を見据えて、市町村が自らの主体性と責任において活用できる奄美群島振興交付金の対象に「教育」を加えるよう、奄美群島市町村長会長の立場で国と折衝（せっしょう）に当たられています。これまで学校施設整備を除き、奄振法と教育はあまり関連付けられていなかった政策です。その背景と具体例などをお願いします。

高岡町長　奄振法の中に人材育成という要項がありますが、実は人材育成が「教育」になかなか結び付きませんでした。理解を得るのに時間がかかりましたが、市町村長会長という立場で文言を入れることで、みなさんが聞く耳を持ちました。私は会長であろうが、一会員であろうが、同じ価値観で言葉をきいてもらいたいと考えています。しかし、会長職として発言したことで文言を重要視されたという現実はありました。なお、国との折衝を通して、教育に関する意識が、教育委員会と行政に少し距離感があるのを感じました。基礎学力を身に着けるための教育環境（**図15**）となると補助事業の対象外となる印象がありました。しかし人材育成には、将来を担う子供たちの教育環境が最も重要で、基礎学力があってはじめて学びにつながり、将来のスキルアップに寄与します。今後の奄振の延長にあたり、教育という文言が入ったことに安心しています。一つの例として、島外

図14　「母間騒動二百周年記念式典」における島口劇（母間小、平成28年10月）

図15　町内小中学校にデジタル教科書を導入（令和1年6月広報誌「ふるさと納税を活用」）

からの移住者が徳之島に住もうとする際に何を基準とするかがあります。それは学校があるかないか、教育環境が整っているかどうかで、家族で住む住まないが決まっているということ。以前は島外から赴任してくる人たちは家族で移住するものでしたが、最近は単身赴任が非常に多くなりました。その理由に子供の学校教育環境が一番重要ということがデータに出ています。子供たちの教育政策を重点施策にすることは、人口減少、高齢化比率などの解消につながります。今後は奄振に教育という文言を入れて、本来教育委員会が重要視している基礎学力の向上に取り組んでいきます。そしてまた、生きる力となる国際的視野を持ったグローバルな人材を作り上げるのも教育環境です（図16）。そこを重点的に今後の奄振は活用をしていくつもりです。

竹原　様々お話を伺ってまいりましたが、この座談会を結ぶにあたって今後の町政の展望についてコメントを頂きたいと思います。教育長からお願いします。

福教育長　本町は、令和元年に高岡町長と徳之島町総合教育会議を開き、令和二年から十年にわたって取り組む教育施策を明らかにした「徳之島町教育大綱（たいこう）」を策定しました。その中に町長の思いが述べられています。今後の教育行政はこれに基づいて進めていくことになります。すでにICT関連設備等様々な教育環境の整備が進められ、最先端の技術活用による学校教育の改革のほか、学士村や向学塾（こうがくじゅく）（図17）などで学習の定着を図っています。その他、東天城中学校の新築、給食センターの建て替え、幼児教育の充実を図るため幼保連携型の施設整備を年次的に進めていく計画です。さらには町長の発案ですが、B&G財団の協力を得て、不登校傾向などに対応した「第三の居場所」づくりも推進しています。さらには世界で活躍のできる人材育成についても、キャリア教育充実のためにインターンシップや海外派遣事業なども推進していきます。併せて（これも町長の発案ですが）親子留学であるとか宿泊型の事業を行うことで、徳之島で学ぶことの良さを内外にアピールする機会を増やし、今後の徳之島町の教育発展に少しでも寄与したいと思っています。

図16　ホストタウン連携交流（令和2年1月広報誌）

図17　向学塾の様子（鹿児島大学の学生を講師に招いた）

竹原　続いて副町長お願いします。

幸野副町長　私は、役場職員が何事にも積極果敢（かかん）に行動すれば、町政の発展はゆるぎないものになると信じています。現在の役場職員は、政策提言能力や事務処理能力はかなりレベルが上がっていると感じます。しかし人間関係調整能力に関しては疑問を感じています。高岡町長は斬新な発想の持ち主であると同時に、職員からの政策提言を即行動に移す柔軟性を持っています。なんでも気付いた時には進言や提言をしてもらいたいと思います。なお、人間関係調整能力は、仕事以外の趣味や特技でもって徐々に培われるものです。職場の仲間とは人生の大半を一緒に過ごしますので、意思疎通を図る工夫を課長が中心となって進めてほしいと思います。良好な職場は良好な人間関係で作られます。町長や職員の政策提言が次々と政策に反映され、徳之島町が明るく豊かで住みよい町になることを願ってやみません。なお余談ですが、今回の編纂（へんさん）事業が終了する年は、日本復帰七〇周年記念の年でもあります（**図18**）。この事業の一環として、町誌編さん事業に尽力された方々を招き、盛大に町史編さん事業の完成形として、刊行記念シンポジウムをもって完成、終了してもらえたらと思います。

竹原　ありがとうございます。最後に町長お願いします。

高岡町長　今後の島づくり、地域づくりは、当然のことながら今の担い手となる子供達にかかっています。今現在もウクライナ侵攻問題が起こっています。そのような世界の中で、日本がどうやって国づくりをしていくのかが現実問題となっています。各国にはいろいろな指導者がいる。その指導者とどうやって渡りあっていくのかということが、今後の担い手となる子供たちにかかっています。グローバルな人材を育成すると言っているのは、将来の日本の世界的な位置づけをしっかりしてもらいたいという思いからです。そのためにしっかりとした教育環境を構築することが重要です。子供たちに最も期待しているのは、正しい世論の形成です。偏った世論やマスコミによって世論が変わっ

図19　夏目踊りの練習風景（神之嶺小学校）

図18　250人が参加した「奄美群島日本復帰60周年記念行事」での行進（平成25年12月1日 亀津）

てはいけません。正しい世論によって政治は変わります。自分で情報を集める力を持ったグローバルな人間が、しっかりとした世論を作り上げていけば、政治もしっかりと機能するし、国際的にもしっかりとした位置づけを勝ち取ることができます。だからこそ人なんです。「人財」育成は絶対に外せない政策です。たとえばＳＤＧｓ未来都市にしても、我々はＩＣＴ教育というと単にプログラミング教育しか頭に浮かばなかったし、持続可能性といっても障碍者（しょうがいしゃ）雇用やだれ一人取り残さないという理念しか浮かびませんでした。それを国の政策となっていたＳＤＧｓ未来都市構想と結びつけたのは職員からの提案でした。だから「人財」育成なんです。人なんです。ただし忘れてはいけないのは、その基本の力としてあるアナログ文化の部分でしょう。読み、書き、そろばん。読む力、筆力、電卓がなくてもさっと暗算ができることが基本です。このような基礎学力が非常に大事だと感じています。今後、アナログ人材の確保は極めて大事になります。アナログ文化をデジタルで発信するようにどちらも大事で両方が必要です。文化もアナログなものですが、伝統文化に親しんだ子が島を忘れられずに戻る例もあります（図19）。これも大事にしたい分野です。

そして農業や産業については、流行語にもなっている「持続可能な」という言葉が重要です。農業で生産性だけにこだわると、化学肥料や農薬等を使ってしまいます。そうすると土が痩せて、子や孫の時代に作物ができるかという問題が起きます。我々の世代から持続可能な農業をするための豊かな土をしっかりと残していく。それが本来の地球環境であると思います。そこで生産性だけではなく持続可能な地域づくりは何なのか、ということを我々が責任を持ってつくり上げていく必要があります。今後の十年間というのは非常に重要な位置づけになると思います。今後はしっかりと徳之島町の「人財」が世界で活躍する、日本を動かすような「人財」をつくり上げていきたいというのが我々の、町としての夢になっていきます（図20）。今後のみなさんに期待をしています。

図20　「日本一の学士村」亀津の街並み（令和３年撮影。右が北区、東区。左が中区・南区）

第二節 「全島一」という誇り～島の闘牛史～

日本一熱い徳之島の闘牛

闘牛場に響き渡る歓声。鳴り響く太鼓やラッパ。何故に徳之島の人々は、これほどまでに闘牛に熱狂するのだろうか。そこには徳之島闘牛ならではの荒々しいほどの迫力と、牛と勢子（闘牛士）が一体となって繰り広げる攻防。さらにその駆け引きや技の掛け合いと気迫、熱い声援、闘牛の動きに合わせて一喜一憂する人々の姿にあると感じる。

大会には七〇〇キロ台の小型牛から一トンを超える大型牛が揃い踏みし、直径約二〇メートルのリング内でぶつかり合いを展開する（**図1**）。幼児から高齢者まで、島内人口の一割を超える三〇〇〇人余りの老若男女が詰めかけ、突き技や角掛け、懐に飛び込んでの速攻など技の応酬に熱狂し、好勝負や激戦になればなるほど、指笛とともに場内からの歓声も響き渡る。勝利の瞬間、声援を送っていた応援団が場内になだれ込み、我を忘れたように手舞や足舞で歓喜する姿は圧巻だ。

図１　太陽館一号（左）対福富建設号＊1（昭和59年10月　亀津闘牛場、加川徹夫氏撮影）

全国では、岩手県久慈市（旧山形村）、新潟県長岡市（旧山古志村）と小千谷市、島根県の隠岐の島、愛媛県の宇和島市と南宇和郡、沖縄県の本島と石垣島、与那国島で闘牛大会が開催されているが、それら全国六県の中でも「徳之島が一番熱い」と言われる。

その理由として、愛牛のためにどのような労力もいとわない牛主の情熱、闘牛ファンの熱狂ぶりはもちろん、島民

＊1 昭和五十九年十月十四日の全島一優勝旗争奪戦は、それまで二度の防衛を果たしチャレンジャー不在と言われた福富建設号に対し、名乗りをあげたのが福田喜和道氏所有の太陽館一号だった。チャンピオンが圧倒的人気を誇る中、徐々にチャレンジャーの角掛けが決まりだし形勢逆転。十五分五十九秒で勝利を収め歓喜に沸く牛主と応援団を横目に、場内にはどよめきが広がった。当時の闘牛ファンの間では「世紀の番狂わせ」と称され、後々までの語り草となった名勝負である。

にとって身近な存在として連綿と引き継がれてきたことなどが上げられる。ただし、徳之島闘牛に関する資料は乏しく、その起源や歴史に関しては不明な点が多い。全国の闘牛開催地域の中で最も古い歴史を持つとされるのが、島根県隠岐の島の闘牛（牛突き）である。承久の乱（承久三年・一二二一）に敗れ、隠岐の島に流された後鳥羽上皇が、角を突き合わせている小牛に興味を持たれ、上皇を慰めるために始めたのが起源という。

徳之島における闘牛資料として一番古いのは、幕末に井之川噯や岡前噯などで惣横目役を務めた琉仲為が記した「仲為日記」＊2に複数出てくる記述である。惣横目とは、今で言えば町長に次ぐ位に当たるが、その日記からは当時盛んに闘牛が行われていた様子がうかがえる。さらに愛知県に残されていた「徳之島物語」という漂流記（一七二六年）に「牛沢山にて有徳の者は一軒に四、五〇疋ずつ飼い置く。折節は牛豚を煮て食す」とあって、当時すでに大変多くの牛が飼われていたことがわかる。これらの記録をみると徳之島における闘牛は、藩政時代の初期には行われていたと考えてよさそうである。このような点を踏まえ、人と牛の関わりから島の闘牛史をまとめてみたい。

日本に持ち込まれた牛

牛は、稲作の広がりとともに弥生時代、朝鮮半島経由で日本に持ち込まれたという説が有力となっている。その裏付けとされているのは、東京都港区の弥生時代中期の遺跡、伊皿子貝塚で見つかった牛の頭の骨で、和牛の祖先の骨で最も古いとされている。一方、近畿以西の縄文・弥生時代の遺跡からは牛の骨が見つかっておらず、五世紀以降の地層などからの出土数が多くなるため、朝鮮や中国大陸からの渡来人が、牛の管理技術とともに家畜としてもたらした、という説が学者らによって唱えられている。

徳之島で発掘された古代の遺跡では、獣骨としてイノシシの骨は出土するものの、牛骨は見つかっていないようである。島に牛が導入された時期は、交易などのあった地域との関連から推測せざるを得ない。沖縄では、琉球王朝時代に造られた城跡から牛の骨が出土しており、琉球国支配下に入った十三世紀以降に、徳之島に牛が持ち込まれたと推測することもできる。

＊2「仲為日記～文久三年九月二十一日途中より明治元年正月十三日まで～」（平成二十四年三月　徳之島町教育委員会発行）。薩摩藩統治下の徳之島の西目間切（現在の天城町域）で惣横目をしていた仲為が日々の業務を記した日記。文久三年（一八六三）から明治元年までの島役人の仕事や暮らしぶりが分かる。九七頁、九九頁、一〇二頁、一五六頁、一六一頁、一七三頁、一七五頁に「牛突合（闘牛）」、一六四頁に「牛勝祝（祝勝会）」などの記述がある。

なお、「噯」（あつかい）は、徳之島だけで使用された行政単位。井之川噯は、徳之島東部のうち花徳を除く井之川以北の村々を管轄した。

また、喜界島の城久遺跡で牛の頭骨が出土しており、伊仙町目手久の川嶺辻遺跡では十〜十五世紀の水田跡とみられる遺構が見つかっている。遺物から牛骨は発見されなかったものの、農耕で牛が使われていた可能性はありそうだ。元々、牛が持つ縄張り意識によって、角を突き合わす様子を見たことから始まったとすれば、この頃から行われるようになったと考えても不自然ではない。

奄美地方と徳之島の闘牛

奄美地方の闘牛に関する記録としては、嘉永三年（一八五〇）に奄美大島に遠島刑に処せられた名越左源太が記した「南島雑話」[*3]に、闘牛について「八月十五日、九月九日の遊日、島中牛を集め闘する、是を牛とらせと云う。闘に弱きは即殺して喰ふ」と記されている（**図２**）。ただ、最後の「闘に弱きは即殺して喰ふ」とする点には違和感を覚える。弱いとはいえ、負けたからと言って牛を殺していたのでは、貴重な労働力を失うことになる。屠殺されたのは、怪我などによって飼育ができない場合であったのではないだろうか。現在でも牛主は「負けた牛は手放す」などと口にするが、実際は闘う内容によって判断し、そう簡単に処分することはない。ただし「南島雑話」の貴重な記録から、現在では闘牛が行われなくなった奄美大島でも、島中から牛を集めて闘牛大会が催され、島民が楽しんでいた様子が伝わってきて興味深い。

なお、「奄美のむかし話」[*4]の著者本田碩孝によると、「奄美大島には、鼻綱が絡まって困っていた牛を助けたら、恩返しをされた『もの言う牛』という民話が残っている。ところが闘牛が盛んな徳之島に伝承されていないのが不思議だ」という。その内容は、「自分を殺して、道の四辻で大鍋をかけて炊き、恩返しとして、通りかかる人々みんな

図２　南島雑話「闘牛の図」

＊3「南島雑話」鹿児島大学附属図書館所蔵写本四巻。複数の写本があり、平凡社東洋文庫「南島雑話」には、「闘牛図」の説明として「島中第一の見物。倭の相撲・芝居の如く、四里、五里の男女群集す」という記述もある。

＊4「奄美のむかし話」（平成十九年、奄美文化財団）。

に自分を食べさせて下さい。そうすれば自分が楽になってね、何年後かに生まれ変わって人間界に出てくるようになるから」というもの。数多くの伝承が残る徳之島であるが、この話が残らなかったのは、恩返しをしてくれる牛を食べるという行為が馴染まなかったのであろうか。

また、徳之島の闘牛に関する伝承として、島唄の「前原口説」[*5]が挙げられる。農民が所有する牛が代官側から突き付けられた不利な条件を跳ね除け、亀津の役人が所有する牛に身分の差を越えて勝利する、という内容の物語が、長い歌詞の中に情緒豊かに描かれている。なお「前原口説」は、口承によって伝えられてきたこともあって、唄者や地域性により歌詞に多少の違いがある。

このほかの文献としては、県議や戸長を務めた吉満義志信が明治二十八年（一八九五）に著した「徳之島事情」がある。そこに当時の様々な習俗とともに「闘牛の図」（図3）も二枚掲載されている。一枚には、河口らしき場所で水に浸かりながら闘牛を観戦する人々、勝負がついて逃げる牛を追いかける人や勝利を喜ぶ様子が描かれている。もう一枚には、観客席の桟敷席に座る役人らしき武士たちと、その周辺で地面に座って観戦する人々の様子が描かれ、闘う牛の鼻息の荒さが熱戦を表している。

この「徳之島事情」には、島内の牛と馬の飼育数に関する記述もある。[*6] 慶応元年（一八六五）の牛が四二四六頭、馬は三九五頭とあり、たいへんな頭数である。もちろん、闘牛用に飼育されていたのは一部であろうが、使役用（田や畑を耕す）とは言え、これだけの頭数がいれば闘牛が盛んに行われていたことは十分に伺い知れるところである。

戦前の闘牛と闘牛にまつわる教訓

本来、闘牛は集落行事と結びついていたと考えられる。代表的なものは「浜下り」行事で、人々が一日歌い踊り、男たちが相撲で力比べをするが、その前に農耕で使用する牛を闘わせて楽しみ、それを「なくさみ」、「牛オーシ」、

図3　徳之島事情「闘牛の図」（明治28年、「徳之島事情復刻版」（1997年））

＊5　「伊仙町誌」（昭和五十三年十二月二十五日　伊仙町誌編さん委員会編集）、六四八頁「第十章　徳之島の闘牛」より。六五〇頁から五頁に渡って全歌詞を収録している。

「牛トロシ」などと呼んで、祭りの中心となる催しだった。それぞれの集落毎で海岸や河口の砂場、あるいは収穫作業が終わった水田などに闘牛場を作って楽しんでいた。

各集落の牛を集めて強さを競う大会は、五月五日や九月九日の休日に合わせて開催していた。大会は無料で開かれ、飼育の費用に加え、大会出場に伴う飲食物は全て牛主が負担していたため、多額の出費を要した。このため闘牛大会に出場するような牛を飼育できるのは富農に限られていた。[*7]徳之島町亀津出身の教育者・龍野定一氏の思い出をつづった冊子に、闘牛に関して「短所欠点を長所に」[*8]と題した小項目があり、以下のような記述がある。

「人間には誰にも短所欠点があるものであるが、各自の自由にはたらかして研究工夫すると、その短所欠点あるがゆえに長所が出来ることもあるものである。短所欠点を欺くことなどは人の工夫が足らない証拠でこれは人としての恥である」とした上で、龍野家で飼育していた闘牛を例に挙げ、「徳之島ではいつも一番になる優等生も、角力や競争に最もすぐれた者でも『あれは大富里（うふざと）のツノキリだ』といい、闘鶏（とうけい）や牛や馬でも常に勝つような強いものを、他国ならば常勝将軍ということを『角切り』というのは大富里の闘牛であるが体格は小さく、一方の角は折れており、普通の牛ならば闘牛などできる牛ではないのである。ところがこの『角切り』はまことにりこうで勇気があり、どんな大きな牛と闘わしても決して恐れずその一本の角ですぐに敵の頭の中心のマキを突くのである。マキを突かれるとどんな牛でもすぐに敗走するので常勝将軍となり、『角切り』という名が常勝将軍という意味に用いられるまでになったのである」と誇らしげに記している。

当時、闘牛を持つのは経済力のある家の証であり、その中でも強い牛の牛主となることは栄誉だったことが伺える。その点は、戦前・戦後、現在でも変わらないものがあり、綿々と島民に引き継がれていると言える。その上、牛を闘わせて楽しむだけでなく、ハンデや技から人生訓を生み出し、日常生活の糧にしていたことも闘牛の持つ魅力であろう。

＊6　「徳之島事情復刻版」（平成九年十月一日　徳之島の先人を偲ぶ会発行）、四六頁に「新旧牛馬頭数左ノ如シ」として、島内で飼育されている牛と馬の頭数を記載している。

＊7　「徳之島の闘牛」（昭和五十七年十二月二十日）松田幸治編、南国出版、八頁。

＊8　「郷土の先輩」（昭和四十五年三月）徳之島警察署管内防犯組合連絡協議会発行の七四頁に記載。

興行化した戦後の闘牛

闘牛が、庶民の娯楽としての集落行事から様相が変わり始めたのは戦後からである。昭和二十三年（一九四八）組合規約をつくり、徳之島闘牛組合が設立された。これによって大会毎に入場料を徴収して運営され、戦歴によって番付を決めて行われるようになった。[*9] 昭和四十二年（一九六七）、徳之島、伊仙、天城の三町に闘牛協会が組織され、これらの協会をまとめる団体として「徳之島闘牛連合会」が作られ、三町闘牛協会の持ち回りで「全島一闘牛大会」が開かれ、興行としての闘牛が定期的に開催されるようになったのである。

伝説の名牛の存在

牛主には、父や祖父など先祖の代から飼育する人と、闘牛好きが高じて所有するようになった人とに大きく分けられる。大変な労力と費用をかけて闘牛を持ち続ける理由を聞くと、多くの場合、物心がつき始めた頃の闘牛大会の印象が大きいという。闘牛ファンを魅了した名牛に憧れ、そのような牛を育てたいという欲求を動機としてあげた。つまり、この名牛の存在こそが、闘牛文化を綿々と引き継ぎ支えてきたと考えられる。

昭和二十年代前半、「全島一」と称されたのは現在の徳之島町手々（てて）、山田徳宝氏の「山田牛」**（図4）**であった。その当時としては恵まれた体格とトガイ角[*10]を生かし短期戦で全戦全勝。地元集落民はもとより、戦後、日本から分離され疲弊（ひへい）した島民を元気づけたと伝えられている。

昭和二十年代後半に「全島一」と称えられたのが、天城町浅間（あさま）の上岡清秀氏の「上岡牛」。「ツキの上岡」と呼ばれ、その強さは島内外に知れ渡り、島内学校の全島一周修学旅行のコースにも組み入れられたほどである。あまりの強さに対戦相手がなく二頭掛けを強いられ、一頭目に勝利後、二頭目と対戦し、敗戦に至ったという。

徳之島町亀津の実熊実一さんが所有した初代全島一横綱の「実熊牛（さねくまぎゅう）」は、四十四戦四十二勝一敗一分の金字塔を打ち立て「神様の牛」と称された。昭和二十九年九月五日に全島一横綱の座に着く**（図5）**

図4　手々の山田牛（昭和23年）

＊9 「徳之島の闘牛」（＊7に同じ）九頁。

＊10 トガイ角とは、前方に湾曲しながら長く伸びた形の角をいう。

＊11 「徳之島の闘牛」（＊7に同じ）一二二頁の「全島大会優勝牛一覧表」参照。

と、昭和三十一年一月まで三度防衛したものの、同年七月に阿三の「明山牛」に惜敗した。しかし、「明山牛」の優勝旗返納にともなう同年十一月の決定戦に勝利すると、昭和三十六年一月まで十一度の防衛を果たした。累計の全島一優勝旗獲得回数一六回は、その後も破られることのない金字塔となっており、今後も、この記録を超える牛は出ないであろうと言われている。[*11]

闘牛を通じた海外との交流
〜圧倒的規模を誇る韓国の闘牛〜

一九九〇年代後半から二〇〇〇年代初めにかけて、徳之島と闘牛を通して交流をしていたのが、韓国清道（チョンド）郡の闘牛である。当時の清道では、徳之島の牛が日本代表として闘牛大会に出場することで大会を大いに盛り上げていた。国が違っても、闘牛には人々を元気づける力があることを実感した。

清道の闘牛を観戦して最も驚いたのは、その規模の大きさだ。「五日間に渡ってトーナメント方式で大会が開催され、一日当たり三万人で延べ一五万人が訪れる」などと事前に聞いていたが、闘牛場を囲むように様々な出店が軒を連ね、飲食店の屋台はもちろん、衣料品店や携帯ショップ、健康測定のコーナーまであった。闘牛ロデオや闘牛写真展など、家族連れで来ても飽きずに済みそうな施設が揃っていた。闘牛場は野球場並みの広さがあり、闘牛大会のオープニングではパラグライダーが空を飛び、民俗芸能の披露や人気ミュージシャンのオンステージで、観客はノリノリ状態であった。

いざ、徳之島（日本代表）の黒い牛と清道の赤牛（韓国では黄牛と表記）が対戦。満員の観客は、日本の牛が優勢だとブーイング。韓国の牛が勝つとスタンディングオベーションで熱狂する。正に、サッカーの日韓戦さながらであった。

しかし、二〇〇〇年代初頭にイギリスで発生した「狂牛病」と呼ばれる牛海綿状脳症（うしかいめんじょうのうしょう）（ＢＳＥ）

図５　初代全島一横綱に輝いた実熊牛と優勝旗を手にする実熊実一氏(昭和29年9月5日、亀津)

によって、牛を韓国に持って行くことが不可能となったことで、闘牛を通じた交流は途絶えてしまった。現在は、ドーム式闘牛場で大会が開催されている。[*12] 座席数は一万一二四五席。毎年開かれる闘牛祭りには、全国から四〇万人以上の観光客が訪れるという。「勝ち牛投票券」いわゆる「闘牛クジ」が公営化されており、掛け金は日本円で約一〇円〜一万円まで。牛の区別がつくよう体に赤か青の印がペイントされ、勢子(せこ)も同色のシャツを身に着ける。このように完全公営化されている清道の闘牛は、一シーズンの規模として、世界一と言えるかも知れない。

アジアの闘牛

牛と牛が対峙するタイプの「闘牛」は世界各地で行われており、前述した韓国をはじめ、中国やフィリピン、タイやバングラデシュ、インドなどでも住民の娯楽として親しまれている。

中でも興味深いのはその地域性で、タイの闘牛の場合は水牛が大きな角をぶつけ合い、激しい攻防を繰り広げるものの、角先が後ろ向きのため直接的なダメージを与えることは無いようである。また、バングラデシュでは、ラクダのようなコブを背中に持つ牛が角を突き合わせている。牛の種類の他にも、徳之島などのように勢子(せこ)が牛の横につくこともなく、両牛を自由に闘わせている地域が多い。闘牛場にしても、木製のリングはまだ良い方で、人間が取り囲んで柵の代わりを務めているような地域もある。以前、日本や海外の闘牛を研究している方に、[*13] 中国の闘牛に関する話を伺ったことがある。収穫作業を終えた水田の土手を生かした闘牛場で、農耕に使う牛を持ち寄って闘わせて楽しんでいたとのことであった。このことからも、アジアの闘牛には「牛同士が縄張り争いをする様子見て自然発生的に始まった」とする、闘牛の起源といえる一面が今も色濃く残っているようである。

闘牛に対する認識の変化

これまで「闘牛」と言うと、スペインなどで行われているような人間対牛の闘いというイメージが圧倒的に強かった。TVなどで見るのは、派手な衣装で着飾った「マタドール」と呼ばれる闘牛士がムレータ(赤い布)を翻(ひるがえ)し、突進してくる暴れ牛を左右にいなしながら、剣や槍を使ってダメージを与え、牛の攻撃を交わす度に歓声が上がり、

＊12 韓国の情報誌「スッカラ」(二〇一三年四月号)による。

＊13 成城大学の山田直己教授。「徳之島の闘牛―文化論的考察―」(平成十三年 民俗学紀要二五巻)などがある。

見事に牛を仕留めれば大きな拍手が送られるという印象だった。しかし、「国技」であったスペインの闘牛は、動物愛護の観点から批判が強まり、人気低下と共に開催数も減ってTV中継が終了するなど、衰退傾向にあるという。

一方、国内の闘牛に関しては、闘牛開催地の六県でさえ開催地以外では「聞いたことがある」程度の認識だったものが、近年ではマスコミ等で取り上げられる機会が増え、認知度は格段に増している。特に沖縄の場合は、対戦の開始前にダンスショーやキャラクターショーが行われ、年に一回は入場料無料の闘牛大会が開かれるなど、観光資源としての活用面が強くなっている。徳之島においても、オフシーズンでも闘牛を見たいとの要望に対し二、三組程度の稽古(けいこ)闘牛を披露するようになり、牛の散歩や飼育の様子を見たいと言う観光客も増えている。

闘牛が身近にある徳之島の人たちは、ドライブ中に散歩する牛（図6）を見かけたら、スピードを落として追い越し、むやみに近づかないものだが、観光客にはそのような感覚がない。車を止めて写真を撮り、牛舎の横につないでいる牛に平気で触り、角を掴んで写真映えを狙うような若者までいる。長年闘牛を飼育している先輩方は「どんなに大人しい牛も〝畜生〟である以上、注意を怠るな」と言う。観光客が闘牛によってなんらかのトラブルに見舞われれば、批判は一気に高まることが予想される。特に現代はスマートフォンやSNSの普及によって、怪我や事故などのインパクトの強い情報は瞬く間に拡散する。闘牛が身近にあるからこそ、闘牛の飼育者や関係者に限らず、我々住民も観光客に十分配慮し、危険が伴うことを伝える必要がある。

まとめ

このように社会の闘牛に対する認識の変化と共に、牛の所有形態も変わってきた。かつては、個人で飼育する牛主がほとんどだったが、労力と費用負担の面から複数名の仲間（組合）で、養う事例が増えている。また、島一番の強い牛を持つことは、家が豊かであることの証であり家の誉(ほまれ)であったように、島出身者でいわゆる内地（本土）で

図6　闘牛の散歩（子供たちが糞を回収）

立身出世した事業主が闘牛のオーナーとなり、会社名などを冠した愛牛を出場させるケースも見られ、徳之島の闘牛を支えている。

現在では、タイトル戦は体重別にミニ軽量級、軽量級、中量級、無差別級にクラス分けされているが、昭和二十九年の初代から続く無差別級の横綱は、「全島一」と称され別格に扱われる（図7）。全島一優勝旗は徳之島闘牛界の最高位であり、牛主はこの錦の御旗を手にする瞬間を目指している。しかし、どんなに強い牛を育てても、あるいは財力で本命と言われる牛を購入しても、なかなか優勝旗を獲得できるものではない。島口で「牛はだきだき（対戦させてみないと分からない）」と言われ、絶対に勝つとは限らない。それが魅力の一端でもあるのだろう。

対戦相手を決めるのは牛主であり、当の本人（牛）には相手を選ぶ権利はない。それでも牛は死力を尽くして闘い抜く。そこに筋書きの無いドラマが生まれる。対戦では人と牛が一体となった攻防がくり広げられ、人々を惹きつける。その魅力が古来より闘牛を「なくさみ」と呼び、連綿と引き継がれてきた一番大きな原動力なのであろう。全島一を頂点とする、健全な闘牛文化が守り引き継がれることを願いたい。

（遠藤　智）

図7　前田牛の挑戦を受ける伝説の名牛実態（昭和31年2月、亀津特設闘牛場。仕切は10分間にわたり満場が沸いた）

第三節　戦後最高のヒーロー　朝潮太郎

徳之島が生んだ戦後、最高のヒーローは大相撲の第四六代横綱、朝潮太郎（本名・米川文敏、**図1**）をおいて他にいない。全盛期の身長は一八九センチ、体重一三八キロ。たくましい体と男性的な風貌、そして豪快な取口は相撲ファンを魅了し、出身地の徳之島、奄美を一躍、全国区にした。朝潮のあだ名は「ケガニ」。男らしい風貌で相撲ファンだけでなく、その強さは少年たちの憧れだった。大阪場所にめっぽう強く、五度の優勝のうち、四度が大阪。「大阪太郎」の異名を取った。その人気はプロ野球の長嶋茂雄と並ぶほど。少年マガジン創刊号（昭和三十四年＝一九五九年）の表紙を飾るほどだった。奄美の住民や出身者、大相撲ファンだけではなく、子どもから大人まで多くの人々に愛された。朝潮の足跡をたどる。

米川は昭和四年（一九二九）十一月十三日、亀津村井之川で生まれた。父・富忠、母・マツの長男で、生まれたときの体重は五三〇〇グラムもあった。体格のよかった祖父にそっくりだと言われ、父母はもちろん、親戚も大いに喜んだ。*1

幼少期

文敏は、父富忠の仕事の関係で小学校一年まで神戸で過ごした。神戸の浜山小学校に入学した頃は同級生に比べて体格はよかったものの、群を抜いていたという訳ではなかった。身長だけ見れば文敏よりも大きな子どももいた。ただ、体重があり、内気な性格だったため、「百貫でぶ」とからかわれた。太平洋戦争が始まると、政府や軍は戦意高揚のため、相撲を奨励したが、文敏少年はその性格もあって土俵に上がることはなかった。

小学校二年生から四年生までは神之嶺小に通ったが、五、六年生のときは再び神戸の学校に転校。高等科一年のとき再び井之川に戻り、神之嶺国民学校高等科一年（現在の中学一年）に編入した。初等科（今の小学校）を卒業する頃から、急

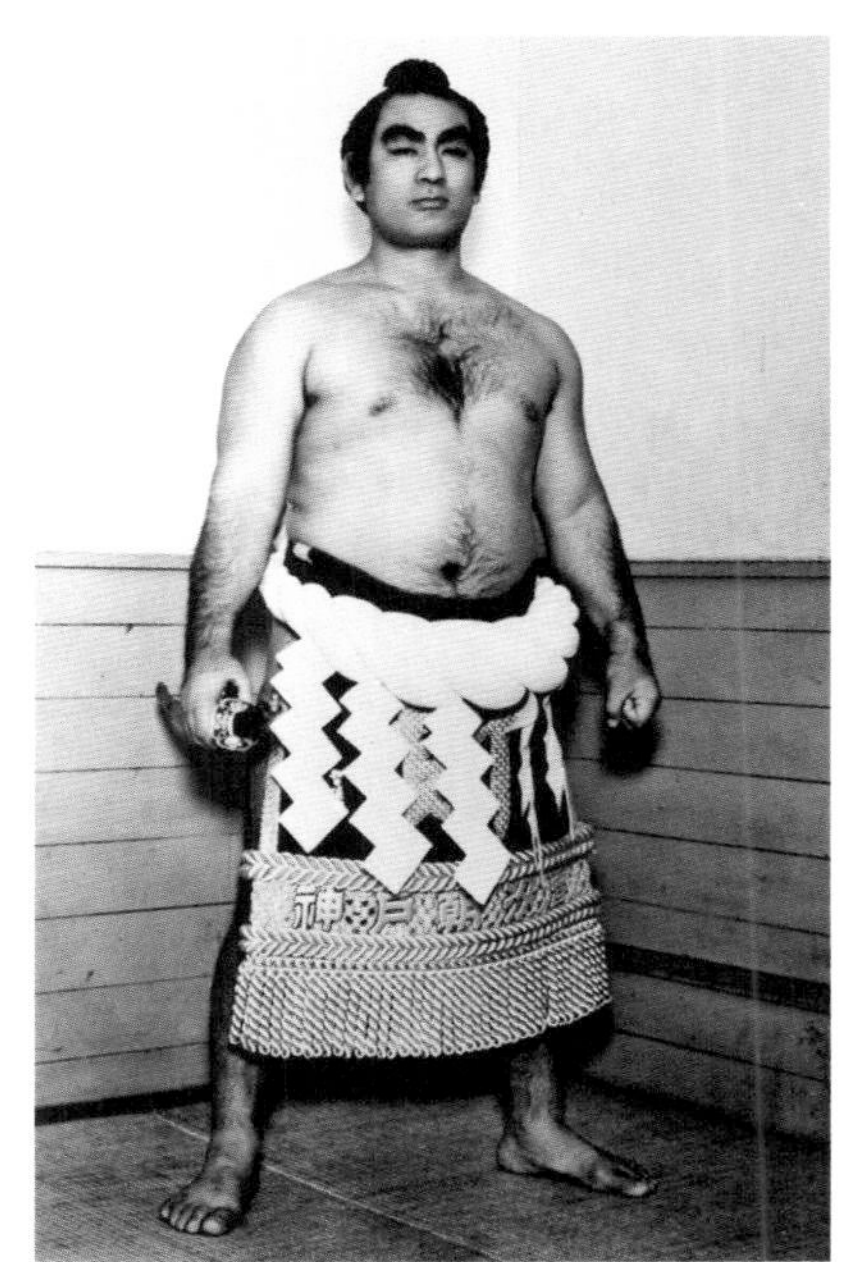

図1　第46代横綱 朝潮太郎（昭和34年）

＊1　米川の幼少年期については「郷土の先人に学ぶ」（大島教育事務局編集）第4集「朝潮太郎」に詳しい。執筆者の藤田喜秋は大正十三年（一九二二）生まれ。徳之島・井之川出身の教育者。亀津小学校、伊仙小学校長などを務めた。

なお、小学校時代の記録については、南西日報（昭和三十二年三月）に父がその事情を語っている。

速に体が大きくなり、十五歳の頃には一七七センチ、体重は九〇キロを超えていたという。郷里の人々は驚いた。幼少期の文敏は、地元に残る怪力無双の伝説の巨人「サドマグバン」の生まれ変わりではないか、とささやかれたという。

担任の教諭は鼓笛隊(こてきたい)をつくろうとしていた。そして、文敏の巨体に目を付け、大太鼓のたたき手にした。米川は各種記念行事やパレードの際、鼓笛隊の最後尾で大太鼓を軽々と持ち、堂々と行進した。お年寄りが重い荷物を持っているのを見ると、駆け寄って持ってあげたという。優しい性格ゆえに、なかなか相撲を取らなかった文敏だが、恵まれた体躯を周囲がほっておく訳がない。米川は相撲を取り始め、めきめきと頭角を現した。＊2

密航、角界入り

米川が立ち合い相撲に出合ったのは戦後、奄美大島名瀬御殿浜(なぜうどんばま)で行われた大島郡相撲協会主催の大会だった。津波高志＊3は「奄美の相撲」の中で米川のエピソードを紹介している。「戦後じきに名瀬市で開催された大島郡相撲協会主催の大会に参加した米川青年は四人と対戦して一人にしか勝てなかった。その一勝も里原慶寿協会長が『オーイ、米川。相手をつかまえて土俵から出せ』と大声で叫んだので、その通りにした結果であるとの逸話が伝わっている」。ルールを知ると、立ち合い相撲でも無敵になった。米川の好敵手だった作山清重(初代徳之島町相撲連盟会長)は「当時の相撲練習は永浜(いまの大丸ショッピングセンター辺り)で午前・午後二時間ぐらいに分けてしましたが、ほとんどの選手が彼の体力に圧倒され、つかまえられると身動きできませんでした」と述懐した。作山は米川の体力に対抗するため、スピードと技を磨いたという。＊4

米川は奄美各地の相撲大会に出場し、その名が知れ渡った。周囲は「文敏を何とかして本土にやって、大相撲の世界で能力を発揮させたい」と願ったが、当時の奄美は米軍政下。本土との行き来もままならない。米川は密航を決意した。＊5 このとき米川の背中を押したのが徳之島署長だった。密航を取り締まる立場の署長が逆に激励したという。昭和二十三年(一九四八)春、十八歳の米川は親戚を頼って神戸に渡り、建設現場で働きながら角界入りのチャンスを待った。

＊2 ここで奄美の相撲の変遷にも触れておきたい。昭和三十年代まで奄美の島々には二つの相撲が混在していた。ロシア文学者で奄美初の通史「大奄美史」を著した昇曙夢(本名・直隆)はそれに「大島(奄美)の相撲には二種あって、琉球風はもっぱら徳之島、沖永良部、与論島で行はれ、大島本島(奄美大島)や加計呂麻島ではもっぱら内地風(立ち合い相撲)の相撲が行はれる」と書いている。琉球風の相撲は組み相撲でシマジマ(島相撲)と呼ばれる。今の沖縄相撲がそうだ。内地風は大相撲に代表される立ち合い相撲。シマジマはレスリングのように組み合って相手の背中をつけてようやく勝ちとなる。米川はシマジマを取っていた。

＊3 米琉球大学名誉教授(民俗学)。「奄美の相撲」(沖縄タイムス社)は二〇一八年刊行。島相撲(組み相撲)から大和相撲(立ち合い相撲)への変遷や祭りと相撲との関係など、奄美群島の相撲をめぐる文化的側面と「がっぷり四つ」に組み合った好著である。

＊4 平成七年「第四六代横綱朝潮太郎銅像建立記念誌」。

神戸の親戚は角界にパイプを持つ水野を訪ねた。米川を見た水野は「私が引き受けよう」と快諾し、高砂部屋の横綱、前田山英五郎[*6]を紹介した。前田山は米川の体格を見て一目惚れしたという。米川は同年十月、晴れて入門を果たす。入門間もない十月場所、十九歳の米川は新序で初土俵を踏んだ。成績は四勝一敗。一敗は恩人の水野が観戦したときだったという。硬くなったのだろう。米川の人の好さが垣間見える。

相撲部屋の生活は厳しい（図2）。起床は午前五時。稽古の厳しさに加え、上下関係も厳しい。当時の高砂部屋は前田山をはじめ、米川が初土俵を踏んだ十月場所後に横綱に昇進した東富士[*7]をはじめ猛者（もさ）揃い。逃げ出す新弟子もいるなか、米川は「井之川根性」で歯を食いしばって耐えた。

図2　高砂部屋での稽古風景

スピード出世

昭和二十四年（一九四九）から米川の快進撃が始まる。翌二十五年一月、幕下昇進。同じ年の九月に十両に昇進すると、いきなり一四勝一敗で優勝。昭和二十六年一月、ついに新入幕を果たす。当時は年間三場所。入門から二年三か月の新入幕は異例のスピード出世。角界（かっかい）のトップに躍り出た。ベースボールマガジン社の佐竹義惇（さたけよしあつ）によると、終戦直後は幕下以下の枚数が非常に少なく、一日の取組数を増やすため、幕下以下の力士も十五日間出場した。体のできていない力士にとっては過酷な制度だが、体格、素質ともに恵まれた米川にとっては経験を積むことができる良い機会となった。

しかし、試練も待っていた。新入幕を果たした喜びも束の間、一月場所は八勝七敗で勝ち越すのがやっと。腎臓病（じんぞうびょう）を発症したのだ。満足に稽古もできず、食事制限のため気力も衰えた。高砂親方は静養を勧めた。米川は伊東にある水野の別

＊5 米川が各界入りできたのは、東京の親戚で戦後、郷里の親兄弟のことを心配し、墓参を兼ねて帰省していた大澤徳城（とくしろ）の力が大きいと言われている。「戦後新入幕力士物語〜第一巻・昭和二十年―二十九年」（佐竹義惇著・ベースボールマガジン社）によると、大澤は米川の叔父。大澤は明治大学相撲部主将を務め、部に水野幸一がいた。一年後に大澤は神戸で建設業を営んでいた水野に米川を紹介した。水野はアマチュア相撲連盟の役員や兵庫県体育協会の理事も務めており、角界にも人脈があった。

＊6 前田山英五郎（大正三年〜昭和四十六年）。朝潮の恩師であり、恩人。愛媛県出身。本名は萩森金松。横綱。幕内在位二七場所。優勝一回。戦後初の横綱で現役時代は「闘将」と呼ばれた。引退後は年寄、高砂浦五郎を襲名した。入門当時の朝潮（米川）は密入国者で、コメの配給が受けられなかった。前田山は両国駅で闇屋をつかまえては闇（やみ）米を買って朝潮に食べさせたという逸話が残る。

荘に向かうことにした。東京駅で汽車を待っていると、横綱・東富士が見送りに来た。東富士は「根気よく養生しろ」と温かい言葉を掛けたという。伊東で養生した米川は復活した。五月場所は七勝八敗と一つ負け越しこそしたものの、体調の回復とともに地力を発揮した。九月場所は一〇勝五敗。

昭和二十七年五月、米川は高砂部屋伝統の朝潮太郎（第三代）を襲名。九月場所は前頭二枚目に昇進した。横綱・大関など三役と対戦する位置まで上がってきた。ここから「朝潮劇場」の幕が上がる。初日に関脇・三根山を破ると勢いに乗った。四日目には横綱・羽黒山を下して初金星を獲得。八日目には大関・鏡里を押し出しで破り、九日目には横綱・千代ノ山を下した。終わってみれば一〇勝五敗。横綱二人と大関一人を破り、文句なしの殊勲賞に輝いた。

殊勲賞を獲得し、来場所は関脇を約束された朝潮に、二重の喜びが待っていた。高砂部屋の奄美・沖縄巡業が決まったのだ。一行は高砂一門の力士、行司など総勢五二人。前述したように当時の奄美、沖縄は米国施政権下。大相撲にとって初の〝海外遠征〟となった。十一月六日、奄美大島名瀬港に入港した。七日付の奄美タイムス[*8]は「お相撲さん　賑やかに来島　興行は二日間　あすから御殿浜で」との見出しで、市民の盛り上がりを次のように伝えている。

「待望の高砂部屋の力士一行は六日入港の黒潮丸で賑やかに来島、明八日から二日間、御殿浜で興行することになった。この日巨人たちを見ようとばかり午前十時頃から突堤目指して市民が続々参集。黒潮丸が入港する頃には突堤はもちろん、沿道は人の群れで埋まるという盛大な歓迎ぶり。一行はまず下位力士が先に上陸。次いで横綱東富士、島の朝潮関などがどよめく歓呼の中に上陸、巨人部隊を迎えて群衆はわき返った」「特に朝潮関は郷土訪問とあって群衆の視線を一身に集め、その巨躯を感無量の面持ちで運んでいた。かくて一行は直ちに車を連ねて宿舎風景旅館に入ったが、とくに朝潮関は歓迎に応える意味で徒歩で宿舎に入り沿道の人波に応えた」。朝潮の優しさが読み取れる。

名瀬での巡業は当初三日間を予定していたが、二日間に短縮。朝潮は初日は國登、二日目は横綱・東富士と対戦。朝潮は大島選抜力士一〇人にも胸を貸した。一行は古仁屋で興行した後、徳之島入り（**図3**）。

＊7 東富士欽壹（あずまふじきんいち。大正十〜昭和四十八年）。本名・井上謹一。東京都出身。幕内在位三一場所。優勝六回。巨体に物を言わせる寄りは重量感にあふれ「怒涛の寄り」と言われた。若い頃から将来を嘱望され、名横綱・双葉山にかわいがられた。昭和十九年（一九四四）年の秋場所で双葉山に最後の黒星をつけて〝恩返し〟した。引退後は一時、年寄・錦戸を襲名したものの、プロレスに転向。その後は大相撲解説者を務めた。

＊8 昭和二十一（一九四六）年創刊。南海日日新聞と共に、奄美の復帰運動の論陣を張った。創刊時の代表社員兼編集局長は小林正秀。後に中村安太郎に引き継ぐ。昭和三十年廃刊。

郷土の英雄が来島とあって島中が大騒ぎになった。結びの一番となった東富士との取組みは割れんばかりの拍手と歓声が沸き起こった。朝潮は取組みを終えると、井之川のわが家に向かった。羽織袴（はおりはかま）の正装の息子を見た母は感激のあまり、うれし泣きした。先祖に帰省のあいさつをした後、朝潮は母校の神之嶺小学校を訪問。テント一〇張を贈った。祝賀会では「朝潮（文敏）は幼い頃から心の優しい、思いやりのある子だった。今日ほど彼の行いに感動したことはない」との声が聞こえてきた。奄美巡業が行われたこの年、日米講和条約が発効。日本は主権を回復したが、奄美の島々は米軍政下のまま。郡民大会では弔旗（ちょうき）が掲げられた。高砂部屋の巡業は「復帰」を願う島民に大きな希望を与えたに違いない。

日本復帰と朝潮

昭和二十八年（一九五三）一月場所、小結を飛び越えて関脇に昇進。大関栃錦（とちにしき）、横綱千代ノ山も下して一一勝四敗。二場所連続で殊勲賞を受賞した。三月場所は一〇勝、五月場所は八勝を挙げ、大関昇進は時間の問題と思われたが、思わぬ落とし穴が待っていた。激しい相撲のため、腰痛が悪化したのだ。痛みはひどくなり、稽古さえ満足できないようになった。朝潮を長年、指導してきた東富士が引退し、部屋を去った寂しさもあったのだろう。スランプに陥った。九月場所は七勝八敗と負け越した。

朝潮が苦しんでいたとき、奄美の復帰運動は急展開する。この年の奄美は大きな喜びに包まれた。「八月八日午後八時、南海日日新聞社の編集局は総立ちとなった。奄美返還の臨時ニュースが飛び込んできたのだ」「この日、ダレス米国務長官は韓国からの帰米の途次、東京に立ち寄ったが、午後六時半からアメリカ大使館で吉田首相、岡崎外相とアリソン大使を交えて三十五分（五十分とも伝えられた）にわたって会談。そのあと、夕食会にさきだって内外記者団と会見し、『アメリカ政府は奄美群島を日本に返還する用意がある』とのいわゆる『ダレス声明』を発表したのである」。その四か月後、奄美の島々は八年間の米軍政下を脱却し、日本に復帰する。復帰前は出身地を「兵庫県」としていたが、復帰後は「徳之島」と堂々と言えるようになった。朝潮は常にふるさとに思いを寄せていた。

復帰の翌年、昭和二十九年は小結に陥落、九月場所で負け越し、昭和三十年の一月場所は前頭筆

図３　徳之島での巡業（昭和 27 年 11 月　亀澤亀津町長らと。右が横綱東富士、左が朝潮太郎）

頭で迎えた。腰痛の癒えた朝潮は力強い本来の相撲を取り戻した。一月場所は八勝七敗と勝ち越し止まりだったものの、三つの金星を挙げて三度目の殊勲賞を獲得。三月場所は一〇勝五敗。五月場所では小結に昇進。三役に帰り咲いた。こうして翌年の一月場所には関脇に戻った。

大関昇進

やがて島民待望のときが来る。東関脇で迎えた昭和三十一年三月場所。千秋楽の取組みを終えて朝汐と、*9若ノ花、*10若羽黒の三つ巴の決定戦へ持ち込まれた。初戦は若ノ花が若羽黒をはたき込みで下した。二戦目は朝汐と若ノ花の事実上の優勝決定戦。朝潮は若ノ花を豪快に寄り倒した。続く若羽黒を簡単に寄り切って初優勝を決めた。後に朝汐は「大阪太郎」の異名を取ることになる。この場所が始まりだった。

「朝汐、初優勝」の喜びは徳之島だけではなく、奄美の島々を席巻（せっけん）した。三月二十七日付の南海日日新聞は「朝汐関　バンザイ」との見出しで名瀬の街の様子を伝えている。「朝汐優勝成る！　大相撲春場所の千秋楽―。二十五日の夕刻から名瀬市は沸き返った。お目度う！とバンザイの声は宵やみとともに、方々にお祝いの乾杯会となり、喜びの波は一夜明けた昨日二十六日にいたって最高潮に達した」。名瀬市の後援会の里原会長宅や徳洲会の役員宅には、二十六日早朝から祝福のお客さんが続々詰めかけた。里原会長はもみくちゃ状態。朝汐代わりに里原会長の胴上げが始まった。その後、「提灯（ちょうちん）行列だ！」との話になり、名瀬小学校に住民が続々終結。午後六時頃から七時すぎまで市内を練り歩いたという。古仁屋でも祝賀会があった。

朝汐はこの場所、優勝と殊勲賞の二冠を達成し、「大関昇進」の期待は高まったが、前場所までの成績が芳しくなかったこと、勝ち負けの差が大きく、安定感に欠ける、との理由で見送られた。昭和三十一年四月一日付の南西日報は「朝潮の成長（ママ※一月から朝汐に改名）　来場所への期待」と題し、朝汐の経歴、課題、特に精神面の課題を指摘したうえで次のように記した。「彼は見かけと違って、無口で純情で優しい気立てである。全国の青少年の人気を独占しているのは彼の純情さ、豪快な取りっぷりにあるのだろう。『もうこの辺で自分の相撲を取らなきゃ』と簡単に表現している彼の言葉は、相撲が成長したと受け取っていいだろう。

*9 四股名の変遷は次のとおりである。初土俵（昭和二十三年十月）から昭和二十七年一月場所までは本名の米川。昭和二十七年五月場所に朝潮を襲名。昭和三十一年一月場所から朝汐と改名。昭和三十五年七月に朝潮に戻した。

*10 若乃花幹士（昭和三年〜平成二十二年）。本名・花田勝治。若ノ花から若乃花へ。幕内在位五十七場所。優勝一〇回。「土俵の鬼」と呼ばれた。一七五セン、一〇五キロの軽量にもかかわらず、巨漢相手に真っ向勝負した。栃錦とともに、「栃若時代」を築いた。引退後は日本相撲協会理事長を務め、朝潮とも親交が深かった。

人間的にも成長したというべきで、今場所における彼の闘志は計り知れぬものがあり、低迷時代から覚めて自分の相撲に入ったとみてよい。今場所で大関昇進は間違いないと思ったが、残念にも見送りとなった。次回場所の優勝を期待したい」

大関昇進のチャンスは一年後の三十二年三月場所に巡ってきた。場所前の予想では優勝候補は前場所を制した横綱・千代の山と、横綱を目指す若ノ花だったが、朝汐は絶好調。優勝候補に躍り出た。九日目に鏡里（かがみさと）との全勝同士の対決を制すと、十日目には若ノ花を撃破。十一日目には栃錦（とちにしき）を破った。終わってみれば一三勝二敗で二度目の優勝を決め、場所後、大関昇進を果たした。二度の優勝がすべて大阪場所だったこともあり、「大阪太郎」とマスコミに取り上げられることになった。

大関昇進が決まったあと、朝汐は秋武亀津町長あてに電報を打った。「おかげにて大関になった。皆さんによろしく」。待望の大関への昇進にふるさとは沸きに沸いた。南西日報によると、井之川集落では二十四日夜はちょうちん行列、二十五日は祝賀会が行われた。実家は訪問客でごった返していた。父親の富忠は場所中、ラジオを聞かなかった。「勝つか負けるか、ドキドキするので聞かないことにしている」がその理由だ。相撲放送は集落の住民、みんなが聞いているため、取組後、結果を尋ねたという。「これで（優勝したことで）全国の相撲ファンや郷土出身者、地元、大島郡のファンにも申し訳がたったようです」と話した。母親のマツ（図4）は「皆さんの応援のおかげで優勝して、本当にありがとうございます」とお礼を述べた。マツは場所中、井之川八幡にお初を挙げて長男の必勝を祈った。両親の謙虚な人柄が伺える。祝賀会は五月場所の番付発表後、井之川集落と東京で盛大に行われた（図5）。

ふるさとへの思い

南西日報は六月二十日～七月六日付（合計六回）に、「朝潮、松登（まつのぼり）対談」を掲載した。静岡県で巡業中の二人にインタビューしたものだ。松登

図4　大関昇進祝の身支度。母親と朝汐

図5　元横綱前田山の高砂親方と（昭和32年 大関昇進披露宴会場）

は当時、張出大関。朝汐は大関までの道のりの厳しさ、決意、そしてふるさとへの思いを語っている。朝潮の人柄がにじみ出ている。

「記者　大関になった感想を

朝汐　腰を痛めたり、痔も悪かったので随分もたもたしたから、やっと恩返しできたという感じですよ。まだまだこれからだ。大関になっていい気になっていたらとんでもないからね。

記者　横綱まで頑張らなくちゃ。

朝汐　そんなことは考えませんよ。親方もよく言うけれど、『土俵が円いのは無限という意味なんだ。相撲の道は無限なんだ』。だから、一番一番心を込めてやるだけですよ。

記者　大関になって一番先に感じたことは。

朝汐　やっと親方や部屋の人たちの恩に報いたという気持ちですね。それにわしの親父もおふくろも、奄美大島の[*11]淋しい生活をしているでしょう。だから、親たちが喜んでくれると思ったら、やっぱりうれしかった。

記者　奄美大島は農業ですか。

朝汐　ええ、そうです。百姓です。米もあるが、麦や芋が多いですね。土地はやせているので、そう楽な百姓じゃないです。だから親たちもわしが出世するのを待っているでしょう。よく東富士関が『くに』を忘れちゃいかんと教えてくれたもんですよ。

記者　占領時代は厳しかったでしょう。

朝汐　そりゃやっぱりね。親たちは奄美大島の生まれですが、わしは神戸生まれで、家が戦争の終わりに焼けたんで、戦争直後に親たちと一緒に帰ったでしょう。入門（昭和二十三年＝一九四八）するちょっと前まで奄美大島でわしも百姓やったですよ。

記者　百姓仕事は骨が折れたでしょう。

朝汐　まだ子どもだったから。つらいということもなかったけど。内地のように土地が肥え

＊11　戦後、しばらくの間、「奄美大島」は奄美の総称として使われることが多かった。出身者のなかには「奄美大島の徳之島」と言う人もいた。

図６　故郷井之川での朝潮（昭和34年）

てないですから、よけい取れんですよ。暖かいから米は二度取れるんですよ。三月に苗代して七月に収穫し、また田植えして十月に取るんですからね（図6）。

記者　占領時代は張り合いがなかったらしいと親方の奥さんも言ってましたね。

朝汐　ええ、内地のもんなら、御当地興行ってこともあるでしょうが、それもないですからね。でも、前頭二枚目で殊勲賞をもらったあと（昭和二十七年秋）、沖縄に行く途中ふるさとで巡業したときはうれしかったな。島のもんは特別、島を恋しがりますよ。（記者質問略）

朝汐　沖縄巡業終わって帰ってきたとき、水野さん[＊12]（図7）の肝いりで、神戸で披露相撲をやってもらったときはうれしかったな。水野さんには初めからお世話になっているわけで、あれからずっと神戸にひいきが増えたね。自分の第二の故郷だもんね。生まれて学校終わってしばらくいたところだから。

記者　そのあと関脇になったんですね。

朝汐　そうです。神戸の相撲が十二月で、一月の番付で関脇に。沖縄巡業終わって帰ってきたとき『くに』の百姓は貧乏だなって考えましたよ。何しろ土地がやせて五反（ごたん）百姓で。

松登　江戸っ子にはあんまり郷土なんて考えはないでしょう。お相撲さんはやっぱり田舎に生まれた方が幸せでしょう。向こうも自分の県、自分の町の出身だという気持ちを持っている。こっちも忘れられるもんか。子どものときの友達も大勢いるし、郷里は懐かしいですよ」

朝汐人気とともに、郷土の相撲も活気づく。昭和三十二年九月二十三日には朝汐の名前を冠した第一回朝汐優勝杯争奪徳州相撲大会が亀津永浜で行われた。この日は「秋分の日」だったため、会場は大盛況。四か町村（亀津町、東天城村、天城村、伊仙村）の対抗戦は亀津町が優勝。個人は当克己（天城村。当時徳之島農業高校三年）が制した。朝汐を頼って角界入りする若者も出てきた。

横綱昇進

「次は横綱」。島の期待は一気に盛り上がったが、大関昇進後の一年間の成績はぱっとしなかった。しかし昭和三十三年の三月場所。大阪で復活する。一三勝二敗で三度目の優勝を決めると、亀津と井之川では「万歳！」の歓声が鳴り響いた。

＊12 朝汐を高砂部屋に紹介した恩人。神戸市で土建業を営む。元明大相撲部主将。

図7　高砂部屋を紹介した水野幸一氏の家族と（神戸市の水野宅にて、右から3人目が水野幸一氏）

五月場所を制し、次の場所で連続優勝すれば、横綱が確実となるが、ここから足踏みが続く。実はこの頃から脊椎分離症と座骨神経炎が朝汐の体を蝕んでいたのだ。三月場所後の巡業は絶好調だったものの、五月場所に入ると、痛みが増した。五月場所は五勝四敗六休。天覧相撲の八日目に敗れ、初めての休場を決意した。七月場所は一〇勝五敗と持ち直し、九月場所は一一勝四敗。病と闘いながら本来の相撲を取り戻していった。

福岡で行われた十一月場所。朝汐は一四勝一敗で四度目の優勝を果たす。島は興奮のるつぼと化した。再び横綱昇進の期待が高まったが、横綱審議委員会は「時期尚早」の意見が出て、見送りとなった。朝汐の相撲は右上手を取り、左はずで押し上げるように持っていく豪快な取口が特徴だ。つぼにはまると、けた外れの強さを発揮した。あの大鵬を子ども扱いした相撲もあった。半面、懐に飛び込まれると、平幕相手でも簡単に負けてしまうこともあった。「強い朝汐」「弱い朝汐」の二人がいる、と言われた。横審は「しばらく様子を見よう」と判断したのだった。

二場所後の三月場所。朝汐はゲンのいい大阪で綱取りに挑む。序盤に取りこぼしはあったものの、一三勝二敗、優勝した栃錦[*13]に唯一の黒星をつけ、準優勝で場所を終えた。三月二十五日、番付編成会議が開かれた。ここでも「準優勝でもあり、もう少し安定した強さを発揮するまで、あと一、二場所様子を見てはどうか」との慎重論が出た。賛成派は「朝汐に早く綱を締めさせてファンの期待に応えるべき」と主張。横審の一人で作家の尾崎士郎が「横綱にしてもおかしくない」と強く推薦したことも功を奏し、第四六代横綱に推挙された。

昭和三十四年三月二十六日付の南海日日新聞は地元の喜びを伝えた。「名瀬市と徳之島亀津では祝賀会、パレードなど、にぎやかな行事が催された。電報電話局にはファンから寄せられた祝電が殺到し、オペレーターはうれしい悲鳴。予算審査中の名瀬市議会特別委員会にも快報がもたらされ、午後からは後援会、市役所広報車、タクシーなどがブラスバンドを先頭に目抜き通りをパレード。夕刻から市会議室に大津市長をはじめ有志多数が集まり、万歳を三唱した」「実家の井之川で喜びに包まれ

＊13　栃錦清隆（とちにしききよたか。大正十四～平成二年）。本名・中田清。東京都江戸川区出身。第四四代横綱。幕内在位五二場所。優勝一〇回。殊勲賞一回、技能賞九回。軽量だが、多彩な技を駆使した。体重が増すにつれて押し、寄りの正攻法に転じた。名人横綱と言われ、若乃花と共に「栃若時代」を築いた。引退後は年寄・春日野を襲名。七期にわたって大相撲協会理事長を務め、新国技館建設に尽力した。

た父富忠さんは『息子が横綱に昇進するという思いがけぬ朗報に接し、本当にうれしい。これも郷土をはじめ全国の後援者の応援のたまものです。今後も皆さんの期待を裏切らないように横綱らしい相撲を見せてほしいものです』と語った」。横綱として初の公式行事は明治神宮での奉納土俵入り。朝汐は堂々の雲竜型を披露した。

琉球政府文教局の要請による沖縄巡業を終えた朝汐は四月十七日、故郷に凱旋した（図8）。亀徳港では数千人の島民が出迎えた。朝汐が乗船した黒潮丸が亀徳港に着岸し、姿を見せると、大歓声が沸き起こった。朝汐は亀津町役場前から井之川までオープンカーでパレードした。南西日報の一面は「にしきを飾って墓参　数千人の出迎え」「故郷はなつかし！　祖母と涙の対面」の見出しが躍り、島民の熱狂ぶりを報道した。「新築した朝汐宅周辺は黒山のような人だかり。身動きもならず『文敏、文敏』と天下の横綱も親戚、同窓生に呼び捨てにされながらも、懐かしそうに終始にこにこと笑顔であいさつを交わしていた。祖母トメさんは朝汐の手を取り、手から胸、肩となで『気張ってきたね』と目頭をふいて喜べば、さすがに怪力鬼をひしぐ朝汐の目もみるみる涙ぐみ、ハンカチで目をふけば居並ぶ親戚、知己も一瞬、しんみりとなる場面もあった」

朝汐の滞在は二時間ほどだったが、島民の興奮は冷めない。実家は全島民に感謝の気持ちを込めて祝い酒を振る舞う計画を立て、二十八日は井之川と亀津、天城村、伊仙村の四か所で祝賀会があった。井之川の熱狂ぶりは凄まじく、「祝い酒に踊り抜く」との見出しがつくほどであった。

南西日報は朝汐の心温まるエピソードも掲載した。家族との対面を済ませたあと、朝汐は本家を訪ねた。親戚と杯を取り交わしつつ、島口で会話は弾んだ。親戚が「島口忘れんもんだね」と言えば、朝汐は「島口忘れたら、どうするか」と答え、周囲を笑わせた。横綱昇進後は母校の神之嶺小学校と、井之川中学校に当時は高額なテープレーダーを贈った。

最後の優勝、引退

横綱に昇進した五月場所。朝汐は一〇勝五敗で何とか綱の面目を保ったものの、持病が悪化するばかり。七月場所から三場所連続での休場となった。

図8　横綱朝汐の徳之島凱旋パレード（昭和34年4月　右が亀徳港で左が亀津第一大瀬橋）

朝汐は周囲に、腰の痛みとともに、弱音を吐くこともあったという。体調がいいときは恐ろしく強いが、悪いときはもろい。昭和三十五年（一九六〇）は「強い朝汐、弱い朝汐」状態が続いた。同年七月場所で四股名を「朝潮」に戻した。

翌年の三月場所。朝潮は復活する。場所前の二月四日に長男が誕生したことがきっかけになった（図9）。朝潮は「親父になったんだから頑張らなくては」と語り、長男の誕生祝いを優勝で飾る、と奮起した。この場所はライバル若乃花が休場。十一日目を終えて朝潮は一敗。十二日目の大関、大鵬*14との取組みがポイントになった。立ち合い後、大鵬にうまく両差しになられたが、右上手を取った朝潮は猛然と攻め立て、西土俵に押し倒した。その後も勝ち進み、千秋楽は柏戸に敗れたものの、一三勝二敗で見事、五度目の優勝を飾った。パレードで手を振りながら、朝潮は涙をぬぐったという。

優勝した翌五月場所は途中休場。七月場所は一二勝三敗で復活の兆しが見えたが、その後の二場所はいずれも途中休場。昭和四十二年一月十二日、朝潮は引退届を提出した。引退声明で朝潮はこう述べた。「これ以上、相撲を取る自信がなくなりました。今後は協会に残って若い者の指導に当たります。体さえ治ればもう一度取りたい気持ちはありますが、横綱の面目もありますので引退を決意しました」。このとき、朝潮三十二歳。幕内在位五二場所。通算成績は四三一勝二四八敗、一〇一休。優勝五回。殊勲賞四回。徳之島の英雄は土俵を去った。

指導者として

引退後は年寄、振分を襲名。師匠の死去に伴い、五代目高砂浦五郎を襲名し、名門高砂部屋を相続した。先代の夫人が朝潮への相続を強く希望したと言われている。朝潮四十一歳。相撲協会へ届け出た日、朝潮は「責任は極めて重いが、先代に負けないように部屋を盛り立てていきたい」と抱負を述べた。

その言葉通り、朝潮は親方（経営者）としても手腕を発揮する。高見山や小錦など、外国人力士を角界に送り込み、大相撲の国際化に貢献した。前の山、富士桜、朝潮（長岡）も高砂親方の弟子だ。個性的

図9　息子と遊ぶ朝潮（昭和36年）

＊14　大鵬幸喜（たいほうこうき。昭和十五～平成二十五年）。本名・納谷幸喜。北海道川上郡弟子屈町出身。第四八代横綱。幕内在位六九場所。優勝三二回。敢闘賞二回、技能賞一回。六場所連続優勝が二回。数々の大記録を打ち立てた不世出の横綱。柏戸と「柏鵬時代」（はくほうじだい）を築き、「巨人・大鵬・卵焼き」の流行語が生まれるほど人気があった。引退後は一代年寄・大鵬を襲名した。没後の平成二十五年二月、角界二人目の国民栄誉賞を受賞した。

な人気力士を数多く育て、大相撲の発展に寄与した。協会理事としても重要な役割を担い、審判部長や巡業部長などを歴任した。徳之島町は昭和五十七年、その功績を称え、名誉町民の称号を贈った。

朝潮太郎の四股名を受け継いだ七代目高砂親方は[＊15]、就任間もない平成十四年（二〇〇二）六月、高砂部屋の二八名を引き連れて徳之島町で五日間の合宿を行い、文化会館で講演を行った。「厳しい半面、温厚で人間味があった。五代目高砂親方からは（他者を気遣う）人間としての考え方を教わった」「いつの日か、五代目高砂親方のような横綱を育てるため、頑張っていきたい」と述べた。

また、平成十八年十二月に大相撲冬巡業徳之島場所が天城町で開催された際、一人横綱の朝青龍による土俵入りが朝潮太郎記念像の前で行われた（**図10**）。露払い朝赤龍、太刀持ちを高見盛が務め、朝青龍が雲竜型を披露すると会場から大きな歓声が上がった。

指導者として円熟期に入り、協会理事としてもますますの活躍が期待されていた矢先、訃報が飛び込んできた。昭和六十三年十月二十三日午前零時十三分、脳出

功績は永遠に

血のため、高砂親方が死去した。享年五十八歳。親方は翌年の十一月の九州場所で行う「還暦土俵入り」を楽しみにしていた。赤い横綱を締め、一門の九重親方（元横綱北の富士）を露払い、千代の富士を太刀持ちに従えて土俵入りするはずだった。それもかなわぬ夢となった。息を引き取ったとき、啓子夫人は親方の手を取り、「ご苦労さまでした」と手を握ったという。万感の思いを込めた言葉だった。奄美の住民、出身者、相撲ファンは深い悲しみに包まれた。

南海日日新聞は二十三日付社会面で一報を伝えると、二十四日付は第二社会面、社会面見開きで報じた。見出しは「さよなら　名横綱朝潮―ヒーローの死　惜しむ、相撲の国際化に貢献」。力士、親方としての歩みと功績を振り返り、死を悼んだ。続く二十五日の社説では「あ

＊15　第四代朝潮太郎（昭和三十年～）。本名・長岡末弘。高知県室戸市出身。大関。幕内在位六三場所。優勝一回、殊勲賞一〇回、敢闘賞三回、技能賞一回。近畿大学相撲部出身。二年連続アマ横綱、学生横綱を獲得。当初の四股名は本名の長岡。その後、朝汐―朝潮。引退後は一一代若松を継承。平成十四年に第七代高砂に就任。モンゴル出身の横綱、朝青龍（あさしょうりゅう）を育てた。

図10　記念像前での横綱朝青龍（平成18年12月6日）

りがとう高砂親方」と題し、最大級の賛辞を贈った。「親方の功績は数えきれないが、奄美にとっては復帰前後、荒廃のなかで復興に取り組む郡民に大きな希望を与えたことだろう。米軍政下の徳之島から密航して神戸に渡り、相撲界の最高峰を極めるまでの十一年間。それは奄美にとっても復帰運動、それに続く自立化への歩みと、まさに激動の時代であった。戦後生まれの世代には遠い存在かもしれないが、『奄美』を全国ブランドにした最大の功労者も親方である。それまで『奄美出身』と名乗れなかった人たちが、朝潮の登場によって堂々と島の名を口にするようになった。少々大げさにいえば差別とコンプレックスの歴史に、まぶしい光を投じたのである。ご苦労さん、高砂親方。そして、ありがとう、横綱朝潮」

朝潮が島民を魅了してやまなかったのは豪快な相撲だけではない。郷土愛にあふれていたことにある。上京した後輩たちの面倒を親身になって見た。朝潮を慕う人々は平成七年（一九九五）七月、故郷の井之川に朝潮の銅像を建立した（図11）。化粧まわしをつけた朝潮が井之川岳をバックに太平洋を望む。銅像建立実行委員長で当時、徳之島町長を務めた高岡善吉はこう刻んだ。「軍政下に呻吟（しんぎん）していた島内、島外の奄美同胞を狂喜乱舞させ、南溟（なんめい）の島奄美の名を天下に知らしめた偉大なる功績は徳之島町民の誇りである」。徳之島町は平成三十一年度（二〇一九）、銅像の敷地内に朝潮太郎記念館を整備した。[*16] 写真や化粧まわしなど貴重な資料を展示し、功績を語り継ぐ。朝潮は徳之島、奄美にとって希望の星だった。

（久岡　学）

図11　井之川に建てられた46代横綱朝潮太郎記念像（平成7年7月）

＊16　徳之島町は、平成三十一年度、井之川集落観光拠点事業を導入して整備した。鉄筋コンクリート造り一階建て。延べ床面積は六五平方メートル。遺族と地元が寄贈した資料三六点が展示されている。

第四節　徳之島の新聞の歴史、そして現在

徳之島でもかつて新聞が発行されていた。確認できているのは戦後だ。では戦前までは島内で新聞をどのようにして手に入れていたのだろうか。まずは鹿児島本土、そして奄美大島の新聞の歴史を振り返り、そして徳之島発の新聞を紹介する。

鹿児島の新聞、離島にも

江戸時代、瓦版（かわらばん）として親しまれてきた紙の印刷物（当時は木版刷り）が明治維新後は新聞を生む。日本初の日刊紙『横浜毎日新聞』が登場（一八七〇年）して以降、東京だけでなく全国各地で地方紙が刊行された。鹿児島県では西南の役から五年後の明治十五年（一八八二）、『鹿児島新聞』（図１）が創刊された。日刊紙でタブロイド判（現在の夕刊紙の大きさ）よりすこし広い四㌻であった。その後、さまざまな地方紙が出現しては消えたようだが、明治二十四年に現れた『鹿児島毎日新聞』は『鹿児島新聞』のライバル紙となり、両紙ともに日清戦争（一八九四〜九五年）で部数を伸ばした。ともに政党新聞の観が強く、日清戦争後、政党間の手打ちが行われ『鹿児島毎日新聞』が『鹿児島新聞』に吸収合併させられる形になった。明治三十年（一八九七）のことだ。鹿児島新聞社は、社内に地元の政治集団・鹿児島政友会の事務所を設けるほどの〝政党機関紙〟ぶりを発揮した。これに反発した地元の経済界は明治三十三年、『鹿児島実業新聞』を創刊させた。大正二年（一九一三）に『鹿児島朝日新聞』に改題。以降、『鹿児島新聞』と『鹿児島朝日新聞』は、昭和十七年（一九四二）、政府の一県一紙政策で『鹿児島日報』に合併統合するまで、報道合戦を繰り広げた。*1

当初このような新聞報道の恩恵を受けられたのは、新聞社のある鹿児島市周辺ぐらいだったろうと思われる。『南日本新聞の百二十年』によると、地方には主に郵送していたが、部数の伸長とともに地方にも取次店を徐々につくっていく。鉄道の拡張とも相まったようだ。『鹿児島新聞』の離島取次店第一号は明治三十七年（一九〇四）、種子島の北種子村（きたたね）（現・西之表市）だった。さらに明治四十二年には奄美大島の名瀬（なぜ）に取次

*1 年数などデータは『南日本新聞の百二十年』（二〇〇一、南日本新聞社）から。

店を開設している。『鹿児島新聞』は創刊時、約千部だった部数が日露戦争の始まった明治三十七年には一万部を突破していた。

名瀬の取次店ができる以前、奄美ではどうやって新聞を手に入れていたのだろうか。『南海日日新聞五十年史』に興味深い記述がある。奄美大島の南、加計呂麻島（現・瀬戸内町）の旧家から瀬戸内町立郷土館に寄贈された屏風の下張りから、明治二十五年（一八九二）前後の『鹿児島毎日新聞』がかなりの数見つかったという。この旧家の主は明治初期、県議会議員も務めた名士だった。この年の同紙の発行部数は一二九〇部だったようだが、[＊2]この程度の部数でも何らかの縁や力で離島にも本土の新聞が入りこんでいたことを示している。鹿児島県は奄美各村の協力を得て、明治二十四年から三年間、奄美の各島々を月に一回巡る大阪商船の汽船を運航させていた。徳之島には山（現・徳之島町）、平土野（天城町）、亀徳（徳之島町）、鹿浦（伊仙町）の港に寄港した。[＊3]その後も、曲折はあったものの地元の船会社をつくるなどして奄美の島々には定期船が走るようになる。こうした船便の伸展を考えれば、当然徳之島にも新聞が入っていたであろう。

『南日本新聞の百二十年』には、昭和三年（一九二八）の『鹿児島朝日新聞』と『鹿児島新聞』の駅託送の部数分布図が載っている。欄外には離島への船便の部数があり、『鹿児島朝日新聞』（発行部数約二万四〇〇〇）が一五〇〇部、『鹿児島新聞』（二万二〇〇〇部）が九七〇部とある。「離島」の大半は奄美方面と考えられる。

奄美大島で新聞発行

『鹿児島新聞』が奄美大島の名瀬に取次店を開設し、周辺まで配達されるようになった明治四十二年（一九〇九）、奄美で最初の新聞『大島新報』が名瀬で創刊された。『改訂名瀬市誌 二巻』によると、タブロイド判半分ほどで表裏の二ページ。月に三回発行したという。部数は多いときで四〇〇部ぐらいだったらしい。翌年、『南島時報』というライバル紙

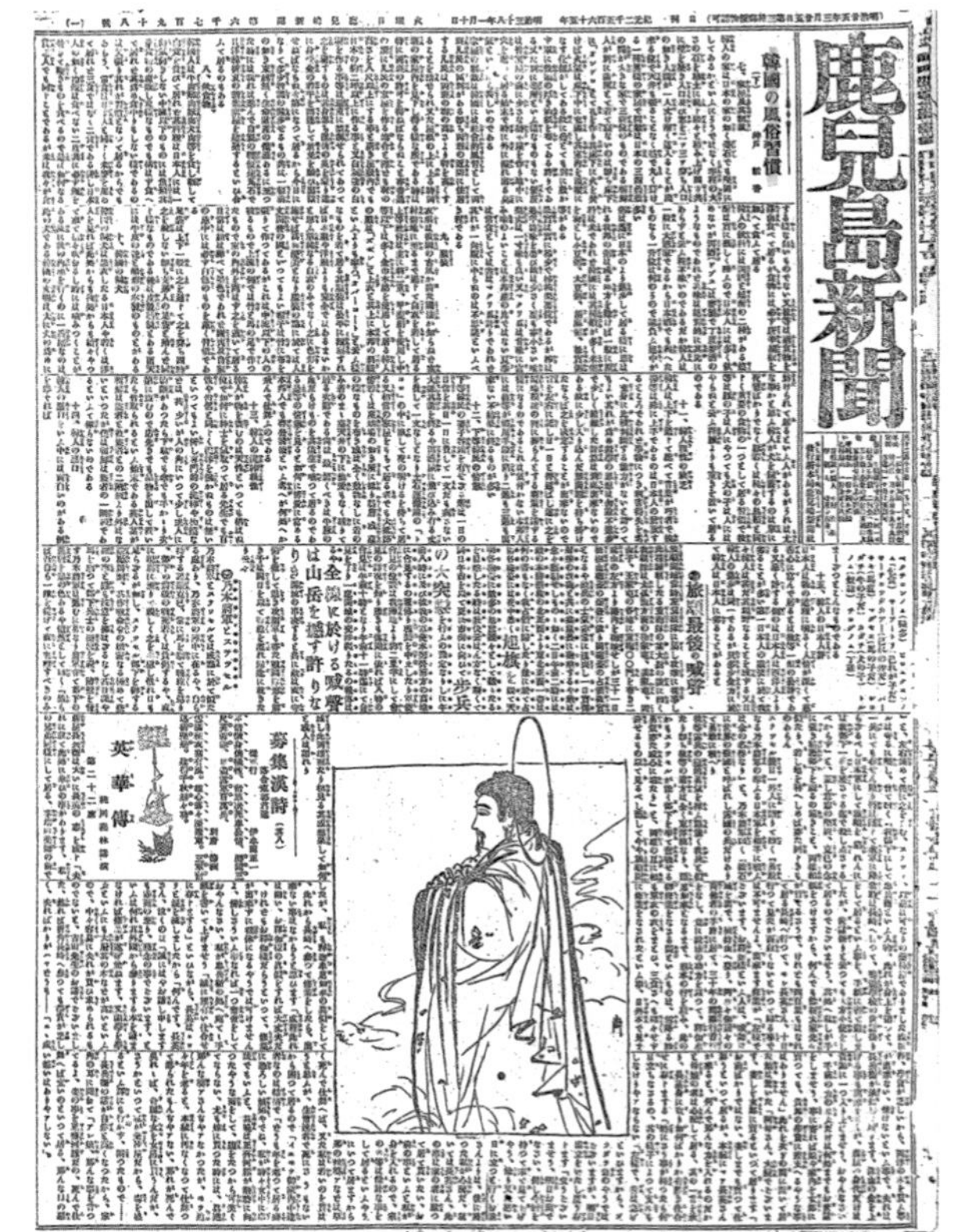
鹿児島新聞

図1　鹿児島新聞（明治38年1月）

＊2　1と同じく『南日本新聞の百二十年』、三二二頁。

＊3　『天城町誌』（一九七八、天城町役場）。

が出現する。『大島新報』と同じ大きさで（時々、タブロイド判も）、やはり月三回発行で三〇〇部ほど。両紙は互いを批判することも多かったようだ。

その後、いくつかの新聞が出没し、大正十一年（一九二二）には当時、最新式の印刷機を導入した『大島朝日新聞』が創刊される。現在の新聞とほぼ同じ大きさブランケット判で四ページ。日本電報通信社と契約し、国内外のニュースも掲載した。創設時の社長は徳之島・亀津出身の肥後憲一。月一〇回発行だったようだが、昭和十三年（一九三八）の廃刊前には日刊になっていたらしい。部数は二〇〇〇部前後あったようだ。この間、先の『南島時報』は廃刊し、『大島新報』は『大島時事新報』に改題、さらに昭和四年に『大島新聞』となる。社長は徳之島・花徳出身で、『大島朝日』で営業部長をしていた内山尚忠。県議を四期務めた人物で、当初月三回発行だったのを徐々に増やしていき、昭和十一年からは、四ページから二ページに減らして日刊にしたという。一方この年、『大島新聞』の主筆・編集長をしていた徳之島・母間（現・徳之島町）出身の新天領は『奄美新聞』を立ち上げる。創刊時から日刊だったようである。

名瀬の町（図2）でその『大島新聞』と『奄美新聞』がしのぎを削ったが、昭和十二年から始まった日中戦争で国内は挙国一致、総動員体制となっていく。翌十三年には国家総動員法が公布・施行され、言論統制も強まった。新聞用紙供給制限令も施行され、新聞にとって命綱の用紙を政府がコントロールする。その圧力はまず地方の小さな新聞社に向けられたようだ。翌十四年、大島新聞社と奄美新聞社の代表者、さらに名瀬にあった複数の雑誌の代表者が大島警察署長室で統合に向けて協議させられた。結果、一つの新聞社「大島日報社」が同年七月、誕生することになった。日曜休みの日刊紙。社長は内山尚忠で、出資者には雑誌『力戦』の坂井友直、雑誌『大島』の肥後吉次（戦後、県議を連続八期）、さらに『奄美新聞』『大島日報』で記者をしていた小林正秀らが名を連ねていた。[*4] 内山は先述のように花徳、坂井は阿権（伊仙町）、肥後は亀津（徳之島町）、小林は岡前（天城町）と、いずれも徳之島出身だった。

国内の国家総動員体制はますます強まるなか、日中戦争は泥沼化。ヨーロッパでは第二次世界大戦が始まった。アメリカは日本に対する石油輸出を全面禁止し、日本に対し中国から撤退するよう要求した。

図２　『聖上陛下奄美大島行幸記念写真帖』の名瀬の町（昭和２年８月　国立国会図書館所蔵）

窮した日本は昭和十六年十二月、太平洋戦争に突入する。直後、新聞事業令を公布し、「一県一紙」など新聞の戦時体制を強権的に進めた。翌年二月、鹿児島本土の『鹿児島新聞』と『鹿児島朝日新聞』は合併し、『鹿児島日報』（公称部数は両紙を足した五万五〇〇〇部）となった。しかし、それで終わらない。『大島日報』は廃刊になり、鹿児島日報大島支社が現地印刷する形をとる。準備に時間がかかり、昭和十九年五月、『鹿児島日報大島版』が発刊された。一五〇〇部印刷。喜界島、徳之島、沖永良部島、与論島にも船便を出した。当初はブランケット判で四ページだったが、戦況の悪化とともに用紙の確保が難しくなり、まもなくタブロイド判二ページ、さらにその四分の一大へとなりながらも毎日、発行を続けたようだ。[*5]

昭和二十年四月、米軍は沖縄本島に上陸。住民を巻き込んだ壮絶な戦いの末、六月、沖縄を鎮圧すると、奄美大島には米軍が毎日のように飛来し、空襲を行うようになった。[*6] 五月から七月にかけては月に三〇〇回以上という猛襲、名瀬の鹿児島日報大島支社も四月に被災した。それでも支社は新聞発行を続けた。地元採用の記者の一人、村山家國の自宅に小型印刷機を移し、「特報」と銘打って号外のような形で発行した。用紙は地元雑誌『大島』を出していた肥後吉次から入手。村山の自宅裏山にあった大きな防空壕に置いた輪転機を人力で回したという。

『奄美タイムス』、『南海日日新聞』創刊

鹿児島市の本社・鹿児島日報社も昭和二十年（一九四五）六月の大空襲で炎上。本社から少し離れた同市草牟田の山裾に用意していた防空壕で手動印刷し、発行を続けた。敗戦直後、焼け跡の本社で再び印刷を開始する。そして翌二十一年二月、社名を「南日本新聞社」と替え、『南日本新聞』と改題した。その二月、北緯三〇度以南の奄美群島は琉球諸島同様、本土から行政分離させられた。名瀬では「南日本新聞大島版特報」として続けたが、奄美の駐留米軍政府は、行政分離後も日本本土企業が残留し、さらには名称が残る事態も嫌い、奄美の責任者だった村山に新聞の発行権について追及したらしい。村山は名実ともに奄美の新聞社とすべく「南海日日新聞社」を立ち上げ、十一月から『南海日日新聞』を発行した。[*7]

この『南海』創刊の少し前、同じ昭和二十一年の三月、『奄美タイムス』が創刊されている。[*8] 編集

＊4　『南海日日新聞五十年史』（一九九七、南海日日新聞社）四八頁。

＊5　『南日本新聞の百二十年』四〇六頁。

＊6　『改訂名瀬市誌　一巻』（一九九六　名瀬市役所）六七三頁。

＊7　『南海日日新聞五十年史』『南日本新聞の百二十年』を参考にした。

＊8　『改訂名瀬市誌　二巻』には「昭和二十一年六月」（七一頁）とあるが、編集発行人となった小林正秀は「三月十五日」と記録している（『徳州新聞』一九八二年十月十四日）。

発行人は、『奄美新聞』から新聞統合後の『大島日報』、さらに県本土紙と統合後の『鹿児島日報大島版』で記者をしていた小林正秀。小林と同様に三紙を渡り歩き、『大島日報』では発行人も務めた中村安太郎も参画した。中村はのちに小林に代わって『奄美タイムス』の発行人になった。奄美は本土との行政分離の後、藩政時代から続いた政治・経済・教育面での鹿児島からの呪縛が解かれ、多数の劇団ができたり、雑誌が創刊されたりした。「奄美ルネサンス」と呼ばれる〝解放・自立〟時期で、両紙はその時代を支える存在ともなった。

米軍占領政府は言論・表現の自由を保障したが、奄美で復帰の声が公然と出てくると両紙の記事も検閲し、中身によっては注意を促し、用紙の供給停止もちらつかせたりしたようだ。昭和二十四年五月、米軍政府が食糧の三倍値上げを決めると、復帰運動はさらに盛り上がりをみせ、両紙も報道に力を入れた。一時期、復帰運動の事務局にもなった[*9]『奄美タイムス』が先鋭だったようで、「南海は中庸、タイムスは共産がかっていた」という声を『南海日日新聞五十年史』（一〇六ページ）は紹介している。『奄美タイムス』は前年の二十三年、共産党関連書簡絡みの疑惑で、記者三人が検挙され、編集発行人だった中村安太郎は一年間投獄され、代わって小林が再び発行人になった。

用紙事情の悪かったこのころ、両紙は表裏の一ページで、大きさはタブロイド判だったり、A四判だったりと定まらなかったようだ。発行も週三回とか月に数回ということもあったらしいが、昭和二十六年には日刊で発行できるようなったようだ。同年三月の発行部数は『南海日日新聞』が二三〇〇部、『奄美タイムス』が一七六九部だった。[*10]『奄美タイムス』は徳之島の亀徳、伊仙、東天城に通信員兼配達責任者を置き、徳之島でも配られていたようだ。[*11]『南海日日新聞』は創刊翌年の昭和二十二年に徳之島支局を開設していたので、一定の部数は船便で届いていただろう。

徳之島で新聞発行へ

昭和二十八年十二月、奄美群島は日本に復帰。その二年後の三十年五月、『奄美タイムス』は実質的に廃刊となった。紙齢一一〇三号で実質廃刊を数えていたが、[*12]『奄美タイムス』は実はその前に一度、「廃刊」している。小林正秀（**図3**）が二度目の編集発行人

＊9『徳州新聞』一九八三年九月二十二日付　小林正秀「復帰運動の思い出（一）」。

＊10『南海日日新聞五十年』一〇七頁。

＊11『徳州新聞』一九八二年十月二十一日付「小林正秀　私の回顧録（一）」。

＊12 鹿児島県立奄美図書館に所蔵されている五月二十八日（土曜）付が紙齢一一〇一号。月曜付は休刊だったから、三十一日（火曜）付・紙齢一一〇三号まで発行されたと推察できる。

だった昭和二十六年八月三十一日付（紙齢八四三号）で、小林は「廃刊の辞」を紙面に載せた。その理由を、のちに再び発行人になった中村安太郎が、本土復帰後の『奄美タイムス』（昭和二十九年十月二十七日付）で明かしている。連合国軍（実質アメリカ）の占領下にあった日本が国際復帰を果たすサンフランシスコ講和条約（昭和二十六年九月八日締結）に対し『奄美タイムス』は連日、社説で批判。奄美の本土復帰のためにはソ連など共産圏も賛同できる全面講和が必要として、単独（西側諸国との）講和に反対していた。このため米軍政府は連日、『奄美タイムス』に発行停止の脅しをかけていたらしい。そこで、奄美タイムス社は社内協議の上、一切の権利を地元の食品会社・大島食糧の社長に譲渡し、翌日は同じ『奄美タイムス』のまま「第一号」として発行し、発行停止の難を逃れたのである。『奄美タイムス』の昭和二十六年の「廃刊」は米軍政府に対するカモフラージュだったことになる。ただし「廃刊の辞」を書いた編集発行人・小林は、実際にこの機に『奄美タイムス』を退社したようだ。小林は翌二十七年三月、新たに別の新聞『婦人毎日新聞』を立ち上げた。封建的な風土・社会を打破し、女性の地位向上を狙ったものだったようだが、短命で終わる。小林はそれでも落ち込むことなく翌二十八年に故郷・徳之島で自らの新聞『南西日報』（図4）を立ち上げた。

これまでみてきたように徳之島人には奄美大島・名瀬で新聞や雑誌を立ち上げた知識人が多い。しかし、徳之島に生活して島で新聞や雑誌を出したのは小林くらいだ。歴史的な地勢の違い、それに伴う交通の利便性、人口、文化の醸成（じょうせい）度合いの違いなどから仕方なかったかもしれない。現在のインターネットと違い、モノとしてのメディア、新聞、雑誌は実際に手に取り、購入する人がいなければ成り立たない。小林がなぜ、奄美で一番人口の多い、文化も集積した名瀬を離れて、徳之島に戻ってきたのかわからない。『奄美タイムス』時代、報道規制の厳しい米軍政府との折衝（せっしょう）に疲れ、『婦人毎日新聞』はビジネスとしてうまくいかず、地元からの要望もあって故郷の島に戻ってきたのかもしれない。

徳之島町誌編纂（へんさん）室によると、小林正秀は天城町岡前（おかぜん）の出身で、明治三十六年（一九〇三）生まれ。旧制京都中

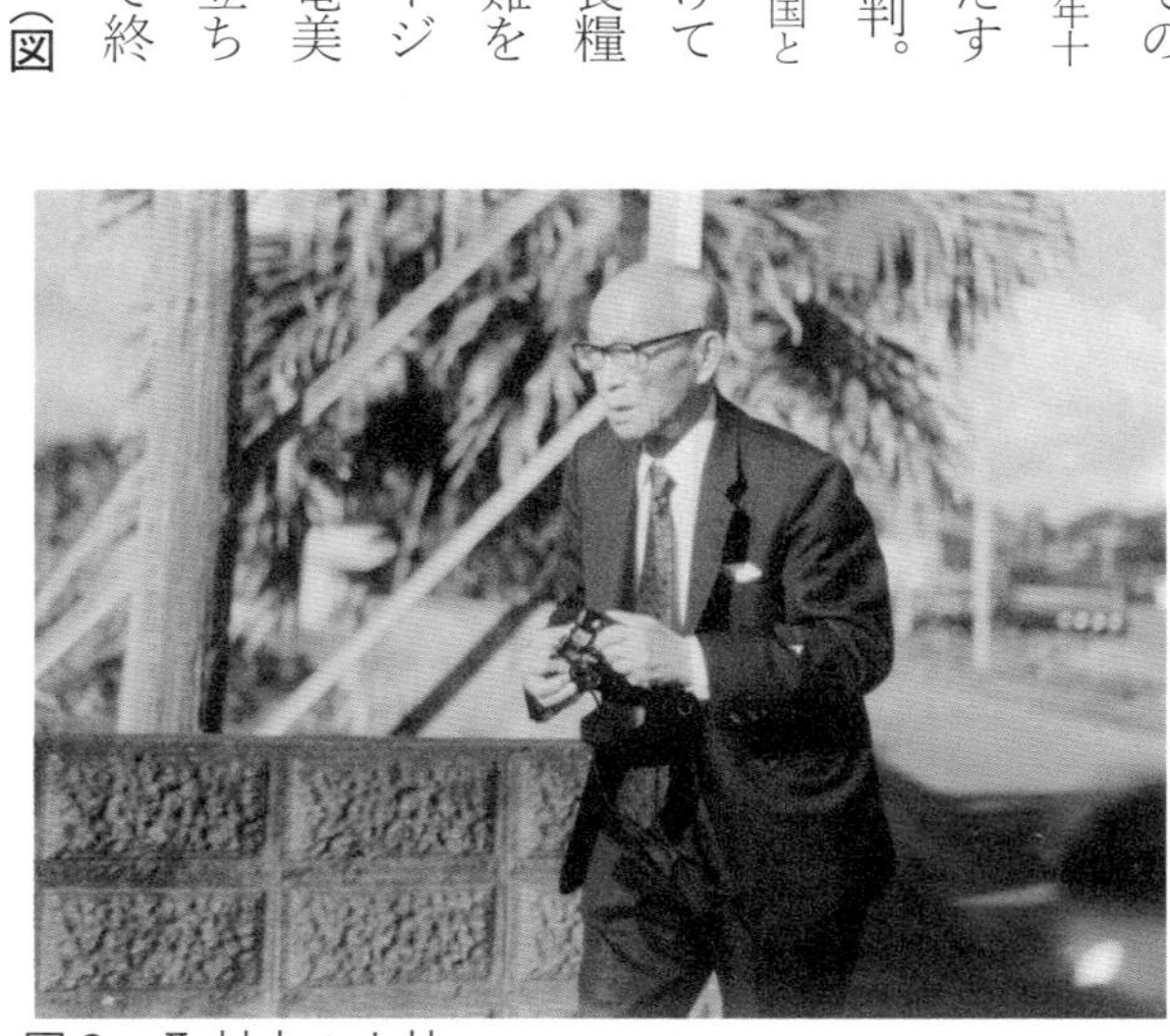
図３　取材中の小林（新聞発行と並行して昭和41年に郷土研究会を立ち上げ、町文化財保護審議会長も長年務めた）

学を卒業し、日本大学高等師範歴史科に進むが、関東大震災(大正十二年＝一九二三)で退学を余儀なくされる。警視庁、東京府勤務を経て、昭和十二年(一九三七)、奄美大島・名瀬の『大島新聞』で記者になる。その後、ライバル紙の『奄美新聞』に移り、国策上、両紙が合併した『大島日報』、さらに県紙と合併した『鹿児島日報大島版』で記者を続け、戦後は『奄美タイムス』に立ち上げから関わる。「切った、張った」の事件記者タイプではなかったようだ。小林に直接、会った複数の人は異口同音に「物静かな学者タイプ」と評した。実際、小林は言論人であるとともに郷土史家として徳之島に多大な貢献をする。『西郷南洲伝』(昭和三十年)を皮切りに、郷土資料として『犬田布騒動』(昭和三十三年)、『徳之島の鍾乳洞』(昭和四十年)など一三集を刊行している。『天城町誌』(昭和五十三年)の編纂委員長を務め、『徳之島町誌』(昭和四十五年)では、近世、大正、昭和、そして米軍政時代を執筆・担当している。晩年は大分に移り、平成二年(一九九〇)、八十七歳で死亡している。前置きが長くなった。小林が徳之島に戻って創刊した『南西日報』をみてみよう。*13

『南西日報』の誕生

小林が徳之島に帰って、亀津町(現・徳之島町)で立ち上げた『南西日報』は、昭和二十八年(一九五三)五月五日付で創刊された。縦三六五ミリ、横二七二ミリと一般的なタブロイド判(縦四〇六ミリ、横二七三ミリ)より縦が少し短い。表裏の一枚の二ページ。毎週火・木・土の発行だったが、翌二十九年五月十七日付からは月・水・金に替わった。欄外の日付は、本土復帰前は西暦だが、復帰(一九五三年十二月二十五日)後の昭和二十九年からは和暦・昭和で記される。購読料は月一〇〇円。第三種郵便で郵送が基本だったようだ。

紙齢七五号となる昭和二十八年十一月二十七日付で、ようよう南西日報社社長として「ごあいさつ」を掲載。「名瀬市で奄美タイムス経営中、徳之島にも新聞社と印刷所が欲しいとの聲をしばしば聞いていました」「先輩知友のおすすめなどもありました上に、私自身また(略)少しでも

*13 途中から『徳州新聞』に改題した同紙の一九八二年までを遺族が徳之島町に寄贈し、同町郷土資料館がデジタルデータにしている。八三年以降、さらに改題して『徳之島新聞』となってからの新聞は徳之島町総務課長で郷土史家でもあった故・松山光秀氏宅に保管されており、今回、娘の中林みゆきさんが貸してくださり、同資料館でデータ化できた。『徳之島新聞』は一部、吉川印刷(徳之島町亀津)にもあり、こちらもデータ化した。

図４　『南西日報』創刊号(昭和28年5月5日)

徳州の文化向上に役立つことが出来ればという念願をもって」印刷機などを持ち込んだという。「来年一月一日から（略）日刊新聞にしたい」とも触れていたが、これはかなわなかった。

印刷機の関係かコストの問題か、紙面に写真が掲載されることは少ない。本土復帰前の当初は一面に共同通信の国内外のニュースも扱っていたが、復帰後、海外ニュースは少なくなり、昭和三十二年五月からはほぼ地ダネとなる。活字は、すべては揃（そろ）えきれなかったのだろう。見出しが一字だけ小さくなったり、漢字がなくてひらがなの活字を使ったりした。

昭和二十八年八月八日の夜、来日中のアメリカのダレス国務長官が奄美の本土復帰を明言。雑音だらけのラジオは繰り返しニュースを流し、亀津の商店街はその話題で持ちきりになった。小林も手書きで号外を作り、役場の当直や地元中学生の協力で、町内の目抜き通りの角々に貼り付けたらしい。映画館では上映を中断し、その号外が読み上げられ、観客からは拍手と口笛が鳴り響いたという。[*14] 印刷での「号外」は八月十日付で出した（図5）。

創刊翌年、昭和二十九年四月十三日付の二面（裏面）で、早くも小林らしい連載「徳之島と南州翁」が始まる。同年十二月二十日付の九三回で終了した（翌年には書籍化）。連載を受けて、西郷隆盛の孫で当時参議院議員をしていた西郷吉之助が「祖母 西郷隆盛の妻」を三回連載している。この間、伊仙村（当時）の無医村状態を「人道上の問題」と訴え、[*15] 県の計らいで問題解消したと報じた。[*16]

昭和三十年の八月から十月中旬まで七十日余、小林は鹿児島から関西、関東へ「視察旅行」に出かける。この間休刊したため、十月二十五日付一面で「復刊発行御挨拶」を「購読者広告主各位様」として社告のように掲載した。南西日報社は時々、紙面で従業員募集の告知をしていたが、社員の数は少なく小林頼りだったことがうかがえる。翌三十一年には事業にも乗り出したようだ。二月は目白押しで、第一回珠算（しゅざん）競技大会、弁論・芸能大会も主催し、紙面で大きく取り上げた。「徳州婦人団歌」

＊14 『徳州新聞』昭和五十四年三月二十九日付「復帰運動の思い出」二二。

＊15 昭和二十九年五月二十一日付。

＊16 同年九月二十日付。

南西日報

八月十日

号外

待望八年の夢いよいよ実現

奄美大島を日本に返す

ダレス國務長官が言明!!

近く具体的交渉する

岡崎外相記者会見

感激にたえない

福永官房長官談

八千万同胞の力

名瀬と古仁屋で

郡民大會開催

本社の特報で

喜びにわきたつ

鹿児島では

ちょうちん行列

亀津町では

あす八夕行列

図5 復帰を伝える号外（昭和28年8月10日）

「徳州青年団歌」も懸賞付き（一等千円、二等五百円、三等百円）で公募。応募作を紙面で紹介した。

昭和三十二年になると、週三回発行のはずが週二回ということもたびたびで、曜日がずれることもあった。珠算大会はこの年も紙面で応募したが、参加希望者が少なく中止した。十二月の発行は六回だけで終わる。印刷機が再三故障したのが原因らしく、社告で十二月分は半額の五〇円にします、と謝罪している。同様の事態は三十四年八、九月も起きて、両月とも各五〇円にすると「おわび」した。

このころ『南西日報』の部数はどれくらいあったのか。紙面からはうかがえないが、せいぜい数千部か（当時、島の世帯数は約一万二〇〇〇）と思われる。出身者など本土からの購読者もいた。島内の購読者も含め、その大半は郵送という作業が伴う。小林らの苦労がしのばれる。それでも島のニュースを細かく報じることができるのは地元紙だけだった。購読者には重宝されていただろう。

昭和三十四年九月二十日付は、ＮＨＫのラジオ聴取の改善を求める記事で一面トップをつくった。電話取材か直接面談したのか、ＮＨＫ鹿児島放送局長に雑音だらけで聴きづらい現状を紹介し、打開策を求め、奄美大島の名瀬に中継局開設を提案している。その島に住む記者ならではの思いが出た記事だった。

『徳州新聞』に改題、週刊紙に

ＮＨＫ鹿児島放送局がラジオ第一、第二放送の中継局を奄美大島・名瀬に開設した昭和三十六年十二月。南西日報社は徳州新聞社と名前を替え、新聞も十六日付から『徳州新聞』と改題した（図６）。郵送料がこの年六月、一円から二円に上がっていたが[*17]、購読料は月一〇〇円に据え置いた。ただ週三回発行だったのを、週一回、土曜発行にする一方でページ数は従来の二ページから四ページに。紙面も少し縦が長くなり、いわゆるタブロイド判になった。なぜ改題したのか紙面には触れられていない。社告では、ラジオ、テレビ、大新聞には到底太刀打ちできないが、その競争できない弱みが「純然たる郷土紙としての強みであり、今後ま

＊17　『南西日報』六月十五日付。

(1)　昭和36年12月16日　(土)　徳州新聞

7000円でたのしい空の旅！
16日から徳之島ー鹿児島間

徳州新聞

わずか二時間
鹿児島への距離短縮
（号外再録）

喜界へ一千五百円
片道わずかに四〇分

空路開設への
暫定的の運航措置

小型工場轉廃資金
融資に明るい見通し

銅像除幕式へ

廃料甘蔗
生産者各位殿

大島糖業株式会社
大洋殖産株式会社
大和製糖株式会社

痛みとこりに
はつてすつきり
サロンパス

図６　『徳州新聞』に改題（昭和36年12月16日）

すます郷土色の強い」紙面を目指すことを誓っていた。「南西」という漠然と広い意味合いから、徳之島を示す「徳州」に替えることで、より「徳之島の新聞」になるという意志が込められたのだろう。四㌻の週刊紙は、二年後の昭和三十八年には基本二㌻になっていた。[*18]さらに発行日も月曜に替わった。

そんななか六月二十四日付で紙齢一〇〇〇号を迎える。小林は一面で、これまでの十年間を振り返り、一時期危機に陥ったが、社員一同の協力で乗り切れたこと、五冊の本を出版できたことを述懐。「郷土史料開発は郷土新聞たる本紙に課せられたる重大使命」と書いた。翌三十九年、徳之島にもついにNHKラジオの中継局ができ、さらに翌四十年、NHKのテレビ中継局が開設。『徳州新聞』はさらなる「郷土化」で生き残りをかけることになる。

郷土のニュースは島の出身者たちこそ求めていたのかもしれない。昭和四十四年五月、関西在住の徳之島出身者らが『徳州新聞』創刊十五周年を支援する後援会を結成し、その趣意書が十二日付一面に掲載される。後援会として、写真製版設備の贈呈を決めたが、印刷工場新築に向けた資金協力も同郷人に求めていた。その後、紙面には資金提供した出身者たちの名前と提供額が掲載されたが、掲載回数は数回で途切れ、「十月までに目標二〇〇万円」（六月十六日付）は達成したのか、資金はどうなったのか、紙面には掲載されないままに終わった。紙面を介して出身者と地元でこんなこともあった。昭和四十五年一月二十六日付二面に「徳之島町役場職員一同」の「声明書」が広告として掲載されている。関西徳之島町連合会長が徳之島町内の各集落有志に、「役場の雰囲気は沈んで覇気（はき）も失ってダラシない仕事ぶり」「臨時職員を採用したがそれ程仕事量が増えたとは考えられません」といった文書を送ったらしい。「声明書」は、それに対する反論だった。「町勢発展の為日夜努力していることを誓いここに声明する」と。わざわざ広告として出すほど職員らは憤慨（ふんがい）したのだろう（**図7**）。『徳州新聞』が島出身者に読まれている郷土紙であったことがうかがわれる事例だった。

このころ奄美の島々は離島ブームで東京などからの観光客が増えていた。しかし、地元週刊紙には波及効果はなかったのかもしれない。『徳州新聞』は昭和四十六年七月五日付で購読料の値上

＊18　三十六年分が欠落しているため、いつからか不明。

図7　旧徳之島町役場（左が昭和27年、右が昭和34年に完成。昭和49年、埋立地に新庁舎が完成し、役場としての機能を終えた。）

げを告知している。創刊以来の郵送料込みの月一〇〇円を一五〇円に上げる「お願い」だった。同月、第三種郵便物料金が三円から六円に値上がりしたことが理由だった。昭和四十九年一月七日付には鹿児島支局を設置したことを知らせる社告が掲載された。支局長は小林の「三十年来の知友」。これまでは通信員を置いていた形だったが、支局にした理由は「県本土読者の増加に伴ない」というものだった。

『徳州新聞』は昭和五十年最後の号である十二月二十二日付から以降、これまでの二ページから基本四ページになる。それについての告知はなかったが、元々『徳州新聞』に改題し、週三回から週一回発行に切り替えた際、四ページと社告していたことを考えれば本来の形になったと言える。中面に「文化」面ができた。しかし、購読料値上げはしなければならなかったのだろう。昭和五十一年二月、従来の月一五〇円から一気に四〇〇円に購読料を改定する。郵便料金が六円から一五円に上がり、用紙代も上がったためと告知した（二月九日付）。

同年十月、徳之島に核燃料再処理工場の計画があるという報道が一斉になされた。『徳州新聞』も十月二十五日付で報じる。一面はすべてその関連記事。二面から三面、四面と全ページで取り上げた（図８）。「死の灰の処理工場　徳之島全体が死の灰化」「徳之島は死の島へ　永久に住めなくなる」。センセーショナルな見出しが目に付く。社会ネタはあまり大きく扱わないイメージの同紙だったが、この核燃問題は違った。地元三町は早速反対決議するなか、関連報道はほぼ毎号掲載された。翌五十二年三月二十一日付で「工場は前天城町長が依頼」と報じたあとは鎮静化するが、それまでの集中報道は地元の人々の関心を集めたらしい。小林にとっては放っておけない問題だったのだろう。昭和五十四年十二月、問題が再燃すると翌五十五年三月まで精力的に報道を続けた。

『週刊とくのしま』が登場

この年の六月、徳之島にもう一つの新聞が登場する。『週刊とくのしま』[＊19]（図９）。『徳州新聞』と同じ週刊のタブロイド判四ページで、購読料は月五〇〇円と一〇〇円高かった。ただ、郵送の『徳州新聞』

＊19 同紙のアドバイザー的存在だった故・松山光秀宅に創刊三か月後の一九八〇年九月二十四日付から廃刊時の八三年九月二十四日付までが保管されていた。娘の中林みゆきさんからお借りして、徳之島町郷土資料館でデータ保存した。

(1)　昭和51年10月25日　(月)　徳州新聞　第1690号

徳州新聞

三京と西阿木名に
二五〇町歩核廃棄物工場

死の灰の処理工場
徳之島全体が死の灰化

ひとにぎりの調査
島に誘致論がある如く

米英仏は廃止
日本の安全審査委員会

徳之島は死の島へ
永久に住めなくなる

図８　核燃料再処理工場計画を伝える徳州新聞
（昭和51年10月25日）

と違い宅配にした。どのページにも写真を使い、視覚に訴えた。一面で話題の島の人を写真付きで掲載し、四面では「笑顔さん　こんにちは！」と題して、島の若い女性を写真付きで紹介。事件事故も大きく扱い、現場写真を載せた。一方の『徳州新聞』はこのころまで写真掲載はもっぱら中面の文化関連モノで、資料写真のようなものばかりだった。いわば老舗の高級紙に大衆紙が打って出た印象だった。仕掛けたのは徳之島町亀津に住む森五十次（一九四四年生）。当時、農業をしていたが、「医療界の風雲児」と話題になっていた医療法人・徳洲会の徳田虎雄（徳之島町亀徳出身）の講演を伊仙町で聴き、感動し「感化された」らしい。「世の中で役立つことをしたい」「島にもっと情報を」と新聞作りを思い立ったという。指南役は徳之島町の元総務課長で郷土史家でもあった松山光秀[＊20]（図10）。取材記者を雇い、文化面には松山のほか教育者で知られた龍野定一[＊21]、郷土史家の徳富重成[＊22]（図11）らに寄稿してもらった。

出だしの感触はよかったようだ。「笑顔さん　こんにちは」は昭和五十六年の十二月から一面に上げる。この年一月からは八㌻にページ数を倍増し、中二面を使ってＮＨＫ総合、ＭＢＣ、ＫＴＳの夕方の時間帯のテレビ番組を一週間分、一覧にして掲載。昭和五十八年五月には一〇㌻にし、一週間のテレビ番組表を三㌻に増やし、広告が少ない時は朝からの番組を載せた。料金は五〇〇円のまま据え置いた。

一見、勢いのある『週刊とくのしま』だったが、違った。五十八年九月十日付で「休刊のお知らせ」を掲載する。五〇〇〇部を目標にしたが、三一〇〇部で止まったらしい。島外発送分の売掛金が響いたと記した。翌週号（九月十七日付）では、その売掛金が二〇九万円に上る。早急に送金を、と呼びかけ次の九月二十四日付で実質、廃刊した。紙齢一六五号だった。このとき、社主の森は次の一手を考えていた。「新しく『週刊とくのしま情報紙』誕生!!」と最終号で予告した。

『徳州新聞』から『徳之島新聞』へ

『徳州新聞』にとって、大衆的なライバル紙『週刊とくのしま』の出現は驚きだったかもしれない。出現から半年後の昭和五十六

図9　『週刊とくのしま』（昭和55年12月3日、第21号）

図11　徳富 重成

図10 松山 光秀

年二月、『徳州新聞』も購読料を五〇〇円に値上げした。第三種郵便物料金が一部二五円に上がったことを理由に挙げた。そして翌五十七年五月十日付に「社告」を掲載。社長に豊富建設（大阪市）の道山俊男がなり、小林は会長に退くが引き続き編集を担当するとした。「創立三十周年を機会に」と前振りしてあったが、「周年」というなら一年後の方が正確だ。さまざまな思惑もあったのかもしれない。五月十五日、徳之島町のホテルで三十周年記念式典と祝賀会が催された。徳之島の三町長と議長は欠席で、それぞれ助役が参加していた。小林会長は「今後も郷土の文化向上に努力するのでご支援を」とあいさつし、道山社長は「郷土の産業経済教育文化の興隆発展に尽す」と述べた（『徳州新聞』五月十七日付）。道山も徳之島出身（伊仙町伊仙）で、徳之島支店があり島内でマンションの建設販売などを手がけていた。[*23]闘牛好きでも知られ、道山の「豊富建設一号」は全島大会の横綱だった。

それから一か月後の七月二十二日付から『徳州新聞』の題字が、それまでの縦から横に変わる。会長になってからも題字下にあった「編集印刷発行人　小林正秀」は消えた。一面には「徳州新聞が変わります」という告知。ページ数をこれまでの四㌻から一気に八㌻に増やす。テレビ番組表や釣り情報、情報コーナーなど設けて「皆さまに親しまれるローカル紙」を目指すとした。さらに翌月の八月一か月間は島内全戸に無料配布するとうたった。このときはまだ勢いがあるように見えたライバル紙『週刊とくのしま』を意識した対抗策のようだった。さらに『週刊とくのしま』同様、新しい『徳州新聞』も戸別配達を実施することにしたのだった。購読料は月五〇〇円のまま。これでは個人経営の『週刊とくのしま』に勝ち目はなさそうだ。

『徳州新聞』はこの日の紙面から一面に生ニュースの写真が載るようになる。また同日付には徳之島三町の町長、議長、さらに鎌田要県知事、保岡興治衆議院議員、徳田虎雄徳洲会理事長らの祝辞が掲載された。笠井純一県議の祝辞には「現在発行の四〇〇〇部を更に一万部以上に」とある。この数字が正確なのかわからないが、当時、対外的には四〇〇〇部と言われていたのかもしれない。

紙齢二〇〇〇号（昭和五十七年十月十四日付）を超えた『徳州新聞』は、島在住の若手記者二人を入れ、島の大

＊20　徳和瀬出身。平成十九年度県文化財功労者表彰、第二二回南海文化賞ほか受賞。平成二十年、七十八歳で逝去。

＊21　徳之島町亀津出身、徳之島町名誉町民。昭和六十一年、九十七歳で逝去。「近代二章第六節『亀津断髪』と『学士村』」、「第五節　郷土の先人たち」に掲載。

＊22　尾母出身。平成十五年度県文化財功労者表彰ほか受賞。徳之島郷土研究会会長を長年勤めた。平成十八年、八十三歳で逝去。

＊23　二〇二〇年十一月現在、豊富建設は伊仙町面縄にあり、元々親会社だった大阪市東淀川区には豊富建設工業がある。道山俊男氏は二〇一九年十一月に逝去した。

手病院の医療ミス告発の独自ダネを報じたり、警察の家宅捜索の写真も掲載するなど紙面の中身も随分変わった。少し前までよく取り上げていた医療法人徳洲会関連の記事は見られなくなる。昭和五十八年九月二十九日付の一面にはこんな「お知らせ」が掲載された。「徳州新聞と特定医療法人「徳洲会」は名称が似ているため一部に誤解が生じているようですが、徳州新聞は同法人とは何ら関係ありません」。この年の十二月、衆議院選挙が行われ、定数一の奄美群島区には現職の保岡興治に新人の徳洲会理事長・徳田虎雄が挑戦する。結果は保岡が勝つが、買収まみれと言われた、いわゆる「保徳戦争」が始まっていたのだ。翌五十九年五月十七日付一面には保岡派とされた徳之島町長を支持する団体の意見書が下四段を使って掲載される。翌六十年五月二十三日付一面は保岡の衆議院建設常任委員長就任祝賀会記事で全面を使った。社告もあり、六月から購読料を五〇〇円から七〇〇円に上げることと、『徳之島新聞』に題字替えすることも告げられた。その『徳之島新聞』になって最初の六月六日付で、道山社長は「島内外を含め五二九〇部を発行」と部数を明らかにするが、新聞経営自体は厳しかったようだ。先の社告でも「赤字経営を続けてきました」と触れていた。親会社（建設会社）があってのものだったのだろう。

昭和六十一年一月十六日付の社会面では、徳洲会の元幹部が同会の選挙買収実態などを雑誌に「内部告発」したということをフォロー。同二月二十日付では、徳洲会が病院経理のカネを選挙費用に流用した疑いで国税局が調べているという全国紙の記事を追っている。一方、二月二十七日付は長寿世界一だった伊仙町の泉重千代さん（百二十歳）の訃報を、位牌や遺影を持つ遺族の正面写真を大きく使って掲載、地元紙らしい紙面となっている（図12）。また四月十日付では、社会面に社長名で「購読申し込みについてのお願い」という告知が載った。現在、五二九〇部を発行し、うち本土や奄美の出身者に一五〇〇部を郵送しているとしたうえで、「『徳之島新聞』が〝明日の郷土・徳之島〟を記録するためにあなたの力をお貸しください」と切望している。

創設者・小林は八十歳を過ぎたこのころも時々、紙面にコラムは書いていたが、職場に顔を出すことはあまりなかったようだ。昭和六十二年元旦号に出身者の一人、ボランティアで東京支局長に就い

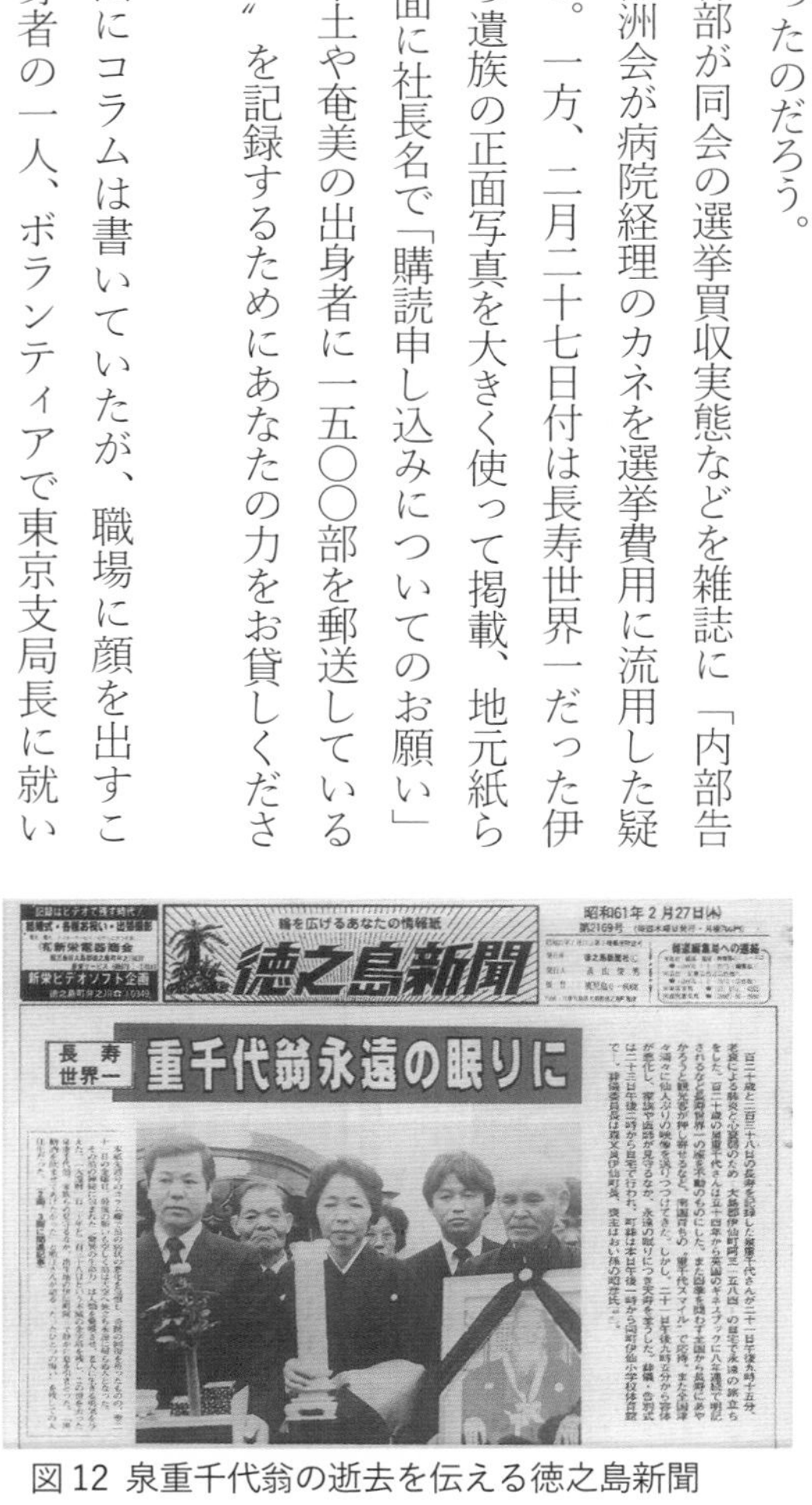

徳之島新聞

長寿世界一　重千代翁永遠の眠りに

図12 泉重千代翁の逝去を伝える徳之島新聞
（昭和61年2月）

ている桂太朗が寄せた文章は「小林正秀先生が大分県に永住するとのこと。―またひとつ奄美の真実が失なわれた」と記している。

オーナーが建設会社社長となって地元の政争にも関与した感じになった『徳之島新聞』だが、当時の徳之島の社会を報じていた貴重な記録であることは間違いない。平成四年（一九九二）五月二十二日号、ついに紙齢二四七八号で実質、廃刊となった。同号には「次号から月刊にする」と告知し、翌六月から『月刊徳之島』を発行する。年四五〇〇円の購読料。従来のタブロイド判からブランケット判になったが、告知していた八ページは当初だけで、徐々に四ページが基本になった。三年後の平成七年五月号で「休刊」する。紙齢は三六号で終わった。一面コラム子は「タイムリーに情報を伝えられない」と幾度か嘆いていた。やはり月イチ発行のニュースには限界があったのだろう。

『月刊徳之島』の実質廃刊で徳之島発の新聞はなくなったが、徳之島町内ではその穴を埋める存在があった。南日本

週刊『ミニミニかわらばん』が存在感

新聞亀津販売所が毎週水曜に発行していた『ミニミニかわらばん』だ（図13）。B4版の表裏一枚に町内の大小さまざまなイベント、町民に身近なニュースや行事予告を取り上げ、コミュニティー紙の役割を果たしていた。販売所は『南日本新聞』と『大島新聞』を同町内の読者に届けていた。部数は総じて一五〇〇部前後あったようだ。『かわらばん』は両紙に折り込む形で毎週届き、町民は県紙『南日本新聞』はもとより奄美の地元紙『南海日日新聞』や『大島新聞』でも伝えない町内の話題を知ることができた。

創刊は平成二年（一九九〇）八月だった。販売所を義母から引き継いだ椛山幸栄（一九五五年生）が、読者サービスの一環として始めた。印刷機を購入し、ワープロ、カメラも準備したという。椛山はそれまで徳之島町職員。自分で商品を売ってお カネをもらうという生活に戸惑い、感謝したいという思いからだったという。創

ミニミニ
かわらばん
南日本新聞 亀津販売所
口座振替のご案内
新聞販売所長が交代しました
南日本新聞社
ありがとうございました
どうぞよろしくお願いします
親子スポーツ大会
ソフト 小郷
バレー 港ケ丘 V
(有)くらしげ商事
徳永建築設計事務所

図13　「ミニミニかわらばん」（第1号、平成2年8月22日）

刊号は経営を引き継いだあいさつとともに町内の親子スポーツ大会や囲碁大会、壮年バレーボール大会などを写真付きで報じた。見出しはワープロで、原稿は手書きが多かった。毎週火曜は妻のまゆみ（一九五四年生）とともに記事作成、レイアウト、印刷と、夜を徹した作業だったという。地元の商店や会社が一枠一〇〇〇円で広告を出してくれ、それが「用紙代になった」らしい。

決まって水曜日に折り込まれてくる『かわらばん』は町内に浸透し、さまざまな情報が町民から寄せられ、原稿も送られるようになった。牛小屋に侵入したハブを牛が踏み潰した、といった闘牛の町らしいネタももらったという。郷土文化人の中山朋之や水野修らも無償で寄稿してくれた。話題モノがないときは地元イベントの予告が中心となったが、それも身近なニュースとして重宝がられた。平成十九年（二〇〇七）二月、紙齢六八三号を出した直後、椛山は突然、心筋梗塞（しんきんこうそく）で倒れ、長期の入院を余儀なくされた。『月刊徳之島』がなくなってからも十五年近く、徳之島町から発信を続けた『ミニミニかわらばん』は、多くの読者に惜しまれながら終了した。

現在、徳之島で購読できる新聞はどれくらいあるのだろう。「オリコミ南日本新聞サービス」によると、令和四年（二〇二二）十二月現在、奄美大島・名瀬に本社のある『南海日日新聞』が総部数二万一五九〇部、うち徳之島に二二六〇部。同じく『奄美新聞』（『大島新聞』から改題）が七九三〇部のうち一〇七〇部。県紙『南日本新聞』は二四万五九〇〇部のうち五五〇部。この三紙は徳之島に記者が常駐している。なお『朝日』『読売』『毎日』『日本経済』の全国紙はそれぞれ数十部が徳之島で読まれている。

出身者の『徳之島新聞』

『徳之島新聞』という新聞はもう一つあった（**図14**）。関西にいる徳之島出身者のための月刊新聞で、こちらの方が歴史は長い。昭和四十八年（一九七三）から平成二十五年（二〇一三）一月号まで続いた。紙齢は五二四号。明治三十九年（一九〇六）、母間（ぼま）（現・徳之島町）生まれの村田助吉が自営の仕事も終えて、多少余裕が出てきた六十歳過ぎに、まずは集落の仲間のために『母間新聞』を作る。ノウハウをつかんだのだろう。五年後、第三種郵便物の承認も受けて始めたのが『徳之島新聞』だった。

村田は平成六年（一九九四）に亡くなったが、跡を長女の岩木敬子が継ぐ。家庭の主婦だった敬子に取材や編集作業は難しい。長男の均（一九五八年生）が手伝い、編集作業は知り合いの元教員男性が行ってくれた。その敬子も平成二十三年に亡くなる。その後男性が体調を崩し、大阪府議でもある均は編集作業まではできなかった。部数も一〇〇〇部を切ったこともあり、ついに廃刊することにしたという。最盛期は二五〇〇部、郵送していたらしい。大半は関西にいる会員だったが、東京や徳之島などにも送っていたようだ。それにしても四十年間もよく続いたものだ。「鹿児島出身の郷友会は全国一集まりがいいといいますが、そのなかでも奄美会（奄美大島出身の集まり）、徳州会（徳之島出身）は強いです」と均はいう。紙面はタブロイド判四ページ建て。一月号は名刺広告も掲載するため八ページ。購読料は年間三〇〇〇円。一〇〇〇部を切るとコストオーバーしたが、二五〇〇部あるころは三〜四〇〇万円の収入があったらしい。記事は、徳之島三町から毎月送られてくる広報誌からニュースを選んでリライト。町民のお悔やみや結婚したカップル名も最終面に載せた。あとは郷友会のイベントを取材したり寄稿してもらった。郷友会は島全体、町単位、集落単位とさまざまレベルのものがあり、いつもどこかで開かれているというくらい毎号、郷友会の会合ニュースは掲載されていた。島唄大会や運動会なども紹介し、出身者やその子、孫の活躍を取材して載せることもあった。

創刊者の村田は、故郷・徳之島の新聞が『徳之島新聞』と改題したと知り、同じ大阪市に住む道山に強く抗議したという。「徳之島愛の強い人でした」と孫の均はいう。徳之島はどんな島か尋ねると、「情に厚い島。身内親戚を大事にする」。奄美大島と変わらない？「奄美大島への対抗意識はあります」

『月刊とくのしま』

徳之島と出身者を結ぶ、現在（二〇二三年二月）も存在する新聞がある。藤田印刷（徳之島町亀津）の『月刊とくのしま』だ。A四サイズでカラー印刷の八ページ。徳之島三町の広報誌と地元二紙からニュースを選び、組み込む。二紙からも了解を得ているらしい。結婚、誕

徳之島新聞
徳田氏「希望持てる国に」
衆院選鹿児島2区
事実上の一騎打ち制す
強固な組織力、民主に逆風
3年ぶり帰り咲く
保岡氏「正義への思い大切に」
「民主党政権への逆風を追い風に」
休刊のお知らせ
謹賀新年　平成25年元旦
兵庫県議会議員
大前はるよ
謹んで新年ご祝詞を申し上げます
内海久子
守島正
高野寿隆

図14　関西在住出身者のための『徳之島新聞』最終号（2013年1月）

生、お悔やみの名簿も転載している。大阪の『徳之島新聞』が廃刊になり、「郷土の情報がほしい」との出身者からの声を受け、平成二十六年三月から始めたという。年間購読料は税込み四〇七〇円。約一〇〇部発送しているという。大半が関西向けらしい。「収支はトントンです。話をもらったときは、もっと希望者がいると思っていたのですが、増えません。かといってやめるわけにもいかない」と発行責任者の竹山成浩取締役は語った。

島発の〝広告新聞〟争奪戦

『週刊とくのしま』を三年余りで廃刊することを決断した森五十次は、その最終号（一九八三年九月二十四日付）で、「新しく「週刊とくのしま情報紙」誕生!!　なんと、全島一万世帯に無料配布」と告知した。横には配達人の募集も入れた。新聞を毎週、つくるなかで紙面に載せる広告、さらに時々依頼のあった折込チラシにヒントを受けたようだ。取材して編集して紙面を作る手間をかけるより、広告主体の〝新聞〟にした方が割がいいのでは、と。『週刊とくのしま』は基本、郵送だったが、今度は直接、各戸のポストに配達する。紙面は同じタブロイド判四㌻で、中面はNHK総合・教育、MBC、KTSの一週間分番組表が基本。広告の量次第では昼からの番組表にした。一面と四面は新聞時代に掲載していた自分の闘牛物語を再掲したり、役場の情報を入れたり、すべて広告次第でレイアウトを変えた。紙面の広告は一枠一万円。そしてメーンの折込チラシは一枚五円を基本にしたという。全戸配布のフリーペーパーでよく知られている『リビングニュース』や鹿児島県内での南日本新聞社の『フェリア』のような話題記事も載ったページ数の多いタブロイド紙ではない。四枚の広告メーンの紙に折込チラシを入れ込むのだ。

毎週木曜、新聞を廃刊した翌週から早速、配達を開始したようだ。木曜にしたのは商店などからの要望で、金、土、日の売り出しを狙ったという。しばらくは『週刊とくのしま』（図15）の名前で、数年後、『木曜ガイド』と名称を変更した。当初うたった「全島配布」はまもなくやめ、チラシの少なかった天城町（当時、約二七五〇戸）を除

週刊とくのしま
11,000世帯に無料配布
3月7日木
奄美酒類㈱
ふくや
秋丸酒店
アサコマッサージ
ほほえみローンから
サンライト
社員大募集
京永
セタ電機

図15　広告紙としてスタートした「週刊とくのしま」。後の「木曜ガイド」

外し、徳之島町（五二〇〇戸）、伊仙町（三〇〇〇戸）に全戸配布するようにしたところ、利益率が上がったらしい。チラシは毎週、一三枚ほど入ったという。「初年度から黒字でした」と森。医療法人・徳洲会の週刊機関紙『徳洲新聞』も折り込めたため、固定収入が見込めたのも大きかったようだ。この『木曜ガイド』の出現で、島の新聞販売店はただでさえ少なかったチラシの折り込み依頼がほとんど来なくなったらしい。

森のチラシ折り込み式の〝広告新聞〟は順風満帆（じゅんぷうまんぱん）に推移したようだが、平成十九年（二〇〇七）、転機が来る。森はこの年七月、徳之島町長選に立候補。後援組織もつくらない街頭演説中心の選挙戦だった。下馬評は低かった。森の『木曜ガイド』の〝固定収入〟だった徳洲会の週刊機関紙『徳洲新聞』の折り込み依頼は来なくなった。同じころ伊仙町伊仙のサッシ会社「たつや」の樺島辰也社長（一九六三年生）が妻と女性従業員の二人で『木曜ガイド』と似たような〝広告新聞〟を作る。『てぃだ　かんかん』と名付けた。タブロイド判四ジペーは同じだったが、単色だった『木曜ガイド』に対し、『てぃだ　かんかん』は二色刷り。テレビ番組表は載せず、船の出入港、潮見表、行政情報などは掲載した。同年十月四日木曜日に創刊した。徳洲会の機関紙もここから配付されるようになった。当初は徳之島町と伊仙町だけだったが、半年後、天城町でも全戸配布。約一万一五〇〇戸に配る要員は七〇人確保したという。しばらくは二紙が毎週木曜に競い合う形だったが、まもなく森の『木曜ガイド』は撤退した。

軌道に乗った『てぃだ　かんかん』は従業員を増やして対応するが、平成二十五年二月に複数の従業員が辞めてしまう。従業員らは同じような〝広告新聞〟を模索して、徳之島町亀津の総合印刷春印章堂（はるいんしょうどう）の春末雄（一九五四年生）に相談。「春広告」として、タブロイド判四ジペー、フルカラーの『水曜ガイド』を同年四月、立ち上げた。印刷は鹿児島市の会社に頼んだためコストはかさんだようだ。配達要員も約八〇人確保した。この『水曜ガイド』は広告以外にＮＰＯ法人・徳之島虹の会に「意外と知らない徳之島」というコーナーを提供。ちょっとしゃれた〝広告新聞〟にしたようだ。

ライバル紙が再び出現した『てぃだ　かんかん』は売り上げが落ち込み始め、さらに徳洲会の週刊機関紙『徳洲新聞』の折り込みもなくなった。徳洲会が折り込みを外注せず、職員らで配るように替えたのだった。『てぃだ　かんかん』は平成二十七年二月、地元で不動産や石材、葬祭場、パチンコ店など幅広く事業を手がける福島グループ（徳之島町亀津）に譲渡される。グループでは早速、ビジネス化を開始。「かんかん」を省いて『てぃだ』（図16）と名称を変え、毎週水曜発行で配達を始める。要員は八〇人確保した。徳洲会の『徳洲新聞』の折り込みも復活したようだ。タブロイド判四ページは変わらないが、全ページ、フルカラー広告となり、情報スペースは設けていない。自社の関連企業の広告も出せるのが強みだ。

一方、『徳洲新聞』という大口折り込みのない『水曜ガイド』は、「黒字になる日は月に何回かぐらい」（春）という状態のまま、平成三十年（二〇一八）十月、ブロードバンド接続サービスの徳之島ビジョン（本社は神戸市の「関西ブロードバンド」）に譲渡。令和三年（二〇二一）九月、『徳之島ガイド』（図17）に名称を変え、六〇人の要員で三町全戸に配達している。タブロイド判フルカラーで、情報スペースはないが、広告の需要次第では一面に、写真メーンの徳之島の情報を掲載することもあるようだ。

紆余曲折（うよきょくせつ）を経ながら、一万戸余の徳之島に二つのポスティング会社が存在する現在。元祖の森、さらに譲渡せざるを得なくなった樺島、春ともに「二社は無理だ」と口をそろえた。一方、受け取る側の住民はどう思っているのか。平成三十一年三月、三町の役場と周辺で計六四人に尋ねたところ、五四人（八四％）が「便利」と答え、「不要」が五人、「わからない」が三人だった。「不要」の五人の内訳は、三十代二人、四十代二人、五十代が一人だった。邪魔くさいと思う人がもっといるかと思ったが、若い人も含め圧倒的に支持されていた。雑談のなかでは「地元の情報、イベント情報がわかるので」と語る人が多かった。実利的な情報ならではのことか。紙のメディアもまだ捨てたものではないのかもしれない。

島発の総合雑誌『潮風』

徳之島に個人経営の出版社も登場する。「潮風出版」で、単行本や文庫本のほか総合雑誌『潮風』を刊行した（図18）。主宰したのは徳之島町諸田（しょだ）の水

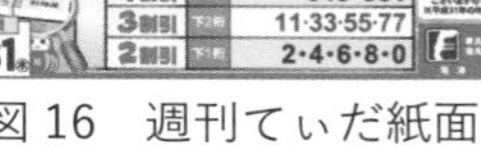

図16　週刊てぃだ紙面

図17　徳之島ガイド紙面

野修（一九三四年生）。奄美の歴史、自然、民俗、そして政治風土などに造詣が深かった。徳之島町職員時代に、古老から聴き取り調査した『徳之島民話集』（西日本新聞社）、戦後の行政分離下、島民の辛酸を描いた『七島灘を越えて』（海風社）を出版していた。昭和五十九年（一九八四）七月、保徳戦争の影響下、激しい徳之島町長選が終了するなり「島社会の争いに巻き込まれるなんてクソ食らえ！」と企画課長職を捨てて辞職、文筆業に専念することを決意した。＊24

平成三年（一九九一）八月、『潮風』創刊号で水野は、「自然破壊と文化破壊が猛烈なスピードで」進む世相を批判し、その元凶は経済優先の政治とテレビにあると指弾。「中央集権的な政治権力や映像文化の横暴に、いかに対処すべきか。今こそ、南島の辺りがざわめく時期」と、本来の自然と文化の原型をまだ留めている奄美から、日本列島に潮風を送りたいと認めた。「総合雑誌」と銘打っただけに毎号、島の話題や地元の人々の詩歌、小説、方言、島唄、サトウキビ農業のありよう、黒糖焼酎文化論、各分野の識者からの寄稿、戦争体験も掲載した。徳之島町諸田地区の伝統行事で闘牛のヤギ版とも言える「ヤギ合わせ」の復活紹介や、異彩画家である武内ヒロクニ（徳之島町出身）と宮トオル（伊仙町出身）の特集など興味深い記事も多かった。

しかし、離島で出版業を続けることは困難を伴った。水野の長女西田尚美（一九六三年生）によると、『潮風』の部数は「一〇〇冊以上」で、地元の大手スーパーや徳之島空港の売店、奄美市の老舗・楠田書店などに置かれたようだ。関西在住の出身者はまとめて購入したという。隔月発行をうたっていたが不定期とならざるを得なかった。印刷も四号までは藤田印刷に依頼したが、その後はコスト削減を狙って印刷機や製本機を購入し、妻の昌子（一九四一―二〇二一）と二人で製本作業を行った。ページ数は、後半は八〇ページ程度で価格は一〇〇〇円だった。平成二十七年三月、第九七号を出した後に体調を崩し同年八月、死去。八十一歳だった。一〇〇号までは出したかったようだが、人口の少ない離島で二十四年間刊行し続けたその功績は大きい。小学校時代の校長で、奄美の本土復帰運動の父・泉芳朗の半生を描いた『炎の航跡』も執筆し潮風出版から出している。

（宮下正昭）

＊24　一九九七年四月、『潮風』別冊として発行された『自滅への階段』一七頁。

図18　『潮風』創刊号（平成3年8月）

西暦（和暦）	できごと
1969年（昭和44）	4月 ＫＴＳ鹿児島テレビが放送開始
1972年（〃47）	2月 亀津局の電話が直通ダイヤル化。**5月15日 沖縄が本土復帰**
1973年（〃48）	4月 南海日日新聞社、徳之島総局を移転・新築
	11月 ＮＨＫがＦＭ中継局を名瀬、瀬戸内、徳之島、知名に
1974年（〃49）	3月 ＮＨＫが伊仙町面縄にテレビ中継局（総合・教育）
	5月 ＮＨＫが徳之島町山にテレビ中継局（総合･教育）
1976年（〃51）	8月 ＮＨＫが天城町与名間にテレビ中継局（総合・教育）
	12月 ＭＢＣ、ＫＴＳが奄美で放送開始
1977年（〃52）	12月 ＭＢＣ、ＫＴＳが瀬戸内町に中継局
1978年（〃53）	11月 ＭＢＣ、ＫＴＳが徳之島町井之川に中継局
1980年（〃55）	6月 『週刊とくのしま』創刊 森五十次
1982年（〃57）	5月 徳州新聞社の社長に道山俊男（豊富建設社長）。 小林正秀は会長に
	10月 ＫＫＢ鹿児島放送が放送開始
1983年（〃58）	3月 ＭＢＣ、ＫＴＳが天城町にテレビ中継局。 9月 『週刊とくのしま』廃刊。10月 “広告新聞”『木曜ガイド』創刊 森五十次。当初は『週刊とくのしま』のまま
1985年（〃60）	6月 『徳州新聞』は『徳之島新聞』に改題
	9月 大島新聞社が徳之島支局開設
1989年（平成元）	3月 ＫＫＢが名瀬に中継局（喜界も）。ＭＢＣ、ＫＴＳが伊仙町面縄にテレビ中継局
1990年（〃 2）	3月 ＭＢＣ、ＫＴＳが徳之島町山に中継局。8月「ミニミニかわらばん」創刊
1991年（〃 3）	3月 ＫＫＢが瀬戸内町に中継局。8月 総合雑誌『潮風』創刊
1992年（〃 4）	3月 ＫＫＢが徳之島町井之川に中継局。5月 『徳之島新聞』廃刊
	6月 『月刊徳之島』創刊 道山俊男
1994年（〃 6）	4月 ＫＹＴ鹿児島読売テレビが放送開始
1995年（〃 7）	2月 ＮＨＫが瀬戸内町に中継局。第1放送のみ。5月 『月刊徳之島』廃刊
1996年（〃 8）	10月 ＫＹＴが名瀬に中継局。12月 ＫＹＴ 瀬戸内町に中継局
1997年（〃 9）	3月 ＭＢＣが名瀬にラジオ中継局。5月 南日本新聞が徳之島支局開設
	12月 ＫＹＴが徳之島町井之川に中継局
1998年（〃10）	4月 天城町ユイの里テレビ（ＡＹＴ）が開局
	9月 ＫＹＴが知名町に中継局
2007年（〃19）	2月 「ミニミニかわらばん」廃刊。
	10月 “広告新聞”『てぃだ かんかん』創刊 たつや
2008年（〃20）	1月 『大島新聞』は『奄美新聞』に改題
2009年（〃21）	7月 “広告新聞”『木曜ガイド』廃刊
2013年（〃25）	4月 “広告新聞”『水曜ガイド』創刊 春広告
2015年（〃27）	2月 “広告新聞”『てぃだ かんかん』は『てぃだ』に改称。福島グループ経営に。3月 『潮風』97号発行 実質廃刊
2018年（〃30）	10月 “広告新聞”『水曜ガイド』の経営委譲 春広告から徳之島ビジョンに
2021年（令和3）	9月 “広告新聞”『水曜ガイド』は『徳之島ガイド』に改称

奄美・徳之島メディア関連年表

西暦（和暦）	できごと
1904年（明治37）	5月 鹿児島新聞社が北種子村（西之表市）に専売店。離島の専売店第1号
1909年（〃42）	春 『大島新報』創刊 月3回発行、5月 鹿児島新聞社が名瀬に新聞取次所
1910年（〃43）	『南島時報』創刊
1922年（大正11）	秋 『大島朝日新聞』創刊
1925年（〃14）	7月12日 ＮＨＫラジオ・東京放送が開始
1929年（昭和4）	『大島新聞』創刊
1935年（〃10）	10月 ＮＨＫラジオ・鹿児島放送が開始
1939年（〃14）	6月 『大島日報』創刊。『大島新聞』と『奄美新聞』が行政指導で統合
1942年（〃17）	ＮＨＫラジオ・沖縄放送局開局、2月 『鹿児島日報』創刊 『鹿児島朝日新聞』、『鹿児島新聞』が「1県1紙」政策で統合
1944年（〃19）	5月 『大島日報』廃刊し、『鹿児島日報大島版』を発行
1945年（〃20）	**8月 敗戦**
1946年（〃21）	2月 北緯３０度以南を行政分離 米軍統治下に。『鹿児島日報』は『南日本新聞』に改題。名瀬では『南日本新聞大島版特報』に改題発行 3月 『奄美タイムス』創刊。 11月 『南海日日新聞』創刊
1947年（〃22）	2月 南海日日新聞社が徳之島支局、喜界島通信部を設置
1951年（〃26）	8月31日付『奄美タイムス』 小林正秀「廃刊の辞」 紙齢843号まで 9月1日付『奄美タイムス』経営者代わり引き続き発行。紙齢は第1号
1952年（〃27）	3月 小林正秀が『婦人毎日新聞』創刊 10月25日付『婦人毎日新聞』30号 最終号？ 休刊などの告知なし
1953年（〃28）	2月 ＮＨＫがテレビ本放送開始 5月 『南西日報』創刊。小林正秀、社告で『婦人毎日新聞』を改題 10月 ＭＢＣ南日本放送がラジオ放送開始 「ラジオ南日本」 **12月25日 奄美、本土復帰**
1955年（〃30）	2月 南海日日新聞社、徳之島支局を総局に
1958年（〃33）	2月 ＮＨＫ鹿児島放送局テレビ放送開始 4月 亀津町と東天城村が合併し徳之島町に。天城村と伊仙村はそのまま
1959年（〃34）	4月 ＭＢＣ南日本放送がテレビ放送開始。7月 『大島新聞』創刊
1961年（〃36）	1月 天城町制施行 天城村から 12月 ＮＨＫが名瀬にラジオ中継局 第1、第2放送同時 12月 『南西日報』が『徳州新聞』に改題。週3回から週1回発行に
1962年（〃37）	1月 伊仙町制施行 伊仙村から
1963年（〃38）	6月 ＮＨＫが名瀬にテレビ中継局開局 総合のみ。教育は10月から。徳之島は母間で視聴可、亀津からも
1964年（〃39）	3月 ＮＨＫが徳之島町徳和瀬にラジオ中継局 第1放送のみ
1965年（〃40）	3月 ＮＨＫが瀬戸内町にテレビ中継局開局（総合・教育）。徳之島の東北部にも波及。12月 ＮＨＫが徳之島町亀津にテレビ中継局開局（総合・教育）。知名町にも。徳之島西側は知名中継局から受信
1968年（〃43）	10月 ＮＨＫが徳之島にラジオ第2放送中継局

第五節　郷土の先人たち

徳之島町は戦前、日本一の学士村と言われ、数多くの先人が各界で活躍された。この節で紹介する方々は、その中から僅かに二九名を厳選したものである。選定に当たっては名誉町民一二名のほか、明治から昭和時代までの方々と限定したうえで、花徳地区の農業振興で活躍された嶺山嶺文。亀津学士村の基礎を作った教育者山徳峯。徳之島の歴史や文化をはじめて記録に残した吉満義志信。親子二代にわたって国会議員となった林元俊・為良。東京大学卒業の第一号で大島郡初の高等文官となり、代議士のほか法学士として活躍された久留義郷。奄美初のドイツ文学者であり、ドイツ語文法の教科書を作った上村清延。県議を四期つとめ「大島新聞」などを立ち上げた内山尚忠。型にはまらない豪快な生き方でモンゴル独立運動に人生をかけた盛島角房。講道館の四天王として日本中に名を知られた徳三宝。日本人としてはじめて六甲や函館のロープウェイなどを設計・建設した川浪知熊。奄美群島にNCO三一〇を導入し、サトウキビ産業を復活させた乾純之助。旧態依然としていた少年院を改革し、世界に誇る矯正モデルを作り上げた徳武義。徳之島最高の知性と呼ばれるカトリック哲学者吉満義彦。徳之島初のオリンピック選手村上清信。「脱線トリオ」の一人として喜劇界トップに躍り出た八波むとし。早世により無名ながら、日本剣道界に比類なき達人として知られた窪田満敬の一七名を紹介する。なお、この順序は生年に従った。

❶ 亀澤　道喜　徳之島町最初の名誉町民

図1　亀澤道喜

明治十六年（一八八三）徳之島亀津の生まれ。昭和三十七年（一九六二）七十九歳で亡くなる。

明治四十年（一九〇七）、日本大学高等部卒業。

昭和五年（一九三〇）、亀津村長に初当選以来四期連続当選。昭和十九年（一九四四）に辞任。その間、亀澤は亀津村に町制を施行することを計画し、県議会の認可を経て昭和十七年一月に亀津町となる。

昭和二十三年、再び亀津町長となる。終戦前後の四年間を除き、昭和三十一年までの合計二十二年間の長きにわたって町長の職にあった。昭和恐慌や太平洋戦争突入、戦後の米軍統治とたいへん貧しく、困難な時期に町政のかじ取りを行った。役場は戦前まで中古の家屋を譲り受けて使用し、戦後は

亀津小学校の資料館を移築して使用していたが、まだ米軍統治下にあった昭和二十七年に鉄筋コンクリート庁舎を新築することができた。職員家族間の親睦も深めるよう努力した。また、徳之島では還暦のほか、七十三歳、八十五歳などの長寿祝を各家庭で盛大に行っていたが、経済的負担が大きいことから小学校で集落による共同祝を始めたが、これは亀澤町長の発案であった。

昭和三十年（一九五五）一月に全国町村会長より表彰状を受ける。昭和三十七年、徳之島町最初の名誉町民となった。

❷ 奥山　八郎　法曹界のリーダー

図３　奥山　八郎

明治十九年（一八八六）徳之島亀津の生まれ。昭和四十二年（一九六七）八十一歳で亡くなる。生前、傑出した同級生として盛島角房、徳三宝、山平寿を挙げていた。

第二代日本弁護士連合会会長。「弁護士という職業は、常に野にあって権力を批判、その乱用を防止することにある」との哲学を持ちその実践に生涯をかけた。大正九年（一九二〇）、裁判所判事を退職して弁護士に転職。扱った弁護活動は五・一五事件、東大教授グループ事件等歴史上有名な反権力事件が多く、戦後の極東軍事裁判ではA級戦犯長野修身大将の弁護人にもなった。また、日本弁護士連合会会長の時に日本法律扶助協会を設立し、経済的に恵まれない人々にも公正な裁判が受けられるようにした。

明治三十四年（一九〇一）、亀津高等小学校卒業後上京、働きながら東京の進学校として知られた京華中学校を卒業、熊本五高（現熊本大学）を経て、東京大学法学部に進学、学資を稼ぎながらの学業で、庶民性を失わず人々に慕われたのは、苦難の人生体験からであろう。

昭和二十一年（一九四六）、東京奄美会第五代会長に就任。奄美群島復帰促進会総本部委員長に推されて復帰運動に専心し奄美の振興に努力した。亀津断髪と言われる進取の気に満ちた地に生を受け、山徳峯の精神を受け継いで育った精神的環境は、奥山に大きな影響を与えた。勲一等瑞宝章受章。顕彰の胸像は

図４ 亀津歳の祝にて（昭和 31 年 2 月　旧正月）

図２ 役場職員家族と慰安会（昭和 26 年）

徳之島高校の校庭に建っている。昭和四十年徳之島町名誉町民。名瀬市（現奄美市）名誉市民。

❸ 龍野定一　厳訓無処罰の教育信念を貫いた人

明治二十二年（一八八九）年徳之島亀津の生まれ。昭和六十一年（一九八六）九十七歳で没す。

徳之島の郷士格※龍家の子孫で、現在の亀津小学校の敷地の多くが龍家の敷地であった。祖父の禎用喜は西郷隆盛を徳之島から沖永良部まで護送した役人である。亀津高等小学校卒業。鹿児島二中（現・甲南高校）では在学五年間主席を通した。広島高等師範学校（現広島大学）卒業後、九州で三大ストライキ学校の一つと言われた福岡県の中学校に赴任。「無処罰無試験」の教育を発意決心し、鹿児島一中、広島一中、京都男子師範などにも勤務した。弟の隆直も東大法科を出て弁護士となったが早世したのは惜しまれる。

図5　龍野定一

大正十三年（一九二四）、相次ぐ不祥事件でなり手がなく、県知事や奄美の人々の求めに応じ三十五歳で県立大島中学校（現・大島高校）の校長に就任。全国に有名となった無処罰教育の実践が始まった。

教師に反抗して学校から追放されていた生徒の復学を許し、生徒と共に運動場整備やプール建設に汗を流すなど、校風を一変させた。亀津断髪として物欲を退け、節義を重んじた亀津人士の気風を備えた教育者である。教育界の大久保彦左衛門の異名がある。また、文部省に頼まれて東京の貧民街の地域改善と教育のために建設した善隣館館長（三十三歳）となり、社会教育活動にも乗り出し、全国公民館連絡協議会長（昭和二十八〜三十一年）を務めた社会教育家でもあった。勲四等瑞宝章受章。昭和四十年、徳之島町名誉町民。名瀬市（現奄美市）名誉市民。著書「厳訓無処罰の教育」「話せば子供はわかる」「日本のこころ」ほか。

※郷士格＝薩摩藩時代に奄美に置かれた身分の一つで、藩や地域に貢献した役人の中から褒美として士族格の身分と姓を名乗ることを許された。

❹ 重村一郎　弱冠二十五歳の熱血村長

大正十一年（一九二二）徳之島花徳の生まれ。昭和五十一年（一九七六）五十四歳で亡くなる。

鹿児島二中（現甲南高校）から鹿児島高等農林学校（現・鹿児島大学農学部）に進学したが学徒動員で入隊。終戦後、徳之島に帰り農業を

図6　自宅にて家族と

しながら青年団活動に専心した。

昭和二十二年（一九四七）、青年団長として東天城村長選に立候補して当選し、弱冠二十五歳の村長が徳之島で初めて出現する。当時は集落の治安、娯楽、文化活動、本土並みの民主化運動などは青年団がリーダーシップをとって活動していた。

図７　重村 一郎

翌年、母間小学校が火災で全焼したので、重村は助役の直島秀良らと相談して、本土との交易を絶たれ村の倉庫に眠っていた黒砂糖を、密貿易船で運び出して取り引きしようとしたが失敗。しかしこれを島内の商店に卸し、その代金を学校建設の資金として校舎を完成させた。さらに米軍作業着の密輸出を計画したが失敗。政治問題となり村長を辞任した。

昭和三十年に県議会議員に当選、以来二十一年間県議会議員として活躍し、自民党県連幹事長などを歴任した。県議として奄美の市町村のために尽くした功績は非常に大きく、国会議員も嘱望されていたが、健康を害し、大変惜しまれながら五十四歳の若さで他界した。

全国都道府県議会議長表彰。昭和五十一年（一九七六）、徳之島町名誉町民。

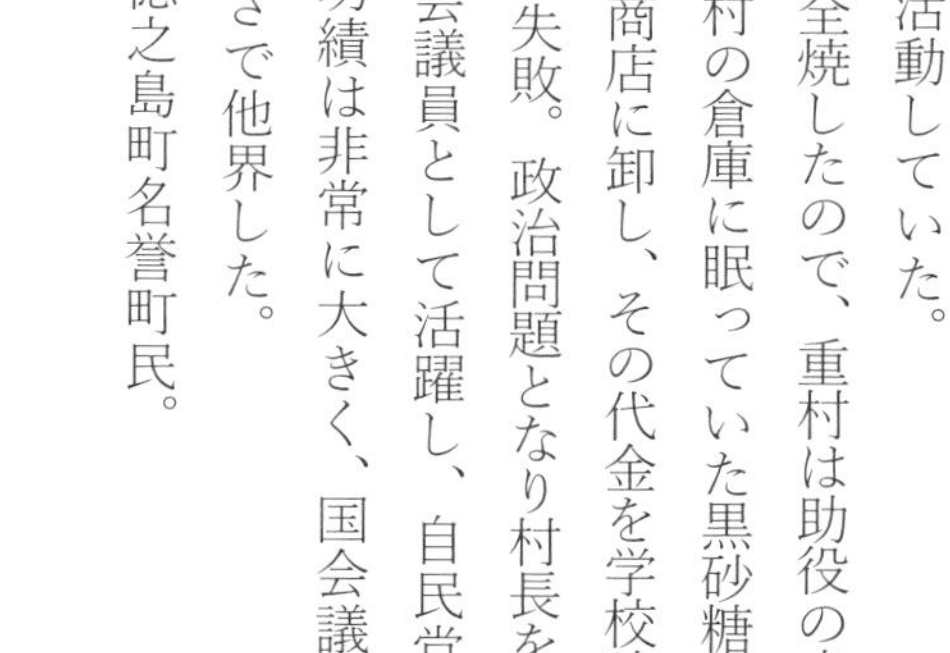

図８　家族との団らん（昭和20年代）

❺ 秋武　喜祐治

徳之島町の基盤を築いた五期二十年

図９　秋武喜祐治

明治三十二年（一八九九）徳之島亀徳の生まれ。平成三年（一九九一）九十二歳で亡くなる。

明治三十九年、亀津高等小学校卒業。大正六年（一九一七）、鹿児島県師範学校講習所を卒業後亀津尋常小学校訓導（教師）となり、郡内の各小学校で教鞭をとり、昭和十三年（一九三八）、瀬戸内の学校に在職中、周囲の要望で亀津村の村長選に立候補したが落選。戦時中は農協幹部として軍との折衝係で、集落の警防団長も兼務した。昭和二十一年、亀津町長に初当選。その後、亀津農業会長、亀津中央農業会長を歴任し、昭和三十一年、亀津町長に再任する。

昭和三十三年（一九五八）、亀津町と東天城村の合併で初代徳之島町長に就任。以来、連続五期二十年にわたって町政を担当し、「豊かな島づくり、健全な島づくり、その根源となるものは経済が先決」、「恵まれた気候と風土を十分に生かす条件が満たされて始めて経済が豊かになる」、徳之島は「健全な街づくりのためには財を生み出すための耕地の拡大整備と耕地の真の生命力を十二分に生かす水が必要なことは言うまでもない」を政治信条に、亀徳港の拡張整備事業、徳之島地区パイロット事業導入、亀津海岸埋立事業などその業績はたいへん多い。昭和五十六年（一九八一）、徳之島町名誉町民。勲五等瑞宝章受章。日本赤十字社金色有功賞、南海文化賞。

図11　前田 村清

❻ 前田 村清　裸一貫で仕事にあたり、郷土や社会に貢献した

明治四十一年（一九〇八）徳之島亀津南原の生まれ。昭和五十九年（一九八四）七十六歳で亡くなる。関西金属工業（株）社長。

尾母尋常小学校卒業後、神戸の川崎車両（株）に入り溶接工として技術を磨き、仕事を終えた後も屋台を引いたりしながら「人並みに働いたのでは人並みにしかなれぬ、人の倍努力をして、倍偉くなろう」と頑張った。昭和九年（一九三四）、前田溶接工業所を創立。昭和二十五年に関西金属工業（株）と改称して、静岡に第二工場、さらに名古屋工場を増設し発展の一途をたどった。当時の奄美出身者の就職希望者を数多く受け入れた。昭和二十六年、奄美大島復帰対策委員会大阪本部副理事長として百万人署名運動を指揮した。

復帰後は、郷里への奉仕も怠ることなく、徳之島の開発にも力を注ぎ徳之島総合陸運を設立。バスやタクシーを運行し、ホテルも建設した。高千穂神社の造営・再興、南区公民館建設、徳之島高校前田記念図書館建設と運動場整備、亀津闘牛場建設、島内の各学校へ文具や書籍などの寄付も数多く行った。また農業、闘牛、畜産振興や観光にも大きく貢献した。

裸一貫不屈の努力で出世し、故郷のために尽くした姿を顕彰しようと、徳之島高校に寿像が建立された。日本赤十字社金色有功賞、内閣総理大臣紺綬褒章。関西奄美会会長。昭和五十六年（一九八一）、徳之島町名誉町民。

図10「徳三宝の力石」に揮毫（役場前庭）

図12 亀澤道喜氏（左）と（昭和31年）

❼ 朝潮 太郎（本名は米川文敏）

怪力無双の第四六代横綱

図 13　朝潮 太郎

昭和四年十一月（一九二九）、井之川で生まれる。昭和六十三年（一九八八）五十八歳で亡くなった。

父の仕事で神戸の小学校にも通ったが、文敏が現在の中学一年生の時に徳之島に引き揚げた。すばらしい体格に恵まれ、相撲大会に出ると島内はもちろん群島内で活躍し有名になった。彼を大相撲に入門させ能力を発揮させたいと考えた周囲の人たちは、昭和二十三年に文敏を神戸へ密航させ、知人の紹介で高砂部屋に入門した。

「井之川根性」という、どんな苦しいことや困難にあっても最後までやり抜く強い意志と根性、耐える心で、歯を食いしばって稽古に励んだ。

正直者で素直な彼は、先輩関取の教えるとおり基本を身につけ、スピード昇進を果たす。密航を隠すため、奄美が日本復帰するまでは兵庫県出身と土俵で紹介されていたが、復帰後は「鹿児島県奄美大島出身※」と呼び出しの声が変わった。徳之島も横綱を生んだ島としてＰＲされ、奄美のシンボル的存在ともなり、日本復帰運動や復興運動を勇気づけた。

昭和三十四年、第四六代横綱となる。引退まで優勝五回、うち四回が大阪場所だったので「大阪太郎」と言われた。高砂浦五郎を襲名し、日本相撲協会理事、審判部長、巡業部長など歴任。初代朝潮太郎。

昭和五十七年（一九八二）、徳之島町名誉町民。

※復帰当時は奄美群島を「奄美大島」と呼んでいた。

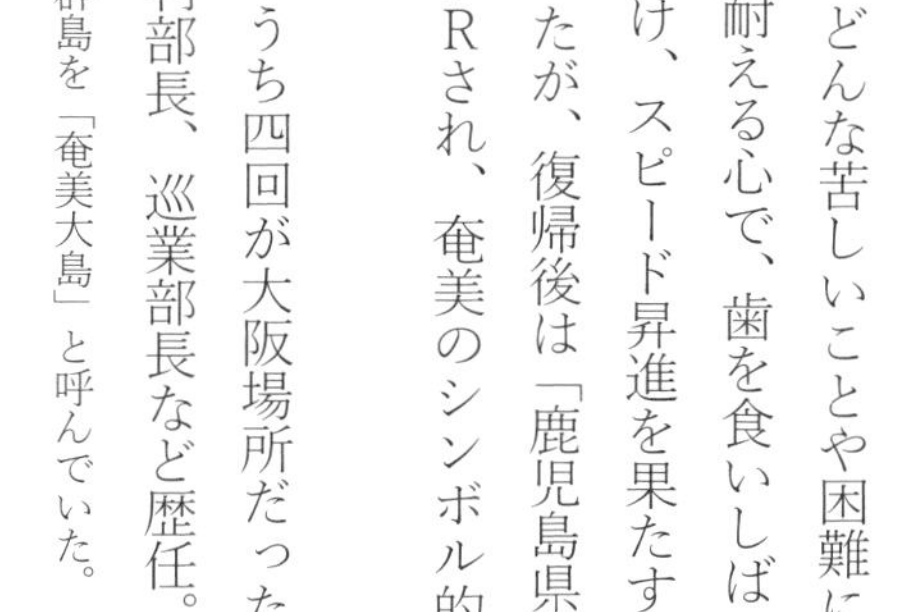

図 14 横綱として徳之島に凱旋（昭和 34 年、亀津）

❽ 直島 秀良

学者肌で雄弁家の政治家

図 15　直島 秀良

明治四十五年（一九一二）徳之島花徳の生まれ。昭和五十五年（一九八〇）六十八歳で亡くなる。

東天城村立花徳尋常高等小学校卒業、同校補習科一年修了して神戸専修高等簿記学校に入学。天理教校別科を卒業する。昭和二十三年（一九四八）、東天城村の助役に就任。昭和二十八年十二月、奄美群島の日本復帰に伴い大島支庁総務課勤務を命ぜられ、同年、大島教育事務局勤務、翌二十九年東天城村教育委員会社会教育主事に着任する。

昭和三十三年、旧亀津町と旧東天城村合併により徳之島町初代助役に選任され、三、四代助役に就任。その間収入役にも就任。旧徳之島町誌編纂においては執筆陣として加わった。

昭和五十三年（一九七八）、徳之島町長に当選すると就任後まもなく庁舎一階に「町民と語る室」を設け、誰でもすぐに相談や政策提言しやすい雰囲気を醸成しようと心がけた。また、町政懇談会の時には集まった集落の人たちを、やんわりと時には力強く説得や説明をし、話術に長けた政治家であった。しかし、病気療養のために任期半ばの昭和五十五年辞任。同年十一月に死去した。

明治以降の政治や教育、文化、郷土史などにも造詣が深く、遺稿に徳州新聞に連載した「花徳今昔抄」がある。昭和五十九年、徳之島町名誉町民。

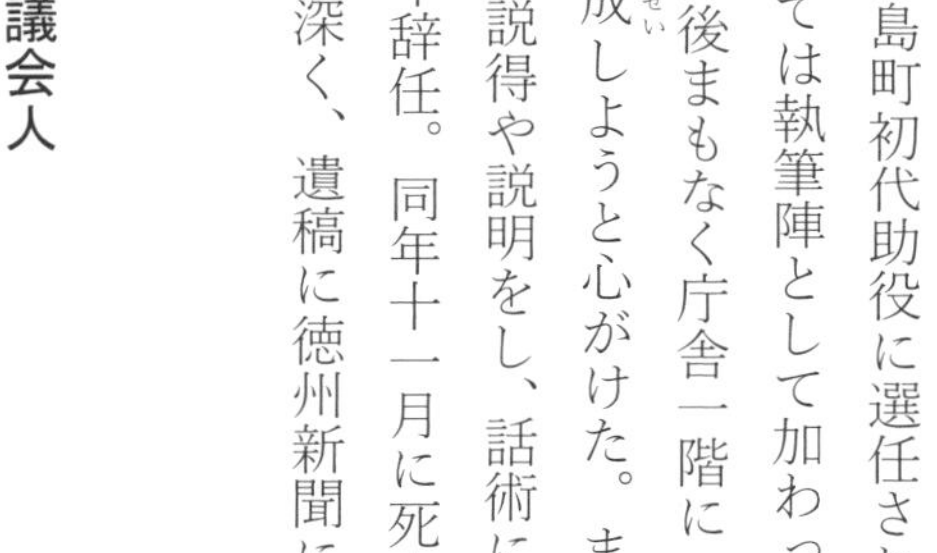

図16 町長室で（昭和53年）

❾ 肥後 吉次　壁新聞の元祖か、黒板新聞を開発の議会人

図17　肥後 吉次

明治四十年（一九〇七）徳之島亀津の生まれ。平成八年（一九九六）八十九歳で亡くなる。

小学生時代は亀津で過ごし、沖縄の一中（現・首里高校）を経て日本大学法学部を卒業。名瀬市（現奄美市）へ移住。名瀬市で大正時代から昭和初期に「大島朝日新聞」「大島日日新聞」を創刊した。言論界で活躍した肥後憲一・信夫兄弟は一族であり、彼も先輩の影響を受け言論人として活躍した。

昭和十二年（一九三七）に月刊誌「大島」（後に「大島評論」に改題）を発行したが、時節柄、国策により全郡一紙制となり、二つの新聞と三つの雑誌が統合し「大島日報」が誕生した。吉次はその編集人となる。その後、政府は一県一紙制度をとり「鹿児島日報」に吸収され、奄美発行のただ一つの新聞は消えた。

彼は自分で経営する印刷所の道路に黒板をかけ、これに毎日のニュースを書いた。読者は黒山の人だかりとなり、みんなはこれを「黒板新聞」と呼んでいた。国策新聞への新聞人の抵抗でもあったのだ。

昭和二十三年、名瀬市議会議員に初当選。米軍政下で臨時北部南西諸島経済復興委員会会長、奄美群島議会議長、琉球立法院議員を歴任。復帰した昭和二十九年に鹿児島県会議員初当選、以来九期連続当選。市議、県議を三十九年間勤めた。

また、昭和二十六年には大島石油会社を設立、販売店を各地に作って、島おこしにはなくてはならないエネルギー源となる石油

を群島民に供給した。藍綬褒章、勲三等瑞宝章、自治大臣賞受賞。平成四年（一九九二）、徳之島町名誉町民。

⑩ 保　直次　「経営はひらめきと決断」、県内屈指の企業人

図 18　保　直次

大正五年（一九一六）徳之島井之川の生まれ。平成二十四年（二〇一二）九十六歳で亡くなった。

神之嶺尋常高等小学校卒業後、十六歳で神戸に出て呉服店で奉公した。日中戦争では中国大陸で三年間に渡り戦火をくぐり抜け除隊。さらに上海で運輸事業を展開したが、敗戦のため無一物となり、しかも病におかされた身となって、昭和二十一年鹿児島に引き揚げた。病が癒えると高見馬場でかき氷屋を開店。繁昌したその利益が天文館に店を出す資金となり、商売が順調に伸びたことから焼け跡の店を一軒ずつ買い取り、昭和二十三年（資）森永製菓キャンディーストアを立ち上げ、さらに音楽喫茶やレストラン、キャバレー経営と事業を拡大していった。早くから城山に注目をし、昭和三十六年（一九六一）までに三〇〇〇坪を購入。遊園地と城山観光ホテルを開業する。「夢を見、夢を追い、夢を喰う」ことを経営の原動力に、県内屈指の企業体を育て上げ業界をリードした。福岡県の総合公園「玄海彫刻の岬・恋の浦」などの県外事業も積極的に進めていった。

「ふるさとはひと時も忘れたことはない。毎日故郷に向かって拝んでいますよ。先祖の霊に感謝を忘れてはいけない」と言う。

母校の神之嶺小学校へは児童のためにプールを建設し寄贈した。また、交通遺児などの支援に県育英財団へ一億円を寄付。その功績により日本赤十字社金色有功賞、紺綬褒章を受章。第一〇回九州・山口経営者賞受賞。平成四年（一九九二）、徳之島町名誉町民。

⑪ 徳田　虎雄　「生命は平等だ」医療革命の人

昭和十三年（一九三八）、出生地は兵庫県高砂市。虎雄が二歳の時に一家は両親の故郷徳之島に帰る。亀徳小学校を卒業。

「生命だけは平等だ」を旗印に、全国で病院やクリニックの開設を進め、国内最大の医療グループ「徳洲会」を築き上げた。

小学校三年生の時に三歳の弟が医師に診察してもらえずに死亡した。それをきっかけに医師になると心に決め、国立大阪大学医学部

図 19 元朝潮振分親方と保社長（昭和 54 年 11 月）

図20 徳田 虎雄

を目指して徳之島高校から大阪府内の高校に編入。四年間の受験勉強の末にみごと合格した。卒業後公立病院に勤務したのち、昭和四十八年（一九七三）、大阪府松原市に「年中無休、二十四時間オープン、患者からの贈物は受け取らない」を信条に「患者本位の医療」を展開した。次々と病院を開設するうちに医師会などの抵抗や政治的な圧力が強くなった。このため「病院をつくるには政治的な力も必要」と衆議院選挙の旧奄美群島区（一人区）に立候補し、「保徳戦争」と呼ばれる熾烈な選挙戦を繰り広げた。平成二年（一九九〇）、三度目の挑戦で初当選し、その後一度の落選を挿んで国会議員を四期務めた。村山内閣では沖縄開発政務次官に就いた。

「医療過疎地に病院をつくることは政治そのものだ」、「離島の苦しみ、悲哀が私を動かすエネルギーになっている」。その気概から持論の「医療革命」を目指し、医療不足に悩む農村や離島、さらに発展途上国など世界を舞台とした。現在は難病のＡＬＳ（筋委縮性側索硬化症）で闘病中である。

「僕にとって我が故郷が世界の中心。愛するもののためだったら何倍でも頑張れる。郷土の後輩に贈る言葉は何といっても〝ボーイズ・ビー・アンビシャス〟」。日本体操協会会長も歴任。平成十八年（二〇〇六）、徳之島町名誉町民。

図22 宮上 淳

⑫ 宮上 淳　地域医療に生涯をささげた人

大正十三年（一九二四）徳之島諸田の生まれ。平成二十八年（二〇一六）九十二歳で亡くなる。

神之嶺尋常高等小学校から旧制大島中学校（現大島高校）へ進学し、台北帝国大学医学専門部卒業後、陸軍軍医を経て、翌年台北赤十字病院に勤務した。

昭和二十一年（一九四六）、現徳之島町諸田に宮上病院を開院し、翌年亀津に移転開院した。

昭和三十六年、鹿児島大学から医学博士号を授与。

昭和五十五年、医療法人南溟会宮上病院理事長に就任する。

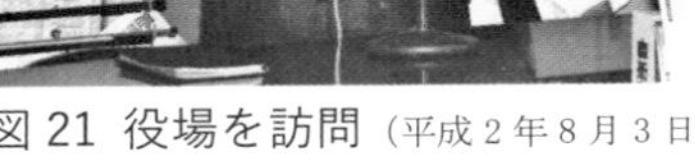
図21 役場を訪問（平成2年8月3日）

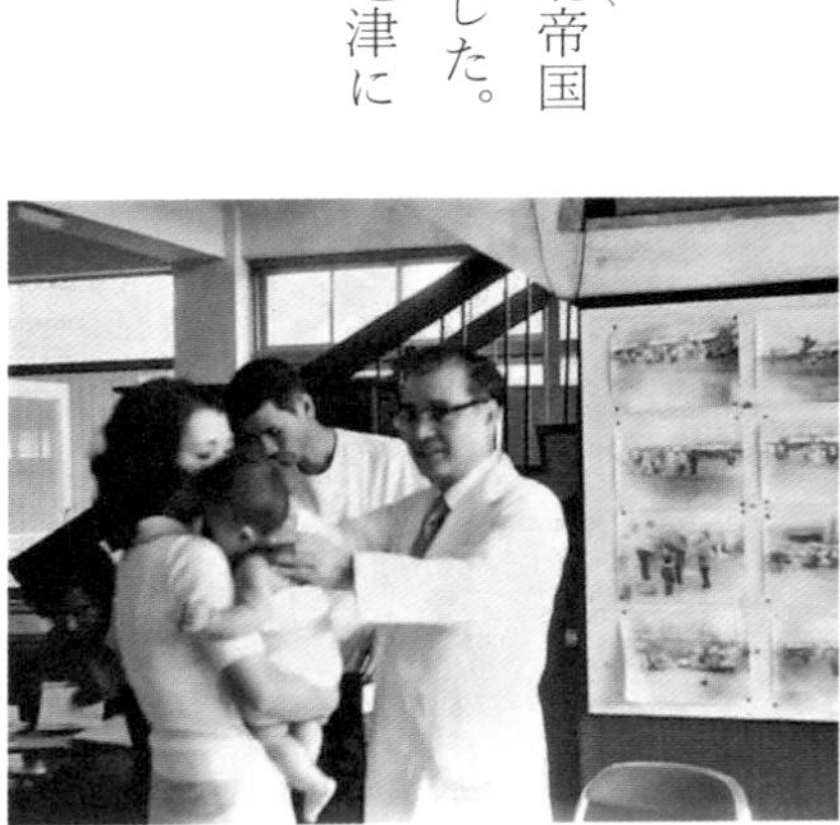
図23 旧宮上病院での診察風景

長年にわたり、徳之島警察署の警察医や町内の学校医を務めた。特別養護老人ホームや訪問介護事業、居宅支援事業、デイサービスセンターなどを立ち上げ、地域医療に大きく貢献した。また、徳之島保健所運営協議会長や大島郡医師会理事などを歴任。その功績により、警察庁長官賞、法務大臣賞、勲五等双光旭日章、南海文化賞（医療部門）、鹿児島県医師会長賞など数多く受賞。平成二十四年（二〇一二）、徳之島町名誉町民。

①嶺山　嶺文　農業振興功労者

図24　嶺山　嶺文

天保十四年（一八四三）、徳之島花徳の生まれ。昭和九年（一九三四）九十一歳で亡くなる。

明治十二年に地租改正が行われた際、役人から花徳周辺の全山を「国有林とし、税金は納めなくてもよいが、部落民の立入厳禁」と言われ、嶺山翁は「税金は納めるから部落共有林として残すよう」粘り強く交渉し、後世に残すことに成功した。

また、翁は花時名との境界近くのカマッチェに当田川から水道トンネルを掘った。当初この計画は、周囲の人たちから本気にされていなかったが、独力で遂にこれを完成させ、付近の人たちが公平に水を使えるようにした。このため、里久及び現在の東天城中学校付近に広大な美田が造成された。

翁は水利工事には天分ともいうべき抜群の才能を持っていて、様々な水利を手掛けたが、中でもフウ井（亀田井）の水利工事は、井堰の水をどこまで引けるかという難題を解決してみせ、しかも大勢の予想をはるかに上回る地域への導水に成功した。測量機器もない時代に一人でトンネルを掘り、わずかな高低差を読み切って田ん圃に水路を引いたのである。他にも、屋敷の石垣に使用する大石を運搬するのに、細く曲がりくねった道でも大勢の人間で運ぶ方法（ビービャーガテ）を指導したり、農具の改良など今も翁の教えが生かされている。

花徳里久川の嶺山橋のたもとに「頌徳碑」が建立され、地区住民が農業振興で健闘した先人の功績を偲んでいる。

図25 嶺山嶺文頌徳碑
（昭和52年8月）

②　山 徳峯　徳之島の碩学※。徳之島で学校経営第一号

弘化三年（一八四六）、徳之島亀津の生まれ。明治三十二年（一八九九）五十五歳で亡くなる。

当時、亀津の資産家で島内与人※の首席格であった山徳善の長男。安住寺の僧侶から四書五経、十八史略ほかの中国古典を学び、書や絵画・棋道にも秀で「南峨」と号した。

廃仏令を受けて廃寺となった禅寺安住寺を、父徳善ら有志が私財を出し合って買い受け、郷校※を立ち上げた。徳峯は、その運営と教授を行った。それまでは流人※が教師の私塾中心であった全島の教育を一変させ、全島から五十数人が入学して大好評を得た。明治九年、共に指導にあたっていた上村清堅、旭福泉の二人を鹿児島師範学校に派遣して一斉教授法を学ばせている。ここを卒業した生徒が島内の小学校の教壇に立つことが多く、亀津小学校は教員養成所の観を呈することになった。しかも「日本一の学士村」や「亀津断髪」の精神はこの郷校で培われ、引き継がれていった。

図26　山 徳峯

徳峯は明治十一年（一八七八）、初代山（現在の東天城）郵便局長、亀津外六か村の戸長（現在の町村長）となり、明治二十一年には有志と協力して大瀬川に堤防を築き、度重なる氾濫を防ぐことに成功した。その後、県会議員に当選。また三方法運動※では、当時鹿児島商人の不当な商取引を裁判に訴え、石井清吉と共に島民の生活を何とか安定させようと努力した。

昭和二年（一九二七）、亀津小学校創立五十周年記念にあたり、彼の遺徳を称え功績を顕彰するため、有志が安住寺に頌徳碑を建立。後に碑は亀津小学校に移した。

図27　山 徳峯頌徳碑
（亀津小学校）

※碩学（せきがく）＝学問を広く深く身につけた人。※与人（よひと）＝薩摩藩時代の島役人で現在の町村長。※郷校（ごうこう・きょうこう）＝江戸時代から明治初期の学問所。※流人（るにん）＝罪人で遠島に追放された人　※三方法（さんぽうほう）運動＝明治中期、石井清吉によって提唱された奄美農民の経済救済運動。

③　吉満 義志信　明治時代に徳之島史を記録

万延元年（一八六〇）、徳之島亀津の生まれ。大正七年（一九一八）五十八歳で亡くなった。長男の義彦は、上智大学教授で国際的神学者。

明治十一年（一八七八）、亀津の安住寺跡に初めて新制の正則小学校が設置され、亀津下等小学校の職員の一人であった。

図28　吉満 義志信

明治十九年、古仁屋署長代理（二六歳）を振り出しに県議会議員（明治二十五年）、阿布木名方（天城町）、亀津方（亀津村。明治三十五～四十一年）、鎮西村（現・瀬戸内町の一部。明治四十一～四十五年）、東方村（古仁屋町。明治四十五～大正三年）、伊仙村（現・伊仙町。大正四～六年）で戸長・村長を歴任、明治二十年代の行政リーダーとして活躍した。一方、明治二十八年（一八九五）に「徳之島事情」をまとめた。この記録には慶長十四年（一六〇九）の薩摩藩侵攻以来明治二十八年までの主要な出来事が記録されており、明治時代の地理や風俗、貧富階級、官吏など幅広く記載されている。

また、二十五点の色付き絵図は、すでに失われ消えた民俗を伝えており、地図、衣食住、物産、農地の反収、戸口などの統計数字もあり、戸長でなければ書けない明治時代の徳之島を知る大変貴重な記録である。公刊されなかったために幻の資料となっていたが、鹿児島高等農林（現・鹿児島大学）校長の小出満二教授が大正六年に謄写して後世に残した。これを原口虎雄夫妻が写し、昭和三十九年三月に名瀬市資料として復刻。平成九年にそれをさらに「徳之島の先人を偲ぶ会」が復刻発刊している。

図29 吉満 義志信胸像
（平成20年11月建立）

④ 林 元俊　徳之島から国会議員第一号

図30　林 元俊

万延元年（一八六〇）徳之島花徳の生まれ。明治三十七年（一九〇四）四十三歳でなくなった。

祖先は川内の藩士。花徳の郷士林為清の子。漢学と数学を学び、山村他五か村戸長（現在の町村長）を務めた。林家は徳之島一の資産家として知られ、父の為清は〽キドゥヌ　タムィキユシュゥヤ　クムィ　ブギンシャ　ヤシガヨ　ムチムレガ　イジャットゥ　チンキチ　タボチ＝花徳の為清衆は米分限者（金持ち）なので餅をもらいに行ったら、（餅もらいに来る人が多く、餅を搗くそばから）ちぎって下さった、と全島で唄われた。

明治三十一年（一八九八）の総選挙で代議士に当選、徳之島出身国会議員の第一号となった。代議士になる前は大阪第七九国立銀行取締役大島支店主任、鹿児島農工銀行設立委員などを務め、大島興業を設立した。当時の海上交通権はすべて本土資本にあって、交易の発展は

阻まれていたが、大島興業は島の資本で島の人が島のために利用できる海上交通を目指した。政府の離島航路補助金も確定し、数隻を運行させることができ、海上交通権を島人の手に取り戻したのである。しかし持ち船が台湾で座礁し、その引き上げに多額の資金を費やしたことから資金繰りが悪化。借りていた糖業改良資金の返済ができず、やむを得ず大洋商船に身売りしなければならなかった。

息子の為良（ためりょう）も大正六年に国会議員となったが、ともに代議士は一期のみであった。郡内有数の資産家であった林家といえども、代議士をそれ以上務めることは経済的負担が大きかったという。

⑤ 久留（ひさとめ）　義郷（よしさと）「処世要諦五か条」残す

明治十一年（一八七八）、徳之島亀津の生まれ。昭和三十二年（一九五七）七十九歳で亡くなる。

亀津尋常高等小学校卒業、鹿児島中学造士館（ぞうしかん）から、熊本五高（現・熊本大学）を経て、明治三十七年（一九〇四）、東京大学独法科卒業。徳之島出身者で東京大学卒業の第一号で大島郡最初の法学士。大島郡最初の高等文官（高級官僚）試験の合格者である。鉄道省に入り大正十二年には仙台（せんだい）鉄道局長まで昇進した。大正四年（一九一五）には第二代東京奄美会会長（当時の大島郡青年会）として、島のために健闘した。

図31　久留　義郷

昭和二年（一九二七）、衆議院議員に当選。翌年の総選挙では落選したものの次の選挙で返り咲く。代議士の活動記録としては、鉄道畑を歩いた人だけに鹿児島・指宿・枕崎線の建設に努力したことが挙げられる。代議士引退後は弁護士として余生を送った。

昭和十一年（一九二六）発行の「奄美愛郷（あいきょう）百話」に「処世要諦（しょせいようてい）五か条」を寄稿。現代にも通用する内容となっている。

一、一生一業に徹すること。二、怒ることを避けよ。三、一技一能を培養せよ。

四、酒の交遊を警戒せよ。五、出処進退を明らかにせよ。

自身の体験記を若い人にわかりやすく書いた。

図32　議員当選時の写真と思われる（49歳頃）

⑥ 上村（かみむら）清延（せいえん）（きよのぶ、とも言う）　奄美出身者初のドイツ文学博士

図 33　上村 清延

明治十二年（一八七九）、徳之島亀津の生まれ。昭和三十二年（一九五七）七十八歳で没す。

祖先は薩摩藩の藩医と伝えられている。奄美出身者では最初のドイツ文学博士。関東徳州会会長や奄美会の役員なども歴任、後進の育成と指導にも努力を惜しまなかった。

十五歳で郷里を出て鹿児島一中、一高を経て東京大学を卒業。ドイツ文学一途に専心し一高、駒澤大学などの教授としてドイツ文学を教えた。著書の文法教科書は「上村文法」として長く学生のバイブルとなった。

東大の級友がその著書の追悼記に上村について、「◆ぶっきらぼうな外観だが、その底に細かい思いやりがあった。◆他の道に草花が咲き乱れ心がひかれる時でも、それには目もくれず最初に決めた道を進んでいった。◆一つの研究を始めると小器用にやってのけるというようなことはしないで、根本的に隅の隅まで突っ込んでいく。◆マスコミを利用して売名行為などしない」など細かく紹介している。高校時代に後の劇作家小山内薫ら仲間と劇作研究に熱中、シナリオに島口が出てきて何回も修正を求められたという記録がある。

七十四歳の時脳溢血で倒れ、長い闘病生活の中で生涯かけて集めた本を売却し、療養費に当てなければならなかった。清貧に甘んじる学者の宿命的なものであろうか。

図 34　自宅で（74 歳）

⑦ 内山（うちやま）尚忠（なおただ）　国策統合の大島日報社長

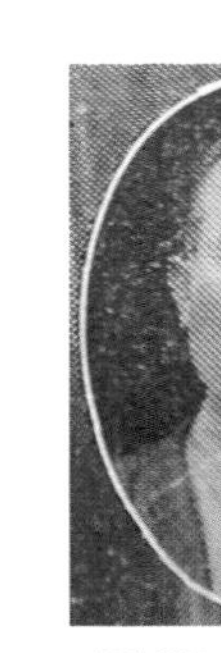
図 35　内山 尚忠

明治十六年（一八八三）徳之島花徳の生まれ。昭和十七年（一九四二）五十九歳で亡くなる。内山家の先祖は薩摩藩士という。

早稲田大学専門部卒業。大島新聞創刊者。大正四年に三十二歳で県会議員に当選。新聞の持つ社会的役割について研究、生涯を新聞作りに賭ける決意をする。その勉強のために亀津出身の肥後憲一が社長を務める大島日報に入社した。昭和四年（一九二九）、大島時事新報を買収して「大島新聞」と改題し、旬刊発行でスタートした。当初の編集者は、坂井友直、沖野友栄であったが後に新天領（母間出身。「奄美新聞」を創刊）が入社した。

昭和十四年（一九三九）、国策で大島郡の新聞・雑誌は統合され「大島新報」一紙となる。社長は内山尚忠、副社長隆義心、編集人肥後吉次。記者には戦後、「奄美タイムス」（名瀬）や徳之島で「南西日報」を発刊する

小林正秀がいた。奄美の新聞戦国時代から国策時代を通じて、内山が十五年間に直接、間接に育てた徳之島出身の新聞人は数多い。戦前戦後と長く奄美の新聞界で活躍した。

⑧ 林（はやし）　為良（ためりょう）　親子二代の国会議員

明治十七年（一八八四）徳之島花徳生まれ。昭和八年（一九三三）四十九歳で亡くなる。元俊（げんしゅん）の長男。

明治四十二年（一九〇九）早稲田大学商学科卒。明治四十四年、大島の有力者を集めて大島郡電気ＫＫ（現・大島電力）を創立、取締役となる。奄美への電力導入第一号の功労者である。

大正六年（一九一七）三十四歳のとき、第一三回衆議院選に立憲政友会から担ぎ出され、二位以下を圧倒して当選した。鹿児島県下で最も若く、二世代議士の第一号でもあった。この時の総選挙では、第一一代内閣総理大臣桂太郎の娘婿（むすめむこ）で、現役の国会議員でもあった長島隆二（ながしまりゅうじ）が、結党間もない憲政会（けんせいかい）から落下傘（らっかさん）候補※として大島郡区に出馬していたが、若い為良は大差をつけて見事当選した。

同じ花徳出身で同級の内山尚忠が、最年少議員として鹿児島県議会で二年前から活躍していたが、為良も国会議員となったことで、若い二人が相呼応して離島における町村制実施促進の運動を繰り広げ、その任期中に普通町村制への移行に成功した。

※落下傘候補＝落下傘部隊の兵士のような立候補者。地縁・血縁など支持基盤のない選挙区に立候補する候補者のこと。

図36　林　為良

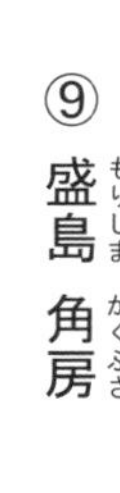

⑨ 盛島（もりしま）　角房（かくふさ）　明治亀津人の代表的先駆者（せんくしゃ）

図37 盛島　角房

明治十九年（一八八六）亀津の生まれ。昭和二十一年（一九四六）、六十歳で亡くなる。

蒙古（もうこ）独立運動家、蒙古の徳王の顧問。山本実彦著『蒙古』には、戦前、日本人で最初に蒙古独立運動に参加した人で、日本の蒙古政策立案には不可欠な人物であったと記されている。

亀津高等小学校卒業後、宮崎県延岡（のべおか）中学校から東京高等師範学校（元・東京教育大学、現・筑波大学の前身）入学。同じ東京高師に通い、小学校時代の級友でもあった徳三宝（とくさんぼう）の柔道熱にひかれて講道館（こうどうかん）に通い、四段の免許を取るも中退し、台湾に渡って教師になった。間もなく危険だからやめろという周囲を押し切って単独で台湾一周旅行をし、それを契機に大陸渡航を思い立った。

二十六歳で北京に行き坂西中将の門下生となり、蒙古独立運動に命を捧げることにした。現地を探索しやすいようにラマ寺※に入りラマ僧になり蒙古語と慣習を学ぶ。大正三年（一九一四）、中国の張家口に居を構え徳王（蒙古自治政府主席）の信頼を得、相談相手となる。満州事変の勃発を機に起こった蒙古自治運動を指導し、遊牧民の根本的生活やあらゆる問題への対応で角房の右に出るものはいなかった。大正末期から昭和初期にかけてのソ連の赤化運動※を敢然と蒙古から駆逐した。そのため徳王は盛島を先生の敬称をもって呼んでいた。昭和十三年（一九三八）、蒙古の徳王は日本を訪問し天皇に拝謁した際に随員し、徳王の師として角房は一斉に新聞で紹介され、国会で講演も行った。

※ラマ寺＝チベット・モンゴルなどで行なわれている仏教の寺。

※赤化運動＝共産主義化するための運動。

図 38 徳王顧問時代

⑩ 徳　三宝（本名　みたか）

図 39　徳　三宝

怒涛の柔道人生、講道館の鬼

明治二十年（一八八七）、天城兼久の生まれ。昭和二十年（一九四五）五十八歳で亡くなる。

父三和豊は山師と言われる鉱山開発者で、松原銅山を最初に開発した人。幼年期を兼久で過ごしたが、小学校入学直前に亀津に移る。腕白が過ぎて父に叱られると、兼久の生家と亀津の実家との間の片道六里（二四キロ）の山道を往復していた。亀津高等小学校から鹿児島二中（現・甲南高校）へ進学。二中では剣道から柔道に転向した。すると佐村嘉一郎師範から柔道の素質を見ぬかれて稽古に励み、全九州中学柔道界の覇者となった。すでに高校生でも相手になるものはいなかった。しかし四年生になったばかりの時に、ケンカで相手を叩きのめしたことで退学処分となり、師範の勧めで推薦で講道館に入門。明治三十九年、十九歳であった。東京の中学校にも編入できた。それからは厳しい稽古に明け暮れる一方、東京高等師範学校（現・筑波大学）にも入学した。明治四十三年正月の講道館鏡開きでは、後の講道館長三船九蔵と大試合で引き分け、四段に昇進。全盛時代は講道館の四天王と呼ばれた。その強さは抜群で、「野中の一本杉」、「膝つき一本」（徳の膝を着けることができたら一本）という言葉まで生まれた。

昭和二十年（一九四五）の東京大空襲で死去。同日九段に昇段した。昭和三十二年、江戸川区最勝寺に門下生と東京奄美会によって顕彰碑と墓が建立されている。

⑪ 川浪　知熊

図 40　川浪　知熊

国内ロープウェー設計の先駆者

明治二十三年（一八九〇）、徳之島亀津の生まれ。昭和四十五年（一九七〇）八十歳で没す。祖先は薩摩藩士。伊地知という姓であったが佐賀県士族の婿養子となり改名した。

明治三十三年（一九〇〇）に亀津高等小学校卒業。熊本五高（現・熊本大学）を経て京都帝国大学（現・京都大学）の工学部に進学。卒業後大阪市技師となったが、阪急電鉄創始者の小林一三に見込まれて阪急電車に入社。昭和五年（一九三〇）にロープウェー建設の責任者に任命された。日本人の技術ではとても無理だと外国人技術者に笑われたが、もともと調査研究を重ねていた知熊は、工事開始後一年で完成させた。その技術力は海外からも高く評価された。この六甲登山ロープウェーは国産第一号であり、戦前では国内最大規模であった。東洋一と言われる「夢の懸け橋」の完成で、六甲は一躍全国的に有名になり、観光地として飛躍的に発展した。

戦争中は、東京の奥多摩で鉄鋼などの原料となる石灰岩搬出用ロープウェーの建設を指揮。戦後は北海道函館山の旅客用ロープウェーの設計も手掛け、函館の名所作りに貢献した。戦前戦後の混乱期に、立身出世を追い求めず、「ロープウェーは最も安全な輸送機関である」と、自らの技術を社会に役立てる夢の懸け橋作りに生涯をささげた。

⑫ 乾　純之助

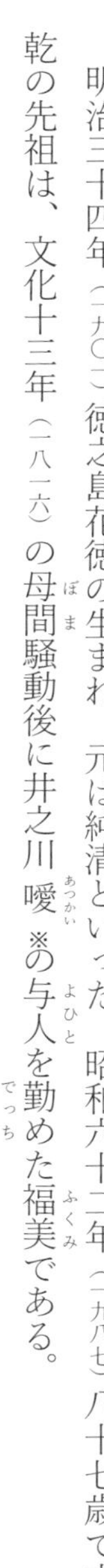
図 41　乾　純之助

砂糖キビ品種改良の先駆者

明治三十四年（一九〇一）徳之島花徳の生まれ。元は純清といった。昭和六十二年（一九八七）八十七歳で亡くなる。乾の先祖は、文化十三年（一八一六）の母間騒動後に井之川噯※の与人を勤めた福美である。

花徳尋常高等小学校卒業と同時に、名瀬の池畑運送店で住み込みの丁稚をした。大正五年に東京の経理事務養成所に入り、卒業後は大阪の砂糖合資会社に入社。大正十四年（一九二五）に独立し、神戸で糖蜜・砂糖再生業を開業した。昭和六年、台湾に工場移転。八年頃、五〇トン程度の木造船を二隻購入して、貝ボタン原料を南太平洋で採取販売した。昭和十二年に八重山に黒糖工場を建設。名前を純之助に改名。十七年から沖縄県農業組合連合会顧問。戦後は那覇市に琉球貿易株式会社を設立。ほかに株式会社沖縄鉄工所など複数の取締役を務めた。さらに二十二年には花徳に焼酎製造工場を立ち上げた。これが天川酒造株式会社の始めとなった。昭和三十四年には大和製糖株式会社も設立している。

戦後の製糖に一大革新をもたらしたサトウキビの新品種ＮＣＯ三一〇号は、その優秀性と在来種に比べ糖度、反収が高く害虫にも強いので奨励品種として、乾が花徳地区に初めて移植した。併せて農業基盤整備も積極的に進め、普及増殖も図り、昭和三十九年までの五年間に一二五万本もの種苗を徳之島三町に無償で配布した。乾による砂糖きびの品質導入・普及は徳之島糖業の礎となった。乾は、今日の奄美糖業の中興の祖と称えられるべき人物である。下久志以北の全集落からの寄付を受け、その功績を称え石碑を建立し顕彰した。

昭和五十年には、花徳駐在所敷地を寄贈。紺綬褒章を受章、奄美群島農業振興功労賞、南海文化賞を授与。

※曖＝行政区の一つで、江戸時代まで島内に三つの間切とその間切内にそれぞれ二つの曖が置かれていた。

⑬ 徳　武義

愛と思いやりの全人教育で、世界に誇る少年矯正活動を実践

明治三十五年（一九〇二）徳之島亀津の生まれ。昭和三十四年（一九五九）五十六歳で亡くなる。

図 43 徳　武義

武義は、父が那覇裁判所の書記官だったことから沖縄一中（現・首里高校）に進学。この時期に両親に見習ってキリスト教の洗礼を受けた。その後は熊本五高（現・熊本大学）から京都大学法学部へ進み、卒業と同時に浪速少年院補導係として夢の実現にスタートした。しかし渡米のチャンスを得て二年で離職し、カルフォルニア大学に留学。帰国後の昭和八年（一九三三）、同志社大学教授に就任。仙台、京都などの保護施設を経て、昭和二十三年には国立多摩少年院院長に就任した。世界的にはなはだしく立ち遅れていた日本の少年矯正の実態を改善し、十年間で世界に誇る矯正活動モデルを作り上げた開祖である。その功績と人望がいかに偉大なものであったかは、没後十年祭、十五年祭が徳の遺徳を偲ぶ後輩や元院生たちによって盛大に続けられたことからもよくわかる。生前、少年には「ここは君たちの長い人生の休憩場所だ。ここで学んだことが社会で役立つこともあろう」と語り、職員には「少年の現在を信ずるな、十年後を期待せよ。どんなに裏切られても希望を捨てるな」と訓示した。

徳は「人権が保障された民主的な社会に開かれた全人教育を目的とした矯正活動」を目標に、愛と思いやりの哲学実践の場にした。戦後激動期の中、少年矯正活動の創成期を支えた。なお、兄の憲義は、プリンストン大学で比較宗教論で学位を取得。牧師として徳之島伝導支援にあたり、東京で下落合教会を設立した人物である。また、徳三宝は従兄弟にあたる。

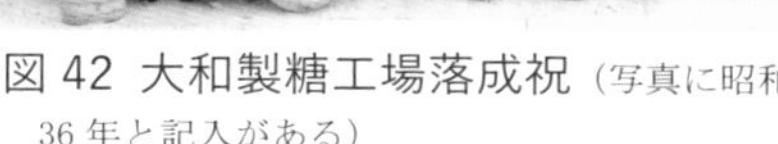

図 42 大和製糖工場落成祝（写真に昭和36年と記入がある）

⑭ 吉満（よしみつ） 義彦（よしひこ）

奄美が生んだ最高の知性、孤高の哲学者

図 44 吉満 義彦

明治三十七年（一九〇四）徳之島亀津の生まれ。昭和二十年（一九四五）四十一歳の若さで亡くなった。父の義志信（ぎししん）は天城村、亀津村、島尻村（しまじりそん）（現・伊仙町）などの戸長（こちょう）や県議を歴任した。

吉満は多感な少年時代に父母、弟妹をことごとく亡くし、思春期に常人には及ばないほどの心の奥から苦悩を抱え、次第にキリスト教に導かれプロテスタントの洗礼を受けた。伊仙尋常小学校を卒業後、鹿児島第一中学校（現・鶴丸高校）に入学。百年に一人出るか出ないかの秀才と言われ、東京第一高等学校入学。次第に「私の信仰」「私のキリスト教」が語られるプロテスタンティズムから遠ざかり、大正十四年（一九二五）、東京帝国大学文学部倫理学科に入学してカトリック研究会に参加。岩下壮一神父の薫陶（くんとう）のもとカトリックに改宗した。東大を卒業する際には、その論文を査定する教授に困ったといわれている。卒業すると直ちにフランスへ留学し、二年間ジャック・マリタン教授に師事し、帰国後は二十六歳という若さで上智（じょうち）大学教授となった。その研究は、専門分野のみならず、実証科学、自然科学、数学ほか数多くの分野に及んだが、学生達には「信仰」は決して理論などから生まれるものではない、と説いた。また「新しき中世」という言葉を用い、無信仰に生きるだけでは大事なものを失う、と警鐘を鳴らした。

その研究の深さから、今後日本において吉満義彦を超えるキリスト教哲学者は出ないであろう、と言われている。「吉満義彦全集」全五巻が講談社から出ている。

図 45 学生時代

図 46 村上 清信

⑮ 村上（むらかみ） 清信（きよのぶ）

徳之島出身最初のオリンピック選手

明治四十年（一九〇七）徳之島花徳（けどく）に生まれる。昭和二十六年（一九五一）年四十四歳で亡くなる。

花徳尋常高等小学校から東京の保善（ほぜん）中学校（現・私立保善高校）に進学、明治薬学専門学校（現・明治薬科大学）を卒業した。昭和五年（一九三〇）と六年に、全日本アマチュア拳闘選手権大会フライ級で二年連続優勝。昭和七年、二十六歳のときに第十回ロサンゼルスオリンピックのボクシングフライ級日本代表として出場した。村上は最もメダルが期待された選手であったが、この大会で四位に入っ

たバドウ選手に判定負けした。ロサンゼルスに向かう「太陽丸」が徳之島沖を航行した際に、中村宗一氏らが宮城山の頂上で白旗一〇本を振ったところ、船はしばらく停止していたという。

村上は昭和十五年、一六ミリカメラを持って奄美撮影旅行中、スパイと間違われて取り調べを受けたこともあるという。将来を期待されながら病に倒れ、四十二歳の若さで生涯を閉じた。

村上は国内外での公式試合五九試合中、ＫＯ勝ち一七回、ＴＫＯ勝ち二三回、判定勝ち一六回、判定負け一回、棄権二回の成績を収めた。徳之島出身として最初のオリンピック選手である。

⑯ 八波むと志　「ミスター徳之島」で売り出した喜劇俳優

本名は坪田稔。旧姓は富澤。大正十五年（一九二六）神戸生まれ。昭和三十九年（一九六四）、交通事故により三十八歳の若さで亡くなる。タレントの八波一起は息子。

幼少期は極貧で、母親の死後に父親の郷里徳之島井之川で六歳まで過ごした。入学前に本土に渡り、東京駒込尋常高等小学校を卒業。日本高周波重工業（株）の技能者養成所で勉強しながら溶接工として働く。昭和十八年、十七歳のときに志願して兵隊に入り、翌年近衛連隊に移り下士官学校に入校。優秀な成績で修了し上等兵に進級。終戦後は日本高周波重工業（株）に復職し、浅草の森川信一座の研究生となり「劇団たんぽぽ」に参加。演劇活動をする中で三木のりへいに認められ喜劇俳優の道に入る。

当時一世を風靡していたエノケン、ロッパにとって代わる新感覚派として頭角を現す。その後、日劇ミュージックホール「カッパ天国」に、エノケンの当たり役カッパで出演し大好評を博す。

昭和三十一年、テレビ放送が始まると由利徹、南利明と三人で「脱線トリオ」を結成、日本テレビから「ミスター徳之島」として売り出した。同年映画に初出演。後に劇作家の菊田一夫に認められ、ミュージカルで大きな評価を受ける。

忙しい合間を見つけては日本大学哲学科、演劇学科に通うという勉強家で、仕事に対しては最大の努力と研究を惜しまずコツコツ積み上げていた。昭和三十九年一月に事故死したが、その死を悼み、

図47　帰途の船上で

図48　八波むと志記念碑（井之川）

五月には宝塚劇場で「八波むと志追悼公演」が上演され、故人を讃えた。

昭和三十七年に芸術祭参加のテレビドラマで、主演奨励賞を受賞。

⑰ 窪田 満敬

図49　窪田 満敬

一五人抜き！彗星のごとく現れた若き剣士

大正元年（一九一二）徳之島井之川の生まれ。昭和十五年（一九四〇）に二十八歳で亡くなる。

昭和三年、神之嶺尋常高等小学校卒業。池田師範学校（現・大阪教育大学）に入り、昭和七年、二十歳になったばかりの窪田は全日本中等部選手権大会個人戦において、過去誰も成し得なかった一五人抜きを達成。「彗星のごとく現れた若き剣士」として剣道界はもちろんマスコミ関係者らの注目を集め、とりわけ当時の朝日新聞は、写真と二段見出しで取り上げ、『—若き剣道家また個人優勝 — 大阪池田師範四年生窪田満敬君は、三年生の頃から同校正選手として、五年生に交じってあらゆる試合に出場、常に優秀の成績を示し、五年に進級と共に、同校剣道部の主将たるべき、折り紙付きの若き剣士である（中略）関西中等学校剣道試合にて、またまた個人優勝旗を獲得（後略）』と紹介している。窪田に対する期待感がいかに大きかったかを物語る。

一五人抜きを実現した窪田は、名実ともに日本一の剣道家として認められることになった。七月には剣道・柔道・弓道の全国組織 大日本武徳会※の正会員証を手にした。

昭和九年に池田師範を卒業。教鞭を執るかたわら剣士としての心技の鍛錬に励んでいたが、練習中の負傷がもとで体調を崩し、昭和十三年、病気療養のために一時帰郷した。その際、母校の神之嶺尋常高等小学校で教壇に立ったという。再び大阪に立ち返った窪田は、その二年後、日本の剣道界始まって以来の比類なき才能を持つ剣の達人として、国民的期待を一身に浴びつつ惜しまれながら短い生涯を閉じた。昭和初期（七～十三年頃にかけて）、日本の剣道界に彗星の如く現れ、燃え尽きていった青年剣士であった※。

※大日本武徳会＝戦前の日本において、武道の振興、教育、顕彰を目的として活動していた会員数二〇〇万人余を擁する財団法人であった。　※本文は、主に雑誌「潮風」一五号を参照した。

（岩下洋一）

剣道で十五人ぬきの勇者

誉れの優勝者

大島神社 武道大會

図50　15人抜きを果たした窪田

終章　徳之島町の近現代史を結ぶにあたって

島嶼（とうしょ）社会は一般的に、隔絶性（かくぜつせい）、狭小性（きょうしょうせい）、資源過少性ということがいわれる。総じて島々は、人間が生活していくうえで必要な物質的、文化的条件を十分に備えておらず、不足を補うために、外部に依存せざるをえない側面をもつ。同時に、人間の最低限の生存を保障するために、常に自給自足体制を整えておかなければならないという側面を有している。

しかし、明治以降、近代化・資本主義の時代を迎え、島々は否応なく自給自足的経済から、商品貨幣経済と労働力市場経済の波に洗われることになった。次第に生活様式、生産物、働く場所もお金の流れに合わせて変化し、本来徳之島で生産されていたものが消えていき、外部から移輸入されてくるようになった。特に第二次世界大戦後には、日本が工業製品を中心とした貿易立国へと邁進（まいしん）したこともあって、徳之島から出荷される物資とサービス（移輸出）に対して、島外から購入する物資やサービス（移輸入）が増え、その差額は年々増加することになった。

元来、徳之島などの島嶼地域は、生産のための三大要素といわれる土地、資本、労働力が少ないために、本土の諸産業との競争は不利である。したがって自由に移動する資本や労働力は、利益や賃金が高い本土の方へ流れていきやすい。地方の過疎化が進み、徐々に経済的に衰退していくと、このような地域では石油精製工業や核廃棄物処理場、原子力発電所、軍事基地といった施設が政府や企業によって計画されやすくなる。[*1] そのうえにこれらの施設は、危険性の高さ、機密保持の必要性という理由で一般開放されることもほとんどない。しかもこのような施設が造られても地域への経済的波及効果は少なく、あっても一時的なもので、それさえ時間とともに減少傾向をたどるものである。地域の自立的、持続的、循環的発展に寄与することはない。逆に、島民が自分の土地・海・山や島の自然を大切にし、手放しさえ

＊1　徳之島にも一九七〇年代以降、核燃料再処理施設、普天間基地移設などの、都市部では忌避（きひ）されて設置困難な施設が計画されて来たが、島民をはじめ郡民等の反対運動によって阻止された。もし、このような反対運動がなかったならば、徳之島をはじめ奄美群島は、危険施設が群集するレッドゾーンになっていただろうと想像することは容易である。徳之島三町の町長をはじめ、議会、島民の真摯な反対運動に敬意を表する次第である。

なお第四章「政争の時代と地域の運動」で米軍普天間基地移設反対運動や核燃料再処理工場建設反対運動について詳しく触れているので参照してほしい。

しなければ、いずれ亜熱帯特有の気候を活かした新たな産業を生み出すことは可能である。島嶼地域が自立的発展を遂げるためには、他の島々との相互依存的関係を保ちながら、いかにして、本土業者との関係を機会均等で共存的なものにしていくかということが大事になる。

そもそも周囲を海に囲まれて島々が点在する奄美群島は、大量生産、大量消費、大量廃棄型の経済システムには不向きである。農林水産業、工業、商業、観光産業にせよ、持続可能な循環型の経済システムを創り出す必要がある。二十一世紀は、大都市型経済社会の機能や魅力が低下し、地方分散型の産業、及び地産地消をはじめとする地域循環型の農林水産業が見直されるであろう。世界自然遺産登録地である徳之島には、将来ますます価値をもつ自然や伝統文化をはじめとした多くの財宝が残されている。希少な資源を枯渇(こかつ)させることなく、むしろ価値を増加させて一過性ではない観光客の流れをつくり、また、他地域のモデルとなる自然と調和した循環型社会の構築に努める必要があるだろう。

新型コロナウイルスのパンデミックによる影響は、世界や日本、奄美群島の生活スタイルや経済・働き方を大きく変えていくだろうと想像される。明治維新からの百六十年間、徳之島は時代に翻弄(ほんろう)され、抑圧、貧困、災害、疫病に苦しみながらも、希望を失わず、自立・進取の気風を示し続けてきた。いくつかの課題は克服されたが、次世代に残されている課題もまだ多い。国家として過去に例のない人口減少も差し迫っている。そこから思いもかけない新たな困難も生じるだろう。*2 過去の教訓や歴史に学びつつ、世界を俯瞰(ふかん)した広い視野を持つことが大事である。そのうえで島民自身が自助と共助の心を大事にして、自ら解決・克服していく気概こそが最も重要な時代になるだろう。

（皆村武一）

*2 二〇二二年二月、ロシアによるウクライナへの侵攻、中国による台湾進攻危機など世界の平和と秩序が脅かされ続けている。わが国においても、戦後保持され続けてきた平和国家の方針から転換し、軍事大国化の動きがみられる。とりわけ南西諸島一帯ではその動きが加速している。国内においても昭和十年代にあった戦時体制の条件整備が再び進められつつある。いったん法整備されては手遅れになる危険性を秘めている。

年表

（明治以降）

徳之島町年表（明治以降）

西暦（和暦）	徳之島町・徳之島のできごと（青）＝全国、その他
1867（慶応３年）	10月14日 徳川慶喜が大政奉還。12月9日 王政復古の大号令が発せられる。
1868（明治元年）	慶応4年7月17日 **江戸を東京と改称**。同年9月8日 **明治と改元**。戊辰戦争起こる。廃仏毀釈始まる。亀津で大火が起き、400余戸が焼失。
1869（〃 2年）	在番谷村龍助、霧島神宮より分霊し、亀津・面縄・阿布木名に高千穂神社を建立。薩摩藩の機構改革で、代官所を在番所と改称。
1870（〃 3年）	この年に廃寺となった安住寺の土地と建物を亀津村の山徳善や安田佐和応、柳義昇ら有志が私財を投じて買い取り、教育の場に提供。 島内で天然痘流行、2,000余人死亡。平民に苗字使用許可。
1871（〃 4年）	7月 **廃藩置県**により、薩摩藩は鹿児島県と称する。戸籍法制定。郵便開始。 山徳峰や福沢福祐、旭福泉らが亀津村の安住寺跡で、全島の子弟を集めて初めて寺子屋式教育を行う。徳之島における変則学校の始まり（M7『南島誌』）。
1872（〃 5年）	鹿児島商人によって大島商社設立。徳之島人口：27,356人
1873（〃 6年）	3月 砂糖の自由売買が布達されたが、奄美は自由売買ならず。10月 与人を戸長と改称。
1874（〃 7年）	地租改正はじまる（ただし鹿児島県は「西南の役」終了後、本格的に開始された）。
1875（〃 8年）	3月 在番所廃止。7月 **徳之島支庁**を亀津村に設置、島内6区域で民選の正副戸長が行政事務を行う。 8月 **苗字使用**を徳之島支庁が通達。同月 島民の金銭使用が始まる。 花徳村に有志が出資して学校を建設。 島内三か村（井之川村・伊仙村・浅間村）に八幡神社建立（『事情』、『沿革』）。
1876（〃 9年）	4月 県布達により島民の容貌服制の自由を許す。この頃「亀津断髪」の始まり。 母間村に学校建設。
1877（〃 10年）	亀津に巡査派出所設置。郵便はこの頃まで飛脚を使って伝達。当時の亀津役場は平野篤法宅（亀津2935番地）に置かれていた。 諸田に神和田小学校、井之川に井之川小学校創設。
1878（〃 11年）	手々小・山小学校開校。砂糖が自由売買となる。 亀津・山・平土野郵便局開局。大島警察署徳之島分署が亀津に設置。
1879（〃 12年）	「琉球処分」により沖縄県が誕生。 4月 奄美諸島が「**大島郡**」となり、大隅国に属す。 6月 大島支庁を廃止、大島郡役所を置き、徳之島に出張所を置く。春、**地租改正事業**が始まり、14年に終了。大島郡内の地籍を記した「竿次帳」が編纂される。同月 徳之島郷士格38家が士族身分の保障を求め連名で嘆願書提出。公立

西暦（和暦）	徳之島町・徳之島のできごと（青）＝全国、その他
	徳之島病院開設（『事情』）。
1880（明治13年）	初の鹿児島県会開会。6月 戸長改選。戸長役場が設置。
1883（〃 16年）	大島警察署徳之島分署長に岡程良着任、庁舎を旧代官所敷地に新築
1886（〃 19年）	徳之島各村間 里程測量。 徳之島で徴兵検査が行われる。
1887（〃 20年）	1月 行政区が6区（噯）あった**徳之島を4区分**とし、各々に戸長を任命した。大島郡内に同村名があり、秋徳村・和瀬村・久志村がそれぞれ亀徳村・徳和瀬村・下久志村と改称。学区改正が行われ、亀津村に高等小学校・尋常小学校・簡易小学校の各1校設置、他の村に簡易小学校と分教室を設置。
	亀津村大瀬川・花徳村万田川堤防修築。
1898（〃 21年）	徳之島で裁判が始まり、重罪出張所が開かれた。「山方」戸長役場を山に設置。大島郡経済分別施行令により昭和16年3月まで大島郡の経済が県から分離。
1889（〃 22年）	2月11日、**大日本帝国憲法が発布**。
	この頃、石井清吉が「**三方法運動**」提唱、指導を開始。
1890（〃 23年）	第1回帝国議会が開設。 教育勅語が発布される。
1891（〃 24年）	亀津村で初めて女子45名が亀津尋常小学校入学。 大阪商船の朝日丸が奄美各島間を月1回定期航海開始。
1892（〃 25年）	亀津の吉満義志信が県会議員当選。
1893（〃 26年）	山・母間・松原・平土野・面縄・阿三・犬田布に巡査駐在所設置。
	徳之島の人口：35,103人
1894（〃 27年）	日清戦争開戦。 北里柴三郎ペスト菌発見。亀津の山徳峯が県会議員に当選。
1895（〃 28年）	3月 吉満義志信『徳之島事情』を刊行 。面縄郵便局開局。
	7月 徳之島大暴風被災。人家流出198戸、全倒壊3,865戸、圧死12人。手々簡易科小学校廃止し山簡易科小学校に合併・改称。 徳之島の人口：38,067人。
1896（〃 29年）	アテネで第1回近代オリンピック開催。井之川簡易小学校と神和田簡易科小学校が合併し神之嶺小学校と改称。徳之島で臨時出張裁判所開廷。
1897（〃 30年）	7月 大島の**西古見と徳之島の山、和泊の間に海底電線敷設**、山・亀津 ・平土野郵便局で電信事務開始。
	母間簡易科小学校廃止。花徳簡易科小学校に合併し花徳尋常小学校に昇格改称。
1898（〃 31年）	花徳の林元俊が衆議院議員に当選。山簡易科小学校が山尋常小学校と昇格改称。
1900（〃 33年）	5月 県立大島病院（名瀬）開設。8月 県立大島農学校（現大島高校）名瀬に開校。同じ頃、山尋常小学校の分校を手々村に設置。9月 花徳尋常小学校の分校を母間村に設置。同月 亀津にて大島郡産業教育品展覧会を開催。
1902（〃 35年）	4月 手々・母間分校が、それぞれ尋常小学校に昇格改称。神之嶺尋常小学校に下久志分教場設置。亀津尋常小学校分校を尾母村に設置。

西暦（和暦）	徳之島町・徳之島のできごと（青）＝全国、その他
	大阪の孝橋安兵衛、下久志村銅鉱石採掘開始、大嶋糖業模範場支場を徳之島に設置。7月 徳之島に気象観測所開設。9月 高等科を設置し、花徳尋常高等小学校に改称。
1903（明治36年）	亀津の嶺山時善が衆議院議員に当選（翌37年も当選、合計2期務めた）。 徳 三和豊が下久志村銅鉱、宮田行美智が天城阿布木名村銀鉱の採掘を開始。
1904（〃 37年）	日露戦争開戦。徳 三和豊が天城松原村で銅鉱採掘開始。
1906（〃 39年）	尾母分校が尾母尋常小学校として独立昇格。
1907（〃 40年）	義務教育年限を6年に延長。
1908（〃 41年）	4月 島嶼町村制が施行。徳之島42か村を3か村（亀津村・天城村・島尻村）に統合。戸長を村長に改称。亀津村は8か村で編成、東天城村の区域は天城村に合区された。亀津に初の青年団結成。安住寺が丘に教会堂が竣工。
1909（〃 42年）	亀津の在郷軍人で消防団が組織される。 県令で闘牛が禁止。44年に島民の希望により、警察署長の許可を得て再開。
1911（〃 44年）	清国で辛亥革命起こる。 3月 亀津・面縄郵便局電話架設、電信事務を取扱う。4月 亀津新里晴（北区）、火事で110戸全焼。6月 喜界島でM8クラスの大地震発生。
1912（大正元年）	1月 中華民国建国。7月30日 明治天皇崩御、大正天皇が即位。 7月から翌年にかけ亀津の一部と島尻村（伊仙町）で腸チフス流行60名死亡。県道母間—山、轟木—花徳間改修。徳之島の人口：53,171人、戸数：7,749戸。
1913（〃 2年）	5月 亀津—鹿浦—平土野に通じる道路を県道に編入。大瀬川、亀徳川に橋を架ける。焼酎の自家醸造禁止。
1914（〃 3年）	1月 桜島が大噴火し、翌年まで噴火は続く。7月 第一次世界大戦始まる。 県道亀津—平土野間開通。
1915（〃 4年）	1月から病名不明の奇病で584名罹患、死亡者203名。 青年団秋季大運動会を亀津ナガハマで開催。
1916（〃 5年）	県立大島中学校開校。4月 東天城村が天城村から分村独立、山に役場設置。 亀津村で4か村合同全島大会（3日間）を開催し、大正9年まで各村持ち回り開催。各小学校に実業補習学校設置 。亀津村：人口12,868人、2,132戸。東天城村人口：11,173人、1,739戸。
1917（〃 6年）	ロシア2月革命起こる。 花徳の林為良が衆議院議員当選。坂井（栄）友直が『徳之島小史』発刊。
1919（〃 8年）	パリ講和会議開催。ドイツ、ワイマール憲法成立。スペイン風邪世界的大流行。死者数千万人に上る。

西暦（和暦）	徳之島町・徳之島のできごと（青）＝全国、その他
	1月 徳和瀬で天然痘流行、亀津・伊仙にも広がり594名罹患、280名死亡。 1月～3月にかけて亀津で同一犯による3回の放火があり、前代未聞の大火災となり、ほぼ集落全体が焼失する大被害となった。5月 花徳郵便局開局。
1920（大正9年）	国際連盟発足。第1回国勢調査。4月 普通町村制施行、官選村長を廃止し公選（議員の間接選挙）となる。各小学校に高等科設置、尋常高等小学校と改称。徳之島の人口：55,625人、9,236戸。
1921（〃 10年）	国産自動車第1号完成。1月 井之川郵便局開局。12月 亀津村で火事、53戸焼失。 3月 アマミノクロウサギ・ルリカケスを天然記念物に指定。 6月 島尻村を伊仙村に名称変更。
1923（〃 12年）	9月1日 関東大震災発生。 9月 **秋利神水力発電所**ができ、全島一斉に初めて電灯が灯る。東天城村人口：10,560人、戸数：1,843戸。亀津村：13,951人、1,987戸。伊仙村：18,513人、2,581戸。天城村：12,890人、2,251戸。島内人口：55,914人、8,662戸。
1924（〃 13年）	東天城村役場を山から花徳へ移転。手々、母間郵便局開局。 龍野定一、大島中学校長に抜擢。
1925（〃 14年）	普通選挙法・治安維持法公布。ラジオ放送開始。 4月 花徳に県蚕業模範場設立。県道山―花徳間完成。
1926（昭和元年）	大正天皇崩御、元号が昭和となる。8月 日本放送協会（NHK）設立。 7月 大島警察署徳之島分署が徳之島警察署に昇格。同月 各小学校に青年訓練所を並置。
1927（〃 2年）	8月 天皇が奄美大島に初の行幸。亀津出身の久留義郷が衆議院議員当選（昭和5年にも連続当選）。花徳の内山尚忠県会議員が4期連続当選を果たした。 山徳峯翁頌徳碑を安住寺跡に建立。 亀津―山間に徳之島で初めての乗合自動車運行。
1928（〃 3年）	第1回普通選挙実施。ラジオ放送開始。手々豊穀神社創立。県道亀津―山間完成。閉山が決まった下久志銅山の事務所を亀津に移転、村役場庁舎とする。鹿児島県立糖業講習所徳之島甘蔗原苗圃創設。
1929（〃 4年）	世界恐慌の始まり。新聞は住民生活を「蘇鉄地獄」と評した。 母間・山小学校に徳之島で初めての鉄筋コンクリート校舎竣工。 犬伏理一が4トントラックを買入れ、亀徳―亀津間の貨物運搬を始める。 12月 県蚕業試験場徳之島分場設置。
1931（〃 6年）	満州事変起こる。
1932（〃 7年）	5・15事件。満州建国宣言。亀津で合資会社徳州自動車商会発足。

西暦（和暦）	徳之島町・徳之島のできごと（青）＝全国、その他
	農山漁村自力更生運動始まる。
1934（昭和 9 年）	県道花徳―平土野間完成。
1935（〃 10 年）	全国の平均寿命、男性 44.8 歳、女性 46.5 歳。
	村立亀津青年学校を亀津尋常小学校に併設し、校舎を現・南区会館に仮設置。
	徳之島全島の県道完成。
1936（〃 11 年）	2・26 事件。現在の国会議事堂落成。人口：亀津村 10,367 人、東天城村 8,043 人。島内 44,789 人。奄美最初の鉄筋コンクリート造りの伊仙村役場落成。
1938（〃 13 年）	国家総動員法公布で戦時体制確立。
	徳之島警察署庁舎及び署長官舎建築。徳之島市内電話開通。
1939（〃 14 年）	現在の徳之島高校敷地に亀津村立青年学校を移転。
1940（〃 15 年）	徳州乗合自動車（株）、小型バスで亀津―山間を運行。
1941（〃 16 年）	12 月 日本海軍がハワイ真珠湾を攻撃、**太平洋戦争**が始まる。
	4 月 尋常小学校改め国民学校と改称。人口：亀津村 10,639 人、東天城村 7,325 人。
1942（〃 17 年）	1 月 1 日 **亀津村から亀津町**となる。
1943（〃 18 年）	3 月 **名瀬―亀津間無線電話開通。**
1944（〃 19 年）	6 月 高田利貞（たかだとしさだ）陸軍少将を長とする**奄美守備隊を徳之島配備**。 6 月 29 日 **輸送船富山丸**が亀徳沖で撃沈、将兵 3,700 余名死亡。9 月 25 日 **疎開船（そかいせん）武州丸**、十島村中之島沖で撃沈。徳之島の学童他 148 名死亡。10 月 亀津・亀徳など初空襲。
1945（〃 20 年）	4 月 米軍沖縄本島に上陸。**8 月 6 日 広島原爆投下**。**8 月 9 日 長崎原爆投下**。**日本の無条件降伏**により 15 日終戦。**国際連合発足**。
	3 月 亀津出身の柔道家徳三宝（とくさんぼう）、東京大空襲で戦災死。
	9 月 武装解除のため米兵が平土野に上陸。9 月 17 日 枕崎台風で、島内の学校校舎及び家屋がほぼ全て倒壊。
1946（〃 21 年）	**日本国憲法公布**。昭和天皇、神格化否定し「人間宣言」す。
	2.2 宣言で日本から分離、米海軍の統治下となり本土との海運交通禁止。
	3 月 亀津町立亀津高等女学校（2 年制）設立。4 月 南西諸島通貨をＢ型軍票（ぐんぴょう）紙幣（しへい）と新日本円に指定。同月 亀津町連合青年団結団結成総会。7 月 亀津町、東天城村議会議員選挙。前田長英（まえだちょうえい）、秋に開催された全島青年団弁論大会で演説。復帰運動の口火を切る。県道亀徳橋（木橋）完成。同月、名瀬町が名瀬市に改称。
1947（〃 22 年）	教育基本法公布。4 月 1 日 6・3・3 制男女共学の実施。第 1 次ベビーブーム始まる。
	4 月 亀津青年学校廃止、実業高等学校設立。8 月 徳之島 4 町村連絡会議で日本復帰促進論議。同月 大島郡市町村長会が日本復帰嘆願（たんがん）を決議するも軍政官が

西暦（和暦）	徳之島町・徳之島のできごと（青）＝全国、その他
	拒否。10月 平土野で徳之島全島オリンピック大会開催。亀津の県道大瀬橋（木橋）完成。人口：亀津町12,448人、東天城村10,430人。
1948（昭和23年）	亀津町立第一中学校を亀津小学校に、第二中学校を神之嶺小学校に、東天城村立第一中学校を母間に、第二中学校を山小学校に併設、手々小学校に第二中学校手々仮教場を併設。実業高等学校設立により亀津高等女学校廃校。 6月 亀津町・東天城村議会議員選挙。 本土在住出身者、マッカーサー司令官に「自由交易」を嘆願。
1949（〃 24年）	毛沢東の共産党が中華人民共和国成立。湯川秀樹、日本人初のノーベル賞受賞。国「人は右、車は左」を決定。 4月 実業高等学校を廃校し、亀津町・東天城村・天城村組合立 新制徳之島高等学校創立。伊仙村立農業高等学校設立認可。9月 東天城村立実業高校跡に東天城村第一中学校花徳教場開設。 同月 東天城村議員補充選挙。 徳之島が沖縄と本土との密貿易の中継地となる。
1950（〃 25年）	朝鮮戦争が起きる。この年女性の平均寿命60歳を超える。 2月 亀津出身為山道則団長が率いる宮崎県奄美連合青年団、復帰決起第1号の檄文を全国の奄美同胞に送る。 4月 徳之島営林署を亀津に設置。8月 琉球銀行徳之島支店を亀津に開設。 10月 奄美群島知事公選。11月 奄美群島政府設立。同月 花徳で徳洲オリンピック大会を開催。人口：亀津町12,039人、東天城村9,106人。
1951（〃 26年）	サンフランシスコ講和会議・日米安全保障条約締結。 東天城村立第一中学校花徳教場と母間教場を東天城村立花徳中学校と母間中学校に分け、母間中学校は母間小学校に併設し、花徳中学校は実業高等学校跡地に創立された。 2月 奄美大島日本復帰協議会結成、復帰署名運動展開。4月 14歳以上の群島民の99.8%署名完了。同月 琉球臨時中央政府設置。8月 復帰祈願断食全郡集団ハンスト。同月 日本復帰郡民総決起大会開催。「日本復帰の歌」発表。
1952（〃 27年）	4月1日 群島政府解消、琉球政府発足。名瀬に琉球大学奄美分校設置（復帰に伴い29年3月廃止） 4月 手々中学校独立。9月 亀津町議会議員選挙。同月 亀津町立尾母中学校、東天城村立山中学校独立。神之嶺小学校から井之川小学校が分離し、現在の井之川中学校の地に創立。亀津（現・生涯学習センター）に徳之島治安裁判所が設置（検察庁と登記所の3機関合同の庁舎）。 11月 朝潮一行、徳之島で初の大相撲興業。12月 国歌「君が代」斉唱了承。

西暦（和暦）	徳之島町・徳之島のできごと（青）＝全国、その他
	人口：亀津町 12,006 人、東天城村 9,106 人。
1953（昭和 28 年）	日米通商友好条約締結。ＮＨＫテレビ放送開始。民間テレビ放送開始。街頭テレビが人気を博す。
	5 月 初の地元紙『南西日報』創刊。9 月 国旗「日の丸」全面掲揚許可。12 月 25 日 **奄美群島が日本復帰。**同月 全郡の通貨両替。県農業試験場大島分場徳之島試験地を伊仙に設置。
1954（〃 29 年）	2 月 奄美群島特別区で初の衆議院議員選挙。3 月 米、ビキニで水爆実験、第 5 福竜丸など被爆。7 月 自衛隊の設置。電気洗濯機・冷蔵庫・掃除機が「三種の神器」と呼ばれる。
	4 月 伊仙農林高等学校が徳之島高等学校と合併し、鹿児島県立徳之島総合高等学校（亀津校舎と伊仙校舎）に改称。同月 奄美群島復興事業 5 か年計画開始。
	5 月 県道徳之島一周線新設工事着工。同月 亀徳港改修工事着工。6 月 **奄美群島復興特別措置法公布。**8 月 亀徳港、平土野港地方港湾に指定。11 月 東天城村長に山口清秀氏当選。12 月 相互バス設立（現総合陸運）、乗り合いバス運行。
	4 町村で徳之島漁業協同組合設立。市町村教育委員会発足。小中学校のユニセフミルク給食始まる。大島パイン設立、亀徳農場を作る。
1955（〃 30 年）	この年「神武景気」始まる。家庭電化時代始まる。
	2 月 大島糖業が平土野と犬田布に 50 トン工場を作る。6 月 県道湊川橋・麦田橋・亀津大瀬橋完成。 7 月 県道手々山田橋完成。 8 月 母間海岸護岸工事着工。10 月 県道井之川橋完成。花徳に乾繭場を建設。
	奄美大島信用金庫が亀津に支店開設。人口：亀津 12,201 人、東天城村 8,985 人
1956（〃 31 年）	国際連合に加盟。経済白書「もはや戦後ではない」と発表。
	3 月 県道亀徳橋完成。4 月 亀津第一中学校が亀津小学校から分離、現在の校舎敷地に移転。9 月 亀津町議会議員選挙。同月 母間港、地方港湾に指定。
	奄美パインが山に農場を作る。任命制による県・市町村の教育委員会発足。金見に東天城村初の簡易水道が完成（「山だより」263 p）。
1957（〃 32 年）	4 月 井之川小学校と神之嶺小学校が統合、神之嶺小学校と改称。亀津第一中学校が亀津中学校に、亀津第二中学校が亀津中学校井之川分校に改称。同月 尾母で農業気象観測始まる。花徳新村青年会館新築。動力耕耘機導入。亀津町社会福祉協議会発足。12 月 朝潮大関昇進凱旋帰郷の予定が、荒天のため古仁屋引き返し。人口：亀津町 11,483 人、東天城村 8,648 人。
1958（〃 33 年）	東京タワー竣工（333m、当時世界一）。1 万円札発行。
	2 月 亀津町で火事 10 棟焼失。

西暦（和暦）	徳之島町・徳之島のできごと（青）＝全国、その他
	4月1日 亀津町と東天城村が対等合併、**徳之島町発足**。同月 町長・議会議員選挙。**秋武喜祐治（あきたけきゆうじ）初代徳之島町長就任**。同月 花徳中学校と母間中学校が統合、東天城中学校発足。同月 亀津に徳之島保健所新築落成。
	7月 広報とくのしま第1号発行。8月 徳之島町連合青年団結成。9月 奄美パイン山工場落成。 10月 林道池田線、花徳線完成。12月 亀津大瀬川河口に徳之島発電所完成。山 里公民館新築。徳之島特定農地開発事業指定受ける。合併時徳之島町人口：20,112人。島内人口：50,792人
1959（昭和34年）	4月 皇太子ご成婚。9月 **伊勢湾（いせわん）台風**襲来（死者5,041人）。
	3月 大瀬川改修工事完成。亀津簡易水道完成。同月 亀徳港岸壁完成。大関朝潮、横綱に昇進。4月 **亀徳港定期船（高千穂丸）初接岸**。6月 花徳郵便局新築落成。同月 徳之島町手々で竜巻、住家全半壊10戸。同月 奄美群島復興5か年計画を10か年計画に改定。7月 名瀬公共職業安定所徳之島分室開所。
	9月 亀津に町営公設小売市場開店。秋 町役場新庁舎建設着工。翌年5月完成（現・郵便局敷地東側）。10月 大島糖業（株）が伊仙町目手久に220トン工場建設。12月 奄美地区総合社会教育研究会徳之島町大会。同月 **浅間に飛行場完成**。林道池田線・井之川線・花徳線着工。同月 大洋殖産（株）が伊仙分密糖300トン工場完成（社史）。同月大島糖業平土野工場が150トンに改装。
1960（〃 35年）	カラーテレビ本放送開始。ラーメン・コーヒーなどの「インスタント時代」。
	6月 徳之島町体育協会結成。8月 轟木、花徳地区簡易水道着工。11月 第1回町民体育大会。12月 大和製糖が花徳に50トン工場。同月 大島糖業平土野工場が300トンに改装。町人口：19,804人、4,945戸
1961（〃 36年）	ベルリンの壁建設（東西ベルリン境界封鎖）。ソ連世界最初の人間衛星ボストーク1号打ち上げ成功。
	1月 国民健康保険事業開始。同月 天城村、町制施行。2月 亀徳小学校校舎落成。同月 亀徳港埋め立て工事完成。3月 **県道徳之島一周線新設工事完成**。同月 亀徳・諸田地区簡易水道事業完成。
	4月 亀津小学校・亀津中学校完全給食実施。同月 徳之島町社会福祉協議会設立。同月 徳之島土地改良事務所設置。同月 大島パイン亀徳に缶詰工場建設起工式。7月 義宮殿下御来島。同月 台風18号（第2室戸台風）来襲、災害救助法適用。同月 亀津中井之川分校が井之川中学校に昇格。
	12月 大洋殖産（株）徳和瀬200トン分蜜糖工場落成。
	さとうきびＮＣＯ310奄美地区奨励品種決定。
1962（〃 37年）	東京都が世界初の1,000万人都市。キューバ危機。

西暦（和暦）	徳之島町・徳之島のできごと（青）＝全国、その他
	1月 奄美初の徳之島町農村モデル住宅完成。同月 伊仙村が町制を施行。 2月 徳之島空港開港。3月 県営轟木ダム完成。同月 万田川改修工事完成。4月 町長・議会議員選挙。秋武喜祐治2期目町長誕生。同月 相互バスと相互トラックが合併して徳之島総合陸運（株）設立。5月 県道亀徳橋完成。10トンブルドーザーを導入。12月 県道浦久田橋完成。県道糸木名ー亀津改良工事完成。 亀澤道喜氏が徳之島町最初の名誉町民に選ばれる。
1963（昭和38年）	11月 ジョン・F・ケネディアメリカ大統領暗殺。この年、三沢あけみの「島のブルース」流行。
	1月 徳之島町一斉に新正月実施。2月 井之川海岸護岸工事完成。同月 花徳小学校校舎落成、同月 山のヘルスセンター落成。 3月 下久志分校・井之川中学校校舎落成。5月 徳之島法務・検察合同庁舎落成式（現・生涯学習センター地）。7月 アマミノクロウサギ国の特別天然記念物に指定。同月 徳之島町交通安全町宣言。8月 徳之島に県営開拓パイロット事業（井之川・大原地区）開始。同月 徳之島で大雨、浸水家屋329戸、破堤、道路損壊。同月 亀津に徳之島観光ホテル開業。山へき地診療所開設。復帰10周年記念全郡駅伝大会島内で開催。
1964（〃 39年）	10月 東京オリンピック開催。東海道新幹線（東京ー大阪間）開通。
	1月 徳之島町の町章制定。同月 人権擁護相談所開設。波の上丸亀徳港初入港。2月 第2大瀬橋完成。 3月 尾母中学校鉄筋ブロック校舎完成。県営母間ダム完成。同月 NHK徳之島ラジオ中継放送局開局。同月 亀津海岸護岸工事完成。 同月 亀津で大火、15棟焼失。同月 県と離島各市町村間の行政無線開局（尾母に中継所）。 4月 亀津郵便局舎落成。奄美群島振興事業5か年計画実施。 5月 部落駐在員制度発足。6月 富山丸第1回慰霊祭・慰霊塔除幕式 。 8月 県営徳之島開拓パイロット事業井之川地区（旭ヶ丘）竣工式。 **入植団地「旭ヶ丘」誕生**、行政区に編入。同月 文化財保護条例を制定。 9月 亀津闘牛場完成。 10月 亀徳郵便局開局。12月 亀津火力発電所全島に24時間送電が始まる。
1965（〃 40年）	米宇宙船、初のランデブーに成功。日韓基本条約調印。
	5月 東天城郵便局落成。6月 **徳之島空港 YS 11型機 就航**。同月 母間郵便局新築落成。同月 亀津中学校体育館落成。 7月 花徳支所新築落成。母間で初めて畑かん通水（うね間灌漑）。徳之島町町歌制定。9月 自衛隊分駐所、町役場内に開所。同月 鹿児島銀行徳之島支店新築落成。

西暦（和暦）	徳之島町・徳之島のできごと（青）＝全国、その他
	10 月 亀徳公民館落成。同月 照国丸就航。金見海岸護岸工事完成 。11 月 徳之島開拓パイロット事業終了、**入植団地「大原」誕生**、行政区に編入。大原第 1 団地集会場完成。同月 南区に現在の徳之島病院開院。同月 井之川岳登山口に**ＮＨＫテレビ中継塔完成**。神之嶺小、母間小が完全給食実施。奥山八郎、龍野定一の両氏に名誉町民称号贈呈。本町人口：18,920 人、4,942 戸
1966（昭和 41 年）	中国文化大革命。ソ連の無人月探査機初の月面軟着陸。
	1 月 北区公民館落成。3 月 平土野発電所完成。母間・山簡易水道完成。4 月 町長・議会議員選挙。秋武喜祐治町長 3 期目当選。同月 東天城中学校体育館落成。徳之島高校体育館落成。徳之島町中央公民館落成。天城町に私立第二鹿児島商工高校（現樟南第二校）開校。5 月 井之川郵便局新築落成。同月 大島糖業（株）と大洋殖産（株）合併、南西糖業（株）となる。7 月 県農業試験場徳之島試験地（伊仙）が徳之島糖業支場に昇格。9 月 徳之島観光協会設立。10 月 井之川公民館落成。繁殖試験用キジ放鳥。11 月 徳之島郷土研究会発足。徳之島ライオンズクラブ結成。沖之島丸就航。尾母小中、手々小中、井之川中が完全給食実施。
1967（〃 42 年）	明治 100 年記念。佐藤首相「非核三原則」を言明。
	1 月 山中学校体育館落成。2 月 徳之島高校本館落成。3 月 県営徳之島開拓パイロット事業 2 期完成 大原に 60 戸入植。4 月 徳之島高校伊仙分校が県立徳之島農業高校として独立昇格。6 月 奥山八郎氏胸像建立除幕式。同月 亀津下霜原に町営火葬場設置。10 月 第 10 回奄美大島復帰記念駅伝大会を徳之島で開催。 12 月 **亀津南区海岸埋め立て工事起工式**。同月 各学校の宿直廃止。
1968（〃 43 年）	6 月 小笠原諸島が日本に復帰。12 月 現金 3 億円強奪事件発生。
	1 月 奄美信用組合亀津支店開店。3 月 亀津南区海岸埋立完成。町農業災害保険組合発足。4 月 亀徳港線が県道に認定。同月 徳之島警察署新築落成。 5 月 亀徳港、3000 トン級突堤延長工事完成。同月 合併 10 周年祝賀式典挙行。同月 戦艦大和合同慰霊塔除幕式。6 月 町林業農業構造改善事業開始。 10 月 奄美地区総合社会教育研究大会三町で開催。同月 亀津中学校プール完成。 11 月 徳之島高校図書館「前田記念館」落成。12 月 母間の花時名公民館落成。山へき地出張診療所医師住宅落成。
1969（〃 44 年）	米、アポロ 11 号人類初月面着陸・帰還成功。4 月 高松宮、同妃殿下徳之島にご来島（東亜観光ホテルに宿泊）。
	1 月 亀津に徳之島簡易裁判所庁舎落成。2 月 亀津小学校体育館落成。 3 月 県営徳之島開拓パイロット事業全工区完成。東亜観光、山に本格的リゾー

西暦（和暦）	徳之島町・徳之島のできごと（青）＝全国、その他
	トホテルオープン。5月 奄美群島振興特別措置法改定5年延長される。 10月 秋雨前線集中豪雨により災害救助法適用。876戸が浸水。
1970（昭和45年）	**大阪で日本万国博覧会開催**。赤軍派、日航機よど号ハイジャック事件。 3月 徳之島町誌刊行。同月 轟木へき地福祉館落成式。同月 町長・議会議員選挙。秋武喜祐治町長4期目就任。4月 徳之島開墾建設事務所が徳之島土地改良出張所に改称。同月 亀津に紬織工養成所開設。7月 亀津1・2工区海浜埋め立て事業竣工。8月 台風9号被害甚大、町内住家全半壊326棟。9月 新造船「はいびすかす」就航。12月 井之川中学校体育館落成。 人口：16,445人、4,709戸
1971（〃 46年）	3月 花徳小学校体育館落成。同月 県道花徳・阿布木名線改良工事完成。 6月 亀津発電所完成。 8月 徳之島町海岸通線・山手通線・港通線・中央通線が都市計画道路に決定。 10月 **亀津電報電話局庁舎落成**。11月 反川公民館落成。 過疎地域振興対策事業始まる。
1972（〃 47年）	5・12 **沖縄が日本に復帰**。日中の国交樹立。冬季札幌オリンピック開催。 1月 母間海岸護岸工事完成。2月 亀津郵便局電話がダイヤル通話。 3月 神之嶺小学校体育館落成。東天城中学校プール完成 4月 金見崎灯台完成。5月 波之上丸就航 。 7月 クイーンコーラル就航。 8月 母間本崎公園「ちゅっきゃい節」発祥記念碑除幕式。 9月 **皇太子・美智子妃殿下ご来町**。同月 ＮＨＫカラー放送の中継開始。 12月 轟木前原地区給水施設完成 。
1973（〃 48年）	**第一次石油危機（オイルショック）**。70歳以上の老人医療が無料となる。九州電力（株）、大島電力（株）を統合合併。 2月 母間小学校体育館落成。7月 金丸知事来島、県政懇談会開催。 徳和瀬地区へき地保健福祉館落成。
1974（〃 49年）	2月 奄美群島内を**国定公園指定地域**に。同月 井之川海岸工事着工。 3月 南区埋立地に**町役場新庁舎完成**。同月 町長・議会議員選挙。第5代秋武喜祐治町長誕生。4月 島内4農協合併し徳之島農協発足。 5月 亀津に**県の合同庁舎竣工**。同月 町給食センター完成。5月 山地区コミュニティーセンター落成。6月 亀津北区臨海土地造成起工式。9月 亀徳小学校体育館落成・尾母中学校体育館落成。 11月 徳三宝頌徳碑役場前庭に建立。12月 亀徳に海底公園センター「汐路（しおじ）」落成オープン。

西暦（和暦）	徳之島町・徳之島のできごと（青）＝全国、その他
1975（〃 50年）	沖縄国際海洋博覧会開幕。ベトナム戦争終結。 3月 山小学校体育館落成。4月 亀徳港拡張整備事業開始。同月 救急車導入始動。同月 県営畑地帯総合土地改良事業開始。神嶺ダム着工。同月 3町共同経営のと畜場（現・食肉センター）完成。5月 花徳生活館落成。7月と10月の集中豪雨で島内全域被害甚大。町人口：15,215人、4,748戸
1976（昭和51年）	3月 井之川中学校2階校舎落成。4月 徳之島循環県道主要地方道昇格。5月 サトウキビの害虫チンチンバックの航空防除始まる。 9月 疎開船武州丸慰霊碑除幕式。同月 台風9号・17号が来襲、被害甚大。 11月 亀津小学校に龍野定一翁の胸像除幕式。重村一郎氏へ名誉町民称号贈呈。 母間の池間へき地保健福祉館落成。
1977（〃 52年）	日本の平均寿命：男72.69歳、女77.95歳で世界一に。 2月 **核燃料再処理工場建設反対徳之島町民会議結成大会。** 3月 亀津北区海浜埋め立て工事完成。同月 亀徳郵便局新築落成。 6月 亀津新里（あらざと）橋・船渡（ふなたい）橋の渡り初め。8月 花徳、嶺山嶺文翁の頌徳碑除幕式。 9月沖永良部台風、907.3 mb最低気圧記録。10月 手々小学校体育館落成。11月 新造船あけぼの丸亀徳初就航。12月 尾母へき地保健福祉館落成。
1978（〃 53年）	日中平和友好条約締結。 3月 町長・町議会議員選挙。同月 亀津郵便局開局100周年記念行事開催。 4月 **直島秀良第6代町長就任**。町長「町民と語る室」開設。 5月 特別養護老人ホーム「徳寿園」開園。7月 大型台風8号爪痕残す。本町被害総額3億6000万円。10月 第四期亀津北区埋め立て工事着工。同月 下田川改修工事完成。11月 ＭＢＣ・ＫＴＳ民放徳之島中継局が開局。12月 県道金見工区改良工事完成。同月 町老人福祉バス購入。 ブルドーザーショベル・運搬車を購入。
1979（〃 54年）	英国で初の女性首相サッチャー誕生。東京サミット開催。 1月 神嶺ダム定礎式。同月 下久志青少年館落成　2月 徳之島町文化協会発足。同月 精神薄弱者厚生（授産）施設「徳州園」オープン。同月 亀徳阿多野平団地3ＤＫ住宅完成。4月 県営井之川畑総事業着工。 7月 亀津埋め立て4工区完成。8月 亀津で火事、10棟焼失。9月 亀津宮上病院落成。同月 台風16号直撃、本町被害総額6億円超。 手々へき地保健福祉館・神之嶺農業研修館落成。・山中二階建て校舎完成。
1980（〃 55年）	イラン・イラク戦争起こる。

西暦（和暦）	徳之島町・徳之島のできごと（青）＝全国、その他
	3 月 町立神之嶺幼稚園設立・園舎落成。同月 県営第二亀津農免農道完成。同月 県道奥名橋・県道本川橋完成。 4 月 県営花徳畑総事業着工。同月 本町初の認可保育所亀津中区にオープン。 5 月 亀津中学校武道館完成。6 月 上花徳農業研修館・金見農業研修館落成。 7 月 **ジェット機ＤＣ９が就航**。8 月 **新田成良第 7 代町長就任**。 9 月 台風 13 号徳之島で最大瞬間風速 40 メートル。同月 天城町天城に新徳之島発電所完成。10 月 亀津中学校・ 東天城中学校夜間照明設置。同月 大瀬川改修工事着工。亀津中区生活館落成。同月 花徳に乾純之助翁の功績を讃え「さとうきびの碑」建立・除幕式。 町人口：15,553 人、5,035 戸
1981（昭和 56 年）	神戸で博覧会「ポートピア'81」開催。 2 月 第 1 回徳之島町社会教育大会。3 月 県営亀徳川砂防ダム完成。同月 県営徳和瀬三期基幹農道舗装完成。同月 前田村清翁寿像、徳之島高校に建立除幕。 4 月 町立母間保育所開設。同月 **亀津臨海埋め立て土地造成事業全工区完了**。 5 月 徳之島小唄記念碑、井之川に建立。6 月 秋武喜祐治翁寿像、役場前広場に建立除幕。9 月 鈴木善幸総理大臣来島。10 月 第 1 回町職員採用試験実施。 12 月 南原農業研修館完成。秋武喜祐治、前田村清両氏に名誉町民称号贈呈。 神之嶺ダム竣工。 第 3 丹向橋（南区 16m道路）完成。
1982（〃 57 年）	1 月 山中学校・井之川中学校夜間照明施設完成。2 月 亀徳橋架け替え工事完成。同月 下久志分校特別教室完成。 3 月 町議会議員選挙。同月 山地区簡易水道完成。同月 高砂親方（横綱朝潮）7 人目の名誉町民に。同月 山小学校プール完成。7 月 第 1 回全島島口大会開催。同月「朝読み夕読み」亀徳・手々校区スタート。8 月 渡辺大蔵大臣来島。 11 月 県道花徳工区改良工事完成。同月 畦園地整備事業着工。 12 月 徳之島町社会福祉協議会社会福祉法人設立。 神之嶺・大船教員住宅完成。亀津大船・満久里公営住宅完成 。
1983（〃 58 年）	2 月 大島地区「朝読み夕読み」推進大会、本町にて開催。 3 月 **亀徳に徳之島町第 1 上水道浄水場が完成**。同月 徳之島勤労者体育センター完成。同月 亀津・亀徳中心に局地的集中豪雨で被害甚大。同月 県道亀津工区改良工事完成。4 月 徳之島町自治公民館連絡協議会結成。同月 亀津に 16m道路開通。新大瀬橋完成。7 月 第 1 回徳之島町心身障者福祉スポーツ大会。 8 月 第 37 回県民体育大会第 24 回大島地区大会徳之島町大会開催。同月 県営山畑総事業着工。11 月 畦集落センター落成。亀徳地区振興センター落成。

西暦（和暦）	徳之島町・徳之島のできごと（青）＝全国、その他
1984（昭和 59 年）	3 月 大瀬川地滑り対策事業完成。同月 伊仙・天城登記出張所亀津に統合。同月 奄美群島振興開発事業 5 か年延長。4 月 亀徳小学校に夜間照明施設完成。6 月 畦プリンスビーチ開園。7 月 ウリミバエ不妊虫百万頭を徳之島で試験放飼。8 月 **高岡善吉第 8 代町長就任**。9 月 亀徳港新港建設着工。10 月 徳之島地区消防組合開署式。同月 亀津雁焼地区にゴミ処理センター完成。町営住宅完成（尾母・亀徳阿多野平・上花徳・轟木）。直島秀良氏に名誉町民称号。
1985（〃 60 年）	科学万博つくば開催。電電公社と専売公社が民営化。 3 月 井之川へき地保育所完成。同月 総合運動公園陸上競技場完成。5 月 山徳峯翁胸像、亀津小学校に建立。同月 花徳万田の水田最後の田植え踊り披露。7 月 畦フルーツガーデンオープン。同月 全郡青年大会を本町で開催。11 月 **健康の町宣言**。同月 県営母間畑総事業着工。大当公民館落成。 町人口：15,321 人、5,287 戸
1986（〃 61 年）	ソ連、チェルノブイリ原子力発電所大事故。伊豆大島三原山が 209 年ぶりに大噴火。社会党土井たか子、日本初の女性党首誕生。 1 月 5 日 井之川岳山頂に降雪、奄美で 85 年ぶり。3 月 役場庁舎内に農村情報連絡施設（防災無線）完成。4 月 徳之島町立山幼稚園開園。5 月「走る図書館車ハイビスカス号」運行開始。9 月 旭ヶ丘にキジ 50 羽放鳥。10 月 徳之島徳州会病院、亀津にオープン。同月 徳和瀬新陸上競技場にて第 26 回町民体育祭開催。11 月 本町で全郡六調大会開催。12 月 国営農地開発事業が大原地区から始まる。同月 新浦久田橋完成。「サンゴ祭り」を「どんどん祭り」に改称。東区公民館落成。
1987（〃 62 年）	国鉄が分割民営化され、ＪＲとなった。 1 月 亀津第 2 大瀬橋完成。3 月 亀津公園完成。同月 徳和瀬に堆肥センター完成。同月 山漁港改修完成。6 月「健康のまち宣言」記念碑建立除幕式。9 月 陸上競技場にキジ放鳥 。7 月 尾母中学校、県大会庭球男子団体戦優勝。10 月 亀津郵便局新局舎落成。11 月 全国民謡民舞共演とシンポジウム開催。同月 亀津で 17 棟が全焼する戦後最大の火災。11 世帯 27 人が焼け出される。
1988（〃 63 年）	世界最長の青函トンネル鉄道開業。ソウルオリンピック開催。 4 月 徳之島初のビワ品評会開く。同月 県営住宅徳之島団地完成。5 月 亀津小学校の南側校舎落成。同月 全郡女子青年研修会を本町で開催。7 月 旭道山が十両へ昇進。同月 第 9 代高岡善吉町長 2 期目就任。11 月 徳之島町合併 30 周年記念式典開催。

西暦（和暦）	徳之島町・徳之島のできごと（青）＝全国、その他
1989（平成元年）	1月 昭和天皇崩御、元号を「平成」と改める。中国、天安門事件起こる。消費税3%導入。 1月 旭道山幕内昇進。2月 神之嶺小学校プール竣工。同月 北海道北竜町、徳之島町との「南北農村交流」で来町。3月 神嶺地区畑地総合土地改良事業完成。同月 奄美群島振興開発事業5か年延長される。4月 保健センター完成。 5月 畦キャンプ場完成オープン。同月 中学校英語教育充実改善に外国青年招致事業（ALT）始める。6月 花徳小学校プール完成。7月 徳之島保健所が亀津霜原に新築移転。11月 井之川夏目踊り全国民俗芸能大会に出演。同月 ウリミバエ根絶宣言・解禁。12月 町連青主催第1回「青年ふるさと対話」開催。同月 長寿年金制度を制定。
1990（〃 2年）	東西ドイツが統一される。バブル経済崩壊。 第1回大学入試センター試験実施。 3月 山中学校校舎落成。同月 徳之島町から戦後初の代議士、**徳田虎雄当選**。 5月 旭ヶ丘公民館落成。同月 第1回ヘルシーフェスタin徳之島実施。 8月 母間で第1回「ちゅっきゃい節まつり」開催。 10月 亀津小学校ジャズバンド、愛媛国民文化祭出演。 12月 第33回奄美駅伝大会を本町で開催。 町相撲場完成。 町人口：14,536人、5,298戸
1991（〃 3年）	ソビエト連邦崩壊。福井県の美浜原発事故。雲仙普賢岳噴火で土石流・大火砕流発生。 3月 県道花徳橋完成。同月 井之川中学校新校舎落成。4月 徳之島町地籍調査始まる。同月 文化会館駐車場完成。6月 第1回歯の健康祭り。 7月 奄美群島広域事務組合設立。11月 奄美地区社会教育研究会開催。同月 町商工会館が旧鹿児島銀行跡に改装移転。 山港に灯台が完成。 役場庁舎増築落成。
1992（〃 4年）	学校週5日制スタート。 3月 亀津第3大瀬橋完成。同月 亀徳小学校校舎落成。4月 亀徳駐在所新築移転。同月 公営住宅山港川団地3階建1棟が落成。同月 徳之島町シルバー人材センターを役場内に開設。同月 亀津に私設の全天候型ドーム型闘牛場完成。 5月 肥後吉次・保直次名誉町民称号贈呈。9月 旭道山小結昇進。 10月 秋利神架橋1号橋が着工。11月 第1回徳之島町生涯学習推進大会開催。 県営ベルメール住宅完成。サトウキビ収穫機ハーベスター初めて導入。
1993（〃 5年）	北海道南西沖地震、津波で奥尻島死者176人。

西暦（和暦）	徳之島町・徳之島のできごと（青）＝全国、その他
	3月 花徳万田川に前田橋、山港川になんご橋が開通。4月 シルバー人材センター新事務所完成。同月 町老人クラブ連合会第1回しじゅうにこにこフェスタ開催。同月 母間伊宝橋完成開通式。同月 秋利神架橋2号橋完成。 7月 三町連合青年団大会徳之島町大会。8月 母間に農産物加工センター落成祝賀会。10月 第35回奄美群島社会福祉大会徳之島町開催。同月 ウリミバエ防除終了（群島全体）。11月 役場電算システムが稼働開始。
1994（平成6年）	2月 亀徳港湾岸橋（亀徳大橋）工事着工。3月 奄美群島振興開発特別措置法が5か年延長される。5月 徳之島町文化会館落成式。同月 学校給食ミルクのLL牛乳を普通牛乳へ切替える。同月 徳之島警察署が亀津下霜原へ新築落成・移転。 6月 新船「フェリーなみのうえ」就航。8月 小澤国土庁長官来島。 10月 尾母小中学校新校舎落成式。同月 徳之島地域農業活性化シンポジウム。 12月 亀徳港新埠頭が埋め立て竣工。同月 サトウキビ品質（糖度）取引に移行。 公営住宅、山の千屋団地2階建て一棟完成。
1995（〃 7年）	1月17日 阪神・淡路大震災起こる。3月 オウム真理教による地下鉄サリン事件。 3月 諸田池公園完成。7月 海のアドベンチャー開催。同月 第36回大島地区体育大会徳之島開催。同月 第46代横綱朝潮太郎銅像除幕式。 9月 亀津埋め立て地に地域福祉センターが落成。 11月 本町にて大島地区ゆうあいスポーツ大会開催。同月 県民文化祭こどもフェスタ開催。同月 徳之島音楽フェスティバル。 「一人一学習・一人一健康・一人一奉仕」の生涯学習スローガン宣言。 公営住宅亀徳港ヶ丘団地建設始まる。人口：13,640人、5,317戸
1996（〃 8年）	3月 母間小学校校舎落成。亀徳新港供用開始。同月 地区消防組合、救助工作車導入配備。6月 亀津に国の合同庁舎完成。7月 旧警察署跡に徳之島町立図書館オープン。10月 秋利神架橋開通。11月 大島地区保育協議会本町開催。 同月 徳之島町初の子ども議会開催。同月 徳之島高校創立50周年記念式典。 亀徳保育園に「地域子育て支援センター」設置。
1997（〃 9年）	消費税5%施行。香港が中国に返還される。 3月 総合運動公園のレジャープール完成。同月 亀津中学校体育館が落成。7月 亀徳大橋（湾岸橋）完成・渡り初め式。 10月 県民文化祭「音楽祭」開催。大原第2団地集会場落成。
1998（〃 10年）	長野冬季オリンピック開催。 1月 在宅介護支援センター設置。3月 町議会議員選挙。5月 町村合併40周年記念チャレンジデー‘98。6月 町制施行40周年記念式典開催。7月 第25回全

西暦（和暦）	徳之島町・徳之島のできごと（青）＝全国、その他
	郡青年大会本町にて開催。8月 全国子どもサミットin徳之島。同月 ディスカバー鹿児島ふれあいバス実施（3町)。11月 町制施行40周年記念第4回奄美地区相撲選手権大会、本町にて開催。12月 シンポジウム「奄美の農と景を考える」開催。
1999(平成11年)	8月 国旗・国歌法公布・施行。
	3月 総合運動公園野球場が完成。同月 奄美群島振興開発特別措置法5か年延長される。4月 徳之島町し尿処理施設「マリンパーク開田」稼働。
	5月 徳之島で最初のトンネル「徳之島トンネル」貫通。
	7月 **勝重藏第12代町長就任**。同月 本町において第53回県体第40回大島地区大会開催。
	南部・手々地区簡易水道施設整備。
2000（〃 12年)	自・公・保連立内閣発足。7月 九州・沖縄サミット開催。
	3月 神之嶺小学校校舎落成。4月 大島地区離島事務所開所。同月 徳和瀬の総合運動公園にジョギングロード・庭球場・多目的広場完成。6月 旅券申請受付交付事務開始。10月 総合運動公園子供広場が完成。同月 発達支援センター「あおぞら園」、亀津保育園に開設。11月 第9回大島地区ゆうあいスポーツ大会本町にて開催。12月 亀津南区会館落成。町人口：13,127人、5,286戸
2001（〃 13年)	9・11アメリカで同時多発テロが起こる。
	3月 徳之島最初のトンネル「徳之島トンネル」開通式。4月 特別養護老人ホーム南風園が開園。8月 井之川公民館、諸田公民館落成。
	亀徳の港ヶ丘団地完成。
2002（〃 14年)	日本初の実用人工衛星搭載のH2A3号機、打ち上げ成功。ゆとり教育スタート。サッカー日韓共催ワールドカップ開催。
	3月 町議会議員選挙。4月 特認校制度スタート（尾母・手々小中学校)。
	8月 地域インターネット稼働式。9月 群島初のエコファーマーの誕生。
	10月 本町で第5回全国闘牛サミットと日韓闘牛文化交流の夕べ開催。
	11月 亀津中吹奏楽部全国大会出場。
2003（〃 15年)	イラク戦争が起こる。
	1月 徳之島地区任意合併協議会設置。2月 徳之島地区合併シンポジウム開催。
	3月 徳之島愛ランドクリーンセンター、伊仙町目手久に竣工。亀津中学校野球部県大会初優勝。5月 第1回県中学生空手道大会、亀津中女子総合優勝。
	6月 徳之島地域合併重点支援地域指定。7月 町長選挙、第13代町長勝重藏2期目就任。10月 南大島地区高齢者スポーツ大会、本町にて開催。

西暦（和暦）	徳之島町・徳之島のできごと（青）＝全国、その他
	亀津北区公民館落成。
2004（平成 16 年）	スマトラ沖M9 地震、死者 30 万人以上。自衛隊初の海外派遣（イラク）。
	1 月 奄美群島日本復帰 50 周年記念事業 NHK「ふるさと自慢・うた自慢」公開録音。3 月 健康の森総合運動公園竣工。同月 奄美群島振興開発事業 5 か年延長。4 月 **徳之島地区合併協議会発足**（法定協議会）。5 月 徳之島町生涯学習センター（図書館・中央公民館・郷土資料館の複合施設）落成。同月 東天城中学校空手部全国大会出場。6 月 亀徳に「なごみの岬公園」オープン。8 月 澤愛香さん日本民謡民舞少年少女全国大会中学生の部で日本一になる。12 月 国営徳之島ダム着工。
2005（〃 17 年）	10 月 郵政民営化関連法案成立。
	1 月 徳之島地区合併協議会：3 町住民投票実施。2 月 徳之島地区合併協議会を徳之島町は離脱。同月 諸田団地住宅完成。3 月 花徳小学校校舎完成。同月 山へき地出張診療所閉所。6 月 町営母間団地完成。11 月 第 1 回徳之島ワイド祭り開催。山コミュニティーセンター落成。人口：12,892 人、5,316 戸
2006（〃 18 年）	1 月 公共下水道事業が認可・事業開始。
	3 月 母間小学校少年少女消防クラブ全国表彰。
	4 月 新設徳之島高校誕生（徳之島農業高校と徳之島高校の再編整備による）。
	同月 あまみ農協発足（群島全域）。同月 徳之島町文化会館・体育センターと徳之島町立図書館に指定管理者制度（民間委託）が導入される。8 月 亀津で NHK 夏季巡回ラジオ体操開催。手々小中学校県学校環境緑化コンクール県知事賞受賞。徳田虎雄氏に名誉町民称号を贈呈。
2007（〃 19 年）	10 月 日本郵政グループ発足。
	2 月 群馬県上武大学硬式野球部初キャンプ。
	3 月 陸上自衛隊ヘリコプター、山の天城岳に墜落事故。
	4 月 徳之島スポーツアイランド推進協会設立、事業開始。
	5 月「奄美黒糖焼酎の日」制定。7 月 **高岡秀規第 14 代町長就任**。
	8 月 亀津中吹奏楽部九州地区吹奏楽コンテスト最優秀賞。
	10 月 徳之島町戸籍事務電算システム稼働。
	12 月 徳之島町ヘルシーブランド事業推進協議会及び鹿児島大学とのヘルシーブランド協定書調印式。同月 第 4 回奄美たんかん振興大会本町にて開催。
	九州地区農業青年クラブリーダー連絡協議会研修会 in 徳之島。
2008（〃 20 年）	2 月「2 月 18 日」を大島地区「方言の日」に制定。
	3 月 陸上自衛隊飛行隊殉職隊員 1 周忌慰霊祭。6 月 第 21 回「トライアスロンＩＮ徳之島」3 町共同開催始まる。 同月 徳之島町消防団、県消防協会支部大

西暦（和暦）	徳之島町・徳之島のできごと（青）＝全国、その他
	会小型ポンプ操法の部初優勝。同月 全郡島口島唄大会開催。
	9月 徳之島高校新校舎落成。10月 町制施行50周年記念式典開催。同月 地上デジタル放送スタート。
	11月 民謡・民舞奄美連合大会開催。12月 クインコーラルプラス就航。
2009（平成21年）	2月 山に自衛隊殉職者慰霊碑及び登山道完成。3月 第3回慰霊祭が行われる。
	3月 国土交通省「島の宝百景」に「亀津浜踊り」選定。
	4月 徳之島健康の森総合運動公園に指定管理者制度導入。
	5月 学士村塾開講。同月 薩摩藩奄美・琉球侵攻400年記念シンポジウム開催。
	7月22日 徳之島町合同日食観察会。9月 台湾チャーター旅行出発セレモニー。
	10月 徳之島北部地域にデマンド型交通「ひまわり号」を導入。同月 亀津に町営徳之島市場リニューアルオープン。
2010（〃 22年）	平成の大合併で、3,229市町村が1,727に。
	2月 徳之島町の**町花（ユウナ＝オオハマボウ）・町木（アダン）制定**。
	3月 鹿児島市にアンテナショップ「旬華」オープン。
	4月 町でパスポート申請・交付業務開始。同月 公共下水道の供用が始まる。同月 農林水産省から出向の古賀徹氏副町長就任。4月18日 亀津で米軍基地徳之島移設反対1万人集会開催。
	8月 太村健二君第26回わんぱく相撲全国大会で日本一。10月 徳之島町浄化センターが通水。11月 大島地区生涯学習推進大会・広域文化祭徳之島町大会。鹿児島～徳之島線ジェット便運航終了。町人口：12,090人、5,230戸
2011（〃 23年）	**3月11日 東日本大震災起こる。**原発事故が発生。女子サッカー日本代表「なでしこジャパン」W杯で優勝。
	3月 花徳の小湊橋架け替え工事完了開通式。4月 三町に光ブロードバンドサービス提供開始。同月 徳之島33聖地旧跡めぐり開山式。5月 天城町西阿木名に徳之島中央家畜市場が落成。7月 全国農村交流ネット21の集いin徳之島開催。同月 町長選挙、高岡秀規町長2期目就任。9月 日本島嶼学会徳之島大会。10月 初の3町合同防災訓練を実施。同月 県立博物館主催「博物館がやってきたin徳之島」を町生涯学習センターをメイン会場に開催。
	11月 轟木で竜巻被害。同月 町総合食品加工センター「美農里館」落成。同月 TPP参加阻止・**米軍基地徳之島移転断固反対全島総決起大会**。
	12月 南日本新聞社と「新聞活用等に関する協定」を締結。
2012（〃 24年）	国内の原発は全て運転中止に。
	3月 離島初のデマンド電気バス運行開始。同月 第5次徳之島町総合計画書作

西暦（和暦）	徳之島町・徳之島のできごと（青）＝全国、その他
	成。5月 TMRセンター（混合飼料）徳和瀬地区に完成。同月「徳之島のばれいしょ」鹿児島ブランド産地指定。6月 環境省、天城町に奄美自然保護官事務室開設。9月 3町「希少野生動植物保護条例」施行。10月 さとうきび鳥獣被害防止対策研修会。宮上淳氏が名誉町民に。
2013（平成25年）	2020年オリンピック開催地が東京に決定。東京スカイツリー開業。 2月 第1回"とくの島"観光物産フェア IN 東京開催。7月 農林水産省より出向の香山泰久氏が副町長就任、。8月 徳之島地区消防組合消防救急無線がデジタル無線による業務開始。9月 町立図書館貸し出し冊数100万冊達成。 11月「第1回徳之島町食と農林漁業の祭典」を開催。同月 徳之島町立図書館「子どもの読書活動優良図書館」として県表彰。12月 徳之島町救急用ヘリコプター場外離着陸場竣工式。町営亀徳小郷団地5号棟工事完了。
2014（〃 26年）	消費税8パーセントに引き上げ。3月 大島高校選抜高校野球大会に「21世紀枠」で出場。 1月 第1回徳之島町地区対抗駅伝競走大会開催。同月 3町アマミマルバネクワガタ他4種を希少野生動植物の保護対象に追加指定。 2月 町植物工場「神田福祉農園」開所。3月 井之川へき地保育所新園舎移転。同月 奄美群島振興開発特別措置法5か年延長。 4月 **徳之島町立図書館、「子どもの読書活動優秀実践図書館」文部科学大臣表彰**。7月 奄美群島振興交付金を活用した航空・航路運賃軽減事業開始。 9月 徳之島ミニFM開局。10月 ギニア共和国大使館と3町が友好協定を締結。 12月 奄美群島日本復帰60周年記念パレード及びシンポジウム。 徳之島地区消防本部と徳之島町消防団が**「平成25年度消防功労者消防庁長官賞」**受章。亀津漁港に「大型製氷貯氷施設」整備。
2015（〃 27年）	マイナンバー法施行。選挙権年齢を18歳以上に引き下げる公職選挙法成立。 3月 金見崎ソテツトンネル展望所完成。 6月 猫の避妊手術事業開始。同月 徳之島3町が「景観行政団体」になる。 7月 町長選挙、3期目高岡秀規町長誕生。同月 町世界自然遺産登録推進協議会設置。7月25日 台風12号による50年に一度の集中豪雨により町南部一帯で浸水被害起きる。8月 武蔵野大学インターシップ「徳之島プロジェクト」開村式。10月 第30回国民文化祭・かごしま2015、民謡・民舞フェスタｉｎとくのしま。11月 亀津中学校新校舎落成式、12月 亀津中学校新武道館・グラウンド・テニスコート工事竣工。 文部科学省のＩCT利活用実証事業指定校に母間小・花徳小・山小が決まる。

西暦（和暦）	徳之島町・徳之島のできごと（青）＝全国、その他
	町人口：11,160 人、4,960 戸。
2016（〃 28 年）	4 月 熊本地震、死者 150 人超に。
	1 月 井之川登山口で歴史的降雪。2 月 山小学校「未来につなぐ森林環境教育推進事業」実施。同月 給食加工場が優秀学校給食用物質加工委託指定工場表彰。3 月 島内 3 駐在所を統廃合し、「徳之島交番」を亀津に新設。
	4 月 日本体育大学と「体育・スポーツ振興に関する協定書」調印。同月 幸野善治副町長就任。6 月 本町にて大島支部消防操作大会。
	8 月 亀津中学校相撲部全国中学相撲大会団体戦優勝。同月 NTT 西日本鹿児島支店と災害時における「特設公衆電話の設置・利用に関する協定」を締結。
	10 月 母間小で「母間騒動 200 周年記念シンポジウム及び式典」を開催。
	12 月 救命救急用ヘリコプター「ドクターヘリ」運用。同月 日本復帰記念大島地区駅伝大会本町にて開催。同月 徳之島町の公式キャラクター、マスコットに「まぶーる君」が決定。
	町営亀津白久団地 2 棟が完成。
	湯湾岳・井之川岳が日本蘚苔類学会が定める「日本の貴重なコケの森」に認定。
2017（平成 29 年）	1 月 米大統領にドナルド・トランプ氏就任。
	3 月 奄美群島国立公園指定。同月 **徳之島町生涯学習センターが優良公民館として文部科学大臣表彰。**
	4 月 町誌編纂準備室開設。同月「みらい創りラボ・いのかわ」オープン。
	5 月 第 20 回全国闘牛サミット in 徳之島町大会。
	8 月 総務省「若年層に対するプログラミング教育の普及推進」事業採択。
	10 月 大島地区教育委員会連絡協議会総会・研修会開催。
	ふるさと納税が 1 億円を超える。敬空館空手九州大会個人等優勝。
	亀津小市来崎大祐君「全日本小学生相撲大会」で優勝。
2018（〃 30 年）	ＴＰＰ（環太平洋経済連携協定）発効。18 歳を成人とする改正民法成立。
	1 月 本町で県内初、国・地方自治体による弾道ミサイル飛来想定の住民避難訓練実施。3 月 手々地区に合宿型の「ふるさと留学センター」誕生。
	4 月 徳之島町誌編纂事業開始。同月 健康の森総合運動公園屋内運動場完成。
	同月 徳之島町機能性植物加工センターが母間地区に完成。
	5 月 徳和瀬に優良子牛増頭のための「徳之島町受精卵センター」完成。同月 南大島保護区更生保護サポートセンター亀津に開所。
	6 月 NHK ラジオ番組「民謡をたずねて」が徳之島町文化会館で公開収録される。
	7 月 町立図書館「読書通帳」システム導入。8 月 第 1 回徳之島町誌編纂審議会

西暦（和暦）	徳之島町・徳之島のできごと（青）＝全国、その他
	開催。9月 台風24号接近、群島各地で被害。10月 徳之島町制施行60周年記念式典。11月 「徳之島ワーケーション実証事業」。
	12月 本町、2020年オリンピック・パラリンピックの「ホストタウン」に決定。
	同月 県が3町の台風被害に被災者生活再建支援法適用。
	徳之島町ＧＣＦ「アマミノクロウサギふるさと納税」スタート。
	エコバイク（株）が徳之島でシェアサイクルサービスの運用開始。
	2月 アジア・アフリカ・中南米の地方行政官、徳之島でコミュニティー研修。
2019（令和元年）	5月1日 徳仁天皇即位により**元号を「令和」に改元**。小惑星探査機「はやぶさ2」、小惑星リュウグウへの着陸に成功。
	1月 世界自然遺産奄美トレイル 徳之島町エリアコース開通。同月（株）ヘルシーアイランズが農水省より事業計画認定。
	2月「第1回島われんきゃの祭典」開催。3月 町運動公園内屋内運動場トレーニング室完成。4月 徳之島町金見に「ジビエカフェとうぐら」完成。
	7月 奄美群島アイランドホッピングルート開設。同月 町長選挙。高岡秀規町長4期目、16年ぶり無投票当選。同月 徳之島町の林道山クビリ線ゲート3か所を施錠、利用ルールの運用開始。同月 内閣府が**「ＳＤＧｓ未来都市」に徳之島町を選定**。同月 本町初の「集落支援員」林美樹氏に委嘱。同月 奄美群島初**「徳之島きずな図書館ネットワーク」共同利用型を運用開始**、
	8月 徳之島町営農研修施設落成式・開所式。同月 豊田倫之亮くん、わんぱく相撲全国大会優勝。9月 徳之島初の「花徳小学校緑の少年団」が結団式。
	11月（株）奄美大島にしかわ酒造の黒糖焼酎工場「観光型工場」が完成。
2020（〃 2年）	1月 **新型コロナウィルス**の感染者が日本国内でも確認され蔓延状態となる。オリンピック・パラリンピック東京大会、新型コロナウイル感染拡大により2021年に延期。
	1月 手々小中学校、キャリア教育優良校文部科学大臣表彰。
	4月「花徳支所北部振興対策室」スタート。同月 少子化対策の徳之島町出産祝い金制度スタート。7月「生活応援商品券事業」実施。
	9月 天城町で新型コロナウィルス感染者が初めて確認。
	11月 徳之島プログラミングコンテスト初開催。12月 プレミアム付き飲食券「まぶーる飲食券」発売。**町文化会館が地域創造大賞（総務大臣賞）**を受賞。
	町人口：10,161人、4,712戸。
2021（〃 3年）	7月 東京オリンピック開催。9月 東京パラリンピック開催

西暦（和暦）	徳之島町・徳之島のできごと（青）＝全国、その他
2022（令和4年）	3月 第46代横綱朝潮太郎記念館、井之川にオープン。同月 ソフトバンク（株）と「離島における教育課題解決及びＳＤＧｓ未来都市推進に関する連携協定」締結。5月 亀徳「なごみの岬公園」休憩施設完成。同月 町北部振興の花徳闘牛場再整備完成。同月 町民の第1回新型コロナワクチン接種開始。同月 花徳と山の町立幼稚園で給食が開始。 6月 町と日本郵便（株）が包括的連携協定を締結。同月 徳之島で「50年に1度の大雨」厳重警戒呼びかけ。 7月 **高岡秀規町長が鹿児島県町村会会長・奄美群島市町村長会会長就任。**同月 **奄美大島、徳之島、沖縄の世界自然遺産登録決定。**同月 徳之島初、民間主導で「死亡獣畜焼却処理施設」稼働。 10月「旧山尋常高等小学校校舎」が国登録有形文化財に登録。 11月 ＧＣＦプロジェクト（自治体が行う寄付制度）開始。同月『徳之島町史自然編―恵みの島―』刊行。同月「徳之島町生まれ・育ち」の肥育牛を初出荷。 12月「徳之島牛」をふるさと納税の返礼品に導入。 花徳2団地、山の内千川団地完成。「住みよい地球」全国小学生作文コンクールで神之嶺小学校3年大澤晴也さん優秀賞。 4月 20歳から18歳へ成年年齢引き下げ。8月 大島高校、初の全国高校野球選手権大会出場。 1月16日 深夜に奄美群島に津波警報。2月 徳和瀬団地完成。3月 徳之島町議会議員選挙。同月 母間港に遊具・フィットネス整備。同月 『徳之島町史民俗編―シマの記憶―』刊行。同月 町立図書館制作「島口ことわざかるた」をふるさと納税返礼品に。同月 オープンウォータースイミング日本代表選考レース、第1回徳之島大会、山漁港で開催。 4月 町組織変更で「おもてなし観光課」新設、収納対策課を税務課と統合。 9月 赤崎冨士郎選手、九州マスターズ陸上選手権大会2種目優勝。同月 第6次徳之島町総合計画書作成。 10月12日 徳之島町新庁舎にて業務開始。同月 米山航生選手「とちぎ国体」出場決定。12月 3町合同水中遺跡シンポジウム開催。 徳之島高校空手道部が34年連続で全国大会に出場。

図番号	所蔵先	備考
図 13 ミニミニかわらばん 創刊号	椛山幸栄	H2.8.22
図 14 徳之島新聞最終号	岩木 均	H25.1
図 15 木曜ガイド	森五十次	
図 16 週刊ていだ	福島グループ	
図 17 徳之島ガイド	徳之島ビジョン	
図 18 潮風創刊号	西田尚美	H3.8
図 1 亀澤道喜	福岡正和	S 14
図 2 役場慰安会	町誌編纂室	亀澤志保子寄贈
図 3 奥山八郎	町誌編纂室	
図 4 亀津敬老会	町誌編纂室	亀澤志保子寄贈
図 5 龍野定一	町誌編纂室	
図 6 家族と龍野氏	治野圭子	
図 7 重村一郎	重村二郎	
図 8 家族写真	重村二郎	
図 9 秋武喜祐治	町誌編纂室	
図 10 力石の揮毫	町誌編纂室	
図 11 前田村清	町誌編纂室	
図 12 亀澤道喜氏と	町誌編纂室	亀澤志保子寄贈
図 13 化粧回しの朝汐	町誌編纂室	小林靖明寄贈
図 14 朝潮凱旋	加川徹夫	S34
図 15 直島秀良	町誌編纂室	
図 16 町長室で	町誌編纂室	S53
図 17 肥後吉次	町誌編纂室	
図 18 保 直次	『夢追い人生』	
図 19 朝潮と保直次	〃	S54.11
図 20 徳田虎雄	町誌編纂室	
図 21 役場を訪問	町誌編纂室	H2.8
図 22 宮上 淳	町誌編纂室	
図 23 診察風景	町誌編纂室	
図 24 嶺山嶺文	町誌編纂室	
図 25 頌徳碑	町誌編纂室	S52.8
図 26 山 徳峯	町誌編纂室	
図 27 頌徳碑	町誌編纂室	
図 28 吉満 義志信	町誌編纂室	
図 29 胸像	町誌編纂室	
図 30 林 元俊	林 喜久郎	M31
図 31 久留義郷	町誌編纂室	
図 32 代議士写真	町誌編纂室	S2？
図 33 上村清延	町誌編纂室	
図 34 上村清延	Wikipedia	S 28
図 35 内山尚忠	内山タツ『早春抄』	町田 進
図 36 林 為良	林 喜久郎	T6
図 37 盛島角房	町誌編纂室	
図 38 徳王顧問時代	町誌編纂室	
図 39 徳 三宝	町誌編纂室	
図 40 川浪知熊	町誌編纂室	
図 41 乾 純之助	町誌編纂室	
図 42 大和製糖工場	町誌編纂室	S36
図 43 徳 武義	日本矯正図書館	
図 44 吉満義彦	町誌編纂室	
図 45 学生時代	町誌編纂室	青山信寄贈
図 46 村上清信	中村正弘	
図 47 船上にて	中村正弘	S7
図 48 八波むとし碑	町誌編纂室	
図 49 窪田満敬	潮風 15 号	
図 50 武道大会	〃	S7

図番号	所蔵先	備考	図番号	所蔵先	備考
図29 ソフトバンク提携	町誌編纂室	R2	図19 夏目踊り	町誌編纂室	
図30 村づくり	南西日報	S30.6	図20 亀津全貌	町誌編纂室	2枚
図31 婦人会活動	南西日報	S30.3	図1 闘牛	加川徹夫	481頁
図32 東天城村婦人会	南西日報	S30.6	図2 闘牛の図	『南島雑話』	
図33 轟木婦人会	町誌編纂室	S32	図3 闘牛の図	『徳之島事情』	2枚
図34 郡総合教育研究会	南西日報	S34	図4 山田牛	不明	S 23
図35 社会教育研究会資料	町誌編纂室	S43	図5 実熊牛	不明	S 29.9
図36 旧中央公民館	町誌編纂室	S41	図6 闘牛の散歩	遠藤 智	
図37 第12回産業祭	町誌編纂室	S60	図7 実熊牛と前田牛	町誌編纂室	S 31.2
図38 公民館講座	町誌編纂室	H6	図1 朝潮太郎	久岡 学	S 34
図39 第4回生涯学習大会	町誌編纂室	H7	図2 高砂部屋稽古	町誌編纂室	小林靖明寄贈
図40 徳久 正	町誌編纂室	H29	図3 東富士と朝潮	町誌編纂室	2枚
図41 地域学校協働活動	町誌編纂室		図4 大関昇進身支度	町誌編纂室	小林靖明寄贈
第6章 扉 座談会	町誌編纂室	2枚	図5 大関昇進披露宴	町誌編纂室	〃
図1 庁舎落成祝賀会	町誌編纂室	2枚。S49	図6 朝潮と井之川風景	町誌編纂室	S34
図2 町誌編纂事業	町誌編纂室	H30	図7 水野幸一氏と	町誌編纂室	小林靖明寄贈
図3 旧町誌	町誌編纂室	S45	図8 横綱パレード	加川徹夫	2枚。S34
図4 『自然編』『民俗編』	町誌編纂室	R3	図9 息子と	町誌編纂室	小林靖明寄贈
図5 合併協議会	町誌編纂室	H16	図10 横綱朝青龍	加川徹夫	H18.12
図6 合併協議	南西日報	S33.3	図11 朝潮太郎記念像	町誌編纂室	H7
図7 美農里館	町誌編纂室	H23	図1 鹿児島新聞	鹿児島新聞	M38.1
図8 ＳＧＤｓ未来都市	内閣府ＨＰ	H1.7	図2 名瀬の町	国立国会図書館	S 2.8
図9 亀津臨海埋立	町誌編纂室	S48	図3 小林正秀	四童子健一	
図10 亀徳第一浄水場	町誌編纂室	S58	図4 南西日報創刊号	県立奄美図書館	S 28.5.5
図11 文化会館大ホール	町誌編纂室	H6	図5 復帰の号外	南西日報	S 28.8.10
図12 町浄化センター	町誌編纂室	H22	図6 徳州新聞に改題	徳州新聞	S 36.12.16
図13 山 徳峯頌徳碑	町誌編纂室		図7 旧役場	町誌編纂室	S 40頃
図14 母間騒動200年祭	町誌編纂室	H28.10	図8 核廃棄物工場	徳州新聞	S 51.10
図15 デジタル教科書	町誌編纂室		図9 週刊とくのしま	森五十次	S 55.12
図16 ホストタウン	町誌編纂室		図10 松山光秀	町誌編纂室	
図17 向学塾	町誌編纂室		図11 徳富重成	町誌編纂室	
図18 日本復帰60周年	町誌編纂室	H25.12	図12 泉重千代逝去	徳之島新聞	S 61.2

図版一覧

図番号	所蔵先	備考
図 23 ドクヘリ	南海日日新聞	H28.12
図 24 ドクヘリ発搬送	南海日日新聞	H28.12
図 25 ドクヘリ出動手順	県立大島病院ＨＰ	
図 1 ＭＡ-Ｔ計画地	町誌編纂室	370 頁
図 2 伊仙町民会議	福田高吉	S52.1
図 3 町民会議準備大会	町誌編纂室	S52.2
図 4 電柱のポスター	久岡 学	
図 5 町民会議結成大会	町誌編纂室	S52.3
資料 ＭＡ-Ｔ計画書	久岡 学	S50.3
図 6 徳洲会病院地鎮祭	加川徹夫	S60.5
図 7 神嶺ダム完成式	町誌編纂室	S59.4
図 8 徳田虎雄来庁	町誌編纂室	H2.8
図 9 合併協議会	町誌編纂室	H16.4
図 10 合併後の財政	町誌編纂室	
図 11 新町の事務所	町誌編纂室	
図 12 県内合併状況	鹿児島県 HP	H22.3
図 13 徳之島空港	南海日日新聞	
図 14 基地反対看板	町誌編纂室	2 枚、H22
図 15 議会質問	町誌編纂室	H22.3
図 16 一万人集会	南海日日新聞	H22.4
図 17 オスプレイ	南海日日新聞	H31.3
図 18 基地移設反対決議	町誌編纂室	H22.5
図 1 付加体	町誌編纂室	406 頁
図 2 アマミノクロウサギ	町誌編纂室	
図 3 国立公園区域図	町誌編纂室	
図 4 イボイモリ	町誌編纂室	
図 5 山のヘルスセンター	町誌編纂室	S 38.2
図 6 ＹＳ11 型機	藤田写真館	『奄美の百年』
図 7 徳之島観光ホテル	町誌編纂室	S 38.8
図 8 東亜観光ホテル	『近代建築』	
図 9 別館『高倉』	町誌編纂室	東亜観光パンフレット
図 10 井之川の県道	町田 進	S 30 年代

図番号	所蔵先	備考
図 11 まち・ひと・しごと	町誌編纂室	
図 12 ＳＤＧｓ授与式	内閣府ＨＰ	R1.7
図 13 成人式	町誌編纂室	
第 5 章 扉 亀津小・中	町誌編纂室	S 40 頃
図 1 郷土研究会報	町誌編纂室	
図 2 花徳小学校	町誌編纂室	S 20 年代
図 3 亀津教育税	南西日報	S 28.5.30
図 4 教員地区別給与	南西日報	〃
図 5 井之川中学校	町田 進	S 32
図 6 学校給食	南西日報	S 29.4.17
図 7 給食室の設置	南西日報	S 36.4.8
図 8 給食センター	徳州新聞	S 49.5
図 9 復興第 1 号	南西日報	S 29.4
図 10 花徳小学校	町誌編纂室	S 30
図 11 徳之島高校	町誌編纂室	S 30 年代
図 12 母間中学校	町誌編纂室	S 30 年頃
図 13 母間全景	町誌編纂室	S 30 年頃
図 14 東天城中学校	町誌編纂室	S 33
図 15 西山学園	町誌編纂室	S 28 頃
図 16 新田成良町長	町誌編纂室	
図17 勤労者体育センター	町誌編纂室	S 49
図 18 生涯学習推進大会	町誌編纂室	H4
図 19 健康のまち宣言	町誌編纂室	
図 20 総合運動公園	町誌編纂室	H16
図 21 文化会館	町誌編纂室	H6
図22 海のアドベンチャー	町誌編纂室	H6
図 23 生涯学習センター	町誌編纂室	H16
図 24 町立図書館	町誌編纂室	
図 25 学士村塾	町誌編纂室	
図 26 ＩＣＴ教育	町誌編纂室	
図 27 徳之島型モデル	町誌編纂室	北海道教育大学
図 28 GIGA スクール	町誌編纂室	

図番号	所蔵先	備考	図番号	所蔵先	備考
図3 ふるさとチョイス	町誌編纂室		図5 南風園	町誌編纂室	
図1 町民所得推移	町誌編纂室	294 頁	図6 白寿苑	町誌編纂室	
図1 人口構成の推移	町誌編纂室	297 頁	図7 地域福祉センター	町誌編纂室	
図1 パイロット事業	町誌編纂室	302 頁	図8 地域サロン活動	町誌編纂室	
図2 井之川集落	町誌編纂室	S30 年代	図9 不法投棄防止看板	町誌編纂室	S57
図3 お米の刈り入れ	町誌編纂室	S40 年代	図10 ごみ処理センター	町誌編纂室	S59
図4 神嶺畑総	町誌編纂室	S57	図11 ゴミボックス	町誌編纂室	
図5 母間ダム	町誌編纂室	S38	図12 クリーンセンター	町誌編纂室	
図6 神嶺ダム	町誌編纂室	S57	図13 ごみ集積所	町誌編纂室	
図7 徳之島ダム	徳之島用水土地改良区		図1 火災	消防組合	344 頁
図8 子牛のセリ	町誌編纂室		図2 台風9号	加川徹夫	S52
図9 TMRセンター	町誌編纂室		図3 サトウキビ畑	町誌編纂室	
コラム ハーベスター	町誌編纂室		図4 奄美豪雨	奄美市	H22.10
図10 たい肥センター	町誌編纂室	S62	図5 竜巻被害	南海日日新聞	H23.11
図11 TMRセンター	町誌編纂室	H24	図6 落石	南海日日新聞	H30
図1 井之川岳の天然林	町誌編纂室	315 頁	図7 軽石漂着	南海日日新聞	R3
図2 チップセンター	町誌編纂室	S49	図8 高速道路の崩落	神戸市	H7.1
図3 植林作業	町誌編纂室	S59	図9 焼失した商店街	神戸市	〃
図4 職と農林漁業祭典	町誌編纂室		図10 自衛隊救助活動	神戸市	〃
図5 製氷貯氷施設	町誌編纂室	H26	図11 被災者の救助活動	wikipedia	〃
図6 山漁港	町誌編纂室		図12-1 仮設住宅	神戸市	H7.4
図7 亀津漁港	町誌編纂室		図12-2 仮設住宅	神戸市	〃
図1 泥染め	町誌編纂室	319 頁	図13 みんなで減災	内閣府ＨＰ	
図2 奄美パイン	町誌編纂室	S35	図14 地震活動評価	地震調査研究推進本部	
図3 焼酎こしき	町誌編纂室		図15 亀津町消防団	町誌編纂室	S24 頃
図4 郡の焼酎生産量推移	町誌編纂室		図16 消防三輪車	正田武仁	S25.5
図5 町の焼酎生産量推移	町誌編纂室		図17 消防学校出発式	町誌編纂室	S59.4
図6 ふるさと納税	町誌編纂室		図18 消防組合本部	町誌編纂室	
図1 保健センター	町誌編纂室	327 頁	図19 消防団車庫	町誌編纂室	
図2 保健指導	町誌編纂室		図20 殉職者慰霊碑	久岡 学	
図3 軽がる教室	町誌編纂室		図21 慰霊碑竣工式	町誌編纂室	H21.2
図4 旧徳寿園	町誌編纂室		図22 ドクヘリ所要時間	鹿児島県ＨＰ	

図版一覧

図番号	所蔵先	備考	図番号	所蔵先	備考
図1 集合写真	町誌編纂室	S15 頃	図6 亀徳港のはしけ	町誌編纂室	亀澤志保子寄贈
図2 小学校農作業	山小学校	S10 年代	図7 神之嶺小学校	町誌編纂室	S20 年代
図3 上原工場集合写真	仙太織物株式会社	戦前	図8 亀徳小学校	町誌編纂室	S20 年代
図4 浅間飛行場	米国国立公文書館	S20	図9 亀津高女	町誌編纂室	爲山道則提供
図5 掩体壕	天城町ユイの館		図10 井之川小学校	町誌編纂室	S27
図6 宿帳	天城町ユイの館	S19	図11 ツワブキ	町誌編纂室	
図7 旅団配置図	貢 富川	S19	図12 亀津商店街	町誌編纂室	S29 頃
図8 浅間飛行場	米国国立公文書館	S20	図13 前田長英	徳之島町図書館	
図9 富山丸配置図	町誌編纂室		図14 爲山道則	町誌編纂室	爲山道則提供
図10 慰霊塔	久岡 学		図15 宮崎市パレード	平 幸弘	
図11 そてつの丘	町誌編纂室	亀澤志保子寄贈	図16 泉 芳朗	神之嶺小学校	
図12 供養塔	久岡 学		第2章 扉 復帰パレード	町誌編纂室	S28.12
図13 なごみの碑	町誌編纂室		図1 奥山八郎	町誌編纂室	亀澤志保子寄贈
図14 警察署員集合写真	町誌編纂室	亀澤志保子寄贈	図2 市町村長集合写真	町誌編纂室	〃
図15 戦前の古仁屋	町誌編纂室	S10 年前後	図3 B円	町誌編纂室	2 枚
図16 武州丸	武州丸遺族会	『武州丸遭難誌』	図4 水車	関西手々郷友会	S14 頃
図17 武州丸慰霊碑	久岡 学		図5 合併促進協議会	南西日報	S 33.3.9
図18 平和の夕べ	久岡 学		図6 棚田	町誌編纂室	S30 年代
第10章扉 徳之島警察署	徳之島警察署	S30 年代	図7 さとうきび記念碑	町誌編纂室	
図1 徳之島簡易裁判所	町誌編纂室		図8 旭ヶ丘集落	町誌編纂室	
図2 徳之島警察署	徳之島警察署	S30 年代	第3章 扉 集団就職	加川徹夫	S45 頃
図3 徳之島事務所	町誌編纂室		図1 集団就職見送り	加川徹夫	S45
図4 徳之島保健所	町誌編纂室		図2 護岸工事	町誌編纂室	亀澤志保子寄贈
図5 秋利神水力発電所	町誌編纂室		図3 町営住宅	町誌編纂室	S33 頃
図6 在神戸亀津運動会	藤田写真館	『奄美の百年』	図4 照国丸、図5 母間	町誌編纂室	S30 頃
現代編 扉 井之川岳	町誌編纂室		図6 タクシー	町誌編纂室	〃
第1章 扉 亀津高女	町誌編纂室	爲山道則提供	図7 デマンドバス	町誌編纂室	
図1 降伏文書調印式	那覇市歴史博物館	S20.9	図8 埋立前の亀津海岸	町誌編纂室	S 42
図2 沖縄の米軍基地	米国国立公文書館	S20	図9 亀津埋立地	町誌編纂室	R 3
図3 亀津町役場	町誌編纂室	S27	第4章 扉 バレイショ	町誌編纂室	
図4 亀津の海岸	町誌編纂室	亀澤志保子寄贈	図1 旧庁舎	町誌編纂室	
図5 砂糖積み出し	加川徹夫	S29	図2 ふるさと納税	町誌編纂室	

図版一覧

図番号	所蔵先	備考	図番号	所蔵先	備考
集落全景写真	町誌編纂室	16 枚	図 5 大島紬実演	大島郡出品協会	T11
近代編 扉 日の出	町誌編纂室		図 6 ソテツ	町誌編纂室	
鹿児島縣下徳之島全圖	神戸大学附属図書館	M13	第 6 章 扉 民事裁判	町誌編纂室	M24
大島郡管内地圖	山口 史	昭和初期	図 1 砂糖樽運搬図	『徳之島事情』	
第 1 章 扉 母間の風景	町誌編纂室	大正時代？	図 2 田原坂の戦い	早稲田大学図書館	M10.3
図 1 武州六郷船渡図	早稲田大学図書館		図 3 福沢福祐	町誌編纂室	M40 頃
図 2 南島誌津曲写本	琉球大学図書館		図 4 大正寺	指宿良彦	『奄美の百年』
第 2 章 扉 井之川名田川	町田 進	S30 年代	図 5 裁判記録	町誌編纂室	M24
図 1 首のない仏像	町誌編纂室		第 7 章 扉 蒸気船	町誌編纂室	大正時代
図 2 高千穂神社	町誌編纂室	S32 頃	図 1 日本銀行券・兌換券	町誌編纂室	
図 3 身分保障嘆願書	町誌編纂室	M14	図 2 内山尚忠	町誌編纂室	S2
図 4 童子教	福田博繁（諸田）	江戸末期	図 3 日高丸	福岡正和	S11
図 5 母間小学校	母間小学校	T5.10	図 4 大島郡再生産構造	皆村武一	
図 6 結髪笄差飾の風	町誌編纂室	『徳之島事情』	第 8 章 扉 鉱山図	小林鉱業株式会社	大正前期
図 7 亀津断髪の碑	亀津中学校		図 1 旅順攻囲戦	wikipedia	「明治海戦記」
図 8 東京帝国大学赤門	wikipedia		図 2 関東大震災	wikipedia	大阪毎日新聞
図 9 亀津小卒業写真	町誌編纂室	M45.3	図 3 山小学校	山小学校	S4
図 10 吉満義彦	町誌編纂室	S10 頃	図 4 花徳の田ん圃	中村正弘	S9
図 11 亀津小学校	町誌編纂室	S10 頃	図 5 花徳の棟上げ式	林喜久郎	S10 頃
第 3 章 扉 亀津集落	町誌編纂室	大正時代？	図 6 下久志銅山図	陸軍測量図	T9
図 1 郡区町村編制法	国立公文書館	M11	図 7 業務奨励賞	川上福良	T13
図 2 山小学校授業風景	山小学校	S6	図 8 下久志水神様	町誌編纂室	
第 4 章 扉 鶴田字図	町誌編纂室		図 9 ぼた山	町誌編纂室	
図 1 竿次帳井之川村	町誌編纂室	M12	図 10 大谷山	町誌編纂室	
図 2 坂元字図	町誌編纂室		図 11 亀津青年処女団	町誌編纂室	亀澤志保子寄贈
第 5 章扉 花徳養蚕試験場	田畑修身	S5	図 12 ソテツ地獄記事	鹿児島新聞	S2.8.9
図 1 農業写真	町誌編纂室	大正時代	図 13 ソテツ林	中村正弘	
図 2 徳中柄「白玉椿」	仙太織物株式会社	S10 前後	図 14 青年団奉仕作業	藤田写真館	『奄美の百年』
図 3 花徳養蚕試験場	田畑修身	S5	図 15 大島振興計画	鹿児島新聞	S2.8.30
図 4 花徳養蚕試験場	田畑修身	S5	第 9 章扉 ナギナタ	花徳小学校	S15

◆歴代の教育長

初代	直江 光良	昭和 28 年 12 月 25 日～昭和 29 年 6 月 17 日	（島内四町村教育長）
2代	篠原 徳良	昭和 29 年 6 月 25 日～昭和 33 年 3 月 31 日	（東天城村教育長）
	嘉山 登	昭和 29 年 6 月 18 日～昭和 33 年 3 月 31 日	（亀津町教育長）
	嘉山 登	昭和 33 年 4 月 1 日～昭和 41 年 12 月 25 日	（徳之島町教育長）
3代	堀田 寛	昭和 41 年 12 月 26 日～昭和 44 年 6 月 30 日	（〃）
4代	村岡 生三	昭和 44 年 8 月 13 日～昭和 47 年 7 月 3 日	（〃）
5代	安 健助	昭和 47 年 7 月 10 日～昭和 54 年 9 月 30 日	（〃）
6代	久原 秀雄	昭和 55 年 1 月 2 日～平成 4 年 12 月 31 日	（〃）
7代	太 光延	平成 5 年 1 月 1 日～平成 10 年 7 月 17 日	（〃）
8代	吉野 吉明	平成 10 年 7 月 18 日～平成 15 年 6 月 30 日	（〃）
9代	富澤 洋夫	平成 15 年 7 月 1 日～平成 18 年 6 月 30 日	（〃）
10 代	秋武喜一郎	平成 18 年 7 月 1 日～平成 30 年 6 月 30 日	（〃）
11 代	福 宏人	平成 30 年 7 月 1 日就任 現在に至る	（〃）

副町長

初代	池田 豊吉	平成19年 4月 1日就任	平成19年7月24日退任
2代	古賀 徹	平成22年 4月 1日就任	平成25年6月30日退任
3代	香山 泰久	平成25年 7月 1日就任	平成28年3月31日退任
4代	幸野 善治	平成28年 4月22日就任	現在に至る

収入役

初代	勝 元行	昭和33年 6月12日就任	昭和37年6月11日退任
2代	直島 秀良	昭和37年 6月12日就任	昭和41年6月11日退任
3代〜5代	正田 武応	昭和41年 6月12日就任	昭和53年6月30日退任
6代	太志 義宗	昭和53年 8月28日就任	昭和57年8月27日退任
7代	亀澤 久雄	昭和57年 8月28日就任	昭和61年8月27日退任
8代〜11代	大澤 昭夫	昭和61年10月 4日就任	平成14年10月3日退任

◆歴代の議長

初代	大勝 官二	昭和33年5月12日〜昭和36年5月12日
2代	名城 秀時	昭和36年5月12日〜昭和37年4月21日
3代	平山 正明	昭和37年4月26日〜昭和38年4月25日
4代	前里 永繁	昭和38年4月25日〜昭和39年4月25日
5代	中村 茂人	昭和39年4月25日〜昭和41年4月21日
6代	前里 永繁	昭和41年4月26日〜昭和43年4月26日
7代	中村 茂人	昭和43年4月26日〜昭和45年4月12日
8代	常山 宏	昭和45年4月22日〜昭和47年4月18日
9代	吉田 義宏	昭和47年4月18日〜昭和49年4月21日
10代	木場 友吉	昭和49年4月25日〜昭和51年4月25日
11代	木場 友吉	昭和51年4月25日〜昭和53年4月21日
12代	上野 秀次	昭和53年4月28日〜昭和57年4月21日
13代	常山 宏	昭和57年4月22日〜昭和61年4月21日
14代	中島 武志	昭和61年4月22日〜平成 2年4月21日
15代	中島 武志	平成 2年4月22日〜平成 6年4月21日
16代	池山 福富	平成 6年4月22日〜平成10年4月21日
17代	東 隆弘	平成10年4月22日〜平成11年10月25日
18代	泰良 豊重	平成11年10月25日〜平成14年4月21日
19代	鮫島 文秀	平成14年4月22日〜平成16年5月13日
20代	尚 睦夫	平成16年5月13日〜平成18年4月21日
21代	住田 克幸	平成18年4月22日〜平成22年4月21日
22代	町 田喜男	平成22年4月22日〜平成24年4月21日
23代	大沢 彰宏	平成24年4月22日〜平成26年4月21日
24代	木原 良治	平成26年4月22日〜平成28年4月21日
25代	田袋 徹二	平成28年4月22日〜平成28年8月20日
26代	福岡兵八郎	平成28年9月 6日〜平成30年4月21日
27代	池山 富良	平成30年4月22日〜令和4年4月21日
28代	行沢 弘栄	令和4年4月22日就任 現在に至る

◆歴代の町村長

【旧　亀津村・町時代】

区分	氏名	就任月日
戸長	安田佐和応	明治8年
2	亀　藤盛	明治
3	福沢 福祐	明治12年
4	井　義美屋	明治16年
5	福直 静志	明治19年
6	山　徳峰	明治20年
7	福沢 徳重	明治27年
8	平野 益友	明治31年
9	吉満義志信	明治35年
村長	永野 孫七	明治41年9月2日
2	山田良太郎	大正元年9月2日
3	福沢 徳重	大正4年5月4日
4	坂　敏雄	大正10年7月7日
5	福岡 富隆	大正15年10月30日
6	亀澤 道喜	昭和5年11月29日
町長	亀澤 道喜	昭和17年1月1日
2	平野 安陽	昭和20年7月7日
3	秋武喜祐治	昭和21年5月11日
4	亀澤 道喜	昭和23年7月1日
5	秋武喜祐治	昭和31年9月7日

【旧　東天城村時代】

区分	氏名	就任月日
大正5年5月天城村と東天城村が分村		
1	池畑 納善	大正5年5月20日
2	榊　為良	大正7年6月15日
3	鶴田 義嶺	大正8年9月26日
4	土持 里孝	大正13年8月14日
5	鶴田 義嶺	大正14年11月18日
6	池畑 納善	昭和4年11月4日
7	中島佐衛春	昭和6年2月7日
8	吉村佐衛豊	昭和8年9月9日
9	前田 前照	昭和12年7月7日
10	直島 直治	昭和19年8月22日
11	上野 七郎	昭和21年9月5日
12	重村 一郎	昭和22年7月3日
13	上野 親二	昭和24年8月16日
14	内田 寿忠	昭和25年12月13日
15	山口 清秀	昭和29年12月16日

【徳之島町時代】

町　長

代	氏名	就任	退任
初代～5代	秋武 喜祐治	昭和33年4月22日就任	昭和53年4月21日退任
6代	直島 秀良	昭和53年4月22日就任	昭和55年8月11日退任
7代	新田 成良	昭和55年8月17日就任	昭和59年8月16日退任
8代～11代	高岡 善吉	昭和59年8月17日就任	平成11年6月24日退任
12代～13代	勝　重藏	平成11年7月26日就任	平成19年7月24日退任
14代～	高岡 秀規	平成19年7月25日就任	現在に至る

助　役

代	氏名	就任	退任
初代	直島 秀良	昭和33年6月11日就任	昭和37年6月11日退任
2代	勝　元行	昭和37年6月12日就任	昭和40年12月31日退任
3代～4代	直島 秀良	昭和41年6月12日就任	昭和49年6月30日退任
5代	新田 成良	昭和49年7月1日就任	昭和52年10月17日退任
6代	作城 一利	昭和53年8月28日就任	昭和55年7月23日退任
7代	嘉山 正人	昭和55年12月24日就任	昭和59年6月7日退任
8代	作城 一利	昭和59年11月10日就任	昭和63年10月15日退任
9代～11代	吉川　毅	昭和63年12月24日就任	平成11年11月20日退任
12代～13代	池田 豊吉	平成11年12月27日就任	平成19年3月31日退任

『徳之島町史　通史編Ⅱ』編さん関係者（令和5年7月1日現在）

徳之島町長　高岡　秀規

［徳之島町誌編纂審議会］

委員長　町田　進（徳之島町文化財保護審議会会長）
副委員長　皆村　武一（鹿児島大学名誉教授）
委　員　大河平才毅（徳之島町教育委員）令和元年12月～
　　　　深澤　秋人（沖縄国際大学教授）
　　　　寳田　辰巳（元徳之島町教育委員）平成31年4月まで
　　　　四本　延宏（奄美群島文化財保護対策連絡協議会会長）
　　　　幸野　善治（徳之島町副町長）
　　　　福　　宏人（徳之島町教育委員会教育長）
　　　　岡元　秀希（元徳之島町総務課長）平成30年4月～12月
　　　　東　　弘明（元徳之島町総務課長）平成31年1月～12月
　　　　向井　久貴（元徳之島町総務課長）令和2年1月～12月
　　　　政田　正武（前徳之島町総務課長）令和3年1月～12月
　　　　村上　和代（徳之島町総務課長）令和4年1月～

＊寳田辰巳氏は平成31年4月26日に逝去されました。

［近現代部会］

部会長　皆村　武一（鹿児島大学名誉教授）
委　員　久岡　学（前南海日日新聞編集局長）
　　　　山本　一哉（鹿児島大学法文学部教授）
　　　　福　　宏人（徳之島町教育委員会教育長）
　　　　東　　弘明（元徳之島町総務課長）
　　　　高城　博也（徳之島町農林水産課長）
　　　　徳田美加子（徳之島町介護福祉課地域包括支援センター長）
　　　　米山　太平（徳之島町社会教育課）
　　　　竹原　祐樹（徳之島町誌編纂室長）
　　　　米田　博久（前徳之島町誌編纂室長）

執筆協力　宮下　正昭（前鹿児島大学法文学部准教授）

［通史編Ⅱ　近現代執筆者名簿］

《近代》

序　章　皆村 武一
第一章　皆村 武一
第二章第一節～四節　皆村 武一
　第六節　米田 博久
第三章～第七章　皆村 武一
第八章第一節～三節　皆村 武一
　第四節　米田 博久
　第五節～八節　皆村 武一
第九章第一節～四節　皆村 武一
　第五節～六節　久岡 学
第十章　皆村 武一

《現代》

第一章　皆村 武一
第二章　皆村 武一
第三章第一節～三節一項　皆村 武一
　二項　米田 博久
　三項　竹原 祐樹
　第四節　山本 一哉
第四章第一節～二節　山本 一哉
　第三節　皆村 武一
　第四節一項～四項　米田 博久
　五項　山本 一哉
　六項　米田 博久
　第五節　米田 博久
　第六節　山本 一哉
　第七節一項～二項　徳田 美加子
　三項　米田 博久
　第八節一項～二項　久岡 学
　三項　米田 博久
　四項～五項　久岡 学
　第九節　久岡 学
　第十節一項　米田 博久
　二項～三項　竹原 祐樹
第五章　福 宏人
第六章第一節
（高岡秀規町長、幸野善治副町長、福 宏人教育長）
　第二節　遠藤 智
　第三節　久岡 学
　第四節　宮下 正昭
　第五節　岩下 洋一
終　章　皆村 武一

［徳之島町教育委員会社会教育課　徳之島町誌編纂室］

社会教育課長　茂岡　勇次

町誌編纂室長　米田　博久（平成30年4月～令和3年3月）

竹原　祐樹（令和3年4月～）通史編Ⅰ担当

主　事　補　東　慶久（平成30年4月～令和2年3月）

専　門　員　岩下　洋一（平成29年9月〔町誌編纂準備室〕～）

大村　達郎（平成30年4月～令和4年1月）

再任用職員　米田　博久（令和3年4月～）通史編Ⅱ担当

臨時的任用職員　米田　瑞樹（平成30年9月～令和2年3月）

会計年度任用職員　尚　典子（令和2年4月～）

＊大村達郎氏は令和4年1月26日に逝去されました。

《あとがき》

「徳之島町誌編纂事業」は平成30年4月に5年計画でスタートしました。しかし、通史編全体で1,200頁に及ぶ大冊となったこともあって、編集作業に手間取り、期間を1年延長せざるを得ませんでした。

なお、編纂室ではこの事業期間中に「資料集」(非売品)を3冊刊行し、並行して令和3年11月に『自然編』を、令和4年3月に『民俗編』を刊行いたしました。おかげさまでいずれも好評をいただくことができました。今後としましては、本書の成果をもとにした『徳之島町史 簡易版』の製作を予定しています。学校の郷土学習や旅行者などへの利用を想定しています。

本事業は、終始、町長部局並びに町議会の全面的な協力を受けました。編纂審議会におきましても計画内容についてお諮りいただいたほかは、ほぼ全面的に事務局に一任して進めさせていただきました。実に恵まれた環境であったと思います。改めて深く感謝申し上げます。

5年間の事業期間中に残念なこともありました。審議会委員の實田辰巳氏、事務局専門員の大村達郎氏、自然編や民俗編で多大な貢献をされた重久勇委員が亡くなられたことでした。御三人の方々には心から感謝申し上げますとともに、改めてご冥福をお祈り申し上げたく思います。

また、『通史編Ⅱ』の制作にあたっては、多くの方々から写真や資料を御提供をいただきました。お名前を挙げず失礼ではございますが、皆様には心より御礼を申し上げます。

（徳之島町誌編さん室）

本書は皆さまから寄せられた「ふるさと納税」を活用して刊行しています。

～奄美群島日本復帰 70 周年記念～

徳之島町史 通史編Ⅱ 近現代

発行年月日 令和 5（2023）年 11 月 1 日

執　　筆 徳之島町史 近現代部会

刊　　行 徳之島町

編　　集 徳之島町誌編纂室
〒891-7101 鹿児島県大島郡徳之島町亀津 2918 番地
徳之島町生涯学習センター3 階
Tel：0997-82-2908 FAX：0997-82-2905

発　　行 株式会社 南方新社
〒892-0873 鹿児島市下田町 292-1
Tel：099-248-5455 Fax：099-248-5457
info@nanpou.com URL http://www.nanpou.com/

印刷・製本 シナノ書籍印刷株式会社

ISBN978-4-86124-510-7 C0021